建筑业"营改增"政策法规汇编

上海建领城达律师事务所
周吉高 主编
范升强 李瑞婷 副主编

中国建筑工业出版社

图书在版编目（CIP）数据

建筑业"营改增"政策法规汇编/周吉高主编. —北京：中国建筑工业出版社，2016.6
ISBN 978-7-112-19480-3

Ⅰ.①建… Ⅱ.①周… Ⅲ.①建筑企业-增值税-税法-汇编-中国 Ⅳ.①D922.220.9

中国版本图书馆CIP数据核字（2016）第115300号

本书共分为3章："营改增"政策法规、增值税政策法规以及"营改增"工程计价依据调整。关于"营改增"政策法规、增值税政策法规，均分为综合类、专项类两大类。综合类为一般规定，在编排上按照发文机关的层级排序，依次为国务院、财政部、国家税务总局的规定，地方国家税务局的执行口径、操作指引等，以及热点问题答复、知识库问答等；专项类为具体问题，分为增值税发票管理、税收征管、纳税抵扣、一般纳税人的管理、会计处理等，基本按时间顺序编排。作者在按上述逻辑思路进行汇编的过程中，始终在围绕着建筑业"营改增"这一主题进行收集、分析、整理。关于"营改增"工程计价依据调整，主要汇编了住房城乡建设部及交通运输部的规定，以及北京、上海、江苏、浙江、广东、河南、山东等地关于调整"营改增"计价依据的规定。

本书广泛适用于全国各类施工企业管理人员，包括但不限于企业财务人员、工程造价人员、采购人员、合约管理人员、法务管理人员以及公司高层领导。本书亦可供房地产企业等建设单位各类管理人员参考。

* * *

责任编辑：岳建光　范业庶　王砾瑶
责任校对：刘　钰　姜小莲

建筑业"营改增"政策法规汇编

上海建领城达律师事务所
周吉高　主编
范升强　李瑞婷　副主编

*

中国建筑工业出版社出版、发行（北京西郊百万庄）
各地新华书店、建筑书店经销
北京红光制版公司制版
北京建筑工业印刷厂印刷

*

开本：787×1092毫米　1/16　印张：31　字数：750千字
2016年6月第一版　　2016年11月第二次印刷
定价：**78.00**元
ISBN 978-7-112-19480-3
（28797）

版权所有　翻印必究
如有印装质量问题，可寄本社退换
（邮政编码 100037）

前　言

2016年3月23日，财政部和国家税务总局联合发布《关于全面推开营业税改征增值税试点的通知》，明确从5月1日起，"营改增"试点范围扩大到建筑业、房地产业、金融业和生活服务业，并将所有企业新增不动产所含增值税纳入抵扣范围。

在本次"营改增"中，建筑业在四个行业中所占比重巨大。全国数万家施工企业的生产经营管理以及税负将受到重大影响。为便于施工企业积极应对"营改增"所带来的变化，上海建领城达律师事务所专门成立了建筑业"营改增"法律服务团队。

考虑到建筑业"营改增"牵涉范围广，规定层出不穷，且有关规定大多散落在各个文件中，上海建领城达律师事务所"营改增"法律服务团队在第一时间收集、整理、编辑了本书。本书共分为三大部分："营改增"政策法规、增值税政策法规以及"营改增"工程计价依据调整。

关于"营改增"政策法规、增值税政策法规，编排方式类似，均分为综合类、专项类两大类。综合类为一般规定，内容全面，在编排上按照发文机关的层级排序，依次为国务院、财政部、国家税务总局的规定，地方国家税务局的执行口径、操作指引等，以及热点问题答复、知识库问答等；专项类为具体问题，分为增值税发票管理、税收征管、纳税抵扣、一般纳税人的管理、会计处理等，基本按时间顺序编排。编者在按上述逻辑思路进行汇编的过程中，始终在围绕着建筑业"营改增"这一主题进行收集、分析、整理。

关于"营改增"工程计价依据调整，主要汇编了住房城乡建设部及交通运输部的规定，以及北京、上海、江苏、浙江、广东、河南、山东等地关于调整"营改增"计价依据的规定。

　　本书广泛适用于全国各类施工企业管理人员，包括但不限于企业财务人员、工程造价人员、采购人员、合约管理人员、法务管理人员以及公司高层领导。本书亦可供房地产企业等建设单位各类管理人员参考。

　　由于时间仓促，本汇编若有疏漏或不足，还请读者指正。

2016年5月

目 录

第1章 "营改增"政策法规 ··· 1
1.1 综合类 ··· 1
1.1.1 国务院 ··· 1
国务院关于印发全面推开营改增试点后调整中央与地方增值税收入划分过渡方案的通知（国发〔2016〕26号）（2016年4月29日） ··· 1
国务院关于做好全面推开营改增试点工作的通知（国发明电〔2016〕1号）（2016年4月29日） ··· 2

1.1.2 财政部、国家税务总局 ··· 3
财政部、国家税务总局关于全面推开营业税改征增值税试点的通知（财税〔2016〕36号）（2016年3月23日） ··· 3
财政部、国家税务总局关于印发《营业税改征增值税试点方案》的通知（财税〔2011〕110号）（2011年11月16日） ··· 40

1.1.3 国家税务总局 ··· 42
国家税务总局关于营业税改征增值税试点期间有关增值税问题的公告（国家税务总局公告2015年第90号）（2015年12月22日） ··· 42

1.1.4 地方国家税务局 ··· 43
1.1.4.1 北京市国家税务局 ··· 43
北京国税营改增热点问题（2016年4月14日） ··· 43

1.1.4.2 湖北省国家税务局 ··· 45
湖北省国家税务局营改增政策执行口径第一辑 ··· 45
湖北省国税局：致建筑业营改增纳税人的一封信（2016年4月21日） ··· 54

1.1.4.3 河北省国家税务局 ··· 57
关于发布《河北省国家税务局关于全面推开营改增有关政策问题的解答》的通知（2016年4月30日） ··· 57

1.1.4.4 江西省国家税务局 ··· 68
江西省国税局明确营改增实务中的81个问题 ··· 68

1.1.4.5 山东省国家税务局 ··· 80
山东国税全面推开营改增试点政策指引 ··· 80

1.1.4.6 上海市国家税务局 ··· 82
上海市国家税务局关于本市建筑业营改增试点若干事项的公告（上海市国家税务局公告2016年第4号）（2016年4月30日） ··· 82

1.1.4.7 深圳市国家税务局 ··· 84
深圳市全面推开"营改增"试点工作指引（2016年5月4日） ··· 84

1.1.5　其他 ·· 86
　　　　国家税务总局纳税服务司关于下发营改增热点问题答复口径和营改增培训
　　　　　参考材料的函（税总纳便函〔2016〕71号）（2016年5月10日） ············ 86
　　　　【访谈】国家税务总局相关司局负责人详解营改增热点问题
　　　　　（2016年4月21日） ·· 100
　　　　国家税务总局全面推开营改增试点12366知识库问答
　　　　　（2016年4月1日） ·· 105
　　　　中国建筑业协会印发《关于做好建筑业企业内部营改增准备工作的
　　　　　指导意见》的通知（2016年1月5日） ··· 130
1.2　专项类 ··· 132
　　1.2.1　有关发票管理 ·· 132
　　　　国家税务总局关于纳税人销售其取得的不动产办理产权过户手续使用的
　　　　　增值税发票联次问题的通知（税总函〔2016〕190号）
　　　　　（2016年5月2日） ·· 132
　　　　国家税务总局关于营业税改征增值税委托地税机关代征税款和代开增值税
　　　　　发票的公告（国家税务总局公告2016年第19号）（2016年3月31日） ···· 133
　　　　国家税务总局关于营业税改征增值税委托地税局代征税款和代开增值税发票
　　　　　的通知（税总函〔2016〕145号）（2016年3月31日） ······················· 133
　　1.2.2　有关税收征管 ·· 136
　　　　1.2.2.1　国家税务总局 ··· 136
　　　　　关于明确营改增试点若干征管问题的公告
　　　　　　（国家税务总局公告2016年第26号）（2016年4月26日） ············· 136
　　　　　关于全面推开营业税改征增值税试点有关税收征收管理事项的公告
　　　　　　（国家税务总局公告2016年第23号）（2016年4月19日） ············· 137
　　　　　关于《国家税务总局关于全面推开营业税改征增值税试点有关税收征收
　　　　　　管理事项的公告》的解读（2016年4月19日） ·· 140
　　　　　关于发布《纳税人转让不动产增值税征收管理暂行办法》的公告
　　　　　　（国家税务总局公告2016年第14号）（2016年3月31日） ············· 144
　　　　　关于《国家税务总局关于发布〈纳税人转让不动产增值税征收管理暂行
　　　　　　办法〉公告》的解读（2016年4月7日） ·· 146
　　　　　关于发布《纳税人提供不动产经营租赁服务增值税征收管理暂行办法》
　　　　　　的公告（国家税务总局公告2016年第16号）（2016年3月31日） ···· 147
　　　　　关于《国家税务总局关于〈纳税人提供不动产经营租赁服务增值税征收管
　　　　　　理暂行办法〉的公告》的解读（2016年4月7日） ·· 149
　　　　　跨县（市、区）提供建筑服务增值税征收管理暂行办法
　　　　　　（国家税务总局公告2016年第17号）（2016年3月31日） ············· 150
　　　　　关于《国家税务总局关于〈纳税人跨县（市、区）提供建筑服务增值税征收
　　　　　　管理暂行办法〉的公告》的解读（2016年4月7日） ···················· 152
　　　　　关于在全国开展营业税改征增值税试点有关征收管理问题的公告

（2013年第39号）（2013年7月10日） ……………………………………… 153
　　关于规范未达增值税营业税起征点的个体工商户税收征收管理的通知
　　　（国税发〔2005〕123号）（2005年7月20日） ………………………………… 160
　1.2.2.2　上海市国家税务局 …………………………………………………………… 162
　　上海市国家税务局关于发布《纳税人跨区（县）提供不动产经营性租赁服务
　　　增值税征收管理操作办法（试行）》的公告（上海市国家税务局公告
　　　2016年第6号）（2016年4月30日） …………………………………………… 162
　　上海市国家税务局关于发布《纳税人跨区（县）提供建筑服务增值税征收
　　　管理操作办法（试行）》的公告（上海市国家税务局公告2016年
　　　第3号）（2016年4月30日） …………………………………………………… 164
　　上海市国家税务局关于发布《纳税人跨区（县）转让不动产增值税征收
　　　管理操作办法（试行）》公告（上海市国家税务局公告2016年第5号）
　　　（2016年4月30日） ……………………………………………………………… 167
　1.2.3　有关纳税抵扣 ……………………………………………………………………… 169
　　财政部、国家税务总局关于进一步明确全面推开营改增试点有关劳务
　　　派遣服务、收费公路通行费抵扣等政策的通知（财税〔2016〕47号）
　　　（2016年4月30日） ……………………………………………………………… 169
　　国家税务总局关于发布《不动产进项税额分期抵扣暂行办法》的公告
　　　（国家税务总局公告2016年第15号）（2016年3月31日） ………………… 171
　1.2.4　有关会计处理 ……………………………………………………………………… 173
　　财政部关于印发《营业税改征增值税试点有关企业会计处理规定》的通知
　　　（财会〔2012〕13号）（2012年7月5日） ……………………………………… 173
　1.2.5　有关预算管理 ……………………………………………………………………… 175
　　财政部、中国人民银行、国家税务总局关于营业税改征增值税试点有关
　　　预算管理问题的通知（财预〔2013〕275号）（2013年6月28日） ………… 175
　　国家税务总局关于营业税改征增值税部分试点纳税人增值税纳税申报有关
　　　事项调整的公告（国家税务总局公告2016年第30号）
　　　（2016年5月10日） ……………………………………………………………… 177
　1.2.6　有关纳税申报 ……………………………………………………………………… 188
　　国家税务总局关于全面推开营业税改征增值税试点后增值税纳税申报有关
　　　事项的公告（国家税务总局公告2016年第13号）（2016年3月31日） …… 188
　　国家税务总局关于营业税改征增值税总分机构试点纳税人增值税纳税申报
　　　有关事项的公告（国家税务总局公告2013年第22号）（2013年5月7日） … 219
　1.2.7　其他类 ………………………………………………………………………………… 223
　　上海市国家税务局关于本市营业税改征增值税跨境应税服务免税备案管理
　　　有关事项的公告（上海市国家税务局公告2014年第8号）
　　　（2014年12月30日） …………………………………………………………… 223
　　国家税务总局关于重新发布《营业税改征增值税跨境应税服务增值税免税
　　　管理办法（试行）》的公告（国家税务总局公告2014年第49号）

　　　　（2014年8月27日）　228

　　财政部、国家税务总局：关于重新印发《总分机构试点纳税人增值税计算
　　　　缴纳暂行办法》的通知（2013年10月24日）　233

第2章　增值税政策法规　235

2.1　综合类　235

2.1.1　国务院　235

　　中华人民共和国增值税暂行条例
　　　　（1993年12月13日中华人民共和国国务院令第134号发布　2008年11月5日
　　　　国务院第34次常务会议修订通过　根据2016年2月6日发布的国务院令
　　　　第666号《国务院关于修改部分行政法规的决定》修改）　235

2.1.2　财政部、国家税务总局　238

　　中华人民共和国增值税暂行条例实施细则（2011修订）
　　　　（2008年12月18日财政部、国家税务总局令第50号公布　根据2011年
　　　　10月28日《关于修改〈中华人民共和国增值税暂行条例实施细则〉和
　　　　〈中华人民共和国营业税暂行条例实施细则〉的决定》修订）　239

　　财政部、国家税务总局关于增值税若干政策的通知
　　　　（财税〔2005〕165号）（2005年11月28日）　244

2.1.3　国家税务总局　246

　　国家税务总局关于《适用增值税零税率应税服务退（免）税管理办法》的
　　　　补充公告（国家税务总局公告2015年第88号）（2015年12月14日）　246

　　国家税务总局关于明确部分增值税优惠政策审批事项取消后有关管理事项
　　　　的公告（国家税务总局公告2015年第38号）（2015年5月19日）　249

　　国家税务总局关于发布《适用增值税零税率应税服务退（免）税管理办法》
　　　　的公告（国家税务总局公告2014年第11号）（2014年2月8日）　250

　　国家税务总局关于印发《增值税若干具体问题的规定》的通知
　　　　（国税发〔1993〕154号）（1993年12月28日）　256

　　国家税务局关于检发《增值税税目具体范围的解释》的通知
　　　　（财税增〔1988〕42号）（1988年6月8日）　257

2.2　专项类　259

2.2.1　有关增值税发票　259

2.2.1.1　国务院　259

　　中华人民共和国发票管理办法
　　　　（1993年12月12日国务院批准、1993年12月23日财政部令〔1993〕
　　　　第6号发布，根据2010年12月20日《国务院关于修改〈中华人民共和
　　　　国发票管理办法〉的决定》修订）　259

2.2.1.2　国家税务总局　264

　　国家税务总局关于推行通过增值税电子发票系统开具的增值税电子普通发票
　　　　有关问题的公告（国家税务总局公告　2015年第84号）
　　　　（2015年11月26日）　264

国家税务总局关于全面推行增值税发票系统升级版有关问题的公告
   （国家税务总局公告 2015 年第 19 号）（2015 年 3 月 30 日） ………… 267
国家税务总局关于纳税人对外开具增值税专用发票有关问题的公告
   （国家税务总局公告 2014 年第 39 号）（2014 年 7 月 2 日） …………… 272
国家税务总局关于简化增值税发票领用和使用程序有关问题的公告
   （国家税务总局公告 2014 年第 19 号）（2014 年 3 月 24 日） …………… 272
国家税务总局关于纳税人虚开增值税专用发票征补税款问题的公告
   （国家税务总局公告 2012 年第 33 号）（2012 年 7 月 9 日） …………… 275
中华人民共和国发票管理办法实施细则
   （国家税务总局令第 25 号）（2011 年 2 月 14 日） ……………………… 276
国家税务总局关于《国家税务总局关于纳税人取得虚开的增值税专用发票
   处理问题的通知》的补充通知（国税发〔2000〕182 号）
   （2000 年 11 月 6 日） ……………………………………………………… 279
国家税务总局关于失控增值税专用发票处理的批复
   （国税函〔2008〕607 号）（2008 年 6 月 19 日） ………………………… 280
国家税务总局关于纳税人善意取得虚开增值税专用发票已抵扣税款加收滞
   纳金问题的批复（国税函〔2007〕1240 号）（2007 年 12 月 12 日） …… 280
国家税务总局关于修订《增值税专用发票使用规定》的通知（2006）
   （国税发〔2006〕156 号）（2006 年 10 月 17 日） ……………………… 281
国家税务总局关于启用增值税普通发票有关问题的通知
   （国税发明电〔2005〕34 号）（2005 年 8 月 19 日） …………………… 289
国家税务总局关于加强税务机关代开增值税专用发票管理问题的通知
   （国税函〔2004〕1404 号）（2004 年 12 月 22 日） ……………………… 290
国家税务总局关于印发《税务机关代开增值税专用发票管理办法（试行）》的
   通知（国税发〔2004〕153 号）（2004 年 12 月 22 日） ………………… 291
国家税务总局关于纳税人善意取得虚开的增值税专用发票处理问题的通知
   （国税发〔2000〕187 号 2000 年 11 月 16 日） ………………………… 293
国家税务总局关于纳税人取得虚开的增值税专用发票处理问题的通知
   （国税发〔1997〕134 号）（1997 年 8 月 8 日） ………………………… 294
国家税务总局关于印发《增值税专用发票内部管理办法》的通知
   （国税发〔1996〕136 号）（1996 年 7 月 30 日） ………………………… 295
国家税务总局关于固定业户临时外出经营有关增值税专用发票管理问题的
   通知（国税发〔1995〕087 号）（1995 年 5 月 16 日） …………………… 300

2.2.2 有关税收征管 ……………………………………………………………… 301
2.2.2.1 全国人大、国务院 …………………………………………………… 301
中华人民共和国税收征收管理法实施细则
   （2002 年 9 月 7 日中华人民共和国国务院令第 362 号公布 根据 2012 年 11 月
   9 日的国务院令第 628 号《国务院关于修改和废止部分行政法规的决定》第
   一次修订 根据 2013 年 7 月 18 日国务院令第 638 号《国务院关于废止和修

改部分行政法规的决定》第二次修订 根据2016年2月6日发布的国务院令
　　第666号《国务院关于修改部分行政法规的决定》修改）……………………301
中华人民共和国税收征收管理法（2015年修正）
　　（1992年9月4日第七届全国人民代表大会常务委员会第二十七次会议
　　通过 根据1995年2月28日第八届全国人民代表大会常务委员会第十二
　　次会议《关于修改〈中华人民共和国税收征收管理法〉的决定》第一次
　　修正 2001年4月28日第九届全国人民代表大会常务委员会第二十一次
　　会议修订 根据2013年6月29日第十二届全国人民代表大会常务委员会
　　第三次会议《关于修改〈中华人民共和国文物保护法〉等十二部法律的决
　　定》第二次修正 根据2015年4月24日第十二届全国人民代表大会常务
　　委员会第十四次会议《关于修改〈中华人民共和国港口法〉等七部法律的
　　决定》第三次修正）………………………………………………………313

2.2.2.2　国家税务总局 ……………………………………………………323
　　国家税务总局关于贯彻《中华人民共和国税收征收管理法》及其实施细则若
　　干具体问题的通知（国税发［2003］47号）（2003年4月23日）…………324
　　国家税务总局关于贯彻实施《中华人民共和国税收征收管理法》有关问题的
　　通知（国税发［2001］54号）（2001年5月18日）……………………………327

2.2.3　有关增值税纳税抵扣 ……………………………………………………328
　　关于《国家税务总局关于〈不动产进项税额分期抵扣暂行办法〉的公告》的
　　解读………………………………………………………………………………328
　　关于增值税进项留抵税额税收会计核算有关事项的通知
　　（税总函［2013］212号）（2013年5月13日）………………………………329
　　关于未按期申报抵扣增值税扣税凭证有关问题的公告
　　（国家税务总局公告2011年第78号）（2011年12月29日）…………………330
　　关于纳税人既享受增值税即征即退、先征后退政策又享受免抵退税政策有关
　　问题的公告（国家税务总局公告2011年第69号）（2011年12月1日）……334
　　国家税务总局关于逾期增值税扣税凭证抵扣问题的公告
　　（国家税务总局公告2011年第50号）（2011年9月14日）…………………335
　　关于折扣额抵减增值税应税销售额问题通知（国税函［2010］56号）
　　（2010年2月8日）………………………………………………………………338
　　关于调整增值税扣税凭证抵扣期限有关问题的通知
　　（国税函［2009］617号）（2009年11月9日）………………………………339

2.2.4　有关一般纳税人资格认定 ………………………………………………340
　　关于明确《增值税一般纳税人资格认定管理办法》若干条款处理意见的通知
　　（国税函［2010］139号）（2010年4月7日）…………………………………340
　　关于《增值税一般纳税人资格认定管理办法》政策衔接有关问题的通知
　　（国税函［2010］137号）（2010年4月7日）…………………………………342
　　增值税一般纳税人资格认定管理办法
　　（国家税务总局令第22号）（2010年2月10日）………………………………342

2.2.5　有关一般纳税人的管理 ·· 346
　　关于"三证合一"登记制度改革涉及增值税一般纳税人管理有关事项的公告
　　　（国家税务总局公告 2015 年第 74 号）（2015 年 11 月 2 日）······················ 346
　　关于调整增值税一般纳税人管理有关事项的公告
　　　（2015 年第 18 号）（2015 年 3 月 30 日）··· 346
　　关于一般纳税人迁移有关增值税问题的公告
　　　（2011 年第 71 号）（2011 年 12 月 9 日）··· 348
　　关于印发《增值税一般纳税人纳税辅导期管理办法》的通知
　　　（国税发〔2010〕40 号）（2010 年 4 月 7 日）·· 349
　　关于重新修订《增值税一般纳税人纳税申报办法》的通知（2003）
　　　（国税发〔2003〕53 号）（2003 年 5 月 13 日）·· 352

2.2.6　有关会计处理 ··· 355
　　财政部印发《关于小微企业免征增值税和营业税的会计处理规定》的通知
　　　（财会〔2013〕24 号）（2013 年 12 月 24 日）··· 355
　　财政部《关于增值税会计处理的补充通知》
　　　（〔93〕财会明电传 10 号　1993 年 12 月 28 日）··································· 356
　　财政部关于增值税会计处理的规定
　　　（1993 年 12 月 27 日财政部发布）·· 356

2.2.7　有关增值税发票犯罪 ··· 360
　　中华人民共和国刑法（中华人民共和国主席令第十号）······························· 360
　　最高人民法院印发《关于适用〈全国人民代表大会常务委员会关于惩治虚开、
　　　伪造和非法出售增值税专用发票犯罪的决定〉的若干问题的解释》的通知
　　　（法发〔1996〕30 号　1996 年 10 月 17 日）··· 362
　　全国人民代表大会常务委员会关于惩治虚开、伪造和非法出售增值税专用
　　　发票犯罪的决定（中华人民共和国主席令第五十七号）
　　　（1995 年 10 月 30 日）·· 365

2.2.8　有关增值税征收率 ··· 367
　　国家税务总局关于简并增值税征收率有关问题的公告
　　　（国家税务总局公告 2014 年第 36 号）（2014 年 6 月 27 日）·················· 367
　　财政部、国家税务总局关于简并增值税征收率政策的通知
　　　（财税〔2014〕57 号）（2014 年 6 月 13 日）··· 368

2.2.9　其他 ·· 369
2.2.9.1　部门联合 ·· 369
　　财政部、国家税务总局关于新型墙体材料增值税政策的通知
　　　（财税〔2015〕73 号）（2015 年 6 月 12 日）··· 369
　　财政部、国家税务总局关于固定业户总分支机构增值税汇总纳税有关政策的
　　　通知（财税〔2012〕9 号）（2012 年 1 月 16 日）····································· 371
　　国务院办公厅转发国家税务总局关于全面推广应用增值税防伪税
　　　控系统意见的通知（国办发〔2000〕12 号　2000 年 2 月 12 日）············ 372

2.2.9.2　国家税务总局 ……………………………………………………………… 373
　　　　关于印发《增值税税控系统服务单位监督管理办法》的通知
　　　　　（税总发〔2015〕118号）（2015年10月9日） ………………………………… 373
　　　　关于纳税人资产重组有关增值税问题的公告
　　　　　（国家税务总局公告2013年第66号）（2013年11月19日） ……………………… 381
　　　　关于纳税人资产重组有关增值税问题的公告
　　　　　（国家税务总局公告2011年第13号）（2011年2月18日） ……………………… 381
　　　　关于出口货物劳务增值税和消费税有关问题的公告
　　　　　（国家税务总局公告2013年第65号）（2013年11月13日） ……………………… 382
　　　　关于调整增值税纳税申报有关事项的公告
　　　　　（国家税务总局公告2013年第32号）（2013年6月19日） ……………………… 387
　　　　关于调整增值税即征即退优惠政策管理措施有关问题的公告
　　　　　（国家税务总局公告2011年第60号）（2011年11月14日） ……………………… 411
　　　　关于增值税纳税义务发生时间有关问题的公告
　　　　　（国家税务总局公告2011年第40号）（2011年7月15日） ……………………… 412
　　　　国家税务总局关于开展建筑安装、交通运输行业增值税调查测算工作的通知
　　　　　（1999年3月3日） ……………………………………………………………… 412

第3章　"营改增"工程计价依据调整 ……………………………………………… 423
3.1　国家部委规定 …………………………………………………………………… 423
　　交通运输部办公厅关于《公路工程营业税改征增值税计价依据调整方案》的
　　　通知（交办公路〔2016〕66号）（2016年4月28日） ……………………………… 423
　　住房城乡建设部办公厅关于做好建筑业营改增建设工程计价依据调整准备
　　　工作的通知（建办标〔2016〕4号）（2016年2月19日） …………………………… 427
3.2　地方规定 ………………………………………………………………………… 428
3.2.1　北京 …………………………………………………………………………… 428
　　北京市住房和城乡建设委员会关于印发《关于建筑业营业税改征增值税调整
　　　北京市建设工程计价依据的实施意见》的通知
　　　（京建发〔2016〕116号） ………………………………………………………… 428
3.2.2　上海 …………………………………………………………………………… 440
　　上海市建筑建材业市场管理总站关于实施建筑业营业税改增值税调整本市建设
　　　工程计价依据的通知（沪建市管〔2016〕42号）（2016年4月15日） …………… 440
3.2.3　江苏 …………………………………………………………………………… 458
　　江苏省住房城乡建设厅关于建筑业实施营改增后江苏省建设工程计价依据调整
　　　的通知（苏建价〔2016〕154号）（2016年4月25日） …………………………… 458
3.2.4　浙江 …………………………………………………………………………… 459
　　浙江省住房和城乡建设厅关于建筑业实施营改增后浙江省建设工程计价规则
　　　调整的通知（建建发〔2016〕144号）（2016年4月18日） ……………………… 459
　　浙江省建设工程造价管理总站关于营改增后浙江省建设工程材料价格信息发布
　　　工作调整的通知（浙建站信〔2016〕25号）（2016年4月18日） ………………… 461

3.2.5 广东 ·· 462
 广东省住房和城乡建设厅关于营业税改征增值税后调整广东省建设工程计价
  依据的通知（粤建市函［2016］1113号）（2016年4月25日） ··············· 462
 深圳市住房和建设局关于发布《深圳市建筑业营改增建设工程计价依据调整
  实施细则（试行）》的通知（深建市场［2016］14号）（2016年5月4日） ··· 467
3.2.6 河南 ·· 469
 河南省住房和城乡建设厅关于我省建筑业"营改增"后计价依据调整的意见
  （豫建设标［2016］24号）（2016年4月14日） ·· 469
3.2.7 山东 ·· 475
 山东省住房和城乡建设厅印发《建筑业营改增建设工程计价依据调整实施
  意见》的通知（鲁建办字［2016］20号）（2016年4月21日） ················ 475

第1章 "营改增"政策法规

1.1 综合类

1.1.1 国务院

**国务院关于印发
全面推开营改增试点后调整中央与地方增值税
收入划分过渡方案的通知**

(国发〔2016〕26号)

各省、自治区、直辖市人民政府,国务院各部委、各直属机构:

现将《全面推开营改增试点后调整中央与地方增值税收入划分过渡方案》印发给你们,请认真遵照执行。

国务院
2016年4月29日

全面推开营改增试点后调整中央与地方增值税收入划分过渡方案

全面推开营改增试点将于2016年5月1日实施。按照党的十八届三中全会关于"保持现有中央和地方财力格局总体稳定,结合税制改革,考虑税种属性,进一步理顺中央和地方收入划分"的要求,同时考虑到税制改革未完全到位,推进中央与地方事权和支出责任划分改革还有一个过程,国务院决定,制定全面推开营改增试点后调整中央与地方增值税收入划分的过渡方案。

一、基本原则

(一)保持现有财力格局不变。既要保障地方既有财力,不影响地方财政平稳运行,又要保持目前中央和地方财力大体"五五"格局。

(二)注重调动地方积极性。适当提高地方按税收缴纳地分享增值税的比例,有利于调动地方发展经济和培植财源的积极性,缓解当前经济下行压力。

(三)兼顾好东中西部利益关系。以2014年为基数,将中央从地方上划收入通过税收返还方式给地方，确保既有财力不变。调整后，收入增量分配向中西部地区倾斜，重点加大对欠发达地区的支持力度，推进基本公共服务均等化。

同时，在加快地方税体系建设、推进中央与地方事权和支出责任划分改革过程中，做好过渡方案与下一步财税体制改革的衔接。

二、主要内容

（一）以2014年为基数核定中央返还和地方上缴基数。

（二）所有行业企业缴纳的增值税均纳入中央和地方共享范围。

（三）中央分享增值税的50％。

（四）地方按税收缴纳地分享增值税的50％。

（五）中央上划收入通过税收返还方式给地方，确保地方既有财力不变。

（六）中央集中的收入增量通过均衡性转移支付分配给地方，主要用于加大对中西部地区的支持力度。

三、实施时间和过渡期限

本方案与全面推开营改增试点同步实施，即自2016年5月1日起执行。过渡期暂定2~3年，届时根据中央与地方事权和支出责任划分、地方税体系建设等改革进展情况，研究是否适当调整。

国务院关于做好全面推开营改增试点工作的通知

（国发明电〔2016〕1号）

各省、自治区、直辖市人民政府，国务院各部委、各直属机构：

全面推开营改增试点将于2016年5月1日实施，为切实做好试点各项工作，现就有关事项通知如下：

一、高度重视全面推开营改增试点工作，切实加强组织领导。全面推开营改增试点是当前推动结构性改革尤其是供给侧结构性改革的重要内容，是实施积极财政政策的重大减税措施，政策性强、涉及面广、时间紧、任务重。各地区、各部门要充分认识全面推开营改增试点的重大意义，高度重视，统一思想，进一步加强对试点工作的组织领导。全面推开营改增试点部际联席会议要按照国务院赋予的职责，主动做好综合协调，统筹推进相关工作。各省（自治区、直辖市）人民政府要对本行政区域全面推开营改增试点工作负总责，政府主要负责同志要切实担负起第一责任人的责任。要精心组织，周密部署，抓紧建立工作协同推进机制，明确任务分工，细化措施方案，层层落实责任。

二、密切跟踪试点运行情况，做好政策解读和舆论引导。各地区、各部门要密切跟踪掌握全面推开营改增试点工作的进展情况，充分利用互联网、大数据等技术手段，针对不同行业和企业特点，梳理试点过程中的新情况，不断总结试点经验，优化流程，改进方法，加强监测预警，完善应对预案，强化风险防控，出现问题迅速处置。要进一步加强试点工作宣传，深入进行政策解读，对不实消息和人为炒作要予以及时澄清，积极回应社会关切，避免政策误读，有效引导社会舆论，为改革营造良好氛围。

　　三、严肃财经纪律，强化责任追究。地方各级政府都要讲政治、顾大局，算政治账、经济账、长远账，严格遵守有关法律法规和财经纪律，绝不允许为了短期利益和局部利益，搞回溯性清税，甚至弄虚作假收过头税。此类问题一经发现要依法依规严肃处理，对不应征收的税收必须立即退付给纳税人，超出合理增幅部分的税收要相应扣回。有关部门要强化监督约谈，禁止个别企业等假借营改增之名刻意曲解政策、趁机涨价谋取不当利益。同时，要确保全面推开营改增试点后顺利实施调整中央与地方增值税收入划分过渡方案。要坚决避免违背市场规律的不合理行政干预，不得限制企业跨区域生产经营、操纵企业增加值地区分布，严禁以各种不当手段争夺税源，防止形成地方保护和市场分割，破坏全国统一大市场建设。要确保试点工作平稳、有序进行，确保各项减税措施落到实处、见到实效，确保各行业税负只减不增，使广大企业充分享受到全面推开营改增试点的改革红利。重大事项要及时向国务院报告。

国务院
2016 年 4 月 29 日

1.1.2　财政部、国家税务总局

财政部、国家税务总局关于全面推开营业税改征增值税试点的通知

（财税〔2016〕36 号）

各省、自治区、直辖市、计划单列市财政厅（局）、国家税务局、地方税务局，新疆生产建设兵团财务局：

　　经国务院批准，自 2016 年 5 月 1 日起，在全国范围内全面推开营业税改征增值税（以下称营改增）试点，建筑业、房地产业、金融业、生活服务业等全部营业税纳税人，纳入试点范围，由缴纳营业税改为缴纳增值税。现将《营业税改征增值税试点实施办法》、《营业税改征增值税试点有关事项的规定》、《营业税改征增值税试点过渡政策的规定》和《跨境应税行为适用增值税零税率和免税政策的规定》印发你们，请遵照执行。

　　本通知附件规定的内容，除另有规定执行时间外，自 2016 年 5 月 1 日起执行。《财政部 国家税务总局关于将铁路运输和邮政业纳入营业税改征增值税试点的通知》（财税〔2013〕106 号）、《财政部 国家税务总局关于铁路运输和邮政业营业税改征增值税试点有关政策的补充通知》（财税〔2013〕121 号）、《财政部 国家税务总局关于将电信业纳入营业税改征增值税试点的通知》（财税〔2014〕43 号）、《财政部 国家税务总局关于国际水路运输增值税零税率政策的补充通知》（财税〔2014〕50 号）和《财政部 国家税务总局

关于影视等出口服务适用增值税零税率政策的通知》（财税〔2015〕118号），除另有规定的条款外，相应废止。

各地要高度重视营改增试点工作，切实加强试点工作的组织领导，周密安排，明确责任，采取各种有效措施，做好试点前的各项准备以及试点过程中的监测分析和宣传解释等工作，确保改革的平稳、有序、顺利进行。遇到问题请及时向财政部和国家税务总局反映。

附件1. 营业税改征增值税试点实施办法
    2. 营业税改征增值税试点有关事项的规定
    3. 营业税改征增值税试点过渡政策的规定
    4. 跨境应税行为适用增值税零税率和免税政策的规定

财政部
国家税务总局
2016年3月23日

附件1：营业税改征增值税试点实施办法

第一章　纳税人和扣缴义务人

第一条　在中华人民共和国境内（以下称境内）销售服务、无形资产或者不动产（以下称应税行为）的单位和个人，为增值税纳税人，应当按照本办法缴纳增值税，不缴纳营业税。

单位，是指企业、行政单位、事业单位、军事单位、社会团体及其他单位。

个人，是指个体工商户和其他个人。

第二条　单位以承包、承租、挂靠方式经营的，承包人、承租人、挂靠人（以下统称承包人）以发包人、出租人、被挂靠人（以下统称发包人）名义对外经营并由发包人承担相关法律责任的，以该发包人为纳税人。否则，以承包人为纳税人。

第三条　纳税人分为一般纳税人和小规模纳税人。

应税行为的年应征增值税销售额（以下称应税销售额）超过财政部和国家税务总局规定标准的纳税人为一般纳税人，未超过规定标准的纳税人为小规模纳税人。

年应税销售额超过规定标准的其他个人不属于一般纳税人。年应税销售额超过规定标准但不经常发生应税行为的单位和个体工商户可选择按照小规模纳税人纳税。

第四条　年应税销售额未超过规定标准的纳税人，会计核算健全，能够提供准确税务资料的，可以向主管税务机关办理一般纳税人资格登记，成为一般纳税人。

会计核算健全，是指能够按照国家统一的会计制度规定设置账簿，根据合法、有效凭证核算。

第五条　符合一般纳税人条件的纳税人应当向主管税务机关办理一般纳税人资格登记。具体登记办法由国家税务总局制定。

除国家税务总局另有规定外，一经登记为一般纳税人后，不得转为小规模纳税人。

第六条　中华人民共和国境外（以下称境外）单位或者个人在境内发生应税行为，在境内未设有经营机构的，以购买方为增值税扣缴义务人。财政部和国家税务总局另有规定的除外。

第七条 两个或者两个以上的纳税人，经财政部和国家税务总局批准可以视为一个纳税人合并纳税。具体办法由财政部和国家税务总局另行制定。

第八条 纳税人应当按照国家统一的会计制度进行增值税会计核算。

第二章 征税范围

第九条 应税行为的具体范围，按照本办法所附的《销售服务、无形资产、不动产注释》执行。

第十条 销售服务、无形资产或者不动产，是指有偿提供服务、有偿转让无形资产或者不动产，但属于下列非经营活动的情形除外：

（一）行政单位收取的同时满足以下条件的政府性基金或者行政事业性收费。

1．由国务院或者财政部批准设立的政府性基金，由国务院或者省级人民政府及其财政、价格主管部门批准设立的行政事业性收费；

2．收取时开具省级以上（含省级）财政部门监（印）制的财政票据；

3．所收款项全额上缴财政。

（二）单位或者个体工商户聘用的员工为本单位或者雇主提供取得工资的服务。

（三）单位或者个体工商户为聘用的员工提供服务。

（四）财政部和国家税务总局规定的其他情形。

第十一条 有偿，是指取得货币、货物或者其他经济利益。

第十二条 在境内销售服务、无形资产或者不动产，是指：

（一）服务（租赁不动产除外）或者无形资产（自然资源使用权除外）的销售方或者购买方在境内；

（二）所销售或者租赁的不动产在境内；

（三）所销售自然资源使用权的自然资源在境内；

（四）财政部和国家税务总局规定的其他情形。

第十三条 下列情形不属于在境内销售服务或者无形资产：

（一）境外单位或者个人向境内单位或者个人销售完全在境外发生的服务。

（二）境外单位或者个人向境内单位或者个人销售完全在境外使用的无形资产。

（三）境外单位或者个人向境内单位或者个人出租完全在境外使用的有形动产。

（四）财政部和国家税务总局规定的其他情形。

第十四条 下列情形视同销售服务、无形资产或者不动产：

（一）单位或者个体工商户向其他单位或者个人无偿提供服务，但用于公益事业或者以社会公众为对象的除外。

（二）单位或者个人向其他单位或者个人无偿转让无形资产或者不动产，但用于公益事业或者以社会公众为对象的除外。

（三）财政部和国家税务总局规定的其他情形。

第三章 税率和征收率

第十五条 增值税税率：

（一）纳税人发生应税行为，除本条第（二）项、第（三）项、第（四）项规定外，税率为6%。

（二）提供交通运输、邮政、基础电信、建筑、不动产租赁服务，销售不动产，转让土地使用权，税率为11%。

（三）提供有形动产租赁服务，税率为17%。

（四）境内单位和个人发生的跨境应税行为，税率为零。具体范围由财政部和国家税务总局另行规定。

第十六条 增值税征收率为3%，财政部和国家税务总局另有规定的除外。

第四章 应纳税额的计算

第一节 一般性规定

第十七条 增值税的计税方法，包括一般计税方法和简易计税方法。

第十八条 一般纳税人发生应税行为适用一般计税方法计税。

一般纳税人发生财政部和国家税务总局规定的特定应税行为，可以选择适用简易计税方法计税，但一经选择，36个月内不得变更。

第十九条 小规模纳税人发生应税行为适用简易计税方法计税。

第二十条 境外单位或者个人在境内发生应税行为，在境内未设有经营机构的，扣缴义务人按照下列公式计算应扣缴税额：

应扣缴税额＝购买方支付的价款÷（1＋税率）×税率

第二节 一般计税方法

第二十一条 一般计税方法的应纳税额，是指当期销项税额抵扣当期进项税额后的余额。应纳税额计算公式：

应纳税额＝当期销项税额－当期进项税额

当期销项税额小于当期进项税额不足抵扣时，其不足部分可以结转下期继续抵扣。

第二十二条 销项税额，是指纳税人发生应税行为按照销售额和增值税税率计算并收取的增值税额。销项税额计算公式：

销项税额＝销售额×税率

第二十三条 一般计税方法的销售额不包括销项税额，纳税人采用销售额和销项税额合并定价方法的，按照下列公式计算销售额：

销售额＝含税销售额÷（1＋税率）

第二十四条 进项税额，是指纳税人购进货物、加工修理修配劳务、服务、无形资产或者不动产，支付或者负担的增值税额。

第二十五条 下列进项税额准予从销项税额中抵扣：

（一）从销售方取得的增值税专用发票（含税控机动车销售统一发票，下同）上注明的增值税额。

（二）从海关取得的海关进口增值税专用缴款书上注明的增值税额。

（三）购进农产品，除取得增值税专用发票或者海关进口增值税专用缴款书外，按照农产品收购发票或者销售发票上注明的农产品买价和13％的扣除率计算的进项税额。计算公式为：

$$进项税额＝买价×扣除率$$

买价，是指纳税人购进农产品在农产品收购发票或者销售发票上注明的价款和按照规定缴纳的烟叶税。

购进农产品，按照《农产品增值税进项税额核定扣除试点实施办法》抵扣进项税额的除外。

（四）从境外单位或者个人购进服务、无形资产或者不动产，自税务机关或者扣缴义务人取得的解缴税款的完税凭证上注明的增值税额。

第二十六条　纳税人取得的增值税扣税凭证不符合法律、行政法规或者国家税务总局有关规定的，其进项税额不得从销项税额中抵扣。

增值税扣税凭证，是指增值税专用发票、海关进口增值税专用缴款书、农产品收购发票、农产品销售发票和完税凭证。

纳税人凭完税凭证抵扣进项税额的，应当具备书面合同、付款证明和境外单位的对账单或者发票。资料不全的，其进项税额不得从销项税额中抵扣。

第二十七条　下列项目的进项税额不得从销项税额中抵扣：

（一）用于简易计税方法计税项目、免征增值税项目、集体福利或者个人消费的购进货物、加工修理修配劳务、服务、无形资产和不动产。其中涉及的固定资产、无形资产、不动产，仅指专用于上述项目的固定资产、无形资产（不包括其他权益性无形资产）、不动产。

纳税人的交际应酬消费属于个人消费。

（二）非正常损失的购进货物，以及相关的加工修理修配劳务和交通运输服务。

（三）非正常损失的在产品、产成品所耗用的购进货物（不包括固定资产）、加工修理修配劳务和交通运输服务。

（四）非正常损失的不动产，以及该不动产所耗用的购进货物、设计服务和建筑服务。

（五）非正常损失的不动产在建工程所耗用的购进货物、设计服务和建筑服务。

纳税人新建、改建、扩建、修缮、装饰不动产，均属于不动产在建工程。

（六）购进的旅客运输服务、贷款服务、餐饮服务、居民日常服务和娱乐服务。

（七）财政部和国家税务总局规定的其他情形。

本条第（四）项、第（五）项所称货物，是指构成不动产实体的材料和设备，包括建筑装饰材料和给排水、采暖、卫生、通风、照明、通讯、煤气、消防、中央空调、电梯、电气、智能化楼宇设备及配套设施。

第二十八条　不动产、无形资产的具体范围，按照本办法所附的《销售服务、无形资产或者不动产注释》执行。

固定资产，是指使用期限超过12个月的机器、机械、运输工具以及其他与生产经营有关的设备、工具、器具等有形动产。

非正常损失，是指因管理不善造成货物被盗、丢失、霉烂变质，以及因违反法律法规造成货物或者不动产被依法没收、销毁、拆除的情形。

第二十九条　适用一般计税方法的纳税人，兼营简易计税方法计税项目、免征增值税项目而无法划分不得抵扣的进项税额，按照下列公式计算不得抵扣的进项税额：

不得抵扣的进项税额＝当期无法划分的全部进项税额×（当期简易计税方法计税项目销售额＋免征增值税项目销售额）÷当期全部销售额

主管税务机关可以按照上述公式依据年度数据对不得抵扣的进项税额进行清算。

第三十条　已抵扣进项税额的购进货物（不含固定资产）、劳务、服务，发生本办法第二十七条规定情形（简易计税方法计税项目、免征增值税项目除外）的，应当将该进项税额从当期进项税额中扣减；无法确定该进项税额的，按照当期实际成本计算应扣减的进项税额。

第三十一条　已抵扣进项税额的固定资产、无形资产或者不动产，发生本办法第二十七条规定情形的，按照下列公式计算不得抵扣的进项税额：

不得抵扣的进项税额＝固定资产、无形资产或者不动产净值×适用税率

固定资产、无形资产或者不动产净值，是指纳税人根据财务会计制度计提折旧或摊销后的余额。

第三十二条　纳税人适用一般计税方法计税的，因销售折让、中止或者退回而退还给购买方的增值税额，应当从当期的销项税额中扣减；因销售折让、中止或者退回而收回的增值税额，应当从当期的进项税额中扣减。

第三十三条　有下列情形之一者，应当按照销售额和增值税税率计算应纳税额，不得抵扣进项税额，也不得使用增值税专用发票：

（一）一般纳税人会计核算不健全，或者不能够提供准确税务资料的。

（二）应当办理一般纳税人资格登记而未办理的。

第三节　简易计税方法

第三十四条　简易计税方法的应纳税额，是指按照销售额和增值税征收率计算的增值税额，不得抵扣进项税额。应纳税额计算公式：

应纳税额＝销售额×征收率

第三十五条　简易计税方法的销售额不包括其应纳税额，纳税人采用销售额和应纳税额合并定价方法的，按照下列公式计算销售额：

销售额＝含税销售额÷（1＋征收率）

第三十六条　纳税人适用简易计税方法计税的，因销售折让、中止或者退回而退还给购买方的销售额，应当从当期销售额中扣减。扣减当期销售额后仍有余额造成多缴的税款，可以从以后的应纳税额中扣减。

第四节　销售额的确定

第三十七条　销售额，是指纳税人发生应税行为取得的全部价款和价外费用，财政部和国家税务总局另有规定的除外。

价外费用，是指价外收取的各种性质的收费，但不包括以下项目：

（一）代为收取并符合本办法第十条规定的政府性基金或者行政事业性收费。

（二）以委托方名义开具发票代委托方收取的款项。

第三十八条　销售额以人民币计算。

纳税人按照人民币以外的货币结算销售额的，应当折合成人民币计算，折合率可以选择销售额发生的当天或者当月1日的人民币汇率中间价。纳税人应当在事先确定采用何种折合率，确定后12个月内不得变更。

第三十九条 纳税人兼营销售货物、劳务、服务、无形资产或者不动产，适用不同税率或者征收率的，应当分别核算适用不同税率或者征收率的销售额；未分别核算的，从高适用税率。

第四十条 一项销售行为如果既涉及服务又涉及货物，为混合销售。从事货物的生产、批发或者零售的单位和个体工商户的混合销售行为，按照销售货物缴纳增值税；其他单位和个体工商户的混合销售行为，按照销售服务缴纳增值税。

本条所称从事货物的生产、批发或者零售的单位和个体工商户，包括以从事货物的生产、批发或者零售为主，并兼营销售服务的单位和个体工商户在内。

第四十一条 纳税人兼营免税、减税项目的，应当分别核算免税、减税项目的销售额；未分别核算的，不得免税、减税。

第四十二条 纳税人发生应税行为，开具增值税专用发票后，发生开票有误或者销售折让、中止、退回等情形的，应当按照国家税务总局的规定开具红字增值税专用发票；未按照规定开具红字增值税专用发票的，不得按照本办法第三十二条和第三十六条的规定扣减销项税额或者销售额。

第四十三条 纳税人发生应税行为，将价款和折扣额在同一张发票上分别注明的，以折扣后的价款为销售额；未在同一张发票上分别注明的，以价款为销售额，不得扣减折扣额。

第四十四条 纳税人发生应税行为价格明显偏低或者偏高且不具有合理商业目的的，或者发生本办法第十四条所列行为而无销售额的，主管税务机关有权按照下列顺序确定销售额：

（一）按照纳税人最近时期销售同类服务、无形资产或者不动产的平均价格确定。

（二）按照其他纳税人最近时期销售同类服务、无形资产或者不动产的平均价格确定。

（三）按照组成计税价格确定。组成计税价格的公式为：

$$组成计税价格＝成本×（1＋成本利润率）$$

成本利润率由国家税务总局确定。

不具有合理商业目的，是指以谋取税收利益为主要目的，通过人为安排，减少、免除、推迟缴纳增值税税款，或者增加退还增值税税款。

第五章 纳税义务、扣缴义务发生时间和纳税地点

第四十五条 增值税纳税义务、扣缴义务发生时间为：

（一）纳税人发生应税行为并收讫销售款项或者取得索取销售款项凭据的当天；先开具发票的，为开具发票的当天。

收讫销售款项，是指纳税人销售服务、无形资产、不动产过程中或者完成后收到款项。

取得索取销售款项凭据的当天，是指书面合同确定的付款日期；未签订书面合同或者书面合同未确定付款日期的，为服务、无形资产转让完成的当天或者不动产权属变更的

当天。

（二）纳税人提供建筑服务、租赁服务采取预收款方式的，其纳税义务发生时间为收到预收款的当天。

（三）纳税人从事金融商品转让的，为金融商品所有权转移的当天。

（四）纳税人发生本办法第十四条规定情形的，其纳税义务发生时间为服务、无形资产转让完成的当天或者不动产权属变更的当天。

（五）增值税扣缴义务发生时间为纳税人增值税纳税义务发生的当天。

第四十六条　增值税纳税地点为：

（一）固定业户应当向其机构所在地或者居住地主管税务机关申报纳税。总机构和分支机构不在同一县（市）的，应当分别向各自所在地的主管税务机关申报纳税；经财政部和国家税务总局或者其授权的财政和税务机关批准，可以由总机构汇总向总机构所在地的主管税务机关申报纳税。

（二）非固定业户应当向应税行为发生地主管税务机关申报纳税；未申报纳税的，由其机构所在地或者居住地主管税务机关补征税款。

（三）其他个人提供建筑服务，销售或者租赁不动产，转让自然资源使用权，应向建筑服务发生地、不动产所在地、自然资源所在地主管税务机关申报纳税。

（四）扣缴义务人应当向其机构所在地或者居住地主管税务机关申报缴纳扣缴的税款。

第四十七条　增值税的纳税期限分别为1日、3日、5日、10日、15日、1个月或者1个季度。纳税人的具体纳税期限，由主管税务机关根据纳税人应纳税额的大小分别核定。以1个季度为纳税期限的规定适用于小规模纳税人、银行、财务公司、信托投资公司、信用社，以及财政部和国家税务总局规定的其他纳税人。不能按照固定期限纳税的，可以按次纳税。

纳税人以1个月或者1个季度为1个纳税期的，自期满之日起15日内申报纳税；以1日、3日、5日、10日或者15日为1个纳税期的，自期满之日起5日内预缴税款，于次月1日起15日内申报纳税并结清上月应纳税款。

扣缴义务人解缴税款的期限，按照前两款规定执行。

第六章　税收减免的处理

第四十八条　纳税人发生应税行为适用免税、减税规定的，可以放弃免税、减税，依照本办法的规定缴纳增值税。放弃免税、减税后，36个月内不得再申请免税、减税。

纳税人发生应税行为同时适用免税和零税率规定的，纳税人可以选择适用免税或者零税率。

第四十九条　个人发生应税行为的销售额未达到增值税起征点的，免征增值税；达到起征点的，全额计算缴纳增值税。

增值税起征点不适用于登记为一般纳税人的个体工商户。

第五十条　增值税起征点幅度如下：

（一）按期纳税的，为月销售额5000～20000元（含本数）。

（二）按次纳税的，为每次（日）销售额300～500元（含本数）。

起征点的调整由财政部和国家税务总局规定。省、自治区、直辖市财政厅（局）和国家税务局应当在规定的幅度内，根据实际情况确定本地区适用的起征点，并报财政部和国家税务总局备案。

对增值税小规模纳税人中月销售额未达到2万元的企业或非企业性单位，免征增值税。2017年12月31日前，对月销售额2万元（含本数）至3万元的增值税小规模纳税人，免征增值税。

第七章 征 收 管 理

第五十一条 营业税改征的增值税，由国家税务局负责征收。纳税人销售取得的不动产和其他个人出租不动产的增值税，国家税务局暂委托地方税务局代为征收。

第五十二条 纳税人发生适用零税率的应税行为，应当按期向主管税务机关申报办理退（免）税，具体办法由财政部和国家税务总局制定。

第五十三条 纳税人发生应税行为，应当向索取增值税专用发票的购买方开具增值税专用发票，并在增值税专用发票上分别注明销售额和销项税额。

属于下列情形之一的，不得开具增值税专用发票：

（一）向消费者个人销售服务、无形资产或者不动产。

（二）适用免征增值税规定的应税行为。

第五十四条 小规模纳税人发生应税行为，购买方索取增值税专用发票的，可以向主管税务机关申请代开。

第五十五条 纳税人增值税的征收管理，按照本办法和《中华人民共和国税收征收管理法》及现行增值税征收管理有关规定执行。

附：

销售服务、无形资产、不动产注释

一、销售服务

销售服务，是指提供交通运输服务、邮政服务、电信服务、建筑服务、金融服务、现代服务、生活服务。

（一）交通运输服务。

交通运输服务，是指利用运输工具将货物或者旅客送达目的地，使其空间位置得到转移的业务活动。包括陆路运输服务、水路运输服务、航空运输服务和管道运输服务。

1.陆路运输服务。

陆路运输服务，是指通过陆路（地上或者地下）运送货物或者旅客的运输业务活动，包括铁路运输服务和其他陆路运输服务。

（1）铁路运输服务，是指通过铁路运送货物或者旅客的运输业务活动。

（2）其他陆路运输服务，是指铁路运输以外的陆路运输业务活动。包括公路运输、缆车运输、索道运输、地铁运输、城市轻轨运输等。

出租车公司向使用本公司自有出租车的出租车司机收取的管理费用,按照陆路运输服务缴纳增值税。

2. 水路运输服务。

水路运输服务,是指通过江、河、湖、川等天然、人工水道或者海洋航道运送货物或者旅客的运输业务活动。

水路运输的程租、期租业务,属于水路运输服务。

程租业务,是指运输企业为租船人完成某一特定航次的运输任务并收取租赁费的业务。

期租业务,是指运输企业将配备有操作人员的船舶承租给他人使用一定期限,承租期内听候承租方调遣,不论是否经营,均按天向承租方收取租赁费,发生的固定费用均由船东负担的业务。

3. 航空运输服务。

航空运输服务,是指通过空中航线运送货物或者旅客的运输业务活动。

航空运输的湿租业务,属于航空运输服务。

湿租业务,是指航空运输企业将配备有机组人员的飞机承租给他人使用一定期限,承租期内听候承租方调遣,不论是否经营,均按一定标准向承租方收取租赁费,发生的固定费用均由承租方承担的业务。

航天运输服务,按照航空运输服务缴纳增值税。

航天运输服务,是指利用火箭等载体将卫星、空间探测器等空间飞行器发射到空间轨道的业务活动。

4. 管道运输服务。

管道运输服务,是指通过管道设施输送气体、液体、固体物质的运输业务活动。

无运输工具承运业务,按照交通运输服务缴纳增值税。

无运输工具承运业务,是指经营者以承运人身份与托运人签订运输服务合同,收取运费并承担承运人责任,然后委托实际承运人完成运输服务的经营活动。

(二)邮政服务。

邮政服务,是指中国邮政集团公司及其所属邮政企业提供邮件寄递、邮政汇兑和机要通信等邮政基本服务的业务活动。包括邮政普遍服务、邮政特殊服务和其他邮政服务。

1. 邮政普遍服务。

邮政普遍服务,是指函件、包裹等邮件寄递,以及邮票发行、报刊发行和邮政汇兑等业务活动。

函件,是指信函、印刷品、邮资封片卡、无名址函件和邮政小包等。

包裹,是指按照封装上的名址递送给特定个人或者单位的独立封装的物品,其重量不超过五十千克,任何一边的尺寸不超过一百五十厘米,长、宽、高合计不超过三百厘米。

2. 邮政特殊服务。

邮政特殊服务,是指义务兵平常信函、机要通信、盲人读物和革命烈士遗物的寄递等业务活动。

3. 其他邮政服务。

其他邮政服务,是指邮册等邮品销售、邮政代理等业务活动。

(三)电信服务。

电信服务,是指利用有线、无线的电磁系统或者光电系统等各种通信网络资源,提供语音通话服务,传送、发射、接收或者应用图像、短信等电子数据和信息的业务活动。包括基础电信服务和增值电信服务。

1. 基础电信服务。

基础电信服务,是指利用固网、移动网、卫星、互联网,提供语音通话服务的业务活动,以及出租或者出售带宽、波长等网络元素的业务活动。

2. 增值电信服务。

增值电信服务,是指利用固网、移动网、卫星、互联网、有线电视网络,提供短信和彩信服务、电子数据和信息的传输及应用服务、互联网接入服务等业务活动。

卫星电视信号落地转接服务,按照增值电信服务缴纳增值税。

(四)建筑服务。

建筑服务,是指各类建筑物、构筑物及其附属设施的建造、修缮、装饰,线路、管道、设备、设施等的安装以及其他工程作业的业务活动。包括工程服务、安装服务、修缮服务、装饰服务和其他建筑服务。

1. 工程服务。

工程服务,是指新建、改建各种建筑物、构筑物的工程作业,包括与建筑物相连的各种设备或者支柱、操作平台的安装或者装设工程作业,以及各种窑炉和金属结构工程作业。

2. 安装服务。

安装服务,是指生产设备、动力设备、起重设备、运输设备、传动设备、医疗实验设备以及其他各种设备、设施的装配、安置工程作业,包括与被安装设备相连的工作台、梯子、栏杆的装设工程作业,以及被安装设备的绝缘、防腐、保温、油漆等工程作业。

固定电话、有线电视、宽带、水、电、燃气、暖气等经营者向用户收取的安装费、初装费、开户费、扩容费以及类似收费,按照安装服务缴纳增值税。

3. 修缮服务。

修缮服务,是指对建筑物、构筑物进行修补、加固、养护、改善,使之恢复原来的使用价值或者延长其使用期限的工程作业。

4. 装饰服务。

装饰服务,是指对建筑物、构筑物进行修饰装修,使之美观或者具有特定用途的工程作业。

5. 其他建筑服务。

其他建筑服务,是指上列工程作业之外的各种工程作业服务,如钻井(打井)、拆除建筑物或者构筑物、平整土地、园林绿化、疏浚(不包括航道疏浚)、建筑物平移、搭脚手架、爆破、矿山穿孔、表面附着物(包括岩层、土层、沙层等)剥离和清理等工程作业。

(五)金融服务。

金融服务,是指经营金融保险的业务活动。包括贷款服务、直接收费金融服务、保险服务和金融商品转让。

1. 贷款服务。

贷款，是指将资金贷与他人使用而取得利息收入的业务活动。

各种占用、拆借资金取得的收入，包括金融商品持有期间（含到期）利息（保本收益、报酬、资金占用费、补偿金等）收入、信用卡透支利息收入、买入返售金融商品利息收入、融资融券收取的利息收入，以及融资性售后回租、押汇、罚息、票据贴现、转贷等业务取得的利息及利息性质的收入，按照贷款服务缴纳增值税。

融资性售后回租，是指承租方以融资为目的，将资产出售给从事融资性售后回租业务的企业后，从事融资性售后回租业务的企业将该资产出租给承租方的业务活动。

以货币资金投资收取的固定利润或者保底利润，按照贷款服务缴纳增值税。

2. 直接收费金融服务。

直接收费金融服务，是指为货币资金融通及其他金融业务提供相关服务并且收取费用的业务活动。包括提供货币兑换、账户管理、电子银行、信用卡、信用证、财务担保、资产管理、信托管理、基金管理、金融交易场所（平台）管理、资金结算、资金清算、金融支付等服务。

3. 保险服务。

保险服务，是指投保人根据合同约定，向保险人支付保险费，保险人对于合同约定的可能发生的事故因其发生所造成的财产损失承担赔偿保险金责任，或者当被保险人死亡、伤残、疾病或者达到合同约定的年龄、期限等条件时承担给付保险金责任的商业保险行为。包括人身保险服务和财产保险服务。

人身保险服务，是指以人的寿命和身体为保险标的的保险业务活动。

财产保险服务，是指以财产及其有关利益为保险标的的保险业务活动。

4. 金融商品转让。

金融商品转让，是指转让外汇、有价证券、非货物期货和其他金融商品所有权的业务活动。

其他金融商品转让包括基金、信托、理财产品等各类资产管理产品和各种金融衍生品的转让。

（六）现代服务。

现代服务，是指围绕制造业、文化产业、现代物流产业等提供技术性、知识性服务的业务活动。包括研发和技术服务、信息技术服务、文化创意服务、物流辅助服务、租赁服务、鉴证咨询服务、广播影视服务、商务辅助服务和其他现代服务。

1. 研发和技术服务。

研发和技术服务，包括研发服务、合同能源管理服务、工程勘察勘探服务、专业技术服务。

（1）研发服务，也称技术开发服务，是指就新技术、新产品、新工艺或者新材料及其系统进行研究与试验开发的业务活动。

（2）合同能源管理服务，是指节能服务公司与用能单位以契约形式约定节能目标，节能服务公司提供必要的服务，用能单位以节能效果支付节能服务公司投入及其合理报酬的业务活动。

（3）工程勘察勘探服务，是指在采矿、工程施工前后，对地形、地质构造、地下资源蕴藏情况进行实地调查的业务活动。

（4）专业技术服务，是指气象服务、地震服务、海洋服务、测绘服务、城市规划、环境与生态监测服务等专项技术服务。

2. 信息技术服务。

信息技术服务，是指利用计算机、通信网络等技术对信息进行生产、收集、处理、加工、存储、运输、检索和利用，并提供信息服务的业务活动。包括软件服务、电路设计及测试服务、信息系统服务、业务流程管理服务和信息系统增值服务。

（1）软件服务，是指提供软件开发服务、软件维护服务、软件测试服务的业务活动。

（2）电路设计及测试服务，是指提供集成电路和电子电路产品设计、测试及相关技术支持服务的业务活动。

（3）信息系统服务，是指提供信息系统集成、网络管理、网站内容维护、桌面管理与维护、信息系统应用、基础信息技术管理平台整合、信息技术基础设施管理、数据中心、托管中心、信息安全服务、在线杀毒、虚拟主机等业务活动。包括网站对非自有的网络游戏提供的网络运营服务。

（4）业务流程管理服务，是指依托信息技术提供的人力资源管理、财务经济管理、审计管理、税务管理、物流信息管理、经营信息管理和呼叫中心等服务的活动。

（5）信息系统增值服务，是指利用信息系统资源为用户附加提供的信息技术服务。包括数据处理、分析和整合、数据库管理、数据备份、数据存储、容灾服务、电子商务平台等。

3. 文化创意服务。

文化创意服务，包括设计服务、知识产权服务、广告服务和会议展览服务。

（1）设计服务，是指把计划、规划、设想通过文字、语言、图画、声音、视觉等形式传递出来的业务活动。包括工业设计、内部管理设计、业务运作设计、供应链设计、造型设计、服装设计、环境设计、平面设计、包装设计、动漫设计、网游设计、展示设计、网站设计、机械设计、工程设计、广告设计、创意策划、文印晒图等。

（2）知识产权服务，是指处理知识产权事务的业务活动。包括对专利、商标、著作权、软件、集成电路布图设计的登记、鉴定、评估、认证、检索服务。

（3）广告服务，是指利用图书、报纸、杂志、广播、电视、电影、幻灯、路牌、招贴、橱窗、霓虹灯、灯箱、互联网等各种形式为客户的商品、经营服务项目、文体节目或者通告、声明等委托事项进行宣传和提供相关服务的业务活动。包括广告代理和广告的发布、播映、宣传、展示等。

（4）会议展览服务，是指为商品流通、促销、展示、经贸洽谈、民间交流、企业沟通、国际往来等举办或者组织安排的各类展览和会议的业务活动。

4. 物流辅助服务。

物流辅助服务，包括航空服务、港口码头服务、货运客运场站服务、打捞救助服务、装卸搬运服务、仓储服务和收派服务。

（1）航空服务，包括航空地面服务和通用航空服务。

航空地面服务，是指航空公司、飞机场、民航管理局、航站等向在境内航行或者在境内机场停留的境内外飞机或者其他飞行器提供的导航等劳务性地面服务的业务活动。包括旅客安全检查服务、停机坪管理服务、机场候机厅管理服务、飞机清洗消毒服务、空中飞行管理服务、飞机起降服务、飞行通讯服务、地面信号服务、飞机安全服务、飞机跑道管理服务、空中交通管理服务等。

通用航空服务，是指为专业工作提供飞行服务的业务活动，包括航空摄影、航空培训、航空测量、航空勘探、航空护林、航空吊挂播洒、航空降雨、航空气象探测、航空海洋监测、航空科学实验等。

（2）港口码头服务，是指港务船舶调度服务、船舶通讯服务、航道管理服务、航道疏浚服务、灯塔管理服务、航标管理服务、船舶引航服务、理货服务、系解缆服务、停泊和移泊服务、海上船舶溢油清除服务、水上交通管理服务、船只专业清洗消毒检测服务和防止船只漏油服务等为船只提供服务的业务活动。

港口设施经营人收取的港口设施保安费按照港口码头服务缴纳增值税。

（3）货运客运场站服务，是指货运客运场站提供货物配载服务、运输组织服务、中转换乘服务、车辆调度服务、票务服务、货物打包整理、铁路线路使用服务、加挂铁路客车服务、铁路行包专列发送服务、铁路到达和中转服务、铁路车辆编解服务、车辆挂运服务、铁路接触网服务、铁路机车牵引服务等业务活动。

（4）打捞救助服务，是指提供船舶人员救助、船舶财产救助、水上救助和沉船沉物打捞服务的业务活动。

（5）装卸搬运服务，是指使用装卸搬运工具或者人力、畜力将货物在运输工具之间、装卸现场之间或者运输工具与装卸现场之间进行装卸和搬运的业务活动。

（6）仓储服务，是指利用仓库、货场或者其他场所代客贮放、保管货物的业务活动。

（7）收派服务，是指接受寄件人委托，在承诺的时限内完成函件和包裹的收件、分拣、派送服务的业务活动。

收件服务，是指从寄件人收取函件和包裹，并运送到服务提供方同城的集散中心的业务活动。

分拣服务，是指服务提供方在其集散中心对函件和包裹进行归类、分发的业务活动。

派送服务，是指服务提供方从其集散中心将函件和包裹送达同城的收件人的业务活动。

5. 租赁服务。

租赁服务，包括融资租赁服务和经营租赁服务。

（1）融资租赁服务，是指具有融资性质和所有权转移特点的租赁活动。即出租人根据承租人所要求的规格、型号、性能等条件购入有形动产或者不动产租赁给承租人，合同期内租赁物所有权属于出租人，承租人只拥有使用权，合同期满付清租金后，承租人有权按照残值购入租赁物，以拥有其所有权。不论出租人是否将租赁物销售给承租人，均属于融资租赁。

按照标的物的不同，融资租赁服务可分为有形动产融资租赁服务和不动产融资租赁服务。

融资性售后回租不按照本税目缴纳增值税。

（2）经营租赁服务，是指在约定时间内将有形动产或者不动产转让他人使用且租赁物所有权不变更的业务活动。

按照标的物的不同，经营租赁服务可分为有形动产经营租赁服务和不动产经营租赁服务。

将建筑物、构筑物等不动产或者飞机、车辆等有形动产的广告位出租给其他单位或者个人用于发布广告，按照经营租赁服务缴纳增值税。

车辆停放服务、道路通行服务（包括过路费、过桥费、过闸费等）等按照不动产经营租赁服务缴纳增值税。

水路运输的光租业务、航空运输的干租业务，属于经营租赁。

光租业务，是指运输企业将船舶在约定的时间内出租给他人使用，不配备操作人员，不承担运输过程中发生的各项费用，只收取固定租赁费的业务活动。

干租业务，是指航空运输企业将飞机在约定的时间内出租给他人使用，不配备机组人员，不承担运输过程中发生的各项费用，只收取固定租赁费的业务活动。

6. 鉴证咨询服务。

鉴证咨询服务，包括认证服务、鉴证服务和咨询服务。

（1）认证服务，是指具有专业资质的单位利用检测、检验、计量等技术，证明产品、服务、管理体系符合相关技术规范、相关技术规范的强制性要求或者标准的业务活动。

（2）鉴证服务，是指具有专业资质的单位受托对相关事项进行鉴证，发表具有证明力的意见的业务活动。包括会计鉴证、税务鉴证、法律鉴证、职业技能鉴定、工程造价鉴证、工程监理、资产评估、环境评估、房地产土地评估、建筑图纸审核、医疗事故鉴定等。

（3）咨询服务，是指提供信息、建议、策划、顾问等服务的活动。包括金融、软件、技术、财务、税收、法律、内部管理、业务运作、流程管理、健康等方面的咨询。

翻译服务和市场调查服务按照咨询服务缴纳增值税。

7. 广播影视服务。

广播影视服务，包括广播影视节目（作品）的制作服务、发行服务和播映（含放映，下同）服务。

（1）广播影视节目（作品）制作服务，是指进行专题（特别节目）、专栏、综艺、体育、动画片、广播剧、电视剧、电影等广播影视节目和作品制作的服务。具体包括与广播影视节目和作品相关的策划、采编、拍摄、录音、音视频文字图片素材制作、场景布置、后期的剪辑、翻译（编译）、字幕制作、片头、片尾、片花制作、特效制作、影片修复、编目和确权等业务活动。

（2）广播影视节目（作品）发行服务，是指以分账、买断、委托等方式，向影院、电台、电视台、网站等单位和个人发行广播影视节目（作品）以及转让体育赛事等活动的报道及播映权的业务活动。

（3）广播影视节目（作品）播映服务，是指在影院、剧院、录像厅及其他场所播映广播影视节目（作品），以及通过电台、电视台、卫星通信、互联网、有线电视等无线或者有线装置播映广播影视节目（作品）的业务活动。

8. 商务辅助服务。

商务辅助服务，包括企业管理服务、经纪代理服务、人力资源服务、安全保护服务。

（1）企业管理服务，是指提供总部管理、投资与资产管理、市场管理、物业管理、日常综合管理等服务的业务活动。

（2）经纪代理服务，是指各类经纪、中介、代理服务。包括金融代理、知识产权代理、货物运输代理、代理报关、法律代理、房地产中介、职业中介、婚姻中介、代理记账、拍卖等。

货物运输代理服务，是指接受货物收货人、发货人、船舶所有人、船舶承租人或者船舶经营人的委托，以委托人的名义，为委托人办理货物运输、装卸、仓储和船舶进出港口、引航、靠泊等相关手续的业务活动。

代理报关服务，是指接受进出口货物的收、发货人委托，代为办理报关手续的业务活动。

（3）人力资源服务，是指提供公共就业、劳务派遣、人才委托招聘、劳动力外包等服务的业务活动。

（4）安全保护服务，是指提供保护人身安全和财产安全，维护社会治安等的业务活动。包括场所住宅保安、特种保安、安全系统监控以及其他安保服务。

9. 其他现代服务。

其他现代服务，是指除研发和技术服务、信息技术服务、文化创意服务、物流辅助服务、租赁服务、鉴证咨询服务、广播影视服务和商务辅助服务以外的现代服务。

（七）生活服务。

生活服务，是指为满足城乡居民日常生活需求提供的各类服务活动。包括文化体育服务、教育医疗服务、旅游娱乐服务、餐饮住宿服务、居民日常服务和其他生活服务。

1. 文化体育服务。

文化体育服务，包括文化服务和体育服务。

（1）文化服务，是指为满足社会公众文化生活需求提供的各种服务。包括：文艺创作、文艺表演、文化比赛，图书馆的图书和资料借阅，档案馆的档案管理，文物及非物质遗产保护，组织举办宗教活动、科技活动、文化活动，提供游览场所。

（2）体育服务，是指组织举办体育比赛、体育表演、体育活动，以及提供体育训练、体育指导、体育管理的业务活动。

2. 教育医疗服务。

教育医疗服务，包括教育服务和医疗服务。

（1）教育服务，是指提供学历教育服务、非学历教育服务、教育辅助服务的业务活动。

学历教育服务，是指根据教育行政管理部门确定或者认可的招生和教学计划组织教学，并颁发相应学历证书的业务活动。包括初等教育、初级中等教育、高级中等教育、高等教育等。

非学历教育服务，包括学前教育、各类培训、演讲、讲座、报告会等。

教育辅助服务，包括教育测评、考试、招生等服务。

（2）医疗服务，是指提供医学检查、诊断、治疗、康复、预防、保健、接生、计划生育、防疫服务等方面的服务，以及与这些服务有关的提供药品、医用材料器具、救护车、病房住宿和伙食的业务。

3. 旅游娱乐服务。

旅游娱乐服务，包括旅游服务和娱乐服务。

（1）旅游服务，是指根据旅游者的要求，组织安排交通、游览、住宿、餐饮、购物、文娱、商务等服务的业务活动。

（2）娱乐服务，是指为娱乐活动同时提供场所和服务的业务。

具体包括：歌厅、舞厅、夜总会、酒吧、台球、高尔夫球、保龄球、游艺（包括射击、狩猎、跑马、游戏机、蹦极、卡丁车、热气球、动力伞、射箭、飞镖）。

4.餐饮住宿服务。

餐饮住宿服务，包括餐饮服务和住宿服务。

（1）餐饮服务，是指通过同时提供饮食和饮食场所的方式为消费者提供饮食消费服务的业务活动。

（2）住宿服务，是指提供住宿场所及配套服务等的活动。包括宾馆、旅馆、旅社、度假村和其他经营性住宿场所提供的住宿服务。

5.居民日常服务。

居民日常服务，是指主要为满足居民个人及其家庭日常生活需求提供的服务，包括市容市政管理、家政、婚庆、养老、殡葬、照料和护理、救助救济、美容美发、按摩、桑拿、氧吧、足疗、沐浴、洗染、摄影扩印等服务。

6.其他生活服务。

其他生活服务，是指除文化体育服务、教育医疗服务、旅游娱乐服务、餐饮住宿服务和居民日常服务之外的生活服务。

二、销售无形资产

销售无形资产，是指转让无形资产所有权或者使用权的业务活动。无形资产，是指不具实物形态，但能带来经济利益的资产，包括技术、商标、著作权、商誉、自然资源使用权和其他权益性无形资产。

技术，包括专利技术和非专利技术。

自然资源使用权，包括土地使用权、海域使用权、探矿权、采矿权、取水权和其他自然资源使用权。

其他权益性无形资产，包括基础设施资产经营权、公共事业特许权、配额、经营权（包括特许经营权、连锁经营权、其他经营权）、经销权、分销权、代理权、会员权、席位权、网络游戏虚拟道具、域名、名称权、肖像权、冠名权、转会费等。

三、销售不动产

销售不动产，是指转让不动产所有权的业务活动。不动产，是指不能移动或者移动后会引起性质、形状改变的财产，包括建筑物、构筑物等。

建筑物，包括住宅、商业营业用房、办公楼等可供居住、工作或者进行其他活动的建造物。

构筑物，包括道路、桥梁、隧道、水坝等建造物。

转让建筑物有限产权或者永久使用权的，转让在建的建筑物或者构筑物所有权的，以及在转让建筑物或者构筑物时一并转让其所占土地的使用权的，按照销售不动产缴纳增值税。

附件2：营业税改征增值税试点有关事项的规定

一、营改增试点期间，试点纳税人〔指按照《营业税改征增值税试点实施办法》（以下称《试点实施办法》）缴纳增值税的纳税人〕有关政策

（一）兼营。

试点纳税人销售货物、加工修理修配劳务、服务、无形资产或者不动产适用不同税率或者征收率的，应当分别核算适用不同税率或者征收率的销售额，未分别核算销售额的，按照以下方法适用税率或者征收率：

1. 兼有不同税率的销售货物、加工修理修配劳务、服务、无形资产或者不动产，从高适用税率。

2. 兼有不同征收率的销售货物、加工修理修配劳务、服务、无形资产或者不动产，从高适用征收率。

3. 兼有不同税率和征收率的销售货物、加工修理修配劳务、服务、无形资产或者不动产，从高适用税率。

（二）不征收增值税项目。

1. 根据国家指令无偿提供的铁路运输服务、航空运输服务，属于《试点实施办法》第十四条规定的用于公益事业的服务。

2. 存款利息。

3. 被保险人获得的保险赔付。

4. 房地产主管部门或者其指定机构、公积金管理中心、开发企业以及物业管理单位代收的住宅专项维修资金。

5. 在资产重组过程中，通过合并、分立、出售、置换等方式，将全部或者部分实物资产以及与其相关联的债权、负债和劳动力一并转让给其他单位和个人，其中涉及的不动产、土地使用权转让行为。

（三）销售额。

1. 贷款服务，以提供贷款服务取得的全部利息及利息性质的收入为销售额。

2. 直接收费金融服务，以提供直接收费金融服务收取的手续费、佣金、酬金、管理费、服务费、经手费、开户费、过户费、结算费、转托管费等各类费用为销售额。

3. 金融商品转让，按照卖出价扣除买入价后的余额为销售额。

转让金融商品出现的正负差，按盈亏相抵后的余额为销售额。若相抵后出现负差，可结转下一纳税期与下期转让金融商品销售额相抵，但年末时仍出现负差的，不得转入下一个会计年度。

金融商品的买入价，可以选择按照加权平均法或者移动加权平均法进行核算，选择后36个月内不得变更。

金融商品转让，不得开具增值税专用发票。

4. 经纪代理服务，以取得的全部价款和价外费用，扣除向委托方收取并代为支付的政府性基金或者行政事业性收费后的余额为销售额。向委托方收取的政府性基金或者行政事业性收费，不得开具增值税专用发票。

5. 融资租赁和融资性售后回租业务。

（1）经人民银行、银监会或者商务部批准从事融资租赁业务的试点纳税人，提供融资租赁服务，以取得的全部价款和价外费用，扣除支付的借款利息（包括外汇借款和人民币借款利息)、发行债券利息和车辆购置税后的余额为销售额。

(2) 经人民银行、银监会或者商务部批准从事融资租赁业务的试点纳税人,提供融资性售后回租服务,以取得的全部价款和价外费用(不含本金),扣除对外支付的借款利息(包括外汇借款和人民币借款利息)、发行债券利息后的余额作为销售额。

(3) 试点纳税人根据2016年4月30日前签订的有形动产融资性售后回租合同,在合同到期前提供的有形动产融资性售后回租服务,可继续按照有形动产融资租赁服务缴纳增值税。

继续按照有形动产融资租赁服务缴纳增值税的试点纳税人,经人民银行、银监会或者商务部批准从事融资租赁业务的,根据2016年4月30日前签订的有形动产融资性售后回租合同,在合同到期前提供的有形动产融资性售后回租服务,可以选择以下方法之一计算销售额:

① 以向承租方收取的全部价款和价外费用,扣除向承租方收取的价款本金,以及对外支付的借款利息(包括外汇借款和人民币借款利息)、发行债券利息后的余额为销售额。

纳税人提供有形动产融资性售后回租服务,计算当期销售额时可以扣除的价款本金,为书面合同约定的当期应当收取的本金。无书面合同或者书面合同没有约定的,为当期实际收取的本金。

试点纳税人提供有形动产融资性售后回租服务,向承租方收取的有形动产价款本金,不得开具增值税专用发票,可以开具普通发票。

② 以向承租方收取的全部价款和价外费用,扣除支付的借款利息(包括外汇借款和人民币借款利息)、发行债券利息后的余额为销售额。

(4) 经商务部授权的省级商务主管部门和国家经济技术开发区批准的从事融资租赁业务的试点纳税人,2016年5月1日后实收资本达到1.7亿元的,从达到标准的当月起按照上述第(1)、(2)、(3)点规定执行;2016年5月1日后实收资本未达到1.7亿元但注册资本达到1.7亿元的,在2016年7月31日前仍可按照上述第(1)、(2)、(3)点规定执行,2016年8月1日后开展的融资租赁业务和融资性售后回租业务不得按照上述第(1)、(2)、(3)点规定执行。

6. 航空运输企业的销售额,不包括代收的机场建设费和代售其他航空运输企业客票而代收转付的价款。

7. 试点纳税人中的一般纳税人(以下称一般纳税人)提供客运场站服务,以其取得的全部价款和价外费用,扣除支付给承运方运费后的余额为销售额。

8. 试点纳税人提供旅游服务,可以选择以取得的全部价款和价外费用,扣除向旅游服务购买方收取并支付给其他单位或者个人的住宿费、餐饮费、交通费、签证费、门票费和支付给其他接团旅游企业的旅游费用后的余额为销售额。

选择上述办法计算销售额的试点纳税人,向旅游服务购买方收取并支付的上述费用,不得开具增值税专用发票,可以开具普通发票。

9. 试点纳税人提供建筑服务适用简易计税方法的,以取得的全部价款和价外费用扣除支付的分包款后的余额为销售额。

10. 房地产开发企业中的一般纳税人销售其开发的房地产项目(选择简易计税方法的房地产老项目除外),以取得的全部价款和价外费用,扣除受让土地时向政府部门支付的土地价款后的余额为销售额。

房地产老项目,是指《建筑工程施工许可证》注明的合同开工日期在2016年4月30日前的房地产项目。

11. 试点纳税人按照上述4~10款的规定从全部价款和价外费用中扣除的价款,应当取得符合法律、行政法规和国家税务总局规定的有效凭证。否则,不得扣除。

上述凭证是指:

(1) 支付给境内单位或者个人的款项,以发票为合法有效凭证。

(2) 支付给境外单位或者个人的款项,以该单位或者个人的签收单据为合法有效凭证,税务机关对签收单据有疑义的,可以要求其提供境外公证机构的确认证明。

(3) 缴纳的税款,以完税凭证为合法有效凭证。

(4) 扣除的政府性基金、行政事业性收费或者向政府支付的土地价款,以省级以上(含省级)财政部门监(印)制的财政票据为合法有效凭证。

(5) 国家税务总局规定的其他凭证。

纳税人取得的上述凭证属于增值税扣税凭证的,其进项税额不得从销项税额中抵扣。

(四) 进项税额。

1. 适用一般计税方法的试点纳税人,2016年5月1日后取得并在会计制度上按固定资产核算的不动产或者2016年5月1日后取得的不动产在建工程,其进项税额应自取得之日起分2年从销项税额中抵扣,第一年抵扣比例为60%,第二年抵扣比例为40%。

取得不动产,包括以直接购买、接受捐赠、接受投资入股、自建以及抵债等各种形式取得不动产,不包括房地产开发企业自行开发的房地产项目。

融资租入的不动产以及在施工现场修建的临时建筑物、构筑物,其进项税额不适用上述分2年抵扣的规定。

2. 按照《试点实施办法》第二十七条第(一)项规定不得抵扣且未抵扣进项税额的固定资产、无形资产、不动产,发生用途改变,用于允许抵扣进项税额的应税项目,可在用途改变的次月按照下列公式计算可以抵扣的进项税额:

可以抵扣的进项税额=固定资产、无形资产、不动产净值/(1+适用税率)×适用税率

上述可以抵扣的进项税额应取得合法有效的增值税扣税凭证。

3. 纳税人接受贷款服务向贷款方支付的与该笔贷款直接相关的投融资顾问费、手续费、咨询费等费用,其进项税额不得从销项税额中抵扣。

(五) 一般纳税人资格登记。

《试点实施办法》第三条规定的年应税销售额标准为500万元(含本数)。财政部和国家税务总局可以对年应税销售额标准进行调整。

(六) 计税方法。

一般纳税人发生下列应税行为可以选择适用简易计税方法计税:

1. 公共交通运输服务。

公共交通运输服务,包括轮客渡、公交客运、地铁、城市轻轨、出租车、长途客运、班车。

班车,是指按固定路线、固定时间运营并在固定站点停靠的运送旅客的陆路运输

服务。

2. 经认定的动漫企业为开发动漫产品提供的动漫脚本编撰、形象设计、背景设计、动画设计、分镜、动画制作、摄制、描线、上色、画面合成、配音、配乐、音效合成、剪辑、字幕制作、压缩转码（面向网络动漫、手机动漫格式适配）服务，以及在境内转让动漫版权（包括动漫品牌、形象或者内容的授权及再授权）。

动漫企业和自主开发、生产动漫产品的认定标准和认定程序，按照《文化部财政部国家税务总局关于印发＜动漫企业认定管理办法（试行）＞的通知》（文市发〔2008〕51号）的规定执行。

3. 电影放映服务、仓储服务、装卸搬运服务、收派服务和文化体育服务。

4. 以纳入营改增试点之日前取得的有形动产为标的物提供的经营租赁服务。

5. 在纳入营改增试点之日前签订的尚未执行完毕的有形动产租赁合同。

（七）建筑服务。

1. 一般纳税人以清包工方式提供的建筑服务，可以选择适用简易计税方法计税。

以清包工方式提供建筑服务，是指施工方不采购建筑工程所需的材料或只采购辅助材料，并收取人工费、管理费或者其他费用的建筑服务。

2. 一般纳税人为甲供工程提供的建筑服务，可以选择适用简易计税方法计税。

甲供工程，是指全部或部分设备、材料、动力由工程发包方自行采购的建筑工程。

3. 一般纳税人为建筑工程老项目提供的建筑服务，可以选择适用简易计税方法计税。

建筑工程老项目，是指：

（1）《建筑工程施工许可证》注明的合同开工日期在2016年4月30日前的建筑工程项目；

（2）未取得《建筑工程施工许可证》的，建筑工程承包合同注明的开工日期在2016年4月30日前的建筑工程项目。

4. 一般纳税人跨县（市）提供建筑服务，适用一般计税方法计税的，应以取得的全部价款和价外费用为销售额计算应纳税额。纳税人应以取得的全部价款和价外费用扣除支付的分包款后的余额，按照2%的预征率在建筑服务发生地预缴税款后，向机构所在地主管税务机关进行纳税申报。

5. 一般纳税人跨县（市）提供建筑服务，选择适用简易计税方法计税的，应以取得的全部价款和价外费用扣除支付的分包款后的余额为销售额，按照3%的征收率计算应纳税额。纳税人应按照上述计税方法在建筑服务发生地预缴税款后，向机构所在地主管税务机关进行纳税申报。

6. 试点纳税人中的小规模纳税人（以下称小规模纳税人）跨县（市）提供建筑服务，应以取得的全部价款和价外费用扣除支付的分包款后的余额为销售额，按照3%的征收率计算应纳税额。纳税人应按照上述计税方法在建筑服务发生地预缴税款后，向机构所在地主管税务机关进行纳税申报。

（八）销售不动产。

1. 一般纳税人销售其2016年4月30日前取得（不含自建）的不动产，可以选择适用简易计税方法，以取得的全部价款和价外费用减去该项不动产购置原价或者取得不动产时的作价后的余额为销售额，按照5%的征收率计算应纳税额。纳税人应按照上述计税方法在不动产所在地预缴税款后，向机构所在地主管税务机关进行纳税申报。

2. 一般纳税人销售其2016年4月30日前自建的不动产，可以选择适用简易计税方法，以取得的全部价款和价外费用为销售额，按照5%的征收率计算应纳税额。纳税人应按照上述计税方法在不动产所在地预缴税款后，向机构所在地主管税务机关进行纳税申报。

3. 一般纳税人销售其2016年5月1日后取得（不含自建）的不动产，应适用一般计税方法，以取得的全部价款和价外费用为销售额计算应纳税额。纳税人应以取得的全部价款和价外费用减去该项不动产购置原价或者取得不动产时的作价后的余额，按照5%的预征率在不动产所在地预缴税款后，向机构所在地主管税务机关进行纳税申报。

4. 一般纳税人销售其2016年5月1日后自建的不动产，应适用一般计税方法，以取得的全部价款和价外费用为销售额计算应纳税额。纳税人应以取得的全部价款和价外费用，按照5%的预征率在不动产所在地预缴税款后，向机构所在地主管税务机关进行纳税申报。

5. 小规模纳税人销售其取得（不含自建）的不动产（不含个体工商户销售购买的住房和其他个人销售不动产），应以取得的全部价款和价外费用减去该项不动产购置原价或者取得不动产时的作价后的余额为销售额，按照5%的征收率计算应纳税额。纳税人应按照上述计税方法在不动产所在地预缴税款后，向机构所在地主管税务机关进行纳税申报。

6. 小规模纳税人销售其自建的不动产，应以取得的全部价款和价外费用为销售额，按照5%的征收率计算应纳税额。纳税人应按照上述计税方法在不动产所在地预缴税款后，向机构所在地主管税务机关进行纳税申报。

7. 房地产开发企业中的一般纳税人，销售自行开发的房地产老项目，可以选择适用简易计税方法按照5%的征收率计税。

8. 房地产开发企业中的小规模纳税人，销售自行开发的房地产项目，按照5%的征收率计税。

9. 房地产开发企业采取预收款方式销售所开发的房地产项目，在收到预收款时按照3%的预征率预缴增值税。

10. 个体工商户销售购买的住房，应按照附件3《营业税改征增值税试点过渡政策的规定》第五条的规定征免增值税。纳税人应按照上述计税方法在不动产所在地预缴税款后，向机构所在地主管税务机关进行纳税申报。

11. 其他个人销售其取得（不含自建）的不动产（不含其购买的住房），应以取得的全部价款和价外费用减去该项不动产购置原价或者取得不动产时的作价后的余额为销售额，按照5%的征收率计算应纳税额。

（九）不动产经营租赁服务。

1. 一般纳税人出租其2016年4月30日前取得的不动产，可以选择适用简易计税方法，按照5%的征收率计算应纳税额。纳税人出租其2016年4月30日前取得的与机构所在地不在同一县（市）的不动产，应按照上述计税方法在不动产所在地预缴税款后，向机构所在地主管税务机关进行纳税申报。

2. 公路经营企业中的一般纳税人收取试点前开工的高速公路的车辆通行费，可以选择适用简易计税方法，减按3%的征收率计算应纳税额。

试点前开工的高速公路,是指相关施工许可证明上注明的合同开工日期在2016年4月30日前的高速公路。

3. 一般纳税人出租其2016年5月1日后取得的、与机构所在地不在同一县(市)的不动产,应按照3%的预征率在不动产所在地预缴税款后,向机构所在地主管税务机关进行纳税申报。

4. 小规模纳税人出租其取得的不动产(不含个人出租住房),应按照5%的征收率计算应纳税额。纳税人出租与机构所在地不在同一县(市)的不动产,应按照上述计税方法在不动产所在地预缴税款后,向机构所在地主管税务机关进行纳税申报。

5. 其他个人出租其取得的不动产(不含住房),应按照5%的征收率计算应纳税额。

6. 个人出租住房,应按照5%的征收率减按1.5%计算应纳税额。

(十)一般纳税人销售其2016年4月30日前取得的不动产(不含自建),适用一般计税方法计税的,以取得的全部价款和价外费用为销售额计算应纳税额。上述纳税人应以取得的全部价款和价外费用减去该项不动产购置原价或者取得不动产时的作价后的余额,按照5%的预征率在不动产所在地预缴税款后,向机构所在地主管税务机关进行纳税申报。

房地产开发企业中的一般纳税人销售房地产老项目,以及一般纳税人出租其2016年4月30日前取得的不动产,适用一般计税方法计税的,应以取得的全部价款和价外费用,按照3%的预征率在不动产所在地预缴税款后,向机构所在地主管税务机关进行纳税申报。

一般纳税人销售其2016年4月30日前自建的不动产,适用一般计税方法计税的,应以取得的全部价款和价外费用为销售额计算应纳税额。纳税人应以取得的全部价款和价外费用,按照5%的预征率在不动产所在地预缴税款后,向机构所在地主管税务机关进行纳税申报。

(十一)一般纳税人跨省(自治区、直辖市或者计划单列市)提供建筑服务或者销售、出租取得的与机构所在地不在同一省(自治区、直辖市或者计划单列市)的不动产,在机构所在地申报纳税时,计算的应纳税额小于已预缴税额,且差额较大的,由国家税务总局通知建筑服务发生地或者不动产所在地省级税务机关,在一定时期内暂停预缴增值税。

(十二)纳税地点。

属于固定业户的试点纳税人,总分支机构不在同一县(市),但在同一省(自治区、直辖市、计划单列市)范围内的,经省(自治区、直辖市、计划单列市)财政厅(局)和国家税务局批准,可以由总机构汇总向总机构所在地的主管税务机关申报缴纳增值税。

(十三)试点前发生的业务。

1. 试点纳税人发生应税行为,按照国家有关营业税政策规定差额征收营业税的,因取得的全部价款和价外费用不足以抵减允许扣除项目金额,截至纳入营改增试点之日前尚未扣除的部分,不得在计算试点纳税人增值税应税销售额时抵减,应当向原主管地税机关申请退还营业税。

2. 试点纳税人发生应税行为,在纳入营改增试点之日前已缴纳营业税,营改增试点后因发生退款减除营业额的,应当向原主管地税机关申请退还已缴纳的营业税。

3. 试点纳税人纳入营改增试点之日前发生的应税行为,因税收检查等原因需要补缴税款的,应按照营业税政策规定补缴营业税。

（十四）销售使用过的固定资产。

一般纳税人销售自己使用过的、纳入营改增试点之日前取得的固定资产，按照现行旧货相关增值税政策执行。

使用过的固定资产，是指纳税人符合《试点实施办法》第二十八条规定并根据财务会计制度已经计提折旧的固定资产。

（十五）扣缴增值税适用税率。

境内的购买方为境外单位和个人扣缴增值税的，按照适用税率扣缴增值税。

（十六）其他规定。

1. 试点纳税人销售电信服务时，附带赠送用户识别卡、电信终端等货物或者电信服务的，应将其取得的全部价款和价外费用进行分别核算，按各自适用的税率计算缴纳增值税。

2. 油气田企业发生应税行为，适用《试点实施办法》规定的增值税税率，不再适用《财政部 国家税务总局关于印发〈油气田企业增值税管理办法〉的通知》（财税〔2009〕8号）规定的增值税税率。

二、原增值税纳税人［指按照《中华人民共和国增值税暂行条例》（国务院令第538号）（以下称《增值税暂行条例》）缴纳增值税的纳税人］有关政策

（一）进项税额。

1. 原增值税一般纳税人购进服务、无形资产或者不动产，取得的增值税专用发票上注明的增值税额为进项税额，准予从销项税额中抵扣。

2016年5月1日后取得并在会计制度上按固定资产核算的不动产或者2016年5月1日后取得的不动产在建工程，其进项税额应自取得之日起分2年从销项税额中抵扣，第一年抵扣比例为60%，第二年抵扣比例为40%。

融资租入的不动产以及在施工现场修建的临时建筑物、构筑物，其进项税额不适用上述分2年抵扣的规定。

2. 原增值税一般纳税人自用的应征消费税的摩托车、汽车、游艇，其进项税额准予从销项税额中抵扣。

3. 原增值税一般纳税人从境外单位或者个人购进服务、无形资产或者不动产，按照规定应当扣缴增值税的，准予从销项税额中抵扣的进项税额为自税务机关或者扣缴义务人取得的解缴税款的完税凭证上注明的增值税额。

纳税人凭完税凭证抵扣进项税额的，应当具备书面合同、付款证明和境外单位的对账单或者发票。资料不全的，其进项税额不得从销项税额中抵扣。

4. 原增值税一般纳税人购进货物或者接受加工修理修配劳务，用于《销售服务、无形资产或者不动产注释》所列项目的，不属于《增值税暂行条例》第十条所称的用于非增值税应税项目，其进项税额准予从销项税额中抵扣。

5. 原增值税一般纳税人购进服务、无形资产或者不动产，下列项目的进项税额不得从销项税额中抵扣：

（1）用于简易计税方法计税项目、免征增值税项目、集体福利或者个人消费。其中涉及的无形资产、不动产，仅指专用于上述项目的无形资产（不包括其他权益性无形资产）、不动产。

纳税人的交际应酬消费属于个人消费。

（2）非正常损失的购进货物，以及相关的加工修理修配劳务和交通运输服务。

（3）非正常损失的在产品、产成品所耗用的购进货物（不包括固定资产）、加工修理修配劳务和交通运输服务。

（4）非正常损失的不动产，以及该不动产所耗用的购进货物、设计服务和建筑服务。

（5）非正常损失的不动产在建工程所耗用的购进货物、设计服务和建筑服务。

纳税人新建、改建、扩建、修缮、装饰不动产，均属于不动产在建工程。

（6）购进的旅客运输服务、贷款服务、餐饮服务、居民日常服务和娱乐服务。

（7）财政部和国家税务总局规定的其他情形。

上述第（4）点、第（5）点所称货物，是指构成不动产实体的材料和设备，包括建筑装饰材料和给排水、采暖、卫生、通风、照明、通讯、煤气、消防、中央空调、电梯、电气、智能化楼宇设备及配套设施。

纳税人接受贷款服务向贷款方支付的与该笔贷款直接相关的投融资顾问费、手续费、咨询费等费用，其进项税额不得从销项税额中抵扣。

6. 已抵扣进项税额的购进服务，发生上述第5点规定情形（简易计税方法计税项目、免征增值税项目除外）的，应当将该进项税额从当期进项税额中扣减；无法确定该进项税额的，按照当期实际成本计算应扣减的进项税额。

7. 已抵扣进项税额的无形资产或者不动产，发生上述第5点规定情形的，按照下列公式计算不得抵扣的进项税额：

不得抵扣的进项税额＝无形资产或者不动产净值×适用税率

8. 按照《增值税暂行条例》第十条和上述第5点不得抵扣且未抵扣进项税额的固定资产、无形资产、不动产，发生用途改变，用于允许抵扣进项税额的应税项目，可在用途改变的次月按照下列公式，依据合法有效的增值税扣税凭证，计算可以抵扣的进项税额：

可以抵扣的进项税额＝固定资产、无形资产、不动产净值/（1＋适用税率）×适用税率

上述可以抵扣的进项税额应取得合法有效的增值税扣税凭证。

（二）增值税期末留抵税额。

原增值税一般纳税人兼有销售服务、无形资产或者不动产的，截止到纳入营改增试点之日前的增值税期末留抵税额，不得从销售服务、无形资产或者不动产的销项税额中抵扣。

（三）混合销售。

一项销售行为如果既涉及货物又涉及服务，为混合销售。从事货物的生产、批发或者零售的单位和个体工商户的混合销售行为，按照销售货物缴纳增值税；其他单位和个体工商户的混合销售行为，按照销售服务缴纳增值税。

上述从事货物的生产、批发或者零售的单位和个体工商户，包括以从事货物的生产、批发或者零售为主，并兼营销售服务的单位和个体工商户在内。

附件3：营业税改征增值税试点过渡政策的规定

一、下列项目免征增值税

（一）托儿所、幼儿园提供的保育和教育服务。

托儿所、幼儿园，是指经县级以上教育部门审批成立、取得办园许可证的实施0~6岁学前教育的机构，包括公办和民办的托儿所、幼儿园、学前班、幼儿班、保育院、幼儿园。

公办托儿所、幼儿园免征增值税的收入是指，在省级财政部门和价格主管部门审核报省级人民政府批准的收费标准以内收取的教育费、保育费。

民办托儿所、幼儿园免征增值税的收入是指，在报经当地有关部门备案并公示的收费标准范围内收取的教育费、保育费。

超过规定收费标准的收费，以开办实验班、特色班和兴趣班等为由另外收取的费用以及与幼儿入园挂钩的赞助费、支教费等超过规定范围的收入，不属于免征增值税的收入。

（二）养老机构提供的养老服务。

养老机构，是指依照民政部《养老机构设立许可办法》（民政部令第48号）设立并依法办理登记的为老年人提供集中居住和照料服务的各类养老机构；养老服务，是指上述养老机构按照民政部《养老机构管理办法》（民政部令第49号）的规定，为收住的老年人提供的生活照料、康复护理、精神慰藉、文化娱乐等服务。

（三）残疾人福利机构提供的育养服务。

（四）婚姻介绍服务。

（五）殡葬服务。

殡葬服务，是指收费标准由各地价格主管部门会同有关部门核定，或者实行政府指导价管理的遗体接运（含抬尸、消毒）、遗体整容、遗体防腐、存放（含冷藏）、火化、骨灰寄存、吊唁设施设备租赁、墓穴租赁及管理等服务。

（六）残疾人员本人为社会提供的服务。

（七）医疗机构提供的医疗服务。

医疗机构，是指依据国务院《医疗机构管理条例》（国务院令第149号）及卫生部《医疗机构管理条例实施细则》（卫生部令第35号）的规定，经登记取得《医疗机构执业许可证》的机构，以及军队、武警部队各级各类医疗机构。具体包括：各级各类医院、门诊部（所）、社区卫生服务中心（站）、急救中心（站）、城乡卫生院、护理院（所）、疗养院、临床检验中心，各级政府及有关部门举办的卫生防疫站（疾病控制中心）、各种专科疾病防治站（所），各级政府举办的妇幼保健所（站）、母婴保健机构、儿童保健机构，各级政府举办的血站（血液中心）等医疗机构。

本项所称的医疗服务，是指医疗机构按照不高于地（市）级以上价格主管部门会同同级卫生主管部门及其他相关部门制定的医疗服务指导价格（包括政府指导价和按照规定由供需双方协商确定的价格等）为就医者提供《全国医疗服务价格项目规范》所列的各项服务，以及医疗机构向社会提供卫生防疫、卫生检疫的服务。

（八）从事学历教育的学校提供的教育服务。

1. 学历教育，是指受教育者经过国家教育考试或者国家规定的其他入学方式，进入国家有关部门批准的学校或者其他教育机构学习，获得国家承认的学历证书的教育形式。具体包括：

（1）初等教育：普通小学、成人小学。

（2）初级中等教育：普通初中、职业初中、成人初中。

（3）高级中等教育：普通高中、成人高中和中等职业学校（包括普通中专、成人中专、职业高中、技工学校）。

（4）高等教育：普通本专科、成人本专科、网络本专科、研究生（博士、硕士）、高等教育自学考试、高等教育学历文凭考试。

2. 从事学历教育的学校，是指：

（1）普通学校。

（2）经地（市）级以上人民政府或者同级政府的教育行政部门批准成立、国家承认其学员学历的各类学校。

（3）经省级及以上人力资源社会保障行政部门批准成立的技工学校、高级技工学校。

（4）经省级人民政府批准成立的技师学院。

上述学校均包括符合规定的从事学历教育的民办学校，但不包括职业培训机构等国家不承认学历的教育机构。

3. 提供教育服务免征增值税的收入，是指对列入规定招生计划的在籍学生提供学历教育服务取得的收入，具体包括：经有关部门审核批准并按规定标准收取的学费、住宿费、课本费、作业本费、考试报名费收入，以及学校食堂提供餐饮服务取得的伙食费收入。除此之外的收入，包括学校以各种名义收取的赞助费、择校费等，不属于免征增值税的范围。

学校食堂是指依照《学校食堂与学生集体用餐卫生管理规定》（教育部令第14号）管理的学校食堂。

（九）学生勤工俭学提供的服务。

（十）农业机耕、排灌、病虫害防治、植物保护、农牧保险以及相关技术培训业务，家禽、牲畜、水生动物的配种和疾病防治。

农业机耕，是指在农业、林业、牧业中使用农业机械进行耕作（包括耕耘、种植、收割、脱粒、植物保护等）的业务；排灌，是指对农田进行灌溉或者排涝的业务；病虫害防治，是指从事农业、林业、牧业、渔业的病虫害测报和防治的业务；农牧保险，是指为种植业、养殖业、牧业种植和饲养的动植物提供保险的业务；相关技术培训，是指与农业机耕、排灌、病虫害防治、植物保护业务相关以及为使农民获得农牧保险知识的技术培训业务；家禽、牲畜、水生动物的配种和疾病防治业务的免税范围，包括与该项服务有关的提供药品和医疗用具的业务。

（十一）纪念馆、博物馆、文化馆、文物保护单位管理机构、美术馆、展览馆、书画院、图书馆在自己的场所提供文化体育服务取得的第一道门票收入。

（十二）寺院、宫观、清真寺和教堂举办文化、宗教活动的门票收入。

（十三）行政单位之外的其他单位收取的符合《试点实施办法》第十条规定条件的政府性基金和行政事业性收费。

（十四）个人转让著作权。

（十五）个人销售自建自用住房。

（十六）2018年12月31日前，公共租赁住房经营管理单位出租公共租赁住房。

公共租赁住房，是指纳入省、自治区、直辖市、计划单列市人民政府及新疆生产建设兵团批准的公共租赁住房发展规划和年度计划，并按照《关于加快发展公共租赁住房的指导意见》（建保〔2010〕87号）和市、县人民政府制定的具体管理办法进行管理的公共租赁住房。

（十七）台湾航运公司、航空公司从事海峡两岸海上直航、空中直航业务在大陆取得的运输收入。

台湾航运公司，是指取得交通运输部颁发的"台湾海峡两岸间水路运输许可证"且该许可证上注明的公司登记地址在台湾的航运公司。

台湾航空公司，是指取得中国民用航空局颁发的"经营许可"或者依据《海峡两岸空运协议》和《海峡两岸空运补充协议》规定，批准经营两岸旅客、货物和邮件不定期（包机）运输业务，且公司登记地址在台湾的航空公司。

（十八）纳税人提供的直接或者间接国际货物运输代理服务。

1. 纳税人提供直接或者间接国际货物运输代理服务，向委托方收取的全部国际货物运输代理服务收入，以及向国际运输承运人支付的国际运输费用，必须通过金融机构进行结算。

2. 纳税人为大陆与香港、澳门、台湾地区之间的货物运输提供的货物运输代理服务参照国际货物运输代理服务有关规定执行。

3. 委托方索取发票的，纳税人应当就国际货物运输代理服务收入向委托方全额开具增值税普通发票。

（十九）以下利息收入。

1. 2016年12月31日前，金融机构农户小额贷款。

小额贷款，是指单笔且该农户贷款余额总额在10万元（含本数）以下的贷款。

所称农户，是指长期（一年以上）居住在乡镇（不包括城关镇）行政管理区域内的住户，还包括长期居住在城关镇所辖行政村范围内的住户和户口不在本地而在本地居住一年以上的住户，国有农场的职工和农村个体工商户。位于乡镇（不包括城关镇）行政管理区域内和在城关镇所辖行政村范围内的国有经济的机关、团体、学校、企事业单位的集体户；有本地户口，但举家外出谋生一年以上的住户，无论是否保留承包耕地均不属于农户。农户以户为统计单位，既可以从事农业生产经营，也可以从事非农业生产经营。农户贷款的判定应以贷款发放时的承贷主体是否属于农户为准。

2. 国家助学贷款。

3. 国债、地方政府债。

4. 人民银行对金融机构的贷款。

5. 住房公积金管理中心用住房公积金在指定的委托银行发放的个人住房贷款。

6. 外汇管理部门在从事国家外汇储备经营过程中，委托金融机构发放的外汇贷款。

7. 统借统还业务中，企业集团或企业集团中的核心企业以及集团所属财务公司按不高于支付给金融机构的借款利率水平或者支付的债券票面利率水平，向企业集团或者集团内下属单位收取的利息。

统借方向资金使用单位收取的利息，高于支付给金融机构借款利率水平或者支付的债券票面利率水平的，应全额缴纳增值税。

统借统还业务，是指：

（1）企业集团或者企业集团中的核心企业向金融机构借款或对外发行债券取得资金

后，将所借资金分拨给下属单位（包括独立核算单位和非独立核算单位，下同），并向下属单位收取用于归还金融机构或债券购买方本息的业务。

（2）企业集团向金融机构借款或对外发行债券取得资金后，由集团所属财务公司与企业集团或者集团内下属单位签订统借统还贷款合同并分拨资金，并向企业集团或者集团内下属单位收取本息，再转付企业集团，由企业集团统一归还金融机构或债券购买方的业务。

（二十）被撤销金融机构以货物、不动产、无形资产、有价证券、票据等财产清偿债务。

被撤销金融机构，是指经人民银行、银监会依法决定撤销的金融机构及其分设于各地的分支机构，包括被依法撤销的商业银行、信托投资公司、财务公司、金融租赁公司、城市信用社和农村信用社。除另有规定外，被撤销金融机构所属、附属企业，不享受被撤销金融机构增值税免税政策。

（二十一）保险公司开办的一年期以上人身保险产品取得的保费收入。

一年期以上人身保险，是指保险期间为一年期及以上返还本利的人寿保险、养老年金保险，以及保险期间为一年期及以上的健康保险。

人寿保险，是指以人的寿命为保险标的的人身保险。

养老年金保险，是指以养老保障为目的，以被保险人生存为给付保险金条件，并按约定的时间间隔分期给付生存保险金的人身保险。养老年金保险应当同时符合下列条件：

1. 保险合同约定给付被保险人生存保险金的年龄不得小于国家规定的退休年龄。

2. 相邻两次给付的时间间隔不得超过一年。

健康保险，是指以因健康原因导致损失为给付保险金条件的人身保险。

上述免税政策实行备案管理，具体备案管理办法按照《国家税务总局关于一年期以上返还性人身保险产品免征营业税审批事项取消后有关管理问题的公告》（国家税务总局公告 2015 年第 65 号）规定执行。

（二十二）下列金融商品转让收入。

1. 合格境外投资者（QFII）委托境内公司在我国从事证券买卖业务。

2. 香港市场投资者（包括单位和个人）通过沪港通买卖上海证券交易所上市 A 股。

3. 对香港市场投资者（包括单位和个人）通过基金互认买卖内地基金份额。

4. 证券投资基金（封闭式证券投资基金，开放式证券投资基金）管理人运用基金买卖股票、债券。

5. 个人从事金融商品转让业务。

（二十三）金融同业往来利息收入。

1. 金融机构与人民银行所发生的资金往来业务。包括人民银行对一般金融机构贷款，以及人民银行对商业银行的再贴现等。

2. 银行联行往来业务。同一银行系统内部不同行、处之间所发生的资金账务往来业务。

3. 金融机构间的资金往来业务。是指经人民银行批准，进入全国银行间同业拆借市场的金融机构之间通过全国统一的同业拆借网络进行的短期（一年以下含一年）无担保资金融通行为。

4. 金融机构之间开展的转贴现业务。

金融机构是指：

(1) 银行：包括人民银行、商业银行、政策性银行。

(2) 信用合作社。

(3) 证券公司。

(4) 金融租赁公司、证券基金管理公司、财务公司、信托投资公司、证券投资基金。

(5) 保险公司。

(6) 其他经人民银行、银监会、证监会、保监会批准成立且经营金融保险业务的机构等。

(二十四) 同时符合下列条件的担保机构从事中小企业信用担保或者再担保业务取得的收入（不含信用评级、咨询、培训等收入）3年内免征增值税：

1. 已取得监管部门颁发的融资性担保机构经营许可证，依法登记注册为企（事）业法人，实收资本超过2000万元。

2. 平均年担保费率不超过银行同期贷款基准利率的50%。平均年担保费率＝本期担保费收入／（期初担保余额＋本期增加担保金额）×100%。

3. 连续合规经营2年以上，资金主要用于担保业务，具备健全的内部管理制度和为中小企业提供担保的能力，经营业绩突出，对受保项目具有完善的事前评估、事中监控、事后追偿与处置机制。

4. 为中小企业提供的累计担保贷款额占其两年累计担保业务总额的80%以上，单笔800万元以下的累计担保贷款额占其累计担保业务总额的50%以上。

5. 对单个受保企业提供的担保余额不超过担保机构实收资本总额的10%，且平均单笔担保责任金额最多不超过3000万元人民币。

6. 担保责任余额不低于其净资产的3倍，且代偿率不超过2%。

担保机构免征增值税政策采取备案管理方式。符合条件的担保机构应到所在地县（市）主管税务机关和同级中小企业管理部门履行规定的备案手续，自完成备案手续之日起，享受3年免征增值税政策。3年免税期满后，符合条件的担保机构可按规定程序办理备案手续后继续享受该项政策。

具体备案管理办法按照《国家税务总局关于中小企业信用担保机构免征营业税审批事项取消后有关管理问题的公告》（国家税务总局公告2015年第69号）规定执行，其中税务机关的备案管理部门统一调整为县（市）级国家税务局。

(二十五) 国家商品储备管理单位及其直属企业承担商品储备任务，从中央或者地方财政取得的利息补贴收入和价差补贴收入。

国家商品储备管理单位及其直属企业，是指接受中央、省、市、县四级政府有关部门（或者政府指定管理单位）委托，承担粮（含大豆）、食用油、棉、糖、肉、盐（限于中央储备）等6种商品储备任务，并按有关政策收储、销售上述6种储备商品，取得财政储备经费或者补贴的商品储备企业。利息补贴收入，是指国家商品储备管理单位及其直属企业因承担上述商品储备任务从金融机构贷款，并从中央或者地方财政取得的用于偿还贷款利息的贴息收入。价差补贴收入包括销售价差补贴收入和轮换价差补贴收入。销售价差补贴收入，是指按照中央或者地方政府指令销售上述储备商品时，由于销售收入小于库存成本而从中央或者地方财政获得的全额价差补贴收入。轮换价差补贴收入，是指根据要求定期组织政策性储备商品轮换而从中央或者地方财政取得的商品新陈品质价差补贴收入。

（二十六）纳税人提供技术转让、技术开发和与之相关的技术咨询、技术服务。

1. 技术转让、技术开发，是指《销售服务、无形资产、不动产注释》中"转让技术"、"研发服务"范围内的业务活动。技术咨询，是指就特定技术项目提供可行性论证、技术预测、专题技术调查、分析评价报告等业务活动。

与技术转让、技术开发相关的技术咨询、技术服务，是指转让方（或者受托方）根据技术转让或者开发合同的规定，为帮助受让方（或者委托方）掌握所转让（或者委托开发）的技术，而提供的技术咨询、技术服务业务，且这部分技术咨询、技术服务的价款与技术转让或者技术开发的价款应当在同一张发票上开具。

2. 备案程序。试点纳税人申请免征增值税时，须持技术转让、开发的书面合同，到纳税人所在地省级科技主管部门进行认定，并持有关的书面合同和科技主管部门审核意见证明文件报主管税务机关备查。

（二十七）同时符合下列条件的合同能源管理服务：

1. 节能服务公司实施合同能源管理项目相关技术，应当符合国家质量监督检验检疫总局和国家标准化管理委员会发布的《合同能源管理技术通则》GB/T 24915—2010 规定的技术要求。

2. 节能服务公司与用能企业签订节能效益分享型合同，其合同格式和内容，符合《中华人民共和国合同法》和《合同能源管理技术通则》GB/T 24915—2010 等规定。

（二十八）2017 年 12 月 31 日前，科普单位的门票收入，以及县级及以上党政部门和科协开展科普活动的门票收入。

科普单位，是指科技馆、自然博物馆，对公众开放的天文馆（站、台）、气象台（站）、地震台（站），以及高等院校、科研机构对公众开放的科普基地。

科普活动，是指利用各种传媒以浅显的、让公众易于理解、接受和参与的方式，向普通大众介绍自然科学和社会科学知识，推广科学技术的应用，倡导科学方法，传播科学思想，弘扬科学精神的活动。

（二十九）政府举办的从事学历教育的高等、中等和初等学校（不含下属单位），举办进修班、培训班取得的全部归该学校所有的收入。

全部归该学校所有，是指举办进修班、培训班取得的全部收入进入该学校统一账户，并纳入预算全额上缴财政专户管理，同时由该学校对有关票据进行统一管理和开具。

举办进修班、培训班取得的收入进入该学校下属部门自行开设账户的，不予免征增值税。

（三十）政府举办的职业学校设立的主要为在校学生提供实习场所、并由学校出资自办、由学校负责经营管理、经营收入归学校所有的企业，从事《销售服务、无形资产或者不动产注释》中"现代服务"（不含融资租赁服务、广告服务和其他现代服务）、"生活服务"（不含文化体育服务、其他生活服务和桑拿、氧吧）业务活动取得的收入。

（三十一）家政服务企业由员工制家政服务员提供家政服务取得的收入。

家政服务企业，是指在企业营业执照的规定经营范围中包括家政服务内容的企业。

员工制家政服务员，是指同时符合下列 3 个条件的家政服务员：

1. 依法与家政服务企业签订半年及半年以上的劳动合同或者服务协议，且在该企业实际上岗工作。

2. 家政服务企业为其按月足额缴纳了企业所在地人民政府根据国家政策规定的基本养老保险、基本医疗保险、工伤保险、失业保险等社会保险。对已享受新型农村养老保险和新型农村合作医疗等社会保险或者下岗职工原单位继续为其缴纳社会保险的家政服务员，如果本人书面提出不再缴纳企业所在地人民政府根据国家政策规定的相应的社会保险，并出具其所在乡镇或者原单位开具的已缴纳相关保险的证明，可视同家政服务企业已为其按月足额缴纳了相应的社会保险。

3. 家政服务企业通过金融机构向其实际支付不低于企业所在地适用的经省级人民政府批准的最低工资标准的工资。

（三十二）福利彩票、体育彩票的发行收入。

（三十三）军队空余房产租赁收入。

（三十四）为了配合国家住房制度改革，企业、行政事业单位按房改成本价、标准价出售住房取得的收入。

（三十五）将土地使用权转让给农业生产者用于农业生产。

（三十六）涉及家庭财产分割的个人无偿转让不动产、土地使用权。

家庭财产分割，包括下列情形：离婚财产分割；无偿赠予配偶、父母、子女、祖父母、外祖父母、孙子女、外孙子女、兄弟姐妹；无偿赠予对其承担直接抚养或者赡养义务的抚养人或者赡养人；房屋产权所有人死亡，法定继承人、遗嘱继承人或者受遗赠人依法取得房屋产权。

（三十七）土地所有者出让土地使用权和土地使用者将土地使用权归还给土地所有者。

（三十八）县级以上地方人民政府或自然资源行政主管部门出让、转让或收回自然资源使用权（不含土地使用权）。

（三十九）随军家属就业。

1. 为安置随军家属就业而新开办的企业，自领取税务登记证之日起，其提供的应税服务3年内免征增值税。

享受税收优惠政策的企业，随军家属必须占企业总人数的60%（含）以上，并有军（含）以上政治和后勤机关出具的证明。

2. 从事个体经营的随军家属，自办理税务登记事项之日起，其提供的应税服务3年内免征增值税。

随军家属必须有师以上政治机关出具的可以表明其身份的证明。

按照上述规定，每一名随军家属可以享受一次免税政策。

（四十）军队转业干部就业。

1. 从事个体经营的军队转业干部，自领取税务登记证之日起，其提供的应税服务3年内免征增值税。

2. 为安置自主择业的军队转业干部就业而新开办的企业，凡安置自主择业的军队转业干部占企业总人数60%（含）以上的，自领取税务登记证之日起，其提供的应税服务3年内免征增值税。

享受上述优惠政策的自主择业的军队转业干部必须持有师以上部队颁发的转业证件。

二、增值税即征即退

（一）一般纳税人提供管道运输服务，对其增值税实际税负超过3%的部分实行增值税即征即退政策。

（二）经人民银行、银监会或者商务部批准从事融资租赁业务的试点纳税人中的一般纳税人，提供有形动产融资租赁服务和有形动产融资性售后回租服务，对其增值税实际税负超过3%的部分实行增值税即征即退政策。商务部授权的省级商务主管部门和国家经济技术开发区批准的从事融资租赁业务和融资性售后回租业务的试点纳税人中的一般纳税人，2016年5月1日后实收资本达到1.7亿元的，从达到标准的当月起按照上述规定执行；2016年5月1日后实收资本未达到1.7亿元但注册资本达到1.7亿元的，在2016年7月31日前仍可按照上述规定执行，2016年8月1日后开展的有形动产融资租赁业务和有形动产融资性售后回租业务不得按照上述规定执行。

（三）本规定所称增值税实际税负，是指纳税人当期提供应税服务实际缴纳的增值税额占纳税人当期提供应税服务取得的全部价款和价外费用的比例。

三、扣减增值税规定

（一）退役士兵创业就业。

1. 对自主就业退役士兵从事个体经营的，在3年内按每户每年8000元为限额依次扣减其当年实际应缴纳的增值税、城市维护建设税、教育费附加、地方教育附加和个人所得税。限额标准最高可上浮20%，各省、自治区、直辖市人民政府可根据本地区实际情况在此幅度内确定具体限额标准，并报财政部和国家税务总局备案。

纳税人年度应缴纳税款小于上述扣减限额的，以其实际缴纳的税款为限；大于上述扣减限额的，应以上述扣减限额为限。纳税人的实际经营期不足一年的，应当以实际月份换算其减免税限额。换算公式为：减免税限额＝年度减免税限额÷12×实际经营月数。

纳税人在享受税收优惠政策的当月，持《中国人民解放军义务兵退出现役证》或《中国人民解放军士官退出现役证》以及税务机关要求的相关材料向主管税务机关备案。

2. 对商贸企业、服务型企业、劳动就业服务企业中的加工型企业和街道社区具有加工性质的小型企业实体，在新增加的岗位中，当年新招用自主就业退役士兵，与其签订1年以上期限劳动合同并依法缴纳社会保险费的，在3年内按实际招用人数予以定额依次扣减增值税、城市维护建设税、教育费附加、地方教育附加和企业所得税优惠。定额标准为每人每年4000元，最高可上浮50%，各省、自治区、直辖市人民政府可根据本地区实际情况在此幅度内确定具体定额标准，并报财政部和国家税务总局备案。

本条所称服务型企业是指从事《销售服务、无形资产、不动产注释》中"不动产租赁服务"、"商务辅助服务"（不含货物运输代理和代理报关服务）、"生活服务"（不含文化体育服务）范围内业务活动的企业以及按照《民办非企业单位登记管理暂行条例》（国务院令第251号）登记成立的民办非企业单位。

纳税人按企业招用人数和签订的劳动合同时间核定企业减免税总额，在核定减免税总额内每月依次扣减增值税、城市维护建设税、教育费附加和地方教育附加。纳税人实际应缴纳的增值税、城市维护建设税、教育费附加和地方教育附加小于核定减免税总额的，以实际应缴纳的增值税、城市维护建设税、教育费附加和地方教育附加为限；实际应缴纳的增值税、城市维护建设税、教育费附加和地方教育附加大于核定减免税总额的，以核定减免税总额为限。

纳税年度终了，如果企业实际减免的增值税、城市维护建设税、教育费附加和地方教育附加小于核定的减免税总额，企业在企业所得税汇算清缴时扣减企业所得税。当年扣减不足的，不再结转以后年度扣减。

计算公式为：企业减免税总额＝∑每名自主就业退役士兵本年度在本企业工作月份÷12×定额标准。

企业自招用自主就业退役士兵的次月起享受税收优惠政策，并于享受税收优惠政策的当月，持下列材料向主管税务机关备案：

（1）新招用自主就业退役士兵的《中国人民解放军义务兵退出现役证》或《中国人民解放军士官退出现役证》。

（2）企业与新招用自主就业退役士兵签订的劳动合同（副本），企业为职工缴纳的社会保险费记录。

（3）自主就业退役士兵本年度在企业工作时间表。

（4）主管税务机关要求的其他相关材料。

3. 上述所称自主就业退役士兵是指依照《退役士兵安置条例》（国务院、中央军委令第608号）的规定退出现役并按自主就业方式安置的退役士兵。

4. 上述税收优惠政策的执行期限为2016年5月1日至2016年12月31日，纳税人在2016年12月31日未享受满3年的，可继续享受至3年期满为止。

按照《财政部 国家税务总局民政部关于调整完善扶持自主就业退役士兵创业就业有关税收政策的通知》（财税〔2014〕42号）规定享受营业税优惠政策的纳税人，自2016年5月1日起按照上述规定享受增值税优惠政策，在2016年12月31日未享受满3年的，可继续享受至3年期满为止。

《财政部 国家税务总局关于将铁路运输和邮政业纳入营业税改征增值税试点的通知》（财税〔2013〕106号）附件3第一条第（十二）项城镇退役士兵就业免征增值税政策，自2014年7月1日起停止执行。在2014年6月30日未享受满3年的，可继续享受至3年期满为止。

（二）重点群体创业就业。

1. 对持《就业创业证》（注明"自主创业税收政策"或"毕业年度内自主创业税收政策"）或2015年1月27日前取得的《就业失业登记证》（注明"自主创业税收政策"或附着《高校毕业生自主创业证》）的人员从事个体经营的，在3年内按每户每年8000元为限额依次扣减其当年实际应缴纳的增值税、城市维护建设税、教育费附加、地方教育附加和个人所得税。限额标准最高可上浮20%，各省、自治区、直辖市人民政府可根据本地区实际情况在此幅度内确定具体限额标准，并报财政部和国家税务总局备案。

纳税人年度应缴纳税款小于上述扣减限额的，以其实际缴纳的税款为限；大于上述扣减限额的，应以上述扣减限额为限。

上述人员是指：

（1）在人力资源社会保障部门公共就业服务机构登记失业半年以上的人员。

（2）零就业家庭、享受城市居民最低生活保障家庭劳动年龄内的登记失业人员。

（3）毕业年度内高校毕业生。高校毕业生是指实施高等学历教育的普通高等学校、成人高等学校毕业的学生；毕业年度是指毕业所在自然年，即1月1日至12月31日。

2. 对商贸企业、服务型企业、劳动就业服务企业中的加工型企业和街道社区具有加工性质的小型企业实体，在新增加的岗位中，当年新招用在人力资源社会保障部门公共就业服务机构登记失业半年以上且持《就业创业证》或2015年1月27日前取得的《就业失业登记证》（注明"企业吸纳税收政策"）人员，与其签订1年以上期限劳动合同并依法缴纳社会保险费的，在3年内按实际招用人数予以定额依次扣减增值税、城市维护建设税、教育费附加、地方教育附加和企业所得税优惠。定额标准为每人每年4000元，最高可上浮30%，各省、自治区、直辖市人民政府可根据本地区实际情况在此幅度内确定具体定额标准，并报财政部和国家税务总局备案。

按上述标准计算的税收扣减额应在企业当年实际应缴纳的增值税、城市维护建设税、教育费附加、地方教育附加和企业所得税税额中扣减，当年扣减不足的，不得结转下年使用。

本条所称服务型企业是指从事《销售服务、无形资产、不动产注释》中"不动产租赁服务"、"商务辅助服务"（不含货物运输代理和代理报关服务）、"生活服务"（不含文化体育服务）范围内业务活动的企业以及按照《民办非企业单位登记管理暂行条例》（国务院令第251号）登记成立的民办非企业单位。

3. 享受上述优惠政策的人员按以下规定申领《就业创业证》：

（1）按照《就业服务与就业管理规定》（劳动和社会保障部令第28号）第六十三条的规定，在法定劳动年龄内，有劳动能力，有就业要求，处于无业状态的城镇常住人员，在公共就业服务机构进行失业登记，申领《就业创业证》。其中，农村进城务工人员和其他非本地户籍人员在常住地稳定就业满6个月的，失业后可以在常住地登记。

（2）零就业家庭凭社区出具的证明，城镇低保家庭凭低保证明，在公共就业服务机构登记失业，申领《就业创业证》。

（3）毕业年度内高校毕业生在校期间凭学生证向公共就业服务机构按规定申领《就业创业证》，或委托所在高校就业指导中心向公共就业服务机构按规定代为其申领《就业创业证》；毕业年度内高校毕业生离校后直接向公共就业服务机构按规定申领《就业创业证》。

（4）上述人员申领相关凭证后，由就业和创业地人力资源社会保障部门对人员范围、就业失业状态、已享受政策情况进行核实，在《就业创业证》上注明"自主创业税收政策"、"毕业年度内自主创业税收政策"或"企业吸纳税收政策"字样，同时符合自主创业和企业吸纳税收政策条件的，可同时加注；主管税务机关在《就业创业证》上加盖戳记，注明减免税所属时间。

4. 上述税收优惠政策的执行期限为2016年5月1日至2016年12月31日，纳税人在2016年12月31日未享受满3年的，可继续享受至3年期满为止。

按照《财政部国家税务总局人力资源社会保障部关于继续实施支持和促进重点群体创业就业有关税收政策的通知》（财税〔2014〕39号）规定享受营业税优惠政策的纳税人，自2016年5月1日起按照上述规定享受增值税优惠政策，在2016年12月31日未享受满3年的，可继续享受至3年期满为止。

《财政部 国家税务总局关于将铁路运输和邮政业纳入营业税改征增值税试点的通知》

（财税〔2013〕106号）附件3第一条第（十三）项失业人员就业增值税优惠政策，自2014年1月1日起停止执行。在2013年12月31日未享受满3年的，可继续享受至3年期满为止。

四、金融企业发放贷款后，自结息日起90天内发生的应收未收利息按现行规定缴纳增值税，自结息日起90天后发生的应收未收利息暂不缴纳增值税，待实际收到利息时按规定缴纳增值税。

上述所称金融企业，是指银行（包括国有、集体、股份制、合资、外资银行以及其他所有制形式的银行）、城市信用社、农村信用社、信托投资公司、财务公司。

五、个人将购买不足2年的住房对外销售的，按照5%的征收率全额缴纳增值税；个人将购买2年以上（含2年）的住房对外销售的，免征增值税。上述政策适用于北京市、上海市、广州市和深圳市之外的地区。

个人将购买不足2年的住房对外销售的，按照5%的征收率全额缴纳增值税；个人将购买2年以上（含2年）的非普通住房对外销售的，以销售收入减去购买住房价款后的差额按照5%的征收率缴纳增值税；个人将购买2年以上（含2年）的普通住房对外销售的，免征增值税。上述政策仅适用于北京市、上海市、广州市和深圳市。

办理免税的具体程序、购买房屋的时间、开具发票、非购买形式取得住房行为及其他相关税收管理规定，按照《国务院办公厅转发建设部等部门关于做好稳定住房价格工作意见的通知》（国办发〔2005〕26号）、《国家税务总局财政部建设部关于加强房地产税收管理的通知》（国税发〔2005〕89号）和《国家税务总局关于房地产税收政策执行中几个具体问题的通知》（国税发〔2005〕172号）的有关规定执行。

六、上述增值税优惠政策除已规定期限的项目和第五条政策外，其他均在营改增试点期间执行。如果试点纳税人在纳入营改增试点之日前已经按照有关政策规定享受了营业税税收优惠，在剩余税收优惠政策期限内，按照本规定享受有关增值税优惠。

附件4：跨境应税行为适用增值税零税率和免税政策的规定

一、中华人民共和国境内（以下称境内）的单位和个人销售的下列服务和无形资产，适用增值税零税率：

（一）国际运输服务。

国际运输服务，是指：

1. 在境内载运旅客或者货物出境。

2. 在境外载运旅客或者货物入境。

3. 在境外载运旅客或者货物。

（二）航天运输服务。

（三）向境外单位提供的完全在境外消费的下列服务：

1. 研发服务。

2. 合同能源管理服务。

3. 设计服务。

4. 广播影视节目（作品）的制作和发行服务。

5. 软件服务。

6. 电路设计及测试服务。

7. 信息系统服务。

8. 业务流程管理服务。

9. 离岸服务外包业务。

离岸服务外包业务，包括信息技术外包服务（ITO）、技术性业务流程外包服务（BPO）、技术性知识流程外包服务（KPO），其所涉及的具体业务活动，按照《销售服务、无形资产、不动产注释》相对应的业务活动执行。

10. 转让技术。

（四）财政部和国家税务总局规定的其他服务。

二、境内的单位和个人销售的下列服务和无形资产免征增值税，但财政部和国家税务总局规定适用增值税零税率的除外：

（一）下列服务：

1. 工程项目在境外的建筑服务。

2. 工程项目在境外的工程监理服务。

3. 工程、矿产资源在境外的工程勘察勘探服务。

4. 会议展览地点在境外的会议展览服务。

5. 存储地点在境外的仓储服务。

6. 标的物在境外使用的有形动产租赁服务。

7. 在境外提供的广播影视节目（作品）的播映服务。

8. 在境外提供的文化体育服务、教育医疗服务、旅游服务。

（二）为出口货物提供的邮政服务、收派服务、保险服务。

为出口货物提供的保险服务，包括出口货物保险和出口信用保险。

（三）向境外单位提供的完全在境外消费的下列服务和无形资产：

1. 电信服务。

2. 知识产权服务。

3. 物流辅助服务（仓储服务、收派服务除外）。

4. 鉴证咨询服务。

5. 专业技术服务。

6. 商务辅助服务。

7. 广告投放地在境外的广告服务。

8. 无形资产。

（四）以无运输工具承运方式提供的国际运输服务。

（五）为境外单位之间的货币资金融通及其他金融业务提供的直接收费金融服务，且该服务与境内的货物、无形资产和不动产无关。

（六）财政部和国家税务总局规定的其他服务。

三、按照国家有关规定应取得相关资质的国际运输服务项目，纳税人取得相关资质的，适用增值税零税率政策，未取得的，适用增值税免税政策。

境内的单位或个人提供程租服务，如果租赁的交通工具用于国际运输服务和港澳台运输服务，由出租方按规定申请适用增值税零税率。

境内的单位和个人向境内单位或个人提供期租、湿租服务，如果承租方利用租赁的交通工具向其他单位或个人提供国际运输服务和港澳台运输服务,由承租方适用增值税零税率。境内的单位或个人向境外单位或个人提供期租、湿租服务,由出租方适用增值税零税率。

境内单位和个人以无运输工具承运方式提供的国际运输服务,由境内实际承运人适用增值税零税率;无运输工具承运业务的经营者适用增值税免税政策。

四、境内的单位和个人提供适用增值税零税率的服务或者无形资产,如果属于适用简易计税方法的,实行免征增值税办法。如果属于适用增值税一般计税方法的,生产企业实行免抵退税办法,外贸企业外购服务或者无形资产出口实行免退税办法,外贸企业直接将服务或自行研发的无形资产出口,视同生产企业连同其出口货物统一实行免抵退税办法。

服务和无形资产的退税率为其按照《试点实施办法》第十五条第(一)至(三)项规定适用的增值税税率。实行退(免)税办法的服务和无形资产,如果主管税务机关认定出口价格偏高的,有权按照核定的出口价格计算退(免)税,核定的出口价格低于外贸企业购进价格的,低于部分对应的进项税额不予退税,转入成本。

五、境内的单位和个人销售适用增值税零税率的服务或无形资产的,可以放弃适用增值税零税率,选择免税或按规定缴纳增值税。放弃适用增值税零税率后,36个月内不得再申请适用增值税零税率。

六、境内的单位和个人销售适用增值税零税率的服务或无形资产,按月向主管退税的税务机关申报办理增值税退(免)税手续。具体管理办法由国家税务总局商财政部另行制定。

七、本规定所称完全在境外消费,是指:

(一)服务的实际接受方在境外,且与境内的货物和不动产无关。

(二)无形资产完全在境外使用,且与境内的货物和不动产无关。

(三)财政部和国家税务总局规定的其他情形。

八、境内单位和个人发生的与香港、澳门、台湾有关的应税行为,除本文另有规定外,参照上述规定执行。

九、2016年4月30日前签订的合同,符合《财政部 国家税务总局关于将铁路运输和邮政业纳入营业税改征增值税试点的通知》(财税〔2013〕106号)附件4和《财政部 国家税务总局关于影视等出口服务适用增值税零税率政策的通知》(财税〔2015〕118号)规定的零税率或者免税政策条件的,在合同到期前可以继续享受零税率或者免税政策。

财政部、国家税务总局
关于印发《营业税改征增值税试点方案》的通知

(财税〔2011〕110号)

各省、自治区、直辖市、计划单列市财政厅(局)、国家税务局、地方税务局,新疆生产建设兵团财务局:

《营业税改征增值税试点方案》已经国务院同意,现印发你们,请遵照执行。

附件:营业税改征增值税试点方案

财政部
国家税务总局
二〇一一年十一月十六日

附件:

营业税改征增值税试点方案

根据党的十七届五中全会精神,按照《中华人民共和国国民经济和社会发展第十二个五年规划纲要》确定的税制改革目标和 2011 年《政府工作报告》的要求,制定本方案。

一、指导思想和基本原则

(一)指导思想。

建立健全有利于科学发展的税收制度,促进经济结构调整,支持现代服务业发展。

(二)基本原则。

1. 统筹设计、分步实施。正确处理改革、发展、稳定的关系,统筹兼顾经济社会发展要求,结合全面推行改革需要和当前实际,科学设计,稳步推进。

2. 规范税制、合理负担。在保证增值税规范运行的前提下,根据财政承受能力和不同行业发展特点,合理设置税制要素,改革试点行业总体税负不增加或略有下降,基本消除重复征税。

3. 全面协调、平稳过渡。妥善处理试点前后增值税与营业税政策的衔接、试点纳税人与非试点纳税人税制的协调,建立健全适应第三产业发展的增值税管理体系,确保改革试点有序运行。

二、改革试点的主要内容

(一)改革试点的范围与时间。

1. 试点地区。综合考虑服务业发展状况、财政承受能力、征管基础条件等因素,先期选择经济辐射效应明显、改革示范作用较强的地区开展试点。

2. 试点行业。试点地区先在交通运输业、部分现代服务业等生产性服务业开展试点,逐步推广至其他行业。条件成熟时,可选择部分行业在全国范围内进行全行业试点。

3. 试点时间。2012 年 1 月 1 日开始试点,并根据情况及时完善方案,择机扩大试点范围。

(二)改革试点的主要税制安排。

1. 税率。在现行增值税 17% 标准税率和 13% 低税率基础上,新增 11% 和 6% 两档低税率。租赁有形动产等适用 17% 税率,交通运输业、建筑业等适用 11% 税率,其他部分现代服务业适用 6% 税率。

2. 计税方式。交通运输业、建筑业、邮电通信业、现代服务业、文化体育业、销售不动产和转让无形资产，原则上适用增值税一般计税方法。金融保险业和生活性服务业，原则上适用增值税简易计税方法。

3. 计税依据。纳税人计税依据原则上为发生应税交易取得的全部收入。对一些存在大量代收转付或代垫资金的行业，其代收代垫金额可予以合理扣除。

4. 服务贸易进出口。服务贸易进口在国内环节征收增值税，出口实行零税率或免税制度。

（三）改革试点期间过渡性政策安排。

1. 税收收入归属。试点期间保持现行财政体制基本稳定，原归属试点地区的营业税收入，改征增值税后收入仍归属试点地区，税款分别入库。因试点产生的财政减收，按现行财政体制由中央和地方分别负担。

2. 税收优惠政策过渡。国家给予试点行业的原营业税优惠政策可以延续，但对于通过改革能够解决重复征税问题的，予以取消。试点期间针对具体情况采取适当的过渡政策。

3. 跨地区税种协调。试点纳税人以机构所在地作为增值税纳税地点，其在异地缴纳的营业税，允许在计算缴纳增值税时抵减。非试点纳税人在试点地区从事经营活动的，继续按照现行营业税有关规定申报缴纳营业税。

4. 增值税抵扣政策的衔接。现有增值税纳税人向试点纳税人购买服务取得的增值税专用发票，可按现行规定抵扣进项税额。

三、组织实施

（一）财政部和国家税务总局根据本方案制定具体实施办法、相关政策和预算管理及缴库规定，做好政策宣传和解释工作。经国务院同意，选择确定试点地区和行业。

（二）营业税改征的增值税，由国家税务局负责征管。国家税务总局负责制定改革试点的征管办法，扩展增值税管理信息系统和税收征管信息系统，设计并统一印制货物运输业增值税专用发票，全面做好相关征管准备和实施工作。

1.1.3　国家税务总局

国家税务总局关于营业税改征增值税试点期间有关增值税问题的公告

（国家税务总局公告 2015 年第 90 号）

为统一政策执行口径，现将营业税改征增值税试点期间有关增值税问题公告如下：

一、蜂窝数字移动通信用塔（杆），属于《固定资产分类与代码》（GB/T 14885—1994）中的"其他通讯设备"（代码699），其增值税进项税额可以按照现行规定从销项税额中抵扣。

二、纳税人销售自己使用过的固定资产，适用简易办法依照3％征收率减按2％征收增值税政策的，可以放弃减税，按照简易办法依照3％征收率缴纳增值税，并可以开具增值税专用发票。

三、纳税人提供有形动产融资性售后回租服务,计算当期销售额时可以扣除的有形动产价款本金,为书面合同约定的当期应当收取的本金。无书面合同或者书面合同没有约定的,为当期实际收取的本金。

四、提供有形动产融资租赁服务的纳税人,以保理方式将融资租赁合同项下未到期应收租金的债权转让给银行等金融机构,不改变其与承租方之间的融资租赁关系,应继续按照现行规定缴纳增值税,并向承租方开具发票。

五、纳税人通过蜂窝数字移动通信用塔(杆)及配套设施,为电信企业提供的基站天线、馈线及设备环境控制、动环监控、防雷消防、运行维护等塔类站址管理业务,按照"信息技术基础设施管理服务"缴纳增值税。

纳税人通过楼宇、隧道等室内通信分布系统,为电信企业提供的语音通话和移动互联网等无线信号室分系统传输服务,分别按照基础电信服务和增值电信服务缴纳增值税。

本公告自2016年2月1日起施行,此前未处理的事项,按本公告规定执行。

特此公告。

国家税务总局
2015年12月22日

1.1.4 地方国家税务局
1.1.4.1 北京市国家税务局

北京国税营改增热点问题

(2016年4月14日)

一、热点问题:

1. 全面营该增之后,为企业提供保安服务按照什么项目缴纳增值税?

答:应按商务辅助服务缴纳增值税。根据《财政部 国家税务总局关于全面推开营业税改征增值税试点的通知》(财税〔2016〕36号)附:销售服务、无形资产、不动产注释的规定,商务辅助服务,包括企业管理服务、经纪代理服务、人力资源服务、安全保护服务。其中,安全保护服务,是指提供保护人身安全和财产安全,维护社会治安等的业务活动。包括场所住宅保安、特种保安、安全系统监控以及其他安保服务。

2. 试点纳税人5月1日之前发生的购进货物业务,在5月1日之后取得进项税发票,是否可按规定认证抵扣?

答:不可以。

3. 房地产开发企业开发的,开工日期在4月30日之前的同一《施工许可证》下的不同房产,如开发项目中既有普通住房,又有别墅,可以分别选择简易征收和一般计税方法吗?

答：不可以。同一房地产项目只能选择适用一种计税方法。

4. 营改增后个体工商户可申请使用什么发票？份数和限额有什么要求？

答：根据《北京市国家税务局关于普通发票申领有关事项的公告》（北京市国家税务局公告2015年第12号）规定：

达到增值税起征点的个体工商户初次申领《增值税普通发票》，单份发票最高开票限额一万元，最高持票数量50份。

未达到增值税起征点的个体工商户可申领总面额不超过三万元的北京市国家税务局通用定额发票。

5. 营改增后小规模纳税人可申请使用什么发票？份数和限额有什么要求？

答：小规模纳税人销售货物、提供应税劳务和应税服务开具增值税普通发票、机动车销售统一发票。

根据《北京市国家税务局关于普通发票申领有关事项的公告》（北京市国家税务局公告2015年第12号）规定：

增值税小规模纳税人（不包含个体工商户，下同）初次申领普通发票，应根据实际经营需要，在下列组合中自行选择本单位适用的发票票种：

（1）增值税普通发票：单份发票最高开票限额一万元，最高持票数量50份。

（2）增值税普通发票：单份发票最高开票限额十万元，最高持票数量25份。

（3）机动车销售统一发票：单份发票最高开票限额十万元，最高持票数量25份。

（4）北京市国家税务局通用定额发票：总面额不超过三万元。

6. 营改增一般纳税人可申请使用什么发票？份数和限额有什么要求？

答：一般纳税人销售货物、提供应税劳务和应税服务开具增值税专用发票、增值税普通发票、机动车销售统一发票。

根据《北京市国家税务局关于普通发票申领有关事项的公告》（北京市国家税务局公告2015年第12号）规定：

税务机关根据增值税纳税人的申请，核定其使用增值税发票系统开具的增值税专用发票、增值税普通发票及机动车销售统一发票的票种、数量。

税务机关根据增值税一般纳税人的申请，审批（包含初次和变更）其开具增值税专用发票最高限额。

（1）增值税普通发票：单份发票最高开票限额十万元，最高持票数量50份。

（2）机动车销售统一发票：单份发票最高开票限额依纳税人申请确定，最高持票数量50份。

7. 如何在市局网站"营改增专区"办理票种核定？

答：纳税人进入北京国税官网（<http://www.bjsat.gov.cn/>），使用"地税计算机代码、法人身份证号码"或者国税发放的一证通，通过"网上办税服务厅""营改增发票审批（核定）"漂浮框或者登录北京国税官网——营改增专区——营改增发票审批（核定），登录营改增发票核定专区，根据企业的用票情况，具体选择增值税专用发票票种核定、增值税普通发票票种核定、增值税电子普通发票票种核定。

二、疑难问题：

1. 营改增之后，劳务派遣行业是否适用财税［2003］16号文中规定的差额扣除？

答：目前无规定，暂不予答复。

2. 拆迁补偿款是否应按照销售不动产缴纳增值税？

答：目前无规定，暂不予答复。

3. 房地产企业跨区县开发销售房地产项目，在项目所在地主管地税机关已办理过临时税务登记，这类办理临时登记的项目部能否在项目所在地国税申请增值税税控装置，开具发票？

答：北京市房地产企业跨区县开发销售房地产项目，在机构所在地主管国税机关办理发票手续。

4. 其他个人提供建筑服务是否可以申请代开增值税专用发票？

答：不可以。其他个人提供建筑服务可以申请代开增值税普通发票。

1.1.4.2 湖北省国家税务局

湖北省国家税务局营改增政策执行口径第一辑

为方便大家更好更快地了解营改增政策，有效解决营改增前期准备工作中遇到的问题，引导纳税人及时、充分享受营改增政策红利，依据《关于全面推开营业税改征增值税试点的通知》（财税〔2016〕36号）及国家税务总局系列公告规定，结合总局培训、视频通报会上明确的事宜，经研究，现就有关问题全省统一明确如下。

第一部分 综合问题

1. 关于混合销售界定的问题

一项销售行为如果既涉及服务又涉及货物，为混合销售。对于混合销售，按以下方法确定如何计税：

（1）该销售行为必须是一项行为，这是与兼营行为相区别的标志。

（2）按企业经营的主业确定。

若企业在账务上已经分开核算，以企业核算为准。

2. 关于差额征税项目的范围、销售额的确定及发票开具问题

（1）金融商品转让。

$$销售额＝卖出价－买入价$$

不得开具增值税专用发票（以下简称专票），可以开具增值税普通发票（以下简称普票）。

（2）经纪代理服务

销售额＝取得的全部价款和价外费用－向委托方收取并代为支付的政府性基金或者行政事业性收费

作为差额扣除的部分（即向委托方收取的政府性基金或者行政事业性收费），不得开具专票，可以开具普票。其余部分可以开具专票。

其他各行业发生的代为收取的符合规定条件的政府性基金或者行政事业性收费，以及

以委托方名义开具发票代委托方收取的款项,不计入价外费用范畴。

(3) 融资租赁业务

销售额＝取得的全部价款和价外费用－支付的借款利息(包括外汇借款和人民币借款利息)、发行债券利息和车辆购置税

可全额开具专票。

(4) 融资性售后回租服务

销售额＝取得的全部价款和价外费用(不含本金)－对外支付的借款利息(包括外汇借款和人民币借款利息)、发行债券利息

可就取得的全部价款和价外费用(不含本金)开具专票。但2016年5月1日以后,融资性售后回租属于贷款服务,纳税人接受的贷款服务,其进项税额不得抵扣。

(5) 原有形动产融资性售后回租服务

根据2016年4月30日前签订的有形动产融资性售后回租合同,在合同到期前提供的有形动产融资性售后回租服务,可以选择以下方法之一计算销售额:

① 销售额＝收取的全部价款和价外费用－向承租方收取的价款本金及对外支付的借款利息(包括外汇借款和人民币借款利息)、发行债券利息

向承租方收取的有形动产价款本金,不得开具专票,可以开具普票。其余部分可以开具专票。

② 销售额＝收取的全部价款和价外费用－支付的借款利息(包括外汇借款和人民币借款利息)、发行债券利息

(6) 航空运输企业

销售额＝收取的全部价款和价外费用－代收的机场建设费和代售其他航空运输企业客票而代收转付的价款

纳税人接受旅客运输服务,其进项税额不得抵扣。

(7) 客运场站服务

销售额＝收取的全部价款和价外费用－支付给承运方运费

纳税人接受旅客运输服务,其进项税额不得抵扣。

(8) 旅游服务

销售额＝收取的全部价款和价外费用－向旅游服务购买方收取并支付给其他单位或者个人的住宿费、餐饮费、交通费、签证费、门票费和支付给其他接团旅游企业的旅游费用

选择上述办法计算销售额的试点纳税人,差额扣除部分(即向旅游服务购买方收取并支付的上述费用),不得开具专票,可以开具普票。其余部分可以开具专票。

提供旅游服务未选择差额征税的,可以就取得的全部价款和价外费用开具专票,其进项税额凭合法扣税凭证扣除。

(9) 适用简易计税方法的建筑服务

销售额＝收取的全部价款和价外费用－支付的分包款

可以全额开具专票。

(10) 房地产开发企业中的一般纳税人销售其开发的房地产项目适用一般计税方法的

销售额＝收取的全部价款和价外费用－受让土地时向政府部门支付的土地价款

可以全额开具专票。

(11) 适用简易计税方法的二手房销售服务（包括一般纳税人、小规模纳税人、自然人）

销售额＝收取的全部价款和价外费用－该项不动产购置原价或者取得不动产时的作价

可以全额开具专票。

(12) 电信企业为公益性机构接受捐款

销售额＝收取的全部价款和价外费用－支付给公益性机构的捐款

其差额扣除部分（即接受的捐款），不得开具专票，可以开具普票。其余部分可以开具专票。

纳税人符合差额征税条件的，应在2016年5月1日后、第一次申报差额计税前向主管国税机关申请备案。

3. 关于总分机构如何缴纳增值税、如何开票、如何申报的问题

(1) 汇总纳税的申请。

实行总分机构模式管理的营改增企业，可以进行汇总申报纳税。需要汇总申报的，省内跨市州的向省局提出申请；市州内跨县（市、区）的，可向所在市州局提出申请，也可直接向省局提出申请，由省局决定。

(2) 汇总纳税的税款计算

目前汇总纳税的税款计算方式主要有按率预征和按销售占比分配两种。

原则上按销售占比的方式分配税款。即各分支机构的销售额、销项税额、进项税额，先汇总上传至省公司，计算全省总的应纳税额。再按各分支机构销售额占全省的比例，计算分配增值税。（原则上，数据上传、应纳税额计算都通过增值税传递表系统完成。）

增值税传递表系统是航信公司开发的总分机构传递、计算的小软件，各县区公司、国税人员都有一个用户名，用于录入数据信息。

(3) 汇总纳税的申报

由省公司全口径申报。分支机构按分配税款进行申报。

(4) 汇总纳税的税款缴纳

原则上按原营业税缴纳层级缴纳。

同一县（市、区）有多个分支机构的，由省公司指定一个为纳税人，其他分支机构的应纳税额由指定纳税人缴纳。

(5) 税控设备的发行

A. 原则上税控设备的发行层级，按照开具发票的层级确定；开具发票的层级，由企业自定。

B. 一台服务器可下设20个纳税识别号，一个识别号可下设200个分开票点。

C. 如只发行到市州级，只能以市州公司名义开具发票。

D. 发行到县（市、区）级的，如该县（市、区）内有多个分支机构，各分支机构都以省公司指定为纳税人的分支机构的名义开具发票。

E. 如下级机构未办理一般纳税人资格登记，应以已办理一般纳税人登记的上级机构的名义取得专票。

F. 服务单位的问题。目前全省服务单位有两家：航天信息和百旺金赋，所有办税服务厅都进行了划分。如纳税人集团统一提供税控设备，应按集团公司统一选择的服务单

位，不受划分服务单位的限制。

(6) 发票的领用

A. 直接到国税机关领用发票的，只能到纳税人主管国税机关领用发票。

B. 通过网络领用发票的，可跨县（市、区）领取发票。

(7) 电子发票

A. 提供两个开票平台：一是公共平台，由服务单位提供，纳税人随时可接入，电子发票试点期间免费使用。二是自建平台，需纳税人开发软件，由服务单位提供免费接口。

B. 电子发票相当于增加一个票种，应到主管国税机关进行核定。

4. 营改增纳税申报期有何特别规定？

为确保营改增试点纳税人（以下简称试点纳税人）能够顺利完成首期申报，2016年6月份增值税纳税申报期延长至2016年6月27日。按季申报的纳税人，2016年5月15日前，需向原主管地税机关申报缴纳4月底以前的营业税，2016年7月15日前向主管国税机关申报缴纳5月、6月的增值税。

5. 原兼营增值税、营业税业务分别享受小微企业优惠政策的纳税人，如何享受小微企业增值税优惠政策？

增值税小规模纳税人应分别核算销售货物，提供加工、修理修配劳务的销售额，和销售服务、无形资产的销售额。增值税小规模纳税人销售货物，提供加工、修理修配劳务月销售额不超过3万元（按季纳税9万元），销售服务、无形资产月销售额不超过3万元（按季纳税9万元）的，自2016年5月1日起至2017年12月31日，可分别享受小微企业暂免征收增值税优惠政策。

6. 从地税局领取的未用完的发票营改增后还可以继续使用吗？

试点纳税人从地税局领取的未用完的发票，营改增后可继续使用至6月30日，印有本单位名称的发票可继续使用至8月31日。

若在此期间，纳税人在国税机关领用发票且能满足其用票需求的，停用地税发票。

7. 什么情况下可以使用新系统中差额征税开票功能？

按照现行政策规定适用差额征税办法缴纳增值税，且不得全额开具增值税发票的（财政部、税务总局另有规定的除外），纳税人自行开具或者税务机关代开增值税发票时，可以使用新系统中差额征税开票功能。

8. 销售建筑服务、不动产和出租不动产时开票有什么特殊规定？

提供建筑服务，纳税人自行开具或者税务机关代开增值税发票时，应在发票的备注栏注明建筑服务发生地县（市、区）名称及项目名称。

销售不动产，纳税人自行开具或者税务机关代开增值税发票时，应在发票"货物或应税劳务、服务名称"栏填写不动产名称及房屋产权证书号码（无房屋产权证书的可不填写），"单位"栏填写面积单位，备注栏注明不动产的详细地址。

出租不动产，纳税人自行开具或者税务机关代开增值税发票时，应在备注栏注明不动产的详细地址。

9. 不得开具专用发票的情形有哪些？

(1) 向消费者个人销售货物、劳务、服务、无形资产或者不动产。

(2) 适用免征增值税规定的，国有粮食企业除外。

(3) 提供经纪代理服务向委托方收取的政府性基金或者行政事业性收费，不得开具增值税专用发票。

(4) 提供旅游服务，选择差额扣除的住宿费、餐饮费、交通费、签证费、门票费和支付给其他接团旅游企业的旅游费部分不得开具增值税专用发票，可以开具普通发票。

(5) 金融商品转让，不得开具增值税专用发票。

(6) 有形动产融资性售后回租服务的老合同，选择扣除本金部分后的余额为销售额时，向承租方收取的有形动产价款本金，不得开具增值税专用发票，可以开具普通发票。

10. 一般纳税人适用简易办法计税的，能否开具增值税专用发票？

除以下情形之外，按简易办法征税的都可以开具专票：

(1) 属于增值税一般纳税人的单采血浆站销售非临床用人体血液，可以按照简易办法依照3%征收率计算应纳税额，但不得对外开具增值税专用发票；

(2) 纳税人销售旧货，应开具普通发票，不得自行开具或者由税务机关代开增值税专用发票。

(3) 销售自己使用过的固定资产，减按2%征税的。

11. 什么情形下可以开具红字增值税专用发票？

纳税人发生应税行为，开具增值税专用发票后，发生开票有误或者销售折让、中止、退回等情形的，应当按照国家税务总局的规定开具红字增值税专用发票；未按照规定开具红字增值税专用发票的，不得按照本办法第三十二条和第三十六条的规定扣减销项税额或者销售额。

12. 如何开具红字发票？

(1) 专用发票已交付购买方的，购买方可在增值税发票系统升级版中填开并上传《开具红字增值税专用发票信息表》或《开具红字货物运输业增值税专用发票信息表》（以下统称《信息表》）。《信息表》所对应的蓝字专用发票应经税务机关认证（所购货物或服务不属于增值税扣税项目范围的除外）。经认证结果为"认证相符"并且已经抵扣增值税进项税额的，购买方在填开《信息表》时不填写相对应的蓝字专用发票信息，应暂依《信息表》所列增值税税额从当期进项税额中转出，未抵扣增值税进项税额的可列入当期进项税额，待取得销售方开具的红字专用发票后，与《信息表》一并作为记账凭证；经认证结果为"无法认证"、"纳税人识别号认证不符"、"专用发票代码、号码认证不符"，以及所购货物或服务不属于增值税扣税项目范围的，购买方不列入进项税额，不作进项税额转出，填开《信息表》时应填写相对应的蓝字专用发票信息。

(2) 专用发票尚未交付购买方或者购买方拒收的，销售方应于专用发票认证期限内在增值税发票系统升级版中填开并上传《信息表》。

(3) 主管税务机关通过网络接收纳税人上传的《信息表》，系统自动校验通过后，生成带有"红字发票信息表编号"的《信息表》，并将信息同步至纳税人端系统中。

(4) 销售方凭税务机关系统校验通过的《信息表》开具红字专用发票，在增值税发票系统升级版中以销项负数开具。红字专用发票应与《信息表》一一对应。

(5) 税务机关为小规模纳税人代开专用发票需要开具红字专用发票的，按照一般纳税人开具红字专用发票的方法处理。

13. 专用发票开具要求有哪些？

专用发票应按下列要求开具：

（1）项目齐全，与实际交易相符；

（2）字迹清楚，不得压线、错格；

（3）发票联和抵扣联加盖发票专用章；

（4）按照增值税纳税义务的发生时间开具。

对不符合上列要求的专用发票，购买方有权拒收。

14．增值税扣税凭证有哪些？

增值税扣税凭证包括增值税专用发票、海关进口增值税专用缴款书、农产品收购发票、农产品销售发票和完税凭证。

上述完税凭证是纳税人从境外单位或者个人购进服务、无形资产或者不动产，自税务机关或者扣缴义务人取得的解缴税款的完税凭证。

15．增值税专用发票抵扣有无时限要求？

适用取消认证的纳税人，增值税发票抵扣时限是，按月申报纳税人为本月 1 日的前 180 日，按季度申报纳税人为本季度首月 1 日的前 180 日。增值税发票查询平台未查询到发票信息的，可以选择扫描认证。

增值税专用发票（包括税控系统开具的机动车销售统一发票）应在自开票之日起 180 日内进行认证，并在认证通过的次月申报期内申报抵扣进项税额。

16．哪些纳税人适用取消认证？

对纳税信用 A 级、B 级的增值税一般纳税人，取得销售方使用增值税发票管理新系统开具的增值税专用发票可以不再进行扫描认证，通过增值税发票税控开票软件登录本省增值税发票查询平台，查询、选择用于申报抵扣或者出口退税的增值税发票信息。

2016 年 5 月 1 日新纳入营改增试点的增值税一般纳税人，2016 年 5 月至 7 月期间也适用取消认证。

17．逾期未认证的发票是否可以抵扣？

对增值税一般纳税人发生真实交易但由于客观原因造成增值税扣税凭证逾期的，经主管税务机关审核、逐级上报，由国家税务总局认证、稽核比对后，对比对相符的增值税扣税凭证，允许纳税人继续抵扣其进项税额。

第二部分　金融保险业

18．典当行的赎金收入缴税问题。

典当行提供的典当服务属于贷款服务，其收回的赎金超过发放当金的部分属于利息，应就利息部分的收入缴纳增值税。

19．关于保险公司在承揽业务时送的洗车卡、油卡等是否视同销售的问题

在承揽业务时送的洗车卡、油卡等，要视同销售处理。销售实现时间为洗车卡、油卡等消费卡实际赠送的当天。

总局明确的销售货物时无偿赠送的服务，如销售空调同时免费安装所指的情形是指与销售货物密切相关的服务。

视同销售的服务能够取得抵扣凭证且符合抵扣范围的，其进项税额可以抵扣。

第三部分 房 地 产 业

20. 关于土地价款的扣除问题

房地产开发企业为取得土地使用权支付的费用包括土地出让金、拆迁补偿费、征收补偿款、开发规费等。

土地出让金通常是指各级政府土地管理部门将土地使用权出让给土地使用者，按规定向买受人收取的土地出让的全部价款。土地出让金根据批租地块的条件，可以分为"熟地价"（即提供"七通一平"的地块价，包括土地使用费和开发费）、"毛地"或"生地"价。其票据由财政部门出具。

拆迁补偿费通常是指拆建单位依照规定标准向被拆迁房屋的所有权人或使用人支付的各种补偿金，主要包括房屋补偿费、周转补偿费和奖励性补偿费三方面。其票据主要是被拆迁房屋的所有权人或使用人出具的发票或者收据。

征收补偿款通常是指政府先将土地拍卖出让，再由政府出面征收拆迁但由房地产开发企业承担、并通过政府向被拆迁房屋的所有权人或使用人支付的款项。其票据为政府财政部门出具的非税收入票据。

开发规费通常是指在房地产开发过程中，房地产开发企业按照项目所在地的收取标准向政府多个部门缴纳若干项的各种规费。其票据为政府部门出具的非税收入票据。

目前只有土地出让金列入差额扣除范围。

房地产开发企业从二级土地市场取得的土地使用权，凭取得的专用发票抵扣进项税额。

21. 关于房地产公司销售不动产纳税义务发生时间的问题

《营业税改征增值税试点实施办法》第四十五条规定，增值税纳税义务、扣缴义务发生时间为：纳税人发生应税行为并收讫销售款项或者取得索取销售款项凭据的当天；先开具发票的，为开具发票的当天。

纳税人发生应税行为是纳税义务发生的前提。房地产公司销售不动产，以房地产公司将不动产交付给买受人的当天作为应税行为发生的时间。

在具体交房时间的辨别上，以《商品房买卖合同》上约定的交房时间为准；若实际交房时间早于合同约定时间的，以实际交付时间为准。

以交房时间作为房地产公司销售不动产纳税义务发生时间，主要是基于以下几点考虑：

一是可以解决税款预缴时间与纳税义务发生时间不明确的问题；

二是可以解决房地产公司销项税额与进项税额发生时间不一致造成的错配问题（如果按收到房屋价款作为纳税义务发生时间，可能形成前期销项税额大、后期进项税额大、长期留抵甚至到企业注销时进项税额仍然没有抵扣完毕的现象）；

三是可以解决从销售额中扣除的土地价款与实现的收入匹配的问题。

22. 关于房地产开发企业预收款的范围问题

房地产开发企业的预收款，为不动产交付业主之前所收到的款项，但不含签订房地产销售合同之前所收取的诚意金、认筹金和订金等。

23. 市州内跨县（市、区）开发房地产项目，是否应在不动产所在地预缴增值税？

在市州内跨县（市、区）开发房地产的，不在不动产所在地预缴增值税，应在机构所在地申报缴纳增值税。

房地产开发企业中的一般纳税人销售房地产老项目,适用一般计税方法的,应以取得的全部价款和价外费用,按照3%的预征率在不动产所在地预缴税款后,向机构所在地主管税务机关进行纳税申报。

24. 关于代收的办证等费用是否属于价外费用的问题

房地产开发企业为不动产买受人办理"两证"时代收转付并以不动产买受人名义取得票据的办证等款项不属于价外费用的范围。

25. 在会计制度上按"固定资产"核算的不动产,其进项税额如何抵扣?

2016年5月1日后取得并在会计制度上按"固定资产"核算的不动产或者2016年5月1日后取得的不动产在建工程,其进项税额60%的部分于取得扣税凭证的当期从销项税额中抵扣;40%的部分为待抵扣进项税额,于取得扣税凭证的当月起第13个月从销项税额中抵扣。

(1) 2016年5月1日后,纳税人购入的原材料等物资用途明确,直接用于不动产在建工程的,其进项税额的60%于取得扣税凭证的当期直接申报抵扣;剩余40%的部分为待抵扣进项税额,于取得扣税凭证的当月起第13个月申报抵扣。

(2) 纳税人购入的原材料用途不明的,可在购入当期按规定直接抵扣进项税额。将已抵扣进项税额的原材料用于不动产在建工程时,应将已抵扣进项税额的40%在材料领用当期转出为待抵扣进项税额,并于转出当月起第13个月再行抵扣。

(3) 2016年5月1日后取得并在会计制度上不按"固定资产"核算(如投资性房地产)的不动产或者不动产在建工程,其进项税额可以一次性全额抵扣。

26. 关于房地产公司一般纳税人一次购地、分期开发的,其土地成本如何分摊的问题

房地产企业一次性购地,分次开发,可供销售建筑面积无法一次全部确定的,按以下顺序计算当期允许扣除分摊土地价款:

(1) 首先,计算出已开发项目所对应的土地出让金

已开发项目所对应的土地出让金=土地出让金×(已开发项目占地面积÷开发用地总面积)

(2) 然后,再按照以下公式计算当期允许扣除的土地价款:

当期允许扣除的土地价款=(当期销售房地产项目建筑面积÷房地产项目可供销售建筑面积)×已开发项目所对应的土地出让金

当期销售房地产项目建筑面积,是指当期进行纳税申报的增值税销售额对应的建筑面积。

房地产项目可供销售建筑面积,是指房地产项目可以出售的总建筑面积,不包括销售房地产项目时未单独作价结算的配套公共设施的建筑面积。

(3) 按上述公式计算出的允许扣除的土地价款要按项目进行清算,且其总额不得超过支付的土地出让金总额。

(4) 从政府部门取得的土地出让金返还款,可不从支付的土地价款中扣除。

27. 关于房地产公司预售产品已纳营业税未开具发票的问题

房地产公司对预售的产品取得的收入,应缴纳营业税的,均应在4月30日前就所收取的款项全额开具地税部门监制的发票。

28. 关于转租不动产如何纳税的问题

总局明确按照纳税人出租不动产来确定。

一般纳税人将2016年4月30日之前租入的不动产对外转租的,可选择简易办法征税;将5月1日之后租入的不动产对外转租的,不能选择简易办法征税。

29. 一般纳税人出租不动产,该不动产在2016年4月30日前开工、2016年5月1日后竣工的,是否可以选择简易计税方法计税?

可以。

30. 人防工程出售或者出租的问题

纳税人将人防工程建成商铺、车库,对外一次性出售或者出租若干年经营权的,属于提供不动产租赁服务。

纳税人将开工日期在2016年4月30日前的人防工程对外出售或者出租的,可选择简易计税方法计税。

第四部分 建 筑 业

31. 建筑业纳税人跨县(市、区)项目应该如何办理税务登记?

(1) 从事建筑业的纳税人到外县(市、区)临时从事建筑服务的,应当在外出生产经营以前,持税务登记证到主管税务机关开具《外出经营活动税收管理证明》(以下简称《外管证》)。

(2) 跨县(市、区)经营的建筑项目在开展生产经营活动前,应当持《外管证》及税务登记证副本(或者"三证合一"),到其项目所在地主管国税机关办理报验登记。

(3) 在建的铁路、公路、电网、电缆、水库、管道、内河航道、港口码头、电站等工程建设项目在我省行政区划内跨市州的建设(施工)标段,跨市州的由建设(施工)标段所经过的市州分别负责征收管理。建设项目跨县(市、区)的由市州局指定一个县(市、区)国税机关负责征收管理。

32. 甲供工程选择一般纳税人简易纳税方式,计算增值税时,销售额中是否包括甲供材料及设备?分包额是否含所有分包支出,还是仅含劳务?

甲供材料及设备不计入计算应纳增值税额的销售额;分包额应包括全部的分包支出。

33. 4月30日之前签订了合同,5月1日后才招投标的项目,是新项目还是老项目?

按照财税(2016)36号文件规定:建筑工程老项目,是指:

(1)《建筑工程施工许可证》注明的合同开工日期在2016年4月30日前的建筑工程项目;

(2) 未取得《建筑工程施工许可证》的,建筑工程承包合同注明的开工日期在2016年4月30日前的建筑工程项目。

因此4月30日之前签订了建筑工程承包合同,合同上注明的开工时间在4月30日之前属于建筑工程老项目。

34. 一个项目甲方和乙方签订了合同,施工许可证上注明的开工日期在4月30日前,5月1日后乙方又与丙方签订了分包合同,丙方是否能够选择简易计税方法?

财税(2016)36号文规定,为建筑工程老项目提供的建筑服务可以选择适用简易计税方法。丙方提供的建筑服务业务实质来看,是在为甲方的建筑老项目提供建筑服务,所以按照政策规定，丙方可以选择适用简易计税方法。

35. 一个工程项目，甲方和乙方未签订合同，也未取得工程施工许可证，能否以其他方式证明工程实际上在4月30日已经开工，并选择适用简易计税方法？

财税（2016）36号文规定是否属于建筑老项目的标准有两种，一是以施工许可证上注明的开工时期来划分；二是未取得建筑工程施工许可证的，以建筑工程承包合同注明的开工日期来进行划分。所以对于未取得施工许可证也未签订相关合同的，应视为新项目，不能选择适用简易计税方法。

36. 在有分包的情况下，乙方已向甲方开具了营业税发票并缴纳了营业税，但分包出去的部分发票没有及时取得，导致允许差额扣除的部分在5月1日前未能足额扣除多缴纳了营业税，且在地税机关因为各种原因不能取得退还，能否在5月1日后实现的增值税中进行相应的扣除？

在营改增的大的方针背景下，要保证行业税负只减不增，要保证平滑过渡，要保证不出现负面舆情，不能出现纳税人多缴纳了营业税在地税机关不能退税在国税机关也不能抵减的问题。财税（2016）36号文件虽然规定了4月30日前支付的分包款不能在全部价款和价外费用中扣除导致多缴纳的营业税应向主管地税机关申请退还，但是国家税务总局公告2016第17号规定纳税人取得的在4月30日前开具的建筑业营业税发票可以在6月30日前作为在工程项目所在地预缴增值税税款的扣除凭证。因此纳税人无法向地税机关申请退税营业税，只要取得上述凭证，在6月30日前应允许在工程项目所在地作为预缴增值税税款的扣除凭证。

37. 营改增前已经完工的项目，与业主进行了工程结算，已开具建筑业营业税发票和缴纳营业税的，但业主拖欠工程款，营改增后收到工程款的如何处理？

在4月30日前，应按照营业税纳税义务发生时间缴纳营业税并开具营业税发票。营改增后在收到工程款时不需缴纳增值税。

38. 采取简易办法征收的建筑项目，能否抵扣取得进项税额，是否可以开具增值税专用发票？

建筑项目选择按简易计税方法的，不得抵扣增值税进项税额，可以按规定开具增值税专用发票，税率栏填写3%。

39. 选择一般计税方法和简易办法计税的建筑项目是否需要4月30日前在国税局报备？跨县市的项目是否需要在项目所在地国税局备案？

建议：选择简易办法计税的建筑项目应从5月1日起在首次进行纳税申报、预缴增值税时，分别向机构所在地和跨县（市、区）的项目所在地主管税务机关进行报备。

40. 每个建筑项目是否都要购买一套税控设备？

对于省内跨县（市、区）提供建筑服务的，以公司为纳税主体，由公司统一开具增值税发票，所以建筑工程项目部不需要开具发票，不必购买安装税控设备。

湖北省国税局：致建筑业营改增纳税人的一封信

尊敬的建筑行业纳税人：

你们好！

根据财政部、国家税务总局《关于全面推开营业税改征增值税试点的通知》（财税

[2016]36号）文件规定，从2016年5月1日起，建筑行业纳税人不再缴纳营业税，改为缴纳增值税，征收机关由地税局改为国税局。本轮营改增将确保行业税负只减不增，为了让您充分享受改革红利，您需要了解以下事宜：

一、如果您是小规模纳税人，税负只减不增

年提供建筑服务销售额低于500万元（不含）的纳税人，属于增值税小规模纳税人，适用简易计税办法，征收率为3%，以取得的全部价款和价外费用扣除支付的分包款后的余额为销售额计算缴纳增值税。在不考虑还有其他增值税优惠政策的前提下，与原营业税相比，纳税人税负只减不增。

例如：建筑企业纳税人取得100万元的建筑服务工程款，在营业税制下，应纳营业税为$100 \times 3\% = 3$万元；

营改增后同样的业务应纳增值税为$100/(1+3\%) \times 3\% = 2.91$万元，比原营业税应纳税额少0.09万元，实际增值税税负为2.91%，比原营业税税负降低0.09个百分点。

二、如果您是一般纳税人，应对正确税负也会只减不增

年提供建筑服务销售额超过500万元的纳税人，达到增值税一般纳税人资格登记标准，应向主管国税机关申请登记为增值税一般纳税人。虽然增值税税率为11%，但通过合理筹划，营改增实施后税负也能做到只减不增。

（一）选择按简易办法计税的一般纳税人，税负只减不增

1. 一般纳税人有建筑工程老项目、老合同的，提供的建筑服务可以选择适用简易计税方法，以取得的全部价款和价外费用扣除支付的分包款后的余额为销售额计算缴纳增值税，按3%的征收率缴税，税负只减不增。

例如：建筑业纳税人为建筑工程老项目提供建筑服务，在5月1日后取得1000万元建筑服务工程款，在营业税制下，应纳营业税为$1000 \times 3\% = 30$万元；

营改增后，老项目应纳增值税为$1000/(1+3\%) \times 3\% = 29.12$万元，比原营业税应纳税额少0.88万元，增值税实际税负为2.91%，比3%的原营业税税负降低0.09个百分点。

2. 2016年5月1日后以清包工方式提供的建筑服务，可以选择适用简易计税方法，按3%的征收率计税，税负只减不增。

例如：建筑业纳税人以清包工方式提供的建筑服务，在5月1日后取得1000万元建筑服务工程款，在营业税制下，应纳营业税为$1000 \times 3\% = 30$万元；

营改增后，应纳增值税为$1000/(1+3\%) \times 3\% = 29.12$万元，比原营业税应纳税额少0.88万元，实际税负为2.91%，比3%的原营业税税负降低0.09个百分点。

3. 2016年5月1日后为甲供工程提供建筑服务，可以选择适用简易计税方法，以取得的全部价款和价外费用扣除支付的分包款后的余额为销售额计算缴纳增值税，按3%的征收率计税，税负只减不增。

政策没有界定在甲供工程中甲方提供多大数额、金额或比例的材料、设备属于甲供工程。建筑业纳税人在提供建筑服务时，只要甲方提供了全部或部分材料、设备和动力，就可以按照甲供工程提供建筑服务，选择简易计税方法，并按3%的征收率计税，同时甲供材料金额不再作为增值税的计税基础，税负只减不增。

例如：建筑业纳税人为甲供工程提供的建筑服务，在5月1日后取得1000万元建筑

服务工程款，甲方提供材料300万元，在营业税制下，应纳营业税为(1000+300)×3‰=39万元；

营改增后，应纳增值税为1000/(1+3%)×3%=29.12万元（甲供材料金额不再作为计税税基），比原营业税应纳税额少9.88万元，实际税负为2.91%，比3%的原营业税税负降低0.09个百分点。

（二）按一般计税办法的一般纳税人，税负不一定上升

2016年5月1日后，假如新建筑项目未与甲方达成清包工或甲供工程协议，或者甲方必须要求提供11%税率的增值税专用发票，只能选择按一般计税方法计算增值税（计算公式：应纳税额＝销项税额－进项税额），但并不意味着按照11%税率缴纳增值税，税负就一定会增加。若能充分取得增值税扣税凭证，增值税实际税负不一定超过3%。主要做好以下几个方面的准备：

1. 材料采购问题。要选择好材料供应商，尽量从能够开具17%增值税专用发票的一般纳税人供应商处进行采购。对于确实无法取得17%增值税专用发票的地材部分，可以到主管税务机关申请代开3%的增值税专用发票，尽量保证充分抵扣进项税额；

2. 劳务人工工资问题。向直接聘用的员工支付工资，无法抵扣进项税额，建议您与具有一般纳税人资格的劳务派遣公司合作，以便取得6%税率的增值税专用发票进行进项税额抵扣。

3. 资产购进、设备租用问题。尽量在5月1日后从一般纳税人处购买固定资产、无形资产或者租用设备、施工器具，同时索取增值税专用发票，以便抵扣进项税额。

4. 其他应尽量取得增值税专用发票的事项。如工程施工中发生的技术设计费、生产工具和用具使用费、检验试验费、水电费、办公用品购买费用等，尽可能取得合规增值税专用发票。

三、2016年5月1日前您需要办理的事项

（一）配合税务机关对您的税务登记、税种、票种、税收优惠等涉税信息进行采集、确认，确保在5月1日后顺利从国税局领购增值税发票，享受应享受的税收优惠，保障您的生产经营不受影响。

（二）办理一般纳税人资格登记。达到一般纳税人认定标准的（年应税服务销售额达到500万元），要及时办理一般纳税人资格登记手续。

（三）购买、安装税控设备。需要自行开具增值税发票和增值税专用发票的，您需要购买、安装税控专用设备，购买专用设备所支付的价款可以全额抵减增值税应纳税额，由国家负担。

四、重点注意事项

（一）未及时配合主管国税机关对税务登记等涉税信息进行采集、确认的，会造成后续的税务确认事项无法办理。

（二）未及时办理增值税发票票种、发票用量核定以及安装税控专用设备的，将无法在5月1日后领取增值税发票，也无法顺利开具发票，可能会影响您正常的生产经营。

（三）未及时申请登记为增值税一般纳税人的，将无法自行开具增值税专用发票，同时取得的进项税额也不能进行抵扣。如果您达到一般纳税人资格登记标准，税务机关将责令登记为一般纳税人，逾期仍不办理登记手续的，将对您取得的销售额直接按照11%的

税率征税,且不得抵扣进项税额。

(四)未及时进行税收优惠事项备案登记,会影响您充分享受增值税税收优惠的权利。

由于本轮营改增试点工作责任重大、时间紧迫、任务艰巨。为此,真诚期待与广大纳税人密切合作、携手共进,确保营改增试点平稳过渡、顺利实施。

感谢您的理解与支持!

湖北省国家税务局
2016年4月21日

1.1.4.3 河北省国家税务局

关于发布《河北省国家税务局关于全面推开营改增有关政策问题的解答》的通知

各市(含定州、辛集市)国家税务局:

为确保我省营改增工作顺利推进,我们对各市及纳税人反映的问题进行认真梳理研究,并征求了部分纳税人的意见,形成《河北省国家税务局关于全面推开营改增有关政策问题的解答》,在财政部和国家税务总局没有发布正式文件以前,暂按此规定执行。

附件:
1. 河北省国家税务局关于全面推开营改增有关政策问题的解答(之一)
2. 河北省国家税务局关于全面推开营改增有关政策问题的解答(之二)

营改增办公室
2016年4月30日

河北省国家税务局关于全面推开营改增有关政策问题的解答(之一)

一、关于我省营改增营业税发票过渡衔接问题

《国家税务总局关于全面推开营业税改征增值税试点有关税收征收管理事项的公告》(国家税务总局公告2016年第23号)规定:自2016年5月1日起,地税机关不再向试点纳税人发放发票。试点纳税人已领取地税机关印制的发票以及印有本单位名称的发票,可继续使用至2016年6月30日,特殊情况经省国税局确定,可适当延长使用期限,最迟不超过2016年8月31日。

据此,营改增之后,我省营改增试点纳税人已领取地税机关印制的发票以及印有本单位名称的发票,按以下原则掌握:

(一)试点纳税人已领取的地方税务局监制的景点门票(含企业冠名发票)、"河北省高速公路联网收费专用发票"和"河北省路桥通行费专用发票"可继续使用至 2016 年 8 月 31 日，纳税人应于 2016 年 9 月 30 日前至主管地税机关办理已经开具发票的验票及空白发票的缴销手续。除上述发票外的其他发票，可继续使用至 2016 年 6 月 30 日，纳税人于 2016 年 7 月 31 日前至主管地税机关办理已经开具发票的验票及空白发票的缴销手续。

（二）纳税人确有需要延用地税机关监制发票的，应提供经地税部门确认的发票结存信息，至主管国税机关办税服务厅办理发票延期使用手续。

二、关于营改增后地税机关代开增值税发票范围问题

营改增后，地税机关代开增值税发票范围为：

（一）符合自开增值税普通发票条件的增值税小规模纳税人，销售其取得的不动产，购买方索取增值税专用发票的，可依申请代开增值税专用发票。即月销售额 3 万元以上（或按季纳税的，季销售额 9 万元以上）的小规模纳税人，销售其取得的不动产，地税机关只能为其代开"专用发票"。

（二）不符合自开增值税普通发票条件的增值税小规模纳税人，销售其取得的不动产，可依申请代开增值税专用发票或增值税普通发票。即月销售额 3 万元以下（或按季纳税的，季销售额 9 万元以下）的小规模纳税人，销售其取得的不动产，地税机关可以为其代开"专用发票"或"普通发票"。

（三）其他个人（也就是自然人）销售其取得的不动产或出租不动产（包括住房），可依申请代开增值税专用发票或增值税普通发票。即自然人销售其取得的不动产（包括住房）或出租不动产（包括住房），地税机关可以为其代开"专用发票"或"普通发票"。

（四）属于下列情形之一的，地税机关不得代开增值税专用发票，只能代开增值税普通发票：

1. 向其他个人（也就是自然人）销售其取得的不动产或出租不动产。也就是说，买房人或承租人是自然人的，不得代开"专用发票"。

2. 销售其取得的不动产或出租不动产适用免征增值税规定的。也就是说，免税不得代开"专用发票"。

（五）地税局代开增值税专用发票和增值税普通发票，需通过增值税发票管理新系统开具。

三、在机构所在地使用增值税发票管理新系统的纳税人，跨县（市、区）提供建筑服务时，是否需要在建筑服务发生地重新购买税控设备、开具发票？

在机构所在地使用增值税发票管理新系统的纳税人，跨县（市、区）提供建筑服务时，如持机构所在地主管税务机关开具的《外出经营活动税收管理证明》，在建筑服务发生地办理报验登记的，回机构所在地开具发票，不需在建筑服务发生地重新购买税控设备开具发票；如超过规定期限，在建筑服务发生地办理税务登记的，需要在建筑服务发生地重新购买税控设备，领取开具发票。

发生上述业务的自开票小规模纳税人，需要开具增值税专用发票的，向建筑服务发生地主管国税机关申请代开。

四、开具增值税发票时，发票票面栏次无法满足开具需求的，如何填写？

纳税人根据业务需要，开具发票时需要注明的信息，发票票面无相应栏次的，可在发票备注栏注明。增值税发票备注栏最大可容纳 230 个字符或 115 个汉字。

五、增值税普通发票购买方信息如何填列？

开具增值税普通发票时，当购买方为已办理税务登记纳税人时，购买方信息栏内容应填写齐全，不得漏项；当购买方为未办理税务登记的行政事业单位时，应填写购方名称、地址，其他项目可不填；当购买方为其他个人时，应填写购买方名称，其他项目可不填。

六、哪些情形不得开具增值税专用发票？

（一）向消费者个人销售货物、劳务、服务、无形资产或者不动产的。

（二）适用免征增值税规定的，国有粮食企业除外。

（三）提供经纪代理服务向委托方收取的政府性基金或者行政事业性收费。

（四）提供旅游服务，选择差额扣除的住宿费、餐饮费、交通费、签证费、门票费和支付给其他接团旅游企业的旅游费部分不得开具增值税专用发票，可以开具普通发票。

（五）金融商品转让。

（六）有形动产融资性售后回租服务的老合同，选择扣除本金部分后的余额为销售额时，向承租方收取的有形动产价款本金，不得开具增值税专用发票，可以开具普通发票。

七、餐饮行业购进农产品能否计算抵扣进项税额？

《国家税务总局关于明确营改增试点若干征管问题的公告》（国家税务总局公告2016年第26号）中明确规定：餐饮行业增值税一般纳税人购进农业生产者自产农产品，可以使用国税机关监制的农产品收购发票，按照现行规定计算抵扣进项税额。允许使用收购发票计算抵扣进项税额只限于收购农业生产者自产的农产品。

八、营改增试点纳税人增值税纳税义务发生时间是如何规定的？

按照《财政部 国家税务总局关于全面推开营业税改征增值税试点的通知》（财税〔2016〕36号）第四十五条的规定，纳税义务发生时间如下：

（一）纳税人发生应税行为并收讫销售款项或者取得索取销售款项凭据的当天；先开具发票的，为开具发票的当天。

收讫销售款项，是指纳税人销售服务、无形资产、不动产过程中或者完成后收到款项。

取得索取销售款项凭据的当天，是指书面合同确定的付款日期；未签订书面合同或者书面合同未确定付款日期的，为服务、无形资产转让完成的当天或者不动产权属变更的当天。

（二）纳税人提供建筑服务、租赁服务采取预收款方式的，其纳税义务发生时间为收到预收款的当天。

（三）纳税人从事金融商品转让的，为金融商品所有权转移的当天。

（四）纳税人发生视同销售服务、无形资产或者不动产的，其纳税义务发生时间为服务、无形资产转让完成的当天或者不动产权属变更的当天。

九、哪些营改增试点纳税人可以适用1个季度的纳税期限？

按照《财政部 国家税务总局关于全面推开营业税改征增值税试点的通知》（财税〔2016〕36号）的规定，以1个季度为纳税期限的规定适用于小规模纳税人、银行、财务公司、信托投资公司、信用社，以及财政部和国家税务总局规定的其他纳税人。

十、营改增试点纳税人发生增值税应税行为适用免税、减税的能放弃免税、减税吗？

按照《财政部 国家税务总局关于全面推开营业税改征增值税试点的通知》（财税〔2016〕36号）的规定，纳税人发生应税行为适用免税、减税规定的，可以放弃免税、减税，并按照有关规定缴纳增值税。放弃免税、减税后，36个月内不得再申请免税、减税。

十一、提供有形动产融资性售后回租业务应按照什么征税？

根据《财政部 国家税务总局关于全面推开营业税改征增值税试点的通知》（财税〔2016〕36号）规定，试点纳税人根据2016年4月30日前签订的有形动产融资性售后回租合同，在合同到期前提供的有形动产融资性售后回租服务，可继续按照有形动产融资租赁服务缴纳增值税。2016年5月1日后签订的有形动产融资性售后回租合同，适用于贷款服务的税收政策。

十二、无运输工具承运业务按何税目缴纳增值税？

《销售服务、无形资产、不动产注释》中明确，无运输工具承运业务，按照交通运输服务缴纳增值税。无运输工具承运业务，是指经营者以承运人身份与托运人签订运输服务合同，收取运费并承担承运人责任，然后委托实际承运人完成运输服务的经营活动。

十三、不得抵扣的固定资产发生用途改变用于允许抵扣进项税额的应税项目，如何抵扣进项税额？

根据《营业税改征增值税试点实施办法》第二十七条第（一）项规定不得抵扣且未抵扣进项税额的固定资产、无形资产、不动产，发生用途改变，用于允许抵扣进项税额的应税项目，可在用途改变的次月按照下列公式计算可以抵扣的进项税额：

可以抵扣的进项税额＝固定资产、无形资产、不动产净值/（1＋适用税率）×适用税率

上述可以抵扣的进项税额应取得合法有效的增值税扣税凭证。

十四、不征收增值税项目包括什么？

根据《财政部 国家税务总局关于全面推开营业税改征增值税试点的通知》（财税〔2016〕36号）规定，下列项目不征收增值税：

（一）根据国家指令无偿提供的铁路运输服务、航空运输服务，属于用于公益事业的服务。

（二）存款利息。

（三）被保险人获得的保险赔付。

（四）房地产主管部门或者其指定机构、公积金管理中心、开发企业以及物业管理单位代收的住宅专项维修资金。

（五）在资产重组过程中，通过合并、分立、出售、置换等方式，将全部或者部分实物资产以及与其相关联的债权、负债和劳动力一并转让给其他单位和个人，其中涉及的不动产、土地使用权转让行为。

值得注意的是，增值税一般纳税人发生不征收增值税项目，其对应的进项税额不做转出处理。

十五、关于混合销售界定的问题

一项销售行为如果既涉及服务又涉及货物，为混合销售。对于混合销售，按以下方法确定如何计税：

（一）该销售行为必须是一项行为，这是与兼营行为相区别的标志。

（二）按企业经营的主业确定。若企业在账务上已经分开核算，以企业核算为准。

（三）企业不能分别核算的，按如下原则：从事货物的生产、批发或者零售的单位和个体工商户的混合销售行为，按照销售货物缴纳增值税；其他单位和个体工商户的混合销售行为，按照销售服务缴纳增值税。

十六、营改增试点纳税人是否允许一般计税方法和简易计税方法同时存在？

《关于全面推开营业税改征增值税试点的通知》（财税〔2016〕36号）中规定，一般纳税人可就相关应税行为选择一般计税方法和简易计税方法，因试点纳税人可能发生多个应税行为，所以营改增试点一般纳税人可就不同应税行为选择不同的计税方法，就会出现一般计税方法和简易计税方法同时存在的情况，是符合政策规定的。

十七、酒店餐饮外卖和现场消费的政策适用问题

原增值税政策规定餐饮外卖和现场消费分别按应税货物和应税服务分别核算销售额，分别缴纳增值税。此次营改增后依然按此原则处理，按各自适用税率或征收率分别缴纳增值税。

十八、宾馆（酒店）提供住宿服务的同时向客户免费提供餐饮服务，对提供餐饮服务是否按视同销售处理？

宾馆（酒店）提供住宿服务的同时向客户免费提供餐饮服务，以实际收到的价款缴纳增值税，向客户免费提供餐饮服务不做视同销售处理。

十九、宾馆（酒店）在楼层售货或房间内的单独收费物品如何征税？

宾馆（酒店）在楼层售货或在客房中销售方便面等货物，应分别核算销售额，按适用税率缴纳增值税。

二十、关于一般纳税人提供管道运输服务、有形动产融资租赁优惠政策执行时间问题

《财政部 国家税务总局关于全面推开营业税改征增值税试点的通知》（财税〔2016〕36号）附件3第六条规定："上述增值税优惠政策除已规定期限的项目和第五条政策外，其他均在营改增试点期间执行"。一般纳税人提供管道运输服务、有形动产融资租赁优惠政策继续执行，试点期间包括2016年1月1日至2016年4月30日。

2016年4月30日

河北省国家税务局关于全面推开营改增有关政策问题的解答（之二）

一、关于建筑企业和房地产开发企业已缴纳营业税开具增值税普通发票纳税申报问题

《关于全面推开营业税改征增值税试点有关税收征收管理事项的公告》（国家税务总局公告2016年第23号）第三条第（七）款规定："纳税人在地税机关已申报营业税未开具发票，2016年5月1日以后需要补开发票的，可于2016年12月31日前开具增值税普通发票（税务总局另有规定的除外）。"

根据以上规定，建筑企业和房地产开发企业在地税机关已申报营业税未开具发票的，应将缴纳营业税的完税凭证留存备查，并在开具的增值税普通发票备注栏注明"已缴纳营业税，完税凭证号码xxxx"字样。纳税申报时，可在开具增值税普通发票的当月，以无票收入负数冲减销售收入。

例如：2016年5月，某房地产企业开具一张价税合计为100万元的增值税普通发票，该笔房款已在地税机关申报营业税。纳税申报时，应在《增值税纳税申报表附列资料（一）》第9b"5%征收率的服务、不动产和无形资产"行、"开具其他发票"列，填报销售额95.24万元，销项（应纳）税额4.76万元；同时在《增值税纳税申报表附列资料（一）》第9b"5%征收率的服务、不动产和无形资产"行、"未开具发票"列，填报销售额－95.24万元，填报销项（应纳）税额－4.76万元。

二、关于适用一般计税方法的房地产开发企业增值税专用发票开具及申报问题

《关于全面推开营业税改征增值税试点有关税收征收管理事项的公告》（国家税务总局公告2016年第23号）第四条第（二）款规定："按照现行政策规定适用差额征税办法缴纳增值税，且不得全额开具增值税发票的（财政部、国家税务总局另有规定的除外），纳税人自行开具或者税务机关代开增值税专用发票时，通过新系统中差额征税开票功能开具增值税发票。"

由此可见，只有财政部、国家税务总局明确规定"适用差额征税办法缴纳增值税，且不得全额开具增值税发票的"，才需要通过新系统差额征税开票功能开具增值税发票。现行政策，对于房地产开发企业销售额中扣除土地价款，未规定不得全额开具增值税发票。因此适用一般计税方法的增值税一般纳税人，可以全额开具增值税专用发票。

例如：A房地产公司将一栋楼价税合计1000万元销售给M公司，并开具增值税专用发票，经过计算这栋楼对应的土地成本为300万元。第一步，计算销项税额。销项税额等于1000÷（1+11%）×11%＝99.1万元；第二步，计算销售额。销售额等于1000－99.1＝900.9万元；第三步，按照上述销售额和销项税额的数据开具增值税专用发票。M公司取得增值税专用发票后，可以抵扣进项税额99.1万元；第四步，在《增值税纳税申报表附列资料（一）》第14列"销项（应纳）税额"，填报（1000－300）÷（1+11%）×11%＝69.37万元；第五步，A公司在《增值税申报表》主表第1行"按适用税率计税销售额"中，填报销售额900.9万元，并将《增值税纳税申报表附列资料（一）》第14列"销项（应纳）税额"69.37万元，填报在《增值税纳税申报表》主表第11行"销项税额"栏次中。

三、关于销售建筑服务、不动产和出租不动产开具发票问题

提供建筑服务，纳税人自行开具或者税务机关代开增值税发票时，应在发票的备注栏注明建筑服务发生地县（市、区）名称及项目名称。

销售不动产，纳税人自行开具或者税务机关代开增值税发票时，应在发票"货物或应税劳务、服务名称"栏填写不动产名称及房屋产权证书号码（无房屋产权证书的可不填写），"单位"栏填写面积单位，备注栏注明不动产的详细地址。

出租不动产，纳税人自行开具或者税务机关代开增值税发票时，应在备注栏注明不动产的详细地址。

四、关于房地产开发企业预收款范围及开票申报问题

预收款包括分期取得的预收款（首付＋按揭＋尾款）、全款取得的预收款。定金属于预收款；诚意金、认筹金和订金不属于预收款。

房地产开发企业收到预收款时，未达到纳税义务发生时间，不开具发票，应按照销售额的3%预缴增值税，填报《增值税预缴税款表》。

根据《营业税改征增值税试点实施办法》第四十五条规定，只有建筑企业和提供租赁服务,纳税义务发生时间为收到预收款的当天,收到预收款的当天不是房地产企业销售不动产的纳税义务发生时间,而此前《营业税暂行条例实施细则》规定,销售不动产收到预收款的纳税义务发生时间为收到预收款的当天。可见销售不动产的增值税纳税义务发生时间比较营业税纳税义务发生时间,政策发生了重大变化。

财政部和国家税务总局之所以这样规定,是因为房地产开发企业采取预售制度,在收到预收款时,大部分进项税额尚未取得,如果规定收到预收款就要全额按照11%计提销项税,可能会发生进项和销项不匹配的"错配"问题,导致房地产开发企业一方面缴纳了大量税款,另一方面大量的留抵税额得不到抵扣。为了解决这个问题,《营业税改征增值税试点实施办法》将销售不动产的纳税义务发生时间后移,收到预收款的当天不再是销售不动产的纳税义务发生时间。同时,为了保证财政收入的均衡入库,又规定了对预收款按照3%预征税款的配套政策。

例如:房地产公司2016年8月收到1000万元预收款时,不开具增值税发票,无需在《增值税纳税申报表》第1行"按适用税率计税销售额"中填报,应按照销售额的3%预缴增值税,填报《增值税预缴税款表》。

五、关于建筑企业和房地产开发企业适用简易计税方法是否可以开具增值税专用发票问题

建筑企业和房地产开发企业适用简易计税方法的,允许开具增值税专用发票。

六、关于提供建筑服务开具增值税发票地点问题

提供建筑服务的增值税一般纳税人应当在机构所在地开具增值税发票。小规模纳税人跨县(市、区)提供建筑服务,不能自行开具增值税发票的,可向建筑服务发生地主管国税机关按照其取得的全部价款和价外费用申请代开增值税发票。

七、关于房地产开发企业增值税留抵税额是否可以抵减预缴税款问题

房地产开发企业的增值税留抵税额不能抵减预缴税款。

例如:2016年8月,某适用一般计税方法的房地产开发企业取得不含税销售收入1000万元,应当预缴增值税30万元,当月该公司留抵税额50万元。此时,该公司应当缴纳预缴增值税30万元,50万元留抵税额继续留抵,而不允许以留抵税额抵减预缴税额。

在纳税申报上,当月有留抵税额时,《增值税纳税申报表》主表第24行"应纳税额合计"为0,第28行"分次预缴税额"也为0,可见不能相互抵减。

在会计处理上,预缴的增值税一般在"应缴税费—未缴增值税"科目借方记载,而增值税留抵税额在"应缴税费—应缴增值税(进项税额)"专栏记载。两者属于不同的会计科目,不能相互抵减。

八、关于提供建筑服务和房地产开发的预缴税款抵减应纳税额问题

《纳税人跨县(市、区)提供建筑服务增值税征收管理暂行办法》(国家税务总局公告2016年第17号)第八条规定:"纳税人跨县(市、区)提供建筑服务,向建筑服务发生地主管国税机关预缴的增值税税款,可以在当期增值税应纳税额中抵减,抵减不完的,结转下期继续抵减。"

《房地产开发企业销售自行开发的房地产项目增值税征收管理暂行办法》(国家税务总局公告2016年第18号)第十四条规定:"一般纳税人销售自行开发的房地产项目适用一

般计税方法计税的，应按照《营业税改征增值税试点实施办法》第四十五条规定的纳税义务发生时间，以当期销售额和11%的适用税率计算当期应纳税额，抵减已预缴税款后，向主管国税机关申报纳税。未抵减完的预缴税款可以结转下期继续抵减。"

因此，提供建筑服务和房地产开发的预缴税款可以抵减应纳税款。应纳税款包括简易计税方法和一般计税方法形成的应纳税款。

例如：某房地产开发企业有A、B、C三个项目，其中A项目适用简易计税方法，B、C项目适用一般计税方法。2016年8月，三个项目分别收到不含税销售价款1亿元，分别预缴增值税300万元，共预缴增值税900万元。2017年8月，B项目达到了纳税义务发生时间，当月计算出应纳税额为1000万元，此时抵减全部预缴增值税后，应当补缴增值税100万元。

房地产开发企业应当在《增值税申报表》主表第19行"应纳税额"栏次，填报1000万元，第24行"应纳税额合计"填报1000万元，第28行"分次预缴税额"填报900万元，第34行"本期应补（退）税额"填报100万元。

九、关于房地产开发企业销售自行开发的不动产纳税义务发生时间问题

《营业税改征增值税试点实施办法》第四十五条规定，增值税纳税义务发生时间为："纳税人发生应税行为并收讫销售款项或者取得索取销售款项凭据的当天；先开具发票的，为开具发票的当天。"

可见，纳税人发生应税行为是纳税义务发生的前提。房地产公司销售不动产，以房地产公司将不动产交付给买受人的当天作为应税行为发生的时间。

交付时间，以《商品房买卖合同》上约定的交房时间为准；若实际交房时间早于合同约定时间的，以实际交付时间为准。

十、关于房地产开发企业跨县（市、区）开发房产预缴税款问题

《营业税改征增值税试点有关事项的规定》第二条第（十一）款第2项规定："房地产开发企业中的一般纳税人销售房地产老项目，以及一般纳税人出租其2016年4月30日前取得的不动产，适用一般计税方法计税的，应以取得的全部价款和价外费用，按照3%的预征率在不动产所在地预缴税款后，向机构所在地主管税务机关进行纳税申报。"

可见，对于房地产企业老项目适用一般计税的预征问题，政策是明确的。但是目前总局文件未对适用一般计税方法的新项目，以及适用简易计税方法的老项目的跨县（市、区）开发房产预缴税款问题作出规定，本着同类问题同样处理的原则，也应当按照3%的预征率在不动产所在地预缴税款后，向机构所在地主管税务机关进行纳税申报。

十一、关于房地产开发企业代收的办证费、契税、印花税等代收转付费用是否属于价外费用问题

《营业税改征增值税试点实施办法》第三十七条规定："以委托方名义开具发票代委托方收取的款项"不属于价外费用。因此房地产开发企业为不动产买受人代收转付，并以不动产买受人名义取得票据的办证费、契税、印花税等代收转付费用不属于价外费用的范围。

十二、关于房地产开发企业销售精装修房所含装饰、设备是否视同销售问题

《营业税改征增值税试点实施办法》第十四条第二款规定，视同销售不动产的范围是："单位或者个人向其他单位或者个人无偿转让无形资产或者不动产，但用于公益事业或者以社会公众为对象的除外。"

房地产开发企业销售精装修房，已在《商品房买卖合同》中注明的装修费用（含装饰、设备等费用），已经包含在房价中，因此不属于税法中所称的无偿赠送，无需视同销售。房地产企业"买房赠家电"等营销方式的纳税比照本原则处理。

例如：房地产公司销售精装修房一套，其中精装修部分含电器、家具的购进价格为10万元，销售价格200万元，并按照200万元全额开具增值税发票，按照11%税率申报销项税额。此时，无需对10万元电器部分单独按照销售货物征收增值税。

十三、关于以不动产对外投资是否缴纳增值税问题

《营业税改征增值税试点实施办法》第十条规定："销售服务、无形资产或者不动产，是指有偿提供服务、有偿转让无形资产或者不动产。"

《营业税改征增值税试点实施办法》第十一条规定："有偿，是指取得货币、货物或者其他经济利益。"

以不动产投资，是以不动产为对价换取了被投资企业的股权，取得了"其他经济利益"，应当缴纳增值税。

十四、关于股权转让涉及的不动产是否缴纳增值税问题

在股权转让中，被转让企业的不动产并未发生所有权转移，不缴纳增值税。

十五、关于房地产开发企业允许扣除的土地价款范围问题

《房地产开发企业销售自行开发的房地产项目增值税征收管理暂行办法》（国家税务总局公告2016年第18号）第五条规定："支付的土地价款，是指向政府、土地管理部门或受政府委托收取土地价款的单位直接支付的土地价款。"

第六条规定："在计算销售额时从全部价款和价外费用中扣除土地价款，应当取得省级以上（含省级）财政部门监（印）制的财政票据。"

房地产开发企业为取得土地使用权支付的费用包括土地出让金、拆迁补偿费、征收补偿款、开发规费、契税、城市基础设施配套费等。

目前符合扣除范围的土地价款只有土地出让金，扣除凭证为省级以上（含省级）财政部门监（印）制的财政票据。

十六、关于房地产开发企业自行开发的开发产品转为固定资产后再销售问题

房地产开发企业销售权属登记在自己名下的不动产，应当按照《纳税人转让不动产增值税征收管理暂行办法》（国家税务总局2016年第14号公告）的规定进行税务处理，不适用《房地产开发企业销售自行开发的房地产项目增值税征收管理暂行办法》（国家税务总局公告2016年第18号），不允许扣除土地成本。

例如：某房地产企业开发一批商铺，销售出90%，剩余有10套商铺尚未售出。房地产开发企业办理权属登记时，将该10套商铺登记在自己名下。3年后，该商区房产价格上涨，房地产开发企业决定将该10套商铺再出售，此时，该10套商铺已经登记在房地产企业名下，再次销售时，属于"二手"，不是房地产开发项目尚未办理权属登记的房产，因此应适用《纳税人转让不动产增值税征收管理暂行办法》（国家税务总局2016年第14号公告）。

十七、关于适用简易计税方法的房地产开发项目是否允许扣除土地价款问题

适用简易计税方法的房地产开发项目，不允许扣除土地价款。

十八、关于房地产开发企业房款已申报营业税，营改增后取得的增值税专用发票抵扣问题

房地产开发企业房款已申报营业税，营改增后取得的增值税专用发票，如果是用于已申报营业税的部分，其对应的建筑材料、建筑服务、设计服务不允许抵扣增值税进项税额。

十九、关于房地产开发企业的多个老项目是否可以部分选择简易计税方法，部分选择一般计税方法问题

房地产开发企业的多个老项目可以部分选择简易计税方法，部分选择一般计税方法。

例如：一个房地产开发企业有 A、B 两个老项目，A 项目适用简易计税方法并不影响 B 项目选择一般计税方法。

二十、关于房地产开发企业自行开发的不动产用于出租适用简易计税方法问题

房地产老项目，是指《建筑工程施工许可证》注明的开工日期在 2016 年 4 月 30 日前的房地产项目。新、老项目的界定标准，对房地产开发企业的不同的经营行为是相同的，按照租、售相同，税收公平原则，房地产开发企业将尚未出售的房屋进行出租，仍按上述标准判定是否属于新老项目。

二十一、关于 2016 年 4 月 30 日前开工建设的在建工程，完工后用于出租是否可以选择简易计税方法问题

可以选择简易计税方法。

《纳税人提供不动产经营租赁服务增值税征收管理办法》（国家税务总局公告 2016 年第 16 号）第三条第（一）款规定："一般纳税人出租其 2016 年 4 月 30 日前取得的不动产可以选择适用简易计税方法，按照 5% 的征收率计算应纳税额。"

此问题的实质是对不动产租赁中"取得"概念进行解释。16 号公告允许选择简易计税方法的基本出发点，是基于取得"老不动产"缺少进项税额这一事实，营改增前开工，营改增后完工的在建工程，无法取得全部进项税额。本着同类问题同样处理的原则，可以比照提供建筑服务、房地产开发划分新老项目的标准，确定是否可以选择简易计税方法。

二十二、关于转租房产是否允许选择简易计税方法问题

转租人转租房产是否允许选择简易计税，应区分情况确定。转租人根据 2016 年 4 月 30 日前签订的老租赁合同收取的租金，视为在 2016 年 4 月 30 日之前取得的不动产对外出租，可以选择简易计税方法。

例如：M 公司 2015 年 1 月 1 日从 A 公司租入不动产，同月 M 公司与 B 公司签订租赁合同，将该不动产转租给 B 公司，合同期限 3 年，至 2017 年 12 月 31 日到期。在该老租赁合同到期前，M 公司转租该不动产收取的租金，可以选择简易计税方法。

二十三、关于房地产开发企业老项目征收方式备案问题

房地产开发企业老项目应当以《建设工程施工许可证》为标准划分增值税项目，分别选择适用简易计税和一般计税方法，并在营改增后的第一个申报期内到主管税务机关备案。

二十四、关于无工程承包合同或合同约定开工日期不明确的开发项目是否可以选择简易计税方法问题

部分开发项目，由于特殊原因未签订工程承包合同，或者工程承包合同中约定的合同开工日期不明确,但是确已在 2016 年 4 月 30 日前开始施工。按照实质重于形式的原则,只要纳税人能够提供 2016 年 4 月 30 日前实际已开工的确凿证明,可以按照老项目选择简易计税方法。

二十五、关于建筑服务未开始前收到的备料款等预收款征税问题

《营业税改征增值税试点实施办法》第四十五条规定,纳税人提供建筑服务采取预收款方式的,其纳税义务发生时间为收到预收款的当天。因此,建筑企业收到的备料款等预收款,应当在收到当月申报缴纳增值税。

二十六、建筑服务已在营改增前完成,按合同规定营改增后收取工程款征税问题

《营业税改征增值税试点实施办法》第四十五条规定,增值税纳税义务发生时间为:"纳税人发生应税行为并收讫销售款项或者取得索取销售款项凭据的当天;先开具发票的,为开具发票的当天。"

取得索取销售款项凭据的当天,是指书面合同确定的付款日期;未签订书面合同或者书面合同未确定付款日期的,为服务、无形资产转让完成的当天或者不动产权属变更的当天。

因此,如果合同规定提供建筑服务的收款日期在营改增之后,应当在收到当月申报缴纳增值税。

二十七、关于甲供材料是否计入建筑服务销售额问题

《营业税改征增值税试点实施办法》第三十七条规定:"销售额,是指纳税人发生应税行为取得全部价款和价外费用,财政部和国家税务总局另有规定的除外。"甲供材料不属于纳税人发生应税行为取得的全部价款和价外费用,因此不计入建筑服务销售额。

二十八、关于销售建筑材料同时提供建筑服务征税问题

销售建筑材料(例如钢结构企业)同时提供建筑服务的,可在销售合同中分别注明销售材料价款和提供建筑服务价款,分别按照销售货物和提供建筑服务缴纳增值税。未分别注明的,按照混合销售的原则缴纳增值税。

二十九、关于提供建筑服务预缴税款扣除凭证问题

《纳税人跨县(市、区)提供建筑服务增值税征收管理暂行办法》(国家税务总局公告 2016 年第 17 号)第六条规定,从分包方取得的 2016 年 4 月 30 日前开具的营业税发票,在 2016 年 6 月 30 日前可作为预缴税款的扣除凭证。

因此,在 2016 年 4 月 30 日之前开具的建筑业营业税发票,如果在营改增前未作为营业税扣税凭证扣除总包缴纳的营业税,在 2016 年 6 月 30 日前可以作为提供建筑服务预缴增值税的扣除凭证。

三十、关于建筑企业的多个老项目是否可以部分选择简易计税方法,部分选择一般计税方法问题

建筑企业的多个老项目可以部分选择简易计税方法,部分选择一般计税方法。

例如:一个建筑企业有 A、B 两个老项目,A 项目适用简易计税方法并不影响 B 项目选择一般计税方法。

三十一、关于建筑分包合同老项目的判断问题

提供建筑服务新老项目的划分,以总包合同为准,如果总包合同属于老项目,分包合同也应视为老项目。

例如：一个项目甲方和乙方签订了合同，施工许可证上注明的开工日期在 4 月 30 日前，5 月 1 日后乙方又与丙方签订了分包合同，丙方可以按照老建筑项目选择简易计税方法。

《营业税改征增值税试点有关事项的规定》明确，为建筑工程老项目提供的建筑服务可以选择适用简易计税方法。丙方提供的建筑服务从业务实质来看，是在为甲方的建筑老项目提供建筑服务，所以按照政策规定，丙方可以选择适用简易计税方法。

2016 年 4 月 30 日

1.1.4.4　江西省国家税务局

江西省国税局明确营改增实务中的 81 个问题
全面推开营改增试点问题解答（一）

1. 金融业纳税申报是否可分级预缴，汇总缴纳？

答：（1）金融业总、分机构符合汇总缴纳增值税相关政策规定的，可以向江西省国家税务局申请汇总缴纳增值税，具体规定将另行明确。

（2）金融业省、市、县总、分机构，不论是否实行汇总缴纳增值税，在试点准备阶段均应按规定办理税务登记、一般纳税人登记等相关事项。

（3）按省、市、县行政区域设立总、分机构的金融企业，相关税控设备可配置到市级机构。

2. 保险公司首个纳税申报期可否比照银行，延至 7 月 15 日？

答：按照相关政策执行，保险公司不属于按季申报范围内的纳税人。

3. 前期已有贵金属业务并已使用增值税普通发票的银行，后期营改增后需要办理哪些手续，是否要注销原有税控设备？税控器具可否总公司统一购买？对供应商是否有特殊要求？

答：营改增前已有贵金属业务使用了税控专用设备，需要使用服务器版本税控设备的，需先进行抄报税，携带原有税控设备到主管国税机关注销设备（办理注销时请将空白发票交回），再办理服务器版本的税控设备发行。办理发行需携带企业公章或发票专用章、营业执照或税务登记证复印件、经办人身份证复印件，主管税务机关将发放《增值税税控系统安装使用告知书》，纳税人领购税控专用设备，签订《增值税税控系统技术服务协议》。税控设备可由总公司统一购买。各地选择的数控设备服务单位尽量与总部保持一致。具体可参照我局编制的相关业务流程及指南。

4. 贷款利息收入税票提供。企业营改增后贷款服务和相关的顾问费、咨询费等不能抵扣，企业虽然是增值税一般纳税人，银行是否还需提供增值税专用发票给企业？

答：不能开具增值税专用发票。

5. 是否可申请开具增值税电子专用发票？

答：目前尚无增值税电子专用发票，只有增值税电子普通发票，如需推行使用，可与《金融企业营改增试点办税指引》中的电子发票服务商联系，确定服务商并做好有关软、硬件准备后，向主管税务机关申领电子普通发票即可。

6. 金融业可否视同 A 类企业取消增值税专用发票进项扫描认证？省级公司纳税信用评级可适用于全辖，各级分支机构可同样享受取消进项发票扫描认证？

答：（1）根据《纳税信用管理办法（试行）》的规定，纳税信用评价具有严格的评价指标和评价流程，采取年度评价指标得分和直接判级方式。年度评价指标得分 90 分（含）以上的才能评价为 A 级纳税人，直接判级适用于有严重失信行为的纳税人。因此，不能将金融企业直接评定为 A 级纳税人。

（2）根据《国家税务总局关于明确纳税信用管理若干业务口径的公告》（2015 年第 85 号）的规定，纳税信用评价企业的适用范围为：已办理税务登记（含"三证合一、一照一码"、临时登记），从事生产、经营并适用查账征收的独立核算企业、个人独资企业和个人合伙企业。因此，非独立核算的金融企业分支机构，没有参评资格，不能直接判定为 A 级。

（3）经批准实行汇总缴纳增值税的金融企业分机构，增值税专用发票认证可以按照总机构纳税信用等级办理。

7. 由于银行业务量大，如果全部开具发票工作量太大，既然营改增后贷款服务和相关的顾问费、咨询费等不能抵扣，可否不开具发票，建议按客户提出需求而开具发票。农信社建议用内部凭证代替增值税普通发票，减少人力物力的消耗。

答：不可以。按照《中华人民共和国发票管理办法》的规定，纳税人销售商品、提供服务以及从事其他经营活动，对外发生经营业务收取款项，应当向付款方开具发票，开具发票的内容应当与实际交易相符。

8. 发票专用章是否需要重新刻制？

答：《金融企业营改增试点办税指引》对发票专用章问题进行了解释，如专用章符合规定的，可以沿用，如不符合规定的，应重新刻制。

9. 开票最高限额有什么规定？

答：开票最高限额应向主管县级国税局申请。具体按照《江西省国家税务局关于办理税务行政许可项目有关事项的公告》（江西省国家税务局公告 2014 年第 9 号）规定执行。

10. 用于实物佣金发放的是否需视同销售？宣传品是否作为视同销售缴税处理？不以销售为目的，跨市调拨固定资产是否需要视同销售？

答：采取以实物发放佣金、宣传品的按视同销售处理，计提销项税金。如属汇总缴纳下的分支机构跨市调拨不视同销售。

11. 在省内有总分机构的纳税人，其减免税备案可否由总机构统一备案，各县分支机构可根据省总机构备案情况统一享受优惠政策？

答：对于实行汇总纳税的，可由总机构向其主管国税局办理享受免税政策的备案，总机构将备案登记表格进行复印后传递至各分支机构，各分支机构将复印件提供给其主管国税局留存，不再重复办理备案手续。

12. 企业在"营改增"之前签了一笔业务，缴纳了营业税，但改革之后这笔业务最终未能实现涉及的退税应向哪里申请？

答：试点纳税人发生应税行为，在纳入营改增试点之日前已缴纳营业税，营改增试点后因发生退款减除营业额的，应当向原主管地税机关申请退还已缴纳的营业税。

13. 企业自建房屋用于集体福利（职工澡堂），是视同销售还是进项转出？

答：纳税人已抵扣进项税额的不动产专用于集体福利的，按照下列公式计算不得抵扣的进项税额：

不得抵扣的进项税额＝（已抵扣进项税额＋待抵扣进项税额）×不动产净值率

不动产净值率＝（不动产净值÷不动产原值）×100％

不得抵扣的进项税额小于或等于该不动产已抵扣进项税额的，应于该不动产改变用途的当期，将不得抵扣的进项税额从进项税额中扣减。不得抵扣的进项税额大于该不动产已抵扣进项税额的，应于该不动产改变用途的当期，将已抵扣进项税额从进项税额中扣减，并从该不动产待抵扣进项税额中扣减不得抵扣进项税额与已抵扣进项税额的差额。

14. 自来水公司已经登记为增值税一般纳税人适用简易计税方法，其兼营的建筑安装业务达不到营改增一般纳税人标准，其兼营的建筑安装业务是否自动登记为一般纳税人，是否按一般计税方法计算增值税？

答：试点纳税人兼有销售货物和劳务、营改增应税行为，销售货物、劳务、营改增应税行为的销售额应分别计算，分别适用增值税一般纳税人资格认定标准。自来水公司已登记为一般纳税人，其兼营的建筑安装业务也适用一般纳税人相关规定。

15. 原一般纳税人的留抵进项税是否可以抵扣营改增后的其他业务产生的销项税？

答：原增值税一般纳税人兼有销售服务、无形资产或者不动产的，截止到纳入营改增试点之日前的增值税期末留抵税额，不得从销售服务、无形资产或者不动产的销项税额中抵扣。

全面推开营改增试点问题解答（二）

1. 贷款服务取得的利息收入纳税义务发生时间如何判定？

答：纳税人签订贷款合同的，应按照合同约定的付息日确定纳税义务发生时间；提供票据贴现服务的，收到票据的当天为纳税义务发生时点；买入返售金融商品，买入的当天为纳税义务发生时点；购买并持有债券（含到期）取得的利息，有关募集说明书、投资协议上注明的付息日为纳税义务发生时点。

2. 转让金融商品的纳税义务时点如何确定？

答：纳税人买卖股票、债券等有价证券的，在有关有价证券所有权转移的当天为纳税义务发生时间。纳税人购买基金、理财产品、信托计划、资产管理计划等各类资产管理产品的，在转让、赎回有关份额时，或有关投资合约到期收回时为纳税义务发生的时点。

3. 金融商品转让业务的销售收入如何确定？

答：纳税人投资购买基金、理财产品、信托计划、资产管理计划等金融商品，按照有关协议持有到期并取得兑付的，其卖出价为最终兑付款与持有期间的分红收益之和。

4. 股权转让是否缴纳增值税？

答：非上市企业未公开发行股票，其股权不属于有价证券，转让非上市公司股权不属于增值税征税范围；转让上市公司股权应按照金融商品转让税目征收增值税。此外，个人从事金融商品转让免征增值税。

5. 销售金融服务开具增值税发票有哪些特殊规定？

答：纳税人购进贷款服务不得抵扣进项税额，因此金融企业提供贷款服务的，不开具增值税专用发票。

对消费者个人提供各种金融服务，不得开具增值税专用发票。

金融商品转让不得开具增值税专用发票。

享受免征增值税优惠的各类金融服务，不得开具增值税专用发票。

6. 金融业有哪些特殊项目不得抵扣进项税额？

答：存款利息不征收增值税，纳税人吸收存款支出的利息不能差额扣除或抵扣进项税额。

金融同业往来利息免征增值税，纳税人支付同业往来的利息支出不能抵扣进项税额。

购进的旅客运输服务、餐饮服务、居民日常服务和娱乐服务以及用于交际应酬的消费不得抵扣进项税额。

7. 信用卡积分兑换应当如何缴纳增值税？

答：纳税人对外发行信用卡的持卡人用积分兑换商品或服务的，属于无偿赠送货物或者无偿提供服务，纳税人应当视同销售按照适用税率缴纳增值税，同时，购进用于兑换的商品或服务取得增值税专用发票的，其进项税额允许抵扣。

8. 金融企业营改增实施之前的增值税期末留抵税额如何处理？

答：金融企业在 2016 年 4 月 30 日按销售货物（如银行贵金属）、提供加工修理修配劳务已缴纳增值税且为增值税一般纳税人的，截至试点日之前因销售货物、提供加工修理修配劳务形成的增值税期末留抵税额，不得从销售服务、无形资产或者不动产的销项税额中抵扣。

9. 证券公司、期货公司代收的交易所各项费用如何缴税？

答：原营业税规定，证券公司、期货公司为交易所、登记结算公司代收的各项费用和投资者保护基金允许从营业额中减除。新《试点实施办法》规定："经纪代理服务，以取得的全部价款和价外费用，扣除向委托方收取并代为支付的政府性基金或者行政事业性收费后的余额为销售额。向委托方收取的政府性基金或者行政事业性收费，不得开具增值税专用发票。"因此，证券公司、期货公司为交易所、登记结算公司代收的各项费用和基金如属于政府性基金或行政事业性收费的，凭省级以上（含省级）财政部门监（印）制的财政票据为合法有效凭证进行差额扣除；如属于增值税征税范围的，凭增值税专用发票抵扣进项税额。

10. 保险公司开展的联保、共保、再保业务的如何处理？

答：按保险产品的转卖、转销处理，分别计算收入与支出。

11. 保险公司应收未收保费的如何处理？

答：根据会计准则，保险公司在起保日一次性收取保险期间全部保费收入的，应于收到保费时确认应税收入。对分期支付的保单，按合同明确的收取保费时间确认应税收入。

12. 保险公司营销员佣金支出可否差额征税？

答：正常情况下取得增值税专用发票可以进项抵扣，具体政策待请示研究再明确。

13. 保险公司以实物发放营销佣金或发放宣传品的如何处理？

答：按视同销售处理。

全面推开营改增试点问题解答（三）

1. 运钞安保公司能给银行开专票么？

答：运钞安保属现代服务业中的安全保护服务，可开6%专票给银行抵扣增值税。

2. 我公司连续12个月取得装饰服务销售额400万元，同期还取得设计服务的销售额80万元，取得货物的销售额40万元，那么我公司是否要认定为一般纳税人？

答：按照财税2016年36号文件规定，营改增纳税人兼有销售货物、提供加工修理修配劳务以及历次和本次应税服务（无形资产、不动产）的，应税货物及劳务销售额与应税服务销售额（无形资产、不动产）分别计算，分别适用增值税一般纳税人资格认定标准。那么，A企业营改增的应税服务销售额是480万元，销售货物销售额是40万元，两项不相加计算，仍然可按小规模纳税人计税。

3. 哪些营改增试点纳税人可以适用1个季度的纳税期限？

答：按照《财政部 国家税务总局关于全面推开营业税改征增值税试点的通知》（财税〔2016〕36号）的规定，以1个季度为纳税期限的规定适用于小规模纳税人、银行、财务公司、信托投资公司、信用社，以及财政部和国家税务总局规定的其他纳税人。

4. 纳税人接受贷款服务向贷款方支付的咨询费能否抵扣进项税额？

答：根据《财政部 国家税务总局关于全面推开营业税改征增值税试点的通知》（财税〔2016〕36号）规定，纳税人接受贷款服务向贷款方支付的与该笔贷款直接相关的投融资顾问费、手续费、咨询费等费用，其进项税额不得从销项税额中抵扣。

5. 出租车公司向使用本公司自有出租车的出租车司机收取的管理费用按照什么税目缴纳增值税？

答：按照《财政部 国家税务总局关于全面推开营业税改征增值税试点的通知》（财税〔2016〕36号）的规定，出租车公司向使用本公司自有出租车的出租车司机收取的管理费用按照陆路运输服务缴纳增值税。

6. 固定电话、有线电视、宽带、水、电、燃气、暖气等经营者向用户收取的安装费、初装费、开户费、扩容费按何税目缴纳增值税？

答：按照《财政部 国家税务总局关于全面推开营业税改征增值税试点的通知》（财税〔2016〕36号）的规定，固定电话、有线电视、宽带、水、电、燃气、暖气等经营者向用户收取的安装费、初装费、开户费、扩容费以及类似收费，按照安装服务缴纳增值税。

7. 个人出租住房，应如何计算应纳税额？

答：根据《财政部 国家税务总局关于全面推开营业税改征增值税试点的通知》（财税〔2016〕36号）规定，个人出租住房，应按照5%的征收率减按1.5%计算应纳税额。

8. 原增值税一般纳税人兼有销售服务、无形资产或者不动产的，截止到纳入营改增试点之日前的增值税期末留抵税额，能否抵扣？

答：根据《财政部 国家税务总局关于全面推开营业税改征增值税试点的通知》（财税〔2016〕36号）规定，原增值税一般纳税人兼有销售服务、无形资产或者不动产的，截止到纳入营改增试点之日前的增值税期末留抵税额，不得从销售服务、无形资产或者不动产的销项税额中抵扣。

9. 提供客运场站服务的一般纳税人的销售额是什么？

答：根据《财政部 国家税务总局关于全面推开营业税改征增值税试点的通知》（财税〔2016〕36号）规定，试点纳税人中的一般纳税人（以下称一般纳税人）提供客运场站服务，以其取得的全部价款和价外费用，扣除支付给承运方运费后的余额为销售额。

10. 纪念馆、博物馆、文化馆、文物保护单位管理机构、美术馆、展览馆、书画院、图书馆在自己的场所提供文化体育服务哪些收入可以免征增值税？

答：根据《财政部 国家税务总局关于全面推开营业税改征增值税试点的通知》（财税〔2016〕36号）规定，纪念馆、博物馆、文化馆、文物保护单位管理机构、美术馆、展览馆、书画院、图书馆在自己的场所提供文化体育服务取得的第一道门票收入免征增值税。

全面推开营改增试点问题解答（四）

1. 营改增试点纳税人中其他个人提供建筑服务的增值税纳税地点如何确定？

答：按照《财政部 国家税务总局关于全面推开营业税改征增值税试点的通知》（财税〔2016〕36号）的规定，其他个人提供建筑服务，应向建筑服务发生地主管税务机关申报纳税。

2. 营改增试点纳税人中，已登记为一般纳税人的个体工商户能适用增值税起征点的规定吗？

答：按照《财政部 国家税务总局关于全面推开营业税改征增值税试点的通知》（财税〔2016〕36号）的规定，增值税起征点不适用于登记为一般纳税人的个体工商户。

3. 以货币资金投资收取的固定利润或者保底利润按何税目缴纳增值税？

答：按照《财政部 国家税务总局关于全面推开营业税改征增值税试点的通知》（财税〔2016〕36号）的规定，以货币资金投资收取的固定利润或者保底利润按照贷款服务缴纳增值税。

4. 一般纳税人销售其2016年4月30日前取得的不动产，能否选择简易计税方法？

答：根据《财政部 国家税务总局关于全面推开营业税改征增值税试点的通知》（财税〔2016〕36号）规定，一般纳税人销售其2016年4月30日前取得（不含自建）的不动产，可以选择适用简易计税方法，以取得的全部价款和价外费用减去该项不动产购置原价或者取得不动产时的作价后的余额为销售额，按照5%的征收率计算应纳税额。纳税人应按照上述计税方法在不动产所在地预缴税款后，向机构所在地主管税务机关进行纳税申报。

5. 房地产开发企业中的一般纳税人，销售自行开发的房地产老项目，能否选择适用简易计税方法计税？

答：根据《财政部 国家税务总局关于全面推开营业税改征增值税试点的通知》（财税〔2016〕36号）规定，房地产开发企业中的一般纳税人，销售自行开发的房地产老项目，可以选择适用简易计税方法按照5%的征收率计税。

6. 一般纳税人出租其2016年4月30日前取得的不动产，能否选择适用简易计税方法计税？

答：根据《财政部 国家税务总局关于全面推开营业税改征增值税试点的通知》（财税〔2016〕36号）规定，一般纳税人出租其2016年4月30日前取得的不动产，可以选择适用简易计税方法，按照5%的征收率计算应纳税额。纳税人出租其2016年4月30日前取得的与机构所在地不在同一县（市）的不动产，应按照上述计税方法在不动产所在地预缴税款后，向机构所在地主管税务机关进行纳税申报。

7. 翻译服务和市场调查服务应按照什么征收增值税？

答：根据《财政部 国家税务总局关于全面推开营业税改征增值税试点的通知》（财税〔2016〕36号）规定，翻译服务和市场调查服务按照咨询服务缴纳增值税。

8. 经纪代理服务的销售额是什么？

答：根据《财政部 国家税务总局关于全面推开营业税改征增值税试点的通知》（财税〔2016〕36号）规定，经纪代理服务，以取得的全部价款和价外费用，扣除向委托方收取并代为支付的政府性基金或者行政事业性收费后的余额为销售额。向委托方收取的政府性基金或者行政事业性收费，不得开具增值税专用发票。

9. 提供旅游服务的试点纳税人的销售额是什么？

答：根据《财政部 国家税务总局关于全面推开营业税改征增值税试点的通知》（财税〔2016〕36号）规定，试点纳税人提供旅游服务，可以选择以取得的全部价款和价外费用，扣除向旅游服务购买方收取并支付给其他单位或者个人的住宿费、餐饮费、交通费、签证费、门票费和支付给其他接团旅游企业的旅游费用后的余额为销售额。

选择上述办法计算销售额的试点纳税人，向旅游服务购买方收取并支付的上述费用，不得开具增值税专用发票，可以开具普通发票。

10. 家政服务企业的什么收入可以免征增值税？

答：根据《财政部 国家税务总局关于全面推开营业税改征增值税试点的通知》（财税〔2016〕36号）规定，家政服务企业由员工制家政服务员提供家政服务取得的收入可以免征增值税。

注：本解答供学习参考使用，各地执行时以正式文件为准。

全面推开营改增试点问题解答（五）

4月21日，江西省国家税务局召开四大营改增行业部分纳税人代表座谈会，纳税人代表提出了一些问题和建议。现综合整理回复，供参考，具体按正式文件执行。

1. 银行纳税层级问题，能否以二级分行预缴，省分行汇缴？

答：为保持原营业税财政收入层级基本稳定，银行汇总缴纳增值税，原则上按原先营业税缴纳的情况确定分支机构是否预缴层级；如果原营业税在县级缴纳的，营改增后仍应在县级预缴增值税。具体我局会与省财政厅商量后明确。

2. 专用发票不认证能否放到B级纳税信用等级？

答：自2016年5月1日起，纳税信用B级增值税一般纳税人取得销售方使用新系统开具的增值税发票（包括增值税专用发票、货物运输业增值税专用发票、机动车销售统一发票，下同），可以不再进行扫描认证，登录本省（https：//fpdk.jxgs.gov.cn)增值税发票查询平台，查询、选择用于申报抵扣或者出口退税的增值税发票信息，未查询到对应发票信息的，仍可进行扫描认证。

2016年5月1日新纳入营改增试点的增值税一般纳税人，2016年5月至7月期间不需进行增值税发票认证，登录本省增值税发票查询平台，查询、选择用于申报抵扣或者出口退税的增值税发票信息。未查询到对应发票信息的，可进行扫描认证。2016年8月起，按照纳税信用级别分别适用发票认证的有关规定。

3. 银行纳税申报期限如何规定？

答：银行以一个季度为纳税期限，自期满之日起 15 日内申报纳税。实行汇总缴纳增值税的银行，省行按季汇缴申报，市级（或县级）行按月进行预缴。

4. 税控设备核心设备发行如何办理？

答：增值税税控系统专用设备有服务器版和单机版，企业可以自主选择。增值税税控系统专用设备应向国家税务总局指定的技术服务单位购买。江西省范围内的技术服务单位为江西航天信息有限公司和江西百旺金赋科技有限公司。您询问的是服务器版本税控设备的发行，服务器版本的税控设备架设方式、采购价格、服务协议等具体问题，请直接与服务单位商谈，服务单位会安排人员上门协助纳税人完成税控设备发行等工作。

5. 发票能否在市级分行开具？

答：发票应按发票管理办法规定开具。发票的开票方和受票方，原则上应当与合同签订双方、资金收支双方、服务提供方及接受方保持一致。

6. 税收优惠备案能否由省行（总部）统一办理？

答：实行汇总缴纳增值税的总分机构，如总分机构享受税收优惠政策相同，可以由总机构向主管国税机关办理备案手续，同时提供相关资料，分支机构可凭总机构主管国税机关确认的备案表（复印件）向主管国税机关办理备案手续，不需提供相关资料。

7. 银行往来、拆借利息免营业税等政策增值税能否继续？

答：根据财税〔2016〕36 号文件规定，金融同业往来利息收入免征增值税。金融同业往来利息收入是指：

（一）金融机构与人民银行所发生的资金往来业务。包括人民银行对一般金融机构贷款，以及人民银行对商业银行的再贴现等。

（二）银行联行往来业务。同一银行系统内部不同行、处之间所发生的资金账务往来业务。

（三）金融机构间的资金往来业务。是指经人民银行批准，进入全国银行间同业拆借市场的金融机构之间通过全国统一的同业拆借网络进行的短期（一年以下含一年）无担保资金融通行为。

（四）金融机构之间开展的转贴现业务。

8. 农村信用社（农商行）营业税优惠政策能否延续？

答：按照财税〔2016〕36 号文件规定，如试点纳税人在纳入营改增试点之日前已经按照有关政策规定享受了营业税税收优惠，在剩余税收优惠政策期限内，按照本规定享受有关增值税优惠。

9. 农村信用社（农商行）二级法人能否汇总纳税？

答：为保持原营业税层级基本稳定，银行汇总缴纳增值税，原则上按原先营业税缴纳的情况确定分支机构是否预缴层级：如果原营业税在县级缴纳的，营改增后仍应在县级预缴增值税。

10. 保险企业难以取得抵扣发票，税负会增加，赔款给理赔人能否扣除？

答：根据营改增试点政策，增值税一般纳税人的进项税额抵扣，应当取得合法有效的扣税凭证。保险公司的一般纳税人支付给理赔人的赔款，如取得合法有效的增值税扣税凭证，其进项税额可按规定抵扣。营改增后，保险企业的一般纳税人由原先按5%缴纳营业税，改为按6%缴纳增值税，换算成价外税基税率约为5.66%，同时新增不动产、房租、水电费、办公设施（用品）、交通工具等，取得增值税扣税凭证均可抵扣。对保险企业的小规模纳税人，按3%征收率计算缴纳增值税，比起5%的营业税税率，税负明显下降。

11. 保险赔款由总部直接支付，不符合"三流合一"是否可以？

答：试点纳税人应当按营改增试点政策和增值税管理规定据实开具和取得增值税专用发票和收支款项。根据现行增值税管理规定，原则上要求增值税应税行为交易双方的经营业务（合同）流、发票流和资金流应保持一致性（即通常说的"三流一致"）。由于保险公司经营方式具有特殊性，保险合约由分机构保险公司与被保险人签订，而当发生保险赔付时，部分赔付款项由总机构保险公司支付给受托第三方（如修理厂、医院等）。为此，分机构保险公司取得因上述原因造成"三流不完全一致"的增值税扣税凭证，原则上可以抵扣。

12. 保险公司汇总纳税预缴比例如何确定？

答：省内设有总、分机构的营改增试点纳税人申请实行汇总缴纳增值税的，应向江西省国税局提交书面报告，并附总分机构综合税负率及分支机构预缴率等相关测算数据。江西省国家税务局将综合申请企业测算数据及保险行业总体测算数据，研究确定分支机构预缴率。

13. 保险公司发票能否由省公司统一印制？

答：根据《国家税务总局关于全面推开营业税改征增值税试点有关税收征收管理事项的公告》（总局2016年第23号公告），采取汇总纳税的金融机构，省以下分支机构可以使用地市级机构统一领取的增值税专用发票、增值税普通发票、增值税电子普通发票。

实行汇总纳税的金融机构，普通发票可由总机构统一印制（即汇总到哪一级，可以由哪一级统一印制）。

14. 免税险种能否省公司（总公司）统一报备？

答：对于实行汇总纳税的保险公司，可由总机构向其主管国税局办理享受免税政策的备案，总机构将备案登记表格进行复印后传递至各分支机构，各分支机构将复印件提供给其主管国税局留存，不再重复办理备案手续。

15. 高速公路发票如何开具？如何确定纳税地点？免税是否延续？

答：国家税务总局和交通运输部正在加紧研究道路通行费征收增值税有关问题，需总局明确后再按具体规定执行。根据《国家税务总局关于全面推开营业税改征增值税试点有关税收征收管理事项的公告》（总局2016年第23号公告）第三条第（四）项规定，高速公路企业已领取地税机关印制的发票以及印有本单位名称的发票，可继续使用至2016年6月30日。高速公路企业在机构所在地国税机关申报纳税。公路经营企业中的一般纳税人收取试点前开工的高速公路的车辆通行费，可以选择适用简易计税方法，减按3%的征收率计算应纳税额。根据《关于全面推开营业税改征增值税试点的通知》（财税〔2016〕36号）规定，试点前开工的高速公路，是指相关施工许可证明上注明的合同开工日期在2016年4月30日前的高速公路。

16. PPP项目（政府与社会资本合作）先期由市政工程集团建设后由政府回购如何

缴税？

答：PPP项目的纳税问题在原先营业税时期就比较复杂，同时由于项目运营与交接方式存在多样性，目前难以笼统概述其营改增后的纳税问题，需根据各个项目的具体情况确定。

17. 房地产公司预收款如何缴税？能否在项目完工清算时清缴增值税？

答：房地产开发企业采取预收款方式销售自行开发的房地产项目，应当向项目所在地国税机关领用预收款收据，并于收到预收款次月申报期向项目所在地国税机关按3％预缴增值税。房地产开发企业应按月计算应纳税额，扣减预缴增值税，按月向机构所在地国税机关申报缴纳增值税。

18. 酒店餐饮购买原材料（农产品）如何抵扣？

答：购买农业生产者自产的农产品，凭普通发票或收购发票按13％计算抵扣进项税。

从事农产品批发、零售的纳税人销售的蔬菜、部分鲜活肉蛋产品免征增值税，批发零售纳税人享受免税后开具的普通发票不得作为计算进项税额的凭证。

小编按：国家税务总局公告2016年第26号第一条规定：餐饮行业增值税一般纳税人购进农业生产者自产农产品，可以使用国税机关监制的农产品收购发票，按照现行规定计算抵扣进项税额。有条件的地区，应积极在餐饮行业推行农产品进项税额核定扣除办法，按照《财政部国家税务总局关于在部分行业试行农产品增值税进项税额核定扣除办法的通知》（财税〔2012〕38号）有关规定计算抵扣进项税额。

19. 会议的住宿、餐饮如何开发票？

答：纳税人既提供住宿服务又提供餐饮服务，增值税专用发票应区分住宿服务、餐饮服务的销售额分别开具，增值税普通发票可合并开具。

20. 停车场如何征税？是否可用定额发票？

答：一般纳税人提供停车服务按提供不动产租赁服务征税，适用税率为11％，如停车场为2016年4月30日前取得，可以选择简易计税方法按5％征收率征收增值税。小规模纳税人提供停车服务按提供不动产租赁服务征税，征收率为5％。停车场可以向主管国税机关领用定额发票。

21. 人力派遣能否差额征税？

答：现行营改增试点政策对提供劳务派遣服务暂无差额征税规定。

小编按：财税〔2016〕47号第一条劳务派遣服务政策规定：

一般纳税人提供劳务派遣服务，可以按照《财政部 国家税务总局关于全面推开营业税改征增值税试点的通知》（财税〔2016〕36号）的有关规定，以取得的全部价款和价外费用为销售额，按照一般计税方法计算缴纳增值税；也可以选择差额纳税，以取得的全部价款和价外费用，扣除代用工单位支付给劳务派遣员工的工资、福利和为其办理社会保险及住房公积金后的余额为销售额，按照简易计税方法依5％的征收率计算缴纳增值税。

小规模纳税人提供劳务派遣服务，可以按照《财政部 国家税务总局关于全面推开营业税改征增值税试点的通知》（财税〔2016〕36号）的有关规定，以取得的全部价款和价外费用为销售额，按照简易计税方法依3％的征收率计算缴纳增值税；也可以选择差额纳税，以取得的全部价款和价外费用，扣除代用工单位支付给劳务派遣员工的工资、福利和为其办理社会保险及住房公积金后的余额为销售额，按照简易计税方法依5%的征收率计算缴纳增值税。

选择差额纳税的纳税人，向用工单位收取用于支付给劳务派遣员工工资、福利和为其办理社会保险及住房公积金的费用，不得开具增值税专用发票，可以开具普通发票。

劳务派遣服务，是指劳务派遣公司为了满足用工单位对于各类灵活用工的需求，将员工派遣至用工单位，接受用工单位管理并为其工作的服务。

全面推开营改增试点问题解答（六）

1. 将建筑物、构筑物等不动产或者飞机、车辆等有形动产的广告位出租，其性质是属于"有形动产下的租赁"还是"不动产经营性租赁"？

答：以有形动产作为载体的广告位出租属于提供有形动产经营租赁服务，以不动产作为载体的广告位出租业务属于提供不动产经营租赁服务。

2. 个人将购买2年以上（含2年）的住房对外销售的，免征增值税，"满2年"是以房产证上的日期为准还是契税发票上的日期为准？

答：根据《财政部 国家税务总局关于全面推开营业税改征增值税试点的通知》（财税［2016］36号）规定，对于住房购买时间，应按照《国家税务总局财政部建设部关于加强房地产税收管理的通知》（国税发［2005］89号）和《国家税务总局关于房地产税收政策执行中几个具体问题的通知》（国税发［2005］172号）的有关规定执行，即：个人购买住房以取得的房屋产权证或契税完税证明上注明的时间作为其购买房屋的时间。同时出具房屋产权证和契税完税证明且两者所注明的时间不一致的，按照"孰先"的原则确定购买房屋的时间。

3. 对于建筑服务业纳税人而言，在营改增后，延续老合同情况下进行的建筑项目是否属于老项目？

答：根据财税［2016］36号、国家税务总局2016年17号公告规定，建筑业工程老项目是指：（1）《建筑工程施工许可证》注明的合同开工日期在2016年4月30日前的建筑工程项目；（2）未取得《建筑工程施工许可证》或《建筑工程施工许可证》未注明合同开工日期的，建筑工程承包合同注明的开工日期在2016年4月30日前的建筑工程项目。

4. 《国家税务总局关于全面推开营业税改征增值税试点有关税收征收管理事项的公告》（国家税务总局公告2016年第23号）第三条第（四）款规定，"门票、过路（过桥）费发票、定额发票、客运发票和二手车销售统一发票继续使用。"请问：纳税人是否凭门票和过路（过桥）费发票即可直接在企业所得税前扣除，还是需要另外换取国税正式发票候后方可进行企业所得税前扣除？

答：《国家税务总局关于全面推开营业税改征增值税试点有关税收征收管理事项的公告》（国家税务总局2016年第23号）第三条（四）款明确，门票、过路（桥）费发票、定额发票、客运发票和二手车销售统一发票在营改增后继续使用，只是明确营改增后发票使用种类问题，从2016年5月1日起，地税机关将不再向试点纳税人发放发票，能否能在企业所得税前直接扣除，按照企业所得税相关政策执行。

5. 房地产企业销售商品房，预收的定金、首付款、按揭款是否可参照原地税开票流程先开具预售发票？其纳税义务发生时间是否为收到预收款的当月？

答：省国税局和省地税协商明确，2016年5月1日后，我省房地产业可暂时沿用地税"两业"管理系统开具收款收据和录入相关经营数据，但不得开具增值税发票。采取预收款方式销售自行开发的房地产项目，应在收到预收款时按照3％的预征率预缴增值税，在取得预收款的次月纳税申报期向项目所在地主管国税机关预缴税款。同时，按照《试点管理办法》第四十五条规定的纳税义务发生时间，计算应纳税额，抵减已预缴税款后，向主管国税机关申报纳税。未抵减完的预缴税款可以结转下期继续抵减。

6. 原纳税人属地税管辖期间，一些做过临时税务登记的工程的临时项目部是否需要到国税进行营改增登记？

答：房地产企业跨市县开发房地产项目、建筑企业跨市县提供建筑服务，应向机构所在地主管国税机关申请开具外出经营许可证，并向项目所在地主管国税机关办理报验登记。

7. 营改增后寺庙单纯门票收入是否免征增值税？

答：根据财税2016年36号附件3第一条十二项规定，寺院、宫观、清真寺和教堂举办文化、宗教活动的门票收入免征增值税。

8. 建筑业营改增后，一般纳税人开具增值税专用发票是要在注册地开具还是在服务发生地开具？

答：根据《国家税务总局关于全面推行增值税发票系统升级版有关问题的公告》（2015年第19号）规定，除国家税务总局另有规定外，一般纳税人和小规模纳税人发生增值税业务对外开具发票应当使用专用设备开具。因此，营改增后，纳税人临时外出经营，持外管证向经营地国税机关报验登记后，由于未发行升级版专用设备，无法领取发票自行开具，应开具机构所在地发票。

9. "中介费"可以抵扣进项税金吗？

答：中介服务属于营改增注释中现代服务中的经纪代理服务。一般纳税人发生购进中介服务，取得的增值税扣税凭证，符合法律、行政法规或者国家税务总局有关规定的，其进项税额可从销项税额中抵扣，但该服务用于财税2016年36号文第27条规定的项目除外。

10. 《财政部 国家税务总局关于全面推开营业税改征增值税试点的通知》（财税〔2016〕36号）文件附件3《营业税改征增值税试点过渡政策的规定》第三条第（二）款规定，重点群体创业就业，限额标准最高可上浮20％，各省、自治区、直辖市人民政府可根据本地区实际情况在此幅度内确定具体限额标准，并报财政部和国家税务总局备案。请问我省目前的具体限额标准是多少？

答：根据《江西省人民政府〈关于大力推进大众创业万众创新若干政策措施的实施意见〉》（赣府发〔2015〕36号）第（十七）项规定，高校毕业生、登记失业人员等重点群体创办个体工商户、个人独资企业的，可按国家规定享受税收最高上浮限额减免等政策。因此，我省可按限额标准上浮20％执行。

11. 营改增后，企业所得税仍在地税征收的试点纳税人，对于异地提供建筑服务，是否需在国税、地税分别办理开具外经证？按照什么时间点开具？

答：从事建筑业的纳税人到外县（市、区）临时从事建筑服务的，应当在外出生产经营以前，持税务登记证到主管税务机关开具《外出经营活动税收管理证明》（以下简称

《外管证》)。

跨县（市、区）经营的建筑项目在开展生产经营活动前，应当持《外管证》及税务登记证副本（或者"三证合一"），到其项目所在地主管国税机关办理报验登记。

12. 一般纳税人出租其 2016 年 4 月 30 日前取得的不动产，可以选择适用简易计税方法，按照 5%的征收率计算应纳税额，请问"取得"是按照什么证件的时间来划分？

答：目前国家税务总局对于纳税人出租取得的不动产，其"取得"时间如何划分没有明确，在总局明确前，暂按以下原则把握：(1)以直接购买、接受捐赠、接受投资入股或抵债方式取得，以不动产权属变更的当天为取得的时间。(2)纳税人出租或转让自建不动产，以建筑工程许可证注明的开工日期为不动产取得的时间。(3)对于不动产转出租的，按前一次租赁合同的签订时间确定不动产"取得"时间，即：一般纳税人将 2016 年 4 月 30 日之前租入的不动产对外转租的，可选择简易办法征税；将 5 月 1 日之后租入的不动产对外转租的，不能选择简易办法征税。

1.1.4.5　山东省国家税务局

山东国税全面推开营改增试点政策指引

一、关于房地产开发企业适用简易计税方法的对象问题

部分房地产企业对适用简易计税方法的对象存在疑惑，不清楚是以房地产项目为对象还是以整个纳税主体为对象。

房地产业按项目管理是基本原则，这是针对房地产行业特点专门作出的特殊政策安排，类似于货物增值税可以对部分产品选择适用简易或一般的计税方法，是对房地产行业实实在在的利好。遵循这一原则，房地产开发企业是否适用简易计税方法，并非取决于自己的身份，而是以房地产项目为对象的。举例来说，一个房地产开发企业有 A、B 两个项目，A 项目适用简易计税方法并不影响 B 项目选择一般计税方法。这一原则对于建筑企业选择简易计税方法同样适用。

二、关于房地产开发企业土地价款扣除问题

部分房地产企业"一次拿地、一次开发"，按照项目中当期销售建筑面积与可供销售建筑面积的比例，计算可以扣除的土地价款，政策规定清晰；但如果房地产企业"一次拿地、分次开发"，如何扣除土地成本？可供销售建筑面积如何确定？

房地产企业分次开发的每一期都是作为单独项目进行核算的，这一操作模式与《房地产开发企业销售自行开发的房地产项目增值税征收管理暂行办法》中的"项目"口径一致，因而，对"一次拿地、分次开发"的情形，要分为两步走：第一步，要将一次性支付土地价款，按照土地面积在不同项目中进行划分固化；第二步，对单个房地产项目中所对应的土地价款，要按照该项目中当期销售建筑面积跟与可供销售建筑面积的占比，进行计算扣除。

三、关于房地产开发企业预收款开票问题

《营业税改征增值税试点实施办法》规定，房地产开发企业采取预收款方式销售自行开发的房地产项目，应在收到预收款时按照 3%的预征率预缴增值税。

营改增前，企业收到预收款后，开具由山东省地税局统一印制的收据，作为企业开具发票前收取预收款的结算凭证。该收据统一编号，管理上类似于发票，购房者持该收据可以到房管、公积金、金融等部门办理相关业务。

营改增后，为保证不影响购房者正常业务办理，允许房地产开发企业在收到预收款时，向购房者开具增值税普通发票，待正式交易完成时，对预收款时开具的增值税普通发票予以冲红，同时开具全额的增值税发票。

四、关于房地产开发企业跨县（市、区）预缴税款问题

目前出台的营改增政策中，对房地产开发企业销售跨县自行开发的房地产项目是否在不动产所在地预缴税款，并未进行相关规定。

本着不影响现有财政利益格局的原则，建议房地产开发企业在每个项目所在地均办理营业执照和税务登记，独立计算和缴纳税款；对于未在项目所在地办理税务登记的，参照销售不动产的税务办法进行处理，在不动产所在地按照5%进行预缴，在机构所在地进行纳税申报，并自行开具发票。对于不能自行开具增值税发票的，可向不动产所在地主管国税机关申请代开。

五、关于建筑业临时税务登记问题

建筑企业跨县区提供建筑服务，在地税部门管理时，持外管证在劳务发生地办理报验登记，就地缴纳税款并代开发票。营改增后，对跨县区提供建筑服务，基本沿袭了营业税下的管理方式，也是持外管证在劳务发生地预缴税款，回机构所在地申报。因此，在移交确认过程中，对这类纳税人的报验登记信息不必进行登记确认，也不必登记为增值税一般纳税人。对于已经办理登记确认信息的纳税人，需要对登记确认信息予以删除。

六、关于建筑业纳税人适用简易计税方法的对象问题

部分建筑企业对适用简易计税方法的对象存在疑惑，不清楚是以建筑项目为对象还是以整个纳税主体为对象。

建筑业按项目管理是基本原则，这是针对建筑行业特点专门作出的特殊政策安排，类似于货物增值税可以对部分产品选择适用简易或一般的计税方法，是对建筑行业实实在在的利好。遵循这一原则，建筑企业是否适用简易计税方法，并非取决于自己的身份，而是以建筑项目为对象的。举例来说，一个建筑企业有A、B两个项目，A项目适用简易计税方法并不影响B项目选择一般计税方法。

七、关于保险公司个人代理人问题

在保险行业中，存在着大量的个人代理人，他们向保险公司收取代理手续费，并在授权的范围内代为办理保险业务。营改增之前，营业税是由保险公司代扣代缴；营改增之后，个人代理人成为了增值税纳税人。由于个人代理人数量多、金额小、流动性强，税收征管成本较高，也涉及个人利益，敏感性强。

为了适应保险行业业务需求，减少个人代理人和税务机关的办税成本，拟对保险行业个人代理人问题采取集中代开发票的形式。具体操作如下：保险公司按月或按季汇总代理人清单，注明其姓名、身份证号、代理费收入、是否为个体工商户等详细信息，并经代理人签字确认后，由保险公司到主管国税机关代开发票。主管国税机关可汇总代开，并将代理人清单留存。对代理人中的个体工商户，可按规定代开增值税专用发票；对代理人中的其他个人，应按规定开具增值税普通发票。对代理人应按规定适用小微企业免征增值税政策，保险企业可根据需要向主管国税机关申请按上述规定开具发票。

1.1.4.6 上海市国家税务局

上海市国家税务局
关于本市建筑业营改增试点若干事项的公告
（上海市国家税务局公告 2016 年第 4 号）

按照《财政部 国家税务总局关于全面推开营业税改征增值税试点的通知》（财税〔2016〕36 号）规定，自 2016 年 5 月 1 日起，对建筑服务改征增值税。为确保建筑业营改增工作的平稳推进，规范操作，统一政策，实现营业税向增值税的平稳过渡，结合本市实际情况，现将有关问题公告如下：

一、试点纳税人发生应税行为，在纳入营改增试点之日前已缴纳营业税，营改增试点后因发生退款减除营业额的，应当向原主管税务机关申请退还已缴纳的营业税。

二、试点纳税人纳入营改增试点之日前发生的应税行为，因税收检查等原因需要补缴税款的，应按照营业税政策规定补缴营业税。

三、对于纳税义务发生在 2016 年 4 月 30 日前，总包方应代扣代缴营业税的建筑服务项目，总包方应于 2016 年 5 月的纳税申报期（所属期 4 月份）内向主管税务机关申请开具代扣代缴凭证，并于 2016 年 7 月 31 日前向主管税务机关申请开具完税分割单。分包方（含转包方，下同）收到代扣代缴凭证或者分割单后，应于 2016 年 12 月的纳税申报期（所属期 11 月份）前将该凭证对应的分包款从当期适用简易计税方法征收的应税服务销售额（含税）中减除。

总包方对其自身提供的建筑服务部分，应在 2016 年 5 月的纳税申报期（所属期 4 月份）内按规定申报缴纳营业税。

总包方和分包方对已缴纳营业税的工程款，无需在建筑服务发生地预缴增值税。

对上述已由总包方代扣代缴营业税的工程款项，分包方 2016 年 4 月 30 日前尚未开具发票需要补开发票的，可于 2016 年 12 月 31 日前开具（含代开）增值税普通发票，但不得开具增值税专用发票（税务总局另有规定的除外）。

四、老项目备案

一般纳税人为建筑工程老项目提供的建筑服务，选择简易计税方法的，应在 2016 年 5 月 30 日前填报《营改增老项目备案登记表》（见附件 1）并提供相关材料，向机构所在地主管税务机关办理登记备案。对工程项目或合同较多的，可以采用清单（样式详见附件 2）的形式进行备案。

分包方可依据总包方经主管税务机关确认的《营改增老项目备案申请表》，对分包部分的建筑工程服务办理老项目备案。

特此公告。

附件：
1. 营改增老项目备案登记表（略）
2. 营改增老项目备案登记汇总表（建筑业）

上海市国家税务局
2016 年 4 月 30 日

附件2

营改增老项目备案登记汇总表（建筑业）

纳税人基本信息									
纳税人识别号		纳税人名称				主管税务机关			
老项目备案信息									
序号	项目名称（房产开发企业和建筑企业填写）	项目所在地	建筑工程施工许可号	开工日期	合同份数	合同总金额（万元）	合同履行期限（年月-年月）	已执行金额（万元）	未执行金额（万元）	备案登记编码（由主管税务部门在受理时填写）
经办人（签章）　　申请日期：年 月 日					主管税务机关（受理章）　　受理日期：年 月 日				

1.1.4.7 深圳市国家税务局

深圳市全面推开"营改增"试点工作指引
深圳市全面推开"营改增"试点工作指引(之一)

一、纳税人以无形资产或不动产作为投资,应按规定缴纳增值税。

二、转让不动产、自建不动产、建筑服务老项目取得时间的确认。

(一)转让不动产老项目

纳税人转让不动产,产权变更登记日期在 2016 年 4 月 30 日前的项目。

(二)自建不动产老项目

纳税人取得的第一个《建筑施工工程许可证》或建筑施工合同注明的开工时间在 2016 年 4 月 30 日前的项目。

(三)新增建设服务老项目

工程合同注明的开工日期在 2016 年 4 月 30 日前的建筑服务工程项目,经住建部门批准在原建筑工程项目基础上进行新增建设(如扩大建筑面积等),新增合同对应项目可参照原建筑工程项目按照老项目选择简易计税方法。

三、车辆停放服务属于不动产经营租赁范围。车辆停放服务老项目,是指取得不动产所在地物价管理部门批复的《停车场收费许可证》或《深圳市房屋建筑项目竣工验收备案收文回执》注明时间为 2016 年 4 月 30 日前的项目。

四、代扣代缴个人所得税的手续费返还

根据现行税收法规,代扣代缴个人所得税的手续费返还应按照"商务辅助服务——代理经纪服务"缴纳增值税。

五、代表机构应办理税务登记,核定税种,发生增值税应税行为应按照现行规定缴纳增值税。

六、统借统还中的"企业集团",根据《企业集团登记管理暂行规定》,是指以资本为主要联结纽带的母子公司为主体,以集团章程为共同行为规范的母公司、子公司、参股公司及其他成员企业或机构共同组成的具有一定规模的企业法人联合体。

七、房地产开发企业中的一般纳税人销售其开发的房地产项目(选择简易计税方法的房地产老项目除外),只能扣除受让土地时向政府部门支付的土地价款。采取"旧城改造"方式开发房地产项目的,以取得的全部价款和价外费用为销售额,不得扣除直接支付给拆迁户的补偿款。

八、企业提供建筑服务,同时提供建筑中所需要的建材(如钢架构等),按照建筑服务缴纳增值税。

九、房地产企业销售带精装修的房屋,按照销售不动产征收增值税。

十、提供住宿服务的纳税人,适用税目应该按照实际经营行为确定,不以其是否取得相应的资质为准。

十一、房地产开发企业中的一般纳税人,销售其开发的房地产项目(选择适用简易计税方式的除外),单独作价销售的配套设施,例如幼儿园、会所等项目,其销售额可以扣除该配套设施所对应的土地价款。

十二、一般纳税人按规定有多个项目可以选择简易计税方式的,可以按不同项目分别选择计税方式。

十三、建筑企业受业主委托,按照合同约定承包工程建设项目的设计、采购、施工、试运行等全过程或若干阶段的 EPC 工程项目,应按建筑服务缴纳增值税。

深圳市全面推开"营改增"试点工作指引(之二)

一、纳税人提供建筑服务时,按照工程进度在会计上确认收入,与按合同约定收到的款项不一致时,以按合同约定收到的款项为准,确认销售额。先开具发票的,为开具发票的当天。

二、纳税人 2016 年 4 月 30 日前已在地税申报缴纳营业税,但未开具发票的收入,2016 年 5 月 1 日以后需要补开发票的,可于 2016 年 12 月 31 日前开具增值税普通发票(税务总局另有规定的除外)。纳税人在补开发票的次月(申报期)申报时,无需申报补开发票的销售额。

补开发票收入需要代开增值税普通发票的纳税人,可凭 4 月 30 日前已经在地税缴纳营业税的完税凭证,到主管国税机关办理代开手续。

三、纳税人将自建的不动产对外租赁,该不动产的《建筑施工许可证》上注明的开工日期在 2016 年 4 月 30 前的,或《建筑施工许可证》未注明开工日期但建筑工程承包合同注明的开工日期在 2016 年 4 月 30 日前的,可按照《国家税务总局关于发布〈纳税人提供不动产经营租赁服务增值税征收管理暂行办法〉的公告》(国家税务总局公告 2016 年第 16 号)的规定,适用简易计税办法缴纳增值税。

四、属于不征税项目的存款利息是指仅限于存储在国家规定的吸储机构所取得的存款利息。

五、通过内部贷款收取成员企业的贷款利息属于贷款服务收入。接受贷款服务方支付的利息,其进项税额不得从销项税额中抵扣。

六、在 2016 年 4 月 30 日前签署的销售服务、无形资产或者不动产的合同,且合同的执行期延续到 5 月 1 日之后的,应先根据营业税的有关规定确定其中属于应缴营业税的收入,并缴纳营业税。其余收入应按照增值税的规定缴纳增值税。

七、婚庆公司提供婚庆策划、主持司仪、婚车花篮等整体服务,按照居民日常服务缴纳增值税。

八、酒店住宿的同时,免费提供餐饮服务(以早餐居多),是酒店的一种营销模式,消费者也已统一支付对价,且适用税率相同,不应列为视同销售范围,不需另外组价征收,按酒店实际收取的价款,依适用税率计算缴纳增值税。

九、异地纳税人出租我市范围内的不动产,应按国家税务总局公告 2016 年第 16 号《纳税人提供不动产经营租赁服务增值税征收管理暂行办法》在我市预缴。

本市纳税人出租的不动产所在地与其机构所在地不在同一区的,不需要在不动产所在地预缴。直接在机构所在地申报缴纳。

十、按照财税(2016)36 号文件政策规定,统借统还业务中,统借方按不高于支付给金融机构的借款利率水平或者支付的债券票面利率水平,向企业集团或者集团内下属单位收取的利息,免征增值税。

若统借方向资金使用单位收取的利息,高于支付给金融机构借款利率水平或者支付的债券票面利率水平，应将其视为转贷业务，全额缴纳增值税。

十一、预缴税款问题

应在深圳市国税机关预缴的应税行为

建筑业跨区	异地纳税人来深提供建筑服务，应在建筑服务发生地主管国税机关预缴税款
	深圳本地纳税人跨本市行政区提供建筑服务，应在建筑服务发生地主管国税机关预缴税款
房地产预售	纳税人采取预收款方式销售自行开发的房地产项目（包含一般纳税人和小规模纳税人）
不动产租赁	异地纳税人（不含其他个人）租赁在深不动产，应在不动产所在地主管国税机关预缴税款

《增值税预缴税款表》预缴税款计算公式

建筑业跨区	一般计税方式	应预缴税款＝(全部价款和价外费用－支付的分包款)÷(1+11%)×2%
	简易计税(一般纳税人简易计税项目、小规模)	应预缴税款＝(全部价款和价外费用－支付的分包款)÷(1+3%)×3%
房地产预售	一般计税方式	预缴税款＝预收款÷(1+11%)×3%
	简易计税(一般纳税人简易计税项目、小规模)	预缴税款＝预收款÷(1+5%)×3%
不动产租赁	一般计税方式	应预缴税款＝含税销售额÷(1+11%)×3%
	简易计税方式	应预缴税款＝含税销售额÷(1+5%)×5%
	个体工商户租赁住房	应预缴税款＝含税销售额÷(1+5%)×1.5%

小规模纳税人跨县（市、区）提供建筑服务，不能自行开具增值税发票的，可向建筑服务发生地主管国税机关按照其取得的全部价款和价外费用申请代开增值税发票。

十二、本市小规模纳税人在机构所在地提供建筑服务，不能自行开具增值税发票的，可向在机构所在地主管国税机关填报《增值税预缴税款表》，预缴税款后，按照其取得的全部价款和价外费用申请代开增值税发票。预缴税款时，需提交以下资料：

（一）《增值税预缴税款表》；

（二）与发包方签订的建筑合同原件及复印件；

（三）与分包方签订的分包合同原件及复印件；

（四）从分包方取得的发票原件及复印件。

1.1.5 其他

国家税务总局纳税服务司关于下发营改增热点问题答复口径和营改增培训参考材料的函

（税总纳便函〔2016〕71号）

各省、自治区、直辖市和计划单列市国家税务局、地方税务局纳税服务主管部门，国家税务总局12366北京纳税服务中心，国家税务总局12366上海（国际）纳税服务中心：

全面推开营改增试点以来，根据各地12366纳税服务热线向北京中心报送的营改增热点问题，我司分行业梳理出29个全国纳税人最为关注的热点问题，经税务总局业务司局审核明确了答复口径。此外，2016年4月22日，货物和劳务税司业务专家到税务总局12366北京纳税服务中心为一线座席人员进行了营改增专题业务培训，我们根据现场录音整理了培训的文字材料。

现将热点问题答复口径（详见附件1）和营改增培训材料（详见附件2）下发，请各12366纳税服务中心及时组织培训和学习，保证一线座席人员统一答复口径、吃透培训材料，确保营改增咨询服务工作的统一、权威、规范。

附件：1. 12366营改增热点问题答复口径
   2. 12366营改增专题业务培训参考材料

国家税务总局纳税服务司
2016年5月10日

附件1：

12366营改增热点问题答复口径
全面推开营改增试点12366热点问题解答（一）

1. 一般纳税人以清包工方式或者甲供工程提供建筑服务，适用简易计税方法，文件规定以收到的然后减去分包款为销售额，开票是总金额的还是分包之后的？例如，总包收到100万，分包款50万，购货方要求开具100万发票，纳税人实际缴纳50万的税款，如何开票？

答：可以全额开票，总包开具100万发票，发票上注明的金额为100/(1+3%)，税额为100/(1+3%)×3%，下游企业全额抵扣。纳税人申报时，填写附表3，进行差额扣除，实际缴纳的税额为(100－50)/(1+3%)×3%。

2. 《国家税务总局关于发布〈纳税人提供不动产经营租赁服务增值税征收管理暂行办法〉的公告》国家税务总局公告2016年第16号文件规定："第二条纳税人以经营租赁方式出租其取得的不动产（以下简称出租不动产），适用本办法。取得的不动产，包括以直接购买、接受捐赠、接受投资入股、自建以及抵债等各种形式取得的不动产。"纳税人二次转租，自己没有取得该不动产，适用什么税率？

答：关于转租不动产如何纳税的问题，总局明确按照纳税人出租不动产来确定。
一般纳税人将2016年4月30日之前租入的不动产对外转租的，可选择简易办法征税；将5月1日之后租入的不动产对外转租的，不能选择简易办法征税。

3. 5月1日之后开具的地税发票缴纳增值税时如何申报，是否如增值税发票一样先进行价税分离？如果申报时既有国税发票又有地税发票如何申报？

答：开具的地税发票上注明的金额为含税销售额，需要进行价税分离，换算成不含税销售额。纳税申报时，填入附表1"开具其他发票"中的第3列相应栏次。如果申报时既有国税发票又有地税发票,则合并申报。

4. 物业收取的停车费和电梯里面的广告位的出租是按什么行业核算?

答:将建筑物、构筑物等不动产或者飞机、车辆等有形动产的广告位出租给其他单位或者个人用于发布广告,按照经营租赁服务缴纳增值税。

车辆停放服务、道路通行服务(包括过路费、过桥费、过闸费等)等按照不动产经营租赁服务缴纳增值税。

所以,均属于现代服务业的租赁服务。

全面推开营改增试点 12366 热点问题解答(二)
(一般规定)

1. 我公司原来是销售货物的小规模纳税人,还有本次营改增的应税服务,一般纳税人资格登记标准应如何判断?

答:试点纳税人兼有销售货物、提供加工修理修配劳务以及销售服务、不动产、无形资产的,货物及劳务销售额与服务、不动产、无形资产销售额应分别计算,分别适用增值税一般纳税人资格登记标准。

因此,混业经营的营改增试点纳税人只要有一项(销售货物、提供加工修理修配劳务或销售服务、不动产和无形资产)达到登记标准,就应该登记为一般纳税人。

2. 纳税人于 2016 年 5 月 1 日以后取得的不动产,适用进项税额分期抵扣时的"第二年"怎么理解?是否指自然年度?

答:不是自然年度。根据《国家税务总局关于发布〈不动产进项税额分期抵扣暂行办法〉的公告》(国家税务总局公告 2016 年第 15 号)的规定,进项税额中,60% 的部分于取得扣税凭证的当期从销项税额中抵扣;40% 的部分为待抵扣进项税额,于取得扣税凭证的当月起第 13 个月从销项税额中抵扣。

3. 全面营改增后,其他个人发生应税项目是否可以申请代开增值税专用发票?

答:根据《国家税务总局关于营业税改征增值税委托地税局代征税款和代开增值税发票的通知》(税总函〔2016〕145 号)的规定,其他个人销售其取得的不动产和出租不动产,购买方或承租方不属于其他个人的,纳税人缴纳增值税后可以向地税局申请代开增值税专用发票。上述情况之外的,其他个人不能申请代开增值税专用发票。

4. 试点纳税人 5 月 1 日之前发生的购进货物业务,在 5 月 1 日之后取得进项税发票,是否可按规定认证抵扣?

答:不可以。

5. 员工因公出差,住宿费取得增值税专用发票,是否可以按规定抵扣进项?

答:可以。

6. 企业既有简易计税项目又有一般计税项目,营改增后购进办公用不动产,能否抵扣进项税?

答:根据《财政部 国家税务总局关于全面推开营业税改征增值税试点的通知》(财税

[2016] 36号）附件1的规定，下列项目的进项税额不得从销项税额中抵扣：（一）用于简易计税方法计税项目、免征增值税项目、集体福利或者个人消费的购进货物、加工修理修配劳务、服务、无形资产和不动产。其中涉及的固定资产、无形资产、不动产，仅指专用于上述项目的固定资产、无形资产（不包括其他权益性无形资产）、不动产。因此，纳税人营改增后购进办公用不动产，能够取得增值税专用发票，并且不是专用于简易计税办法计税项目的，按照规定可以抵扣进项税额。

7. 企业发生应税行为，在营改增试点之日前已缴纳营业税，营改增试点后因发生退款减除营业额的，应当怎样处理？

答：根据《财政部 国家税务总局关于全面推开营业税改征增值税试点的通知》（财税[2016] 36号）附件2规定，试点纳税人发生应税行为，在纳入营改增试点之日前已缴纳营业税，营改增试点后因发生退款减除营业额的，应当向原主管地税机关申请退还已缴纳的营业税。

8. 实行按季申报的原营业税纳税人，5月1日营改增后何时申报缴纳增值税？

答：根据《国家税务总局关于全面推开营业税改征增值税试点有关税收征收管理事项的公告》（国家税务总局公告2016年第23号）规定，实行按季申报的原营业税纳税人，2016年5月申报期内，向主管地税机关申报税款所属期为4月份的营业税；2016年7月申报期内，向主管国税机关申报税款所属期为5、6月份的增值税。

9. 企业选择简易计税办法时是否可以开具增值税专用发票？

答：除规定不得开具增值税专用发票的情形外，选择简易计税办法可以开具增值税专用发票。

全面推开营改增试点12366热点问题解答（三）
（建筑业）

1. 建筑企业，选择使用简易计税办法，征收率是多少？请问是否可以开具增值税专用发票？

答：根据《财政部 国家税务总局关于全面推开营业税改征增值税试点的通知》（财税[2016] 36号）规定，建筑企业适用简易计税方法计税的，征收率为3%。同时，纳税人可以开具或者申请代开增值税专用发票。

2. 建筑行业什么情况下可以选择简易征收？

答：（1）一般纳税人以清包工方式提供的建筑服务，可以选择适用简易计税方法计税。以清包工方式提供建筑服务，是指施工方不采购建筑工程所需的材料或只采购辅助材料，并收取人工费、管理费或者其他费用的建筑服务。

（2）一般纳税人为甲供工程提供的建筑服务，可以选择适用简易计税方法计税。甲供工程，是指全部或部分设备、材料、动力由工程发包方自行采购的建筑工程。

（3）一般纳税人为建筑工程老项目提供的建筑服务，可以选择适用简易计税方法计税。建筑工程老项目，是指：（一）《建筑工程施工许可证》注明的合同开工日期在2016

年4月30日前的建筑工程项目。（二）《建筑工程施工许可证》未注明合同开工日期，但建筑工程承包合同注明的开工日期在2016年4月30日前的建筑工程项目。（三）未取得《建筑工程施工许可证》的，建筑工程承包合同注明的开工日期在2016年4月30日前的建筑工程项目。

3. 建筑企业不同的项目，是否可以选用不同的计税方法？

答：可以。建筑企业中的增值税一般纳税人，可以就不同的项目，分别选择适用一般计税方法或简易计税方法。

4. 跨区县提供建筑服务的小规模纳税人，能否在劳务地代开增值税专用发票？

答：可以。根据《国家税务总局关于发布〈纳税人跨县（市、区）提供建筑服务增值税征收管理暂行办法〉的公告》（国家税务总局公告2016年第17号）的规定，小规模纳税人跨县（市、区）提供建筑服务，不能自行开具增值税发票的，可向建筑服务发生地主管国税机关按照其取得的全部价款和价外费用申请代开增值税发票。

5. 根据财税〔2016〕36号文件规定"一般纳税人销售其2016年4月30日前自建的不动产，可以选择适用简易计税方法"此处的"4月30日之前自建"应如何界定？

答：根据《财政部 国家税务总局关于全面推开营业税改征增值税试点的通知》（财税〔2016〕36号）及《国家税务总局关于发布〈纳税人跨县（市、区）提供建筑服务增值税征收管理暂行办法〉的公告》（国家税务总局公告2016年第17号）的规定，4月30日之前自建老项目是指：

（1）《建筑工程施工许可证》注明的合同开工日期在2016年4月30日前的建筑工程项目。

（2）《建筑工程施工许可证》未注明合同开工日期，但建筑工程承包合同注明的开工日期在2016年4月30日前的建筑工程项目。

（3）未取得《建筑工程施工许可证》的，建筑工程承包合同注明的开工日期在2016年4月30日前的建筑工程项目。

全国推开营改增试点12366热点问题解答（四）
（金融业）

1. 营改增后，金融商品转让业务如何确认销售额？

答：根据《财政部 国家税务总局关于全面推开营业税改征增值税试点的通知》（财税〔2016〕36号）规定："金融商品转让，按照卖出价扣除买入价后的余额为销售额。"

2. 金融企业发放贷款后，自结息日起90天内发生的应收未收利息怎么计算缴纳增值税？

答：根据《财政部 国家税务总局关于全面推开营业税改征增值税试点的通知》（财税〔2016〕36号）附件3规定，金融企业发放贷款后，自结息日起90天内发生的应收未收利息按现行规定缴纳增值税，自结息日起90天后发生的应收未收利息暂不缴纳增值税，待实际收到利息时按规定缴纳增值税。

3. 2012年1月签订的融资性售后回租合同，结束月为2021年1月，按照106号文这个部分我们应该继续按营业税执行，全面营改增之后应该怎么处理？

答：区分有形动产融资性售后回租还是不动产融资性售后回租。在纳入营改增试点之日前签订的尚未执行完毕的有形动产融资性售后回租合同可按照有形动产融资租赁服务，选择简易计税方法缴纳增值税，也可按照贷款服务缴纳增值税；不动产融资性售后回租按照贷款服务缴纳增值税。

4. 营改增后，企业买卖股票应如何纳税？

答：应按金融服务——金融商品转让缴纳增值税。以卖出价扣除买入价后的余额为销售额。适用税率为6%，小规模纳税人适用3%征收率。

全面推开营改增试点12366热点问题解答（五）
（房地产业）

1. 房地产开发企业开发的，开工日期在4月30日之前的同一《施工许可证》下的不同房产，如开发项目中既有普通住房又有别墅，可以分别选择简易征收和一般计税方法吗？

答：不可以。同一房地产项目只能选择适用一种计税方法。

2. 房地产开发企业自行开发项目，如何判断是否属于老项目，以开工、完工还是产权登记时间为准？

答：根据《国家税务总局关于发布〈房地产开发企业销售自行开发的房地产项目增值税征收管理暂行办法〉的公告》（国家税务总局公告2016年第18号）的规定，房地产老项目，是指：（一）《建筑工程施工许可证》注明的合同开工日期在2016年4月30日前的房地产项目；（二）《建筑工程施工许可证》未注明合同开工日期或者未取得《建筑工程施工许可证》但建筑工程承包合同注明的开工日期在2016年4月30日前的建筑工程项目。

3. 房地产开发公司在本市跨区县从事的房地产开发项目，营改增后应在哪里申请办理防伪税控设备及领用发票？

答：应该在机构所在地办理。

4. 一般纳税人销售自行开发的房地产项目，在营改增之前已经申报了营业税但是没有开具发票，营改增之后有什么处理办法？

答：根据《国家税务总局关于发布〈房地产开发企业销售自行开发的房地产项目增值税征收管理暂行办法〉的公告》（国家税务总局公告2016年第18号）的规定，一般纳税人销售自行开发的房地产项目，其2016年4月30日前收取并已向主管地税机关申报缴纳营业税的预收款，未开具营业税发票的，可以开具增值税普通发票，不得开具增值税专用发票。

5. 营改增后，一般纳税人销售自行开发的房地产项目，预缴和申报都怎么操作？

答：根据《国家税务总局关于发布〈房地产开发企业销售自行开发的房地产项目增值税征收管理暂行办法〉的公告》（国家税务总局公告2016年第18号）的规定，一般纳税人采取预收款方式销售自行开发的房地产项目，应在取得预收款的次月纳税申报期，按照

3%的预征率向主管国税机关预缴税款。

一般纳税人销售自行开发的房地产项目适用一般计税方法计税的,应按照规定的增值税纳税义务发生时间,以当期销售额和11%的适用税率计算当期应纳税额,抵减已预缴税款后,向主管国税机关申报纳税。未抵减完的预缴税款可以结转下期继续抵减。

一般纳税人销售自行开发的房地产项目适用简易计税方法计税的,应按照规定的增值税纳税义务发生时间,以当期销售额和5%的征收率计算当期应纳税额,抵减已预缴税款后,向主管国税机关申报纳税。未抵减完的预缴税款可以结转下期继续抵减。

全国推开营改增试点12366热点问题解答(六)
(生活服务业)

1. 生活服务税率和征收率是怎么规定的?

答:一般纳税人提供生活服务适用税率为6%;小规模纳税人以及一般纳税人选择适用简易计税办法计税的,征收率为3%。

2. 营改增之后,个人出租住房增值税征收率是多少?

答:根据《财政部 国家税务总局关于全面推开营业税改征增值税试点的通知》(财税[2016]36号)附件2《营业税改征增值税试点有关事项的规定》规定,个人出租住房,应按照5%的征收率减按1.5%计算应纳税额。

3. 营改增物业管理公司,同时有房屋租赁业务,可否开一张租赁发票,再开一张物业服务费发票,以区别不同税率?

答:《财政部 国家税务总局关于全面推开营业税改征增值税试点的通知》(财税[2016]36号)第三十九条规定,纳税人兼营销售货物、劳务、服务、无形资产或者不动产,适用不同税率或者征收率的,应当分别核算适用不同税率或者征收率的销售额;未分别核算的,从高适用税率。

因此,适用不同税率的项目应分别开具。但可以在同一张发票上开具。

4. 全面营改增后,旅行社提供旅游服务,其中机票款是否可以在计算销售额时扣除?

答:可以。根据《财政部 国家税务总局关于全面推开营业税改征增值税试点的通知》(财税[2016]36号)附件2的规定,试点纳税人提供旅游服务,可以选择以取得的全部价款和价外费用,扣除向旅游服务购买方收取并支付给其他单位或者个人的住宿费、餐饮费、交通费、签证费、门票费和支付给其他接团旅游企业的旅游费用后的余额为销售额。

选择上述办法计算销售额的试点纳税人,向旅游服务购买方收取并支付的上述费用,不得开具增值税专用发票,可以开具普通发票。

5. 一般纳税人出租房屋,可否选择简易征收?

答:一般纳税人出租其2016年4月30日前取得的不动产,可以选择适用简易计税方法,按照5%的征收率计算应纳税额。

一般纳税人出租其2016年5月1日后取得的不动产,适用一般计税方法计税。

6. 营改增之后,旅游业开具发票有什么特殊规定?

答：根据《财政部 国家税务总局关于全面推开营业税改征增值税试点的通知》(财税〔2016〕36号）附件2的规定，试点纳税人提供旅游服务，可以选择以取得的全部价款和价外费用，扣除向旅游服务购买方收取并支付给其他单位或者个人的住宿费、餐饮费、交通费、签证费、门票费和支付给其他接团旅游企业的旅游费用后的余额为销售额。

选择上述办法计算销售额的试点纳税人，向旅游服务购买方收取并支付的上述费用，不得开具增值税专用发票，可以开具普通发票。

附件2：

12366营改增专题业务培训参考材料

通过营改增推进过程中基层税务机关和部分纳税人反映的问题和4月14日各省国税、地税局长全面推开营改增试点工作座谈会上各地提出的问题，我们发现，部分税务干部和纳税人对政策还不了解，或者还处于初步探讨和学习的阶段。因此，此次营改增培训将主要围绕税收要素就营改增的基础政策、文件的难点以及变化点进行简要介绍。

第一部分 营改增基本情况

第一，简单介绍下这次全面推开营改增的基本情况，让大家有个宏观的印象。

这次营改增主要涉及四大行业：建筑业、金融业、房地产业和生活服务业。事实上，从5月1日开始，营业税已全部被增值税覆盖，原来营业税纳税人全部都改征增值税。5月1日以后发生的原营业税应税行为都不再征收营业税，但可能会有过渡期前后交叉的一些业务。比如补缴营业税税款，总局下发的23号公告规定，纳税人在地税机关已申报营业税未开具发票，5月1日后需要补开发票的，可以开具增值税普通发票。这里允许开增值税发票并不意味着需要缴纳增值税，是为了方便纳税人，为了改革的平稳过渡。因此，5月1日之后开具增值税发票，并不代表同时要征增值税。4月30日之前的业务仍缴纳营业税，5月1日以后的业务应缴纳增值税。

那这个时间节点怎么把握呢？不能由纳税人任意选择，例如，合同确定的付款是4月30日，如果纳税人迟迟不结账，能否5月1日之后缴纳增值税呢？问题的关键在于纳税义务发生时间，纳税义务发生时间在4月30日之前的，不管是否已缴纳营业税，涉及的税款还是应缴纳营业税；如果纳税义务发生时间在5月1日之后的，那就应缴纳增值税，这不能由税务机关或纳税人任意选择，请大家注意。

第二，是营改增的税率。仍然是11%和6%这两档税率，只是在征收率中增加了5%；5%是营改增期间的过渡征收率，主要是针对销售不动产及不动产经营租赁等业务。

12366中心站在税务部门与纳税人沟通的最前沿，除了要回答问题，也要宣传讲解政策，打消纳税人的疑虑，告诉纳税人："你的收入不会因为营改增，就一定要按11%征收"；甚至还应澄清一些误导宣传："营改增要交11%或者17%的税，税负要增加"。要把政策给纳税人讲清楚，打消纳税人的疑虑。

第三，本次营改增将不动产纳入抵扣范围。我国实行的增值税，最开始为生产型增值税，2009年开始转型，转型后允许固定资产抵扣，但还不是纯粹的消费型增值税，直到把不动产纳入增值税可抵扣范围之后，才是比较纯粹的消费型增值税。取得的不动产按固定资产核算的，分两年抵扣，总局发布了关于不动产分期抵扣的15号公告，详细规定了怎么分两年抵扣。

第四，这次营改增有很多过渡政策。为保证营改增改革平稳过渡，这次营改增出台了一些过渡性政策，主要有以下几类情形：

（一）给老项目过渡政策。改革前开始运营的建筑、房地产、租赁等老项目，其支出大多发生在营改增之前，营改增之后的进项税较少；如果按照适用税率去计征增值税，可能导致税负上升，所以对这些老项目给予了允许选择简易计税办法计税的过渡政策。

（二）给特定行业过渡政策。某些行业比如交通运输业，改征增值税后在税制上就可以解决其税负的问题，交通运输业的大部分成本比如车辆维修费、飞机维修费、购买飞机、轮船等交通工具，都可以作为进项税额抵扣，这类可抵扣的支出在企业成本中占比很大，因此，税制转换时，行业税负基本不会上升。但是有一些行业，比如新纳入试点的文化体育业，由于其成本里面可抵扣的支出少，大多是人工成本，这些行业如果按照6%适用税率计征增值税，与3%的营业税税率相比，行业税负一定会增加，因此，对这些行业实行了过渡政策，允许选择简易计税方法计税。

（三）差额征税过渡政策。增值税差额征税的规定大部分源于原营业税差额征税规定。营业税的基本税制是道道环节全额征税，看似简便，每道环节全额乘一个税率就能计算出税额，但是随着社会分工的不断细化，营业税重复征税的问题愈发严重。这些年来，营业税为适应经济社会发展对自身税制做出一些调整，出台了一些差额征税的政策，以建筑业为例。建筑的总包和分包大量存在，大的工程大多有总包和分包，分包的种类很多，可能有专业分包、劳务分包，甚至多级分包。如果没有差额征税政策，建筑企业的税负就会比较高。在征增值税的时候，如果适用一般计税方法，因为有进项税额可以抵扣，和营业税的差额征税效果一致。但是如果是老项目的简易征收，或者说清包工、甲供工程按照简易征收，这种简易计税方法之下，3%的征收率全额征增值税，与3%的营业税税率差额计征营业税相比，建筑企业的税负一定会明显增加。所以，对建筑行业出台过渡政策，对试点纳税人提供建筑服务适用简易计税办法的，仍可以差额计征增值税。

（四）平移原营业税优惠政策。原营业税的优惠政策基本平移到增值税政策，主要集中在36号文件附件3。

那么接下来，我想区分一下税制要素，把营改增整个基本制度给大家介绍一下。

第二部分 征 税 范 围

首先是征税范围，36号文附件1《试点实施办法》第一条规定：在中华人民共和国境内销售服务、销售无形资产或者不动产的单位和个人，属于增值税的纳税人，按本办法的规定缴纳增值税。这句话，相当于统领整个营改增最基本的一条规定。也就是说，读懂了这一条，就知道什么情况应该缴纳增值税。

营业税改征的增值税，基本要件跟原增值税和营业税是一样的。征税的要件有：第一，在境内；第二，发生了适用注释范围类别的应税行为；第三，这个行为是有偿的；第四,提供服务,转让无形资产、转让不动产,都是向他人,不是自我服务。

(一)在境内。什么是在境内?实施办法的第十二条有明确规定,对于服务或无形资产(除自然资源使用权外)来说,销售方和购买方任何一方在境内,就属于增值税征税范围,那么如果买卖双方都在境外,例如德国企业为法国公司提供的咨询服务,就不属于增值税征税范围。对于不动产的租赁和销售,以及自然资源使用权的转让,是否征税取决于自然资源或者不动产是不是在境内,无论买卖双方是不是在境内,这个原则和上面说到的服务和无形资产是有差别的。这里举一个例子,假设境外单位A向境外单位B出售一栋位于北京的大楼,由于大楼在我国境内,尽管买卖双方都不是境内的单位和个人,仍应按销售不动产缴纳增值税。

(二)应税行为的范围。发生的应税行为要在注释范围之内。36号文《销售服务、无形资产、不动产注释》在原来财税[2013]106号文基础上结合了原营业税的税目注释,也参考了国家统计局的国民经济行业分类标准。所以现在的注释,首先包括了原来所有征营业税的行业和业务。如果有问道:"原来交营业税,我现在是不是一定交增值税?"一定是的。除此之外,还有一些可能原来不交营业税的,现在新的注释范围内也有所涵盖。比如无形资产里的其他权益性无形资产,原来并不在营业税的注释范围里。原营业税无形资产的征税范围是正列举。除了国税发[1993]149号的税目注释之外,仅根据财税2012年6号文件,将转让自然资源使用权纳入转让无形资产的征税范围,其他经济权益转让,仍未纳入营业税征税范围。此次营改增将其他权益性无形资产纳入征税范围是对征税范围的完善。另外,这一次制定税目注释时,根据经济发展新变化,对原营业税税目注释的部分子目进行了重新归类和调整,应税行为对应的"税目"也相应地有所变化。例如,展览业务在原营业税制下,应按照"文化体育业"税目缴纳营业税,改征增值税后,调整为"现代服务—文化创意服务"。

(三)有偿。"有偿"这个概念在增值税的条例、营业税的条例中就有。与原增值税业务相比,营改增部分业务中的无偿与有偿之间的界线更隐蔽。纳税人之间互换不动产,相对容易理解,是用不动产所有权换取另一不动产的所有权,服务换服务相对更难分辨。例如,A公司将一层门面给B餐馆无偿使用,B餐馆无偿向A公司员工提供工作餐。上述行为不能看作无偿,A、B双方销售服务都获取了经济利益,应属于增值税征税范围。

(四)为他人提供。第四个征税要件就是服务的提供、不动产和无形资产的转让是要面向他人。如果是单位给员工提供的服务,或者员工给单位提供的职务性的、在工资范围内的服务都不缴纳增值税,就是说自己给自己提供服务的行为是不征税的,征税对象主要是对他人提供服务。

以上是理解什么叫作增值税纳税人最基本的四个要件。除此之外,有一些特例,就像刚才提到的可能满足四个征税要件,但是不征税的情形。比如存款利息,满足上述要件,但是不征税。还有资产重组过程中涉及的一些不动产和土地使用权的转移,这些都在不征税的范围内。还有一类特例就是不完全满足上述四个征税要件,可是还是要纳入征税范围,即视同销售行为。对无偿提供服务,无偿转让无形资产或不动产,应视同销售服务、无形资产或不动产。但对于其他个人提供的无偿服务,以公益性为目的的销售服务、无形资产和不动产转让,不需要视同有偿进行征税。对公益性质的服务,举例说明如下:比如,有些小区门口会有医学院的学生去做免费咨询,量血压或者简单的医疗诊断。这种服务是一种无偿的,是出于公益性目的,服务对象也是我们说的大众,因此是不把它视作有偿的。另外还有航空公司,在汶川地震、印尼海啸的时候,运送救灾物资以及把中国的公民接回到国内都是指令性的,无偿的,不收费。这种运输服务无需视同有偿去征税的。这和货物的视同销售有差别:货物的视同销售不管赠送给他人的目的是什么,都是要视同有偿去征税的;而对这种以公益为目的的服务项目,或者以社会大众为服务对象的无偿服务,不需要视同有偿服务缴税。

第三部分 纳税义务人和扣缴义务人

(一)承包承租挂靠。从最开始的财税〔2011〕111号文到财税〔2013〕106号文再到现在的财税〔2016〕36号文,承包承租挂靠原则都延续了营业税条例细则的原则,这与增值税条例相比是有变化的。现在所说的承包承租挂靠行业,如果以发包人(出租人、被挂靠人)名义对外经营并由发包人承担相关法律责任,以发包人为纳税人;如果未同时满足上述两个条件,以承包人(承租人、挂靠人)为纳税人,发包人向承包人收取的管理费或挂靠费,属于同一纳税人的内部行为,不征增值税。

(二)一般纳税人和小规模纳税人。增值税管理上一般都是区分一般纳税人和小规模来管理,36号文件规定一般纳税人以年应税销售额500万元为标准,23号公告对一般纳税人的资格登记做了详细规定,并明确增值税小规模纳税人偶然发生的转让不动产的销售额,不计入应税行为年应税销售额。比如,北京一套房子卖了1000万,这种情况并不需要因为超过500万就要登记为一般纳税人。另外,有些纳税人担心办理了一般纳税人以后以销项减进项计算应纳税额,税负是不是会增加?由于心理上有这个顾虑,拒绝办理一般纳税人登记。事实上并不是办理一般纳税人,税负就会增加。比如,原来的餐饮服务按5%全额征收营业税,改征增值税之后,一般纳税人适用6%的税率,但房租、水电费以及锅碗桌椅都可以作为进项税额抵扣,因此,税负可能比之前还会降低。所以,12366工作人员在给纳税人回答问题的时候,也应多向纳税人宣传,并不是成为一般纳税人税负一定会增加。尤其像餐饮服务业以及其他生活服务业,收入到500万元的并不是很多。如果不到500万元,就是小规模纳税人,征收率是3%,这比原来营业税5%的税率相比,税负可以下降40%,这些企业改交增值税之后,改革红利是实实在在拿到手的,税务干部在宣讲政策时,要把这些政策向纳税人讲清楚。

(三)税率和征收率。现行税率是6%和11%,征收率是3%和5%,相关规定主要在36号文件的附件2中。为便于更好地了解征收率政策,简单介绍一下建筑行业的简易征收。建筑业简易征收的有三类。一个是老项目。老项目如何确认,文件规定非常清楚,按照《建筑工程施工许可证》注明的合同开工日期确定。但是,去年底建筑工程施工许可证样式有了变化,纳税人4月30日前开工的项目取得的建筑工程施工许可证可能有两种,一种是旧证,上面注明合同开工日期;另一种是新证,不再注明开工日期,则以合同注明的开工日期为准。这是区分新、老项目的时候要注意的一点。另外,不仅是建筑工程,房地产项目也用建筑施工工程许可证区分新老项目。一个大的房地产项目,一般不只有一个建筑施工许可证,可能有多个建筑工程施工许可证。对开发商来说,如果是老项目选择简易征收,新项目按照一般计税方法,简易计税方法就涉及进项税额能不能抵扣的问题。如果说一期里的几栋楼有多个建筑施工许可证,企业选择不同的计税方法,老项目没有进项所以选择简易计税,新项目选择一般计税方法,一定要注意,用于简易计税老项目的进项税额要作转出,如果用于老项目的所有进项税额都是4月30日之前取得的,5月1日之后取得的进项税额都是用于新项目,那么进项税额不需要作转出。此外,建筑服务适用简易计税办法还有清包工和甲供工程,综合起来看,建筑工程大部分都可以选择简易计税,这是落实税负不增加的原则而制定的过渡政策。

（四）预征。发生预征的原因,是因为原营业税的纳税地点和现行增值税纳税地点不一样。原营业税规定,建筑业的纳税地点为建筑劳务发生地,租赁和销售不动产的纳税地点为不动产所在地；而增值税遵循的是机构所在地缴税原则。对于建筑业规定是在劳务发生地缴纳营业税,营业收入直接乘以税率就计算出税额了,当然可以剔除分包款。对于销售不动产,也是在不动产所在地,缴纳营业税对于租赁不动产也在不动产所在地缴税,不像增值税规定在机构所在地缴纳（这里指的是固定业户）。因为增值税税制跟营业税不一样,企业只有在机构所在地才能完整地核算进项与销项。企业可能在多个地方都提供建筑服务,在多个地方都有不动产销售,只有在机构所在地才能汇总计算所有的销项和进项。所以在确定增值税纳税地点时,固定业户是在机构所在地缴税。但是在机构所在地缴税原则,和原来营业税相比会出现税源的转移,为实现营改增过程中税制平稳过渡,税制设计上规定了预征的环节。工程地和机构所在地,不动产所在地和机构所在地不同的,要在工程、不动产所在地先预缴一部分税,这就是预征。关于计税方法。一般计税方法大部分都是针对新项目,除非有些纳税人愿意对老项目适用一般计税方法。为防止出现倒挂,一般计税方法下的预征率一般低于征收率。纳税人在建筑劳务发生地或不动产所在地预征了之后,要到机构所在地申报纳税,提交《增值税预缴税款表》,计算增值税的应纳税额。对于简易计税方法来说,无论是小规模纳税人还是一般纳税人,建筑服务、销售不动产、不动产租赁,基本上在预征时已缴足了该项目的税款,仍需向机构所在地主管税务机关申报,是因为机构所在地主管税务机关要了解整个纳税期纳税人发生了哪些业务；此外,如果纳税人的项目比较多,好几个地区都有,主管税务机关需要掌握纳税人销项进项相抵之后应纳税额是多少。

第四部分 进 项 税 额

进项税额是税制要素里面很重要的一块。哪些能抵扣,哪些不能抵扣,这个对于一般纳税人来说是很重要的。税务机关、税务干部也应该了解。试点实施办法第二十五条关于进项税额抵扣的规定,跟增值税条例基本一致。4月14日全国局长会上,有地方提到餐饮企业向税务局反映,购买鲜活农产品没有进项税额可以抵扣,税负会增加。面对这个情况,我们要准确把握,鲜活农产品在流通环节是免税的,免税项目进项不得抵扣是增值税的一个基本原理,这个原则不是针对餐饮企业,其他企业也不能抵扣。我们分析一下餐饮企业税负,如果是一般纳税人,租金、水电等进项税额可以抵扣,税负应该不会有较大提高,所以听到纳税人反映的这一点要给纳税人解释清楚。如果是小规模纳税人,增值税征收率3%,从原营业税税率5%到征收率3%税负直接下降。另外,做政策宣讲的时候也要提醒这些新的纳税人注意索取增值税发票,尤其是增值税专用发票。原营业税的纳税人可能这种意识较薄弱。大的企业,比如中国铁建、各大金融保险公司、大型房地产公司,财务管理比较规范,从企业财务制度设计上会要求必须取得增值税专用发票。但是对于规模较小、财务管理不够规范健全的企业来说，如果是一般纳税人，或者愿意申请为一般纳税人的，要提醒其注意所有的支出要尽可能取得专用发票。同时，除纳税信用A级、B级纳税人企业，还要注意对取得的增值税发票进行认证。如果超过了180天没有认证增值税专用发票，其进项税额不能抵扣，税负必然增加，会给企业造成不必要麻烦。这次的营改增试点纳税人有一千多万户，国税局干部的工作压力是很大的，所以12366呼叫中心作为直接面对纳税人的一线税务干部，事前多做一点政策宣讲工作，后续征收管理时就能避免很多矛盾，要提醒新增值税纳税人及时认证发票、申报抵扣，另外，也要提醒纳税人，纳税信用A级纳税人已取消增值税发票认证，总局23号公告扩大了取消认证的纳税人范围，自5月1日起纳税信用B级纳税人也可以不再进行发票认证了。

还有几点需要注意：

一、不动产。不动产纳入这次营改增范围，这对于纳税人是规模比较大的一项可抵扣项目。

（一）分两年抵扣的不动产。适用一般计税办法的试点纳税人，5月1日后取得的并按照固定资产核算的不动产，或者5月1日后取得的不动产在建工程，应分2年抵扣进项税额。比如，工业企业5月1日之后新盖的或新购入的厂房，一般按照固定资产核算，其相应的进项税额应分2年抵扣。

（二）一次性抵扣的不动产。除36号文件规定的"融资租入的不动产以及在施工现场修建的临时建筑物、构建物，房地产开发企业自行开发的房地产项目"外，房地产开发企业接盘后继续开发的房地产项目，也应一次性抵扣。因为对于房地产开发企业来说，这个在建的不动产不作为固定资产核算，是房地产开发产品，还将继续开发。当然也有一些特例，比如房地产企业购买的不动产纯粹是自用性质，这时一般会作为固定资产核算，属于上述第（一）种情况，应分2年作进项抵扣。

二、贷款服务。贷款服务按现行规定是不允许抵扣的，需要注意的是，向他人借款时进项税额不能抵扣的不仅是企业利息，还包括利息性质的收入。借贷合同中的利息收入很清晰，但有一些情况不像借贷合同那么明显，比如债券。债券持有到期取得的利息收入，也应按照贷款征税。如何把债券与贷款联系起来？贷款一般是一对一的，有一个或者多个非银行金融机构、或银行跟企业签订贷款合同，贷款方和借款方很清晰，合同清晰写明贷款期限、利率、付息日。而债券的实质也是一种借款，是一种新型的借贷方式，它的出资方很多（债券的购买方就是出资方），有一定借款期限（例如，10年、20年或是15年），利率也是固定的（债券票面上都有一个固定利率），所以它的实质和贷款是一样的，只是债券不是一对一的，发行债券是不定向的，出资方很多。利息性质的收入都应按贷款服务征税，相应的，这一部分利息支出不能作为进项税额抵扣。此外，贷款合同除了约定利息之外，可能还有一些跟贷款直接相关的咨询费、手续费，按照规定都是不允许抵扣的。即发生借款业务的时候，借款支出中的利息、利息性质收入以及和贷款直接相关的咨询费、手续费等费用都不能抵扣。

三、旅客运输服务。旅客运输服务不允许抵扣的范围需要给大家解释一下。因为在实际征管过程中，可能有些纳税人和基层税务机关对购进旅客运输服务不能作为进项税额抵扣有一些误解。作为乘客消费的旅客运输服务，支付的运费是不能作为进项税额抵扣的。但作为经营者，与对方合作经营开展联合运输的时候，支付的旅客运输分运费是能作为进项税额抵扣的。比如天津某公司组团飞往广州购物旅游或公务出差，天津没有直达广州的航班，需要到北京中转，于是，该公司把全部运费包括机票款全交给某运输企业，由这家运输企业承担天津到北京机场间的运输业务，再从北京机场乘坐联系某家航空公司航班飞往广州，机票也由该运输企业负责购买。这家承揽业务的运输企业，如果收取的总费用为100万元，支付了80万元机票费用给航空公司，支付的这部分机票费用，确实是由航空公司提供了旅客运输服务，但是运输企业并不是旅客运输服务接受方，而只是联合运输服务提供方。因此，运输企业采取联运经营时，支付给其他合作运输的运输企业的旅客运输服务支出，可以作为进项税额抵扣。

四、旅游服务。试点实施办法第二十七条第（六）项明确规定进项税额不得抵扣的项目包括旅客运输服务、贷款服务、餐饮服务、居民日常服务和娱乐服务等，并未包括旅游服务。旅游服务的进项税额能否抵扣，应从以下方面把握：如果这项旅游服务用于集体福利或者个人消费，支付的旅游费不能作为进项税额抵扣；但是，如果支付的旅游费用于生产经营，比如公务考察时，由旅游公司统一安排交通和住宿，支付给旅游公司的支出属于用于生产经营的，这部分费用支出的进项税额是可以抵扣的。即旅游服务支出用于生产经营作为进项税额才能抵扣，用于集体福利和个人消费不能抵扣。

第五部分 销 售 额

对于增值税来说，计算销售额基本的原则仍是全部价款和价外费用，但在试点过渡政策中，有一些允许差额征税的规定。需要注意的是，差额征税的规定是正列举，只有列明的项目才允许差额征税，没列明的则不能差额。

差额征税的规定可能会涉及增值税、营业税政策交叉。在5月征期申报4月份的营业税时，如果当期取得全部价款和价外费用不足以抵减允许扣除项目金额，尚未扣除的部分，不能在计算增值税应税销售额时抵减，应向原主管地税机关申请退还相应营业税。比如说收入只有80万元，可是支付的允许扣除项目金额为100万元，余下不足抵减的20万元需要找地税局退还相应的营业税，不能抵减增值税应税销售额。5月1日营改增后，对于使用差额征税政策的试点纳税人，营业税发票仍可作为增值税差额征税的扣除凭证，以建筑业为例，4月30日前开具的建筑业营业税发票，可以在计征增值税时抵减销售额。但是这张票如果在申报营业税时以作为差额征税的扣除凭证抵减营业额了，就不能同时用于抵减增值税应税销售额。如果这张建筑业营业税发票用于差额计算增值税应税销售额，假如建筑企业当期的收入是80万元，建筑企业取得100万元的建筑业营业税发票，那么余下的20万可以继续流转到下一期计算销售额。

另外，还有几个差额征税的规定需要注意：

一是可以扣除土地出让金的房地产项目。只有适用一般计税方法的房地产项目才可以扣除土地出让金。如果是简易计税方法的房地产项目，包括一般纳税人销售房地产老项目选择简易计税，和本身就是小规模纳税人适用简易计税方法的，土地出让金是不能扣除的。在原营业税税制下房地产企业支付的土地出让金全都不允许差额扣除，营改增后，考虑到税负的问题，对适用一般计税办法的房地产项目给予允许扣除土地出让金的差额征税政策。

二是融资租赁和融资性售后回租。融资租赁仍维持原来的差额征税政策，变化的是售后回租。按照财税〔2013〕106号文规定，售后回租是按照融资租赁征税的，当时不动产还未纳入增值税征税范围,所以之前有形动产的售后回租是按照融资租赁征税,税率是17%,但是36号文件规定售后回租按照贷款业务征税,税率为6%,税目归属和适用税率都有比较大的变化。36号文件规定售后回租要区分新老合同处理:对于新合同,融资性售后回租是按照贷款业务征税的,税率是6%,仍然给予了差额征税的规定,但全部价款和价外费用的口径跟原来按融资租赁征税的时候相比有所不同,老合同按照融资租赁征税时,全部价款、价外费用包含本金,新合同按贷款服务征税时,收取的全部价款、价外费用不含本金,同时允许扣除付出的利息。对于4月30日前签订的有形动产售后回租合同,第一,还是按照融资租赁征税,适用税率17%;第二,差额征税政策给了纳税人一个选择,计算销售额时,可以差额扣除向承租方收取的本金,也可以不扣除本金;第三,实际税负超过3%的部分实行增值税即征即退,针对的也是有形动产的售后回租,不动产的售后回租不适用这一条。

第六部分 纳税义务时间、纳税地点

纳税地点规定基本上都延续了原有政策的机构所在地交税的原则。较为特殊的是自然人提供建筑服务、销售不动产、出租不动产时,只需要在发生应税行为的所在地申报纳税,不需要预缴税款后,回居住地进行纳税申报。

建筑服务和租赁服务的纳税义务发生时间有一些特殊规定,建筑服务和租赁服务如果有预收款,收到预收款的当天,纳税义务已经发生了。以出租房屋为例,在实际生活中,房屋租金基本都是以半年或一年为单位收取,极少有一个月一个月收取的情形,在收到租金的当月就应对收取的全部款项进行纳税申报,这是增值税权责发生制的一个特例。另外,需要注意的是,虽然预收款应在收到的当期一次性申报,但实际上这部分收入是以后若干期的分期收入,因此,若分摊后的收入低于月销售额3万元的标准,可以按规定享受小微企业增值税优惠政策。例如自然人A一次性申报一年房屋收入12万元,A除此之外没有其他增值税应税行为,这12万元收入分摊到每个月仅1万元,可以按规定享受增值税小微企业的免税政策。

(根据2016年4月22日录音整理)

【访谈】国家税务总局相关司局负责人详解营改增热点问题
(2016年4月21日)

按照国务院部署,2016年5月1日起,营业税改征增值税(以下简称营改增)将全面覆盖建筑业、房地产业、金融业和生活服务业。4月21日上午,国家税务总局网站开展了以"全力优化纳税服务,加强国地税征管协作,确保'营改增'平稳落地"为主题的在线访谈。国家税务总局纳税服务司副司长韩国荣、征管和科技发展司副司长杨培峰与广大网友在线交流,解答营改增相关问题。访谈部分内容摘录如下。

关于营改增准备工作

主持人:今年5月1日起营改增就要在全国全面推行了,我们在纳税服务方面都做了哪些工作,可不可以先请韩司长为我们做一个简单介绍?

纳税服务司副司长韩国荣:好的。按照国务院部署,2016年5月1日起,营业税改征增值税——也就是我们常说的"营改增",将全面覆盖建筑业、房地产业、金融业和生活服务业。此次改革涉及的纳税人数量众多，业务量较大，为有效应对营改增给纳税服务工作带来的挑战，确保营改增顺利推进，我们提前谋划、精心安排、狠抓落实，根据对各地纳税服务工作量增加情况和现有纳税服务能力的准确分析和预判，制定科学严谨的服务保障方案，做好"三点一线"工作，即以确保宣传咨询精准到位、确保办税服务井然有序、确保权益保障及时有效三个方面为重点，以深入开展"问需求、优服务、促改革"专项活动为主线，着力提升一线税务干部昂扬斗志，全力优化纳税服务质效，确保改革平稳落地。

主持人：谢谢韩司长。从征管科技司的角度，为做好5月1日营业税改征增值税的有关工作，近期也下发了一系列文件和操作办法，有关信息系统也正在升级改造，那么现在请杨司长帮我们做一下简单介绍？

征管和科技发展司副司长杨培峰：这项工作主要有三方面的内容：一是专门印发了《关于营业税改征增值税委托地税机关代征税款和代开增值税发票的公告》和《关于营业税改征增值税委托地税局代征税款和代开增值税发票的通知》，这是从最大限度方便纳税人，最大限度保障税制顺利转换所做出的特殊征管制度安排。二是根据不动产特别是二手房交易、个人出租不动产营业税改征增值税的征管需要，印发了《国家税务总局办公厅关于下发二手房交易营业税改征增值税委托地税代征业务需求的通知》、《国家税务总局办公厅关于下发其他个人出租不动产营改增委托地方税务局代征业务需求的通知》，提供了系统调整的参考业务需求，确保全面推开营改增平稳实施，最大限度便利纳税人办税。三是对税务系统有关信息系统改造。目前，信息系统开发改造正在有序进行，纳税人的有关申报办税事宜会更简单、快速、便捷。

关于不动产交易

网友18374：税务总局对纳税人销售其取得的不动产和个人出租不动产有哪些具体的征管制度安排？

征管和科技发展司副司长杨培峰：2016年3月31日，税务总局印发了《国家税务总局关于营业税改征增值税委托地税机关代征税款和代开增值税发票的公告》（2016年第19号）和《国家税务总局关于营业税改征增值税委托地税局代征税款和代开增值税发票的通知》（税总函〔2016〕145号）两个文件，对纳税人销售其取得的不动产和其他个人出租不动产的具体征管制度安排作出了统一部署。

网友18443：营改增后，纳税人销售其取得的不动产和其他个人出租不动产应去哪里办理增值税的涉税事项？

征管和科技发展司副司长杨培峰：纳税人销售其取得的不动产和其他个人出租不动产营改增涉及大量自然人纳税人，为确保相关办税业务平稳过渡、无缝衔接，税务总局决定，纳税人销售其取得的不动产和其他个人出租不动产继续由原地税局办税地点代征增值税并代开发票。纳税人不需要去国税局办理业务。

网友1834：营改增后，国税局主要负责办理纳税人销售其取得的不动产和其他个人出租不动产增值税的哪些业务？

征管和科技发展司副司长杨培峰：营改增后，国税局主要负责协调增值税税控系统服务单位做好地税局代开增值税专用发票相关系统的安装及维护工作，以及对同级地税局代开增值税发票操作及相关政策的培训工作。

网友 18690：您好，关于个人出租房屋给公司做办公性用房，可否到税局代开增值税专用发票？

征管和科技发展司副司长杨培峰：其他个人出租不动产，承租方不属于其他个人的，纳税人缴纳增值税后可以向地税局申请代开增值税专用发票。

网友 19174：纳税人出租个人不动产，如何开具发票？

征管和科技发展司副司长杨培峰：根据政策规定，个人出租不动产由国税局委托地税局代征、代开发票，纳税人在缴纳完税款后，即可持完税凭证在相应窗口代开增值税发票。

关于二手房交易

网友 18592：营改增前，出售二手房需要缴纳的税款在地税一次就能办完；营改增后，是否需要两头跑，分别到国税、地税缴纳税款？

纳税服务司副司长韩国荣：不需要。为方便纳税人办税，部分业务的增值税将由国税局委托地税局征收，并代开增值税发票。二手房交易需要缴纳的增值税属于委托代征范围，因此，出售二手房的纳税人，可在地税部门的办税服务厅或房地产交易大厅等办理场所办理完所有涉税事项。

网友 18632：营改增后，个人二手房交易是否要到国税交税和开票？

征管和科技发展司副司长杨培峰：根据《纳税人转让不动产增值税征收管理暂行办法》的公告（国家税务总局公告 2016 年第 14 号）第五条的规定：

（一）个体工商户应向住房所在地主管地税机关预缴税款，向机构所在地主管国税机关申报纳税；

（二）其他个人应向住房所在地主管地税机关申报纳税。

网友 18962：二手房交易计税价格的核定由国税局负责还是由地税局负责？

征管和科技发展司副司长杨培峰：二手房交易计税价格的核定仍由地税局负责办理。

网友 19066：5 月 1 日以后发生的纳税人出售二手房，个人出租房业务马上就可以去办税厅办税么？

征管和科技发展司副司长杨培峰：是的。营改增后纳税人销售其取得的不动产特别是二手房交易、其他个人出租不动产委托地税代征、代开发票政策是征管系统调整的焦点。我们会严格按照时间节点完成征管系统的升级完善，纳税人在营改增开始实施当天发生的出售二手房、个人出租房业务即可办理缴税、开票等业务。

关于发票

网友 18209：地税发票能用到什么时候？可以同时用国税地税发票吗？

征管和科技发展司副司长杨培峰：5 月 1 日起，原地税营业税发票将停止使用，试点纳税人已领取地税机关印制的发票以及印有本单位名称的发票，可继续使用至 2016 年 6 月 30 日。国税局向同级地税局提供六联增值税专用发票和五联增值税普通发票。

网友 18719：营改增后，地税发票没开完还能继续开到 6 月 30 号，那期间开的发票应该申报国税还是地税？

征管和科技发展司副司长杨培峰：6 月 30 日前继续使用地税发票，在国税申报缴纳增值税。

网友 zhanzhan2314：北京一卡通定额发票可以继续使用吗，还是只能使用到 2016 年

6月30日？

征管和科技发展司副司长杨培峰：试点纳税人已领取的地税机关印制的发票以及印有本单位名称的发票，可继续使用至2016年6月30日。

网友18928：地税局代开发票部门为纳税人代开的增值税发票，哪些联次交与纳税人持有？

征管和科技发展司副司长杨培峰：地税局代开发票部门为纳税人代开的增值税发票，统一使用六联增值税专用发票和五联增值税普通发票。第四联由代开发票岗位留存，第五联由征收岗位留存，其他联次交给纳税人。

网友19035：纳税人需要办理三证合一业务，那么对于三证合一之前开出和取得的专票认证是否受影响？怎么处理？

征管和科技发展司副司长杨培峰：2015年12月30日，总局信息中心对增值税发票系统升级版进行FWSK_V7.00.09_ZS补丁升级，完成新旧税号对照的关联关系，修改与征管系统同步纳税人档案、发票验旧、发票认证和一窗式比对以及查询等功能。此外，防伪税控系统保留了基于纳税人旧纳税人识别号的纳税人档案信息，因此三证合一之前纳税人取得的专票认证不受影响，开具给其他纳税人的专票认证不受影响。

网友18101：杨司长您好！一个单位可以是简易也可以是一般吗？个人可以去税局代开增值税发票吗？

征管和科技发展司副司长杨培峰：根据财税〔2016〕36号文件规定：第十七条增值税的计税方法，包括一般计税方法和简易计税方法。第十八条一般纳税人发生应税行为适用一般计税方法计税。一般纳税人发生财政部和国家税务总局规定的特定应税行为，可以选择适用简易计税方法计税，但一经选择，36个月内不得变更。个人可以去税务机关代开增值税普通发票。

网友18101：韩司长您好！营改增后，建筑业外出还要开外管证吗？是在当地开票还是在机构地开票？

纳税服务司副司长韩国荣：营改增后，建筑业纳税人外出经营仍需开具外管证，可以在经营地开具发票。

关于便民办税

网友18128：营改增后，第一次到国税办税大厅要办理什么业务？

纳税服务司副司长韩国荣：营改增纳税人需要办理业务包括设立登记、税种核定、一般纳税人登记、增值税发票管理新系统发行、税银协议维护等。

网友18693：为应对营改增，税务机关有何便利办税的举措？

纳税服务司副司长韩国荣：各地税务机关将全面落实首问责任、限时办结、预约办税、延时服务、24小时自助办税以及导税服务、提醒服务等各项办税服务制度。同时，税务机关积极通过开展同城通办、国地税合作、合理简并申报缴税次数等便利纳税人办税。

网友18724：我的经营地点离主管税务机关较远，能选择就近的办税服务厅办税吗？

纳税服务司副司长韩国荣：各地办税服务厅将大力推进部分涉税事项同城通办，方便纳税人自主选择办税服务厅办理日常涉税事项。同时，还将通过系统自动预警或人工直报方式，建立办税服务厅等候状况实时发布机制。通过官方网站、手机APP、微信、短信等多种渠道，实时向纳税人发布相关信息，便于纳税人合理选择办税时间和办税地点。

网友18755：哪些业务可以同城通办？

纳税服务司副司长韩国荣：国家税务总局下发的《关于加快推行办税事项同城通办的通知》（税总发〔2016〕46号），明确了包括税务登记、税务认定、发票办理、申报纳税、优惠办理、证明办理、宣传咨询在内的7大类53个事项列入同城通办业务范围，各地税务机关将在此基础上加快推进同城通办，具体通办事项请以各地税务机关公开信息为准。

网友18946：我是营改增户，之前没有接触过国税业务，我想提前熟悉下国税业务办理流程，有什么简便方式没有？

纳税服务司副司长韩国荣：为帮助纳税人快速便捷的获取税收业务办理指南，我们推出了"二维码"一次性告知措施，纳税人可以在办税服务厅或登录税务机关官方网站扫描所需了解业务的"二维码"图标，即可获取相应业务的办理指南。我们会根据政策调整情况和实际征管流程的变化适时更新补充"二维码"一次性告知内容，以确保其与实际办税流程一致。

网友18880：我曾经打过12366，有时会占线。营改增期间应该很多人打12366吧？能打得通吗？

纳税服务司副司长韩国荣：为确保营改增纳税人咨询渠道畅通，我们对12366热线系统进行了升级，开通了营改增专线。您拨打12366，在一级菜单按照语音提示选择——营业税改征增值税政策咨询，就可以接入营改增专线咨询相关问题。

关于纳税信用评价

网友18838：我单位是一家建筑公司，原来交营业税在地税局管理，5月1日营改增后交增值税就在国税管理了，这样算下来，2016年我单位在国税局、地税局管理的时间都不到一年，这是否会影响我单位参加2016年度的纳税信用评价？

纳税服务司副司长韩国荣：纳税信用按年度进行评价，纳入纳税信用管理时间不满一个评价年度的企业，不参加本期的评价。营改增企业纳入纳税信用管理的时间，从原地方税务机关税务登记日期开始计算。如您单位原地方税务机关税务登记日期在2016年1月1日（含）之前，且2016年12月31日（含）以前没有注销，就符合可以参加2016年度纳税信用评价的条件。

网友19052：去年4月，我们酒店被地税局评为A级纳税人，在地税局可以按需领用普通发票，感觉十分方便。今年我单位的纳税信用还在地税局评，如果是A级，5月1日营改增后我单位去国税局领用发票是否还能按需领用？

纳税服务司副司长韩国荣：纳税信用评价指标和评价方式在国税局、地税局是统一、一致的，评价结果也互为认可。您单位2015年度的纳税信用评价结果如果是A级，在国税局仍可以享受诸如按需领用普通发票等A级纳税人激励措施。

国家税务总局全面推开营改增试点 12366 知识库问答

(2016 年 4 月 1 日)

1. 某个人在境内提供增值税应税服务，是否需要缴纳增值税？

答：根据《营业税改征增值税试点实施办法》第一条规定，在中华人民共和国境内销售服务、无形资产或者不动产的单位和个人，为增值税纳税人，应当按照本办法缴纳增值税。个人，是指个体工商户和其他个人。因此，个人在境内提供增值税应税服务，是需要缴纳增值税的。

2. 某运输企业以挂靠方式经营，挂靠人以被挂靠人名义对外经营并由被挂靠人承担相关法律责任的，以哪一方是纳税人？

答：根据《营业税改征增值税试点实施办法》第二条规定，单位以承包、承租、挂靠方式经营的，承包人、承租人、挂靠人（以下统称承包人）以发包人、出租人、被挂靠人（以下统称发包人）名义对外经营并由发包人承担相关法律责任的，以该发包人为纳税人；否则，以承包人为纳税人。因此，该运输企业以挂靠方式经营，以被挂靠人名义对外经营并由被挂靠人承担相关法律责任的，以被挂靠人作为增值税纳税人。

3. 增值税纳税人分为哪几类？具体是怎么划分的？

答：根据《营业税改征增值税试点实施办法》第三条规定，纳税人分为一般纳税人和小规模纳税人。应税行为的年应征增值税销售额（以下称应税销售额）超过财政部和国家税务总局规定标准的纳税人为一般纳税人，未超过规定标准的纳税人为小规模纳税人。年应税销售额超过规定标准的其他个人不属于一般纳税人。年应税销售额超过规定标准但不经常发生应税行为的单位和个体工商户可选择按照小规模纳税人纳税。

4. 年应税销售额未超过标准的纳税人，可以成为一般纳税人吗？

答：根据《营业税改征增值税试点实施办法》第四条规定，年应税销售额未超过规定标准的纳税人，会计核算健全，能够提供准确税务资料的，可以向主管税务机关办理一般纳税人资格登记，成为一般纳税人。会计核算健全，是指能够按照国家统一的会计制度规定设置账簿，根据合法、有效凭证核算。

5. 纳税人一经登记为一般纳税人，还能转为小规模纳税人吗？

答：根据《营业税改征增值税试点实施办法》第五条规定，除国家税务总局另有规定外，一经登记为一般纳税人后，不得转为小规模纳税人。

6. 境外单位在境内发生应税行为，是否需要缴税？如何缴？

答：根据《营业税改征增值税试点实施办法》第六条规定，中华人民共和国境外（以下称境外）单位或者个人在境内发生应税行为，在境内未设有经营机构的，以购买方为增值税扣缴义务人。财政部和国家税务总局另有规定的除外。

7. 两个纳税人能否合并纳税？

答：根据《营业税改征增值税试点实施办法》第七条规定，两个或者两个以上的纳税人，经财政部和国家税务总局批准可以视为一个纳税人合并纳税。具体办法由财政部和国家税务总局另行制定。

8. 如何理解目前营改增政策文件中"有偿"的概念？

答：根据《营业税改征增值税试点实施办法》第十一条规定，有偿，是指取得货币、货物或者其他经济利益。

9. 目前的营改增政策中对增值税税率问题是如何规定的？

答：根据《营业税改征增值税试点实施办法》第十五条规定，增值税税率：

（一）纳税人发生应税行为，除本条第（二）项、第（三）项、第（四）项规定外，税率为6%。

（二）提供交通运输、邮政、基础电信、建筑、不动产租赁服务，销售不动产，转让土地使用权，税率为11%。

（三）提供有形动产租赁服务，税率为17%。

（四）境内单位和个人发生的跨境应税行为，税率为零。具体范围由财政部和国家税务总局另行规定。

10. 增值税的计税方法有哪些？

答：根据《营业税改征增值税试点实施办法》第十五条规定，增值税的计税方法，包括一般计税方法和简易计税方法。

11. 增值税进项税额指什么？

答：根据《营业税改征增值税试点实施办法》第二十四规定，进项税额，是指纳税人购进货物、加工修理修配劳务、服务、无形资产或者不动产，支付或者负担的增值税额。

12. 增值税扣税凭证包括哪些？

答：根据《营业税改征增值税试点实施办法》第二十六规定，增值税扣税凭证，是指增值税专用发票、海关进口增值税专用缴款书、农产品收购发票、农产品销售发票和完税凭证。

13. 什么是混合销售？混合销售行为如何缴纳增值税？

答：根据《营业税改征增值税试点实施办法》第四十条规定，一项销售行为如果既涉及服务又涉及货物，为混合销售。从事货物的生产、批发或者零售的单位和个体工商户的混合销售行为，按照销售货物缴纳增值税；其他单位和个体工商户的混合销售行为，按照销售服务缴纳增值税。

本条所称从事货物的生产、批发或者零售的单位和个体工商户，包括以从事货物的生产、批发或者零售为主，并兼营销售服务的单位和个体工商户在内。

14. 营业税改征的增值税由哪个税务机关征收？

答：根据《营业税改征增值税试点实施办法》第五十一条规定，营业税改征的增值税，由国家税务局负责征收。纳税人销售取得的不动产和其他个人出租不动产的增值税，国家税务局暂委托地方税务局代为征收。

15. 小规模纳税人发生应税行为，如何开具增值税专用发票？

答：根据《营业税改征增值税试点实施办法》第五十四条规定，小规模纳税人发生应税行为，购买方索取增值税专用发票的，可以向主管税务机关申请代开。

16. 出租车公司向使用本公司自有出租车的出租车司机收取的管理费用如何缴税？

答：《销售服务、无形资产、不动产注释》中明确，出租车公司向使用本公司自有出租车的出租车司机收取的管理费用，按照陆路运输服务缴纳增值税。

17. 航空运输的湿租业务，是否属于航空运输服务？

答：《销售服务、无形资产、不动产注释》中明确，航空运输的湿租业务，属于航空运输服务。湿租业务，是指航空运输企业将配备有机组人员的飞机承租给他人使用一定期限，承租期内听候承租方调遣，不论是否经营，均按一定标准向承租方收取租赁费，发生的固定费用均由承租方承担的业务。

18. 无运输工具承运业务如何缴税？

答：《销售服务、无形资产、不动产注释》中明确，无运输工具承运业务，按照交通运输服务缴纳增值税。无运输工具承运业务，是指经营者以承运人身份与托运人签订运输服务合同，收取运费并承担承运人责任，然后委托实际承运人完成运输服务的经营活动。

19. 目前纳入营改增的金融服务包括哪些项目？

答：《销售服务、无形资产、不动产注释》中明确，金融服务，是指经营金融保险的业务活动。包括贷款服务、直接收费金融服务、保险服务和金融商品转让。

20. 营改增试点纳税人中的固定业户的增值税纳税地点如何确定？

答：按照《财政部 国家税务总局关于全面推开营业税改征增值税试点的通知》（财税〔2016〕36号）的规定，固定业户应当向其机构所在地或者居住地主管税务机关申报纳税。总机构和分支机构不在同一县（市）的，应当分别向各自所在地的主管税务机关申报纳税；经财政部和国家税务总局或者其授权的财政和税务机关批准，可以由总机构汇总向总机构所在地的主管税务机关申报纳税。

21. 营改增试点纳税人中的非固定业户的增值税纳税地点如何确定？

答：按照《财政部 国家税务总局关于全面推开营业税改征增值税试点的通知》（财税〔2016〕36号）的规定，非固定业户应当向应税行为发生地主管税务机关申报纳税；未申报纳税的，由其机构所在地或者居住地主管税务机关补征税款。

22. 营改增试点纳税人中其他个人提供建筑服务的增值税纳税地点如何确定？

答：按照《财政部 国家税务总局关于全面推开营业税改征增值税试点的通知》（财税〔2016〕36号）的规定，其他个人提供建筑服务，应向建筑服务发生地主管税务机关申报纳税。

23. 营改增试点纳税人转让自然资源使用权的增值税纳税地点如何确定？

答：按照《财政部 国家税务总局关于全面推开营业税改征增值税试点的通知》（财税〔2016〕36号）的规定，纳税人转让自然资源使用权，应向自然资源所在地主管税务机关申报纳税。

24. 营改增试点纳税人销售或者租赁不动产的增值税纳税地点如何确定？

答：按照《财政部 国家税务总局关于全面推开营业税改征增值税试点的通知》（财税〔2016〕36号）的规定，销售或者租赁不动产应向不动产所在地主管税务机关申报纳税。

25. 营改增试点纳税人的纳税期限有哪些？

答：按照《财政部 国家税务总局关于全面推开营业税改征增值税试点的通知》（财税〔2016〕36号）的规定，增值税的纳税期限分别为1日、3日、5日、10日、15日、1个月或者 1 个季度。

26. 哪些营改增试点纳税人可以适用 1 个季度的纳税期限？

答：按照《财政部 国家税务总局关于全面推开营业税改征增值税试点的通知》（财税〔2016〕36 号）的规定，以 1 个季度为纳税期限的规定适用于小规模纳税人、银行、财务公司、信托投资公司、信用社，以及财政部和国家税务总局规定的其他纳税人。

27. 营改增试点纳税人的增值税起征点如何确定？

答：按照《财政部 国家税务总局关于全面推开营业税改征增值税试点的通知》（财税〔2016〕36 号）的规定，按期纳税的，增值税起征点为月销售额 5000～20000 元（含本数）；按次纳税的，增值税起征点为每次（日）销售额 300～500 元（含本数）。起征点的调整由财政部和国家税务总局规定。省、自治区、直辖市财政厅（局）和国家税务局应当在规定的幅度内，根据实际情况确定本地区适用的起征点，并报财政部和国家税务总局备案。

28. 向消费者个人销售服务、无形资产或者不动产能开具增值税专用发票吗？

答：按照《财政部 国家税务总局关于全面推开营业税改征增值税试点的通知》（财税〔2016〕36 号）的规定，向消费者个人销售服务、无形资产或者不动产不得开具增值税专用发票。

29. 营改增试点纳税人中，已登记为一般纳税人的个体工商户能适用增值税起征点的规定吗？

答：按照《财政部 国家税务总局关于全面推开营业税改征增值税试点的通知》（财税〔2016〕36 号）的规定，增值税起征点不适用于登记为一般纳税人的个体工商户。

30. 营改增试点纳税人发生增值税应税行为适用免税、减税的能放弃免税、减税吗？

答：按照《财政部 国家税务总局关于全面推开营业税改征增值税试点的通知》（财税〔2016〕36 号）的规定，纳税人发生应税行为适用免税、减税规定的，可以放弃免税、减税，并按照有关规定缴纳增值税。放弃免税、减税后，36 个月内不得再申请免税、减税。

31. 营改增试点纳税人发生应税行为同时适用免税和零税率的可以进行选择吗？

答：按照《财政部 国家税务总局关于全面推开营业税改征增值税试点的通知》（财税〔2016〕36 号）的规定，纳税人发生应税行为同时适用免税和零税率规定的，纳税人可以选择适用免税或者零税率。

32. 营改增试点范围中的"销售服务"包括哪些？

答：按照《财政部 国家税务总局关于全面推开营业税改征增值税试点的通知》（财税〔2016〕36 号）的规定，销售服务包括提供交通运输服务、邮政服务、电信服务、建筑服务、金融服务、现代服务、生活服务。

33. 营改增试点范围中的"交通运输服务"包括哪些？

答：按照《财政部 国家税务总局关于全面推开营业税改征增值税试点的通知》（财税〔2016〕36 号）的规定，交通运输服务包括陆路运输服务、水路运输服务、航空运输服务、管道运输服务。

34. 出租车公司向使用本公司自有出租车的出租车司机收取的管理费用按照什么税目缴纳增值税？

答：按照《财政部 国家税务总局关于全面推开营业税改征增值税试点的通知》（财税

〔2016〕36号）的规定，出租车公司向使用本公司自有出租车的出租车司机收取的管理费用按照陆路运输服务缴纳增值税。

35. 纳税人的程租或期租业务，是按照水路运输服务还是按照租赁服务缴纳增值税？

答：按照《财政部 国家税务总局关于全面推开营业税改征增值税试点的通知》（财税〔2016〕36号）的规定，纳税人提供程租和期租业务，属于提供水路运输服务并应按规定计算缴纳增值税。其中，程租业务，是指运输企业为租船人完成某一特定航次的运输任务并收取租赁费的业务；期租业务，是指运输企业将配备有操作人员的船舶承租给他人使用一定期限，承租期内听候承租方调遣，不论是否经营，均按天向承租方收取租赁费，发生的固定费用均由船东负担的业务。

36. 纳税人的湿租业务，是按照航空运输服务还是按照租赁服务缴纳增值税？

答：按照《财政部 国家税务总局关于全面推开营业税改征增值税试点的通知》（财税〔2016〕36号）的规定，纳税人的湿租业务，属于提供航空运输服务并应按规定计算缴纳增值税。湿租业务，是指航空运输企业将配备有机组人员的飞机承租给他人使用一定期限，承租期内听候承租方调遣，不论是否经营，均按一定标准向承租方收取租赁费，发生的固定费用均由承租方承担的业务。

37. 纳税人提供航天运输服务按何税目缴纳增值税？

答：按照《财政部 国家税务总局关于全面推开营业税改征增值税试点的通知》（财税〔2016〕36号）的规定，纳税人提供航天运输服务，按照航空运输服务缴纳增值税。航天运输服务，是指利用火箭等载体将卫星、空间探测器等空间飞行器发射到空间轨道的业务活动。

38. 无运输工具承运业务按何税目缴纳增值税？

答：按照《财政部 国家税务总局关于全面推开营业税改征增值税试点的通知》（财税〔2016〕36号）的规定，无运输工具承运业务，按照交通运输服务缴纳增值税。无运输工具承运业务，是指经营者以承运人身份与托运人签订运输服务合同，收取运费并承担承运人责任，然后委托实际承运人完成运输服务的经营活动。

39. 营改增试点范围中的"建筑服务"包括哪些服务？

答：按照《财政部 国家税务总局关于全面推开营业税改征增值税试点的通知》（财税〔2016〕36号）的规定，建筑服务包括工程服务、安装服务、修缮服务、装饰服务和其他建筑服务。

40. 固定电话、有线电视、宽带、水、电、燃气、暖气等经营者向用户收取的安装费、初装费、开户费、扩容费按何税目缴纳增值税？

答：按照《财政部 国家税务总局关于全面推开营业税改征增值税试点的通知》（财税〔2016〕36号）的规定，固定电话、有线电视、宽带、水、电、燃气、暖气等经营者向用户收取的安装费、初装费、开户费、扩容费以及类似收费，按照安装服务缴纳增值税。

41. 营改增试点范围中的"金融服务"包括哪些服务？

答：按照《财政部 国家税务总局关于全面推开营业税改征增值税试点的通知》（财税〔2016〕36号）的规定，金融服务包括贷款服务、直接收费金融服务、保险服务和金融商品转让。

42. 纳税人提供融资性售后回租服务按何税目缴纳增值税？

答：按照《财政部 国家税务总局关于全面推开营业税改征增值税试点的通知》（财税〔2016〕36号）的规定，融资性售后回租服务属于贷款服务，应按照金融服务缴纳增值税。融资性售后回租，是指承租方以融资为目的，将资产出售给从事融资性售后回租业务的企业后，从事融资性售后回租业务的企业将该资产出租给承租方的业务活动。

43. 以货币资金投资收取的固定利润或者保底利润按何税目缴纳增值税？

答：按照《财政部 国家税务总局关于全面推开营业税改征增值税试点的通知》（财税〔2016〕36号）的规定，以货币资金投资收取的固定利润或者保底利润按照贷款服务缴纳增值税。

44. 营改增试点范围中的"现代服务"包括哪些服务？

答：按照《财政部 国家税务总局关于全面推开营业税改征增值税试点的通知》（财税〔2016〕36号）的规定，现代服务包括研发和技术服务、信息技术服务、文化创意服务、物流辅助服务、租赁服务、鉴证咨询服务、广播影视服务、商务辅助服务和其他现代服务。

45. 一般纳税人以清包工方式提供的建筑服务，能否选择适用简易计税方法计税？

答：根据《财政部 国家税务总局关于全面推开营业税改征增值税试点的通知》（财税〔2016〕36号）规定，一般纳税人以清包工方式提供的建筑服务，可以选择适用简易计税方法计税。

以清包工方式提供建筑服务，是指施工方不采购建筑工程所需的材料或只采购辅助材料，并收取人工费、管理费或者其他费用的建筑服务。

46. 一般纳税人为甲供工程提供的建筑服务，能否选择适用简易计税方法计税？

答：根据《财政部 国家税务总局关于全面推开营业税改征增值税试点的通知》（财税〔2016〕36号）规定，一般纳税人为甲供工程提供的建筑服务，可以选择适用简易计税方法计税。

甲供工程，是指全部或部分设备、材料、动力由工程发包方自行采购的建筑工程。

47. 一般纳税人为建筑工程老项目提供的建筑服务，能否选择适用简易计税方法计税？

答：根据《财政部 国家税务总局关于全面推开营业税改征增值税试点的通知》（财税〔2016〕36号）规定，一般纳税人为建筑工程老项目提供的建筑服务，可以选择适用简易计税方法计税。

建筑工程老项目，是指：

（1）《建筑工程施工许可证》注明的合同开工日期在2016年4月30日前的建筑工程项目；

（2）未取得《建筑工程施工许可证》的，建筑工程承包合同注明的开工日期在2016年4月30日前的建筑工程项目。

48. 试点纳税人跨县（市）提供建筑服务应如何缴纳增值税？

答：根据《财政部 国家税务总局关于全面推开营业税改征增值税试点的通知》（财税〔2016〕36号）规定，一般纳税人跨县（市）提供建筑服务，适用一般计税方法计税的，应以取得的全部价款和价外费用为销售额计算应纳税额。纳税人应以取得的全部价款和价外费用扣除支付的分包款后的余额，按照2%的预征率在建筑服务发生地预缴税款后，向机构所在地主管税务机关进行纳税申报。

一般纳税人跨县（市）提供建筑服务，选择适用简易计税方法计税的，应以取得的全部价款和价外费用扣除支付的分包款后的余额为销售额，按照3%的征收率计算应纳税额。纳税人应按照上述计税方法在建筑服务发生地预缴税款后，向机构所在地主管税务机关进行纳税申报。

小规模纳税人跨县（市）提供建筑服务，应以取得的全部价款和价外费用扣除支付的分包款后的余额为销售额，按照3%的征收率计算应纳税额。纳税人应按照上述计税方法在建筑服务发生地预缴税款后，向机构所在地主管税务机关进行纳税申报。

49. 试点纳税人2016年5月1日后取得的不动产，其进项税额应如何抵扣？

答：根据《财政部 国家税务总局关于全面推开营业税改征增值税试点的通知》（财税〔2016〕36号）规定，适用一般计税方法的试点纳税人，2016年5月1日后取得并在会计制度上按固定资产核算的不动产或者2016年5月1日后取得的不动产在建工程，其进项税额应自取得之日起分2年从销项税额中抵扣，第一年抵扣比例为60%，第二年抵扣比例为40%。

取得不动产，包括以直接购买、接受捐赠、接受投资入股、自建以及抵债等各种形式取得不动产，不包括房地产开发企业自行开发的房地产项目。

融资租入的不动产以及在施工现场修建的临时建筑物、构筑物，其进项税额不适用上述分2年抵扣的规定。

50. 一般纳税人销售其2016年4月30日前取得的不动产，能否选择简易计税方法？

答：根据《财政部 国家税务总局关于全面推开营业税改征增值税试点的通知》（财税〔2016〕36号）规定，一般纳税人销售其2016年4月30日前取得（不含自建）的不动产，可以选择适用简易计税方法，以取得的全部价款和价外费用减去该项不动产购置原价或者取得不动产时的作价后的余额为销售额，按照5%的征收率计算应纳税额。纳税人应按照上述计税方法在不动产所在地预缴税款后，向机构所在地主管税务机关进行纳税申报。

51. 一般纳税人销售其2016年4月30日前自建的不动产，能否选择简易计税方法？

答：根据《财政部 国家税务总局关于全面推开营业税改征增值税试点的通知》（财税〔2016〕36号）规定，一般纳税人销售其2016年4月30日前自建的不动产，可以选择适用简易计税方法，以取得的全部价款和价外费用为销售额，按照5%的征收率计算应纳税额。纳税人应按照上述计税方法在不动产所在地预缴税款后，向机构所在地主管税务机关进行纳税申报。

52. 一般纳税人销售其2016年5月1日后取得的不动产，应如何缴纳增值税？

答：根据《财政部 国家税务总局关于全面推开营业税改征增值税试点的通知》（财税〔2016〕36号）规定，一般纳税人销售其2016年5月1日后取得（不含自建）的不动产，应适用一般计税方法，以取得的全部价款和价外费用为销售额计算应纳税额。纳税人应以取得的全部价款和价外费用减去该项不动产购置原价或者取得不动产时的作价后的余额，按照5%的预征率在不动产所在地预缴税款后，向机构所在地主管税务机关进行纳税申报。

53. 一般纳税人销售其2016年5月1日后自建的不动产，应如何缴纳增值税？

答：根据《财政部 国家税务总局关于全面推开营业税改征增值税试点的通知》(财税[2016]36号)规定，一般纳税人销售其2016年5月1日后自建的不动产，应适用一般计税方法，以取得的全部价款和价外费用为销售额计算应纳税额。纳税人应以取得的全部价款和价外费用，按照5%的预征率在不动产所在地预缴税款后，向机构所在地主管税务机关进行纳税申报。

54. 小规模纳税人销售不动产应如何缴纳增值税？

答：根据《财政部 国家税务总局关于全面推开营业税改征增值税试点的通知》(财税[2016]36号)规定，小规模纳税人销售其取得(不含自建)的不动产(不含个体工商户销售购买的住房和其他个人销售不动产)，应以取得的全部价款和价外费用减去该项不动产购置原价或者取得不动产时的作价后的余额为销售额，按照5%的征收率计算应纳税额。纳税人应按照上述计税方法在不动产所在地预缴税款后，向机构所在地主管税务机关进行纳税申报。

小规模纳税人销售其自建的不动产，应以取得的全部价款和价外费用为销售额，按照5%的征收率计算应纳税额。纳税人应按照上述计税方法在不动产所在地预缴税款后，向机构所在地主管税务机关进行纳税申报。

55. 房地产开发企业中的一般纳税人，销售自行开发的房地产老项目，能否选择适用简易计税方法计税？

答：根据《财政部 国家税务总局关于全面推开营业税改征增值税试点的通知》(财税[2016]36号)规定，房地产开发企业中的一般纳税人，销售自行开发的房地产老项目，可以选择适用简易计税方法按照5%的征收率计税。

56. 房地产开发企业中的小规模纳税人，销售自行开发的房地产项目，如何缴纳增值税？

答：根据《财政部 国家税务总局关于全面推开营业税改征增值税试点的通知》(财税[2016]36号)规定，房地产开发企业中的小规模纳税人，销售自行开发的房地产项目，按照5%的征收率计税。

57. 房地产开发企业采取预收款方式销售所开发的房地产项目，如何预缴增值税？

答：根据《财政部 国家税务总局关于全面推开营业税改征增值税试点的通知》(财税[2016]36号)规定，房地产开发企业采取预收款方式销售所开发的房地产项目，在收到预收款时按照3%的预征率预缴增值税。

58. 一般纳税人出租其2016年4月30日前取得的不动产，能否选择适用简易计税方法计税？

答：根据《财政部 国家税务总局关于全面推开营业税改征增值税试点的通知》(财税[2016]36号)规定，一般纳税人出租其2016年4月30日前取得的不动产，可以选择适用简易计税方法，按照5%的征收率计算应纳税额。纳税人出租其2016年4月30日前取得的与机构所在地不在同一县(市)的不动产，应按照上述计税方法在不动产所在地预缴税款后，向机构所在地主管税务机关进行纳税申报。

59. 其他个人销售其取得的不动产(不含其购买的住房)，如何预缴增值税？

答：根据《财政部 国家税务总局关于全面推开营业税改征增值税试点的通知》(财税[2016]36号)规定，其他个人销售其取得(不含自建)的不动产(不含其购买的住房)，应以取得的全部价款和价外费用减去该项不动产购置原价或者取得不动产时的作价后的余额为销售额,按照5%的征收率计算应纳税额。

60. 个人出租住房,应如何计算应纳税额?

答:根据《财政部 国家税务总局关于全面推开营业税改征增值税试点的通知》(财税〔2016〕36号)规定,个人出租住房,应按照5%的征收率减按1.5%计算应纳税额。

61. 营改增试点纳税人能否汇总纳税?

答:根据《财政部 国家税务总局关于全面推开营业税改征增值税试点的通知》(财税〔2016〕36号)规定,属于固定业户的试点纳税人,总分支机构不在同一县(市),但在同一省(自治区、直辖市、计划单列市)范围内的,经省(自治区、直辖市、计划单列市)财政厅(局)和国家税务局批准,可以由总机构汇总向总机构所在地的主管税务机关申报缴纳增值税。

62. 试点纳税人纳入营改增试点之日前发生的应税行为,因税收检查等原因需要补缴税款的,应如何补缴?

答:根据《财政部 国家税务总局关于全面推开营业税改征增值税试点的通知》(财税〔2016〕36号)规定,试点纳税人纳入营改增试点之日前发生的应税行为,因税收检查等原因需要补缴税款的,应按照营业税政策规定补缴营业税。

63. 试点纳税人发生应税行为,在纳入营改增试点之日前已缴纳营业税,营改增试点后因发生退款减除营业额的,应当如何申请退还?

答:根据《财政部 国家税务总局关于全面推开营业税改征增值税试点的通知》(财税〔2016〕36号)规定,试点纳税人发生应税行为,在纳入营改增试点之日前已缴纳营业税,营改增试点后因发生退款减除营业额的,应当向原主管地税机关申请退还已缴纳的营业税。

64. 试点纳税人销售电信服务时附带赠送用户识别卡,应如何缴纳增值税?

答:根据《财政部 国家税务总局关于全面推开营业税改征增值税试点的通知》(财税〔2016〕36号)规定,试点纳税人销售电信服务时,附带赠送用户识别卡、电信终端等货物或者电信服务的,应将其取得的全部价款和价外费用进行分别核算,按各自适用的税率计算缴纳增值税。

65. 油气田企业发生应税行为是否适用《试点实施办法》规定的增值税税率?

答:根据《财政部 国家税务总局关于全面推开营业税改征增值税试点的通知》(财税〔2016〕36号)规定,油气田企业发生应税行为,适用《试点实施办法》规定的增值税税率,不再适用《财政部 国家税务总局关于印发<油气田企业增值税管理办法>的通知》(财税〔2009〕8号)规定的增值税税率。

66. 不得抵扣的固定资产发生用途改变用于允许抵扣进项税额的应税项目,如何抵扣进项税额?

答:根据《财政部 国家税务总局关于全面推开营业税改征增值税试点的通知》(财税〔2016〕36号)规定,按照《试点实施办法》第二十七条第(一)项规定不得抵扣且未抵扣进项税额的固定资产、无形资产、不动产,发生用途改变,用于允许抵扣进项税额的应税项目,可在用途改变的次月按照下列公式计算可以抵扣的进项税额:

可以抵扣的进项税额=固定资产、无形资产、不动产净值/(1+适用税率)×适用税率上述可以抵扣的进项税额应取得合法、有效的增值税扣税凭证。

67. 纳税人接受贷款服务向贷款方支付的咨询费能否抵扣进项税额？

答：根据《财政部 国家税务总局关于全面推开营业税改征增值税试点的通知》（财税〔2016〕36号）规定，纳税人接受贷款服务向贷款方支付的与该笔贷款直接相关的投融资顾问费、手续费、咨询费等费用，其进项税额不得从销项税额中抵扣。

68. 原增值税一般纳税人2016年5月1日后取得的不动产能否抵扣？

答：根据《财政部 国家税务总局关于全面推开营业税改征增值税试点的通知》（财税〔2016〕36号）规定，2016年5月1日后取得并在会计制度上按固定资产核算的不动产或者2016年5月1日后取得的不动产在建工程，其进项税额应自取得之日起分2年从销项税额中抵扣，第一年抵扣比例为60%，第二年抵扣比例为40%。

融资租入的不动产以及在施工现场修建的临时建筑物、构筑物，其进项税额不适用上述分2年抵扣的规定。

69. 原增值税一般纳税人兼有销售服务、无形资产或者不动产的，截止到纳入营改增试点之日前的增值税期末留抵税额，能否抵扣？

答：根据《财政部 国家税务总局关于全面推开营业税改征增值税试点的通知》（财税〔2016〕36号）规定，原增值税一般纳税人兼有销售服务、无形资产或者不动产的，截止到纳入营改增试点之日前的增值税期末留抵税额，不得从销售服务、无形资产或者不动产的销项税额中抵扣。

70. 物流辅助服务包括什么内容？

答：根据《财政部 国家税务总局关于全面推开营业税改征增值税试点的通知》（财税〔2016〕36号）规定，物流辅助服务，包括航空服务、港口码头服务、货运客运场站服务、打捞救助服务、装卸搬运服务、仓储服务和收派服务。

71. 贷款服务的销售额是什么？

答：根据《财政部 国家税务总局关于全面推开营业税改征增值税试点的通知》（财税〔2016〕36号）规定，贷款服务，以提供贷款服务取得的全部利息及利息性质的收入为销售额。

72. 出租建筑物、构筑物等不动产或者飞机、车辆等有形动产的广告位应按什么征税？

答：根据《财政部 国家税务总局关于全面推开营业税改征增值税试点的通知》（财税〔2016〕36号）规定，将建筑物、构筑物等不动产或者飞机、车辆等有形动产的广告位出租给其他单位或者个人用于发布广告，按照经营租赁服务缴纳增值税。

73. 车辆停放服务、道路通行服务、水路运输的光租业务、航空运输的干租业务分别按照什么服务征税？

答：根据《财政部 国家税务总局关于全面推开营业税改征增值税试点的通知》（财税〔2016〕36号）规定，车辆停放服务、道路通行服务（包括过路费、过桥费、过闸费等）等按照不动产经营租赁服务缴纳增值税。

水路运输的光租业务、航空运输的干租业务，属于经营租赁。

74. 翻译服务和市场调查服务应按照什么征收增值税？

答：根据《财政部 国家税务总局关于全面推开营业税改征增值税试点的通知》（财税

〔2016〕36号）规定，翻译服务和市场调查服务按照咨询服务缴纳增值税。

75. 商务辅助服务包括什么？

答：根据《财政部 国家税务总局关于全面推开营业税改征增值税试点的通知》（财税〔2016〕36号）规定，商务辅助服务，包括企业管理服务、经纪代理服务、人力资源服务、安全保护服务。

76. 什么是生活服务？包括什么内容？

答：根据《财政部 国家税务总局关于全面推开营业税改征增值税试点的通知》（财税〔2016〕36号）规定，生活服务，是指为满足城乡居民日常生活需求提供的各类服务活动。包括文化体育服务、教育医疗服务、旅游娱乐服务、餐饮住宿服务、居民日常服务和其他生活服务。

77. 无形资产是什么？具体包括什么？

答：根据《财政部 国家税务总局关于全面推开营业税改征增值税试点的通知》（财税〔2016〕36号）规定，销售无形资产，是指转让无形资产所有权或者使用权的业务活动。无形资产，是指不具实物形态，但能带来经济利益的资产，包括技术、商标、著作权、商誉、自然资源使用权和其他权益性无形资产。

技术，包括专利技术和非专利技术。

自然资源使用权，包括土地使用权、海域使用权、探矿权、采矿权、取水权和其他自然资源使用权。

其他权益性无形资产，包括基础设施资产经营权、公共事业特许权、配额、经营权（包括特许经营权、连锁经营权、其他经营权）、经销权、分销权、代理权、会员权、席位权、网络游戏虚拟道具、域名、名称权、肖像权、冠名权、转会费等。

78. 什么是不动产？

答：根据《财政部 国家税务总局关于全面推开营业税改征增值税试点的通知》（财税〔2016〕36号）规定，不动产，是指不能移动或者移动后会引起性质、形状改变的财产，包括建筑物、构筑物等。

建筑物，包括住宅、商业营业用房、办公楼等可供居住、工作或者进行其他活动的建造物。

构筑物，包括道路、桥梁、隧道、水坝等建造物。

79. 不征收增值税项目包括什么？

答：根据《财政部 国家税务总局关于全面推开营业税改征增值税试点的通知》（财税〔2016〕36号）规定，下列项目不征收增值税：

（1）根据国家指令无偿提供的铁路运输服务、航空运输服务，属于用于公益事业的服务。

（2）存款利息。

（3）被保险人获得的保险赔付。

（4）房地产主管部门或者其指定机构、公积金管理中心、开发企业以及物业管理单位代收的住宅专项维修资金。

（5）在资产重组过程中，通过合并、分立、出售、置换等方式，将全部或者部分实物资产以及与其相关联的债权、负债和劳动力一并转让给其他单位和个人，其中涉及的不动产、土地使用权转让行为。

80. 可以免征增值税的托儿所、幼儿园提供的保育和教育服务收入包括什么？

答：根据《财政部 国家税务总局关于全面推开营业税改征增值税试点的通知》（财税〔2016〕36号）规定，公办托儿所、幼儿园免征增值税的收入是指，在省级财政部门和价格主管部门审核报省级人民政府批准的收费标准以内收取的教育费、保育费。

民办托儿所、幼儿园免征增值税的收入是指，在报经当地有关部门备案并公示的收费标准范围内收取的教育费、保育费。

超过规定收费标准的收费，以开办实验班、特色班和兴趣班等为由另外收取的费用以及与幼儿入园挂钩的赞助费、支教费等超过规定范围的收入，不属于免征增值税的收入。

81. 直接收费金融服务的销售额是什么？

答：根据《财政部 国家税务总局关于全面推开营业税改征增值税试点的通知》（财税〔2016〕36号）规定，直接收费金融服务，以提供直接收费金融服务收取的手续费、佣金、酬金、管理费、服务费、经手费、开户费、过户费、结算费、转托管费等各类费用为销售额。

82. 金融商品转让的销售额是什么？

答：根据《财政部 国家税务总局关于全面推开营业税改征增值税试点的通知》（财税〔2016〕36号）规定，金融商品转让，按照卖出价扣除买入价后的余额为销售额。

转让金融商品出现的正负差，按盈亏相抵后的余额为销售额。若相抵后出现负差，可结转下一纳税期与下期转让金融商品销售额相抵，但年末时仍出现负差的，不得转入下一个会计年度。

金融商品的买入价，可以选择按照加权平均法或者移动加权平均法进行核算，选择后36个月内不得变更。

83. 金融商品转让，可以开具增值税专用发票么？

答：根据《财政部 国家税务总局关于全面推开营业税改征增值税试点的通知》（财税〔2016〕36号）规定，金融商品转让，不得开具增值税专用发票。

84. 经济代理服务的销售额是什么？

答：根据《财政部 国家税务总局关于全面推开营业税改征增值税试点的通知》（财税〔2016〕36号）规定，经纪代理服务，以取得的全部价款和价外费用，扣除向委托方收取并代为支付的政府性基金或者行政事业性收费后的余额为销售额。向委托方收取的政府性基金或者行政事业性收费，不得开具增值税专用发票。

85. 2016年5月1日以后开展的融资租赁业务的销售额是什么？

答：根据《财政部 国家税务总局关于全面推开营业税改征增值税试点的通知》（财税〔2016〕36号）规定，

（1）经人民银行、银监会或者商务部批准从事融资租赁业务的试点纳税人，提供融资租赁服务，以取得的全部价款和价外费用，扣除支付的借款利息（包括外汇借款和人民币借款利息）、发行债券利息和车辆购置税后的余额为销售额。

（2）经人民银行、银监会或者商务部批准从事融资租赁业务的试点纳税人，提供融资性售后回租服务，以取得的全部价款和价外费用（不含本金），扣除对外支付的借款利息（包括外汇借款和人民币借款利息）、发行债券利息后的余额作为销售额。

经商务部授权的省级商务主管部门和国家经济技术开发区批准的从事融资租赁业务的试点纳税人，2016年5月1日后实收资本达到1.7亿元的，从达到标准的当月起按照上述规定执行；2016年5月1日后实收资本未达到1.7亿元但注册资本达到1.7亿元的，在2016年7月31日前仍可按照上述规定执行，2016年8月1日后开展的融资租赁业务和融资性售后回租业务不得按照上述规定执行。

86. 2016年4月30日前签订的有形动产融资性售后回租合同应按照什么征税？

答：根据《财政部 国家税务总局关于全面推开营业税改征增值税试点的通知》（财税〔2016〕36号）规定，试点纳税人根据2016年4月30日前签订的有形动产融资性售后回租合同，在合同到期前提供的有形动产融资性售后回租服务，可继续按照有形动产融资租赁服务缴纳增值税。

87. 提供客运场站服务的一般纳税人的销售额是什么？

答：根据《财政部 国家税务总局关于全面推开营业税改征增值税试点的通知》（财税〔2016〕36号）规定，试点纳税人中的一般纳税人（以下称一般纳税人）提供客运场站服务，以其取得的全部价款和价外费用，扣除支付给承运方运费后的余额为销售额。

88. 提供旅游服务的试点纳税人的销售额是什么？

答：根据《财政部 国家税务总局关于全面推开营业税改征增值税试点的通知》（财税〔2016〕36号）规定，试点纳税人提供旅游服务，可以选择以取得的全部价款和价外费用，扣除向旅游服务购买方收取并支付给其他单位或者个人的住宿费、餐饮费、交通费、签证费、门票费和支付给其他接团旅游企业的旅游费用后的余额为销售额。

选择上述办法计算销售额的试点纳税人，向旅游服务购买方收取并支付的上述费用，不得开具增值税专用发票，可以开具普通发票。

89. 试点纳税人提供建筑服务适用简易计税方法的销售额是什么？

答：根据《财政部 国家税务总局关于全面推开营业税改征增值税试点的通知》（财税〔2016〕36号）规定，试点纳税人提供建筑服务适用简易计税方法的，以取得的全部价款和价外费用扣除支付的分包款后的余额为销售额。

90. 除了选择简易计税方法的房地产老项目外，一般纳税人的房地产开发企业销售开发的房地产项目，是否可以扣除受让土地的价款？

答：根据《财政部 国家税务总局关于全面推开营业税改征增值税试点的通知》（财税〔2016〕36号）规定，房地产开发企业中的一般纳税人销售其开发的房地产项目（选择简易计税方法的房地产老项目除外），以取得的全部价款和价外费用，扣除受让土地时向政府部门支付的土地价款后的余额为销售额。

房地产老项目，是指《建筑工程施工许可证》注明的合同开工日期在2016年4月30日前的房地产项目。

因此，只能扣除受让土地时向政府部门支付的土地价款。

91. 航空运输企业的销售额，是收取的全部价款和价外费用么？

答：根据《财政部 国家税务总局关于全面推开营业税改征增值税试点的通知》（财税〔2016〕36号）规定，航空运输企业的销售额，不包括代收的机场建设费和代售其他航空运输企业客票而代收转付的价款。

92. 什么是娱乐服务？

答：根据《财政部 国家税务总局关于全面推开营业税改征增值税试点的通知》（财税[2016] 36 号）规定，娱乐服务，是指为娱乐活动同时提供场所和服务的业务。具体包括：歌厅、舞厅、夜总会、酒吧、台球、高尔夫球、保龄球、游艺（包括射击、狩猎、跑马、游戏机、蹦极、卡丁车、热气球、动力伞、射箭、飞镖）。

93. 什么是物流辅助服务？

答：根据《财政部 国家税务总局关于全面推开营业税改征增值税试点的通知》（财税[2016] 36 号）规定，物流辅助服务，包括航空服务、港口码头服务、货运客运场站服务、打捞救助服务、装卸搬运服务、仓储服务和收派服务。

94. 货物运输代理和代理报关属于物流辅助服务么？

答：根据《财政部 国家税务总局关于全面推开营业税改征增值税试点的通知》（财税[2016] 36 号）规定，货物运输代理和代理报关不属于物流辅助服务，应按照经济代理服务征税。

95. 继续按照有形动产融资租赁服务缴纳增值税的试点纳税人，经批准从事融资租赁业务的，如何确认销售额？

答：根据《财政部 国家税务总局关于全面推开营业税改征增值税试点的通知》（财税[2016] 36 号）规定，继续按照有形动产融资租赁服务缴纳增值税的试点纳税人，经人民银行、银监会或者商务部批准从事融资租赁业务的，根据 2016 年 4 月 30 日前签订的有形动产融资性售后回租合同，在合同到期前提供的有形动产融资性售后回租服务，可以选择以下方法之一计算销售额：

（1）以向承租方收取的全部价款和价外费用，扣除向承租方收取的价款本金，以及对外支付的借款利息（包括外汇借款和人民币借款利息）、发行债券利息后的余额为销售额。

纳税人提供有形动产融资性售后回租服务，计算当期销售额时可以扣除的价款本金，为书面合同约定的当期应当收取的本金。无书面合同或者书面合同没有约定的，为当期实际收取的本金。

试点纳税人提供有形动产融资性售后回租服务，向承租方收取的有形动产价款本金，不得开具增值税专用发票，可以开具普通发票。

（2）以向承租方收取的全部价款和价外费用，扣除支付的借款利息（包括外汇借款和人民币借款利息）、发行债券利息后的余额为销售额。

96. 标的物在境外使用的有形动产租赁服务，是否可以适用免征增值税政策？

答：根据《财政部 国家税务总局关于全面推开营业税改征增值税试点的通知》（财税[2016] 36 号）附件 4《跨境应税行为适用增值税零税率和免税政策的规定》第二条规定，境内的单位和个人提供的标的物在境外使用的有形动产租赁服务，免征增值税，但财政部和国家税务总局规定适用增值税零税率的除外。

97. 在境外提供的广播影视节目（作品）的播映服务，是否可以适用免征增值税政策？

答：根据《财政部 国家税务总局关于全面推开营业税改征增值税试点的通知》（财税[2016] 36 号）附件 4《跨境应税行为适用增值税零税率和免税政策的规定》第二条规定，境内的单位和个人在境外提供的广播影视节目（作品）的播映服务免征增值税，但财政部和国家税务总局规定适用增值税零税率的除外。

98. 在境外提供的文化体育服务、教育医疗服务、旅游服务，是否可以适用免征增值税政策？

答：根据《财政部 国家税务总局关于全面推开营业税改征增值税试点的通知》（财税〔2016〕36号）附件4《跨境应税行为适用增值税零税率和免税政策的规定》第二条规定，境内的单位和个人在境外提供的文化体育服务、教育医疗服务、旅游服务，免征增值税，但财政部和国家税务总局规定适用增值税零税率的除外。

99. 境内的单位和个人提供的跨境服务中，与出口货物有关的哪些服务，是否可以适用免征增值税政策？

答：根据《财政部 国家税务总局关于全面推开营业税改征增值税试点的通知》（财税〔2016〕36号）附件4《跨境应税行为适用增值税零税率和免税政策的规定》第二条规定，境内的单位和个人为出口货物提供的邮政服务、收派服务、保险服务，免征增值税，但财政部和国家税务总局规定适用增值税零税率的除外。

100. 境内的单位和个人向境外单位提供的完全在境外消费的哪些服务和无形资产，是否可以适用免征增值税政策？

答：根据《财政部 国家税务总局关于全面推开营业税改征增值税试点的通知》（财税〔2016〕36号）附件4《跨境应税行为适用增值税零税率和免税政策的规定》第二条规定，境内的单位和个人向境外单位提供的完全在境外消费的下列服务和无形资产，适用免征增值税政策，但财政部和国家税务总局规定适用增值税零税率的除外：①电信服务；②知识产权服务；③物流辅助服务（仓储服务、收派服务除外）；④鉴证咨询服务；⑤专业技术服务；⑥商务辅助服务；⑦广告投放地在境外的广告服务；⑧无形资产。

101. 境内的单位和个人以无运输工具承运方式提供的国际运输服务，是否可以适用免征增值税政策？

答：根据《财政部 国家税务总局关于全面推开营业税改征增值税试点的通知》（财税〔2016〕36号）附件4《跨境应税行为适用增值税零税率和免税政策的规定》第二条规定，境内的单位和个人以无运输工具承运方式提供的国际运输服务，适用免征增值税政策，但财政部和国家税务总局规定适用增值税零税率的除外。

102. 可以免征增值税的医疗服务指什么？

答：根据《财政部 国家税务总局关于全面推开营业税改征增值税试点的通知》（财税〔2016〕36号）规定，可以免征增值税的医疗服务是医疗机构提供的医疗服务，是指医疗机构按照不高于地（市）级以上价格主管部门会同同级卫生主管部门及其他相关部门制定的医疗服务指导价格（包括政府指导价和按照规定由供需双方协商确定的价格等）为就医者提供《全国医疗服务价格项目规范》所列的各项服务，以及医疗机构向社会提供卫生防疫、卫生检疫的服务。

103. 提供教育服务免征增值税的收入指什么？

答：根据《财政部 国家税务总局关于全面推开营业税改征增值税试点的通知》（财税〔2016〕36号）规定，提供教育服务免征增值税的收入，是指对列入规定招生计划的在籍学生提供学历教育服务取得的收入，具体包括：经有关部门审核批准并按规定标准收取的学费、住宿费、课本费、作业本费、考试报名费收入，以及学校食堂提供餐饮服务取得的伙食费收入。除此之外的收入，包括学校以各种名义收取的赞助费、择校费等，不属于免征增值税的范围。学校食堂是指依照《学校食堂与学生集体用餐卫生管理规定》(教育部令第 14 号)管理的学校食堂。

104．纪念馆、博物馆、文化馆、文物保护单位管理机构、美术馆、展览馆、书画院、图书馆在自己的场所提供文化体育服务哪些收入可以免征增值税？

答：根据《财政部 国家税务总局关于全面推开营业税改征增值税试点的通知》(财税〔2016〕36 号)规定，纪念馆、博物馆、文化馆、文物保护单位管理机构、美术馆、展览馆、书画院、图书馆在自己的场所提供文化体育服务取得的第一道门票收入免征增值税。

105．寺院、宫观、清真寺和教堂举办文化、宗教活动的门票收入可以免征增值税么？

答：根据《财政部 国家税务总局关于全面推开营业税改征增值税试点的通知》(财税〔2016〕36 号)规定，寺院、宫观、清真寺和教堂举办文化、宗教活动的门票收入可以免征增值税。

106．个人销售自建自用住房需要缴纳增值税么？

答：根据《财政部 国家税务总局关于全面推开营业税改征增值税试点的通知》(财税〔2016〕36 号)规定，个人销售自建自用住房取得的收入免征增值税。

107．公共租赁住房经营管理单位出租公共租赁住房需要缴纳增值税么？

答：根据《财政部 国家税务总局关于全面推开营业税改征增值税试点的通知》(财税〔2016〕36 号)规定，2018 年 12 月 31 日前，公共租赁住房经营管理单位出租公共租赁住房。公共租赁住房，是指纳入省、自治区、直辖市、计划单列市人民政府及新疆生产建设兵团批准的公共租赁住房发展规划和年度计划，并按照《关于加快发展公共租赁住房的指导意见》(建保〔2010〕87 号)和市、县人民政府制定的具体管理办法进行管理的公共租赁住房。

108．哪些金融商品转让收入免征增值税？

答：根据《财政部 国家税务总局关于全面推开营业税改征增值税试点的通知》(财税〔2016〕36 号)规定，

(1) 合格境外投资者(QFII)委托境内公司在我国从事证券买卖业务。

(2) 香港市场投资者(包括单位和个人)通过沪港通买卖上海证券交易所上市 A 股。

(3) 对香港市场投资者(包括单位和个人)通过基金互认买卖内地基金份额。

(4) 证券投资基金(封闭式证券投资基金、开放式证券投资基金)管理人运用基金买卖股票、债券。

(5) 个人从事金融商品转让业务。

109．金融同业往来利息收入免征增值税，具体包括什么？

答：根据《财政部 国家税务总局关于全面推开营业税改征增值税试点的通知》(财税〔2016〕36 号)规定，

(1) 金融机构与人民银行所发生的资金往来业务。包括人民银行对一般金融机构贷款，以及人民银行对商业银行的再贴现等。

(2) 银行联行往来业务。同一银行系统内部不同行、处之间所发生的资金账务往来业务。

(3) 金融机构间的资金往来业务。是指经人民银行批准，进入全国银行间同业拆借市场的金融机构之间通过全国统一的同业拆借网络进行的短期（一年以下含一年）无担保资金融通行为。

（4）金融机构之间开展的转贴现业务。

110. 什么是金融机构？

答：根据《财政部 国家税务总局关于全面推开营业税改征增值税试点的通知》（财税[2016]36号）规定，金融机构是指：

（1）银行：包括人民银行、商业银行、政策性银行。
（2）信用合作社。
（3）证券公司。
（4）金融租赁公司、证券基金管理公司、财务公司、信托投资公司、证券投资基金公司。
（5）保险公司。
（6）其他经人民银行、银监会、证监会、保监会批准成立且经营金融保险业务的机构等。

111. 同时符合什么条件的担保机构从事中小企业信用担保或者再担保业务取得的收入（不含信用评级、咨询、培训等收入）3年内免征增值税？

答：根据《财政部 国家税务总局关于全面推开营业税改征增值税试点的通知》（财税[2016]36号）的规定

（1）已取得监管部门颁发的融资性担保机构经营许可证，依法登记注册为企（事）业法人，实收资本超过2000万元。

（2）平均年担保费率不超过银行同期贷款基准利率的50%。平均年担保费率＝本期担保费收入/（期初担保余额＋本期增加担保金额）×100%。

（3）连续合规经营2年以上，资金主要用于担保业务，具备健全的内部管理制度和为中小企业提供担保的能力，经营业绩突出，对受保项目具有完善的事前评估、事中监控、事后追偿与处置机制。

（4）为中小企业提供的累计担保贷款额占其两年累计担保业务总额的80%以上，单笔800万元以下的累计担保贷款额占其累计担保业务总额的50%以上。

（5）对单个受保企业提供的担保余额不超过担保机构实收资本总额的10%，且平均单笔担保责任金额最多不超过3000万元人民币。

（6）担保责任余额不低于其净资产的3倍，且代偿率不超过2%。

112. 国家商品储备管理单位及其直属企业承担商品储备任务，哪些收入可以免征增值税？

答：根据《财政部 国家税务总局关于全面推开营业税改征增值税试点的通知》（财税[2016]36号）规定，国家商品储备管理单位及其直属企业承担商品储备任务，从中央或者地方财政取得的利息补贴收入和价差补贴收入。

113. 什么是国家商品储备管理单位及其直属企业？

答：根据《财政部 国家税务总局关于全面推开营业税改征增值税试点的通知》（财税[2016]36号）规定，国家商品储备管理单位及其直属企业是指接受中央、省、市、县四级政府有关部门（或者政府指定管理单位）委托，承担粮（含大豆）、食用油、棉、糖、肉、盐（限于中央储备）等6种商品储备任务，并按有关政策收储、销售上述6种储备商品，取得财政储备经费或者补贴的商品储备企业。

114. 担保机构免征增值税政策如何进行备案？

答：根据《财政部 国家税务总局关于全面推开营业税改征增值税试点的通知》（财税〔2016〕36号）规定，符合条件的担保机构应到所在地县（市）主管税务机关和同级中小企业管理部门履行规定的备案手续，自完成备案手续之日起，享受3年免征增值税政策。3年免税期满后，符合条件的担保机构可按规定程序办理备案手续后继续享受该项政策。

具体备案管理办法按照《国家税务总局关于中小企业信用担保机构免征营业税审批事项取消后有关管理问题的公告》（国家税务总局公告2015年第69号）规定执行，税务机关的备案管理部门为县（市）级国家税务局。

115. 国家商品储备管理单位及其直属企业承担商品储备任务，从中央或者地方财政取得的可以免征增值税的利息补贴收入和价差补贴收入指什么？

答：根据《财政部 国家税务总局关于全面推开营业税改征增值税试点的通知》（财税〔2016〕36号）规定，利息补贴收入，是指国家商品储备管理单位及其直属企业因承担上述商品储备任务从金融机构贷款，并从中央或者地方财政取得的用于偿还贷款利息的贴息收入。价差补贴收入包括销售价差补贴收入和轮换价差补贴收入。销售价差补贴收入，是指按照中央或者地方政府指令销售上述储备商品时，由于销售收入小于库存成本而从中央或者地方财政获得的全额价差补贴收入。轮换价差补贴收入，是指根据要求定期组织政策性储备商品轮换而从中央或者地方财政取得的商品新陈品质价差补贴收入。

116. 保险公司哪些保费收入可以享受增值税优惠政策？

答：根据《财政部 国家税务总局关于全面推开营业税改征增值税试点的通知》（财税〔2016〕36号）规定，保险公司开办的一年期以上人身保险产品取得的保费收入。

一年期以上人身保险，是指保险期间为一年期及以上返还本利的人寿保险、养老年金保险，以及保险期间为一年期及以上的健康保险。

117. 什么是养老年金保险？

答：根据《财政部 国家税务总局关于全面推开营业税改征增值税试点的通知》（财税〔2016〕36号）规定，养老年金保险，是指以养老保障为目的，以被保险人生存为给付保险金条件，并按约定的时间间隔分期给付生存保险金的人身保险。养老年金保险应当同时符合下列条件：

（1）保险合同约定给付被保险人生存保险金的年龄不得小于国家规定的退休年龄。

（2）相邻两次给付的时间间隔不得超过一年。

118. 什么是被撤销的金融机构？

答：根据《财政部 国家税务总局关于全面推开营业税改征增值税试点的通知》（财税〔2016〕36号）规定，被撤销金融机构，是指经人民银行、银监会依法决定撤销的金融机构及其分设于各地的分支机构，包括被依法撤销的商业银行、信托投资公司、财务公司、金融租赁公司、城市信用社和农村信用社。

119. 什么是统借统还业务？统借统还业务有增值税优惠政策么？

答：根据《财政部 国家税务总局关于全面推开营业税改征增值税试点的通知》（财税〔2016〕36号）规定，统借统还业务是指：

（1）企业集团或者企业集团中的核心企业向金融机构借款或对外发行债券取得资金后，将所借资金分拨给下属单位（包括独立核算单位和非独立核算单位，下同），并向下属单位收取用于归还金融机构或债券购买方本息的业务。

（2）企业集团向金融机构借款或对外发行债券取得资金后，由集团所属财务公司与企业集团或者集团内下属单位签订统借统还贷款合同并分拨资金，并向企业集团或者集团内下属单位收取本息，再转付企业集团，由企业集团统一归还金融机构或债券购买方的业务。

统借统还业务中，企业集团或企业集团中的核心企业以及集团所属财务公司按不高于支付给金融机构的借款利率水平或者支付的债券票面利率水平，向企业集团或者集团内下属单位收取的利息。

统借方向资金使用单位收取的利息，高于支付给金融机构借款利率水平或者支付的债券票面利率水平的，应全额缴纳增值税。

120. 哪些利息收入可以免征增值税？

答：根据《财政部 国家税务总局关于全面推开营业税改征增值税试点的通知》（财税〔2016〕36号）规定，

（1）2016年12月31日前，金融机构农户小额贷款。

（2）国家助学贷款。

（3）国债、地方政府债。

（4）人民银行对金融机构的贷款。

（5）住房公积金管理中心用住房公积金在指定的委托银行发放的个人住房贷款。

（6）外汇管理部门在从事国家外汇储备经营过程中，委托金融机构发放的外汇贷款。

（7）统借统还业务中，企业集团或企业集团中的核心企业以及集团所属财务公司按不高于支付给金融机构的借款利率水平或者支付的债券票面利率水平，向企业集团或者集团内下属单位收取的利息。

（8）金融同业往来。

121. 哪些政府性基金和行政事业性收费可以免征增值税？

答：根据《财政部 国家税务总局关于全面推开营业税改征增值税试点的通知》（财税〔2016〕36号）规定，行政单位之外的其他单位收取的符合下列条件的政府性基金和行政事业性收费：

（1）由国务院或者财政部批准设立的政府性基金，由国务院或者省级人民政府及其财政、价格主管部门批准设立的行政事业性收费；

（2）收取时开具省级以上（含省级）财政部门监（印）制的财政票据；

（3）所收款项全额上缴财政。

122. 保险公司开办的一年期以上人身保险产品取得的保费收入免征增值税备案需要提交什么资料？

答：根据《财政部 国家税务总局关于全面推开营业税改征增值税试点的通知》（财税〔2016〕36号）规定，保险公司提交的备案资料包括：

（1）保监会对保险产品的备案回执或批复文件（复印件）。

（2）保险产品的保险条款。

(3) 保险产品费率表。

(4) 主管税务机关要求提供的其他相关资料。

123. 家政服务企业的什么收入可以免征增值税？

答：根据《财政部 国家税务总局关于全面推开营业税改征增值税试点的通知》（财税〔2016〕36号）规定，家政服务企业由员工制家政服务员提供家政服务取得的收入可以免征增值税。

124. 什么是员工制家政服务员？

答：根据《财政部 国家税务总局关于全面推开营业税改征增值税试点的通知》（财税〔2016〕36号）规定，员工制家政服务员，是指同时符合下列3个条件的家政服务员：

(1) 依法与家政服务企业签订半年及半年以上的劳动合同或者服务协议，且在该企业实际上岗工作。

(2) 家政服务企业为其按月足额缴纳了企业所在地人民政府根据国家政策规定的基本养老保险、基本医疗保险、工伤保险、失业保险等社会保险。对已享受新型农村养老保险和新型农村合作医疗等社会保险或者下岗职工原单位继续为其缴纳社会保险的家政服务员，如果本人书面提出不再缴纳企业所在地人民政府根据国家政策规定的相应的社会保险，并出具其所在乡镇或者原单位开具的已缴纳相关保险的证明，可视同家政服务企业已为其按月足额缴纳了相应的社会保险。

(3) 家政服务企业通过金融机构向其实际支付不低于企业所在地适用的经省级人民政府批准的最低工资标准的工资。

125. 政府举办的从事学历教育的高等、中等和初等学校（不含下属单位），举办进修班、培训班取得的哪些收入可以免征增值税？

答：根据《财政部 国家税务总局关于全面推开营业税改征增值税试点的通知》（财税〔2016〕36号）规定，政府举办的从事学历教育的高等、中等和初等学校（不含下属单位），举办进修班、培训班取得的全部归该学校所有的收入可以免征增值税。

全部归该学校所有，是指举办进修班、培训班取得的全部收入进入该学校统一账户，并纳入预算全额上缴财政专户管理，同时由该学校对有关票据进行统一管理和开具。

举办进修班、培训班取得的收入进入该学校下属部门自行开设账户的，不予免征增值税。

126. 按照国家有关规定应取得相关资质的国际运输服务项目，而未取得的，能否适用增值税零税率政策？

答：根据《财政部 国家税务总局关于全面推开营业税改征增值税试点的通知》（财税〔2016〕36号）附件4《跨境应税行为适用增值税零税率和免税政策的规定》第三条规定，按照国家有关规定应取得相关资质的国际运输服务项目，纳税人取得相关资质的，适用增值税零税率政策，未取得的，适用增值税免税政策。

127. 境内单位和个人以无运输工具承运方式提供的国际运输服务，实际承运人适用什么增值税政策？无运输工具承运业务的经营者适用什么增值税政策？

答：根据《财政部 国家税务总局关于全面推开营业税改征增值税试点的通知》（财税〔2016〕36号）附件4《跨境应税行为适用增值税零税率和免税政策的规定》第三条规定，境内单位和个人以无运输工具承运方式提供的国际运输服务，由境内实际承运人适用增值税零税率；无运输工具承运业务的经营者适用增值税免税政策。

128. 境内的单位和个人提供适用增值税零税率的服务或者无形资产，如果属于适用简易计税方法的，是否仍可以适用增值税零税率政策？

答：根据《财政部 国家税务总局关于全面推开营业税改征增值税试点的通知》（财税〔2016〕36号）附件4《跨境应税行为适用增值税零税率和免税政策的规定》第四条规定，境内的单位和个人提供适用增值税零税率的服务或者无形资产，如果属于适用简易计税方法的，实行免征增值税办法。

129. 境内的单位和个人销售适用增值税零税率的服务或无形资产的，是否可以放弃适用增值税零税率？

答：根据《财政部 国家税务总局关于全面推开营业税改征增值税试点的通知》（财税〔2016〕36号）附件4《跨境应税行为适用增值税零税率和免税政策的规定》第四条规定，境内的单位和个人销售适用增值税零税率的服务或无形资产的，可以放弃适用增值税零税率，选择免税或按规定缴纳增值税。放弃适用增值税零税率后，36个月内不得再申请适用增值税零税率。

130. 原营业税政策下，涉及家庭财产分割的个人无偿转让不动产、土地使用权业务，免征营业税优惠，营改增后，能否继续享受增值税优惠政策？

答：根据《财政部 国家税务总局关于全面推开营业税改征增值税试点的通知》（财税〔2016〕36号）附件3《营业税改征增值税试点过渡政策的规定》第一条第三十六款规定，涉及家庭财产分割的个人无偿转让不动产、土地使用权，免征增值税。家庭财产分割，包括下列情形：离婚财产分割；无偿赠予配偶、父母、子女、祖父母、外祖父母、孙子女、外孙子女、兄弟姐妹；无偿赠予对其承担直接抚养或者赡养义务的抚养人或者赡养人；房屋产权所有人死亡，法定继承人、遗嘱继承人或者受遗赠人依法取得房屋产权。

131. 原营业税政策下，福利彩票、体育彩票的发行收入享受免征营业税优惠，营改增后，能否继续享受增值税优惠政策？

答：根据《财政部 国家税务总局关于全面推开营业税改征增值税试点的通知》（财税〔2016〕36号）附件3《营业税改征增值税试点过渡政策的规定》第一条第三十二款规定，福利彩票、体育彩票的发行收入免征增值税。

132. 原营业税政策下，军队空余房产租赁收入享受免征营业税优惠，营改增后，能否继续享受增值税优惠政策？

答：根据《财政部 国家税务总局关于全面推开营业税改征增值税试点的通知》（财税〔2016〕36号）附件3《营业税改征增值税试点过渡政策的规定》第一条第三十三款规定，军队空余房产租赁收入免征增值税。

133. 原营业税政策下，为了配合国家住房制度改革，企业、行政事业单位按房改成本价、标准价出售住房取得的收入享受免征营业税优惠，营改增后，能否继续享受增值税优惠政策？

答：根据《财政部 国家税务总局关于全面推开营业税改征增值税试点的通知》（财税〔2016〕36号）附件3《营业税改征增值税试点过渡政策的规定》第一条第三十四款规定，为了配合国家住房制度改革，企业、行政事业单位按房改成本价、标准价出售住房取得的收入免征增值税。

134. 原营业税政策下,土地所有者出让土地使用权和土地使用者将土地使用权归还给土地所有者时,享受免征营业税优惠,营改增后,能否继续享受增值税优惠政策?

答:根据《财政部 国家税务总局关于全面推开营业税改征增值税试点的通知》(财税〔2016〕36号)附件3《营业税改征增值税试点过渡政策的规定》第一条第三十七款规定,土地所有者出让土地使用权和土地使用者将土地使用权归还给土地所有者,免征增值税。

135. 一般纳税人提供管道运输服务,是否仍可以享受增值税即征即退政策?

答:根据《财政部 国家税务总局关于全面推开营业税改征增值税试点的通知》(财税〔2016〕36号)附件3《营业税改征增值税试点过渡政策的规定》第二条第(二)款规定,一般纳税人提供管道运输服务,对其增值税实际税负超过3%的部分实行增值税即征即退政策。

136. 纳税人提供有形动产融资租赁服务和有形动产融资性售后回租服务,有哪些优惠政策?

答:根据《财政部 国家税务总局关于全面推开营业税改征增值税试点的通知》(财税〔2016〕36号)附件3《营业税改征增值税试点过渡政策的规定》第二条第(二)款规定,经人民银行、银监会或者商务部批准从事融资租赁业务的试点纳税人中的一般纳税人,提供有形动产融资租赁服务和有形动产融资性售后回租服务,对其增值税实际税负超过3%的部分实行增值税即征即退政策。商务部授权的省级商务主管部门和国家经济技术开发区批准的从事融资租赁业务和融资性售后回租业务的试点纳税人中的一般纳税人,2016年5月1日后实收资本达到1.7亿元的,从达到标准的当月起按照上述规定执行;2016年5月1日后实收资本未达到1.7亿元但注册资本达到1.7亿元的,在2016年7月31日前仍可按照上述规定执行,2016年8月1日后开展的有形动产融资租赁业务和有形动产融资性售后回租业务不得按照上述规定执行。

137. 营改增后,金融企业发放贷款后的应收未收利息,如何缴纳增值税?

答:根据《财政部 国家税务总局关于全面推开营业税改征增值税试点的通知》(财税〔2016〕36号)附件3《营业税改征增值税试点过渡政策的规定》第四条规定,金融企业发放贷款后,自结息日起90天内发生的应收未收利息按现行规定缴纳增值税,自结息日起90天后发生的应收未收利息暂不缴纳增值税,待实际收到利息时按规定缴纳增值税。

138. 营改增后,个人销售住房的政策是什么?

答:根据《财政部 国家税务总局关于全面推开营业税改征增值税试点的通知》(财税〔2016〕36号)附件3《营业税改征增值税试点过渡政策的规定》第五条规定:个人将购买不足2年的住房对外销售的,按照5%的征收率全额缴纳增值税;个人将购买2年以上(含2年)的住房对外销售的,免征增值税。上述政策适用于北京市、上海市、广州市和深圳市之外的地区。

个人将购买不足2年的住房对外销售的,按照5%的征收率全额缴纳增值税;个人将购买2年以上(含2年)的非普通住房对外销售的,以销售收入减去购买住房价款后的差额按照5%的征收率缴纳增值税;个人将购买2年以上(含2年)的普通住房对外销售的,免征增值税。上述政策仅适用于北京市、上海市、广州市和深圳市。

139. 营改增后，个人销售免税住房办理免税政策的规定有哪些？

答：根据《财政部 国家税务总局关于全面推开营业税改征增值税试点的通知》（财税〔2016〕36号）附件3《营业税改征增值税试点过渡政策的规定》第五条规定，个人销售免税住房，办理免税的具体程序、购买房屋的时间、开具发票、非购买形式取得住房行为及其他相关税收管理规定，按照《国务院办公厅转发建设部等部门关于做好稳定住房价格工作意见的通知》（国办发〔2005〕26号）、《国家税务总局财政部建设部关于加强房地产税收管理的通知》（国税发〔2005〕89号）和《国家税务总局关于房地产税收政策执行中几个具体问题的通知》（国税发〔2005〕172号）的有关规定执行。

140. 全面实施营改增后，境内的单位和个人提供国际运输服务，是否仍适用增值税零税率政策？国际运输服务包括哪些形式？

答：根据《财政部 国家税务总局关于全面推开营业税改征增值税试点的通知》（财税〔2016〕36号）附件4《跨境应税行为适用增值税零税率和免税政策的规定》第一条规定，境内的单位和个人提供国际运输服务，适用增值税零税率政策。国际运输服务是指：①在境内载运旅客或者货物出境；②在境外载运旅客或者货物入境；③在境外载运旅客或者货物。

141. 航天运输服务适用增值税零税率政策还是免税政策？

答：根据《财政部 国家税务总局关于全面推开营业税改征增值税试点的通知》（财税〔2016〕36号）附件4《跨境应税行为适用增值税零税率和免税政策的规定》第一条规定，航天运输服务适用增值税零税率政策。

142. 境内的单位和个人向境外单位提供的完全在境外消费的哪些服务，是否可以适用增值税零税率政策？

答：根据《财政部 国家税务总局关于全面推开营业税改征增值税试点的通知》（财税〔2016〕36号）附件4《跨境应税行为适用增值税零税率和免税政策的规定》第一条规定，完全在境外消费的下列服务，适用增值税零税率政策：①研发服务；②合同能源管理服务；③设计服务；④广播影视节目（作品）的制作和发行服务；⑤软件服务；⑥电路设计及测试服务；⑦信息系统服务；⑧业务流程管理服务；⑨离岸服务外包业务；⑩转让技术。

143. 境内的单位和个人提供的跨境服务中，境内的单位和个人提供的哪些与工程项目有关的服务可以享受免征增值税政策？

答：根据《财政部 国家税务总局关于全面推开营业税改征增值税试点的通知》（财税〔2016〕36号）附件4《跨境应税行为适用增值税零税率和免税政策的规定》第二条规定，下列服务适用免征增值税政策，但财政部和国家税务总局规定适用增值税零税率的除外：①工程项目在境外的建筑服务；②工程项目在境外的工程监理服务；③工程、矿产资源在境外的工程勘察勘探服务。

144. 会议展览地点在境外的会议展览服务，是否可以适用免征增值税政策？

答：根据《财政部 国家税务总局关于全面推开营业税改征增值税试点的通知》（财税〔2016〕36号）附件4《跨境应税行为适用增值税零税率和免税政策的规定》第二条规定，境内的单位和个人提供的会议展览地点在境外的会议展览服务，免征增值税，但财政部和国家税务总局规定适用增值税零税率的除外。

145. 存储地点在境外的仓储服务，是否可以适用免征增值税政策？

答：根据《财政部 国家税务总局关于全面推开营业税改征增值税试点的通知》（财税〔2016〕36号）附件4《跨境应税行为适用增值税零税率和免税政策的规定》第二条规定，境内的单位和个人提供的存储地点在境外的仓储服务，免征增值税，但财政部和国家税务总局规定适用增值税零税率的除外。

146. 原营业税政策下，随军家属可享受营业税优惠，营改增后，能否继续享受增值税优惠政策？

答：根据《财政部 国家税务总局关于全面推开营业税改征增值税试点的通知》（财税〔2016〕36号）附件3《营业税改征增值税试点过渡政策的规定》第一条第三十九款规定，1. 为安置随军家属就业而新开办的企业，自领取税务登记证之日起，其提供的应税服务3年内免征增值税；2. 从事个体经营的随军家属，自办理税务登记事项之日起，其提供的应税服务3年内免征增值税。

147. 原营业税政策下，军队转业干部可享受营业税优惠，营改增后，能否继续享受增值税优惠政策？

答：根据《财政部 国家税务总局关于全面推开营业税改征增值税试点的通知》（财税〔2016〕36号）附件3《营业税改征增值税试点过渡政策的规定》第一条第四十款规定，1. 从事个体经营的军队转业干部，自领取税务登记证之日起，其提供的应税服务3年内免征增值税；2. 为安置自主择业的军队转业干部就业而新开办的企业，凡安置自主择业的军队转业干部占企业总人数60%（含）以上的，自领取税务登记证之日起，其提供的应税服务3年内免征增值税。

148. 直接收费金融服务是否可以适用免征增值税政策？

答：根据《财政部 国家税务总局关于全面推开营业税改征增值税试点的通知》（财税〔2016〕36号）附件4《跨境应税行为适用增值税零税率和免税政策的规定》第二条第（五）款规定，境内的单位和个人为境外单位之间的货币资金融通及其他金融业务提供的直接收费金融服务，且该服务与境内的货物、无形资产和不动产无关的，免征增值税，但财政部和国家税务总局规定适用增值税零税率的除外。

149. 境内的单位或个人提供程租服务，如果租赁的交通工具用于国际运输服务和港澳台运输服务，出租方还是承租方可申请适用增值税零税率政策？

答：根据《财政部 国家税务总局关于全面推开营业税改征增值税试点的通知》（财税〔2016〕36号）附件4《跨境应税行为适用增值税零税率和免税政策的规定》第三条规定，境内的单位或个人提供程租服务，如果租赁的交通工具用于国际运输服务和港澳台运输服务，由出租方按规定申请适用增值税零税率。

150. 境内的单位和个人向境内单位或个人提供期租、湿租服务，如果承租方利用租赁的交通工具向其他单位或个人提供国际运输服务和港澳台运输服务，承租方还是出租方可以适用增值税零税率？

答：根据《财政部 国家税务总局关于全面推开营业税改征增值税试点的通知》（财税〔2016〕36号）附件4《跨境应税行为适用增值税零税率和免税政策的规定》第三条规定：境内的单位和个人向境内单位或个人提供期租、湿租服务，如果承租方利用租赁的交通工具向其他单位或个人提供国际运输服务和港澳台运输服务，由承租方适用增值税零税率。

151. 原增值税一般纳税人兼有销售服务、无形资产或者不动产的，之前形成留抵税额，如何填报《增值税纳税申报表》（一般纳税人适用）？

答：原增值税一般纳税人兼有销售服务、无形资产或者不动产，之前形成留抵税额的，属于上期留抵税额按规定须挂账的纳税人，其挂账留抵税额应填报在《增值税纳税申报表》（一般纳税人适用）第13栏"上期留抵税额""一般项目"列"本年累计"栏次，该栏次反映货物和劳务挂账留抵税额本期期初余额。试点实施之日的税款所属期按试点实施之日前一个税款所属期的申报表第20栏"期末留抵税额""一般货物、劳务和应税服务"列"本月数"填写；以后各期按上期申报表第20栏"期末留抵税额""一般项目"列"本年累计"填写。

152. 混业经营的营改增试点纳税人在登记为增值税一般纳税人时销售额标准应如何确认？

答：试点纳税人兼有销售货物、提供加工修理修配劳务以及销售服务、不动产、无形资产的，货物及劳务销售额与服务、不动产、无形资产销售额应分别计算，分别适用增值税一般纳税人资格登记标准。因此，混业经营的营改增试点纳税人只要有一项（销售货物、提供加工修理修配劳务或销售服务、不动产和无形资产）达到登记标准，就应登记为一般纳税人。

153. 我企业为营改增企业，达到了一般纳税人资格登记的标准，属于应办理一般纳税人资格登记的企业范围，但是未在规定期限内向主管税务机关办理增值税一般纳税人资格登记，会有何种影响？

答：根据《财政部 国家税务总局关于全面推开营业税改征增值税试点的通知》（财税〔2016〕36号）附件1第三十三条规定："有下列情形之一者，应当按照销售额和增值税税率计算应纳税额，不得抵扣进项税额，也不得使用增值税专用发票：……（二）应当办理一般纳税人资格登记而未办理的。"

154. 营改增后的销售服务、无形资产或者不动产，是否应在《增值税纳税申报表》第2栏应税劳务销售额中单独反映？

答：不需要在该栏次单独反映，该栏次填写的加工修理修配的增值税劳务的销售额。营改增的销售服务、无形资产或者不动产在主表中没有单独的栏次体现，只加总体现在《增值税纳税申报表》主表第1栏。

155. 营改增试点纳税人，应如何区分一般纳税人和小规模纳税人？

答：根据《营业税改征增值税试点实施办法》第三条的规定，纳税人分为一般纳税人和小规模纳税人。应税行为的年应征增值税销售额（以下称应税销售额）超过财政部和国家税务总局规定标准的纳税人为一般纳税人，未超过规定标准的纳税人为小规模纳税人。根据《营业税改征增值税试点实施办法》第四条的规定，年应税销售额未超过规定标准的纳税人，会计核算健全，能够提供准确税务资料的，可以向主管税务机关办理一般纳税人资格登记，成为一般纳税人。会计核算健全，是指能够按照国家统一的会计制度规定设置账簿，根据合法、有效凭证核算。

156. 全面推开营业税改征增值税试点后，增值税小规模纳税人是否需要报送《增值税纳税申报表附列资料（四）》（税额抵减情况表)？

答：全面推开营业税改征增值税试点后，增值税小规模纳税人不需报送《增值税纳税申报表附列资料（四）》（税额抵减情况表）。

157．小规模纳税人是否必须填报《增值税减免税申报明细表》？

答：《增值税减免税申报明细表》由享受增值税减免税优惠政策的增值税一般纳税人和小规模纳税人填写。仅享受月销售额不超过3万元（按季纳税9万元）免征增值税政策或未达起征点的增值税小规模纳税人不需填报本表，即小规模纳税人当期增值税纳税申报表主表第12栏"其他免税销售额""本期数"和第16栏"本期应纳税额减征额""本期数"均无数据时，不需填报本表。

158．取消增值税专用发票认证后，一般纳税人如何填写《增值税纳税申报表附列资料（二）》（本期进项税额明细）？

答：适用取消增值税发票认证规定的纳税人，当期申报抵扣的增值税发票数据，填报在《增值税纳税申报表附列资料（二）》（本期进项税额明细）第2栏"其中：本期认证相符且本期申报抵扣"。

中国建筑业协会印发《关于做好建筑业企业内部营改增准备工作的指导意见》的通知

各省、自治区、直辖市建筑业协会（联合会、施工行业协会）、建设（建筑）会计学会，有关行业建设协会，中国建筑业协会、中国建设会计学会所属分支机构及会员，各建筑企业：

建筑业营改增实施在即，为推动营改增工作顺利、平稳、健康开展，我们组织研究起草了《关于做好建筑业企业内部营改增准备工作的指导意见》，现印发给你们。

希望广大建筑企业从实际情况出发，参照本指导意见，切实做好内部准备工作。各级建筑业协会和建设会计学会，应积极组织举办研讨会、学习班和专题讲座，总结、交流先进经验，帮助建筑业企业解决实际问题，推动建筑企业内部营改增准备工作取得实效。

中国建筑业协会
中国建设会计学会
2016年1月5日

关于做好建筑业企业内部营改增准备工作的指导意见

营改增是一项重大税制改革，对企业的经营和管理将产生深远影响。为推动建筑业营改增试点顺利、平稳、健康实施，特对建筑业企业内部的营改增准备工作，提出如下指导意见。

一、建筑业企业内部的营改增准备工作十分必要

自财政部和国家税务总局《营业税改征增值税试点方案》（财税［2011］110号）颁发以来，我们通过调查研究，从完善财税政策和改革工程造价计价规则等方面，提出了稳妥推进建筑业营改增试点的政策建议，得到了有关领导和相关部门的重视。但是，仅有上述政策层面的准备工作是不够的，建筑企业还必须积极主动做好自身的准备工作，即要有计划、有组织地学习有关法规政策，积极开展企业内部的调查摸底和模拟运转，找出不适应增值税管理与核算的问题，有针对性地调整内部体制和机制，完善内部管理和控制。与此同时，保持与税务等管理部门的经常沟通和协调。做好上述各项准备工作，既有利于建筑业营改增试点顺利实施，也有利于推动企业提升经营管理水平，促进企业实现转型升级。

二、要把学习法规政策贯穿于准备工作的始终

建筑企业要有计划地组织内部税务、财会、经营、合同、材料等业务管理人员，认真学习《中华人民共和国税收征收管理法》和《中华人民共和国增值税暂行条例》等法律法规；着重学习营改增试点以来诸如《财政部 国家税务总局关于将铁路运输和邮政业纳入营业税改征增值税试点的通知》（财税［2013］106号）、《国家税务总局关于在全国开展营业税改征增值税试点有关征收管理问题的公告》（国家税务总局公告2013年第39号）、《国家税务总局关于全面推行增值税发票系统升级版有关问题的公告》（国家税务总局2015年第19号）等一系列有关文件。通过学习，确保企业内部的准备工作始终在相关法规政策指导下进行。

三、要组织开展模拟运转，以保证把准备工作做得准确、全面和系统

营改增模拟运转，是指建筑业企业在目前仍然实施营业税管理和核算的情况下，参照对已经实施营改增行业企业增值税的征收管理规定，进行全过程的增值税模拟管理和账外核算。根据实际情况，模拟运转，可以是一个企业，也可以是企业中的一个或几个基层单位、一个或几个工程项目。模拟运转，要严格依据实施增值税管理的实际情况，对工程投标报价、合同协议管理、货物劳务采购、发票管理传送、会计稽核核算、实施报税清缴等管理环节进行全面审查，准确、具体、全面地找出不适应增值税征收管理的各种实际问题，以便系统地、有针对性地做好内部各项准备工作。

四、应对方案既要全面，又要突出重点，注重做实

目前，建筑业营改增实施办法及相关政策规定还没有出台，加之企业之间现有内部管理水平差别较大，在这种情况下，面对诸多准备工作，既要全面制定应对方案，又要从实际情况出发，突出重点，注重做实。例如：

——关于增值税管理的基础条件问题。企业要否增设内部税务管理机构，如何选配内部纳税业务管理人员，购置哪些有关设备和相关税务管理软件。要纳入企业整体工作计划提前予以考虑和安排。

——关于完善"项目法施工管理"问题。为适应增值税征收管理要求，企业对包括"项目法施工管理"在内的诸多内部管理体制和运行机制是否需要调整完善，怎么调整完善。要反复研究，做出方案，择时付诸实施。

——关于投标报价问题。在有关部门尚未明确改变建设工程造价计价规则的情况下，根据增值税是价外税的属性，企业怎样对新承接工程进行投标报价。要统一思想，形成本企业自己新的投标报价策略方案。

——关于合同协议问题。在签订新的合同协议中，如何体现营改增给甲乙双方相互关系带来的新变化，怎样反映增值税征收管理的新要求。要形成企业统一策略，制定出通用合同条款的参照样本。

——关于某些长期性政策规定的具体解释和具体落实问题。根据建筑企业的产品、生

产、管理、经营特点，怎样具体认定纳税人、纳税义务发生时间、纳税期、纳税地点，怎样具体进行进项税发票的认证和增值税的会计核算等等。要形成基本意见，制定具体做法，并积极主动与当地主管税务部门沟通、协商、确认，等等。

五、要在模拟运转中有选择的验证某些政策建议的有效性

过去，建筑业在进行政策层面的准备工作中，各企业曾经提出过不少政策建议。在模拟运转中，要有选择的对某些政策建议的有效性作进一步验证，并拟定具体操作办法。比如：

——"老工程老办法"。这项措施对企业在过渡期的税负有何影响，影响程度多大。要在模拟运转中具体测算、分析。

另外，对具体操作中如何区分和认定新、老工程，如何确保能把新、老工程的进项税和所用材料设备等区分清楚。要在管理和核算上拟定具体办法，并主动与税务部门沟通、协商。

——"甲方供料"。针对现实条件下无法避免的甲方供料问题，采取什么具体办法从销项税税基中予以扣除。要拟定具体操作办法，并与税务部门协商。

——"商品混凝土税率调整"。若商品混凝土简易计税办法调整为一般计税办法，整体上对企业有什么影响，企业税负可否减轻，减轻幅度如何。要依据模拟运转的实际情况分析研究，并拟定出本企业应对策略。

——"建筑劳务税率"。如果对建筑劳务企业实行简易纳税政策，对建筑企业税负有没有影响，影响程度如何，对建筑企业劳务管理体制和运行机制是否有影响。要在模拟运转中据实进行测算、分析，并拟定本企业使用建筑劳务策略方案，等等。

六、企业自身要加强领导

建筑业企业内部的准备工作是一项系统工程。企业领导要亲自动手，以税务、财会管理人员为骨干，成立有预算、合同、物资、设备、项目管理等各方管理人员参加的准备工作领导小组或办公室，与内部其他改革发展工作紧密结合，重点对营改增准备工作做出统一计划并具体组织实施。

1.2 专 项 类

1.2.1 有关发票管理

国家税务总局
关于纳税人销售其取得的不动产办理产权过户
手续使用的增值税发票联次问题的通知

（税总函〔2016〕190号）

各省、自治区、直辖市和计划单列市国家税务局、地方税务局：

近接部分地区反映，需要明确营改增后纳税人销售其取得的不动产，办理产权过户手

续使用的增值税发票联次问题。经研究,现将有关问题通知如下:

纳税人销售其取得的不动产,自行开具或者税务机关代开增值税发票时,使用六联增值税专用发票或者五联增值税普通发票。纳税人办理产权过户手续需要使用发票的,可以使用增值税专用发票第六联或者增值税普通发票第三联。

国家税务总局
2016年5月2日

国家税务总局关于
营业税改征增值税委托地税机关代征税款和
代开增值税发票的公告

(国家税务总局公告2016年第19号)

根据《中华人民共和国税收征收管理法》、《财政部 国家税务总局关于全面推开营业税改征增值税试点的通知》(财税〔2016〕36号)和《国家税务总局关于加强国家税务局、地方税务局互相委托代征税收的通知》(税总发〔2015〕155号)等有关规定,税务总局决定,营业税改征增值税后由地税机关继续受理纳税人销售其取得的不动产和其他个人出租不动产的申报缴税和代开增值税发票业务,以方便纳税人办税。

本公告自2016年5月1日起施行。

特此公告。

国家税务总局
2016年3月31日

国家税务总局关于
营业税改征增值税委托地税局代征税款和
代开增值税发票的通知

(税总函〔2016〕145号)

各省、自治区、直辖市和计划单列市国家税务局、地方税务局:

为平稳推进营改增后国税、地税有关工作的顺利衔接,方便纳税人办税,根据《中华人民共和国税收征收管理法》、《财政部 国家税务总局关于全面推开营业税改征增值税试点的通知》（财税〔2016〕36号）和《国家税务总局关于加强国家税务局、地方税务局互相委托代征税收的通知》（税总发〔2015〕155号）等有关规定，现就营改增后纳税人销售其取得的不动产和其他个人出租不动产有关代征税款和代开增值税发票工作通知如下：

一、分工安排

国税局是增值税的主管税务机关。营改增后，为方便纳税人，暂定由地税局办理纳税人销售其取得的不动产和其他个人出租不动产增值税的纳税申报受理、计税价格评估、税款征收、税收优惠备案、发票代开等有关事项。地税局办理征缴、退库业务，使用地税局税收票证，并负责收入对账、会计核算、汇总上报工作。本代征业务国税局和地税局不需签订委托代征协议。

纳税人销售其取得的不动产和其他个人出租不动产，申请代开发票的，由代征税款的地税局代开增值税专用发票或者增值税普通发票（以下简称增值税发票）。对于具备增值税发票安全保管条件、可连通网络、地税局可有效监控代征税款及代开发票情况的政府部门等单位，县（区）以上地税局经评估后认为风险可控的，可以同意其代征税款并代开增值税发票。

2016年4月25日前，国税局负责完成同级地税局代开增值税发票操作及相关政策培训工作。

二、代开发票流程

在国税局代开增值税发票流程基础上，地税局按照纳税人销售其取得的不动产和其他个人出租不动产增值税征收管理办法有关规定，为纳税人代开增值税发票。原地税营业税发票停止使用。

（一）代开发票部门登记

比照国税局现有代开增值税发票模式，在国税综合征管软件或金税三期系统中登记维护地税局代开发票部门信息。地税局代开发票部门编码为15位，第11位为"D"，其他编码规则按照《国家税务总局关于增值税防伪税控代开专用发票系统设备及软件配备的通知》（国税发〔2004〕139号）规定编制。

（二）税控专用设备发行

地税局代开发票部门登记信息同步至增值税发票管理新系统，比照现有代开增值税发票税控专用设备发行流程，国税局为同级地税局代开发票部门发行税控专用设备并加载税务数字证书。

（三）发票提供

国税局向同级地税局提供六联增值税专用发票和五联增值税普通发票。

（四）发票开具

增值税小规模纳税人销售其取得的不动产以及其他个人出租不动产，购买方或承租方不属于其他个人的，纳税人缴纳增值税后可以向地税局申请代开增值税专用发票。不能自开增值税普通发票的小规模纳税人销售其取得的不动产，以及其他个人出租不动产，可以向地税局申请代开增值税普通发票。地税局代开发票部门通过增值税发票管理新系统代开增值税发票，系统自动在发票上打印"代开"字样。

地税局代开发票部门为纳税人代开的增值税发票，统一使用六联增值税专用发票和五联增值税普通发票。第四联由代开发票岗位留存，以备发票扫描补录；第五联交征收岗位留存，用于代开发票与征收税款的定期核对；其他联次交纳税人。

代开发票岗位应按下列要求填写增值税发票：

1."税率"栏填写增值税征收率。免税、其他个人出租其取得的不动产适用优惠政策减按1.5%征收、差额征税的，"税率"栏自动打印"＊＊＊"；

2."销售方名称"栏填写代开地税局名称；

3."销售方纳税人识别号"栏填写代开发票地税局代码；

4."销售方开户行及账号"栏填写税收完税凭证字轨及号码（免税代开增值税普通发票可不填写）；

5. 备注栏填写销售或出租不动产纳税人的名称、纳税人识别号（或者组织机构代码）、不动产的详细地址；

6. 差额征税代开发票，通过系统中差额征税开票功能，录入含税销售额（或含税评估额）和扣除额，系统自动计算税额和金额，备注栏自动打印"差额征税"字样；

7. 纳税人销售其取得的不动产代开发票，"货物或应税劳务、服务名称"栏填写不动产名称及房屋产权证书号码，"单位"栏填写面积单位；

8. 按照核定计税价格征税的，"金额"栏填写不含税计税价格，备注栏注明"核定计税价格，实际成交含税金额×××元"。

其他项目按照增值税发票填开的有关规定填写。

地税局代开发票部门应在代开增值税发票的备注栏上，加盖地税代开发票专用章。

（五）开票数据传输

地税局代开发票部门通过网络实时或定期将已代开增值税发票信息传输至增值税发票管理新系统。

（六）发票再次领取

地税局代开发票部门需再次领取增值税发票的，发票抄报税后，国税局通过系统验旧缴销，再次提供发票。

三、发票管理

（一）专用发票安全管理

按照国税局现有增值税发票管理有关规定，地税局应加强安全保卫，采取有效措施，保障增值税发票的安全。

（二）日常信息比对

地税局应加强内部管理，每周将代开发票岗代开发票信息与征收岗税款征收信息进行比对，发现问题的要按有关规定及时处理。

（三）事后信息比对

税务总局将根据有关工作安排，提取地税局征收税款信息与代开发票信息进行比对，防范不征税代开增值税专用发票和少征税多开票等风险。

四、信息系统升级改造

2016年4月25日前，金税三期未上线省份应由各省地税局按照税务总局有关规定及时更新升级相关信息系统，调配征管资源、规范受理申报缴税工作。金税三期已上线省份由税务总局（征管科技司）负责统一调试相关信息系统。

五、税控专用设备配备和维护

2016年4月5日前,各省地税局将代开增值税发票需要使用的税控专用设备数量告知省国税局。4月8日前,各省国税局将需要初始化的专用设备数量通过可控FTP报税务总局(货物劳务税司)。4月20日前,各省国税局向地税局提供税控专用设备。国税局负责协调增值税税控系统服务单位,做好地税局代开增值税发票系统的安装及维护工作。

国税局委托地税局代征和代开增值税发票是深化部门合作的重要内容,各地国税局、地税局要切实履行职责,加强协调配合,形成工作合力;要对纳税人做好政策宣传和纳税辅导工作,提供优质服务和便利条件,方便纳税人申报纳税;要认真做好应急预案,切实关注纳税人反映和动态舆情,确保税制转换平稳、顺利。

国家税务总局
2016年3月31日

1.2.2 有关税收征管
1.2.2.1 国家税务总局

关于明确营改增试点若干征管问题的公告

(国家税务总局公告2016年第26号)

为确保全面推开营改增试点顺利实施,现将若干税收征管问题公告如下:

一、餐饮行业增值税一般纳税人购进农业生产者自产农产品,可以使用国税机关监制的农产品收购发票,按照现行规定计算抵扣进项税额。

有条件的地区,应积极在餐饮行业推行农产品进项税额核定扣除办法,按照《财政部 国家税务总局关于在部分行业试行农产品增值税进项税额核定扣除办法的通知》(财税〔2012〕38号)有关规定计算抵扣进项税额。

二、个人转让住房,在2016年4月30日前已签订转让合同,2016年5月1日以后办理产权变更事项的,应缴纳增值税,不缴纳营业税。

三、按照现行规定,适用增值税差额征收政策的增值税小规模纳税人,以差额前的销售额确定是否可以享受3万元(按季纳税9万元)以下免征增值税政策。

四、营改增后,门票、过路(过桥)费发票属于予以保留的票种,自2016年5月1日起,由国税机关监制管理。原地税机关监制的上述两类发票,可以沿用至2016年6月30日。

本公告自2016年5月1日起施行。

特此公告。

国家税务总局
2016年4月26日

关于全面推开营业税改征增值税试点有关税收征收管理事项的公告

(国家税务总局公告2016年第23号)

为保障全面推开营业税改征增值税(以下简称营改增)试点工作顺利实施,现将有关税收征收管理事项公告如下:

一、纳税申报期

(一)2016年5月1日新纳入营改增试点范围的纳税人(以下简称试点纳税人),2016年6月份增值税纳税申报期延长至2016年6月27日。

(二)根据工作实际情况,省、自治区、直辖市和计划单列市国家税务局(以下简称省国税局)可以适当延长2015年度企业所得税汇算清缴时间,但最长不得超过2016年6月30日。

(三)实行按季申报的原营业税纳税人,2016年5月申报期内,向主管地税机关申报税款所属期为4月份的营业税;2016年7月申报期内,向主管国税机关申报税款所属期为5、6月份的增值税。

二、增值税一般纳税人资格登记

(一)试点纳税人应按照本公告规定办理增值税一般纳税人资格登记。

(二)除本公告第二条第(三)项规定的情形外,营改增试点实施前(以下简称试点实施前)销售服务、无形资产或者不动产(以下简称应税行为)的年应税销售额超过500万元的试点纳税人,应向主管国税机关办理增值税一般纳税人资格登记手续。

试点纳税人试点实施前的应税行为年应税销售额按以下公式换算:

应税行为年应税销售额=连续不超过12个月应税行为营业额合计÷(1+3%)

按照现行营业税规定差额征收营业税的试点纳税人,其应税行为营业额按未扣除之前的营业额计算。

试点实施前,试点纳税人偶然发生的转让不动产的营业额,不计入应税行为年应税销售额。

(三)试点实施前已取得增值税一般纳税人资格并兼有应税行为的试点纳税人,不需要重新办理增值税一般纳税人资格登记手续,由主管国税机关制作、送达《税务事项通知书》,告知纳税人。

(四)试点实施前应税行为年应税销售额未超过500万元的试点纳税人,会计核算健全,能够提供准确税务资料的,也可以向主管国税机关办理增值税一般纳税人资格登记。

(五)试点实施前,试点纳税人增值税一般纳税人资格登记可由省国税局按照本公告及相关规定采取预登记措施。

(六)试点实施后,符合条件的试点纳税人应当按照《增值税一般纳税人资格认定管理办法》(国家税务总局令第 22 号)、《国家税务总局关于调整增值税一般纳税人管理有关事项的公告》(国家税务总局公告 2015 年第 18 号)及相关规定，办理增值税一般纳税人资格登记。按照营改增有关规定，应税行为有扣除项目的试点纳税人，其应税行为年应税销售额按未扣除之前的销售额计算。

增值税小规模纳税人偶然发生的转让不动产的销售额，不计入应税行为年应税销售额。

(七) 试点纳税人兼有销售货物、提供加工修理修配劳务和应税行为的，应税货物及劳务销售额与应税行为销售额分别计算，分别适用增值税一般纳税人资格登记标准。

兼有销售货物、提供加工修理修配劳务和应税行为，年应税销售额超过财政部、国家税务总局规定标准且不经常发生销售货物、提供加工修理修配劳务和应税行为的单位和个体工商户可选择按照小规模纳税人纳税。

(八) 试点纳税人在办理增值税一般纳税人资格登记后，发生增值税偷税、骗取出口退税和虚开增值税扣税凭证等行为的，主管国税机关可以对其实行 6 个月的纳税辅导期管理。

三、发票使用

(一) 增值税一般纳税人销售货物、提供加工修理修配劳务和应税行为，使用增值税发票管理新系统（以下简称新系统）开具增值税专用发票、增值税普通发票、机动车销售统一发票、增值税电子普通发票。

(二) 增值税小规模纳税人销售货物、提供加工修理修配劳务月销售额超过 3 万元（按季纳税 9 万元），或者销售服务、无形资产月销售额超过 3 万元（按季纳税 9 万元），使用新系统开具增值税普通发票、机动车销售统一发票、增值税电子普通发票。

(三) 增值税普通发票（卷式）启用前，纳税人可通过新系统使用国税机关发放的现有卷式发票。

(四) 门票、过路（过桥）费发票、定额发票、客运发票和二手车销售统一发票继续使用。

(五) 采取汇总纳税的金融机构，省、自治区所辖地市以下分支机构可以使用地市级机构统一领取的增值税专用发票、增值税普通发票、增值税电子普通发票；直辖市、计划单列市所辖区县及以下分支机构可以使用直辖市、计划单列市机构统一领取的增值税专用发票、增值税普通发票、增值税电子普通发票。

(六) 国税机关、地税机关使用新系统代开增值税专用发票和增值税普通发票。代开增值税专用发票使用六联票，代开增值税普通发票使用五联票。

(七) 自 2016 年 5 月 1 日起，地税机关不再向试点纳税人发放发票。试点纳税人已领取地税机关印制的发票以及印有本单位名称的发票，可继续使用至 2016 年 6 月 30 日，特殊情况经省国税局确定，可适当延长使用期限，最迟不超过 2016 年 8 月 31 日。

纳税人在地税机关已申报营业税未开具发票，2016 年 5 月 1 日以后需要补开发票的，可于 2016 年 12 月 31 日前开具增值税普通发票（税务总局另有规定的除外）。

四、增值税发票开具

(一) 税务总局编写了《商品和服务税收分类与编码（试行）》(以下简称编码，见附件)，并在新系统中增加了编码相关功能。自 2016 年 5 月 1 日起，纳入新系统推行范围的试点纳税人及新办增值税纳税人，应使用新系统选择相应的编码开具增值税发票。北京市、上海市、江苏省和广东省已使用编码的纳税人，应于5月1日前完成开票软件升级。5月1日前已使用新系统的纳税人，应于8月1日前完成开票软件升级。

（二）按照现行政策规定适用差额征税办法缴纳增值税，且不得全额开具增值税发票的（财政部、税务总局另有规定的除外），纳税人自行开具或者税务机关代开增值税发票时，通过新系统中差额征税开票功能，录入含税销售额（或含税评估额）和扣除额，系统自动计算税额和不含税金额，备注栏自动打印"差额征税"字样，发票开具不应与其他应税行为混开。

（三）提供建筑服务，纳税人自行开具或者税务机关代开增值税发票时，应在发票的备注栏注明建筑服务发生地县（市、区）名称及项目名称。

（四）销售不动产，纳税人自行开具或者税务机关代开增值税发票时，应在发票"货物或应税劳务、服务名称"栏填写不动产名称及房屋产权证书号码（无房屋产权证书的可不填写），"单位"栏填写面积单位，备注栏注明不动产的详细地址。

（五）出租不动产，纳税人自行开具或者税务机关代开增值税发票时，应在备注栏注明不动产的详细地址。

（六）个人出租住房适用优惠政策减按1.5%征收，纳税人自行开具或者税务机关代开增值税发票时，通过新系统中征收率减按1.5%征收开票功能，录入含税销售额，系统自动计算税额和不含税金额，发票开具不应与其他应税行为混开。

（七）税务机关代开增值税发票时，"销售方开户行及账号"栏填写税收完税凭证字轨及号码或系统税票号码（免税代开增值税普通发票可不填写）。

（八）国税机关为跨县（市、区）提供不动产经营租赁服务、建筑服务的小规模纳税人（不包括其他个人），代开增值税发票时，在发票备注栏中自动打印"YD"字样。

五、扩大取消增值税发票认证的纳税人范围

（一）纳税信用B级增值税一般纳税人取得销售方使用新系统开具的增值税发票（包括增值税专用发票、货物运输业增值税专用发票、机动车销售统一发票，下同），可以不再进行扫描认证登录本省增值税发票查询平台，查询、选择用于申报抵扣或者出口退税的增值税发票信息，未查询到对应发票信息的，仍可进行扫描认证。

（二）2016年5月1日新纳入营改增试点的增值税一般纳税人，2016年5月至7月期间不需进行增值税发票认证，登录本省增值税发票查询平台，查询、选择用于申报抵扣或者出口退税的增值税发票信息，未查询到对应发票信息的，可进行扫描认证。2016年8月起，按照纳税信用级别分别适用发票认证的有关规定。

六、其他纳税事项

（一）原以地市一级机构汇总缴纳营业税的金融机构，营改增后继续以地市一级机构汇总缴纳增值税。

同一省（自治区、直辖市、计划单列市）范围内的金融机构，经省（自治区、直辖市、计划单列市）国家税务局和财政厅（局）批准，可以由总机构汇总向总机构所在地的主管国税机关申报缴纳增值税。

（二）增值税小规模纳税人应分别核算销售货物，提供加工、修理修配劳务的销售额，和销售服务、无形资产的销售额。增值税小规模纳税人销售货物，提供加工、修理修配劳务月销售额不超过 3 万元（按季纳税 9 万元），销售服务、无形资产月销售额不超过 3 万元（按季纳税 9 万元）的，自 2016 年 5 月 1 日起至 2017 年 12 月 31 日，可分别享受小微企业暂免征收增值税优惠政策。

（三）按季纳税申报的增值税小规模纳税人，实际经营期不足一个季度的，以实际经营月份计算当期可享受小微企业免征增值税政策的销售额度。

按照本公告第一条第（三）项规定，按季纳税的试点增值税小规模纳税人，2016 年 7 月纳税申报时，申报的 2016 年 5 月、6 月增值税应税销售额中，销售货物、提供加工、修理修配劳务的销售额不超过 6 万元，销售服务、无形资产的销售额不超过 6 万元的，可分别享受小微企业暂免征收增值税优惠政策。

（四）其他个人采取预收款形式出租不动产，取得的预收租金收入，可在预收款对应的租赁期内平均分摊，分摊后的月租金收入不超过 3 万元的，可享受小微企业免征增值税优惠政策。

七、本公告自 2016 年 5 月 1 日起施行，《国家税务总局关于使用新版不动产销售统一发票和新版建筑业统一发票有关问题的通知》（国税发〔2006〕173 号）、《国家税务总局关于营业税改征增值税试点增值税一般纳税人资格认定有关事项的公告》（国家税务总局公告 2013 年第 75 号）、《国家税务总局关于开展商品和服务税收分类与编码试点工作的通知》（税总函〔2016〕56 号）同时废止。

特此公告。

附件：商品和服务税收分类与编码（试行）（电子件）（略）

国家税务总局
2016 年 4 月 19 日

关于《国家税务总局关于全面推开营业税改征增值税试点有关税收征收管理事项的公告》的解读

（2016 年 4 月 19 日）

一、发布本公告的背景是什么？

为认真落实《深化国税、地税征管体制改革方案》有关要求，进一步优化纳税服务，保障全国范围全面推开营业税改征增值税（以下简称营改增）试点工作的顺利实施，税务总局发布公告，对全面推开营业税改征增值税试点有关税收征收管理事项进行明确。

二、纳税申报期有何特别规定？

为确保营改增试点纳税人（以下简称试点纳税人）能够顺利完成首期申报，2016 年 6 月份增值税纳税申报期延长至 2016 年 6 月 27 日。据工作实际情况，省国税局可以适当延长 2015 年度企业所得税汇算清缴时间，但最长不得超过 2016 年 6 月 30 日。

三、增值税一般纳税人资格登记有何规定？

（一）试点实施前后"应税行为年应税销售额"的确定

试点纳税人试点实施前的应税行为年应税销售额按以下公式换算：应税行为年应税销售额＝连续不超过 12 个月应税行为营业额合计÷（1＋3％）。按照现行营业税规定差额征收营业税的试点纳税人，其应税行为营业额按未扣除之前的营业额计算。

试点实施后，按规定在确定应税行为销售额时，按照有关规定允许其从取得的全部价款和价外费用中扣除价款的，其应税行为年应税销售额按未扣除之前的销售额计算。

（二）增值税一般纳税人资格登记程序

1. 试点实施前已取得增值税一般纳税人资格并兼有应税行为的试点纳税人，不需要重新办理增值税一般纳税人登记手续，由主管税务机关制作、送达《税务事项通知书》，告知纳税人。

2. 试点实施前应税行为年应税销售额未超过 500 万元的试点纳税人，会计核算健全，能够提供准确税务资料的，也可以向主管税务机关办理增值税一般纳税人资格登记。

3. 考虑到在试点实施前，各级税务机关需要做大量前期准备工作，需办理增值税一般纳税人登记的试点纳税人也较为集中，为确保全面推开营改增试点工作的顺利实施，"公告"规定由省国税局（包括省、自治区、直辖市和计划单列市国家税务局）结合工作需要，在试点实施前按照本公告及相关规定采取预登记措施。在试点实施之后，增值税一般纳税人资格登记应按照《增值税一般纳税人资格认定管理办法》（国家税务总局令第 22 号）、《国家税务总局关于调整增值税一般纳税人管理有关事项的公告》（国家税务总局公告 2015 年第 18 号）及相关规定执行。

（三）相关政策规定的适用

1. 年应税销售额标准的适用

试点纳税人兼有销售货物、提供加工修理修配劳务以及应税行为的，应税货物及劳务销售额与应税行为销售额应分别计算，分别适用增值税一般纳税人资格登记标准。

2. 纳税人选择按照小规模纳税人纳税的政策适用

增值税暂行条例及其实施细则和营业税改征增值税试点实施办法中，分别对销售货物及提供加工修理修配劳务的纳税人和提供应税行为的试点纳税人，选择按照小规模纳税人纳税的适用条件进行了规定，但都未明确兼有销售货物、提供加工修理修配劳务以及应税行为的纳税人如何适用相关政策，公告对此进行了补充，即：兼有销售货物、提供加工修理修配劳务以及应税行为，年应税销售额超过财政部、国家税务总局规定标准且不经常发生销售货物、提供加工修理修配劳务以及应税行为的单位和个体工商户可选择按照小规模纳税人纳税。

四、发票使用有何规定？

（一）增值税一般纳税人销售货物、提供加工修理修配劳务和应税行为，使用增值税发票管理新系统（以下简称新系统）开具增值税专用发票、增值税普通发票、机动车销售统一发票、增值税电子普通发票。

（二）增值税小规模纳税人销售货物、提供加工修理修配劳务月销售额超过 3 万元（按季纳税 9 万元），或者销售服务、无形资产月销售额超过 3 万元（按季纳税 9 万元），使用新系统开具增值税普通发票、机动车销售统一发票、增值税电子普通发票。

（三）增值税普通发票（卷式）启用前，纳税人可通过新系统使用国税机关发放的现有卷式发票。

（四）门票、过路（过桥）费发票、定额发票、客运发票和二手车销售统一发票继续使用。

（五）采取汇总纳税的金融机构，省、自治区所辖地市以下分支机构可以使用地市级机构统一领取的增值税专用发票、增值税普通发票、增值税电子普通发票；直辖市、计划单列市所辖区县及以下分支机构可以使用直辖市、计划单列市机构统一领取的增值税专用发票、增值税普通发票、增值税电子普通发票。

（六）国税机关、地税机关使用新系统代开增值税专用发票和增值税普通发票。代开增值税专用发票使用六联票，代开增值税普通发票使用五联票。

（七）自2016年5月1日起，地税机关不再向试点纳税人发放发票。试点纳税人已领取地税机关印制的发票以及印有本单位名称的发票，可继续使用至2016年6月30日，特殊情况经省国税局确定，可适当延长使用期限，最迟不超过2016年8月31日。

纳税人在地税机关已申报营业税未开具发票，2016年5月1日以后需要补开发票的，可于2016年12月31日前开具增值税普通发票，税务总局另有规定的除外，如《国家税务总局关于发布〈房地产开发企业销售自行开发的房地产项目增值税征收管理暂行办法〉的公告》（国家税务总局公告2016年第18号）规定：小规模纳税人销售自行开发的房地产项目，其2016年4月30日前收取并已向主管地税机关申报缴纳营业税的预收款，未开具营业税发票的，可以开具增值税普通发票，不得申请代开增值税专用发票。本条规定并无开具增值税普通发票的时间限制。

五、增值税发票开具有何规定？

（一）税务总局编写了《商品和服务税收分类与编码（试行）》（以下简称编码，见附件），并在新系统中增加了编码相关功能。自2016年5月1日起，纳入新系统推行范围的试点纳税人及新办增值税纳税人，应使用新系统选择相应的编码开具增值税发票。北京市、上海市、江苏省和广东省已使用编码的纳税人，应于5月1日前完成开票软件升级。5月1日前已使用新系统的纳税人，应于8月1日前完成开票软件升级。

（二）按照现行政策规定适用差额征税办法缴纳增值税，且不得全额开具增值税发票的（财政部、税务总局另有规定的除外），纳税人自行开具或者税务机关代开增值税发票时，通过新系统中差额征税开票功能，录入含税销售额（或含税评估额）和扣除额，系统自动计算税额和不含税金额，备注栏自动打印"差额征税"字样，发票开具不应与其他应税行为混开。

《财政部 国家税务总局关于全面推开营业税改征增值税试点的通知》（财税〔2016〕36号）附件2《营业税改征增值税试点有关事项的规定》规定：试点纳税人提供有形动产融资性售后回租服务，向承租方收取的有形动产价款本金，不得开具增值税专用发票，可以开具普通发票。试点纳税人提供旅游服务，可以选择以取得的全部价款和价外费用，扣除向旅游服务购买方收取并支付给其他单位或者个人的住宿费、餐饮费、交通费、签证费、门票费和支付给其他接团旅游企业的旅游费用后的余额为销售额。选择上述办法计算销售额的试点纳税人，向旅游服务购买方收取并支付的上述费用，不得开具增值税专用发票，可以开具普通发票。

（三）提供建筑服务，纳税人自行开具或者税务机关代开增值税发票时，应在发票的备注栏注明建筑服务发生地县（市、区）名称及项目名称。

（四）销售不动产，纳税人自行开具或者税务机关代开增值税发票时，应在发票"货物或应税劳务、服务名称"栏填写不动产名称及房屋产权证书号码（无房屋产权证书的可不填写），"单位"栏填写面积单位，备注栏注明不动产的详细地址。

（五）出租不动产，纳税人自行开具或者税务机关代开增值税发票时，应在备注栏注明不动产的详细地址。

（六）个人出租住房适用优惠政策减按1.5％征收，纳税人自行开具或者税务机关代开增值税发票时，通过新系统中征收率减按1.5％征收开票功能，录入含税销售额，系统自动计算税额和不含税金额，发票开具不应与其他应税行为混开。

（七）税务机关代开增值税发票时，"销售方开户行及账号"栏填写税收完税凭证字轨及号码或系统税票号码（免税代开增值税普通发票可不填写）。系统税票号码是指税收征管系统自动赋予的税票号码。

（八）国税机关为跨县（市、区）提供不动产经营租赁服务、建筑服务的小规模纳税人（不包括其他个人），代开增值税发票时，在发票备注栏中自动打印"YD"字样。

六、扩大取消增值税发票认证的纳税人范围是什么？营改增试点纳税人是否需要认证发票？

（一）为认真落实《深化国税、地税征管体制改革方案》有关要求，进一步优化纳税服务，完善税收分类管理，税务总局决定自2016年3月1日起对纳税信用A级增值税一般纳税人取消增值税发票认证（包括增值税专用发票、货物运输业增值税专用发票、机动车销售统一发票，下同）。为保障营改增顺利实施，税务总局决定将取消发票认证的纳税人范围，扩大到纳税信用B级增值税一般纳税人。

（二）2016年5月1日新纳入营改增试点的增值税一般纳税人，2016年5月至7月期间不需增值税发票认证，登录本省增值税发票查询平台，查询、选择用于申报抵扣或者出口退税的增值税发票信息，未查询到对应发票信息的，可进行扫描认证。2016年8月起，按照纳税信用级别分别适用发票认证的有关规定。

七、金融机构纳税事项有何规定？

原以地市一级机构汇总缴纳营业税的金融机构，营改增后继续以地市一级机构汇总缴纳增值税。

同一省（自治区、直辖市、计划单列市）范围内的金融机构，经省（自治区、直辖市、计划单列市）国家税务局和财政厅（局）批准，可以由总机构汇总向总机构所在地的主管国税机关申报缴纳增值税。

八、原兼营增值税、营业税业务享受小微企业优惠政策的纳税人，如何享受小微企业增值税优惠政策？

增值税小规模纳税人应分别核算销售货物，提供加工、修理修配劳务的销售额，和销售服务、无形资产的销售额。增值税小规模纳税人销售货物，提供加工、修理修配劳务月销售额不超过3万元（按季纳税9万元），销售服务、无形资产月销售额不超过3万元（按季纳税9万元）的，自2016年5月1日起至2017年12月31日，可分别享受小微企业暂免征收增值税优惠政策。

关于发布《纳税人转让不动产增值税征收管理暂行办法》的公告

(国家税务总局公告 2016 年第 14 号)

国家税务总局制定了《纳税人转让不动产增值税征收管理暂行办法》，现予以公布，自 2016 年 5 月 1 日起施行。

特此公告。

国家税务总局
2016 年 3 月 31 日

纳税人转让不动产增值税征收管理暂行办法

第一条 根据《财政部 国家税务总局关于全面推开营业税改征增值税试点的通知》(财税〔2016〕36 号)及现行增值税有关规定，制定本办法。

第二条 纳税人转让其取得的不动产，适用本办法。

本办法所称取得的不动产，包括以直接购买、接受捐赠、接受投资入股、自建以及抵债等各种形式取得的不动产。

房地产开发企业销售自行开发的房地产项目不适用本办法。

第三条 一般纳税人转让其取得的不动产，按照以下规定缴纳增值税：

(一) 一般纳税人转让其 2016 年 4 月 30 日前取得（不含自建）的不动产，可以选择适用简易计税方法计税，以取得的全部价款和价外费用扣除不动产购置原价或者取得不动产时的作价后的余额为销售额，按照 5% 的征收率计算应纳税额。纳税人应按照上述计税方法向不动产所在地主管地税机关预缴税款，向机构所在地主管国税机关申报纳税。

(二) 一般纳税人转让其 2016 年 4 月 30 日前自建的不动产，可以选择适用简易计税方法计税，以取得的全部价款和价外费用为销售额，按照 5% 的征收率计算应纳税额。纳税人应按照上述计税方法向不动产所在地主管地税机关预缴税款，向机构所在地主管国税机关申报纳税。

(三) 一般纳税人转让其 2016 年 4 月 30 日前取得（不含自建）的不动产，选择适用一般计税方法计税的，以取得的全部价款和价外费用为销售额计算应纳税额。纳税人应以取得的全部价款和价外费用扣除不动产购置原价或者取得不动产时的作价后的余额，按照 5% 的预征率向不动产所在地主管地税机关预缴税款，向机构所在地主管国税机关申报纳税。

(四) 一般纳税人转让其 2016 年 4 月 30 日前自建的不动产，选择适用一般计税方法计税的，以取得的全部价款和价外费用为销售额计算应纳税额。纳税人应以取得的全部价款和价外费用，按照5%的预征率向不动产所在地主管地税机关预缴税款，向机构所在地主管国税机关申报纳税。

（五）一般纳税人转让其2016年5月1日后取得（不含自建）的不动产，适用一般计税方法，以取得的全部价款和价外费用为销售额计算应纳税额。纳税人应以取得的全部价款和价外费用扣除不动产购置原价或者取得不动产时的作价后的余额，按照5%的预征率向不动产所在地主管地税机关预缴税款，向机构所在地主管国税机关申报纳税。

（六）一般纳税人转让其2016年5月1日后自建的不动产，适用一般计税方法，以取得的全部价款和价外费用为销售额计算应纳税额。纳税人应以取得的全部价款和价外费用，按照5%的预征率向不动产所在地主管地税机关预缴税款，向机构所在地主管国税机关申报纳税。

第四条 小规模纳税人转让其取得的不动产，除个人转让其购买的住房外，按照以下规定缴纳增值税：

（一）小规模纳税人转让其取得（不含自建）的不动产，以取得的全部价款和价外费用扣除不动产购置原价或者取得不动产时的作价后的余额为销售额，按照5%的征收率计算应纳税额。

（二）小规模纳税人转让其自建的不动产，以取得的全部价款和价外费用为销售额，按照5%的征收率计算应纳税额。

除其他个人之外的小规模纳税人，应按照本条规定的计税方法向不动产所在地主管地税机关预缴税款，向机构所在地主管国税机关申报纳税；其他个人按照本条规定的计税方法向不动产所在地主管地税机关申报纳税。

第五条 个人转让其购买的住房，按照以下规定缴纳增值税：

（一）个人转让其购买的住房，按照有关规定全额缴纳增值税的，以取得的全部价款和价外费用为销售额，按照5%的征收率计算应纳税额。

（二）个人转让其购买的住房，按照有关规定差额缴纳增值税的，以取得的全部价款和价外费用扣除购买住房价款后的余额为销售额，按照5%的征收率计算应纳税额。

个体工商户应按照本条规定的计税方法向住房所在地主管地税机关预缴税款，向机构所在地主管国税机关申报纳税；其他个人应按照本条规定的计税方法向住房所在地主管地税机关申报纳税。

第六条 其他个人以外的纳税人转让其取得的不动产，区分以下情形计算应向不动产所在地主管地税机关预缴的税款：

（一）以转让不动产取得的全部价款和价外费用作为预缴税款计算依据的，计算公式为：

应预缴税款＝全部价款和价外费用÷(1＋5%)×5%

（二）以转让不动产取得的全部价款和价外费用扣除不动产购置原价或者取得不动产时的作价后的余额作为预缴税款计算依据的，计算公式为：

应预缴税款＝（全部价款和价外费用－不动产购置原价或者取得不动产时的作价）÷(1＋5%)×5%

第七条 其他个人转让其取得的不动产，按照本办法第六条规定的计算方法计算应纳税额并向不动产所在地主管地税机关申报纳税。

第八条 纳税人按规定从取得的全部价款和价外费用中扣除不动产购置原价或者取得不动产时的作价的，应当取得符合法律、行政法规和国家税务总局规定的合法有效凭证。否则，不得扣除。

上述凭证是指：

（一）税务部门监制的发票。

（二）法院判决书、裁定书、调解书，以及仲裁裁决书、公证债权文书。

（三）国家税务总局规定的其他凭证。

第九条 纳税人转让其取得的不动产，向不动产所在地主管地税机关预缴的增值税税款，可以在当期增值税应纳税额中抵减，抵减不完的，结转下期继续抵减。

纳税人以预缴税款抵减应纳税额，应以完税凭证作为合法有效凭证。

第十条 小规模纳税人转让其取得的不动产，不能自行开具增值税发票的，可向不动产所在地主管地税机关申请代开。

第十一条 纳税人向其他个人转让其取得的不动产，不得开具或申请代开增值税专用发票。

第十二条 纳税人转让不动产，按照本办法规定应向不动产所在地主管地税机关预缴税款而自应当预缴之月起超过 6 个月没有预缴税款的，由机构所在地主管国税机关按照《中华人民共和国税收征收管理法》及相关规定进行处理。

纳税人转让不动产，未按照本办法规定缴纳税款的，由主管税务机关按照《中华人民共和国税收征收管理法》及相关规定进行处理。

关于《国家税务总局关于发布〈纳税人转让不动产增值税征收管理暂行办法〉公告》的解读

（2016 年 4 月 7 日）

一、背景和目的

经国务院批准，自 2016 年 5 月 1 日起，在全国范围内全面推开营业税改征增值税（以下称营改增）试点，金融、建筑、房地产和生活服务业等全部营业税纳税人纳入营改增试点。为便于征纳双方执行，根据《财政部 国家税务总局关于全面推开营业税改征增值税试点的通知》（财税〔2016〕36 号）及现行增值税有关规定，国家税务总局制定出台了《纳税人转让不动产增值税征收管理暂行办法》（以下简称《暂行办法》），对纳税人转让其取得的不动产的税收征管问题进行了明确。

二、适用范围

本办法适用于纳税人转让自己以直接购买、接受捐赠、接受投资入股、自建以及抵债等各种形式取得的不动产，不包括房地产开发企业销售自行开发的房地产项目。

三、主要内容

（一）政策要求：按照不动产的取得时间、纳税人类别、不动产类型，分别对纳税人转让其取得的不动产如何在不动产所在地预缴、如何在机构所在地申报纳税，作了进一步细化和明确。

（二）扣减税款的凭证要求：纳税人按规定以全部价款和价外费用扣除不动产价款后的余额为销售额或计算预缴税款的依据的，其允许扣除的价款应当取得符合法律、行政法规和国家税务总局规定的合法有效凭证。上述凭证包括税务部门监制的发票，法院判决书、裁定书、调解书，以及仲裁裁决书、公证债权文书等。

（三）发票问题：小规模纳税人转让其取得的不动产，不能自行开具增值税发票的，可向不动产所在地主管地税机关申请代开。纳税人向其他个人转让其取得的不动产，不得开具或申请代开增值税专用发票。

（四）其他问题：《暂行办法》还明确了纳税人销售不动产的税款计算、增值税发票开具以及纳税申报等具体税收征管问题。

关于发布《纳税人提供不动产经营租赁服务增值税征收管理暂行办法》的公告

（国家税务总局公告 2016 年第 16 号）

国家税务总局制定了《纳税人提供不动产经营租赁服务增值税征收管理暂行办法》，现予以公布，自 2016 年 5 月 1 日起施行。

特此公告。

国家税务总局
2016 年 3 月 31 日

纳税人提供不动产经营租赁服务增值税征收管理暂行办法

第一条 根据《财政部 国家税务总局关于全面推开营业税改征增值税试点的通知》（财税〔2016〕36 号）及现行增值税有关规定，制定本办法。

第二条 纳税人以经营租赁方式出租其取得的不动产（以下简称出租不动产），适用本办法。

取得的不动产，包括以直接购买、接受捐赠、接受投资入股、自建以及抵债等各种形式取得的不动产。

纳税人提供道路通行服务不适用本办法。

第三条 一般纳税人出租不动产，按照以下规定缴纳增值税：

（一）一般纳税人出租其 2016 年 4 月 30 日前取得的不动产，可以选择适用简易计税方法，按照 5％的征收率计算应纳税额。

不动产所在地与机构所在地不在同一县（市、区）的，纳税人应按照上述计税方法向不动产所在地主管国税机关预缴税款，向机构所在地主管国税机关申报纳税。

不动产所在地与机构所在地在同一县（市、区）的，纳税人向机构所在地主管国税机关申报纳税。

（二）一般纳税人出租其 2016 年 5 月 1 日后取得的不动产，适用一般计税方法计税。

不动产所在地与机构所在地不在同一县（市、区）的，纳税人应按照 3％的预征率向不动产所在地主管国税机关预缴税款，向机构所在地主管国税机关申报纳税。

不动产所在地与机构所在地在同一县（市、区）的，纳税人应向机构所在地主管国税机关申报纳税。

一般纳税人出租其 2016 年 4 月 30 日前取得的不动产适用一般计税方法计税的，按照上述规定执行。

第四条 小规模纳税人出租不动产，按照以下规定缴纳增值税：

（一）单位和个体工商户出租不动产（不含个体工商户出租住房），按照 5％的征收率计算应纳税额。个体工商户出租住房，按照 5％的征收率减按 1.5％计算应纳税额。

不动产所在地与机构所在地不在同一县（市、区）的，纳税人应按照上述计税方法向不动产所在地主管国税机关预缴税款，向机构所在地主管国税机关申报纳税。

不动产所在地与机构所在地在同一县（市、区）的，纳税人应向机构所在地主管国税机关申报纳税。

（二）其他个人出租不动产（不含住房），按照 5％的征收率计算应纳税额，向不动产所在地主管地税机关申报纳税。其他个人出租住房，按照 5％的征收率减按 1.5％计算应纳税额，向不动产所在地主管地税机关申报纳税。

第五条 纳税人出租的不动产所在地与其机构所在地在同一直辖市或计划单列市但不在同一县（市、区）的，由直辖市或计划单列市国家税务局决定是否在不动产所在地预缴税款。

第六条 纳税人出租不动产，按照本办法规定需要预缴税款的，应在取得租金的次月纳税申报期或不动产所在地主管国税机关核定的纳税期限预缴税款。

第七条 预缴税款的计算

（一）纳税人出租不动产适用一般计税方法计税的，按照以下公式计算应预缴税款：

$$应预缴税款 = 含税销售额 \div (1+11\%) \times 3\%$$

（二）纳税人出租不动产适用简易计税方法计税的，除个人出租住房外，按照以下公式计算应预缴税款：

$$应预缴税款 = 含税销售额 \div (1+5\%) \times 5\%$$

（三）个体工商户出租住房，按照以下公式计算应预缴税款：

$$应预缴税款 = 含税销售额 \div (1+5\%) \times 1.5\%$$

第八条 其他个人出租不动产，按照以下公式计算应纳税款：

（一）出租住房：

$$应纳税款＝含税销售额÷(1＋5\%)×1.5\%$$

（二）出租非住房：

$$应纳税款＝含税销售额÷(1＋5\%)×5\%$$

第九条 单位和个体工商户出租不动产，按照本办法规定向不动产所在地主管国税机关预缴税款时，应填写《增值税预缴税款表》。

第十条 单位和个体工商户出租不动产，向不动产所在地主管国税机关预缴的增值税款，可以在当期增值税应纳税额中抵减，抵减不完的，结转下期继续抵减。

纳税人以预缴税款抵减应纳税额，应以完税凭证作为合法有效凭证。

第十一条 小规模纳税人中的单位和个体工商户出租不动产，不能自行开具增值税发票的，可向不动产所在地主管国税机关申请代开增值税发票。

其他个人出租不动产，可向不动产所在地主管地税机关申请代开增值税发票。

第十二条 纳税人向其他个人出租不动产，不得开具或申请代开增值税专用发票。

第十三条 纳税人出租不动产，按照本办法规定应向不动产所在地主管国税机关预缴税款而自应当预缴之月起超过6个月没有预缴税款的，由机构所在地主管国税机关按照《中华人民共和国税收征收管理法》及相关规定进行处理。

纳税人出租不动产，未按照本办法规定缴纳税款的，由主管税务机关按照《中华人民共和国税收征收管理法》及相关规定进行处理。

关于《国家税务总局关于〈纳税人提供不动产经营租赁服务增值税征收管理暂行办法〉的公告》的解读

（2016年4月7日）

一、背景和目的

经国务院批准，自2016年5月1日起，在全国范围内全面推开营业税改征增值税试点，建筑业、房地产业、金融业、生活服务业等全部营业税纳税人，由缴纳营业税改为缴纳增值税。根据《财政部 国家税务总局关于全面推开营业税改征增值税试点的通知》（财税〔2016〕36号）和现行增值税有关规定，国家税务总局发布了《纳税人提供不动产经营租赁服务增值税征收管理暂行办法》，明确纳税人提供不动产经营租赁服务增值税征收管理问题。

二、适用范围

纳税人以经营租赁方式出租其取得的不动产，适用本办法。纳税人提供道路通行服务不适用本办法。

三、主要内容

（一）细化政策要求：按照不动产的取得时间、纳税人类别、不动产地点等，分别对纳税人以经营租赁方式出租不动产如何预缴税款、如何申报纳税，作了进一步细化明确。

（二）明确了纳税人应预缴税款的计算公式：按照纳税人适用的计税方法、不动产类型等，明确了如何计算应预缴税款。

（三）明确已预缴税款抵减及凭证要求：单位和个体工商户出租不动产，在不动产所在地主管国税机关预缴的增值税款，允许在当期增值税应纳税额中抵减，抵减不完的，结转下期继续抵减。纳税人以预缴税款抵减应纳税额，应以完税凭证作为依据。

（四）明确了其他个人出租不动产应纳税额的计算及申报缴纳问题：区分住房和非住房，明确了其他个人出租不动产应纳税款的计算公式，并明确其他个人出租不动产，应向不动产所在地地税机关申报缴纳增值税。

（五）明确了发票问题：小规模纳税人中的单位和个体工商户出租不动产，不能自行开具增值税发票的，可向不动产所在地主管国税机关申请代开增值税发票。其他个人出租不动产，可向不动产所在地主管地税机关申请代开增值税发票。

跨县（市、区）提供建筑服务增值税征收管理暂行办法

（国家税务总局公告 2016 年第 17 号）

国家税务总局制定了《跨县（市、区）提供建筑服务增值税征收管理暂行办法》，现予以公布，自 2016 年 5 月 1 日起施行。

特此公告。

国家税务总局
2016 年 3 月 31 日

纳税人跨县（市、区）提供建筑服务增值税征收管理暂行办法

第一条 根据《财政部 国家税务总局关于全面推开营业税改征增值税试点的通知》（财税〔2016〕36 号）及现行增值税有关规定，制定本办法。

第二条 本办法所称跨县（市、区）提供建筑服务，是指单位和个体工商户（以下简称纳税人）在其机构所在地以外的县（市、区）提供建筑服务。

纳税人在同一直辖市、计划单列市范围内跨县（市、区）提供建筑服务的，由直辖市、计划单列市国家税务局决定是否适用本办法。

其他个人跨县（市、区）提供建筑服务，不适用本办法。

第三条 纳税人跨县（市、区）提供建筑服务，应按照财税〔2016〕36 号文件规定

的纳税义务发生时间和计税方法，向建筑服务发生地主管国税机关预缴税款，向机构所在地主管国税机关申报纳税。

《建筑工程施工许可证》未注明合同开工日期，但建筑工程承包合同注明的开工日期在2016年4月30日前的建筑工程项目，属于财税〔2016〕36号文件规定的可以选择简易计税方法计税的建筑工程老项目。

第四条 纳税人跨县（市、区）提供建筑服务，按照以下规定预缴税款：

（一）一般纳税人跨县（市、区）提供建筑服务，适用一般计税方法计税的，以取得的全部价款和价外费用扣除支付的分包款后的余额，按照2%的预征率计算应预缴税款。

（二）一般纳税人跨县（市、区）提供建筑服务，选择适用简易计税方法计税的，以取得的全部价款和价外费用扣除支付的分包款后的余额，按照3%的征收率计算应预缴税款。

（三）小规模纳税人跨县（市、区）提供建筑服务，以取得的全部价款和价外费用扣除支付的分包款后的余额，按照3%的征收率计算应预缴税款。

第五条 纳税人跨县（市、区）提供建筑服务，按照以下公式计算应预缴税款：

（一）适用一般计税方法计税的，应预缴税款＝（全部价款和价外费用－支付的分包款）÷(1＋11%)×2%。

（二）适用简易计税方法计税的，应预缴税款＝（全部价款和价外费用－支付的分包款）÷(1＋3%)×3%。

纳税人取得的全部价款和价外费用扣除支付的分包款后的余额为负数的，可结转下次预缴税款时继续扣除。

纳税人应按照工程项目分别计算应预缴税款，分别预缴。

第六条 纳税人按照上述规定从取得的全部价款和价外费用中扣除支付的分包款，应当取得符合法律、行政法规和国家税务总局规定的合法有效凭证，否则不得扣除。

上述凭证是指：

（一）从分包方取得的2016年4月30日前开具的建筑业营业税发票。

上述建筑业营业税发票在2016年6月30日前可作为预缴税款的扣除凭证。

（二）从分包方取得的2016年5月1日后开具的，备注栏注明建筑服务发生地所在县（市、区）、项目名称的增值税发票。

（三）国家税务总局规定的其他凭证。

第七条 纳税人跨县（市、区）提供建筑服务，在向建筑服务发生地主管国税机关预缴税款时，需提交以下资料：

（一）《增值税预缴税款表》；

（二）与发包方签订的建筑合同原件及复印件；

（三）与分包方签订的分包合同原件及复印件；

（四）从分包方取得的发票原件及复印件。

第八条 纳税人跨县（市、区）提供建筑服务，向建筑服务发生地主管国税机关预缴的增值税税款，可以在当期增值税应纳税额中抵减，抵减不完的，结转下期继续抵减。

纳税人以预缴税款抵减应纳税额，应以完税凭证作为合法有效凭证。

第九条 小规模纳税人跨县（市、区）提供建筑服务，不能自行开具增值税发票的，可向建筑服务发生地主管国税机关按照其取得的全部价款和价外费用申请代开增值税发票。

第十条　对跨县（市、区）提供的建筑服务，纳税人应自行建立预缴税款台账，区分不同县（市、区）和项目逐笔登记全部收入、支付的分包款、已扣除的分包款、扣除分包款的发票号码、已预缴税款以及预缴税款的完税凭证号码等相关内容，留存备查。

第十一条　纳税人跨县（市、区）提供建筑服务预缴税款时间，按照财税〔2016〕36号文件规定的纳税义务发生时间和纳税期限执行。

第十二条　纳税人跨县（市、区）提供建筑服务，按照本办法应向建筑服务发生地主管国税机关预缴税款而自应当预缴之月起超过6个月没有预缴税款的，由机构所在地主管国税机关按照《中华人民共和国税收征收管理法》及相关规定进行处理。

纳税人跨县（市、区）提供建筑服务，未按照本办法缴纳税款的，由机构所在地主管国税机关按照《中华人民共和国税收征收管理法》及相关规定进行处理。

关于《国家税务总局关于〈纳税人跨县（市、区）提供建筑服务增值税征收管理暂行办法〉的公告》的解读

（2016年4月7日）

一、背景和目的

经国务院批准，自2016年5月1日起，在全国范围内全面推开营业税改征增值税试点，建筑业、房地产业、金融业、生活服务业等全部营业税纳税人，由缴纳营业税改为缴纳增值税。为统一营改增后纳税人跨县（市、区）提供建筑服务的征收管理，根据《财政部 国家税务总局关于全面推开营业税改征增值税试点的通知》（财税〔2016〕36号）及现行增值税有关规定，国家税务总局制定了《纳税人跨县（市、区）提供建筑服务增值税征收管理暂行办法》。

二、适用范围

单位和个体工商户在其机构所在地以外的县（市、区）提供建筑服务，适用本办法。在同一直辖市、计划单列市范围内跨县（市、区）提供建筑服务的，由直辖市、计划单列市国家税务局决定是否适用本办法。

其他个人提供建筑服务在建筑服务发生地申报纳税，不适用本办法。

三、主要内容

（一）纳税人跨县（市、区）提供建筑服务，应按规定向建筑服务发生地主管国税机关预缴税款，向机构所在地主管国税机关申报纳税。

（二）区分增值税一般纳税人跨县（市、区）提供建筑服务，适用一般计税方法和选择适用简易计税方法，以及小规模纳税人跨县（市、区）提供建筑服务三种情况，明确了预缴税款的相关规定。

（三）明确了纳税人跨县（市、区）提供建筑服务，预缴税款的计算公式、扣除支付的分包款的合法有效凭证、预缴税款时应提交的资料、自行建立预缴税款台账等问题。

（四）明确小规模纳税人跨县（市、区）提供建筑服务，不能自行开具增值税发票的，可向建筑服务发生地主管国税机关按照其取得的全部价款和价外费用申请代开增值税发票。

（五）明确纳税人跨县（市、区）提供建筑服务预缴税款时间按照《通知》规定的纳税义务发生时间和纳税期限执行。

关于在全国开展营业税改征增值税试点有关征收管理问题的公告

（2013年第39号）

为了贯彻落实《财政部 国家税务总局关于在全国开展交通运输业和部分现代服务业营业税改征增值税试点税收政策的通知》（财税〔2013〕37号）精神，保障营业税改征增值税（以下简称营改增）改革试点的顺利实施，现将征收管理有关问题公告如下：

一、关于纳税人发票使用问题

（一）自本地区营改增试点实施之日起，增值税纳税人不得开具公路、内河货物运输业统一发票。

增值税一般纳税人（以下简称一般纳税人）提供货物运输服务的，使用货物运输业增值税专用发票（以下简称货运专票）和普通发票；提供货物运输服务之外其他增值税应税项目的，统一使用增值税专用发票（以下简称专用发票）和增值税普通发票。

小规模纳税人提供货物运输服务，服务接受方索取货运专票的，可向主管税务机关申请代开，填写《代开货物运输业增值税专用发票缴纳税款申报单》（附件1）。代开货运专票按照代开专用发票的有关规定执行。

（二）提供港口码头服务、货运客运场站服务、装卸搬运服务、旅客运输服务的一般纳税人，可以选择使用定额普通发票。

（三）从事国际货物运输代理业务的一般纳税人，应使用六联专用发票或五联增值税普通发票，其中第四联用作购付汇联；从事国际货物运输代理业务的小规模纳税人，应使用普通发票，其中第四联用作购付汇联。

（四）纳税人于本地区试点实施之日前提供改征增值税的营业税应税服务并开具营业税发票后，如发生服务中止、折让、开票有误等情形，且不符合发票作废条件的，应于2014年3月31日前向原主管税务机关申请开具营业税红字发票，不得开具红字专用发票和红字货运专票。需重新开具发票的，应于2014年3月31日前向原主管税务机关申请开具营业税发票，不得开具专用发票或货运专票。

二、关于税控系统使用问题

（一）自本地区营改增试点实施之日起，一般纳税人提供货物运输服务、开具货运专票的，使用货物运输业增值税专用发票税控系统（以下简称货运专票税控系统）；提供货物运输服务之外的其他增值税应税服务、开具专用发票和增值税普通发票的，使用增值税防伪税控系统（以下简称防伪税控系统）。

（二）自2013年8月1日起，一般纳税人从事机动车（旧机动车除外）零售业务开具机动车销售统一发票，应使用机动车销售统一发票税控系统（以下简称机动车发票税控系统）。

（三）试点纳税人使用的防伪税控系统专用设备为金税盘和报税盘，纳税人应当使用金税盘开具发票，使用报税盘领购发票、抄报税；货运专票税控系统和机动车发票税控系统专用设备为税控盘和报税盘，纳税人应当使用税控盘开具发票，使用报税盘领购发票、抄报税。

货运专票税控系统及专用设备管理，按照现行防伪税控系统有关规定执行。各省国税机关可对现有相关文书作适当调整。

（四）北京市小规模纳税人自2012年9月1日起使用金税盘或税控盘开具普通发票，使用报税盘领购发票、抄报税的办法继续执行。

三、关于增值税专用发票（增值税税控系统）最高开票限额审批问题

增值税专用发票（增值税税控系统）实行最高开票限额管理。最高开票限额，是指单份专用发票或货运专票开具的销售额合计数不得达到的上限额度。

最高开票限额由一般纳税人申请，区县税务机关依法审批。一般纳税人申请最高开票限额时，需填报《增值税专用发票最高开票限额申请单》（附件2）。主管税务机关受理纳税人申请以后，根据需要进行实地查验。实地查验的范围和方法由各省国税机关确定。

税务机关应根据纳税人实际生产经营和销售情况进行审批，保证纳税人生产经营的正常需要。

四、关于货运专票开具问题

（一）一般纳税人提供应税货物运输服务，使用货运专票；提供其他增值税应税项目、免税项目或非增值税应税项目的，不得使用货运专票。

（二）货运专票中"承运人及纳税人识别号"栏填写提供货物运输服务、开具货运专票的一般纳税人信息；"实际受票方及纳税人识别号"栏填写实际负担运输费用、抵扣进项税额的一般纳税人信息；"费用项目及金额"栏填写应税货物运输服务明细项目及不含增值税的销售额；"合计金额"栏填写应税货物运输服务项目不含增值税的销售额合计；"税率"栏填写增值税税率；"税额"栏填写按照应税货物运输服务项目不含增值税的销售额和适用税率计算得出的增值税额；"价税合计（大写）（小写）"栏填写不含增值税的销售额和增值税额的合计；"机器编号"栏填写货运专票税控系统税控盘编号。

（三）税务机关在代开货运专票时，货运专票税控系统在货运专票左上角自动打印"代开"字样；"税率"栏填写小规模纳税人增值税征收率；"税额"栏填写按照应税货物运输服务项目不含增值税的销售额和小规模纳税人增值税征收率计算得出的增值税额；"备注"栏填写税收完税凭证号码；其他栏次内容与本条第（二）项相同。

（四）提供货物运输服务，开具货运专票后，如发生应税服务中止、折让、开票有误

以及发票抵扣联、发票联均无法认证等情形，且不符合发票作废条件，需要开具红字货运专票的，实际受票方或承运人可向主管税务机关填报《开具红字货物运输业增值税专用发票申请单》（附件3），经主管税务机关核对并出具《开具红字货物运输业增值税专用发票通知单》（附件4，以下简称《通知单》）。实际受票方应暂依《通知单》所列增值税税额从当期进项税额中转出，未抵扣增值税进项税额的可列入当期进项税额，待取得承运人开具的红字货运专票后，与留存的《通知单》一并作为记账凭证。认证结果为"无法认证"、"纳税人识别号认证不符"、"发票代码、号码认证不符"以及所购服务不属于增值税扣税项目范围的，不列入进项税额，不作进项税额转出。承运人可凭《通知单》在货运专票税控系统中以销项负数开具红字货运专票。《通知单》暂不通过系统开具，但其他事项按照现行红字专用发票有关规定执行。

五、关于货运专票管理问题

（一）货运专票暂不纳入失控发票快速反应机制管理。

（二）货运专票的认证结果类型包括"认证相符"、"无法认证"、"认证不符"、"密文有误"和"重复认证"等类型（暂无失控发票类型），稽核结果类型包括"相符"、"不符"、"缺联"、"重号"、"属于作废"和"滞留"等类型。认证、稽核异常货运专票的处理按照专用发票的有关规定执行。

（三）稽核异常的货运专票的核查工作，按照《增值税专用发票审核检查操作规程（试行）》的有关规定执行。

（四）丢失货运专票的处理，按照专用发票的有关规定执行，承运方主管税务机关出具《丢失货物运输业增值税专用发票已报税证明单》（附件5）。

六、本公告自2013年8月1日起实施，《国家税务总局关于修订〈增值税专用发票使用规定〉的通知》（国税发〔2006〕156号）第五条、《国家税务总局关于营业税改征增值税试点有关税收征收管理问题的公告》（国家税务总局公告2011年第77号）、《国家税务总局关于北京等8省市营业税改征增值税试点有关税收征收管理问题的公告》（国家税务总局公告2012年第42号）同时废止。

特此公告。

附件：1. 代开货物运输业增值税专用发票缴纳税款申报单
2. 增值税专用发票最高开票限额申请单
3. 开具红字货物运输业增值税专用发票申请单
4. 开具红字货物运输业增值税专用发票通知单
5. 丢失货物运输业增值税专用发票已报税证明单

国家税务总局
2013年7月10日

附件1

代开货物运输业增值税专用发票缴纳税款申报单

本人（单位）提供的开票资料真实、完整、准确，符合税法相关规定。否则本人（单位）将承担一切法律责任。现申请代开货物运输业增值税专用发票。

申请人（单位）签章：

年　月　日

金额单位：元至角分

承运人	名称			
	纳税人识别号			
实际受票方	名称			
	纳税人识别号			
收货人	名称			
	纳税人识别号			
发货人	名称			
	纳税人识别号			
费用项目名称	费用项目金额（不含税）	征收率		税额
合计金额（不含税）		合计税额		
价税合计				
运输货物信息				
车种车号		车船吨位		
起运地、经由、到达地		备注		
主管税务机关及代码：	税款征收岗签章： 代开发票管理岗签章： 发票代码：		税收完税凭证号： 发票号码：	

经核对，所开发票与申报内容一致。

　　申请人（单位）经办人签章：　　　　　　　　　　　　　　单位法人代表签章：

　　　　　　　　　　　　　　　　　　　　　　　　　　　　　　　　年　月　日

注：本表一式三份，由申请代开货物运输业增值税专用发票的小规模纳税人填写，一份由税款征收岗留存，一份由代开发票管理岗留存，一份由纳税人留存。

附件 2

增值税专用发票最高开票限额申请单

申请事项（由纳税人填写）	纳税人名称		纳税人识别号	
	地　　址		联系电话	
	购票人信息			
	申请增值税专用发票（增值税税控系统）最高开票限额	□初次　□变更（请选择一个项目并在□内打"√"）		
		□一亿元　□一千万元　□一百万元 □十万元　□一万元　□一千元 （请选择一个项目并在□内打"√"）		
	申请货物运输业增值税专用发票（增值税税控系统）最高开票限额	□初次　□变更　（请选择一个项目并在□内打"√"）		
		□一亿元　□一千万元　□一百万元 □十万元　□一万元　□一千元 （请选择一个项目并在□内打"√"）		
	申请理由： 　　　　经办人（签字）：　　　　　纳税人（印章）： 　　　　　年　月　日　　　　　　　　年　月　日			
区县税务机关意见	发票种类		批准最高开票限额	
	增值税专用发票（增值税税控系统）			
	货物运输业增值税专用发票（增值税税控系统）			
	经办人（签字）：　　批准人（签字）：　　税务机关（印章）： 　年　月　日　　　　　年　月　日　　　　　年　月　日			

注：本申请表一式两联：第一联由申请纳税人留存；第二联由区县税务机关留存。

附件3

开具红字货物运输业增值税专用发票申请单

填写日期： 年 月 日

承运人	名称		实际受票方	名称	
	纳税人识别号			纳税人识别号	
收货人	名称		发货人	名称	
	纳税人识别号			纳税人识别号	

开具红字货运专票内容	费用项目及金额			运输货物信息		
	合计金额	税率	税额	机器编号（税控盘编号）	车种车号	车船吨位

说明	一、实际受票方申请 □ 对应蓝字货运专票抵扣增值税销项税额情况： 1. 已抵扣□ 2. 未抵扣□ （1）无法认证□ （2）纳税人识别号认证不符□ （3）货运专票代码、号码认证不符□ （4）所购服务不属于增值税扣税项目范围□ 对应蓝字货运专票的代码：_____ 号码：_____ 二、承运人申请 1. 因开票有误受票方拒收□ 2. 因开票有误等原因尚未交付□ 对应蓝字货运专票的代码：_____ 号码：_____ 开具红字货运专票理由：
申请方申明	我申明所提供的《申请单》内容真实、完整、准确，并愿意承担相关法律责任。 申请方签章： 年 月 日

申请方经办人： 联系电话：

注：本申请单一式两联：第一联由申请方留存；第二联由申请方所属主管税务机关留存。

附件 4

开具红字货物运输业增值税专用发票通知单

填写日期： 年 月 日　　　　　　　　　　　　　　　　　　　NO.

承运人	名称		实际受票方	名称	
	纳税人识别号			纳税人识别号	
收货人	名称		发货人	名称	
	纳税人识别号			纳税人识别号	

开具红字货运专票内容	费用项目及金额			运输货物信息			
	合计金额	税率	税额	机器编号（税控盘编号）	车种车号	车船吨位	

说明	一、实际受票方申请 □ 对应蓝字专用发票抵扣增值税销项税额情况： 1. 需要作进项税额转出□ 2. 不需要作进项税额转出□ （1）无法认证□ （2）纳税人识别号认证不符□ （3）货运专票代码、号码认证不符□ （4）所购服务不属于增值税扣税项目范围□ 蓝字货运专票的代码：＿＿＿＿＿＿号码：＿＿＿＿＿ 二、承运人申请 □ 1. 因开票有误受票方拒收 2. 因开票有误等原因尚未交付□ 对应蓝字货运专票的代码：＿＿＿＿＿＿号码：＿＿＿＿＿ 开具红字货运专票理由：

经办人：　　　负责人：　　　主管税务机关名称（印章）：＿＿＿＿＿＿

注：1. 本通知单一式三联：第一联由申请方主管税务机关留存；第二联由申请方送交对方留存；第三联由申请方留存。

　　2. 本通知单内容应与开具红字货运专票申请单内容一一对应。

附件5

丢失货物运输业增值税专用发票已报税证明单

承运人	名称			实际受票方	名称	
	纳税人识别号				纳税人识别号	
丢失货物运输业增值税专用发票	发票代码	发票号码	费用项目	金额	税额	运输货物信息
报税及纳税申报情况	报税时间： 纳税申报时间： 经办人：　　负责人： 主管税务机关名称（印章）： 　　　　　　　　　　　　　　　年　月　日					
备注						

注：本证明单一式三联；第一联由承运人主管税务机关留存；第二联由承运人留存；第三联由实际受票方主管税务机关留存。

关于规范未达增值税营业税起征点的个体工商户税收征收管理的通知

（国税发〔2005〕123号）

各省、自治区、直辖市和计划单列市国家税务局、地方税务局，扬州税务进修学院：

　　提高增值税和营业税起征点是国家鼓励和支持个体经济发展，促进下岗失业人员再就业的一项重要举措。随着起征点的调整到位，全国出现了相当数量的未达增值税和营业税起征点的个体工商户（以下简称"未达起征点户"）。未达起征点户的大量增加，给个体税收管理带来了许多亟待解决的问题。为确保起征点调整政策的准确实施，进一步完善个体税收征管，现就规范对未达起征点户税务管理问题通知如下：

　　一、切实重视对未达起征点户的管理

　　规范对未达起征点户的管理是个体工商户税收管理的重要内容。做好此项工作，不仅能够促使国家制定的税收优惠政策得到全面、准确的落实，促进个体经济健康发展，而且有利于巩固多年形成的个体税收征管基础，促进个体税收征管质量和效率的进一步提高。各级税务机关要充分认识规范对未达起征点户管理的重要性，正确处理规范对未达起征点户管理与其他业务工作的关系，不能因为工作任务重而放松对其管理，更不能因为未达起征点户免征有关税收而放弃对其管理。各地要本着"规范管理、简便易行"的原则，在认真做好起征点调整政策宣传的同时，按照本通知的要求，采取有效措施，从抓好对未达起征点户认定工作入手，努力规范对未达起征点户的税务管理。

二、严格未达起征点户的认定

未达起征点户的认定是规范对其管理的关键环节。主管税务机关对于纳入税收管理的个体工商户，应严格按照有关税收法律、法规的规定，并依据其实际生产、经营情况进行科学认定。对实行定期定额征收的个体工商户，各地要严格按照《个体工商户定期定额管理暂行办法》（国税发〔1997〕101号）所规定的程序和方法，准确采集纳税人的生产、经营信息，科学核定定额，并依据所核定的定额和本地区增值税或营业税起征点标准进行认定；对实行查账征收的个体工商户，各地要在确认纳税人账簿记录真实、完整和核算准确的前提下，按照纳税人账簿所反映的经营额和本地区增值税或营业税起征点标准进行认定。

在未达起征点户的认定过程中，各地要加强内部制约，严格履行内部审批程序。为提高未达起征点户认定工作的透明度，各地对已认定的未达起征点户应以适当形式进行公布，以接受纳税人和社会各界的监督。

公布的具体形式和内容由县级以上（含县级）税务机关确定。

三、强化户籍管理

各地应严格依照《税务登记管理办法》（国家税务总局令第7号）的规定，做好对未达起征点户的户籍管理工作，要切实加强对未达起征点户停业、复业和注销管理。各地国家税务局和地方税务局要加强对未达起征点户管理工作的协调，及时沟通相关信息。同时，要注意加强与工商部门的联系，适时掌握个体工商户登记信息，为强化户籍管理提供基础。

四、规范纳税申报管理

为有效实施对未达起征点户的动态管理，主管税务机关应定期开展巡查，尤其是要加大对临近起征点业户的巡查力度，及时掌握其生产、经营变化情况。同时，应明确要求未达起征点户如实按期向主管税务机关申报其与纳税有关的生产、经营情况。为提高管理效率和方便纳税人，未达起征点户可实行按季、半年或年申报一次。具体申报内容和申报期限由省级税务机关确定。

对月度实际经营额超过起征点的未达起征点户，主管税务机关应要求其按照税务机关依照法律、法规规定确定的期限申报纳税。实行定期定额方式缴纳税款的未达起征点户，如其实际经营额连续一定期限超过起征点的，主管税务机关应及时调整其定额。具体期限由省级税务机关确定。

五、严格发票管理

主管税务机关应按照发票管理办法的有关规定供应未达起征点户生产、经营所需的发票，同时，应对其发票领购的数量和版面实行有效控制，对其发票开具、保管和缴销应制定严格的管理措施。对发票开具金额达到起征点的，税务机关应按其发票开具金额进行征税。各地应加大对未达起征点户发票使用情况的检查力度，依法处理为其他纳税人代开发票或转借、倒卖发票的行为，维护正常的税收秩序。

国家税务总局
二〇〇五年七月二十日

1.2.2.2 上海市国家税务局

上海市国家税务局关于发布《纳税人跨区（县）提供不动产经营性租赁服务增值税征收管理操作办法（试行）》的公告

(上海市国家税务局公告 2016 年第 6 号)

根据《财政部-国家税务总局关于全面推开营业税改征增值税试点的通知》（财税[2016]36号）、《国家税务总局关于发布〈纳税人提供不动产经营租赁服务增值税征收管理暂行办法〉的公告》（国家税务总局公告 2016 年第 16 号）有关规定，结合本市实际，制定了《纳税人跨区（县）提供不动产经营性租赁服务增值税征收管理操作办法（试行）》，自 2016 年 5 月 1 日起执行。

特此公告。

上海市国家税务局
2016 年 4 月 30 日

纳税人跨区（县）提供不动产经营性租赁服务增值税征收管理操作办法（试行）

纳税人在本市跨区（县）以经营性租赁方式出租不动产，应按照规定的纳税义务发生时间和计税方法，向不动产所在地主管税务机关预缴税款，向机构所在地主管税务机关申报纳税。

一、适用范围

单位和个体工商户（以下简称纳税人）发生跨区（县）以经营租赁方式出租本市范围内不动产的行为，适用本办法。

跨区（县）是指纳税人机构所在地与不动产所在地不在同一区县，具体行为包括以下类型：

（一）外省市纳税人在本市出租不动产。

（二）本市纳税人在本市跨区（县）出租不动产。

其他个人出租不动产，应向不动产所在地主管税务机关申报纳税，不适用本办法。

二、预征率

纳税人预缴税款时，应将取得的租金收入（不含收取的押金）换算成不含税销售额，按照适用的预征率预缴税款。

（一）一般纳税人出租不动产适用一般计税方法计税的，预征率为 3%。

（二）小规模纳税人和个体工商户出租不动产（不含个体工商户出租住房），适用简易计税方法计税的，预征率为5%；一般纳税人出租其2016年4月30日前取得的不动产，选择简易计税方法计税的，预征率为5%。

（三）个体工商户出租住房，按照5%的征收率减按1.5%计征。

三、预缴税款计算

（一）适用一般计税方法计税的，按照以下公式计算应预缴税款：

应预缴税款＝含税销售额÷（1＋11%）×3%

（二）适用简易计税方法计税的，按照以下公式计算应预缴税款：

应预缴税款＝含税销售额÷（1＋5%）×5%

（三）个体工商户出租住房，按照以下公式计算应预缴税款：

应预缴税款＝含税销售额÷（1＋5%）×1.5%

四、预缴申报

（一）预缴期限和地点

纳税人应在取得租金的次月（季度）纳税申报期限，向不动产所在地的主管税务机关预缴税款。

（二）纳税人预缴税款时，应提供下列资料：

1.《增值税预缴税款表》（一式二份）；

2.税务登记证或社会信用登记证（三证合一）副本复印件（首次办理预缴需提供），个体工商户还应提供本人身份证原件和复印件；

3.所出租不动产的不动产权证或商品房预售合同、房地产买卖合同等能证明不动产权属的复印件（首次办理预缴需提供）；

4.开具的增值税发票（自行开具发票的纳税人提供）；

5.不动产租赁合同复印件（首次办理预缴需提供）；

6.纳税人委托代理人办理的，应提供书面委托书以及代理人身份证原件和复印件。

（三）机构所在地申报

纳税人出租不动产取得的租金收入应按规定向机构所在地主管税务机关办理纳税申报，已预缴的增值税税款可以在当期增值税应纳税额中抵减，抵减不完的，结转下期继续抵减。

五、代开发票

不能自行开具增值税发票的小规模纳税人出租不动产取得的租金收入，可在预缴税款后向不动产所在地税务机关申请代开增值税发票。

（一）纳税人申请代开增值税发票时，应提供下列资料：

1.《增值税预缴税款表》（已预缴税款的还应提供完税凭证）；

2.《代开增值税发票申请表》；

3.承租人税务登记证或社会信用登记证（三证合一）副本复印件，承租人为其他个人的，应提供身份证复印件。

（二）下列情况不得申请代开增值税专用发票：

1.纳税人向其他个人出租不动产；

2.取得的租金收入享受免征增值税优惠的。

六、其他事项

小规模纳税人增值税应税销售额符合小微企业免征增值税条件的,其取得的跨区县不动产租金收入暂不实行预缴,需代开增值税发票的,应向不动产所在地税务机关申请代开。

纳税人出租不动产,按照本办法规定应向不动产所在地主管税务机关预缴税款而自应当预缴之月起超过6个月没有预缴税款的,由机构所在地主管税务机关按照《中华人民共和国税收征收管理法》及相关规定进行处理。

上海市国家税务局关于发布《纳税人跨区(县)提供建筑服务增值税征收管理操作办法(试行)》的公告

(上海市国家税务局公告2016年第3号)

根据《财政部-国家税务总局关于全面推开营业税改征增值税试点的通知》(财税〔2016〕36号)、《国家税务总局关于发布〈纳税人跨县(市、区)提供建筑服务增值税征收管理暂行办法〉的公告》(国家税务总局公告2016年第17号)有关规定,本市制定了《纳税人跨区(县)提供建筑服务增值税征收管理操作办法(试行)》,自2016年5月1日起执行。

特此公告。

附件:建筑工程项目情况登记表

上海市国家税务局
2016年4月30日

纳税人跨区(县)提供建筑服务增值税征收管理操作办法(试行)

纳税人在本市跨区(县)提供建筑服务,应按照规定的纳税义务发生时间和计税方法,向建筑服务发生地主管税务机关预缴税款,向机构所在地主管税务机关申报纳税。

一、适用范围

单位和个体工商户(以下简称纳税人)在其机构所在地以外的区(县)提供建筑服务适用本办法。包括外省市纳税人在本市提供建筑服务、本市纳税人在本市跨区县提供建筑服务、本市纳税人在外省市提供建筑服务。

其他个人跨区(县)提供建筑服务不适用本办法,应直接在建筑服务发生地按3%征收率申报纳税。

二、预缴管理

(一)预缴登记

外省市纳税人在本市提供建筑服务的,应在取得外出经营管理证明之日起30日内,到市税务登记受理处（市税务三分局）办理外埠纳税人报验登记和建筑业项目登记。

本市纳税人在本市跨区（县）提供建筑服务，《建筑工程施工许可证》为市级（或以上）住房城乡建设主管部门颁发的，应在合同签订后 30 日内，到市税务登记受理处（市税务三分局）办理纳税人报验登记和建筑业项目登记。

本市纳税人在本市跨区（县）提供建筑服务，《建筑工程施工许可证》为区级住房城乡建设主管部门颁发或按规定无需取得建筑工程施工许可证的，应在合同签订后 30 日内，到建筑服务发生地主管税务机关办理纳税人报验登记和建筑业项目登记。

（二）预缴登记需提供的资料

1. 报验登记需提供的资料：

（1）外出经营管理证明原件及复印件（仅外省市纳税人来本市提供建筑服务适用）；

（2）税务登记证或社会信用登记证（三证合一）副本。

2. 项目登记需提供的资料：

（1）《建筑工程项目情况登记表》（详见附件）；

（2）建筑工程施工合同原件及复印件；

（3）《建筑工程施工许可证》原件及复印件（按规定无需办理许可证的无需提供）；

（4）税务登记证或社会信用登记证（三证合一）副本。

（三）预缴方法

纳税人预缴税款，应按项目填写《增值税预缴税款表》，向建筑服务所在地主管税务机关办理预缴申报并缴纳税款。

（四）预缴需提交的资料

纳税人跨区（县）提供建筑服务，在向建筑服务发生地主管税务机关预缴税款时，需提交以下资料：

（1）《增值税预缴税款表》；

（2）与发包方签订的建筑合同原件及复印件；

（3）与分包方签订的分包合同原件及复印件；

（4）从分包方取得的发票原件及复印件。

（五）预缴税款计算

纳税人应按照建筑服务项目区分简易计税和一般计税方法，按项目单独计算应预缴税额，分别预缴。

1. 适用一般计税方法计税的，应预缴税款＝（全部价款和价外费用－支付的分包款）÷（1＋11％）×2％。

2. 适用简易计税方法计税的，应预缴税款＝（全部价款和价外费用－支付的分包款）÷（1＋3％）×3％。

纳税人按项目计算预缴税款时，如取得的全部价款和价外费用扣除支付的分包款后的余额为负数的，仍需填写《增值税预缴税款表》进行预缴申报，余额可结转下次预缴时作为扣除项目继续扣除。

（六）台账管理

对跨区（县）提供的建筑服务，纳税人应自行建立预缴税款台账，区分不同区（县）和项目逐笔登记全部收入、支付的分包款、已扣除的分包款、扣除分包款的发票号码、已预缴税款以及预缴税款的完税凭证号码、适用的计税方法、老项目备案编号等相关内容，留存备查。

三、申报管理

（一）应纳税额的计算

1. 适用一般计税方法计税的，应以取得的全部价款和价外费用为销售额，按照11%的税率计算应纳税额。

应纳税额＝全部价款和价外费用÷（1＋11%）×11%－进项税额

2. 一般纳税人跨区（县）提供建筑服务，选择适用简易计税方法计税的，应以取得的全部价款和价外费用扣除支付的分包款后的余额为销售额，按照3%的征收率计算应纳税额。

应纳税额＝（全部价款和价外费用－支付的分包款）÷（1＋3%）×3%

3. 小规模纳税人跨区（县）提供建筑服务，应以取得的全部价款和价外费用扣除支付的分包款后的余额为销售额，按照3%的征收率计算应纳税额。

应纳税额＝（全部价款和价外费用－支付的分包款）÷（1＋3%）×3%

（二）纳税申报税款的抵减

纳税人跨区（县）提供建筑服务，向建筑服务发生地主管税务机关预缴的增值税税款，可以在当期增值税应纳税额中抵减，抵减不完的，结转下期继续抵减。

纳税人以预缴税款抵减应纳税额，应以完税凭证作为合法有效凭证。

本期实际应缴税额＝本期应纳税额－预征缴纳税款

（三）特定情形下暂停预缴税款的规定

本市纳税人跨区（县）提供建筑服务，在机构所在地申报纳税时，在一定时期内计算的应纳税额小于已预缴税额，且差额较大的，纳税人可向机构所在地税务机关申请在一定时期内暂停预缴增值税，机构所在地税务机关受理后按规定程序上报上级税务机关。

四、可以扣除的分包款凭证

纳税人按照规定从取得的全部价款和价外费用中扣除支付的分包款，应当取得符合法律、行政法规和国家税务总局规定的合法有效凭证，否则不得扣除。

上述凭证是指：

（一）从分包方取得的2016年4月30日前开具的建筑业营业税发票。

上述建筑业营业税发票在2016年6月30日前可作为预缴税款的扣除凭证。

（二）从分包方取得的2016年5月1日后开具的，备注栏注明建筑服务发生地所在县（市、区）、项目名称的增值税发票。

（三）国家税务总局规定的其他凭证。

五、纳税义务发生时间和期限

（一）纳税义务时间和期限

纳税人跨区（县）提供建筑服务预缴税款时间，按照财税〔2016〕36号文件规定的纳税义务发生时间和纳税期限执行。

（二）未按规定期限预缴的处理

纳税人跨区（县）提供建筑服务，按照规定应向建筑服务发生地主管税务机关预缴税款而自应当预缴之月起超过6个月没有预缴税款的，由机构所在地主管税务机关按照《中华人民共和国税收征收管理法》及相关规定进行处理。

六、发票开具

（一）一般纳税人跨区（县）提供建筑服务，适用一般计税或简易计税方法的，可自行开具增值税发票。

（二）小规模纳税人跨区（县）提供建筑服务，可自行开具增值税普通发票。购买方索取增值税专用发票的，纳税人可向建筑服务发生地主管税务机关按照其取得的全部价款和价外费用申请代开增值税专用发票。

小规模纳税人跨区（县）提供建筑服务，不能自行开具增值税发票的，需按代开发票相关规定向建筑服务发生地税务机关申请。

（三）提供建筑服务，纳税人自行开具或者税务机关代开增值税发票时，应在发票的备注栏注明建筑服务发生地区（县）名称及项目名称。

上海市国家税务局关于发布《纳税人跨区（县）转让不动产增值税征收管理操作办法（试行）》公告

（上海市国家税务局公告2016年第5号）

根据《财政部-国家税务总局关于全面推开营业税改征增值税试点的通知》（财税〔2016〕36号）、《国家税务总局关于公布〈纳税人转让不动产增值税征收管理暂行办法〉的公告》（国家税务总局公告2016年第14号）有关规定，结合本市实际，制定了《纳税人跨区（县）转让不动产增值税征收管理操作办法（试行）》，自2016年5月1日起执行。

特此公告。

上海市国家税务局
2016年4月30日

纳税人跨区（县）转让不动产增值税征收管理操作办法（试行）

纳税人在本市跨区（县）转让其取得的不动产，应按照规定的纳税义务发生时间和计税方法，向不动产所在地主管税务机关预缴税款，向机构所在地主管税务机关申报纳税。

一、适用范围

单位和个体工商户（以下简称纳税人）在本市转让其取得的不动产，适用本办法。

本办法所称取得的不动产，包括以直接购买、接受捐赠、接受投资入股、自建以及抵债等各种形式取得的不动产。

其他个人转让其取得的不动产，应向不动产所在地主管税务机关申报纳税，不适用本办法。

二、预缴税款计算

（一）纳税人转让不动产预征率为5%。

（二）计税销售额及预缴税款

1. 纳税人（不含个体工商户转让购买的住房）转让非自建不动产按取得的全部价款和价外费用减去该项不动产购置原价或者取得不动产时的作价后的差额为销售额。

应预缴税款＝（全部价款和价外费用－不动产购置原价或者取得不动产时的作价）÷（1＋5%）×5%

纳税人按上述差额方法预缴税款，应提供合法有效凭证，合法有效凭证是指：税务部门监制的发票；法院判决书、裁定书、调解书、仲裁裁定书、公证债权文书；以及国家税务总局规定的其他凭证。

无法提供合法有效凭证的，不得扣除其不动产购置原价或者取得不动产时的作价，应按全部价款和价外费用全额预缴税款。

2. 纳税人（不含个体工商户转让购买的住房）转让自建不动产以取得的全部价款和价外费用为销售额。

应预缴税款＝全部价款和价外费用÷（1＋5%）×5%

3. 个体工商户转让本市范围内的住房，按照现行个人转让住房政策确定其征、免税。涉及征税的，按5%征收率在房产所在地税务机关预缴。

三、预缴办理

（一）审核计税价格

纳税人转让不动产的价格应按以下要求经过税务机关审核，并以审核后的价格作为不动产转让的计税价格，在不动产所在地的主管税务机关预缴税款。

1. 转让方应携带不动产产权证明和不动产转让合同到不动产所在地房地产交易中心的办税服务厅办理价格审核。

2. 纳税人转让价格明显偏低且不具有合理商业目的，或者向其他单位或者个人无偿转让不动产，以税务机关核定价格作为转让不动产的计税价格。

（二）预缴税款应提供的资料

1. 不动产转让合同；

2. 税务登记证或社会信用登记证（三证合一）副本，个体工商户还应提供本人身份证原件和复印件；

3. 法定代表人或负责人身份证复印件；

4. 委托代理人办理的，应提供：

（1）法定代表人或负责人的委托书；

（2）应提供代理人身份证原件和复印件；

5. 不动产产权证明原件；

6. 开具的增值税发票（自行开具发票的纳税人提供）。

四、代开发票

不能自行开具增值税发票的小规模纳税人转让不动产取得收入，可在预缴税款后，向办理预缴申报的税务机关申请代开增值税发票。

（一）纳税人申请代开增值税发票时，应提供下列资料：

1. 购买方为单位的,应提供购买方的税务登记证或社会信用登记证(三证合一)副本原件和复印件;

2. 购买方为个人的,应提供本人的身份证原件和复印件;

3. 已预缴税款的还应提供完税凭证。

(二)下列情况不得申请代开增值税专用发票:

1. 纳税人向其他个人转让不动产;

2. 转让不动产享受免征增值税优惠。

五、纳税申报

纳税人跨区(县)转让不动产取得的收入应按规定向机构所在地主管税务机关办理纳税申报,已预缴的增值税税款可以在当期增值税应纳税额中抵减,抵减不完的,结转下期继续抵减。

纳税人以预缴税款抵减应纳税额,应以完税凭证作为合法有效凭证。

1.2.3 有关纳税抵扣

财政部、国家税务总局
关于进一步明确全面推开营改增试点有关
劳务派遣服务、收费公路通行费抵扣等政策的通知

(财税〔2016〕47号)

各省、自治区、直辖市、计划单列市财政厅(局)、国家税务局、地方税务局,新疆生产建设兵团财务局:

经研究,现将营改增试点期间劳务派遣服务等政策补充通知如下:

一、劳务派遣服务政策

一般纳税人提供劳务派遣服务,可以按照《财政部-国家税务总局关于全面推开营业税改征增值税试点的通知》(财税〔2016〕36号)的有关规定,以取得的全部价款和价外费用为销售额,按照一般计税方法计算缴纳增值税;也可以选择差额纳税,以取得的全部价款和价外费用,扣除代用工单位支付给劳务派遣员工的工资、福利和为其办理社会保险及住房公积金后的余额为销售额,按照简易计税方法依5%的征收率计算缴纳增值税。

小规模纳税人提供劳务派遣服务,可以按照《财政部-国家税务总局关于全面推开营业税改征增值税试点的通知》(财税〔2016〕36号)的有关规定,以取得的全部价款和价外费用为销售额,按照简易计税方法依3%的征收率计算缴纳增值税;也可以选择差额纳税,以取得的全部价款和价外费用,扣除代用工单位支付给劳务派遣员工的工资、福利和为其办理社会保险及住房公积金后的余额为销售额,按照简易计税方法依5%的征收率计算缴纳增值税。

选择差额纳税的纳税人,向用工单位收取用于支付给劳务派遣员工工资、福利和为其

办理社会保险及住房公积金的费用，不得开具增值税专用发票，可以开具普通发票。

劳务派遣服务，是指劳务派遣公司为了满足用工单位对于各类灵活用工的需求，将员工派遣至用工单位，接受用工单位管理并为其工作的服务。

二、收费公路通行费抵扣及征收政策

（一）2016年5月1日至7月31日，一般纳税人支付的道路、桥、闸通行费，暂凭取得的通行费发票（不含财政票据，下同）上注明的收费金额按照下列公式计算可抵扣的进项税额：

高速公路通行费可抵扣进项税额＝高速公路通行费发票上注明的金额÷（1＋3％）×3％

一级公路、二级公路、桥、闸通行费可抵扣进项税额＝一级公路、二级公路、桥、闸通行费发票上注明的金额÷（1＋5％）×5％

通行费，是指有关单位依法或者依规设立并收取的过路、过桥和过闸费用。

（二）一般纳税人收取试点前开工的一级公路、二级公路、桥、闸通行费，可以选择适用简易计税方法，按照5％的征收率计算缴纳增值税。

试点前开工，是指相关施工许可证注明的合同开工日期在2016年4月30日前。

三、其他政策

（一）纳税人提供人力资源外包服务，按照经纪代理服务缴纳增值税，其销售额不包括受客户单位委托代为向客户单位员工发放的工资和代理缴纳的社会保险、住房公积金。向委托方收取并代为发放的工资和代理缴纳的社会保险、住房公积金，不得开具增值税专用发票，可以开具普通发票。

一般纳税人提供人力资源外包服务，可以选择适用简易计税方法，按照5％的征收率计算缴纳增值税。

（二）纳税人以经营租赁方式将土地出租给他人使用，按照不动产经营租赁服务缴纳增值税。

纳税人转让2016年4月30日前取得的土地使用权，可以选择适用简易计税方法，以取得的全部价款和价外费用减去取得该土地使用权的原价后的余额为销售额，按照5％的征收率计算缴纳增值税。

（三）一般纳税人2016年4月30日前签订的不动产融资租赁合同，或以2016年4月30日前取得的不动产提供的融资租赁服务，可以选择适用简易计税方法，按照5％的征收率计算缴纳增值税。

（四）一般纳税人提供管道运输服务和有形动产融资租赁服务，按照《营业税改征增值税试点过渡政策的规定》（财税〔2013〕106号）第二条有关规定适用的增值税实际税负超过3％部分即征即退政策，在2016年1月1日至4月30日期间继续执行。

四、本通知规定的内容，除另有规定执行时间外，自2016年5月1日起执行。

财政部 国家税务总局
2016年4月30日

国家税务总局关于发布《不动产进项税额分期抵扣暂行办法》的公告

(国家税务总局公告2016年第15号)

国家税务总局制定了《不动产进项税额分期抵扣暂行办法》，现予以公布，自2016年5月1日起施行。

特此公告。

国家税务总局
2016年3月31日

不动产进项税额分期抵扣暂行办法

第一条 根据《财政部-国家税务总局关于全面推开营业税改征增值税试点的通知》（财税〔2016〕36号）及现行增值税有关规定，制定本办法。

第二条 增值税一般纳税人（以下称纳税人）2016年5月1日后取得并在会计制度上按固定资产核算的不动产，以及2016年5月1日后发生的不动产在建工程，其进项税额应按照本办法有关规定分2年从销项税额中抵扣，第一年抵扣比例为60%，第二年抵扣比例为40%。

取得的不动产，包括以直接购买、接受捐赠、接受投资入股以及抵债等各种形式取得的不动产。

纳税人新建、改建、扩建、修缮、装饰不动产，属于不动产在建工程。

房地产开发企业自行开发的房地产项目，融资租入的不动产，以及在施工现场修建的临时建筑物、构筑物，其进项税额不适用上述分2年抵扣的规定。

第三条 纳税人2016年5月1日后购进货物和设计服务、建筑服务，用于新建不动产，或者用于改建、扩建、修缮、装饰不动产并增加不动产原值超过50%的，其进项税额依照本办法有关规定分2年从销项税额中抵扣。

不动产原值，是指取得不动产时的购置原价或作价。

上述分2年从销项税额中抵扣的购进货物，是指构成不动产实体的材料和设备，包括建筑装饰材料和给排水、采暖、卫生、通风、照明、通讯、煤气、消防、中央空调、电梯、电气、智能化楼宇设备及配套设施。

第四条 纳税人按照本办法规定从销项税额中抵扣进项税额，应取得2016年5月1日后开具的合法有效的增值税扣税凭证。

上述进项税额中，60%的部分于取得扣税凭证的当期从销项税额中抵扣；40%的部分为待抵扣进项税额，于取得扣税凭证的当月起第 13 个月从销项税额中抵扣。

第五条 购进时已全额抵扣进项税额的货物和服务，转用于不动产在建工程的，其已抵扣进项税额的 40% 部分，应于转用的当期从进项税额中扣减，计入待抵扣进项税额，并于转用的当月起第 13 个月从销项税额中抵扣。

第六条 纳税人销售其取得的不动产或者不动产在建工程时，尚未抵扣完毕的待抵扣进项税额，允许于销售的当期从销项税额中抵扣。

第七条 已抵扣进项税额的不动产，发生非正常损失，或者改变用途，专用于简易计税方法计税项目、免征增值税项目、集体福利或者个人消费的，按照下列公式计算不得抵扣的进项税额：

不得抵扣的进项税额＝（已抵扣进项税额＋待抵扣进项税额）×不动产净值率

不动产净值率＝（不动产净值÷不动产原值）×100%

不得抵扣的进项税额小于或等于该不动产已抵扣进项税额的，应于该不动产改变用途的当期，将不得抵扣的进项税额从进项税额中扣减。

不得抵扣的进项税额大于该不动产已抵扣进项税额的，应于该不动产改变用途的当期，将已抵扣进项税额从进项税额中扣减，并从该不动产待抵扣进项税额中扣减不得抵扣进项税额与已抵扣进项税额的差额。

第八条 不动产在建工程发生非正常损失的，其所耗用的购进货物、设计服务和建筑服务已抵扣的进项税额应于当期全部转出；其待抵扣进项税额不得抵扣。

第九条 按照规定不得抵扣进项税额的不动产，发生用途改变，用于允许抵扣进项税额项目的，按照下列公式在改变用途的次月计算可抵扣进项税额。

可抵扣进项税额＝增值税扣税凭证注明或计算的进项税额×不动产净值率

依照本条规定计算的可抵扣进项税额，应取得 2016 年 5 月 1 日后开具的合法有效的增值税扣税凭证。

按照本条规定计算的可抵扣进项税额，60% 的部分于改变用途的次月从销项税额中抵扣，40% 的部分为待抵扣进项税额，于改变用途的次月起第 13 个月从销项税额中抵扣。

第十条 纳税人注销税务登记时，其尚未抵扣完毕的待抵扣进项税额于注销清算的当期从销项税额中抵扣。

第十一条 待抵扣进项税额记入"应交税金－待抵扣进项税额"科目核算，并于可抵扣当期转入"应交税金－应交增值税（进项税额）"科目。

对不同的不动产和不动产在建工程，纳税人应分别核算其待抵扣进项税额。

第十二条 纳税人分期抵扣不动产的进项税额，应据实填报增值税纳税申报表附列资料。

第十三条 纳税人应建立不动产和不动产在建工程台账，分别记录并归集不动产和不动产在建工程的成本、费用、扣税凭证及进项税额抵扣情况，留存备查。

用于简易计税方法计税项目、免征增值税项目、集体福利或者个人消费的不动产和不动产在建工程，也应在纳税人建立的台账中记录。

第十四条 纳税人未按照本办法有关规定抵扣不动产和不动产在建工程进项税额的，主管税务机关应按照《中华人民共和国税收征收管理法》及有关规定进行处理。

1.2.4 有关会计处理

财政部关于印发
《营业税改征增值税试点有关企业
会计处理规定》的通知

(财会〔2012〕13号)

财政部国务院有关部委、有关直属机构，各省、自治区、直辖市、计划单列市财政厅（局），新疆生产建设兵团财务局，财政部驻各省、自治区、直辖市、计划单列市财政监察专员办事处：

为配合营业税改征增值税试点工作，根据《财政部-国家税务总局关于印发〈营业税改征增值税试点方案〉的通知》（财税〔2011〕110号）等相关规定，我们制定了《营业税改征增值税试点有关企业会计处理规定》，请布置本地区相关企业执行。执行中有何问题，请及时反馈我部。

附件：营业税改征增值税试点有关企业会计处理规定

财政部
2012年7月5日

附件：

营业税改征增值税试点有关企业会计处理规定

根据"财政部、国家税务总局关于印发《营业税改征增值税试点方案》的通知"（财税〔2011〕110号）等相关规定，现就营业税改征增值税试点有关企业会计处理规定如下：

一、试点纳税人差额征税的会计处理

（一）一般纳税人的会计处理一般纳税人提供应税服务，试点期间按照营业税改征增值税有关规定，允许从销售额中扣除其支付给非试点纳税人价款的，应在"应交税费——应交增值税"科目下增设"营改增抵减的销项税额"专栏，用于记录该企业因按规定扣减销售额而减少的销项税额；同时，"主营业务收入"、"主营业务成本"等相关科目应按经营业务的种类进行明细核算。

企业接受应税服务时，按规定允许扣减销售额而减少的销项税额，借记"应交税费

——应交增值税（营改增抵减的销项税额）"科目，按实际支付或应付的金额与上述增值税额的差额，借记"主营业务成本"等科目，按实际支付或应付的金额，贷记"银行存款"、"应付账款"等科目。

对于期末一次性进行账务处理的企业，期末，按规定当期允许扣减销售额而减少的销项税额，借记"应交税费——应交增值税（营改增抵减的销项税额）"科目，贷记"主营业务成本"等科目。

（二）小规模纳税人的会计处理

小规模纳税人提供应税服务，试点期间按照营业税改征增值税有关规定允许从销售额中扣除其支付给非试点纳税人价款的，按规定扣减销售额而减少的应交增值税应直接冲减"应交税费——应交增值税"科目。

企业接受应税服务时，按规定允许扣减销售额而减少的应交增值税，借记"应交税费——应交增值税"科目，按实际支付或应付的金额与上述增值税额的差额，借记"主营业务成本"等科目，按实际支付或应付的金额，贷记"银行存款"、"应付账款"等科目。

对于期末一次性进行账务处理的企业，期末，按规定当期允许扣减销售额而减少的应交增值税，借记"应交税费——应交增值税"科目，贷记"主营业务成本"等科目。

二、增值税期末留抵税额的会计处理

试点地区兼有应税服务的原增值税一般纳税人，截止到开始试点当月月初的增值税留抵税额按照营业税改征增值税有关规定不得从应税服务的销项税额中抵扣的，应在"应交税费"科目下增设"增值税留抵税额"明细科目。

开始试点当月月初，企业应按不得从应税服务的销项税额中抵扣的增值税留抵税额，借记"应交税费——增值税留抵税额"科目，贷记"应交税费——应交增值税（进项税额转出）"科目。待以后期间允许抵扣时，按允许抵扣的金额，借记"应交税费——应交增值税（进项税额）"科目，贷记"应交税费——增值税留抵税额"科目。

"应交税费——增值税留抵税额"科目期末余额应根据其流动性在资产负债表中的"其他流动资产"项目或"其他非流动资产"项目列示。

三、取得过渡性财政扶持资金的会计处理

试点纳税人在新老税制转换期间因实际税负增加而向财税部门申请取得财政扶持资金的，期末有确凿证据表明企业能够符合财政扶持政策规定的相关条件且预计能够收到财政扶持资金时，按应收的金额，借记"其他应收款"等科目，贷记"营业外收入"科目。待实际收到财政扶持资金时，按实际收到的金额，借记"银行存款"等科目，贷记"其他应收款"等科目。

四、增值税税控系统专用设备和技术维护费用抵减增值税额的会计处理

（一）增值税一般纳税人的会计处理

按税法有关规定，增值税一般纳税人初次购买增值税税控系统专用设备支付的费用以及缴纳的技术维护费允许在增值税应纳税额中全额抵减的，应在"应交税费——应交增值税"科目下增设"减免税款"专栏，用于记录该企业按规定抵减的增值税应纳税额。

企业购入增值税税控系统专用设备，按实际支付或应付的金额，借记"固定资产"科目，贷记"银行存款"、"应付账款"等科目。按规定抵减的增值税应纳税额，借记"应交税费——应交增值税（减免税款）"科目，贷记"递延收益"科目。按期计提折旧，借记"管理费用"等科目，贷记"累计折旧"科目；同时，借记"递延收益"科目，贷记"管理费用"等科目。

企业发生技术维护费，按实际支付或应付的金额，借记"管理费用"等科目，贷记"银行存款"等科目。按规定抵减的增值税应纳税额，借记"应交税费——应交增值税（减免税款）"科目，贷记"管理费用"等科目。

（二）小规模纳税人的会计处理

按税法有关规定，小规模纳税人初次购买增值税税控系统专用设备支付的费用以及缴纳的技术维护费允许在增值税应纳税额中全额抵减的，按规定抵减的增值税应纳税额应直接冲减"应交税费——应交增值税"科目。

企业购入增值税税控系统专用设备，按实际支付或应付的金额，借记"固定资产"科目，贷记"银行存款"、"应付账款"等科目。按规定抵减的增值税应纳税额，借记"应交税费——应交增值税"科目，贷记"递延收益"科目。按期计提折旧，借记"管理费用"等科目，贷记"累计折旧"科目；同时，借记"递延收益"科目，贷记"管理费用"等科目。

企业发生技术维护费，按实际支付或应付的金额，借记"管理费用"等科目，贷记"银行存款"等科目。按规定抵减的增值税应纳税额，借记"应交税费——应交增值税"科目，贷记"管理费用"等科目。"应交税费——应交增值税"科目期末如为借方余额，应根据其流动性在资产负债表中的"其他流动资产"项目或"其他非流动资产"项目列示；如为贷方余额，应在资产负债表中的"应交税费"项目列示。

1.2.5 有关预算管理

财政部、中国人民银行、国家税务总局关于营业税改征增值税试点有关预算管理问题的通知

（财预〔2013〕275号）

各省、自治区、直辖市、计划单列市财政厅（局）、国家税务局、地方税务局，新疆生产建设兵团财务局，中国人民银行上海总部、各分行、营业管理部、省会（首府）城市中心支行、大连、青岛、宁波、厦门、深圳市中心支行，财政部驻各省、直辖市、计划单列市财政监察专员办事处：

经国务院批准，自2013年8月1日起，在全国范围内开展交通运输业和部分现代服务业营业税改征增值税试点，为做好试点期间营业税改征增值税（以下简称改征增值税）

的预算管理工作，现就有关事宜通知如下：

一、关于改征增值税的收入划分

试点期间收入归属保持不变，原归属地方的营业税收入，改征增值税后仍全部归属地方，改征增值税税款滞纳金、罚款收入也全部归属地方。按照即征即退政策审批退库的改征增值税，全部由地方财政负担。改征增值税收入不计入中央对地方增值税和消费税税收返还基数。试点期间因营业税改征增值税试点发生的财政收入变化，由中央和地方按照现行财政体制相关规定分享或分担。

改征增值税试点前服务贸易出口原免征营业税部分仍由地方负担，新增加的改征增值税出口退税按照现行财政体制由中央与地方按 92.5：7.5 的比例负担，地方应负担的部分通过年终结算据实上解中央。

二、关于改征增值税适用的科目

改征增值税的收缴、退库和调库，按照下表所列的科目执行：

三、关于改征增值税的收入缴库

试点期间改征增值税收入上缴时，各级国税部门应根据纳税人申报情况在税收缴款书上单独填列，预算级次填列"地方级"。具体缴库流程按照《中华人民共和国国家金库条例实施细则》有关规定执行，采用电子缴库方式的，按照财税库银税收收入电子缴库有关规定执行。补缴或退还试点前实现的相关营业税，仍通过试点前的有关科目办理。

四、关于改征增值税的收入退库

按照即征即退政策审批退库的改征增值税比照现行增值税即征即退流程办理。

根据国家税务总局公告 2012 年第 13 号《营业税改征增值税试点地区适用增值税零税率应税服务免抵退税管理办法（暂行）》，营业税改征增值税试点期间，服务贸易出口适用增值税零税率的，采用"免抵退税"办法，即零税率应税服务提供者提供零税率应税服务，免征增值税，相应的进项税额抵减应纳增值税额，未抵减完的部分予以退还，退税资金由中央国库统一支付。税务部门将审核通过的上述免抵税数额，以正式文件通知同级国库办理调库。调库的具体方法是：按零税率应税服务的免抵税数额，调增由营业税改征的增值税，同时相应增加中央出口退税。各级国库依据税务部门开具的更正（调库）通知书、收入退还书等凭证和文件办理相关业务。

五、其他事宜

纳税人兼有适用一般计税方法计税的应税服务、销售货物或应税劳务的，按照销项税额的比例划分应纳税额，分别作为改征增值税和现行增值税收入入库。

各级财税部门、人民银行国库部门应当认真做好改征增值税的收入收缴工作，明确区分改征增值税与现行增值税收入，防止收入混库，确保试点顺利实施。

财政部驻各省、自治区、直辖市、计划单列市财政监察专员办事处应加强监督检查。对于检查中发现的违法行为，依照《财政违法行为处罚处分条例》（国务院令第 427 号）等有关规定追究责任。

本通知自 2013 年 8 月 1 日起执行。《财政部中国人民银行国家税务总局关于上海市开展营业税改征增值税试点有关预算管理问题的通知》（财预〔2011〕538 号）、《财政部中国人民银行国家税务总局关于营业税改征增值税试点有关预算管理问题的通知》（财预〔2012〕367 号）、《财政部关于营业税改征增值税试点期间服务贸易出口退税有关问题的通知》(财预〔2012〕372号)同时废止。

财政部
中国人民银行
国家税务总局
2013年6月28日

国家税务总局关于营业税改征增值税部分试点纳税人增值税纳税申报有关事项调整的公告

(国家税务总局公告2016年第30号)

为配合全面推开营业税改征增值税试点工作,国家税务总局对增值税纳税申报有关事项进行了调整,现公告如下:

一、在增值税纳税申报其他资料中增加《营改增税负分析测算明细表》(表式见附件1),由从事建筑、房地产、金融或生活服务等经营业务的增值税一般纳税人在办理增值税纳税申报时填报,具体名单由主管税务机关确定。

二、本公告自2016年6月1日起施行。

特此公告。

附件:1. 营改增税负分析测算明细表
2.《营改增税负分析测算明细表》填写说明
3. 营改增试点应税项目明细表

国家税务总局
2016年5月10日

附件 1

营改增税负分析测算明细表

税款所属时间： 年 月 日至 年 月 日

纳税人名称：（公章） 金额单位：元至角分

项目及栏次		增值税						营业税					
		不含税销售额	销项（应纳）税额	价税合计	服务、不动产和无形资产扣除项目本期实际扣除金额	扣除后		增值税应纳税额（测算）	原营业税税制下服务、不动产和无形资产差额扣除项目				应税营业额	营业税应纳税额
						含税销售额	销项（应纳）税额		期初余额	本期发生额	本期应扣除金额	本期实际扣除金额	期末余额		
应税项目代码及名称	增值税税率或征收率	1	2＝1×增值税税率或征收率	3＝1+2	4	5＝3－4	6＝5÷(100％+增值税税率或征收率)×增值税税率或征收率	7	8	9	10＝8+9	11(11≤3且11≤10)	12＝10－11	13＝3－11	14＝13×营业税税率
	营业税税率														
合计	—														

178

附件2

《营改增税负分析测算明细表》
填 写 说 明

本表中"税款所属时间""纳税人名称"的填写同《增值税纳税申报表（适用一般纳税人）》主表。

一、各列填写说明

（一）"应税项目代码及名称"：根据《营改增试点应税项目明细表》所列项目代码及名称填写，同时有多个项目的，应分项目填写。

（二）"增值税税率或征收率"：根据各项目适用的增值税税率或征收率填写。

（三）"营业税税率"：根据各项目在原营业税税制下适用的原营业税税率填写。

（四）第1列"不含税销售额"：反映纳税人当期对应项目不含税的销售额（含即征即退项目），包括开具增值税专用发票、开具其他发票、未开具发票、纳税检查调整的销售额，纳税人所填项目享受差额征税政策的，本列应填写差额扣除之前的销售额。

（五）第2列"销项（应纳）税额"：反映纳税人根据当期对应项目不含税的销售额计算出的销项税额或应纳税额（简易征收）。

本列各行次＝第1列对应各行次×增值税税率或征收率。

（六）第3列"价税合计"：反映纳税人当期对应项目的价税合计数。

本列各行次＝第1列对应各行次＋第2列对应各行次。

（七）第4列"服务、不动产和无形资产扣除项目本期实际扣除金额"：纳税人销售服务、不动产和无形资产享受差额征税政策的，应填写对应项目当期实际差额扣除的金额。不享受差额征税政策的填"0"。

（八）第5列"含税销售额"：纳税人销售服务、不动产和无形资产享受差额征税政策的，应填写对应项目差额扣除后的含税销售额。

本列各行次＝第3列对应各行次－第4列对应各行次。

（九）第6列"销项（应纳）税额"：反映纳税人按现行增值税规定，分项目的增值税销项（应纳）税额，按以下要求填写：

1. 销售服务、不动产和无形资产按照一般计税方法计税的

本列各行次＝第5列对应各行次÷（100％＋对应行次增值税税率）×对应行次增值税税率。

2. 销售服务、不动产和无形资产按照简易计税方法计税的

本列各行次＝第5列对应各行次÷（100％＋对应行次增值税征收率）×对应行次增值税征收率。

（十）第7列"增值税应纳税额（测算）"：反映纳税人按现行增值税规定，测算出的对应项目的增值税应纳税额。

1. 销售服务、不动产和无形资产按照一般计税方法计税的

本列各行次＝第6列对应各行次÷《增值税纳税申报表（一般纳税人适用）》主表第11栏"销项税额""一般项目"和"即征即退项目""本月数"之和×《增值税纳税申报表（一般纳税人适用）》主表第19栏"应纳税额""一般项目"和"即征即退项目""本月数"之和。

2. 销售服务、不动产和无形资产按照简易计税方法计税的

本列各行次＝第6列对应各行次。

（十一）第8列"原营业税税制下服务、不动产和无形资产差额扣除项目""期初余额"：填写按原营业税规定，服务、不动产和无形资产差额扣除项目上期期末结存的金额，试点实施之日的税款所属期填写"0"。本列各行次等于上期本表第12列对应行次。

（十二）第9列"原营业税税制下服务、不动产和无形资产差额扣除项目""本期发生额"：填写按原营业税规定，本期取得的准予差额扣除的服务、不动产和无形资产差额扣除项目金额。

（十三）第10列"原营业税税制下服务、不动产和无形资产差额扣除项目""本期应扣除金额"：填写按原营业税规定，服务、不动产和无形资产差额扣除项目本期应扣除的金额。

本列各行次＝第8列对应各行次＋第9列对应各行次。

（十四）第11列"原营业税税制下服务、不动产和无形资产差额扣除项目""本期实际扣除金额"：填写按原营业税规定，服务、不动产和无形资产差额扣除项目本期实际扣除的金额。

1. 当第10列各行次≤第3列对应行次时

本列各行次＝第10列对应各行次。

2. 当第10列各行次＞第3列对应行次时

本列各行次＝第3列对应各行次。

（十五）第12列"原营业税税制下服务、不动产和无形资产差额扣除项目""期末余额"：填写按原营业税规定，服务、不动产和无形资产差额扣除项目本期期末结存的金额。

本列各行次＝第10列对应各行次－第11列对应各行次。

（十六）第13列"应税营业额"：反映纳税人按原营业税规定，对应项目的应税营业额。

本列各行次＝第3列对应各行次－第11列对应各行次。

（十七）第14列"营业税应纳税额"：反映纳税人按原营业税规定，计算出的对应项目的营业税应纳税额。

本列各行次＝第13列对应各行次×对应行次营业税税率。

二、行次填写说明

（一）"合计"行：本行各栏为对应栏次的合计数。

本行第3列"价税合计"＝《增值税纳税申报表附列资料（一）》（本期销售情况明细）第11列"价税合计"第2＋4＋5＋9b＋12＋13a＋13b行。

本行第4列"服务、不动产和无形资产扣除项目本期实际扣除金额"＝《增值税纳税申报表附列资料（一）》（本期销售情况明细）第12列"服务、不动产和无形资产扣除项目本期实际扣除金额"第2＋4＋5＋9b＋12＋13a＋13b行。

（二）其他行次根据纳税人实际发生业务分项目填写。

附件3

营改增试点应税项目明细表

序号	代码	应税项目名称	填报说明
		交通运输服务	无运输工具承运业务按照运输业务的实际承运人使用的运输工具划分到对应税目
1	010100	铁路运输服务	通过铁路运送货物或者旅客的运输业务活动
2	010201	陆路旅客运输服务	铁路运输以外的陆路旅客运输业务活动。包括公路运输、缆车运输、索道运输、地铁运输、城市轻轨运输等。出租车公司向使用本公司自有出租车的出租车司机收取的管理费用，按照陆路运输服务缴纳增值税
3	010202	陆路货物运输服务	铁路运输以外的陆路货物运输业务活动。包括公路运输、缆车运输、索道运输、地铁运输、城市轻轨运输等
4	010300	水路运输服务	通过江、河、湖、川等天然、人工水道或者海洋航道运送货物或者旅客的运输业务活动。水路运输的程租、期租业务，属于水路运输服务
5	010400	航空运输服务	通过空中航线运送货物或者旅客的运输业务活动。航空运输的湿租业务，属于航空运输服务。航天运输服务，按照航空运输服务缴纳增值税
6	010500	管道运输服务	通过管道设施输送气体、液体、固体物质的运输业务活动
		邮政服务	
7	020000	邮政服务	中国邮政集团公司及其所属邮政企业提供邮件寄递、邮政汇兑和机要通信等邮政基本服务的业务活动。包括邮政普遍服务、邮政特殊服务和其他邮政服务
		电信服务	
8	030100	基础电信服务	利用固网、移动网、卫星、互联网，提供语音通话服务的业务活动，以及出租或者出售带宽、波长等网络元素的业务活动
9	030200	增值电信服务	利用固网、移动网、卫星、互联网、有线电视网络，提供短信和彩信服务、电子数据和信息的传输及应用服务、互联网接入服务等业务活动。卫星电视信号落地转接服务，按照增值电信服务缴纳增值税
		建筑服务	
10	040100	工程服务	新建、改建各种建筑物、构筑物的工程作业，包括与建筑物相连的各种设备或者支柱、操作平台的安装或者装设工程作业，以及各种窑炉和金属结构工程作业
11	040200	安装服务	生产设备、动力设备、起重设备、运输设备、传动设备、医疗实验设备以及其他各种设备、设施的装配、安置工程作业，包括与被安装设备相连的工作台、梯子、栏杆的装设工程作业，以及被安装设备的绝缘、防腐、保温、油漆等工程作业。固定电话、有线电视、宽带、水、电、燃气、暖气等经营者向用户收取的安装费、初装费、开户费、扩容费以及类似收费，按照安装服务缴纳增值税

续表

序号	代码	应税项目名称	填报说明
12	040300	修缮服务	对建筑物、构筑物进行修补、加固、养护、改善，使之恢复原来的使用价值或者延长其使用期限的工程作业
13	040400	装饰服务	对建筑物、构筑物进行修饰装修，使之美观或者具有特定用途的工程作业
14	040500	其他建筑服务	其他建筑服务，上列工程作业之外的各种工程作业服务，如钻井（打井）、拆除建筑物或者构筑物、平整土地、园林绿化、疏浚（不包括航道疏浚）、建筑物平移、搭脚手架、爆破、矿山穿孔、表面附着物（包括岩层、土层、沙层等）剥离和清理等工程作业
		金融服务	
15	050100	贷款服务	将资金贷与他人使用而取得利息收入的业务活动。各种占用、拆借资金取得的收入，包括金融商品持有期间（含到期）利息（保本收益、报酬、资金占用费、补偿金等）收入、信用卡透支利息收入、买入返售金融商品利息收入、融资融券收取的利息收入，以及融资性售后回租、押汇、罚息、票据贴现、转贷等业务取得的利息及利息性质的收入，按照贷款服务缴纳增值税；以货币资金投资收取的固定利润或者保底利润，按照贷款服务缴纳增值税
16	050200	直接收费金融服务	为货币资金融通及其他金融业务提供相关服务并且收取费用的业务活动。包括提供货币兑换、账户管理、电子银行、信用卡、信用证、财务担保、资产管理、信托管理、基金管理、金融交易场所（平台）管理、资金结算、资金清算、金融支付等服务
17	050300	人身保险服务	以人的寿命和身体为保险标的的保险业务活动
18	050400	财产保险服务	以财产及其有关利益为保险标的的保险业务活动
19	050500	金融商品转让	转让外汇、有价证券、非货物期货和其他金融商品所有权的业务活动。其他金融商品转让包括基金、信托、理财产品等各类资产管理产品和各种金融衍生品的转让
		现代服务	
		研发和技术服务	
20	060101	研发服务	就新技术、新产品、新工艺或者新材料及其系统进行研究与试验开发的业务活动
21	060102	合同能源管理服务	节能服务公司与用能单位以契约形式约定节能目标，节能服务公司提供必要的服务，用能单位以节能效果支付节能服务公司投入及其合理报酬的业务活动
22	060103	工程勘察勘探服务	在采矿、工程施工前后，对地形、地质构造、地下资源蕴藏情况进行实地调查的业务活动
23	060104	专业技术服务	气象服务、地震服务、海洋服务、测绘服务、城市规划、环境与生态监测服务等专项技术服务

续表

序号	代码	应税项目名称	填报说明
		信息技术服务	
24	060201	软件服务	提供软件开发服务、软件维护服务、软件测试服务的业务活动
25	060202	电路设计及测试服务	提供集成电路和电子电路产品设计、测试及相关技术支持服务的业务活动
26	060203	信息系统服务	提供信息系统集成、网络管理、网站内容维护、桌面管理与维护、信息系统应用、基础信息技术管理平台整合、信息技术基础设施管理、数据中心、托管中心、信息安全服务、在线杀毒、虚拟主机等业务活动。包括网站对非自有的网络游戏提供的网络运营服务
27	060204	业务流程管理服务	依托信息技术提供的人力资源管理、财务经济管理、审计管理、税务管理、物流信息管理、经营信息管理和呼叫中心等服务的活动
28	060205	信息系统增值服务	利用信息系统资源为用户附加提供的信息技术服务。包括数据处理、分析和整合、数据库管理、数据备份、数据存储、容灾服务、电子商务平台等
		文化创意服务	
29	060301	设计服务	把计划、规划、设想通过文字、语言、图画、声音、视觉等形式传递出来的业务活动。包括工业设计、内部管理设计、业务运作设计、供应链设计、造型设计、服装设计、环境设计、平面设计、包装设计、动漫设计、网游设计、展示设计、网站设计、机械设计、工程设计、广告设计、创意策划、文印晒图等
30	060302	知识产权服务	处理知识产权事务的业务活动。包括对专利、商标、著作权、软件、集成电路布图设计的登记、鉴定、评估、认证、检索服务
31	060303	广告服务	利用图书、报纸、杂志、广播、电视、电影、幻灯、路牌、招贴、橱窗、霓虹灯、灯箱、互联网等各种形式为客户的商品、经营服务项目、文体节目或者通告、声明等委托事项进行宣传和提供相关服务的业务活动。包括广告代理和广告的发布、播映、宣传、展示等
32	060304	会议展览服务	为商品流通、促销、展示、经贸洽谈、民间交流、企业沟通、国际往来等举办或者组织安排的各类展览和会议的业务活动

续表

序号	代码	应税项目名称	填报说明
		物流辅助服务	
33	060401	航空服务	包括航空地面服务和通用航空服务。航空地面服务，是指航空公司、飞机场、民航管理局、航站等向在境内航行或者在境内机场停留的境内外飞机或者其他飞行器提供的导航等劳务性地面服务的业务活动，包括旅客安全检查服务、停机坪管理服务、机场候机厅管理服务、飞机清洗消毒服务、空中飞行管理服务、飞机起降服务、飞行通讯服务、地面信号服务、飞机安全服务、飞机跑道管理服务、空中交通管理服务等。通用航空服务，是指为专业工作提供飞行服务的业务活动，包括航空摄影、航空培训、航空测量、航空勘探、航空护林、航空吊挂播撒、航空降雨、航空气象探测、航空海洋监测、航空科学实验等
34	060402	港口码头服务	港务船舶调度服务、船舶通讯服务、航道管理服务、航道疏浚服务、灯塔管理服务、航标管理服务、船舶引航服务、理货服务、系解缆服务、停泊和移泊服务、海上船舶溢油清除服务、水上交通管理服务、船只专业清洗消毒检测服务和防止船只漏油服务等为船只提供服务的业务活动。港口设施经营人收取的港口设施保安费按照港口码头服务缴纳增值税
35	060403	货运客运场站服务	货运客运场站提供货物配载服务、运输组织服务、中转换乘服务、车辆调度服务、票务服务、货物打包整理、铁路线路使用服务、加挂铁路客车服务、铁路行包专列发送服务、铁路到达和中转服务、铁路车辆编解服务、车辆挂运服务、铁路接触网服务、铁路机车牵引服务等业务活动
36	060404	打捞救助服务	提供船舶人员救助、船舶财产救助、水上救助和沉船沉物打捞服务的业务活动
37	060405	装卸搬运服务	使用装卸搬运工具或者人力、畜力将货物在运输工具之间、装卸现场之间或者运输工具与装卸现场之间进行装卸和搬运的业务活动
38	060406	仓储服务	利用仓库、货场或者其他场所代客贮放、保管货物的业务活动
39	060407	收派服务	接受寄件人委托，在承诺的时限内完成函件和包裹的收件、分拣、派送服务的业务活动。收件服务，是指从寄件人收取函件和包裹，并运送到服务提供方同城的集散中心的业务活动。分拣服务，是指服务提供方在其集散中心对函件和包裹进行归类、分发的业务活动。派送服务，是指服务提供方从其集散中心将函件和包裹送达同城的收件人的业务活动

续表

序号	代码	应税项目名称	填报说明
		租赁服务	
40	060501	不动产融资租赁	标的物为不动产的具有融资性质和所有权转移特点的租赁活动。即出租人根据承租人所要求的规格、型号、性能等条件购入不动产租赁给承租人，合同期内租赁物所有权属于出租人，承租人只拥有使用权，合同期满付清租金后，承租人有权按照残值购入租赁物，以拥有其所有权。不论出租人是否将租赁物销售给承租人，均属于融资租赁。融资性售后回租不按照本税目缴纳增值税
41	060502	不动产经营租赁	在约定时间内将不动产转让他人使用且租赁物所有权不变更的业务活动。将建筑物、构筑物等不动产的广告位出租给其他单位或者个人用于发布广告，按照经营租赁服务缴纳增值税。车辆停放服务、道路通行服务（包括过路费、过桥费、过闸费等）等按照不动产经营租赁服务缴纳增值税
42	060503	有形动产融资租赁	标的物为有形动产的具有融资性质和所有权转移特点的租赁活动。即出租人根据承租人所要求的规格、型号、性能等条件购入有形动产租赁给承租人，合同期内租赁物所有权属于出租人，承租人只拥有使用权，合同期满付清租金后，承租人有权按照残值购入租赁物，以拥有其所有权。不论出租人是否将租赁物销售给承租人，均属于融资租赁。融资性售后回租不按照本税目缴纳增值税
43	060504	有形动产经营租赁	在约定时间内将有形动产转让他人使用且租赁物所有权不变更的业务活动。将飞机、车辆等有形动产的广告位出租给其他单位或者个人用于发布广告，按照经营租赁服务缴纳增值税。水路运输的光租业务、航空运输的干租业务，属于经营租赁
		鉴证咨询服务	
44	060601	认证服务	具有专业资质的单位利用检测、检验、计量等技术，证明产品、服务、管理体系符合相关技术规范、相关技术规范的强制性要求或者标准的业务活动
45	060602	鉴证服务	具有专业资质的单位受托对相关事项进行鉴证，发表具有证明力的意见的业务活动。包括会计鉴证、税务鉴证、法律鉴证、职业技能鉴定、工程造价鉴证、工程监理、资产评估、环境评估、房地产土地评估、建筑图纸审核、医疗事故鉴定等
46	060603	咨询服务	提供信息、建议、策划、顾问等服务的活动，包括金融、软件、技术、财务、税收、法律、内部管理、业务运作、流程管理、健康等方面的咨询。翻译服务和市场调查服务按照咨询服务缴纳增值税

续表

序号	代码	应税项目名称	填报说明
		广播影视服务	
47	060701	广播影视节目（作品）制作服务	进行专题（特别节目）、专栏、综艺、体育、动画片、广播剧、电视剧、电影等广播影视节目和作品制作的服务。具体包括与广播影视节目和作品相关的策划、采编、拍摄、录音、音视频文字图片素材制作、场景布置、后期的剪辑、翻译（编译）、字幕制作、片头、片尾、片花制作、特效制作、影片修复、编目和确权等业务活动
48	060702	广播影视节目（作品）发行服务	以分账、买断、委托等方式，向影院、电台、电视台、网站等单位和个人发行广播影视节目（作品）以及转让体育赛事等活动的报道及播映权的业务活动
49	060703	广播影视节目（作品）播映服务	在影院、剧院、录像厅及其他场所播映广播影视节目（作品），以及通过电台、电视台、卫星通信、互联网、有线电视等无线或者有线装置播映广播影视节目（作品）的业务活动
		商务辅助服务	
50	060801	企业管理服务	提供总部管理、投资与资产管理、市场管理、物业管理、日常综合管理等服务的业务活动
51	060802	经纪代理服务	各类经纪、中介、代理服务。包括金融代理、知识产权代理、货物运输代理、代理报关、法律代理、房地产中介、职业中介、婚姻中介、代理记账、拍卖等
52	060803	人力资源服务	提供公共就业、劳务派遣、人才委托招聘、劳动力外包等服务的业务活动
53	060804	安全保护服务	提供保护人身安全和财产安全，维护社会治安等的业务活动。包括场所住宅保安、特种保安、安全系统监控以及其他安保服务
		其他现代服务	
54	069900	其他现代服务	除研发和技术服务、信息技术服务、文化创意服务、物流辅助服务、租赁服务、鉴证咨询服务、广播影视服务和商务辅助服务以外的现代服务
		生活服务	
		文化体育服务	
55	070101	文化服务	为满足社会公众文化生活需求提供的各种服务。包括文艺创作、文艺表演、文化比赛，图书馆的图书和资料借阅，档案馆的档案管理，文物及非物质遗产保护，组织举办宗教活动、科技活动、文化活动，提供游览场所
56	070102	体育服务	组织举办体育比赛、体育表演、体育活动，以及提供体育训练、体育指导、体育管理的业务活动

续表

序号	代码	应税项目名称	填报说明
		教育医疗服务	
57	070201	教育服务	提供学历教育服务、非学历教育服务、教育辅助服务的业务活动。学历教育服务，是指根据教育行政管理部门确定或者认可的招生和教学计划组织教学，并颁发相应学历证书的业务活动，包括初等教育、初级中等教育、高级中等教育、高等教育等。非学历教育服务，包括学前教育、各类培训、演讲、讲座、报告会等。教育辅助服务，包括教育测评、考试、招生等服务
58	070202	医疗服务	提供医学检查、诊断、治疗、康复、预防、保健、接生、计划生育、防疫服务等方面的服务，以及与这些服务有关的提供药品、医用材料器具、救护车、病房住宿和伙食的业务
		旅游娱乐服务	
59	070301	旅游服务	根据旅游者的要求，组织安排交通、游览、住宿、餐饮、购物、文娱、商务等服务的业务活动
60	070302	娱乐服务	为娱乐活动同时提供场所和服务的业务。具体包括：歌厅、舞厅、夜总会、酒吧、台球、高尔夫球、保龄球、游艺（包括射击、狩猎、跑马、游戏机、蹦极、卡丁车、热气球、动力伞、射箭、飞镖）
		餐饮住宿服务	
61	070401	餐饮服务	通过同时提供饮食和饮食场所的方式为消费者提供饮食消费服务的业务活动
62	070402	住宿服务	提供住宿场所及配套服务等的活动。包括宾馆、旅馆、旅社、度假村和其他经营性住宿场所提供的住宿服务
		居民日常服务	
63	070500	居民日常服务	主要为满足居民个人及其家庭日常生活需求提供的服务，包括市容市政管理、家政、婚庆、养老、殡葬、照料和护理、救助救济、美容美发、按摩、桑拿、氧吧、足疗、沐浴、洗染、摄影扩印等服务
		其他生活服务	
64	079900	其他生活服务	除文化体育服务、教育医疗服务、旅游娱乐服务、餐饮住宿服务和居民日常服务之外的生活服务
		销售无形资产	
65	080100	专利或非专利技术	转让专利技术和非专利技术的所有权或者使用权的业务活动
66	080200	商标和著作权	转让商标和著作权的所有权或者使用权的业务活动
67	080300	土地使用权	转让土地使用权的业务活动
68	080400	其他自然资源使用权	转让除土地使用权以外的自然资源使用权的业务活动，包括海域使用权、探矿权、采矿权、取水权和其他自然资源使用权

续表

序号	代码	应税项目名称	填报说明
69	089900	其他权益性无形资产	转让除上述内容以外的其他权益性无形资产的所有权或者使用权的业务活动。包括基础设施资产经营权、公共事业特许经营、配额、经营权（包括特许经营权、连锁经营权、其他经营权）、经销权、分销权、代理权、会员权、席位权、网络游戏虚拟道具、域名、名称权、肖像权、冠名权、转会费等
		销售不动产	
70	090100	销售不动产建筑物	转让不动产所有权的业务活动。不动产，是指不能移动或者移动后会引起性质、形状改变的财产。建筑物，包括住宅、商业营业用房、办公楼等可供居住、工作或者进行其他活动的建造物。转让建筑物有限产权或者永久使用权，转让在建的建筑物所有权，以及在转让建筑物时一并转让其所占土地的使用权的，按照销售不动产缴纳增值税
71	090200	销售不动产构筑物	转让不动产所有权的业务活动。不动产，是指不能移动或者移动后会引起性质、形状改变的财产。构筑物，包括道路、桥梁、隧道、水坝等建造物。转让在建的构筑物所有权，以及在转让构筑物时一并转让其所占土地的使用权的，按照销售不动产缴纳增值税

1.2.6 有关纳税申报

国家税务总局关于全面推开营业税改征增值税试点后增值税纳税申报有关事项的公告

（国家税务总局公告2016年第13号）

为保障全面推开营业税改征增值税改革试点工作顺利实施，现将增值税纳税申报有关事项公告如下：

一、中华人民共和国境内增值税纳税人均应按照本公告的规定进行增值税纳税申报。
二、纳税申报资料
纳税申报资料包括纳税申报表及其附列资料和纳税申报其他资料。
（一）纳税申报表及其附列资料
1.增值税一般纳税人（以下简称一般纳税人）纳税申报表及其附列资料包括：
（1）《增值税纳税申报表（一般纳税人适用）》。
（2）《增值税纳税申报表附列资料（一）》（本期销售情况明细）。

（3）《增值税纳税申报表附列资料（二）》（本期进项税额明细）。

（4）《增值税纳税申报表附列资料（三）》（服务、不动产和无形资产扣除项目明细）。

一般纳税人销售服务、不动产和无形资产，在确定服务、不动产和无形资产销售额时，按照有关规定可以从取得的全部价款和价外费用中扣除价款的，需填报《增值税纳税申报表附列资料（三）》。其他情况不填写该附列资料。

（5）《增值税纳税申报表附列资料（四）》（税额抵减情况表）。

（6）《增值税纳税申报表附列资料（五）》（不动产分期抵扣计算表）。

（7）《固定资产（不含不动产）进项税额抵扣情况表》。

（8）《本期抵扣进项税额结构明细表》。

（9）《增值税减免税申报明细表》。

2. 增值税小规模纳税人（以下简称小规模纳税人）纳税申报表及其附列资料包括：

（1）《增值税纳税申报表（小规模纳税人适用）》。

（2）《增值税纳税申报表（小规模纳税人适用）附列资料》。

小规模纳税人销售服务，在确定服务销售额时，按照有关规定可以从取得的全部价款和价外费用中扣除价款的，需填报《增值税纳税申报表（小规模纳税人适用）附列资料》。其他情况不填写该附列资料。

（3）《增值税减免税申报明细表》。

3. 上述纳税申报表及其附列资料表样和填写说明详见附件1至附件4。

（二）纳税申报其他资料

1. 已开具的税控机动车销售统一发票和普通发票的存根联。

2. 符合抵扣条件且在本期申报抵扣的增值税专用发票（含税控机动车销售统一发票）的抵扣联。

3. 符合抵扣条件且在本期申报抵扣的海关进口增值税专用缴款书、购进农产品取得的普通发票的复印件。

4. 符合抵扣条件且在本期申报抵扣的税收完税凭证及其清单，书面合同、付款证明和境外单位的对账单或者发票。

5. 已开具的农产品收购凭证的存根联或报查联。

6. 纳税人销售服务、不动产和无形资产，在确定服务、不动产和无形资产销售额时，按照有关规定从取得的全部价款和价外费用中扣除价款的合法凭证及其清单。

7. 主管税务机关规定的其他资料。

（二）纳税申报表及其附列资料为必报资料。纳税申报其他资料的报备要求由各省、自治区、直辖市和计划单列市国家税务局确定。

三、纳税人跨县（市）提供建筑服务、房地产开发企业预售自行开发的房地产项目、纳税人出租与机构所在地不在同一县（市）的不动产，按规定需要在项目所在地或不动产所在地主管国税机关预缴税款的，需填写《增值税预缴税款表》，表样及填写说明详见附件5至附件6。

四、主管税务机关应做好增值税纳税申报的宣传和辅导工作。

五、本公告自2016年6月1日起施行。《国家税务总局关于调整增值税纳税申报有关事项的公告》（国家税务总局公告2012年第31号）、《国家税务总局关于营业税改征增值税总分机构试点纳税人增值税纳税申报有关事项的公告》(国家税务总局公告 2013 年第 22 号)、《国家税务总局关于调整增值税纳税申报有关事项的公告》(国家税务总局公告 2013 年第 32 号)、《国家税务总局关于铁路运输和邮政业营业税改征增值税后纳税申报有关事项的公告》(国家税务总局公告 2014 年第 7 号)、《国家税务总局关于调整增值税纳税申报有关事项的公告》(国家税务总局公告 2014 年第 45 号)、《国家税务总局关于调整增值税纳税申报有关事项的公告》(国家税务总局公告 2014 年第 58 号)、《国家税务总局关于调整增值税纳税申报有关事项的公告》(国家税务总局公告 2014 年第 69 号)、《国家税务总局关于调整增值税纳税申报有关事项的公告》(国家税务总局公告 2015 年第 23 号)同时废止。

特此公告。

附件:
1. 《增值税纳税申报表(一般纳税人适用)》及其附列资料
2. 《增值税纳税申报表(一般纳税人适用)》及其附列资料填写说明
3. 《增值税纳税申报表(小规模纳税人适用)》及其附列资料
4. 《增值税纳税申报表(小规模纳税人适用)》及其附列资料填写说明
5. 《增值税预缴税款表》
6. 《增值税预缴税款表》填写说明

国家税务总局
2016 年 3 月 31 日

附件 1

增值税纳税申报表(一般纳税人适用)

根据国家税收法律法规及增值税相关规定制定本表。纳税人不论有无销售额,均应按税务机关核定的纳税期限填写本表,并向当地税务机关申报。

税款所属时间:自　年　月　日至　年　月　日　填表日期:　年　月　日　　　金额单位:元至角分

纳税人识别号			所属行业:	
纳税人名称	(公章)	法定代表人姓名	注册地址	生产经营地址
开户银行及账号		登记注册类型		电话号码

	项目	栏次	一般项目		即征即退项目	
			本月数	本年累计	本月数	本年累计
销售额	(一)按适用税率计税销售额	1				
	其中:应税货物销售额	2				
	应税劳务销售额	3				
	纳税检查调整的销售额	4				
	(二)按简易办法计税销售额	5				

续表

项　目		栏次	一般项目		即征即退项目	
			本月数	本年累计	本月数	本年累计
销售额	其中：纳税检查调整的销售额	6				
	（三）免、抵、退办法出口销售额	7			—	—
	（四）免税销售额	8			—	—
	其中：免税货物销售额	9			—	—
	免税劳务销售额	10			—	—
税款计算	销项税额	11				
	进项税额	12				
	上期留抵税额	13				—
	进项税额转出	14				
	免、抵、退应退税额	15			—	—
	按适用税率计算的纳税检查应补缴税额	16			—	—
	应抵扣税额合计	17＝12＋13－14－15＋16		—		
	实际抵扣税额	18（如17＜11，则为17，否则为11）				
	应纳税额	19＝11－18				
	期末留抵税额	20＝17－18				—
	简易计税办法计算的应纳税额	21				
	按简易计税办法计算的纳税检查应补缴税额	22			—	—
	应纳税额减征额	23				
	应纳税额合计	24＝19＋21－23				

191

续表

项目		栏次	一般项目		即征即退项目	
			本月数	本年累计	本月数	本年累计
税款缴纳	期初未缴税额（多缴为负数）	25				
	实收出口开具专用缴款书退税额	26			—	—
	本期已缴税额	27＝28＋29＋30＋31				
	①分次预缴税额	28			—	—
	②出口开具专用缴款书预缴税额	29			—	—
	③本期缴纳上期应纳税额	30				
	④本期缴纳欠缴税额	31				
	期末未缴税额（多缴为负数）	32＝24＋25＋26－27				
	其中：欠缴税额（≥0）	33＝25＋26－27			—	—
	本期应补（退）税额	34＝24－28－29			—	—
	即征即退实际退税额	35	—	—		
	期初未缴查补税额	36			—	—
	本期入库查补税额	37			—	—
	期末未缴查补税额	38＝16＋22＋36－37			—	—

授权声明	如果你已委托代理人申报，请填写下列资料： 为代理一切税务事宜，现授权 （地址）　　为本纳税人的代理申报人，任何与本申报表有关的往来文件，都可寄予此人。 　　　　　　　　　　　授权人签字：	申报人声明	本纳税申报表是根据国家税收法律法规及相关规定填报的，我确定它是真实的、可靠的、完整的。 　　　　　　　　　　　声明人签字：

主管税务机关：　　　　　　　　　　　接收人：　　　　　　　　　　　接收日期：

增值税纳税申报表附列资料（一）
（本期销售情况明细）

税款所属时间：年 月 日至 年 月 日

纳税人名称：（公章）

金额单位：元至角分

项目及栏次			开具增值税专用发票		开具其他发票		未开具发票		纳税检查调整		合计			服务、不动产和无形资产扣除项目本期实际扣除金额	扣除后	
			销售额	销项（应纳）税额	销售额	销项（应纳）税额	销售额	销项（应纳）税额	销售额	销项（应纳）税额	销售额	销项（应纳）税额	价税合计		含税（免税）销售额	销项（应纳）税额
			1	2	3	4	5	6	7	8	9=1+3+5+7	10=2+4+6+8	11=9+10	12	13=11-12	14=13÷(100%+税率或征收率)×税率或征收率
一、一般计税方法计税	全部征税项目	17%税率的货物及加工修理修配劳务	1													
		17%税率的服务、不动产和无形资产	2													
		13%税率	3													
		11%税率	4													
		6%税率	5													
	其中：即征即退项目	即征即退货物及加工修理修配劳务	6	—	—	—	—	—	—	—	—	—	—	—	—	—
		即征即退服务、不动产和无形资产	7	—	—	—	—	—	—	—	—	—	—	—	—	—
二、简易计税方法计税	全部征税项目	6%征收率	8													
		5%征收率的货物及加工修理修配劳务	9a													
		5%征收率的服务、不动产和无形资产	9b													
		4%征收率	10													

193

续表

项目及栏次		开具增值税专用发票		开具其他发票		未开具发票		纳税检查调整		合计			服务、不动产和无形资产扣除项目本期实际扣除金额	扣除后	
		销售额	销项（应纳）税额	销售额	销项（应纳）税额	销售额	销项（应纳）税额	销售额	销项（应纳）税额	销售额	销项（应纳）税额	价税合计		含税（免税）销售额	销项（应纳）税额
		1	2	3	4	5	6	7	8	9=1+3+5+7	10=2+4+6+8	11=9+10	12	13=11−12	14=13÷(100%+税率或征收率)×税率或征收率
二、简易计税方法计税	3%征收率的货物及加工修理修配劳务 11														
	3%征收率的服务、不动产和无形资产 12														
	预征率 ％ 13a														
	预征率 ％ 13b														
	预征率 ％ 13c														
	其中：即征即退货物及加工修理修配劳务 14	—		—		—		—		—		—		—	—
	即征即退服务、不动产和无形资产 15	—		—		—		—		—		—		—	—
三、免抵退税	货物及加工修理修配劳务 16	—		—		—		—		—		—		—	—
	服务、不动产和无形资产 17	—		—		—		—		—		—		—	—
四、免税	货物及加工修理修配劳务 18	—		—		—		—		—		—		—	—
	服务、不动产和无形资产 19	—		—		—		—		—		—		—	—

增值税纳税申报表附列资料（二）

（本期进项税额明细）

税款所属时间： 年 月 日至 年 月 日

纳税人名称：（公章）　　　　　　　　　　　　　　　　　　金额单位：元至角分

一、申报抵扣的进项税额				
项　目	栏次	份数	金额	税额
（一）认证相符的增值税专用发票	1＝2＋3			
其中：本期认证相符且本期申报抵扣	2			
前期认证相符且本期申报抵扣	3			
（二）其他扣税凭证	4＝5＋6＋7＋8			
其中：海关进口增值税专用缴款书	5			
农产品收购发票或者销售发票	6			
代扣代缴税收缴款凭证	7		—	
其他	8			
（三）本期用于购建不动产的扣税凭证	9			
（四）本期不动产允许抵扣进项税额	10	—	—	
（五）外贸企业进项税额抵扣证明	11	—	—	
当期申报抵扣进项税额合计	12＝1＋4－9＋10＋11			

二、进项税额转出额		
项　目	栏次	税额
本期进项税额转出额	13＝14至23之和	
其中：免税项目用	14	
集体福利、个人消费	15	
非正常损失	16	
简易计税方法征税项目用	17	
免抵退税办法不得抵扣的进项税额	18	
纳税检查调减进项税额	19	
红字专用发票信息表注明的进项税额	20	
上期留抵税额抵减欠税	21	
上期留抵税额退税	22	
其他应作进项税额转出的情形	23	

三、待抵扣进项税额				
项　目	栏次	份数	金额	税额
（一）认证相符的增值税专用发票	24	—	—	—
期初已认证相符但未申报抵扣	25			
本期认证相符且本期未申报抵扣	26			
期末已认证相符但未申报抵扣	27			
其中：按照税法规定不允许抵扣	28			
（二）其他扣税凭证	29＝30至33之和			
其中：海关进口增值税专用缴款书	30			
农产品收购发票或者销售发票	31			
代扣代缴税收缴款凭证	32		—	
其他	33			
	34			

四、其他				
项目	栏次	份数	金额	税额
本期认证相符的增值税专用发票	35			
代扣代缴税额	36	—	—	

增值税纳税申报表附列资料（三）
（服务、不动产和无形资产扣除项目明细）

税款所属时间：　　年　月　日至　　年　月　日

纳税人名称：（公章）　　　　　　　　　　　　　　　　　　　　　金额单位：元至角分

项目及栏次		本期服务、不动产和无形资产价税合计额（免税销售额）	服务、不动产和无形资产扣除项目				
			期初余额	本期发生额	本期应扣除金额	本期实际扣除金额	期末余额
		1	2	3	4＝2＋3	5（5≤1且5≤4）	6＝4－5
17％税率的项目	1						
11％税率的项目	2						
6％税率的项目（不含金融商品转让）	3						
6％税率的金融商品转让项目	4						
5％征收率的项目	5						
3％征收率的项目	6						
免抵退税的项目	7						
免税的项目	8						

增值税纳税申报表附列资料（四）
（税额抵减情况表）

税款所属时间：　　年　月　日至　　年　月　日

纳税人名称：（公章）　　　　　　　　　　　　　　　　　　　　　金额单位：元至角分

序号	抵减项目	期初余额	本期发生额	本期应抵减税额	本期实际抵减税额	期末余额
		1	2	3＝1＋2	4≤3	5＝3－4
1	增值税税控系统专用设备费及技术维护费					
2	分支机构预征缴纳税款					
3	建筑服务预征缴纳税款					
4	销售不动产预征缴纳税款					
5	出租不动产预征缴纳税款					

增值税纳税申报表附列资料（五）
（不动产分期抵扣计算表）

税款所属时间：　　年　月　日至　　年　月　日

纳税人名称：（公章）　　　　　　　　　　　　　　　　　　　　　金额单位：元至角分

期初待抵扣不动产进项税额	本期不动产进项税额增加额	本期可抵扣不动产进项税额	本期转入的待抵扣不动产进项税额	本期转出的待抵扣不动产进项税额	期末待抵扣不动产进项税额
1	2	3≤1＋2＋4	4	5≤1＋4	6＝1＋2－3＋4－5

固定资产（不含不动产）进项税额抵扣情况表

纳税人名称（公章）： 填表日期： 年 月 日 金额单位：元至角分

项　　目	当期申报抵扣的固定资产进项税额	申报抵扣的固定资产进项税额累计
增值税专用发票		
海关进口增值税专用缴款书		
合　　计		

增值税减免税申报明细表

税款所属时间：自　年　月　日至　年　月　日

纳税人名称（公章）： 金额单位：元至角分

一、减税项目						
减税性质代码及名称	栏次	期初余额	本期发生额	本期应抵减税额	本期实际抵减税额	期末余额
		1	2	3＝1＋2	4≤3	5＝3－4
合　计	1					
	2					
	3					
	4					
	5					
	6					

二、免税项目						
免税性质代码及名称	栏次	免征增值税项目销售额	免税销售额扣除项目本期实际扣除金额	扣除后免税销售额	免税销售额对应的进项税额	免税额
		1	2	3＝1－2	4	5
合　计	7					
出口免税	8		—	—	—	—
其中：跨境服务	9		—	—	—	—
	10					
	11					
	12					
	13					
	14					
	15					
	16					

本期抵扣进项税额结构明细表

税款所属时间： 年 月 日至 年 月 日

纳税人名称：(公章)　　　　　　　　　　　　　　　　　　　　　金额单位：元至角分

项　　目	栏次	金额	税额
合　　计	1＝2＋4＋5＋10＋13＋15＋17＋18＋19		
17％税率的进项	2		
其中：有形动产租赁的进项	3		
13％税率的进项	4		
11％税率的进项	5		
其中：货物运输服务的进项	6		
建筑安装服务的进项	7		
不动产租赁服务的进项	8		
购入不动产的进项	9		
6％税率的进项	10		
其中：直接收费金融服务的进项	11		
财产保险的进项	12		
5％征收率的进项	13		
其中：购入不动产的进项	14		
3％征收率的进项	15		
其中：建筑安装服务的进项	16		
1.5％征收率的进项	17		
农产品核定扣除进项	18		
外贸企业进项税额抵扣证明注明的进项	19		
	20		
	21		

附件2

《增值税纳税申报表（一般纳税人适用）》及其附列资料填写说明

本纳税申报表及其附列资料填写说明（以下简称本表及填写说明）适用于增值税一般纳税人（以下简称纳税人）。

一、名词解释

（一）本表及填写说明所称"货物"，是指增值税的应税货物。

（二）本表及填写说明所称"劳务"，是指增值税的应税加工、修理、修配劳务。

（三）本表及填写说明所称"服务、不动产和无形资产"，是指销售服务、不动产和无形资产。

（四）本表及填写说明所称"按适用税率计税"、"按适用税率计算"和"一般计税方法"，均指按"应纳税额＝当期销项税额－当期进项税额"公式计算增值税应纳税额的计税方法。

（五）本表及填写说明所称"按简易办法计税"、"按简易征收办法计算"和"简易计税方法"，均指按"应纳税额＝销售额×征收率"公式计算增值税应纳税额的计税方法。

（六）本表及填写说明所称"扣除项目"，是指纳税人销售服务、不动产和无形资产，在确定销售额时，按照有关规定允许其从取得的全部价款和价外费用中扣除价款的项目。

二、《增值税纳税申报表（一般纳税人适用）》填写说明

（一）"税款所属时间"：指纳税人申报的增值税应纳税额的所属时间，应填写具体的起止年、月、日。

（二）"填表日期"：指纳税人填写本表的具体日期。

（三）"纳税人识别号"：填写纳税人的税务登记证件号码。

（四）"所属行业"：按照国民经济行业分类与代码中的小类行业填写。

（五）"纳税人名称"：填写纳税人单位名称全称。

（六）"法定代表人姓名"：填写纳税人法定代表人的姓名。

（七）"注册地址"：填写纳税人税务登记证件所注明的详细地址。

（八）"生产经营地址"：填写纳税人实际生产经营地的详细地址。

（九）"开户银行及账号"：填写纳税人开户银行的名称和纳税人在该银行的结算账户号码。

（十）"登记注册类型"：按纳税人税务登记证件的栏目内容填写。

（十一）"电话号码"：填写可联系到纳税人的常用电话号码。

（十二）"即征即退项目"列：填写纳税人按规定享受增值税即征即退政策的货物、劳务和服务、不动产、无形资产的征（退）税数据。

（十三）"一般项目"列：填写除享受增值税即征即退政策以外的货物、劳务和服务、不动产、无形资产的征（免）税数据。

（十四）"本年累计"列：一般填写本年度内各月"本月数"之和。其中，第13、20、25、32、36、38栏及第18栏"实际抵扣税额""一般项目"列的"本年累计"分别按本填写说明第（二十七）（三十四）（三十九）（四十六）（五十）（五十二）（三十二）条要求填写。

（十五）第1栏"（一）按适用税率计税销售额"：填写纳税人本期按一般计税方法计算缴纳增值税的销售额，包含：在财务上不作销售但按税法规定应缴纳增值税的视同销售和价外费用的销售额；外贸企业作价销售进料加工复出口货物的销售额；税务、财政、审计部门检查后按一般计税方法计算调整的销售额。

营业税改征增值税的纳税人，服务、不动产和无形资产有扣除项目的，本栏应填写扣除之前的不含税销售额。

本栏"一般项目"列"本月数"＝《附列资料（一）》第9列第1至5行之和－第9列第6、7行之和；本栏"即征即退项目"列"本月数"＝《附列资料（一）》第9列第6、7行之和。

（十六）第2栏"其中：应税货物销售额"：填写纳税人本期按适用税率计算增值税的应税货物的销售额。包含在财务上不作销售但按税法规定应缴纳增值税的视同销售货物和价外费用销售额，以及外贸企业作价销售进料加工复出口货物的销售额。

（十七）第3栏"应税劳务销售额"：填写纳税人本期按适用税率计算增值税的应税劳务的销售额。

（十八）第4栏"纳税检查调整的销售额"：填写纳税人因税务、财政、审计部门检查，并按一般计税方法在本期计算调整的销售额。但享受增值税即征即退政策的货物、劳务和服务、不动产、无形资产，经纳税检查属于偷税的，不填入"即征即退项目"列，而应填入"一般项目"列。

营业税改征增值税的纳税人，服务、不动产和无形资产有扣除项目的，本栏应填写扣除之前的不含税销售额。

本栏"一般项目"列"本月数"＝《附列资料（一）》第7列第1至5行之和。

（十九）第5栏"按简易办法计税销售额"：填写纳税人本期按简易计税方法计算增值税的销售额。包含纳税检查调整按简易计税方法计算增值税的销售额。

营业税改征增值税的纳税人，服务、不动产和无形资产有扣除项目的，本栏应填写扣除之前的不含税销售额；服务、不动产和无形资产按规定汇总计算缴纳增值税的分支机构，其当期按预征率计算缴纳增值税的销售额也填入本栏。

本栏"一般项目"列"本月数"≥《附列资料（一）》第9列第8至13b行之和－第9列第14、15行之和；本栏"即征即退项目"列"本月数"≥《附列资料（一）》第9列第14、15行之和。

（二十）第6栏"其中：纳税检查调整的销售额"：填写纳税人因税务、财政、审计部门检查，并按简易计税方法在本期计算调整的销售额。但享受增值税即征即退政策的货物、劳务和服务、不动产、无形资产，经纳税检查属于偷税的，不填入"即征即退项目"列，而应填入"一般项目"列。

营业税改征增值税的纳税人，服务、不动产和无形资产有扣除项目的，本栏应填写扣除之前的不含税销售额。

（二十一）第7栏"免、抵、退办法出口销售额"：填写纳税人本期适用免、抵、退税办法的出口货物、劳务和服务、无形资产的销售额。

营业税改征增值税的纳税人，服务、无形资产有扣除项目的，本栏应填写扣除之前的销售额。

本栏"一般项目"列"本月数"＝《附列资料（一）》第9列第16、17行之和。

（二十二）第8栏"免税销售额"：填写纳税人本期按照税法规定免征增值税的销售额和适用零税率的销售额，但零税率的销售额中不包括适用免、抵、退税办法的销售额。

营业税改征增值税的纳税人，服务、不动产和无形资产有扣除项目的，本栏应填写扣除之前的免税销售额。

本栏"一般项目"列"本月数"＝《附列资料（一）》第9列第18、19行之和。

（二十三）第9栏"其中：免税货物销售额"：填写纳税人本期按照税法规定免征增值税的货物销售额及适用零税率的货物销售额，但零税率的销售额中不包括适用免、抵、退税办法出口货物的销售额。

（二十四）第10栏"免税劳务销售额"：填写纳税人本期按照税法规定免征增值税的劳务销售额及适用零税率的劳务销售额，但零税率的销售额中不包括适用免、抵、退税办法的劳务的销售额。

（二十五）第11栏"销项税额"：填写纳税人本期按一般计税方法计税的货物、劳务和服务、不动产、无形资产的销项税额。

营业税改征增值税的纳税人，服务、不动产和无形资产有扣除项目的，本栏应填写扣除之后的销项税额。

本栏"一般项目"列"本月数"＝《附列资料（一）》（第10列第1、3行之和－第10列第6行）＋（第14列第2、4、5行之和－第14列第7行）；

本栏"即征即退项目"列"本月数"＝《附列资料（一）》第10列第6行＋第14列第7行。

（二十六）第12栏"进项税额"：填写纳税人本期申报抵扣的进项税额。

本栏"一般项目"列"本月数"＋"即征即退项目"列"本月数"＝《附列资料（二）》第12栏"税额"。

（二十七）第13栏"上期留抵税额"

1. 上期留抵税额按规定须挂账的纳税人，按以下要求填写本栏的"本月数"和"本年累计"。

上期留抵税额按规定须挂账的纳税人是指试点实施之日前一个税款所属期的申报表第20栏"期末留抵税额""一般货物、劳务和应税服务"列"本月数"大于零，且兼有营业税改征增值税服务、不动产和无形资产的纳税人（下同）。其试点实施之日前一个税款所属期的申报表第20栏"期末留抵税额""一般货物、劳务和应税服务"列"本月数"，以下称为货物和劳务挂账留抵税额。

（1）本栏"一般项目"列"本月数"：试点实施之日的税款所属期填写"0"；以后各期按上期申报表第20栏"期末留抵税额""一般项目"列"本月数"填写。

（2）本栏"一般项目"列"本年累计"：反映货物和劳务挂账留抵税额本期期初余额。试点实施之日的税款所属期按试点实施之日前一个税款所属期的申报表第20栏"期末留抵税额""一般货物、劳务和应税服务"列"本月数"填写；以后各期按上期申报表第20栏"期末留抵税额""一般项目"列"本年累计"填写。

（3）本栏"即征即退项目"列"本月数"：按上期申报表第20栏"期末留抵税额""即征即退项目"列"本月数"填写。

2. 其他纳税人，按以下要求填写本栏"本月数"和"本年累计"。

其他纳税人是指除上期留抵税额按规定须挂账的纳税人之外的纳税人（下同）。

（1）本栏"一般项目"列"本月数"：按上期申报表第20栏"期末留抵税额""一般项目"列"本月数"填写。

（2）本栏"一般项目"列"本年累计"：填写"0"。

（3）本栏"即征即退项目"列"本月数"：按上期申报表第20栏"期末留抵税额"

"即征即退项目"列"本月数"填写。

（二十八）第14栏"进项税额转出"：填写纳税人已经抵扣，但按税法规定本期应转出的进项税额。

本栏"一般项目"列"本月数"＋"即征即退项目"列"本月数"＝《附列资料（二）》第13栏"税额"。

（二十九）第15栏"免、抵、退应退税额"：反映税务机关退税部门按照出口货物、劳务和服务、无形资产免、抵、退办法审批的增值税应退税额。

（三十）第16栏"按适用税率计算的纳税检查应补缴税额"：填写税务、财政、审计部门检查，按一般计税方法计算的纳税检查应补缴的增值税税额。

本栏"一般项目"列"本月数"≤《附列资料（一）》第8列第1至5行之和＋《附列资料（二）》第19栏。

（三十一）第17栏"应抵扣税额合计"：填写纳税人本期应抵扣进项税额的合计数。按表中所列公式计算填写。

（三十二）第18栏"实际抵扣税额"

1. 上期留抵税额按规定须挂账的纳税人，按以下要求填写本栏的"本月数"和"本年累计"。

（1）本栏"一般项目"列"本月数"：按表中所列公式计算填写。

（2）本栏"一般项目"列"本年累计"：填写货物和劳务挂账留抵税额本期实际抵减一般货物和劳务应纳税额的数额。将"货物和劳务挂账留抵税额本期期初余额"与"一般计税方法的一般货物及劳务应纳税额"两个数据相比较，取二者中小的数据。

其中：货物和劳务挂账留抵税额本期期初余额＝第13栏"上期留抵税额""一般项目"列"本年累计"；

一般计税方法的一般货物及劳务应纳税额＝（第11栏"销项税额""一般项目"列"本月数"－第18栏"实际抵扣税额""一般项目"列"本月数"）×一般货物及劳务销项税额比例；

一般货物及劳务销项税额比例＝（《附列资料（一）》第10列第1、3行之和－第10列第6行）÷第11栏"销项税额""一般项目"列"本月数"×100%。

（3）本栏"即征即退项目"列"本月数"：按表中所列公式计算填写。

2. 其他纳税人，按以下要求填写本栏的"本月数"和"本年累计"：

（1）本栏"一般项目"列"本月数"：按表中所列公式计算填写。

（2）本栏"一般项目"列"本年累计"：填写"0"。

（3）本栏"即征即退项目"列"本月数"：按表中所列公式计算填写。

（三十三）第19栏"应纳税额"：反映纳税人本期按一般计税方法计算并应缴纳的增值税额。按以下公式计算填写：

1. 本栏"一般项目"列"本月数"＝第11栏"销项税额""一般项目"列"本月数"－第18栏"实际抵扣税额""一般项目"列"本月数"－第18栏"实际抵扣税额""一般项目"列"本年累计"。

2. 本栏"即征即退项目"列"本月数"＝第11栏"销项税额""即征即退项目"列"本月数"－第18栏"实际抵扣税额""即征即退项目"列"本月数"。

（三十四）第20栏"期末留抵税额"

1. 上期留抵税额按规定须挂账的纳税人，按以下要求填写本栏的"本月数"和"本年累计"：

（1）本栏"一般项目"列"本月数"：反映试点实施以后，货物、劳务和服务、不动产、无形资产共同形成的留抵税额。按表中所列公式计算填写。

（2）本栏"一般项目"列"本年累计"：反映货物和劳务挂账留抵税额，在试点实施以后抵减一般货物和劳务应纳税额后的余额。按以下公式计算填写：

本栏"一般项目"列"本年累计"＝第13栏"上期留抵税额""一般项目"列"本年累计"－第18栏"实际抵扣税额""一般项目"列"本年累计"。

（3）本栏"即征即退项目"列"本月数"：按表中所列公式计算填写。

2. 其他纳税人，按以下要求填写本栏"本月数"和"本年累计"：

（1）本栏"一般项目"列"本月数"：按表中所列公式计算填写。

（2）本栏"一般项目"列"本年累计"：填写"0"。

（3）本栏"即征即退项目"列"本月数"：按表中所列公式计算填写。

（三十五）第21栏"简易计税办法计算的应纳税额"：反映纳税人本期按简易计税方法计算并应缴纳的增值税额，但不包括按简易计税方法计算的纳税检查应补缴税额。按以下公式计算填写：

本栏"一般项目"列"本月数"＝《附列资料（一）》（第10列第8、9a、10、11行之和－第10列第14行）＋（第14列第9b、12、13a、13b行之和－第14列第15行）

本栏"即征即退项目"列"本月数"＝《附列资料（一）》第10列第14行＋第14列第15行。

营业税改征增值税的纳税人，服务、不动产和无形资产按规定汇总计算缴纳增值税的分支机构，应将预征增值税额填入本栏。预征增值税额＝应预征增值税的销售额×预征率。

（三十六）第22栏"按简易计税办法计算的纳税检查应补缴税额"：填写纳税人本期因税务、财政、审计部门检查并按简易计税方法计算的纳税检查应补缴税额。

（三十七）第23栏"应纳税额减征额"：填写纳税人本期按照税法规定减征的增值税应纳税额。包含按照规定可在增值税应纳税额中全额抵减的增值税税控系统专用设备费用以及技术维护费。

当本期减征额小于或等于第19栏"应纳税额"与第21栏"简易计税办法计算的应纳税额"之和时，按本期减征额实际填写；当本期减征额大于第19栏"应纳税额"与第21栏"简易计税办法计算的应纳税额"之和时，按本期第19栏与第21栏之和填写。本期减征额不足抵减部分结转下期继续抵减。

（三十八）第24栏"应纳税额合计"：反映纳税人本期应缴增值税的合计数。按表中所列公式计算填写。

（三十九）第25栏"期初未缴税额（多缴为负数）"："本月数"按上一税款所属期申报表第32栏"期末未缴税额（多缴为负数）""本月数"填写。"本年累计"按上年度最后一个税款所属期申报表第32栏"期末未缴税额（多缴为负数）""本年累计"填写。

（四十）第26栏"实收出口开具专用缴款书退税额"：本栏不填写。

（四十一）第27栏"本期已缴税额"：反映纳税人本期实际缴纳的增值税额，但不包括本期入库的查补税款。按表中所列公式计算填写。

（四十二）第28栏"①分次预缴税额"：填写纳税人本期已缴纳的准予在本期增值税应纳税额中抵减的税额。

营业税改征增值税的纳税人，分以下几种情况填写：

1. 服务、不动产和无形资产按规定汇总计算缴纳增值税的总机构，其可以从本期增值税应纳税额中抵减的分支机构已缴纳的税款，按当期实际可抵减数填入本栏，不足抵减部分结转下期继续抵减。

2. 销售建筑服务并按规定预缴增值税的纳税人，其可以从本期增值税应纳税额中抵减的已缴纳的税款，按当期实际可抵减数填入本栏，不足抵减部分结转下期继续抵减。

3. 销售不动产并按规定预缴增值税的纳税人，其可以从本期增值税应纳税额中抵减的已缴纳的税款，按当期实际可抵减数填入本栏，不足抵减部分结转下期继续抵减。

4. 出租不动产并按规定预缴增值税的纳税人，其可以从本期增值税应纳税额中抵减的已缴纳的税款，按当期实际可抵减数填入本栏，不足抵减部分结转下期继续抵减。

（四十三）第29栏"②出口开具专用缴款书预缴税额"：本栏不填写。

（四十四）第30栏"③本期缴纳上期应纳税额"：填写纳税人本期缴纳上一税款所属期应缴未缴的增值税额。

（四十五）第31栏"④本期缴纳欠缴税额"：反映纳税人本期实际缴纳和留抵税额抵减的增值税欠税额，但不包括缴纳入库的查补增值税额。

（四十六）第32栏"期末未缴税额（多缴为负数）"："本月数"反映纳税人本期期末应缴未缴的增值税额，但不包括纳税检查应缴未缴的税额。按表中所列公式计算填写。"本年累计"与"本月数"相同。

（四十七）第33栏"其中：欠缴税额（≥0）"：反映纳税人按照税法规定已形成欠税的增值税额。按表中所列公式计算填写。

（四十八）第34栏"本期应补（退）税额"：反映纳税人本期应纳税额中应补缴或应退回的数额。按表中所列公式计算填写。

（四十九）第35栏"即征即退实际退税额"：反映纳税人本期因符合增值税即征即退政策规定，而实际收到的税务机关退回的增值税额。

（五十）第36栏"期初未缴查补税额"："本月数"按上一税款所属期申报表第38栏"期末未缴查补税额""本月数"填写。"本年累计"按上年度最后一个税款所属期申报表第38栏"期末未缴查补税额""本年累计"填写。

（五十一）第37栏"本期入库查补税额"：反映纳税人本期因税务、财政、审计部门检查而实际入库的增值税额，包括按一般计税方法计算并实际缴纳的查补增值税额和按简易计税方法计算并实际缴纳的查补增值税额。

（五十二）第38栏"期末未缴查补税额"："本月数"反映纳税人接受纳税检查后应在本期期末缴纳而未缴纳的查补增值税额。按表中所列公式计算填写，"本年累计"与"本月数"相同。

三、《增值税纳税申报表附列资料（一）》（本期销售情况明细）填写说明

（一）"税款所属时间""纳税人名称"的填写同主表。

（二）各列说明

1. 第1至2列"开具增值税专用发票"：反映本期开具增值税专用发票（含税控机动车销售统一发票，下同）的情况。

2. 第3至4列"开具其他发票"：反映除增值税专用发票以外本期开具的其他发票的情况。

3. 第5至6列"未开具发票"：反映本期未开具发票的销售情况。

4. 第7至8列"纳税检查调整"：反映经税务、财政、审计部门检查并在本期调整的销售情况。

5. 第9至11列"合计"：按照表中所列公式填写。

营业税改征增值税的纳税人，服务、不动产和无形资产有扣除项目的，第1至11列应填写扣除之前的征（免）税销售额、销项（应纳）税额和价税合计额。

6. 第12列"服务、不动产和无形资产扣除项目本期实际扣除金额"：营业税改征增值税的纳税人，服务、不动产和无形资产有扣除项目的，按《附列资料（三）》第5列对应各行次数据填写，其中本列第5栏等于《附列资料（三）》第5列第3行与第4行之和；服务、不动产和无形资产无扣除项目的，本列填写"0"。其他纳税人不填写。

营业税改征增值税的纳税人，服务、不动产和无形资产按规定汇总计算缴纳增值税的分支机构，当期服务、不动产和无形资产有扣除项目的，填入本列第13行。

7. 第13列"扣除后""含税（免税）销售额"：营业税改征增值税的纳税人，服务、不动产和无形资产有扣除项目的，本列各行次＝第11列对应各行次－第12列对应各行次。其他纳税人不填写。

8. 第14列"扣除后""销项（应纳）税额"：营业税改征增值税的纳税人，服务、不动产和无形资产有扣除项目的，按以下要求填写本列，其他纳税人不填写。

（1）服务、不动产和无形资产按照一般计税方法计税

本列各行次＝第13列÷（100％＋对应行次税率）×对应行次税率

本列第7行"按一般计税方法计税的即征即退服务、不动产和无形资产"不按本列的说明填写。具体填写要求见"各行说明"第2条第（2）项第③点的说明。

（2）服务、不动产和无形资产按照简易计税方法计税

本列各行次＝第13列÷（100％＋对应行次征收率）×对应行次征收率

本列第13行"预征率 ％"不按本列的说明填写。具体填写要求见"各行说明"第4条第（2）项。

（3）服务、不动产和无形资产实行免抵退税或免税的，本列不填写。

（三）各行说明

1. 第1至5行"一、一般计税方法计税""全部征税项目"各行：按不同税率和项目分别填写按一般计税方法计算增值税的全部征税项目。有即征即退征税项目的纳税人，本部分数据中既包括即征即退征税项目，又包括不享受即征即退政策的一般征税项目。

2. 第6至7行"一、一般计税方法计税""其中：即征即退项目"各行：只反映按一般计税方法计算增值税的即征即退项目。按照税法规定不享受即征即退政策的纳税人，不

填写本行。即征即退项目是全部征税项目的其中数。

（1）第 6 行"即征即退货物及加工修理修配劳务"：反映按一般计税方法计算增值税且享受即征即退政策的货物和加工修理修配劳务。本行不包括服务、不动产和无形资产的内容。

①本行第 9 列"合计""销售额"栏：反映按一般计税方法计算增值税且享受即征即退政策的货物及加工修理修配劳务的不含税销售额。该栏不按第 9 列所列公式计算，应按照税法规定据实填写。

②本行第 10 列"合计""销项（应纳）税额"栏：反映按一般计税方法计算增值税且享受即征即退政策的货物及加工修理修配劳务的销项税额。该栏不按第 10 列所列公式计算，应按照税法规定据实填写。

（2）第 7 行"即征即退服务、不动产和无形资产"：反映按一般计税方法计算增值税且享受即征即退政策的服务、不动产和无形资产。本行不包括货物及加工修理修配劳务的内容。

①本行第 9 列"合计""销售额"栏：反映按一般计税方法计算增值税且享受即征即退政策的服务、不动产和无形资产的不含税销售额。服务、不动产和无形资产有扣除项目的，按扣除之前的不含税销售额填写。该栏不按第 9 列所列公式计算，应按照税法规定据实填写。

②本行第 10 列"合计""销项（应纳）税额"栏：反映按一般计税方法计算增值税且享受即征即退政策的服务、不动产和无形资产的销项税额。服务、不动产和无形资产有扣除项目的，按扣除之前的销项税额填写。该栏不按第 10 列所列公式计算，应按照税法规定据实填写。

③本行第 14 列"扣除后""销项（应纳）税额"栏：反映按一般计税方法征收增值税且享受即征即退政策的服务、不动产和无形资产实际应计提的销项税额。服务、不动产和无形资产有扣除项目的，按扣除之后的销项税额填写；服务、不动产和无形资产无扣除项目的，按本行第 10 列填写。该栏不按第 14 列所列公式计算，应按照税法规定据实填写。

3. 第 8 至 12 行"二、简易计税方法计税""全部征税项目"各行：按不同征收率和项目分别填写按简易计税方法计算增值税的全部征税项目。有即征即退征税项目的纳税人，本部分数据中既包括即征即退项目，也包括不享受即征即退政策的一般征税项目。

4. 第 13a 至 13c 行"二、简易计税方法计税""预征率 ％"：反映营业税改征增值税的纳税人，服务、不动产和无形资产按规定汇总计算缴纳增值税的分支机构，预征增值税销售额、预征增值税应纳税额。其中，第 13a 行"预征率 ％"适用于所有实行汇总计算缴纳增值税的分支机构试点纳税人；第 13b、13c 行"预征率 ％"适用于部分实行汇总计算缴纳增值税的铁路运输试点纳税人。

（1）第 13a 至 13c 行第 1 至 6 列按照销售额和销项税额的实际发生数填写。

（2）第 13a 至 13c 行第 14 列，纳税人按"应预征缴纳的增值税＝应预征增值税销售额×预征率"公式计算后据实填写。

5. 第 14 至 15 行"二、简易计税方法计税""其中：即征即退项目"各行：只反映按简易计税方法计算增值税的即征即退项目。按照税法规定不享受即征即退政策的纳税人，不填写本行。即征即退项目是全部征税项目的其中数。

（1）第14行"即征即退货物及加工修理修配劳务"：反映按简易计税方法计算增值税且享受即征即退政策的货物及加工修理修配劳务。本行不包括服务、不动产和无形资产的内容。

①本行第9列"合计""销售额"栏：反映按简易计税方法计算增值税且享受即征即退政策的货物及加工修理修配劳务的不含税销售额。该栏不按第9列所列公式计算，应按照税法规定据实填写。

②本行第10列"合计""销项（应纳）税额"栏：反映按简易计税方法计算增值税且享受即征即退政策的货物及加工修理修配劳务的应纳税额。该栏不按第10列所列公式计算，应按照税法规定据实填写。

（2）第15行"即征即退服务、不动产和无形资产"：反映按简易计税方法计算增值税且享受即征即退政策的服务、不动产和无形资产。本行不包括货物及加工修理修配劳务的内容。

①本行第9列"合计""销售额"栏：反映按简易计税方法计算增值税且享受即征即退政策的服务、不动产和无形资产的不含税销售额。服务、不动产和无形资产有扣除项目的，按扣除之前的不含税销售额填写。该栏不按第9列所列公式计算，应按照税法规定据实填写。

②本行第10列"合计""销项（应纳）税额"栏：反映按简易计税方法计算增值税且享受即征即退政策的服务、不动产和无形资产的应纳税额。服务、不动产和无形资产有扣除项目的，按扣除之前的应纳税额填写。该栏不按第10列所列公式计算，应按照税法规定据实填写。

③本行第14列"扣除后""销项（应纳）税额"栏：反映按简易计税方法计算增值税且享受即征即退政策的服务、不动产和无形资产实际应计提的应纳税额。服务、不动产和无形资产有扣除项目的，按扣除之后的应纳税额填写；服务、不动产和无形资产无扣除项目的，按本行第10列填写。

6. 第16行"三、免抵退税""货物及加工修理修配劳务"：反映适用免、抵、退税政策的出口货物、加工修理修配劳务。

7. 第17行"三、免抵退税""服务、不动产和无形资产"：反映适用免、抵、退税政策的服务、不动产和无形资产。

8. 第18行"四、免税""货物及加工修理修配劳务"：反映按照税法规定免征增值税的货物及劳务和适用零税率的出口货物及劳务，但零税率的销售额中不包括适用免、抵、退税办法的出口货物及劳务。

9. 第19行"四、免税""服务、不动产和无形资产"：反映按照税法规定免征增值税的服务、不动产、无形资产和适用零税率的服务、不动产、无形资产，但零税率的销售额中不包括适用免、抵、退税办法的服务、不动产和无形资产。

四、《增值税纳税申报表附列资料（二）》（本期进项税额明细）填写说明

（一）"税款所属时间""纳税人名称"的填写同主表。

（二）第1至12栏"一、申报抵扣的进项税额"：分别反映纳税人按税法规定符合抵扣条件，在本期申报抵扣的进项税额。

1. 第1栏"（一）认证相符的增值税专用发票"：反映纳税人取得的认证相符本期申报抵扣的增值税专用发票情况。该栏应等于第2栏"本期认证相符且本期申报抵扣"与第3栏"前期认证相符且本期申报抵扣"数据之和。

2. 第2栏"其中：本期认证相符且本期申报抵扣"：反映本期认证相符且本期申报抵扣的增值税专用发票的情况。本栏是第1栏的其中数，本栏只填写本期认证相符且本期申报抵扣的部分。

适用取消增值税发票认证规定的纳税人，当期申报抵扣的增值税发票数据，也填报在本栏中。

3. 第3栏"前期认证相符且本期申报抵扣"：反映前期认证相符且本期申报抵扣的增值税专用发票的情况。

辅导期纳税人依据税务机关告知的稽核比对结果通知书及明细清单注明的稽核相符的增值税专用发票填写本栏。本栏是第1栏的其中数，只填写前期认证相符且本期申报抵扣的部分。

4. 第4栏"（二）其他扣税凭证"：反映本期申报抵扣的除增值税专用发票之外的其他扣税凭证的情况。具体包括：海关进口增值税专用缴款书、农产品收购发票或者销售发票（含农产品核定扣除的进项税额）、代扣代缴税收完税凭证和其他符合政策规定的抵扣凭证。该栏应等于第5至8栏之和。

5. 第5栏"海关进口增值税专用缴款书"：反映本期申报抵扣的海关进口增值税专用缴款书的情况。按规定执行海关进口增值税专用缴款书先比对后抵扣的，纳税人需依据税务机关告知的稽核比对结果通知书及明细清单注明的稽核相符的海关进口增值税专用缴款书填写本栏。

6. 第6栏"农产品收购发票或者销售发票"：反映本期申报抵扣的农产品收购发票和农产品销售普通发票的情况。执行农产品增值税进项税额核定扣除办法的，填写当期允许抵扣的农产品增值税进项税额，不填写"份数""金额"。

7. 第7栏"代扣代缴税收缴款凭证"：填写本期按规定准予抵扣的完税凭证上注明的增值税额。

8. 第8栏"其他"：反映按规定本期可以申报抵扣的其他扣税凭证情况。

纳税人按照规定不得抵扣且未抵扣进项税额的固定资产、无形资产、不动产，发生用途改变，用于允许抵扣进项税额的应税项目，可在用途改变的次月将按公式计算出的可以抵扣的进项税额，填入"税额"栏。

9. 第9栏"（三）本期用于购建不动产的扣税凭证"：反映按规定本期用于购建不动产并适用分2年抵扣规定的扣税凭证上注明的金额和税额。购建不动产是指纳税人2016年5月1日后取得并在会计制度上按固定资产核算的不动产或者2016年5月1日后取得的不动产在建工程。

取得不动产，包括以直接购买、接受捐赠、接受投资入股、自建以及抵债等各种形式取得不动产，不包括房地产开发企业自行开发的房地产项目。

本栏次包括第1栏中本期用于购建不动产的增值税专用发票和第4栏中本期用于购建不动产的其他扣税凭证。

本栏"金额""税额"＜第1栏＋第4栏且本栏"金额""税额"≥0。

纳税人按照规定不得抵扣且未抵扣进项税额的不动产，发生用途改变，用于允许抵扣进项税额的应税项目，可在用途改变的次月将按公式计算出的可以抵扣的进项税额，填入"税额"栏。

本栏"税额"列＝《附列资料（五）》第2列"本期不动产进项税额增加额"。

10. 第10栏"（四）本期不动产允许抵扣进项税额"：反映按规定本期实际申报抵扣的不动产进项税额。本栏"税额"列＝《附列资料（五）》第3列"本期可抵扣不动产进项税额"

11. 第11栏"（五）外贸企业进项税额抵扣证明"：填写本期申报抵扣的税务机关出口退税部门开具的《出口货物转内销证明》列明允许抵扣的进项税额。

12. 第12栏"当期申报抵扣进项税额合计"：反映本期申报抵扣进项税额的合计数。按表中所列公式计算填写。

（三）第13至23栏"二、进项税额转出额"各栏：分别反映纳税人已经抵扣但按规定应在本期转出的进项税额明细情况。

1. 第13栏"本期进项税额转出额"：反映已经抵扣但按规定应在本期转出的进项税额合计数。按表中所列公式计算填写。

2. 第14栏"免税项目用"：反映用于免征增值税项目，按规定应在本期转出的进项税额。

3. 第15栏"集体福利、个人消费"：反映用于集体福利或者个人消费，按规定应在本期转出的进项税额。

4. 第16栏"非正常损失"：反映纳税人发生非正常损失，按规定应在本期转出的进项税额。

5. 第17栏"简易计税方法征税项目用"：反映用于按简易计税方法征税项目，按规定应在本期转出的进项税额。

营业税改征增值税的纳税人，服务、不动产和无形资产按规定汇总计算缴纳增值税的分支机构，当期应由总机构汇总的进项税额也填入本栏。

6. 第18栏"免抵退税办法不得抵扣的进项税额"：反映按照免、抵、退税办法的规定，由于征税税率与退税税率存在税率差，在本期应转出的进项税额。

7. 第19栏"纳税检查调减进项税额"：反映税务、财政、审计部门检查后而调减的进项税额。

8. 第20栏"红字专用发票信息表注明的进项税额"：填写主管税务机关开具的《开具红字增值税专用发票信息表》注明的在本期应转出的进项税额。

9. 第21栏"上期留抵税额抵减欠税"：填写本期经税务机关同意，使用上期留抵税额抵减欠税的数额。

10. 第22栏"上期留抵税额退税"：填写本期经税务机关批准的上期留抵税额退税额。

11. 第23栏"其他应作进项税额转出的情形"：反映除上述进项税额转出情形外，其他应在本期转出的进项税额。

（四）第24至34栏"三、待抵扣进项税额"各栏：分别反映纳税人已经取得，但按税法规定不符合抵扣条件,暂不予在本期申报抵扣的进项税额情况及按税法规定不允许抵扣的进项税额情况。

1. 第 24 至 28 栏均为增值税专用发票的情况。

2. 第 25 栏"期初已认证相符但未申报抵扣":反映前期认证相符,但按照税法规定暂不予抵扣及不允许抵扣,结存至本期的增值税专用发票情况。辅导期纳税人填写认证相符但未收到稽核比对结果的增值税专用发票期初情况。

3. 第 26 栏"本期认证相符且本期未申报抵扣":反映本期认证相符,但按税法规定暂不予抵扣及不允许抵扣,而未申报抵扣的增值税专用发票情况。辅导期纳税人填写本期认证相符但未收到稽核比对结果的增值税专用发票情况。

4. 第 27 栏"期末已认证相符但未申报抵扣":反映截至本期期末,按照税法规定仍暂不予抵扣及不允许抵扣且已认证相符的增值税专用发票情况。辅导期纳税人填写截至本期期末已认证相符但未收到稽核比对结果的增值税专用发票期末情况。

5. 第 28 栏"其中:按照税法规定不允许抵扣":反映截至本期期末已认证相符但未申报抵扣的增值税专用发票中,按照税法规定不允许抵扣的增值税专用发票情况。

6. 第 29 栏"(二)其他扣税凭证":反映截至本期期末仍未申报抵扣的除增值税专用发票之外的其他扣税凭证情况。具体包括:海关进口增值税专用缴款书、农产品收购发票或者销售发票、代扣代缴税收完税凭证和其他符合政策规定的抵扣凭证。该栏应等于第 30 至 33 栏之和。

7. 第 30 栏"海关进口增值税专用缴款书":反映已取得但截至本期期末仍未申报抵扣的海关进口增值税专用缴款书情况,包括纳税人未收到稽核比对结果的海关进口增值税专用缴款书情况。

8. 第 31 栏"农产品收购发票或者销售发票":反映已取得但截至本期期末仍未申报抵扣的农产品收购发票和农产品销售普通发票情况。

9. 第 32 栏"代扣代缴税收缴款凭证":反映已取得但截至本期期末仍未申报抵扣的代扣代缴税收完税凭证情况。

10. 第 33 栏"其他":反映已取得但截至本期期末仍未申报抵扣的其他扣税凭证的情况。

(五)第 35 至 36 栏"四、其他"各栏。

1. 第 35 栏"本期认证相符的增值税专用发票":反映本期认证相符的增值税专用发票的情况。

2. 第 36 栏"代扣代缴税额":填写纳税人根据《中华人民共和国增值税暂行条例》第十八条扣缴的应税劳务增值税额与根据营业税改征增值税有关政策规定扣缴的服务、不动产和无形资产增值税额之和。

五、《增值税纳税申报表附列资料(三)》(服务、不动产和无形资产扣除项目明细)填写说明

(一)本表由服务、不动产和无形资产有扣除项目的营业税改征增值税纳税人填写。其他纳税人不填写。

(二)"税款所属时间""纳税人名称"的填写同主表。

(三)第 1 列"本期服务、不动产和无形资产价税合计额(免税销售额)":营业税改

征增值税的服务、不动产和无形资产属于征税项目的,填写扣除之前的本期服务、不动产和无形资产价税合计额;营业税改征增值税的服务、不动产和无形资产属于免抵退税或免税项目的,填写扣除之前的本期服务、不动产和无形资产免税销售额。本列各行次等于《附列资料(一)》第11列对应行次,其中本列第3行和第4行之和等于《附列资料(一)》第11列第5栏。

营业税改征增值税的纳税人,服务、不动产和无形资产按规定汇总计算缴纳增值税的分支机构,本列各行次之和等于《附列资料(一)》第11列第13a、13b行之和。

(四)第2列"服务、不动产和无形资产扣除项目""期初余额":填写服务、不动产和无形资产扣除项目上期期末结存的金额,试点实施之日的税款所属期填写"0"。本列各行次等于上期《附列资料(三)》第6列对应行次。

本列第4行"6%税率的金融商品转让项目""期初余额"年初首期填报时应填"0"。

(五)第3列"服务、不动产和无形资产扣除项目""本期发生额":填写本期取得的按税法规定准予扣除的服务、不动产和无形资产扣除项目金额。

(六)第4列"服务、不动产和无形资产扣除项目""本期应扣除金额":填写服务、不动产和无形资产扣除项目本期应扣除的金额。

本列各行次＝第2列对应各行次＋第3列对应各行次

(七)第5列"服务、不动产和无形资产扣除项目""本期实际扣除金额":填写服务、不动产和无形资产扣除项目本期实际扣除的金额。

本列各行次≤第4列对应各行次且本列各行次≤第1列对应各行次。

(八)第6列"服务、不动产和无形资产扣除项目""期末余额":填写服务、不动产和无形资产扣除项目本期期末结存的金额。

本列各行次＝第4列对应各行次－第5列对应各行次

六、《增值税纳税申报表附列资料(四)》(税额抵减情况表)填写说明

本表第1行由发生增值税税控系统专用设备费用和技术维护费的纳税人填写,反映纳税人增值税税控系统专用设备费用和技术维护费按规定抵减增值税应纳税额的情况。

本表第2行由营业税改征增值税纳税人,服务、不动产和无形资产按规定汇总计算缴纳增值税的总机构填写,反映其分支机构预征缴纳税款抵减总机构应纳增值税税额的情况。

本表第3行由销售建筑服务并按规定预缴增值税的纳税人填写,反映其销售建筑服务预征缴纳税款抵减应纳增值税税额的情况。

本表第4行由销售不动产并按规定预缴增值税的纳税人填写,反映其销售不动产预征缴纳税款抵减应纳增值税税额的情况。

本表第5行由出租不动产并按规定预缴增值税的纳税人填写,反映其出租不动产预征缴纳税款抵减应纳增值税税额的情况。

未发生上述业务的纳税人不填写本表。

七、《增值税纳税申报表附列资料(五)》(不动产分期抵扣计算表)填表说明

(一)本表由分期抵扣不动产进项税额的纳税人填写。

(二)"税款所属时间""纳税人名称"的填写同主表。

(三)第1列"期初待抵扣不动产进项税额":填写纳税人上期期末待抵扣不动产进项

税额。

（四）第2列"本期不动产进项税额增加额"：填写本期取得的符合税法规定的不动产进项税额。

（五）第3列"本期可抵扣不动产进项税额"：填写符合税法规定可以在本期抵扣的不动产进项税额。

（六）第4列"本期转入的待抵扣不动产进项税额"：填写按照税法规定本期应转入的待抵扣不动产进项税额。

本列数≤《附列资料（二）》第23栏"税额"。

（七）第5列"本期转出的待抵扣不动产进项税额"：填写按照税法规定本期应转出的待抵扣不动产进项税额。

（八）第6列"期末待抵扣不动产进项税额"：填写本期期末尚未抵扣的不动产进项税额，按表中公式填写。

八、《固定资产（不含不动产）进项税额抵扣情况表》填写说明

本表反映纳税人在《附列资料（二）》"一、申报抵扣的进项税额"中固定资产的进项税额。本表按增值税专用发票、海关进口增值税专用缴款书分别填写。

九、《本期抵扣进项税额结构明细表》填写说明

（一）"税款所属时间""纳税人名称"的填写同主表。

（二）第1栏反映本期申报抵扣进项税额的合计数。按表中所列公式计算填写。

本栏"税额"列＝《附列资料（二）》第12栏"税额"列。

（三）第2至17栏分别反映纳税人按税法规定符合抵扣条件，在本期申报抵扣的不同税率（或征收率）的进项税额。其中，用于购建不动产的进项税额按照本期实际抵扣的进项税额填写。

（四）第18栏反映纳税人按照农产品增值税进项税额核定扣除办法计算抵扣的进项税额。

（五）第19栏反映纳税人按照外贸企业进项税额抵扣证明注明的进项税额。

（六）本表内各栏间逻辑关系如下：

第1栏表内公式为1＝2＋4＋5＋10＋13＋15＋17＋18＋19；

第2栏≥第3栏；

第5栏≥第6栏＋第7栏＋第8栏＋第9栏；

第10栏≥第11栏＋第12栏；

第13栏≥第14栏；

第15栏≥第16栏。

十、《增值税减免税申报明细表》填写说明

（一）本表由享受增值税减免税优惠政策的增值税一般纳税人和小规模纳税人填写。仅享受月销售额不超过3万元（按季纳税9万元）免征增值税政策或未达起征点的增值税小规模纳税人不需填报本表，即小规模纳税人当期增值税纳税申报表主表第12栏"其他免税销售额""本期数"和第16栏"本期应纳税额减征额""本期数"均无数据时，不需填报本表。

（二）"税款所属时间""纳税人名称"的填写同增值税纳税申报表主表（以下简称主

表）。

（三）"一、减税项目"由本期按照税收法律、法规及国家有关税收规定享受减征（包含税额式减征、税率式减征）增值税优惠的纳税人填写。

1."减税性质代码及名称"：根据国家税务总局最新发布的《减免性质及分类表》所列减免性质代码、项目名称填写。同时有多个减征项目的，应分别填写。

2.第1列"期初余额"：填写应纳税额减征项目上期"期末余额"，为对应项目上期应抵减而不足抵减的余额。

3.第2列"本期发生额"：填写本期发生的按照规定准予抵减增值税应纳税额的金额。

4.第3列"本期应抵减税额"：填写本期应抵减增值税应纳税额的金额。本列按表中所列公式填写。

5.第4列"本期实际抵减税额"：填写本期实际抵减增值税应纳税额的金额。本列各行≤第3列对应各行。

一般纳税人填写时，第1行"合计"本列数＝主表第23行"一般项目"列"本月数"。

小规模纳税人填写时，第1行"合计"本列数＝主表第16行"本期应纳税额减征额""本期数"。

6.第5列"期末余额"：按表中所列公式填写。

（四）"二、免税项目"由本期按照税收法律、法规及国家有关税收规定免征增值税的纳税人填写。仅享受小微企业免征增值税政策或未达起征点的小规模纳税人不需填写，即小规模纳税人申报表主表第12栏"其他免税销售额""本期数"无数据时，不需填写本栏。

1."免税性质代码及名称"：根据国家税务总局最新发布的《减免性质及分类表》所列减免性质代码、项目名称填写。同时有多个免税项目的，应分别填写。

2."出口免税"填写纳税人本期按照税法规定出口免征增值税的销售额，但不包括适用免、抵、退税办法出口的销售额。小规模纳税人不填写本栏。

3.第1列"免征增值税项目销售额"：填写纳税人免税项目的销售额。免税销售额按照有关规定允许从取得的全部价款和价外费用中扣除价款的，应填写扣除之前的销售额。

一般纳税人填写时，本列"合计"等于主表第8行"一般项目"列"本月数"。

小规模纳税人填写时，本列"合计"等于主表第12行"其他免税销售额""本期数"。

4.第2列"免税销售额扣除项目本期实际扣除金额"：免税销售额按照有关规定允许从取得的全部价款和价外费用中扣除价款的，据实填写扣除金额；无扣除项目的，本列填写"0"。

5.第3列"扣除后免税销售额"：按表中所列公式填写。

6.第4列"免税销售额对应的进项税额"：本期用于增值税免税项目的进项税额。小规模纳税人不填写本列，一般纳税人按下列情况填写：

（1）纳税人兼营应税和免税项目的，按当期免税销售额对应的进项税额填写；

（2）纳税人本期销售收入全部为免税项目，且当期取得合法扣税凭证的，按当期取得的合法扣税凭证注明或计算的进项税额填写；

（3）当期未取得合法扣税凭证的，纳税人可根据实际情况自行计算免税项目对应的进项税额；无法计算的，本栏次填"0"。

7. 第5列"免税额"：一般纳税人和小规模纳税人分别按下列公式计算填写，且本列各行数应大于或等于0。

一般纳税人公式：第5列"免税额"≤第3列"扣除后免税销售额"×适用税率－第4列"免税销售额对应的进项税额"。

小规模纳税人公式：第5列"免税额"＝第3列"扣除后免税销售额"×征收率。

附件3

增值税纳税申报表

（小规模纳税人适用）

纳税人识别号：□□□□□□□□□□□□□□□□□□□□

纳税人名称（公章）： 金额单位：元至角分

税款所属期： 年 月 日至 年 月 日 填表日期： 年 月 日

	项 目	栏次	本期数		本年累计	
			货物及劳务	服务、不动产和无形资产	货物及劳务	服务、不动产和无形资产
一、计税依据	（一）应征增值税不含税销售额	1				
	税务机关代开的增值税专用发票不含税销售额	2				
	税控器具开具的普通发票不含税销售额	3				
	（二）销售、出租不动产不含税销售额	4	—		—	
	税务机关代开的增值税专用发票不含税销售额	5	—		—	
	税控器具开具的普通发票不含税销售额	6	—		—	
	（三）销售使用过的固定资产不含税销售额	7（7≥8）		—		—
	其中：税控器具开具的普通发票不含税销售额	8		—		—
	（四）免税销售额	9＝10＋11＋12				
	其中：小微企业免税销售额	10				
	未达起征点销售额	11				
	其他免税销售额	12				
	（五）出口免税销售额	13（13≥14）				
	其中：税控器具开具的普通发票销售额	14				

续表

项目		栏次	本期数		本年累计	
			货物及劳务	服务、不动产和无形资产	货物及劳务	服务、不动产和无形资产
二、税款计算	本期应纳税额	15				
	本期应纳税额减征额	16				
	本期免税额	17				
	其中：小微企业免税额	18				
	未达起征点免税额	19				
	应纳税额合计	20＝15－16				
	本期预缴税额	21			—	—
	本期应补（退）税额	22＝20－21			—	—
纳税人或代理人声明： 本纳税申报表是根据国家税收法律法规及相关规定填报的，我确定它是真实的、可靠的、完整的。		如纳税人填报，由纳税人填写以下各栏：				
		办税人员：　　　　　　财务负责人：				
		法定代表人　　　　　　联系电话：				
		如委托代理人填报，由代理人填写以下各栏：				
		代理人名称（公章）：　　经办人：				
		联系电话：				

主管税务机关：　　　　　　　　　　接收人：　　　　　　　　　　　　接收日期：

附件4

《增值税纳税申报表（小规模纳税人适用）》及其附列资料填写说明

本纳税申报表及其附列资料填写说明（以下简称本表及填写说明）适用于增值税小规模纳税人（以下简称纳税人）。

一、名词解释

（一）本表及填写说明所称"货物"，是指增值税的应税货物。

（二）本表及填写说明所称"劳务"，是指增值税的应税加工、修理、修配劳务。

（三）本表及填写说明所称"服务、不动产和无形资产"，是指销售服务、不动产和无形资产。

（四）本表及填写说明所称"扣除项目"，是指纳税人销售服务、不动产，在确定销售额时，按照有关规定允许其从取得的全部价款和价外费用中扣除价款的项目。

二、《增值税纳税申报表（小规模纳税人适用）》填写说明

本表"货物及劳务"与"服务、不动产和无形资产"各项目应分别填写。

（一）"税款所属期"是指纳税人申报的增值税应纳税额的所属时间，应填写具体的起止年、月、日。

（二）"纳税人识别号"栏，填写纳税人的税务登记证件号码。

（三）"纳税人名称"栏，填写纳税人名称全称。

（四）第1栏"应征增值税不含税销售额"：填写本期销售货物及劳务、服务和无形资产的不含税销售额，不包括销售、出租不动产、销售使用过的固定资产和销售旧货的不含税销售额、免税销售额、出口免税销售额、查补销售额。

服务有扣除项目的纳税人，本栏填写扣除后的不含税销售额，与当期《增值税纳税申报表（小规模纳税人适用）附列资料》第8栏数据一致。

（五）第2栏"税务机关代开的增值税专用发票不含税销售额"：填写税务机关代开的增值税专用发票销售额合计。

（六）第3栏"税控器具开具的普通发票不含税销售额"：填写税控器具开具的货物及劳务、服务和无形资产的普通发票金额换算的不含税销售额。

（七）第4栏"销售、出租不动产不含税销售额"：填写销售、出租不动产的不含税销售额，销售额＝含税销售额/（1＋5%）。销售不动产有扣除项目的纳税人，本栏填写扣除后的不含税销售额。

（八）第5栏"税务机关代开的增值税专用发票不含税销售额"：填写税务机关代开的增值税专用发票销售额合计。

（九）第6栏"税控器具开具的普通发票不含税销售额"：填写税控器具开具的销售、出租不动产的普通发票金额换算的不含税销售额。

（十）第7栏"销售使用过的固定资产不含税销售额"：填写销售自己使用过的固定资产（不含不动产，下同）和销售旧货的不含税销售额，销售额＝含税销售额/（1＋3%）。

（十一）第8栏"税控器具开具的普通发票不含税销售额"：填写税控器具开具的销售自己使用过的固定资产和销售旧货的普通发票金额换算的不含税销售额。

（十二）第9栏"免税销售额"：填写销售免征增值税的货物及劳务、服务、不动产和无形资产的销售额，不包括出口免税销售额。

服务、不动产有扣除项目的纳税人，填写扣除之前的销售额。

（十三）第10栏"小微企业免税销售额"：填写符合小微企业免征增值税政策的免税销售额，不包括符合其他增值税免税政策的销售额。个体工商户和其他个人不填写本栏次。

（十四）第11栏"未达起征点销售额"：填写个体工商户和其他个人未达起征点（含支持小微企业免征增值税政策）的免税销售额，不包括符合其他增值税免税政策的销售额。本栏次由个体工商户和其他个人填写。

（十五）第12栏"其他免税销售额"：填写销售免征增值税的货物及劳务、服务、不动产和无形资产的销售额，不包括符合小微企业免征增值税和未达起征点政策的免税销售额。

（十六）第13栏"出口免税销售额"：填写出口免征增值税货物及劳务、出口免征增值税服务、无形资产的销售额。

服务有扣除项目的纳税人，填写扣除之前的销售额。

（十七）第14栏"税控器具开具的普通发票销售额"：填写税控器具开具的出口免征增值税货物及劳务、出口免征增值税服务、无形资产的普通发票销售额。

（十八）第15栏"本期应纳税额"：填写本期按征收率计算缴纳的应纳税额。

（十九）第16栏"本期应纳税额减征额"：填写纳税人本期按照税法规定减征的增值税应纳税额。包含可在增值税应纳税额中全额抵减的增值税税控系统专用设备费用以及技术维护费，可在增值税应纳税额中抵免的购置税控收款机的增值税税额。

当本期减征额小于或等于第15栏"本期应纳税额"时，按本期减征额实际填写；当本期减征额大于第15栏"本期应纳税额"时，按本期第15栏填写，本期减征额不足抵减部分结转下期继续抵减。

（二十）第17栏"本期免税额"：填写纳税人本期增值税免税额，免税额根据第9栏"免税销售额"和征收率计算。

（二十一）第18栏"小微企业免税额"：填写符合小微企业免征增值税政策的增值税免税额，免税额根据第10栏"小微企业免税销售额"和征收率计算。

（二十二）第19栏"未达起征点免税额"：填写个体工商户和其他个人未达起征点（含支持小微企业免征增值税政策）的增值税免税额，免税额根据第11栏"未达起征点销售额"和征收率计算。

（二十三）第21栏"本期预缴税额"：填写纳税人本期预缴的增值税额，但不包括查补缴纳的增值税额。

三、《增值税纳税申报表（小规模纳税人适用）附列资料》填写说明

本附列资料由销售服务有扣除项目的纳税人填写，各栏次均不包含免征增值税项目的金额。

（一）"税款所属期"是指纳税人申报的增值税应纳税额的所属时间，应填写具体的起止年、月、日。

（二）"纳税人名称"栏，填写纳税人名称全称。

（三）第1栏"期初余额"：填写服务扣除项目上期期末结存的金额，试点实施之日的税款所属期填写"0"。

（四）第2栏"本期发生额"：填写本期取得的按税法规定准予扣除的服务扣除项目金额。

（五）第3栏"本期扣除额"：填写服务扣除项目本期实际扣除的金额。

第3栏"本期扣除额"≤第1栏"期初余额"+第2栏"本期发生额"之和，且第3栏"本期扣除额"≤5栏"全部含税收入"

（六）第4栏"期末余额"：填写服务扣除项目本期期末结存的金额。

（七）第5栏"全部含税收入"：填写纳税人销售服务、无形资产取得的全部价款和价外费用数额。

（八）第6栏"本期扣除额"：填写本附列资料第3项"本期扣除额"栏数据。

第6栏"本期扣除额"＝第3栏"本期扣除额"

（九）第7栏"含税销售额"：填写服务、无形资产的含税销售额。

第7栏"含税销售额"＝第5栏"全部含税收入"－第6栏"本期扣除额"

（十）第8栏"不含税销售额"：填写服务、无形资产的不含税销售额。

第8栏"不含税销售额"＝第7栏"含税销售额"÷1.03，与《增值税纳税申报表（小规模纳税人适用）》第1栏"应征增值税不含税销售额""本期数""服务、不动产和无形资产"栏数据一致。

附件5

增值税预缴税款表

税款所属时间： 年 月 日 至 年 月 日

纳税人识别号：☐☐☐☐☐☐☐☐☐☐☐☐☐☐☐☐☐☐☐☐ 是否适用一般计税方法 是☐ 否☐

纳税人名称：（公章）			金额单位：元（列至角分）	
项目编号		项目名称		
项目地址				
预征项目和栏次		销售额	扣除金额	预征率	预征税额
		1	2	3	4
建筑服务	1				
销售不动产	2				
出租不动产	3				
	4				
	5				
合计	6				
授权声明	如果你已委托代理人填报，请填写下列资料： 为代理一切税务事宜，现授权（地址） 为本次纳税人的代理填报人，任何与本表有关的往来文件，都可寄予此人。 授权人签字：		填表人申明	以上内容是真实的、可靠的、完整的。 纳税人签字：	

附件6

《增值税预缴税款表》填写说明

一、本表适用于纳税人发生以下情形按规定在国税机关预缴增值税时填写。

（一）纳税人（不含其他个人）跨县（市）提供建筑服务。

（二）房地产开发企业预售自行开发的房地产项目。

（三）纳税人（不含其他个人）出租与机构所在地不在同一县（市）的不动产。

二、基础信息填写说明：

（一）"税款所属时间"：指纳税人申报的增值税预缴税额的所属时间，应填写具体的起止年、月、日。

（二）"纳税人识别号"：填写纳税人的税务登记证件号码；纳税人为未办理过税务登记证的非企业性单位的，填写其组织机构代码证号码。

（三）"纳税人名称"：填写纳税人名称全称。

（四）"是否适用一般计税方法"：该项目适用一般计税方法的纳税人在该项目后的

"□"中打"√",适用简易计税方法的纳税人在该项目后的"□"中打"×"。

(五)"项目编号":由异地提供建筑服务的纳税人和房地产开发企业填写《建筑工程施工许可证》上的编号,根据相关规定不需要申请《建筑工程施工许可证》的建筑服务项目或不动产开发项目,不需要填写。出租不动产业务无需填写。

(六)"项目名称":填写建筑服务或者房地产项目的名称。出租不动产业务不需要填写。

(七)"项目地址":填写建筑服务项目、房地产项目或出租不动产的具体地址。

三、具体栏次填表说明:

(一)纳税人异地提供建筑服务

纳税人在"预征项目和栏次"部分的第1栏"建筑服务"行次填写相关信息:

1. 第1列"销售额":填写纳税人跨县(市)提供建筑服务取得的全部价款和价外费用(含税)。

2. 第2列"扣除金额":填写跨县(市)提供建筑服务项目按照规定准予从全部价款和价外费用中扣除的金额(含税)。

3. 第3列"预征率":填写跨县(市)提供建筑服务项目对应的预征率或者征收率。

4. 第4列"预征税额":填写按照规定计算的应预缴税额。

(二)房地产开发企业预售自行开发的房地产项目

纳税人在"预征项目和栏次"部分的第2栏"销售不动产"行次填写相关信息:

1. 第1列"销售额":填写本期收取的预收款(含税),包括在取得预收款当月或主管国税机关确定的预缴期取得的全部预收价款和价外费用。

2. 第2列"扣除金额":房地产开发企业不需填写。

3. 第3列"预征率":房地产开发企业预征率为3%。

4. 第4列"预征税额":填写按照规定计算的应预缴税额。

(三)纳税人出租不动产

纳税人在"预征项目和栏次"部分的第3栏"出租不动产"行次填写相关信息:

1. 第1列"销售额":填写纳税人出租不动产取得全部价款和价外费用(含税);

2. 第2列"扣除金额"无需填写;

3. 第3列"预征率":填写纳税人预缴增值税适用的预征率或者征收率;

4. 第4列"预征税额":填写按照规定计算的应预缴税额。

国 家 税 务 总 局
关于营业税改征增值税总分机构试点纳税人
增值税纳税申报有关事项的公告

(国家税务总局公告2013年第22号)

根据《财政部·国家税务总局关于印发〈总分机构试点纳税人增值税计算缴纳暂行办

法〉的通知》（财税〔2012〕84号）、《国家税务总局关于北京等8省市营业税改征增值税试点增值税纳税申报有关事项的公告》（国家税务总局公告2012年第43号）有关规定，现将营业税改征增值税试点期间总分机构试点纳税人增值税纳税申报有关事项公告如下：

一、经财政部和国家税务总局批准，适用财税〔2012〕84号文件，计算缴纳增值税的总机构试点纳税人（以下简称总机构）及其试点地区分支机构，应按照本公告规定进行增值税纳税申报。

二、关于总机构纳税申报事项

（一）总机构按规定汇总计算的总机构及其分支机构应征增值税销售额、销项税额、进项税额，填报在《增值税纳税申报表（适用于增值税一般纳税人）》（以下简称申报表主表）及附列资料对应栏次。

（二）按规定可以从总机构汇总计算的增值税应纳税额中抵减的分支机构已纳增值税税额、营业税税额，总机构汇总后填报在申报表主表第28栏"分次预缴税额"中。当期不足抵减部分，可结转下期继续抵减，即：当期分支机构已纳增值税税额、营业税税额大于总机构汇总计算的增值税应纳税额时，在第28栏"分次预缴税额"中只填报可抵减部分。

（三）总机构应设立相应台账，记录税款抵减情况，以备查阅。

三、关于试点地区分支机构纳税申报事项

（一）试点地区分支机构将按预征率计算缴纳增值税的销售额填报在申报表主表第5栏"按简易征收办法征税销售额"中，按预征率计算的增值税应纳税额填报在申报表主表第21栏"简易征收办法计算的应纳税额"中。

（二）调整《增值税纳税申报表附列资料（一）》（附件）内容，在"简易计税方法征税"栏目中增设"预征率％"栏，用于试点地区分支机构预征增值税销售额、应纳税额的填报。

（三）试点地区分支机构销售货物和提供加工修理修配劳务，按增值税暂行条例及相关规定就地申报缴纳增值税的销售额、销项税额，按原有关规定填报在申报表主表及附列资料对应栏次。

（四）试点地区分支机构抄报税、认证等事项仍按现行规定执行。当期进项税额应填报在申报表主表及附列资料对应栏次，其中由总机构汇总的进项税额，需在《增值税纳税申报表附列资料（二）》第17栏"简易计税方法征税项目用"中填报转出。

四、各地税务机关应做好总分机构试点纳税人增值税纳税申报的宣传和辅导工作

五、本公告自2013年6月1日起施行。调整后的《增值税纳税申报表附列资料（一）》同时适用于营业税改征增值税试点地区增值税一般纳税人，国家税务总局公告2012年第43号附件1中的《增值税纳税申报表附列资料（一）》同时废止。

特此公告。

附件：增值税纳税申报表附列资料（一）

国家税务总局
2013年5月7日

附件：

增值税纳税申报表附列资料(一)
(本期销售情况明细)

税款所属时间：年 月 日至 年 月 日

纳税人名称：(公章)　　　　　　　　　　　　　　　　　　　　　　　　　　　金额单位：元至角分

项目及栏次		开具税控增值税专用发票		开具其他发票		未开具发票		纳税检查调整		合计			应税服务扣除项目本期实际扣除金额	扣除后	
		销售额	销项(应纳)税额	销售额	销项(应纳)税额	销售额	销项(应纳)税额	销售额	销项(应纳)税额	销售额	销项(应纳)税额	价税合计		含税(免税)销售额	销项(应纳)税额
		1	2	3	4	5	6	7	8	9=1+3+5+7	10=2+4+6+8	11=9+10	12	13=11-12	14=13÷(100%+税率或征收率)×税率或征收率
一、一般计税方法征税	全部征税项目	17%税率的货物及加工修理修配劳务	1													
		17%税率的有形动产租赁服务	2										—		—	—
		13%税率	3										—		—	—
		11%税率	4										—		—	—
		6%税率	5										—		—	—
	其中即征即退项目	即征即退货物及加工修理修配劳务	6										—		—	—
		即征即退应税服务	7										—		—	—
二、简易计税方法征税	全部征税项目	6%征收率	8										—		—	—
		5%征收率	9										—		—	—
		4%征收率	10										—		—	—

续表

项目及栏次			开具税控增值税专用发票		开具其他发票		未开具发票		纳税检查调整		合计			应税服务扣除项目本期实际扣除金额	扣除后	
			销售额	销项（应纳）税额	销售额	销项（应纳）税额	销售额	销项（应纳）税额	销售额	销项（应纳）税额	销售额	销项（应纳）税额	价税合计		含税（免税）销售额	销项（应纳税额）
			1	2	3	4	5	6	7	8	9=1+3+5+7	10=2+4+6+8	11=9+10	12	13=11-12	14=13÷(100%+税率或征收率)×税率或征收率
二、简易计税方法征税	全部征税项目	3%征收率的货物及加工修理修配劳务	11													
		3%征收率的应税服务	12													
		预征率 %	13								—	—	—	—	—	—
	其中：即征即退项目	即征即退货物及加工修理修配劳务	14													
		即征即退应税服务	15													
三、免抵退税	货物及加工修理修配劳务		16				—	—	—	—		—	—	—	—	—
	应税服务		17				—	—	—	—		—	—	—	—	—
四、免税	货物及加工修理修配劳务		18	—	—		—		—		—		—	—	—	—
	应税服务		19	—	—		—		—		—		—	—	—	—

1.2.7 其他类

上海市国家税务局关于
本市营业税改征增值税跨境应税服务免税
备案管理有关事项的公告

（上海市国家税务局公告 2014 年第 8 号）

为加强对跨境应税服务的增值税征收管理，进一步优化相关税务备案操作流程，根据《国家税务总局关于重新发布〈营业税改征增值税跨境应税服务增值税免税管理办法（试行）〉的公告》（税务总局公告 2014 年第 49 号，以下简称 49 号公告）规定，经研究，现就本市营业税改征增值税跨境应税服务（以下简称跨境服务）增值税免税备案管理有关事项公告如下：

一、免税备案申请资料

纳税人申请跨境服务免税备案时，应提交以下资料：

（一）《跨境应税服务免税备案表》（附件1）。

（二）跨境服务合同。

纳税人提供的跨境服务，除49号公告第二条第（五）项以外，应提交与服务接受方签订的书面合同。跨境服务合同格式须符合《中华人民共和国合同法》有关要求。对于以协议、业务委托书、订单、确认书、指令信等形式订立的形式合同，其内容如经双方当事人约定服务标的、当事人名称及所在地、服务发生地、服务价款或计价标准、付款日期、付款方式、违约责任等必要合同信息的，可视同合同。

对于无服务价款或计价标准、付款日期、付款方式的框架合同，纳税人还应提交履行框架合同的订单等视同合同资料，并向主管税务机关办理备案手续。订单等视同合同资料数量较多的，可以采取按月归集一次性备案方式。

跨境服务合同须同时提交原件和复印件（需加盖公章），主管税务机关审核原件后，收取复印件。跨境服务合同原件为外文的，应提交中文翻译件，并注明"翻译与原件意思一致"的字样，由法定代表人签名或企业盖章。

对于服务标的、服务方式等信息基本相同的同类型合同，数量较多的，办理备案手续时可以只提交1份资料原件和复印件，其余以汇总清单代替，相关资料由纳税人留存备查。

（三）提供服务地点在境外的跨境服务，即49号公告第二条第（一）项至第（四）项、第（六）项跨境服务的，纳税人原则上应提交以下所列第1项材料，如第2、3、4项材料已足以证明相应的跨境服务地点在境外发生的，可不提交第1项材料。

1. 有关行政主管部门或公证机构、律师事务所等第三方机构出具证明服务地点在境外的材料；

2. 人员、设备出入境记录、境外设施（设备）登记资料；

3. 为客户参加在境外举办的会议、展览而提供的组织安排服务，应提供境外会展主办方出具的参展证明材料。在境外举办会展，应提供与境外单位签订的场馆租赁协议；

4. 对于在境外提供的广播影视节目（作品）发行服务，纳税人还应提交服务接受方机构所在地在境外的证明材料（材料具体要求按本条第（六）项第 1 目的规定执行）。

（四）提供 49 号公告第二条第（五）项第 1 目邮政业服务中寄递函件、包裹等邮件出境以及代办收件地在境外的速递物流类业务和第 2 目跨境服务，纳税人应提交函件、包裹的寄递或收派签单资料，并且所标注的目的地应为境外。寄递或收派签单资料数量较多的，可以以汇总清单代替，相关资料由纳税人留存备查。

（五）提供国际或港澳台运输服务，即 49 号公告第二条第（七）、（八）项以及第（九）项第 1 目、第 2 目跨境服务的，纳税人还应提交实际发生国际运输业务或者港澳台运输业务的证明材料。

1. 发生国际运输业务或者港澳台运输业务的载货、载客提单或舱单。提单或舱单数量较多的，可以以汇总清单代替；

2. 出入境主管部门签发的出入境签证证明。

（六）向境外单位提供跨境服务，即 49 号公告第二条第（九）项第 4 目、第（十）项跨境服务的，纳税人还应提交以下材料：

1. 服务接受方机构所在地在境外的证明材料。接受方机构所在地在境外，应提交境外有关部门核准注册、登记的证明文件或材料（包括机构所在地租赁协议），无法提交上述证明文件或材料的，可由公证机构、律师事务所等第三方机构出具相应证明材料；

2. 提供技术转让、技术开发服务的，还应提交本市商务主管部门认定的技术出口合同登记证书和本市科技主管部门认定证书；

3. 提供的跨境服务属于离岸服务外包服务项目的，还应提交自商务主管部门网站下载打印的《接包合同信息表》；

4. 提供投放地在境外的广告服务，采用播映方式的，还应提交境外《第三方监播报告》。采用书、报刊、杂志等方式的，应提交首页封面（要有书刊号）及广告版面复印件。利用网络提供的广告服务的，应提供网络界面（要有域名）截屏纸质材料；

5. 提供合同能源管理服务的，还应提交合同标的物在境外的证明材料；

6. 对不动产或货物实体提供鉴证咨询服务的，还应提交不动产或货物实体在境外的证明材料；

7. 适用简易计税方法的研发、设计服务，应提交本市商务主管部门认定的技术出口合同登记证书。提供的设计服务如涉及不动产的，还应提交不动产在境外的证明材料。

（七）一般纳税人提供的适用增值税零税率的应税服务，放弃适用增值税零税率选择免税的，即提供 49 号公告第二条第（九）项跨境服务的，还应提交已向主管退税部门报送的放弃适用增值税零税率的备案材料。

上述第（三）至第（六）项证明材料一般应同时提交原件和复印件（需加盖公章），主管税务机关审核原件后，收取复印件留存。确实无法提交原件的，可只提交复印件，注明"复印件与原件一致"字样，并由法定代表人（负责人）签字或者单位盖章；境外资料原件为外文的，应提交中文翻译件并由法定代表人（负责人）签字或者单位盖章。

主管税务机关对纳税人提交的境外证明材料有疑义的，可以要求纳税人提交境外公证部门出具的证明材料。

二、相关备案要求

（一）纳税人申请跨境服务免税的，应在实际申报免税收入前，向主管税务机关办理免税备案手续。

（二）试点一般纳税人提供跨境服务的免税销售额，应在当期《增值税纳税申报表（适用于增值税一般纳税人）》附表一中填报，"项目"选择"出口应税行为"，税目选择相应试点服务。

试点小规模纳税人提供跨境服务的免税销售额，应在当期《增值税纳税申报表（小规模纳税人适用）》中填报，"项目"选择"出口免税销售额"，税目选择相应试点服务。

（三）纳税人应当完整保存本公告第一条要求的各项资料。

（四）纳税人向境外单位有偿提供跨境服务，应按月填写《向境外单位提供跨境服务收款情况明细表》（附件2）报送主管税务机关，并附报相应电子文档，相关收款凭证资料由纳税人留存备查。

纳税人向境外单位有偿提供跨境服务，该服务的全部收入应从境外取得，对于纳税人取得的收入属于49号公告第五条第二款第（二）项规定情形的，纳税人所属跨国企业集团（地区）总部应就该第三方结算公司所承担的具体职能出具相关证明，由纳税人留存备查。

（五）原签订的跨境服务合同发生实质性变更（如服务价款、服务时间、服务发生地、接受服务单位发生变化）或者跨境服务的有关情况发生变化的（如提前终止合同执行，跨境服务项目发生变化），纳税人应自发生变化之日起15个工作日内向主管税务机关报告。发生变化后仍属于49号公告第二条规定的跨境服务免税范围的，纳税人应重新办理跨境服务免税备案手续。发生变化后不属于免征增值税范围的，纳税人应自发生变化之日起停止享受免征增值税政策。

（六）主管税务机关在受理纳税人报送资料时，发现免税材料不齐全或者不符合法定形式的，应当场一次性告知纳税人需要补正的全部内容或不予受理的原因。纳税人提交的免税材料符合相关规定的，应当场受理办结。

（七）主管税务机关应当对已受理办结的免税备案项目开展事后管理，包括对上报的资料进行案头审核，核对分析备案信息和实际申报信息的差异，抽取部分资料就其真实性开展核查等。主管税务机关发现纳税人提供跨境服务存在以下情形的，应调整已享受的免征增值税额，并按照《中华人民共和国税收征收管理法》有关规定进行处理。涉嫌偷税的，由稽查部门查处。

1. 纳税人隐瞒合同实质性变更情况未按规定向税务机关报告的；
2. 纳税人免税条件发生变化未按规定向税务机关报告的；
3. 纳税人提供的跨境服务的业务实质与备案项目不一致，实际经营情况不符合跨境服务免税规定条件的；
4. 备案资料为虚假的；
5. 纳税人向境外单位有偿提供跨境服务，该服务的收入不是全部从境外取得的。

（八）纳税人提供的49号公告第二条第（五）项、第（九）项第3目跨境服务，以及第（十）项第1目之电信业跨境服务，在49号公告下发前已按本市有关规定向主管税务机关办理免税备案的，无需重新办理备案手续，未办理免税备案手续的，应按本公告规定补办理。

三、纳税人核算及开票规定

（一）收入核算

纳税人对应征增值税销售额、免征增值税销售额应分别进行核算，未分别核算的，不得免税。

（二）发票开具

纳税人提供跨境应税服务适用免税规定的，不得开具增值税专用发票。已开具增值税专用发票的，如纳税人无法将全部联次追回，则不属于免税备案的范围。

（三）进项税额核算

从事跨境服务的试点纳税人应分别核算应征增值税、免征增值税、简易计税方式、非增值税应税项目的进项税额。纳税人已申报抵扣的进项税额中属于跨境服务免税项目对应的进项税额部分，应作进项税额转出处理。

适用一般计税方法的纳税人，兼营简易计税方法计税项目、非增值税应税劳务、免征增值税项目而无法划分不得抵扣的进项税额的，除49号公告第六条第二款规定外，应按照下列公式计算不得抵扣的进项税额：

不得抵扣的进项税额＝当期无法划分的全部进项税额×（当期简易计税方法计税项目销售额＋非增值税应税劳务营业额＋免征增值税项目销售额）÷（当期全部销售额＋当期全部营业额）

四、其他

本公告自2014年10月1日起执行，《上海市国家税务局关于本市营业税改征增值税跨境应税服务增值税免税备案及前期试点期间税款清算有关问题的公告》（上海市国家税务局公告2013年第3号）同时废止。

特此公告。

附件：1. 跨境应税服务免税备案表
2. 向境外单位提供跨境服务收款情况明细表（样表）

上海市国家税务局
2014年12月30日

附件 1

跨境应税服务免税备案表

纳税人名称（公章）			
纳税人识别号			
跨境服务名称			
接受服务单位名称			
接受服务单位机构所在地（国家/地区）		服务发生地	
合同名称及编号			
合同注明的跨境服务价款或计价标准			
合同约定付款日期			
本次提交的备案材料	1.		
	2.		
	3.		
	4.		
	5.		
	6.		
	7.		
	8.		
	9.		
纳税人声明	我承诺此备案表所填内容及备案材料是真实、可靠、完整的。 法定代表人签章： 年　月　日		
注：本表一式两份，填报单位及主管税务机关各一份			
以下由税务机关填写：			
受理人：　　　受理日期：　　年　月　日　　主管税务机关盖章：			

说明：对于履行框架合同，其订单等视同合同资料较多，采取按月归集一次性备案的，在填列"合同注明的跨境服务价款或计价标准"时，允许填写一次性归集订单服务价款合计数，但需同时提供明细清单。

附件 2

向境外单位提供跨境服务收款情况明细表（样表）

纳税人名称（盖章）： 　　税务登记证号： 　　月（所属期） 　　单位：元

序号	合同信息						结汇信息						付款单位名称	付款单位所在国家（地区）	记账信息		
	合同编号	合同名称	服务项目名称	服务对象名称	合同金额	合同期限	结汇水单编号	结汇日期	外币金额	外币币种	牌价	人民币金额			记账凭证编号	确认收入日期	确认收入金额
合计																	

纳税人申明：上述清册所列数据属实。

法定代表人签字： 　　　　　　　日期：

填表说明：

1　本表应按月填写；

2　跨境应税服务项目名称，请按照对应的征收品目填写。

国家税务总局关于重新发布《营业税改征增值税跨境应税服务增值税免税管理办法（试行）》的公告

（国家税务总局公告 2014 年第 49 号）

　　经国务院批准，铁路运输、邮政业和电信业已经纳入营业税改征增值税试点。为了规范和完善跨境应税服务的税收管理，国家税务总局对《营业税改征增值税跨境应税服务增值税免税管理办法（试行）》进行了修订，现予以发布，自 2014 年 10 月 1 日起施行。2013 年 9 月 13 日发布的《营业税改征增值税跨境应税服务增值税免税管理办法（试行）》（国家税务总局公告 2013 年第 52 号）同时废止。

　　特此公告。

国家税务总局
2014 年 8 月 27 日

营业税改征增值税跨境应税服务增值税免税管理办法（试行）

第一条 境内的单位和个人（以下称纳税人）提供跨境应税服务（以下称跨境服务），适用本办法。

第二条 下列跨境服务免征增值税：

（一）工程、矿产资源在境外的工程勘察勘探服务。

（二）会议展览地点在境外的会议展览服务。

为客户参加在境外举办的会议、展览而提供的组织安排服务，属于会议展览地点在境外的会议展览服务。

（三）存储地点在境外的仓储服务。

（四）标的物在境外使用的有形动产租赁服务。

（五）为出口货物提供的邮政业服务和收派服务。

1. 为出口货物提供的邮政业服务，是指：

（1）寄递函件、包裹等邮件出境；

（2）向境外发行邮票；

（3）出口邮册等邮品；

（4）代办收件地在境外的速递物流类业务。

2. 为出口货物提供的收派服务，是指为出境的函件、包裹提供的收件、分拣、派送服务。纳税人为出口货物提供收派服务，免税销售额为其向寄件人收取的全部价款和价外费用。

3. 境外单位或者个人为出境的函件、包裹在境外提供邮政服务和收派服务，属于《营业税改征增值税试点实施办法》第十条规定的完全在境外消费的应税服务，不征收增值税。

（六）在境外提供的广播影视节目（作品）发行、播映服务。

在境外提供的广播影视节目（作品）发行服务，是指向境外单位或者个人发行广播影视节目（作品）、转让体育赛事等文体活动的报道权或者播映权，且该广播影视节目（作品）、体育赛事等文体活动在境外播映或者报道。

在境外提供的广播影视节目（作品）播映服务，是指在境外的影院、剧院、录像厅及其他场所播映广播影视节目（作品）。

通过境内的电台、电视台、卫星通信、互联网、有线电视等无线或者有线装置向境外播映广播影视节目（作品），不属于在境外提供的广播影视节目（作品）播映服务。

（七）以水路运输方式提供国际运输服务但未取得《国际船舶运输经营许可证》的；以公路运输方式提供国际运输服务但未取得《道路运输经营许可证》或者《国际汽车运输行车许可证》，或者《道路运输经营许可证》的经营范围未包括"国际运输"的；以航空运输方式提供国际运输服务但未取得《公共航空运输企业经营许可证》，或者其经营范围未包括"国际航空客货邮运输业务"的；以航空运输方式提供国际运输服务但未持有《通用航空经营许可证》，或者其经营范围未包括"公务飞行"的。

（八）以公路运输方式提供至香港、澳门的交通运输服务，但未取得《道路运输经营许可证》，或者未具有持《道路运输证》的直通港澳运输车辆的；以水路运输方式提供至台湾的交通运输服务，但未取得《台湾海峡两岸间水路运输许可证》，或者未具有持《台湾海峡两岸间船舶营运证》的船舶的；以水路运输方式提供至香港、澳门的交通运输服务，但未具有获得港澳线路运营许可的船舶的；以航空运输方式提供往返香港、澳门、台湾的交通运输服务或者在香港、澳门、台湾提供交通运输服务，但未取得《公共航空运输企业经营许可证》，或者其经营范围未包括"国际、国内（含港澳）航空客货邮运输业务"的；以航空运输方式提供往返香港、澳门、台湾的交通运输服务或者在香港、澳门、台湾提供交通运输服务，但未持有《通用航空经营许可证》，或者其经营范围未包括"公务飞行"的。

（九）适用简易计税方法，或声明放弃适用零税率选择免税的下列应税服务：

1. 国际运输服务；
2. 往返香港、澳门、台湾的交通运输服务以及在香港、澳门、台湾提供的交通运输服务；
3. 航天运输服务；
4. 向境外单位提供的研发服务和设计服务，对境内不动产提供的设计服务除外。

（十）向境外单位提供的下列应税服务：

1. 电信业服务、技术转让服务、技术咨询服务、合同能源管理服务、软件服务、电路设计及测试服务、信息系统服务、业务流程管理服务、商标著作权转让服务、知识产权服务、物流辅助服务（仓储服务、收派服务除外）、认证服务、鉴证服务、咨询服务、广播影视节目（作品）制作服务、程租服务。

纳税人向境外单位或者个人提供国际语音通话服务、国际短信服务、国际彩信服务，通过境外电信单位结算费用的，服务接受方为境外电信单位，属于向境外单位提供的电信业服务。

境外单位从事国际运输和港澳台运输业务经停我国机场、码头、车站、领空、内河、海域时，纳税人向其提供的航空地面服务、港口码头服务、货运客运站场服务、打捞救助服务、装卸搬运服务，属于向境外单位提供的物流辅助服务。

合同标的物在境内的合同能源管理服务，对境内不动产提供的鉴证咨询服务，以及提供服务时货物实体在境内的鉴证咨询服务，不属于本款规定的向境外单位提供的应税服务。

2. 广告投放地在境外的广告服务。

广告投放地在境外的广告服务，是指为在境外发布的广告所提供的广告服务。

第三条 纳税人向国内海关特殊监管区域内的单位或者个人提供的应税服务，不属于跨境服务，应照章征收增值税。

第四条 纳税人提供本办法第二条所列跨境服务，除第（五）项外，必须与服务接受方签订跨境服务书面合同。否则，不予免征增值税。

纳税人向外国航空运输企业提供空中飞行管理服务，以中国民用航空局下发的航班计划或者中国民用航空局清算中心临时来华飞行记录，为跨境服务书面合同。

纳税人向外国航空运输企业提供物流辅助服务（除空中飞行管理服务外），与经中国民用航空局批准设立的外国航空运输企业常驻代表机构签订的书面合同，属于与服务接受方签订跨境服务书面合同。外国航空运输企业临时来华飞行，未签订跨境服务书面合同的，以中国民用航空局清算中心临时来华飞行记录为跨境服务书面合同。

第五条 纳税人向境外单位有偿提供跨境服务，该服务的全部收入应从境外取得，否则，不予免征增值税。

下列情形视同从境外取得收入：

（一）纳税人向外国航空运输企业提供物流辅助服务，从中国民用航空局清算中心、中国航空结算有限责任公司或者经中国民用航空局批准设立的外国航空运输企业常驻代表机构取得的收入。

（二）纳税人向境外关联单位提供跨境服务，从境内第三方结算公司取得的收入。上述所称第三方结算公司，是指承担跨国企业集团内部成员单位资金集中运营管理职能的资金结算公司，包括财务公司、资金池、资金结算中心等。

（三）国家税务总局规定的其他情形。

第六条 纳税人提供跨境服务免征增值税的，应单独核算跨境服务的销售额，准确计算不得抵扣的进项税额，其免税收入不得开具增值税专用发票。

中国邮政速递物流股份有限公司及其分支机构为出口货物提供收派服务，按照下列公式计算不得抵扣的进项税额：

不得抵扣的进项税额＝当期无法划分的全部进项税额×（当期简易计税方法计税项目销售额＋非增值税应税劳务营业额＋免征增值税项目销售额－为出口货物提供收派服务支付给境外合作方的费用）÷（当期全部销售额＋当期全部营业额）

第七条 纳税人提供免征增值税跨境服务的，应到主管税务机关办理跨境服务免税备案手续，同时提交以下资料：

（一）《跨境应税服务免税备案表》（见附件）；

（二）跨境服务合同原件及复印件；

（三）提供本办法第二条第（一）项至第（四）项、第（六）项、以及第（十）项第2目跨境服务，应提交服务地点在境外的证明材料原件及复印件；

（四）提供本办法第二条规定的国际或者港澳台运输服务，应提交实际发生相关业务的证明材料；

（五）向境外单位提供跨境服务，应提交服务接受方机构所在地在境外的证明材料；

（六）各省、自治区、直辖市和计划单列市国家税务局要求的其他资料。

跨境服务合同原件为外文的，应提供中文翻译件并由法定代表人（负责人）签字或者单位盖章。

境外资料无法提供原件的，可只提供复印件，注明"复印件与原件一致"字样，并由法定代表人（负责人）签字或者单位盖章；境外资料原件为外文的，应提供中文翻译件并由法定代表人（负责人）签字或者单位盖章。

主管税务机关对提交的境外证明材料有疑义的，可以要求纳税人提供境外公证部门出具的证明材料。

第八条 纳税人办理跨境服务免税备案手续时，主管税务机关应当根据以下情况分别做出处理：

（一）报送的材料不符合规定的，应当及时告知纳税人补正。

（二）报送的材料齐全、符合规定形式的，或者纳税人按照税务机关的要求补正报送全部材料的，应当受理纳税人的备案，将有关资料原件退还纳税人。

（三）报送的材料或者按照税务机关的要求补正报送的材料不符合本办法第七条规定的，应当对纳税人的本次跨境服务免税备案不予受理，并将所有报送材料退还纳税人。

第九条 原签订的跨境服务合同发生变更或者跨境服务的有关情况发生变化，变化后仍属于本办法第二条规定的免税跨境服务范围的，纳税人应向主管税务机关重新办理跨境服务免税备案手续。

第十条 纳税人应当完整保存本办法第七条要求的各项资料。

第十一条 纳税人提供的与香港、澳门、台湾有关的应税服务，除本办法另有规定外，参照本办法执行。

第十二条 税务机关应高度重视跨境服务增值税管理工作，针对纳税人的备案资料，采取案头分析、日常检查、重点稽查等方式，加强对纳税人业务真实性的核实，发现问题的，按照现行有关规定处理。

第十三条 本办法自2014年10月1日起施行。此前，纳税人提供符合本办法第二条规定的跨境服务，已进行免税申报的，未进行免税申报的，按照本办法规定办理跨境服务备案手续后，可以申请退税或者抵减以后的应纳税额；已开具增值税专用发票的，应将全部联次追回后方可办理跨境服务免税备案手续。此前，纳税人提供的跨境服务不符合本办法第二条规定的，应照章征收增值税。国家税务总局2013年9月13日发布的《营业税改征增值税跨境应税服务增值税免税管理办法（试行）》（国家税务总局公告2013年第52号）同时废止。

附件

跨境应税服务免税备案表

纳税人名称（公章）			
纳税人识别号			
跨境服务名称			
接受服务单位名称			
接受服务单位机构所在地（国家/地区）		服务发生地	
合同名称及编号			
合同注明的跨境服务价款或计价标准			
合同约定付款日期			
本次提交的备案材料	1. 2. 3. 4. 5. 6. 7. 8. 9. 10.		
纳税人声明	我承诺此备案表所填内容及备案材料是真实、可靠、完整的。 法定代表人签章： 　　　　　　　　　　　　　　　　年　月　日		
注：本表一式两份，填报单位及主管税务机关各一份			
以下由税务机关填写：			
受理人：　　　　　　受理日期： 主管税务机关盖章：			年　月　日

财政部、国家税务总局：关于重新印发《总分机构试点纳税人增值税计算缴纳暂行办法》的通知

各省、自治区、直辖市、计划单列市财政厅（局）、国家税务局、地方税务局，新疆生产建设兵团财务局：

根据营业税改征增值税试点政策和现行增值税有关规定，现将修订后的《总分机构试点纳税人增值税计算缴纳暂行办法》（见附件）印发你们，请遵照执行。

附件：总分机构试点纳税人增值税计算缴纳暂行办法

财政部-国家税务总局
2013年10月24日

附件：

总分机构试点纳税人增值税计算缴纳暂行办法

一、经财政部和国家税务总局批准的总机构试点纳税人及其分支机构，按照本办法的规定计算缴纳增值税。

二、总机构应当汇总计算总机构及其分支机构发生《应税服务范围注释》所列业务的应交增值税，抵减分支机构发生《应税服务范围注释》所列业务已缴纳的增值税税款（包括预缴和补缴的增值税税款）后，在总机构所在地解缴入库。总机构销售货物、提供加工修理修配劳务，按照增值税暂行条例及相关规定就地申报缴纳增值税。

三、总机构汇总的应征增值税销售额，为总机构及其分支机构发生《应税服务范围注释》所列业务的应征增值税销售额。

四、总机构汇总的销项税额，按照本办法第三条规定的应征增值税销售额和增值税适用税率计算。

五、总机构汇总的进项税额，是指总机构及其分支机构因发生《应税服务范围注释》所列业务而购进货物或者接受加工修理修配劳务和应税服务，支付或者负担的增值税税额。总机构及其分支机构用于发生《应税服务范围注释》所列业务之外的进项税额不得汇总。

六、分支机构发生《应税服务范围注释》所列业务，按照应征增值税销售额和预征率

计算缴纳增值税。计算公式如下：

应预缴的增值税＝应征增值税销售额×预征率

预征率由财政部和国家税务总局规定，并适时予以调整。

分支机构销售货物、提供加工修理修配劳务，按照增值税暂行条例及相关规定就地申报缴纳增值税。

七、分支机构发生《应税服务范围注释》所列业务当期已预缴的增值税税款，在总机构当期增值税应纳税额中抵减不完的，可以结转下期继续抵减。

八、每年的第一个纳税申报期结束后，对上一年度总分机构汇总纳税情况进行清算。总机构和分支机构年度清算应交增值税，按照各自销售收入占比和总机构汇总的上一年度应交增值税税额计算。分支机构预缴的增值税超过其年度清算应交增值税的，通过暂停以后纳税申报期预缴增值税的方式予以解决。分支机构预缴的增值税小于其年度清算应交增值税的，差额部分在以后纳税申报期由分支机构在预缴增值税时一并就地补缴入库。

九、总机构及其分支机构的其他增值税涉税事项，按照营业税改征增值税试点政策及其他增值税有关政策执行。

十、总分机构试点纳税人增值税具体管理办法由国家税务总局另行制定。

第 2 章　增值税政策法规

2.1　综　合　类

2.1.1　国务院

中华人民共和国增值税暂行条例

(1993 年 12 月 13 日中华人民共和国国务院令第 134 号发布
2008 年 11 月 5 日国务院第 34 次常务会议修订通过　根据
2016 年 2 月 6 日发布的国务院令第 666 号《国务院关于
修改部分行政法规的决定》修改)

第一条　在中华人民共和国境内销售货物或者提供加工、修理修配劳务以及进口货物的单位和个人,为增值税的纳税人,应当依照本条例缴纳增值税。

第二条　增值税税率:

(一)纳税人销售或者进口货物,除本条第(二)项、第(三)项规定外,税率为 17%。

(二)纳税人销售或者进口下列货物,税率为 13%:

1. 粮食、食用植物油;
2. 自来水、暖气、冷气、热水、煤气、石油液化气、天然气、沼气、居民用煤炭制品;
3. 图书、报纸、杂志;
4. 饲料、化肥、农药、农机、农膜;
5. 国务院规定的其他货物。

(三)纳税人出口货物,税率为零;但是,国务院另有规定的除外。

(四)纳税人提供加工、修理修配劳务(以下称应税劳务),税率为 17%。

税率的调整,由国务院决定。

第三条　纳税人兼营不同税率的货物或者应税劳务,应当分别核算不同税率货物或者应税劳务的销售额;未分别核算销售额的,从高适用税率。

第四条　除本条例第十一条规定外,纳税人销售货物或者提供应税劳务(以下简称销售货物或者应税劳务),应纳税额为当期销项税额抵扣当期进项税额后的余额。应纳税额计算公式：

应纳税额＝当期销项税额－当期进项税额

当期销项税额小于当期进项税额不足抵扣时，其不足部分可以结转下期继续抵扣。

第五条 纳税人销售货物或者应税劳务，按照销售额和本条例第二条规定的税率计算并向购买方收取的增值税额，为销项税额。销项税额计算公式：

销项税额＝销售额×税率

第六条 销售额为纳税人销售货物或者应税劳务向购买方收取的全部价款和价外费用，但是不包括收取的销项税额。

销售额以人民币计算。纳税人以人民币以外的货币结算销售额的，应当折合成人民币计算。

第七条 纳税人销售货物或者应税劳务的价格明显偏低并无正当理由的，由主管税务机关核定其销售额。

第八条 纳税人购进货物或者接受应税劳务（以下简称购进货物或者应税劳务）支付或者负担的增值税额，为进项税额。

下列进项税额准予从销项税额中抵扣：

（一）从销售方取得的增值税专用发票上注明的增值税额。

（二）从海关取得的海关进口增值税专用缴款书上注明的增值税额。

（三）购进农产品，除取得增值税专用发票或者海关进口增值税专用缴款书外，按照农产品收购发票或者销售发票上注明的农产品买价和13%的扣除率计算的进项税额。进项税额计算公式：

进项税额＝买价×扣除率

（四）购进或者销售货物以及在生产经营过程中支付运输费用的，按照运输费用结算单据上注明的运输费用金额和7%的扣除率计算的进项税额。进项税额计算公式：

进项税额＝运输费用金额×扣除率

准予抵扣的项目和扣除率的调整，由国务院决定。

第九条 纳税人购进货物或者应税劳务，取得的增值税扣税凭证不符合法律、行政法规或者国务院税务主管部门有关规定的，其进项税额不得从销项税额中抵扣。

第十条 下列项目的进项税额不得从销项税额中抵扣：

（一）用于非增值税应税项目、免征增值税项目、集体福利或者个人消费的购进货物或者应税劳务；

（二）非正常损失的购进货物及相关的应税劳务；

（三）非正常损失的在产品、产成品所耗用的购进货物或者应税劳务；

（四）国务院财政、税务主管部门规定的纳税人自用消费品；

（五）本条第（一）项至第（四）项规定的货物的运输费用和销售免税货物的运输费用。

第十一条 小规模纳税人销售货物或者应税劳务，实行按照销售额和征收率计算应纳税额的简易办法，并不得抵扣进项税额。应纳税额计算公式：

应纳税额＝销售额×征收率

小规模纳税人的标准由国务院财政、税务主管部门规定。

第十二条 小规模纳税人增值税征收率为3%。

征收率的调整，由国务院决定。

第十三条 小规模纳税人以外的纳税人应当向主管税务机关办理登记。具体登记办法由国务院税务主管部门制定。

纳税人会计核算健全，能够提供准确税务资料的，可以向主管税务机关办理登记，不作为小规模纳税人，依照本条例有关规定计算应纳税额。

第十四条 纳税人进口货物，按照组成计税价格和本条例第二条规定的税率计算应纳税额。组成计税价格和应纳税额计算公式：

组成计税价格＝关税完税价格＋关税＋消费税

应纳税额＝组成计税价格×税率

第十五条 下列项目免征增值税：

（一）农业生产者销售的自产农产品；

（二）避孕药品和用具；

（三）古旧图书；

（四）直接用于科学研究、科学试验和教学的进口仪器、设备；

（五）外国政府、国际组织无偿援助的进口物资和设备；

（六）由残疾人的组织直接进口供残疾人专用的物品；

（七）销售的自己使用过的物品。

除前款规定外，增值税的免税、减税项目由国务院规定。任何地区、部门均不得规定免税、减税项目。

第十六条 纳税人兼营免税、减税项目的，应当分别核算免税、减税项目的销售额；未分别核算销售额的，不得免税、减税。

第十七条 纳税人销售额未达到国务院财政、税务主管部门规定的增值税起征点的，免征增值税；达到起征点的，依照本条例规定全额计算缴纳增值税。

第十八条 中华人民共和国境外的单位或者个人在境内提供应税劳务，在境内未设有经营机构的，以其境内代理人为扣缴义务人；在境内没有代理人的，以购买方为扣缴义务人。

第十九条 增值税纳税义务发生时间：

（一）销售货物或者应税劳务，为收讫销售款项或者取得索取销售款项凭据的当天；先开具发票的，为开具发票的当天。

（二）进口货物，为报关进口的当天。

增值税扣缴义务发生时间为纳税人增值税纳税义务发生的当天。

第二十条 增值税由税务机关征收，进口货物的增值税由海关代征。

个人携带或者邮寄进境自用物品的增值税，连同关税一并计征。具体办法由国务院关税税则委员会会同有关部门制定。

第二十一条 纳税人销售货物或者应税劳务，应当向索取增值税专用发票的购买方开具增值税专用发票，并在增值税专用发票上分别注明销售额和销项税额。

属于下列情形之一的，不得开具增值税专用发票：

（一）向消费者个人销售货物或者应税劳务的；

（二）销售货物或者应税劳务适用免税规定的；
（三）小规模纳税人销售货物或者应税劳务的。

第二十二条 增值税纳税地点：

（一）固定业户应当向其机构所在地的主管税务机关申报纳税。总机构和分支机构不在同一县（市）的，应当分别向各自所在地的主管税务机关申报纳税；经国务院财政、税务主管部门或者其授权的财政、税务机关批准，可以由总机构汇总向总机构所在地的主管税务机关申报纳税。

（二）固定业户到外县（市）销售货物或者应税劳务，应当向其机构所在地的主管税务机关申请开具外出经营活动税收管理证明，并向其机构所在地的主管税务机关申报纳税；未开具证明的，应当向销售地或者劳务发生地的主管税务机关申报纳税；未向销售地或者劳务发生地的主管税务机关申报纳税的，由其机构所在地的主管税务机关补征税款。

（三）非固定业户销售货物或者应税劳务，应当向销售地或者劳务发生地的主管税务机关申报纳税；未向销售地或者劳务发生地的主管税务机关申报纳税的，由其机构所在地或者居住地的主管税务机关补征税款。

（四）进口货物，应当向报关地海关申报纳税。

扣缴义务人应当向其机构所在地或者居住地的主管税务机关申报缴纳其扣缴的税款。

第二十三条 增值税的纳税期限分别为1日、3日、5日、10日、15日、1个月或者1个季度。纳税人的具体纳税期限，由主管税务机关根据纳税人应纳税额的大小分别核定；不能按照固定期限纳税的，可以按次纳税。

纳税人以1个月或者1个季度为1个纳税期的，自期满之日起15日内申报纳税；以1日、3日、5日、10日或者15日为1个纳税期的，自期满之日起5日内预缴税款，于次月1日起15日内申报纳税并结清上月应纳税款。

扣缴义务人解缴税款的期限，依照前两款规定执行。

第二十四条 纳税人进口货物，应当自海关填发海关进口增值税专用缴款书之日起15日内缴纳税款。

第二十五条 纳税人出口货物适用退（免）税规定的，应当向海关办理出口手续，凭出口报关单等有关凭证，在规定的出口退（免）税申报期内按月向主管税务机关申报办理该项出口货物的退（免）税。具体办法由国务院财政、税务主管部门制定。

出口货物办理退税后发生退货或者退关的，纳税人应当依法补缴已退的税款。

第二十六条 增值税的征收管理，依照《中华人民共和国税收征收管理法》及本条例有关规定执行。

第二十七条 本条例自2009年1月1日起施行。

2.1.2 财政部、国家税务总局

中华人民共和国增值税暂行条例实施细则（2011修订）

（2008年12月18日财政部、国家税务总局令第50号公布
根据2011年10月28日《关于修改〈中华人民共和国增值
税暂行条例实施细则〉和〈中华人民共和国营业税暂行
条例实施细则〉的决定》修订）

第一条 根据《中华人民共和国增值税暂行条例》（以下简称条例），制定本细则。

第二条 条例第一条所称货物，是指有形动产，包括电力、热力、气体在内。

条例第一条所称加工，是指受托加工货物，即委托方提供原料及主要材料，受托方按照委托方的要求，制造货物并收取加工费的业务。

条例第一条所称修理修配，是指受托对损伤和丧失功能的货物进行修复，使其恢复原状和功能的业务。

第三条 条例第一条所称销售货物，是指有偿转让货物的所有权。

条例第一条所称提供加工、修理修配劳务（以下称应税劳务），是指有偿提供加工、修理修配劳务。单位或者个体工商户聘用的员工为本单位或者雇主提供加工、修理修配劳务，不包括在内。

本细则所称有偿，是指从购买方取得货币、货物或者其他经济利益。

第四条 单位或者个体工商户的下列行为，视同销售货物：

（一）将货物交付其他单位或者个人代销；

（二）销售代销货物；

（三）设有两个以上机构并实行统一核算的纳税人，将货物从一个机构移送其他机构用于销售，但相关机构设在同一县（市）的除外；

（四）将自产或者委托加工的货物用于非增值税应税项目；

（五）将自产、委托加工的货物用于集体福利或者个人消费；

（六）将自产、委托加工或者购进的货物作为投资，提供给其他单位或者个体工商户；

（七）将自产、委托加工或者购进的货物分配给股东或者投资者；

（八）将自产、委托加工或者购进的货物无偿赠送其他单位或者个人。

第五条 一项销售行为如果既涉及货物又涉及非增值税应税劳务，为混合销售行为。除本细则第六条的规定外，从事货物的生产、批发或者零售的企业、企业性单位和个体工商户的混合销售行为，视为销售货物，应当缴纳增值税；其他单位和个人的混合销售行为，视为销售非增值税应税劳务，不缴纳增值税。

本条第一款所称非增值税应税劳务，是指属于应缴营业税的交通运输业、建筑业、金融保险业、邮电通信业、文化体育业、娱乐业、服务业税目征收范围的劳务。

本条第一款所称从事货物的生产、批发或者零售的企业、企业性单位和个体工商户，

包括以从事货物的生产、批发或者零售为主，并兼营非增值税应税劳务的单位和个体工商户在内。

第六条 纳税人的下列混合销售行为，应当分别核算货物的销售额和非增值税应税劳务的营业额，并根据其销售货物的销售额计算缴纳增值税，非增值税应税劳务的营业额不缴纳增值税；未分别核算的，由主管税务机关核定其货物的销售额：

（一）销售自产货物并同时提供建筑业劳务的行为；

（二）财政部、国家税务总局规定的其他情形。

第七条 纳税人兼营非增值税应税项目的，应分别核算货物或者应税劳务的销售额和非增值税应税项目的营业额；未分别核算的，由主管税务机关核定货物或者应税劳务的销售额。

第八条 条例第一条所称在中华人民共和国境内（以下简称境内）销售货物或者提供加工、修理修配劳务，是指：

（一）销售货物的起运地或者所在地在境内；

（二）提供的应税劳务发生在境内。

第九条 条例第一条所称单位，是指企业、行政单位、事业单位、军事单位、社会团体及其他单位。

条例第一条所称个人，是指个体工商户和其他个人。

第十条 单位租赁或者承包给其他单位或者个人经营的，以承租人或者承包人为纳税人。

第十一条 小规模纳税人以外的纳税人（以下称一般纳税人）因销售货物退回或者折让而退还给购买方的增值税额，应从发生销售货物退回或者折让当期的销项税额中扣减；因购进货物退出或者折让而收回的增值税额，应从发生购进货物退出或者折让当期的进项税额中扣减。

一般纳税人销售货物或者应税劳务，开具增值税专用发票后，发生销售货物退回或者折让、开票有误等情形，应按国家税务总局的规定开具红字增值税专用发票。未按规定开具红字增值税专用发票的，增值税额不得从销项税额中扣减。

第十二条 条例第六条第一款所称价外费用，包括价外向购买方收取的手续费、补贴、基金、集资费、返还利润、奖励费、违约金、滞纳金、延期付款利息、赔偿金、代收款项、代垫款项、包装费、包装物租金、储备费、优质费、运输装卸费以及其他各种性质的价外收费。但下列项目不包括在内：

（一）受托加工应征消费税的消费品所代收代缴的消费税；

（二）同时符合以下条件的代垫运输费用：

1. 承运部门的运输费用发票开具给购买方的；

2. 纳税人将该项发票转交给购买方的。

（三）同时符合以下条件代为收取的政府性基金或者行政事业性收费：

1. 由国务院或者财政部批准设立的政府性基金，由国务院或者省级人民政府及其财政、价格主管部门批准设立的行政事业性收费；

2. 收取时开具省级以上财政部门印制的财政票据；

3. 所收款项全额上缴财政。

（四）销售货物的同时代办保险等而向购买方收取的保险费，以及向购买方收取的代购买方缴纳的车辆购置税、车辆牌照费。

第十三条　混合销售行为依照本细则第五条规定应当缴纳增值税的，其销售额为货物的销售额与非增值税应税劳务营业额的合计。

第十四条　一般纳税人销售货物或者应税劳务，采用销售额和销项税额合并定价方法的，按下列公式计算销售额：

销售额＝含税销售额÷（1＋税率）

第十五条　纳税人按人民币以外的货币结算销售额的，其销售额的人民币折合率可以选择销售额发生的当天或者当月1日的人民币汇率中间价。纳税人应在事先确定采用何种折合率，确定后1年内不得变更。

第十六条　纳税人有条例第七条所称价格明显偏低并无正当理由或者有本细则第四条所列视同销售货物行为而无销售额者，按下列顺序确定销售额：

（一）按纳税人最近时期同类货物的平均销售价格确定；

（二）按其他纳税人最近时期同类货物的平均销售价格确定；

（三）按组成计税价格确定。组成计税价格的公式为：

$$组成计税价格 = 成本 \times (1 + 成本利润率)$$

属于应征消费税的货物，其组成计税价格中应加计消费税额。

公式中的成本是指：销售自产货物的为实际生产成本，销售外购货物的为实际采购成本。公式中的成本利润率由国家税务总局确定。

第十七条　条例第八条第二款第（三）项所称买价，包括纳税人购进农产品在农产品收购发票或者销售发票上注明的价款和按规定缴纳的烟叶税。

第十八条　条例第八条第二款第（四）项所称运输费用金额，是指运输费用结算单据上注明的运输费用（包括铁路临管线及铁路专线运输费用）、建设基金，不包括装卸费、保险费等其他杂费。

第十九条　条例第九条所称增值税扣税凭证，是指增值税专用发票、海关进口增值税专用缴款书、农产品收购发票和农产品销售发票以及运输费用结算单据。

第二十条　混合销售行为依照本细则第五条规定应当缴纳增值税的，该混合销售行为所涉及的非增值税应税劳务所用购进货物的进项税额，符合条例第八条规定的，准予从销项税额中抵扣。

第二十一条　条例第十条第（一）项所称购进货物，不包括既用于增值税应税项目（不含免征增值税项目）也用于非增值税应税项目、免征增值税（以下简称免税）项目、集体福利或者个人消费的固定资产。

前款所称固定资产，是指使用期限超过12个月的机器、机械、运输工具以及其他与生产经营有关的设备、工具、器具等。

第二十二条　条例第十条第（一）项所称个人消费包括纳税人的交际应酬消费。

第二十三条　条例第十条第（一）项和本细则所称非增值税应税项目，是指提供非增值税应税劳务、转让无形资产、销售不动产和不动产在建工程。

前款所称不动产是指不能移动或者移动后会引起性质、形状改变的财产，包括建筑物、构筑物和其他土地附着物。

纳税人新建、改建、扩建、修缮、装饰不动产，均属于不动产在建工程。

第二十四条 条例第十条第（二）项所称非正常损失，是指因管理不善造成被盗、丢失、霉烂变质的损失。

第二十五条 纳税人自用的应征消费税的摩托车、汽车、游艇，其进项税额不得从销项税额中抵扣。

第二十六条 一般纳税人兼营免税项目或者非增值税应税劳务而无法划分不得抵扣的进项税额的，按下列公式计算不得抵扣的进项税额：

不得抵扣的进项税额＝当月无法划分的全部进项税额×当月免税项目销售额、非增值税应税劳务营业额合计÷当月全部销售额、营业额合计

第二十七条 已抵扣进项税额的购进货物或者应税劳务，发生条例第十条规定的情形的（免税项目、非增值税应税劳务除外），应当将该项购进货物或者应税劳务的进项税额从当期的进项税额中扣减；无法确定该项进项税额的，按当期实际成本计算应扣减的进项税额。

第二十八条 条例第十一条所称小规模纳税人的标准为：

（一）从事货物生产或者提供应税劳务的纳税人，以及以从事货物生产或者提供应税劳务为主，并兼营货物批发或者零售的纳税人，年应征增值税销售额（以下简称应税销售额）在50万元以下（含本数，下同）的；

（二）除本条第一款第（一）项规定以外的纳税人，年应税销售额在80万元以下的。

本条第一款所称以从事货物生产或者提供应税劳务为主，是指纳税人的年货物生产或者提供应税劳务的销售额占年应税销售额的比重在50%以上。

第二十九条 年应税销售额超过小规模纳税人标准的其他个人按小规模纳税人纳税；非企业性单位、不经常发生应税行为的企业可选择按小规模纳税人纳税。

第三十条 小规模纳税人的销售额不包括其应纳税额。

小规模纳税人销售货物或者应税劳务采用销售额和应纳税额合并定价方法的，按下列公式计算销售额：

$$销售额 ＝ 含税销售额 ÷ (1＋征收率)$$

第三十一条 小规模纳税人因销售货物退回或者折让退还给购买方的销售额，应从发生销售货物退回或者折让当期的销售额中扣减。

第三十二条 条例第十三条和本细则所称会计核算健全，是指能够按照国家统一的会计制度规定设置账簿，根据合法、有效凭证核算。

第三十三条 除国家税务总局另有规定外，纳税人一经认定为一般纳税人后，不得转为小规模纳税人。

第三十四条 有下列情形之一者，应按销售额依照增值税税率计算应纳税额，不得抵扣进项税额，也不得使用增值税专用发票：

（一）一般纳税人会计核算不健全，或者不能够提供准确税务资料的；

（二）除本细则第二十九条规定外，纳税人销售额超过小规模纳税人标准，未申请办理一般纳税人认定手续的。

第三十五条 条例第十五条规定的部分免税项目的范围，限定如下：

（一）第一款第（一）项所称农业，是指种植业、养殖业、林业、牧业、水产业。

农业生产者,包括从事农业生产的单位和个人。

农产品,是指初级农产品,具体范围由财政部、国家税务总局确定。

(二)第一款第(三)项所称古旧图书,是指向社会收购的古书和旧书。

(三)第一款第(七)项所称自己使用过的物品,是指其他个人自己使用过的物品。

第三十六条 纳税人销售货物或者应税劳务适用免税规定的,可以放弃免税,依照条例的规定缴纳增值税。放弃免税后,36个月内不得再申请免税。

第三十七条 增值税起征点的适用范围限于个人。

增值税起征点的幅度规定如下:

(一)销售货物的,为月销售额5000～20000元;

(二)销售应税劳务的,为月销售额5000～20000元;

(三)按次纳税的,为每次(日)销售额300～500元。

前款所称销售额,是指本细则第三十条第一款所称小规模纳税人的销售额。

省、自治区、直辖市财政厅(局)和国家税务局应在规定的幅度内,根据实际情况确定本地区适用的起征点,并报财政部、国家税务总局备案。

第三十八条 条例第十九条第一款第(一)项规定的收讫销售款项或者取得索取销售款项凭据的当天,按销售结算方式的不同,具体为:

(一)采取直接收款方式销售货物,不论货物是否发出,均为收到销售款或者取得索取销售款凭据的当天;

(二)采取托收承付和委托银行收款方式销售货物,为发出货物并办妥托收手续的当天;

(三)采取赊销和分期收款方式销售货物,为书面合同约定的收款日期的当天,无书面合同的或者书面合同没有约定收款日期的,为货物发出的当天;

(四)采取预收货款方式销售货物,为货物发出的当天,但生产销售生产工期超过12个月的大型机械设备、船舶、飞机等货物,为收到预收款或者书面合同约定的收款日期的当天;

(五)委托其他纳税人代销货物,为收到代销单位的代销清单或者收到全部或者部分货款的当天。未收到代销清单及货款的,为发出代销货物满180天的当天;

(六)销售应税劳务,为提供劳务同时收讫销售款或者取得索取销售款的凭据的当天;

(七)纳税人发生本细则第四条第(三)项至第(八)项所列视同销售货物行为,为货物移送的当天。

第三十九条 条例第二十三条以1个季度为纳税期限的规定仅适用于小规模纳税人。小规模纳税人的具体纳税期限,由主管税务机关根据其应纳税额的大小分别核定。

第四十条 本细则自2009年1月1日起施行。

财政部、国家税务总局关于增值税若干政策的通知

(财税〔2005〕165号)

各省、自治区、直辖市、计划单列市财政厅(局)、国家税务局,新疆生产建设兵团财务局:

经研究,现对增值税若干政策问题明确如下:

一、销售自产货物提供增值税劳务并同时提供建筑业劳务征收增值税,纳税义务发生时间的确定按照《国家税务总局关于纳税人销售自产货物提供增值税劳务并同时提供建筑业劳务征收流转税问题的通知》(国税发〔2002〕117号)规定,纳税人销售自产货物提供增值税劳务并同时提供建筑业劳务应征增值税的,其增值税纳税义务发生时间依照《中华人民共和国增值税暂行条例实施细则》第三十三条的规定执行。

二、企业在委托代销货物的过程中,无代销清单纳税义务发生时间的确定

(一)纳税人以代销方式销售货物,在收到代销清单前已收到全部或部分货款的,其纳税义务发生时间为收到全部或部分货款的当天。

(二)对于发出代销商品超过180天仍未收到代销清单及货款的,视同销售实现,一律征收增值税,其纳税义务发生时间为发出代销商品满180天的当天。

三、个别货物进口环节与国内环节以及国内地区间增值税税率执行不一致进项税额抵扣问题

对在进口环节与国内环节,以及国内地区间个别货物(如初级农产品、矿产品等)增值税适用税率执行不一致的,纳税人应按其取得的增值税专用发票和海关进口完税凭证上注明的增值税额抵扣进项税额。

主管税务机关发现同一货物进口环节与国内环节以及地区间增值税税率执行不一致的,应当将有关情况逐级上报至共同的上一级税务机关,由上一级税务机关予以明确。

四、不得抵扣增值税进项税额的计算划分问题

纳税人兼营免税项目或非应税项目(不包括固定资产在建工程)无法准确划分不得抵扣的进项税额部分,按下列公式计算不得抵扣的进项税额:

$$\text{不得抵扣的进项税额} = \left[\text{当月全部进项税额} - \text{当月可准确划分用于应税项目、免税项目及非应税项目的进项税额}\right] \times \frac{\text{当月免税项目销售额、非应税项目营业额合计}}{\text{当月全部销售额、营业额合计}} + \text{当月可准确划分用于免税项目和非应税项目的进项税额}$$

五、增值税一般纳税人(以下简称一般纳税人)转为小规模纳税人有关问题

纳税人一经认定为正式一般纳税人，不得再转为小规模纳税人；辅导期一般纳税人转为小规模纳税人问题继续按照《国家税务总局关于加强新办商贸企业增值税征收管理有关问题的紧急通知》（国税发明电［2004］37号）的有关规定执行。

六、一般纳税人注销时存货及留抵税额处理问题

一般纳税人注销或被取消辅导期一般纳税人资格，转为小规模纳税人时，其存货不作进项税额转出处理，其留抵税额也不予以退税。

七、运输发票抵扣问题

（一）一般纳税人购进或销售货物（东北以外地区固定资产除外）通过铁路运输，并取得铁路部门开具的运输发票，如果铁路部门开具的铁路运输发票托运人或收货人名称与其不一致，但铁路运输发票托运人栏或备注栏注有该纳税人名称的（手写无效），该运输发票可以作为进项税额抵扣凭证，允许计算抵扣进项税额。

（二）一般纳税人在生产经营过程中所支付的运输费用，允许计算抵扣进项税额。

（三）一般纳税人取得的国际货物运输代理业发票和国际货物运输发票，不得计算抵扣进项税额。

（四）一般纳税人取得的汇总开具的运输发票，凡附有运输企业开具并加盖财务专用章或发票专用章的运输清单，允许计算抵扣进项税额。

（五）一般纳税人取得的项目填写不齐全的运输发票（附有运输清单的汇总开具的运输发票除外）不得计算抵扣进项税额。

八、对从事公用事业的纳税人收取的一次性费用是否征收增值税问题

对从事热力、电力、燃气、自来水等公用事业的增值税纳税人收取的一次性费用，凡与货物的销售数量有直接关系的，征收增值税；凡与货物的销售数量无直接关系的，不征收增值税。

九、纳税人代行政部门收取的费用是否征收增值税问题

纳税人代有关行政管理部门收取的费用，凡同时符合以下条件的，不属于价外费用，不征收增值税。

（一）经国务院、国务院有关部门或省级政府批准；

（二）开具经财政部门批准使用的行政事业收费专用票据；

（三）所收款项全额上缴财政或虽不上缴财政但由政府部门监管，专款专用。

十、代办保险费、车辆购置税、牌照费征税问题

纳税人销售货物的同时代办保险而向购买方收取的保险费，以及从事汽车销售的纳税人向购买方收取的代购买方缴纳的车辆购置税、牌照费，不作为价外费用征收征增值税。

十一、关于计算机软件产品征收增值税有关问题

（一）嵌入式软件不属于财政部、国家税务总局《关于鼓励软件产业和集成电路产业发展有关税收政策问题的通知》（财税［2000］25号）规定的享受增值税优惠政策的软件产品。

（二）纳税人销售软件产品并随同销售一并收取的软件安装费、维护费、培训费等收入，应按照增值税混合销售的有关规定征收增值税，并可享受软件产品增值税即征即退政策。

对软件产品交付使用后，按期或按次收取的维护、技术服务费、培训费等不征收增

值税。

（三）纳税人受托开发软件产品，著作权属于受托方的征收增值税，著作权属于委托方或属于双方共同拥有的不征收增值税。

十二、印刷企业自己购买纸张，接受出版单位委托，印刷报纸书刊等印刷品的征税问题

印刷企业接受出版单位委托，自行购买纸张，印刷有统一刊号（CN）以及采用国际标准书号编序的图书、报纸和杂志，按货物销售征收增值税。

十三、会员费收入

对增值税纳税人收取的会员费收入不征收增值税。

财政部
国家税务总局
二〇〇五年十一月二十八日

2.1.3 国家税务总局

国家税务总局关于《适用增值税零税率应税服务退（免）税管理办法》的补充公告

（国家税务总局公告2015年第88号）

根据《财政部-国家税务总局关于影视等出口服务适用增值税零税率政策的通知》（财税〔2015〕118号），经商财政部同意，现对《适用增值税零税率应税服务退（免）税管理办法》（国家税务总局公告2014年第11号发布）补充公告如下：

一、适用增值税零税率应税服务的广播影视节目（作品）的制作和发行服务、技术转让服务、软件服务、电路设计及测试服务、信息系统服务、业务流程管理服务，以及合同标的物在境外的合同能源管理服务的范围，按照《营业税改征增值税试点实施办法》（财税〔2013〕106号文件印发）所附的《应税服务范围注释》对应的应税服务范围执行；适用增值税零税率应税服务的离岸服务外包业务的范围，按照《离岸服务外包业务》（附件1）对应的适用范围执行。以上适用增值税零税率的应税服务，本公告统称为新纳入零税率范围的应税服务。

境内单位和个人向国内海关特殊监管区域及场所内的单位或个人提供的应税服务，不属于增值税零税率应税服务适用范围。

二、向境外单位提供新纳入零税率范围的应税服务的，增值税零税率应税服务提供者申报退（免）税时，应按规定办理出口退（免）税备案。

三、增值税零税率应税服务提供者收齐有关凭证后，可在财务作销售收入次月起至次

年 4 月 30 日前的各增值税纳税申报期内向主管国税机关申报退（免）税；逾期申报的，不再按退（免）税申报，改按免税申报；未按规定申报免税的，应按规定缴纳增值税。

四、实行免抵退办法的增值税零税率应税服务提供者，向境外单位提供研发服务、设计服务、新纳入零税率范围的应税服务的，应在申报免抵退税时，向主管国税机关提供以下申报资料：

（一）《增值税零税率应税服务免抵退税申报明细表》（附件 2）。

（二）《提供增值税零税率应税服务收讫营业款明细清单》（附件 3）。

（三）《免抵退税申报汇总表》及其附表。

（四）当期《增值税纳税申报表》。

（五）免抵退税正式申报电子数据。

（六）下列资料及原始凭证的原件及复印件：

1. 提供增值税零税率应税服务所开具的发票（经主管国税机关认可，可只提供电子数据，原始凭证留存备查）。

2. 与境外单位签订的提供增值税零税率应税服务的合同。

提供软件服务、电路设计及测试服务、信息系统服务、业务流程管理服务，以及离岸服务外包业务的，同时提供合同已在商务部"服务外包及软件出口管理信息系统"中登记并审核通过，由该系统出具的证明文件；提供广播影视节目（作品）的制作和发行服务的，同时提供合同已在商务部"文化贸易管理系统"中登记并审核通过，由该系统出具的证明文件。

3. 提供电影、电视剧的制作服务的，应提供行业主管部门出具的在有效期内的影视制作许可证明；提供电影、电视剧的发行服务的，应提供行业主管部门出具的在有效期内的发行版权证明、发行许可证明。

4. 提供研发服务、设计服务、技术转让服务的，应提供与提供增值税零税率应税服务收入相对应的《技术出口合同登记证》及其数据表。

5. 从与之签订提供增值税零税率应税服务合同的境外单位取得收入的收款凭证。

跨国公司经外汇管理部门批准实行外汇资金集中运营管理或经中国人民银行批准实行经常项下跨境人民币集中收付管理的，其成员公司在批准的有效期内，可凭银行出具给跨国公司资金集中运营（收付）公司符合下列规定的收款凭证，向主管国税机关申报退（免）税：

（1）收款凭证上的付款单位须是与成员公司签订提供增值税零税率应税服务合同的境外单位或合同约定的跨国公司的境外成员企业。

（2）收款凭证上的收款单位或附言的实际收款人须载明有成员公司的名称。

（七）主管国税机关要求提供的其他资料及凭证。

五、实行免退税办法的增值税零税率应税服务提供者，应在申报免退税时，向主管国税机关提供以下申报资料：

（一）《外贸企业外购应税服务出口明细申报表》（附件 4）。

（二）《外贸企业出口退税进货明细申报表》（需填列外购对应的增值税零税率应税服务取得增值税专用发票情况）。

（三）《外贸企业出口退税汇总申报表》。

（四）免退税正式申报电子数据。

（五）从境内单位或者个人购进增值税零税率应税服务出口的，提供应税服务提供方开具的增值税专用发票；从境外单位或者个人购进增值税零税率应税服务出口的，提供取得的解缴税款的中华人民共和国税收缴款凭证。

（六）本公告第四条第（六）项所列资料及原始凭证的原件及复印件。

六、主管国税机关受理增值税零税率应税服务退（免）税申报后，应按规定进行审核，经审核符合规定的，应及时办理退（免）税；不符合规定的，不予办理，按有关规定处理；存在其他审核疑点的，对应的退（免）税暂缓办理，待排除疑点后，方可办理。

七、主管国税机关对申报的对外提供研发、设计服务以及新纳入零税率范围的应税服务退（免）税，应审核以下内容：

（一）申报的增值税零税率应税服务应符合适用增值税零税率应税服务规定。

（二）增值税零税率应税服务合同签订的对方应为境外单位。

（三）增值税零税率应税服务收入的支付方应为与之签订增值税零税率应税服务合同的境外单位。对跨国公司的成员公司申报退（免）税时提供的收款凭证是银行出具给跨国公司资金集中运营（收付）公司的，应要求企业补充提供中国人民银行或国家外汇管理局的批准文件，且企业提供的收款凭证应符合本公告的规定。

（四）申报的增值税零税率应税服务收入应小于或等于从与之签订增值税零税率应税服务合同的境外单位取得的收款金额；大于收款金额的，应要求企业补充提供书面说明材料及相应的证明材料。

（五）外贸企业外购应税服务出口的，除应符合上述规定外，其申报退税的进项税额还应与增值税零税率应税服务对应。

八、本公告未明确的其他增值税零税率应税服务退（免）税管理事项，按现行规定执行。

九、本公告自2015年12月1日起施行，以增值税零税率应税服务提供者提供增值税零税率应税服务并在财务作销售收入的日期为准。《适用增值税零税率应税服务退（免）税管理办法》第十二条第二款、第十三条第（五）项第3目、第十四条、第十五条第（二）项同时废止。

特此公告。

附件：
1. 离岸服务外包业务（略）
2. 增值税零税率应税服务免抵退税申报明细表（略）
3. 提供增值税零税率应税服务收讫营业款明细清单（略）
4. 外贸企业外购应税服务出口明细申报表（略）

国家税务总局
2015年12月14日

国家税务总局关于明确部分增值税优惠政策审批事项取消后有关管理事项的公告

（国家税务总局公告2015年第38号）

《国务院关于取消和调整一批行政审批项目等事项的决定》（国发〔2015〕11号），拍卖行拍卖免税货物免征增值税等5项增值税优惠政策执行中涉及的审核、审批工作程序已取消，现就其后续管理事项公告如下：

一、纳税人享受下列增值税优惠政策，其涉及的税收审核、审批工作程序取消，改为备案管理。

（一）承担粮食收储任务的国有粮食企业、经营免税项目的其他粮食经营企业以及有政府储备食用植物油销售业务企业免征增值税的审核。

（二）拍卖行拍卖免税货物免征增值税的审批。

（三）随军家属就业免征增值税的审批。

（四）自主择业的军队转业干部就业免征增值税的审批。

（五）自谋职业的城镇退役士兵就业免征增值税的审批。

二、纳税人享受上述增值税优惠政策，按以下规定办理备案手续。

（一）纳税人应在享受税收优惠政策的首个纳税申报期内，将备案材料作为申报资料的一部分，一并提交主管税务机关。

每一个纳税期内，拍卖行发生拍卖免税货物业务，均应在办理纳税申报时，向主管税务机关履行免税备案手续。

（二）纳税人在符合减免税条件期间内，备案资料内容不发生变化的，可进行一次性备案。

（三）纳税人提交的备案资料内容发生变化，如仍符合减免税规定，应在发生变化的次月纳税申报期内，向主管税务机关进行变更备案。如不再符合减免税规定，应当停止享受减免税，按照规定进行纳税申报。

三、纳税人对备案资料的真实性和合法性承担责任。

四、纳税人提交备案资料包括以下内容：

（一）减免税的项目、依据、范围、期限等；

（二）减免税依据的相关法律、法规、规章和规范性文件要求报送的材料。

五、主管税务机关对纳税人提供的备案材料的完整性进行审核，不改变纳税人真实申报的责任。

六、本公告施行前，纳税人享受上述增值税优惠政策已经履行了相关审核、审批程序的，可不再办理资料备案。但本公告施行后，纳税人减免税条件、内容发生改变的，则应按本公告规定，向主管税务机关提交备案资料，办理享受优惠政策备案手续。

七、各省、自治区、直辖市和计划单列市国家税务局，可按本公告规定，补充制定本地区上述增值税优惠政策涉及的税收审核、审批工作程序取消后的后续管理措施。

八、本公告自公布之日起施行。《财政部 国家税务总局关于粮食企业增值税征免问题的通知》（财税字〔1999〕198号）第五条中"承担粮食收储任务的国有粮食购销企业和经营本通知所列免税项目的其他粮食经营企业，以及有政府储备食用植物油销售业务的企业，均需经主管税务机关审核认定免税资格，未报经主管税务机关审核认定，不得免税"及"经国家税务局审核无误后予以免税"内容同时废止。

《国家税务总局关于拍卖行取得的拍卖收入征收增值税、营业税有关问题的通知》（国税发〔1999〕40号）第一条中"经拍卖行所在地县级主管税务机关批准"内容同时废止。

《财政部 国家税务总局关于将铁路运输和邮政业纳入营业税改征增值税试点的通知》（财税〔2013〕106号）附件3第一条第（十）款中"但税务部门应当进行相应的审查认定"、第（十一）款中"经主管税务机关批准"和第（十二）款中"税务机关审核"内容同时废止。

特此公告。

国家税务总局
2015年5月19日

国家税务总局关于发布《适用增值税零税率应税服务退（免）税管理办法》的公告

（国家税务总局公告2014年第11号）

【部分失效依据】废止、本篇法规中"第十三条第（五）项第1目之（2）和第十五条第（一）项第4目"已被国家税务总局公告2015年第29号——关于出口退（免）税有关问题的公告、废止

本篇法规中"第十二条第二款、第十三条第（五）项第3目、第十四条、第十五条第（二）项"已被国家税务总局公告2015年第88号——关于《适用增值税零税率应税服务退（免）税管理办法》的补充公告

为落实营业税改征增值税有关应税服务适用增值税零税率的政策规定，经商财政部同意，国家税务总局制定了《适用增值税零税率应税服务退（免）税管理办法》。现予以发布，自2014年1月1日起施行。《国家税务总局关于发布〈适用增值税零税率应税服务退（免）税管理办法（暂行）〉的公告》（国家税务总局公告2013年第47号）同时废止。

特此公告。

附件：

1. 增值税零税率应税服务（国际运输/港澳台运输）免抵退税申报明细表

2. 航空国际运输收入清算账单申报明细表
3. 铁路国际客运收入清算函件申报明细表
4. 增值税零税率应税服务（航天运输）免抵退税申报明细表
5. 提供航天运输服务收讫营业款明细清单
6. 增值税零税率应税服务（研发服务/设计服务）免抵退税申报明细表
7. 向境外单位提供研发服务/设计服务收讫营业款明细清单
8. 外贸企业外购应税服务（研发服务/设计服务）出口明细申报表
9. 放弃适用增值税零税率声明

国家税务总局
2014年2月8日

适用增值税零税率应税服务退（免）税管理办法

第一条 中华人民共和国境内（以下简称境内）的增值税一般纳税人提供适用增值税零税率的应税服务，实行增值税退（免）税办法。

第二条 本办法所称的增值税零税率应税服务提供者是指，提供适用增值税零税率应税服务，且认定为增值税一般纳税人，实行增值税一般计税方法的境内单位和个人。属于汇总缴纳增值税的，为经财政部和国家税务总局批准的汇总缴纳增值税的总机构。

第三条 增值税零税率应税服务适用范围按财政部、国家税务总局的规定执行。

起点或终点在境外的运单、提单或客票所对应的各航段或路段的运输服务，属于国际运输服务。

起点或终点在港澳台的运单、提单或客票所对应的各航段或路段的运输服务，属于港澳台运输服务。

从境内载运旅客或货物至国内海关特殊监管区域及场所、从国内海关特殊监管区域及场所载运旅客或货物至国内其他地区或者国内海关特殊监管区域及场所，以及向国内海关特殊监管区域及场所内单位提供的研发服务、设计服务，不属于增值税零税率应税服务适用范围。

第四条 增值税零税率应税服务退（免）税办法包括免抵退税办法和免退税办法，具体办法及计算公式按《财政部 国家税务总局关于出口货物劳务增值税和消费税政策的通知》（财税〔2012〕39号）有关出口货物劳务退（免）税的规定执行。

实行免抵退税办法的增值税零税率应税服务提供者如果同时出口货物劳务且未分别核算的，应一并计算免抵退税。税务机关在审批时，应按照增值税零税率应税服务、出口货物劳务免抵退税额的比例划分其退税额和免抵税额。

第五条 增值税零税率应税服务的退税率为对应服务提供给境内单位适用的增值税税率。

第六条 增值税零税率应税服务的退（免）税计税依据，按照下列规定确定：

（一）实行免抵退税办法的退（免）税计税依据

1. 以铁路运输方式载运旅客的，为按照铁路合作组织清算规则清算后的实际运输收入；
2. 以铁路运输方式载运货物的，为按照铁路运输进款清算办法，对"发站"或"到站（局）"名称包含"境"字的货票上注明的运输费用以及直接相关的国际联运杂费清算后的实际运输收入；

3. 以航空运输方式载运货物或旅客的，如果国际运输或港澳台运输各航段由多个承运人承运的，为中国航空结算有限责任公司清算后的实际收入；如果国际运输或港澳台运输各航段由一个承运人承运的，为提供航空运输服务取得的收入；

4. 其他实行免抵退税办法的增值税零税率应税服务，为提供增值税零税率应税服务取得的收入。

（二）实行免退税办法的退（免）税计税依据为购进应税服务的增值税专用发票或解缴税款的中华人民共和国税收缴款凭证上注明的金额。

第七条 实行增值税退（免）税办法的增值税零税率应税服务不得开具增值税专用发票。

第八条 增值税零税率应税服务提供者办理出口退（免）税资格认定后，方可申报增值税零税率应税服务退（免）税。如果提供的适用增值税零税率应税服务发生在办理出口退（免）税资格认定前，在办理出口退（免）税资格认定后，可按规定申报退（免）税。

第九条 增值税零税率应税服务提供者应按照下列要求，向主管税务机关申请办理出口退（免）税资格认定：

（一）填报《出口退（免）税资格认定申请表》及电子数据；

《出口退（免）税资格认定申请表》中的"退税开户银行账号"，必须填写办理税务登记时向主管税务机关报备的银行账号之一。

（二）根据所提供的适用增值税零税率应税服务，提供以下对应资料的原件及复印件：

1. 提供国际运输服务。以水路运输方式的，应提供《国际船舶运输经营许可证》；以航空运输方式的，应提供经营范围包括"国际航空客货邮运输业务"的《公共航空运输企业经营许可证》或经营范围包括"公务飞行"的《通用航空经营许可证》；以公路运输方式的，应提供经营范围包括"国际运输"的《道路运输经营许可证》和《国际汽车运输行车许可证》；以铁路运输方式的，应提供经营范围包括"许可经营项目：铁路客货运输"的《企业法人营业执照》或其他具有提供铁路客货运输服务资质的证明材料；提供航天运输服务的，应提供经营范围包括"商业卫星发射服务"的《企业法人营业执照》或其他具有提供商业卫星发射服务资质的证明材料。

2. 提供港澳台运输服务。以公路运输方式提供内地往返香港、澳门的交通运输服务的，应提供《道路运输经营许可证》及持《道路运输证》的直通港澳运输车辆的物权证明；以水路运输方式提供内地往返香港、澳门交通运输服务的，应提供获得港澳线路运营许可船舶的物权证明；以水路运输方式提供大陆往返台湾交通运输服务的，应提供《台湾海峡两岸间水路运输许可证》及持《台湾海峡两岸间船舶营运证》船舶的物权证明；以航空运输方式提供港澳台运输服务的，应提供经营范围包括"国际、国内（含港澳）航空客货邮运输业务"的《公共航空运输企业经营许可证》或者经营范围包括"公务飞行"的《通用航空经营许可证》；以铁路运输方式提供内地往返香港的交通运输服务的，应提供经营范围包括"许可经营项目：铁路客货运输"的《企业法人营业执照》或其他具有提供铁路客货运输服务资质的证明材料。

3. 采用程租、期租和湿租方式租赁交通运输工具用于国际运输服务和港澳台运输服务的，应提供程租、期租和湿租合同或协议。

4. 对外提供研发服务或设计服务的,应提供《技术出口合同登记证》。

(三)增值税零税率应税服务提供者出口货物劳务,且未办理过出口退(免)税资格认定的,除提供上述资料外,还应提供加盖备案登记专用章的《对外贸易经营者备案登记表》和《中华人民共和国海关进出口货物收发货人报关注册登记证书》的原件及复印件。

第十条 已办理过出口退(免)税资格认定的出口企业,提供增值税零税率应税服务的,应填报《出口退(免)税资格认定变更申请表》及电子数据,提供第九条所列的增值税零税率应税服务对应的资料,向主管税务机关申请办理出口退(免)税资格认定变更。

第十一条 增值税零税率应税服务提供者按规定需变更增值税退(免)税办法的,主管税务机关应按照现行规定进行退(免)税清算,在结清税款后方可办理变更。

第十二条 增值税零税率应税服务提供者提供增值税零税率应税服务,应在财务作销售收入次月(按季度进行增值税纳税申报的为次季度首月,下同)的增值税纳税申报期内,向主管税务机关办理增值税纳税和退(免)税相关申报。

增值税零税率应税服务提供者收齐有关凭证后,可于在财务作销售收入次月起至次年4月30日前的各增值税纳税申报期内向主管税务机关申报退(免)税。逾期申报退(免)税的,主管税务机关不再受理。未在规定期限内申报退(免)税的增值税零税率应税服务,增值税零税率应税服务提供者应按规定缴纳增值税。

第十三条 实行免抵退税办法的增值税零税率应税服务提供者应按照下列要求向主管税务机关办理增值税免抵退税申报:

(一)填报《免抵退税申报汇总表》及其附表;

(二)提供当期《增值税纳税申报表》;

(三)提供免抵退税正式申报电子数据;

(四)提供增值税零税率应税服务所开具的发票(经主管税务机关认可,可只提供电子数据,原始凭证留存备查);

(五)根据所提供的适用增值税零税率应税服务,提供以下对应资料凭证:

1. 提供国际运输服务、港澳台运输服务的,需填报《增值税零税率应税服务(国际运输/港澳台运输)免抵退税申报明细表》(附件1),并提供下列原始凭证的原件及复印件:

(1)以水路运输、航空运输、公路运输方式的,提供增值税零税率应税服务的载货、载客舱单或其他能够反映收入原始构成的单据凭证。以航空运输方式且国际运输和港澳台运输各航段由多个承运人承运的,还需提供《航空国际运输收入清算账单申报明细表》(附件2)。

(2)以铁路运输方式的,客运的提供增值税零税率应税服务的国际客运联运票据、铁路合作组织清算函件及《铁路国际客运收入清算函件申报明细表》(附件3);货运的提供铁路进款资金清算机构出具的《国际铁路货运进款清算通知单》,启运地的铁路运输企业还应提供国际铁路联运运单、以及"发站"或"到站(局)"名称包含"境"字的货票;

(3)采用程租、期租、湿租服务方式租赁交通运输工具从事国际运输服务和港澳台运输服务的,还应提供程租、期租、湿租的合同或协议复印件。向境外单位和个人提供期租、湿租服务,按规定由出租方申报退(免)税的,可不提供第(1)项原始凭证。

上述(1)、(2)项原始凭证(不包括《航空国际运输收入清算账单申报明细表》和《铁路国际客运收入清算函件申报明细表》),经主管税务机关批准,增值税零税率应税服务提供者可只提供电子数据，原始凭证留存备查。

2. 提供航天运输服务的，需填报《增值税零税率应税服务（航天运输）免抵退税申报明细表》（附件4），并提供下列资料及原始凭证的原件及复印件：

（1）签订的提供航天运输服务的合同；

（2）从与之签订航天运输服务合同的单位取得收入的收款凭证；

（3）《提供航天运输服务收讫营业款明细清单》（附件5）。

3. 对外提供研发服务或设计服务的，需填报《增值税零税率应税服务（研发服务/设计服务）免抵退税申报明细表》（附件6），并提供下列资料及原始凭证的原件及复印件：

（1）与增值税零税率应税服务收入相对应的《技术出口合同登记证》复印件；

（2）与境外单位签订的研发、设计合同；

（3）从与之签订研发、设计合同的境外单位取得收入的收款凭证；

（4）《向境外单位提供研发服务/设计服务收讫营业款明细清单》（附件7）。

（六）主管税务机关要求提供的其他资料及凭证。

第十四条 实行免退税办法的增值税零税率应税服务提供者，应按照下列要求向主管税务机关办理增值税免退税申报：

（一）填报《外贸企业出口退税汇总申报表》；

（二）填报《外贸企业外购应税服务（研发服务/设计服务）出口明细申报表》（附件8）；

（三）填列外购对应的研发服务或设计服务取得增值税专用发票情况的《外贸企业出口退税进货明细申报表》；

（四）提供以下原始凭证：

1. 提供增值税零税率应税服务所开具的发票；

2. 从境内单位或者个人购进研发服务或设计服务出口的，提供应税服务提供方开具的增值税专用发票；

3. 从境外单位或者个人购进研发服务或设计服务出口的，提供取得的解缴税款的中华人民共和国税收缴款凭证；

4. 第十三条第（五）项第3目所列资料及原始凭证的原件及复印件。

第十五条 主管税务机关受理增值税零税率应税服务退（免）税申报后，应对下列内容人工审核无误后，使用出口退税审核系统进行审核。对属于实行免退税办法的增值税零税率应税服务的进项一律使用交叉稽核、协查信息审核出口退税。如果在审核中有疑问的，可对企业进项增值税专用发票进行发函调查或核查。

（一）提供国际运输、港澳台运输的，应从增值税零税率应税服务提供者申报中抽取若干申报记录审核以下内容：

1. 所申报的国际运输、港澳台运输服务是否符合适用增值税零税率应税服务的规定；

2. 所抽取申报记录申报应税服务收入是否小于或等于该申报记录所对应的载货或载客舱单上记载的国际运输、港澳台运输服务收入；

3. 采用期租、程租和湿租方式租赁交通运输工具用于国际运输服务和港澳台运输服务的，重点审核期租、程租和湿租的合同或协议，审核申报退（免）税的企业是否符合适用增值税零税率应税服务的规定；

4. 以铁路运输方式提供国际运输、港澳台运输服务的，重点审核提供的货票的"发站"或"到站（局）"名称是否包含"境"字，是否与提供国际铁路联运运单匹配。

（二）对外提供研发服务或设计服务的，应审核以下内容：

1. 企业所申报的研发服务或设计服务是否符合适用增值税零税率应税服务规定；

2. 研发、设计合同签订的对方是否为境外单位；

3. 应税服务收入的支付方是否为与之签订研发、设计合同的境外单位；

4. 申报应税服务收入是否小于或等于从与之签订研发、设计合同的境外单位取得的收款金额；

5. 外贸企业外购研发服务或设计服务出口的，除按照上述内容审核外，还应审核其申报退税的进项税额是否与增值税零税率应税服务对应。

第十六条 因出口自己开发的研发服务或设计服务，退（免）税办法由免退税改为免抵退税办法的外贸企业，如果申报的退（免）税异常增长，出口货物劳务及服务有非正常情况的，主管税务机关可要求外贸企业报送出口货物劳务及服务所对应的进项凭证，并按规定进行审核。主管税务机关如果审核发现外贸企业提供的进货凭证有伪造或内容不实的，按照《财政部 国家税务总局关于出口货物劳务增值税和消费税政策通知》（财税〔2012〕39号）等有关规定处理。

第十七条 主管税务机关认为增值税零税率应税服务提供者提供的研发服务或设计服务出口价格偏高的，应按照《财政部 国家税务总局关于防范税收风险若干增值税政策的通知》（财税〔2013〕112号）第五条的规定处理。

第十八条 经主管税务机关审核，增值税零税率应税服务提供者申报的退（免）税，如果凭证资料齐全、符合退（免）税规定的，主管税务机关应及时予以审核通过，办理退税和免抵调库，退税资金由中央金库统一支付。

第十九条 增值税零税率应税服务提供者骗取国家出口退税款的，税务机关应按《国家税务总局关于停止为骗取出口退税企业办理出口退税有关问题的通知》（国税发〔2008〕32号）和《财政部 国家税务总局关于防范税收风险若干增值税政策的通知》（财税〔2013〕112号）的规定处理。增值税零税率应税服务提供者在停止退税期间发生的增值税零税率应税服务，不得申报退（免）税，应按规定缴纳增值税。

第二十条 增值税零税率应税服务提供者提供适用增值税零税率的应税服务，如果放弃适用增值税零税率，选择免税或按规定缴纳增值税的，应向主管税务机关报送《放弃适用增值税零税率声明》（附件9），办理备案手续。自备案次月1日起36个月内，该企业提供的增值税零税率应税服务，不得申报增值税退（免）税。

第二十一条 主管税务机关应对增值税零税率应税服务提供者适用增值税零税率的退（免）税加强分析监控。

第二十二条 本办法要求增值税零税率应税服务提供者向主管税务机关报送的申报表电子数据应均通过出口退（免）税申报系统生成、报送。在出口退（免）税申报系统信息生成、报送功能升级完成前，涉及需报送的电子数据，可暂报送纸质资料。

出口退（免）税申报系统可从国家税务总局网站免费下载或由主管税务机关免费提供。

第二十三条 本办法要求增值税零税率应税服务提供者向主管税务机关同时提供原件和复印件的资料，增值税零税率应税服务提供者提供的复印件上应注明"与原件相符"字样，并加盖企业公章。主管税务机关在核对复印件与原件相符后，将原件退回，留存复印件。

第二十四条 本办法自 2014 年 1 月 1 日起施行，以增值税零税率应税服务提供者提供增值税零税率应税服务并在财务作销售收入的日期为准。

国家税务总局关于印发《增值税若干具体问题的规定》的通知

(国税发〔1993〕154 号)

各省、自治区、直辖市税务局，各计划单列市税务局：

现将《增值税若干具体问题的规定》印发给你们，希贯彻执行。

附件：增值税若干具体问题的规定

国家税务总局
一九九三年十二月二十八号

附件：

增值税若干具体问题的规定

一、征税范围

（一）货物期货（包括商品期货和贵金属期货），应当征收增值税。

（二）银行销售金银的业务，应当征收增值税。

（三）融资租赁业务，无论租赁的货物的所有权是否转让给承租方，均收增值税。

（四）基本建设单位和从事建筑安装业务的企业附设的工厂、车间生产的水泥预制构件、其他构件或建筑材料，用于本单位或本企业的建筑工程的，应在移送使用时征收增值税。但对其在建筑现场制造的预制构件，凡直接用于本单位或本企业建筑工程的，不征收增值税。

（五）典当业的死当物品销售业务和寄售业代委托人销售寄售物品的业务，均应征收增值税。

（六）因转让著作所有权而发生的销售电影母片、录像带母带、录音磁带母带的业务，以及因转让专利技术和非专利技术的所有权而发生的销售计算机软件的业务，不征收增值税。

（七）供应或开采未经加工的天然水（如水库供应农业灌溉用水，工厂自采地下水用于生产），不征收增值税。

（八）邮政部门销售集邮邮票、首日封，应当征收增值税。

（九）缝纫，应当征收增值税。

二、计税依据

（一）纳税人为销售货物而出租出借包装物收取的押金，单独记账核算的，不并入销售额征税。但对因逾期未收回包装物不再退还的押金，应按所包装货物的适用税率征收增值税。

（二）纳税人采取折扣方式销售货物，如果销售额和折扣额在同一张发票上分别注明的，可按折扣后的销售额征收增值税；如果将折扣额另开发票，不论其在财务上如何处理，均不得从销售额中减除折扣额。

（三）纳税人采取以旧换新方式销售货物，应按新货物的同期销售价格确定销售额。

纳税人采取还本销售方式销售货物，不得从销售额中减除还本支出。

（四）纳税人因销售价格明显偏低或无销售价格等原因，按规定需组成计税价格确定销售额的，其组价公式中的成本利润率为10%。但属于应从价定率征收消费税的货物，其组价公式中的成本利润率，为《消费税若干具体问题的规定》中规定的成本利润率。

三、小规模纳税人标准

（一）增值税细则第二十四条关于小规模纳税人标准的规定中所提到的销售额，是指该细则第二十五条所说的小规模纳税人的销售额。

（二）该细则第二十四条所说的以从事货物生产或提供应税劳务为主，并兼营货物的批发或零售的纳税人，是指该类纳税人的全部年应税销售额中货物或应税劳务的销售额超过50%，批发或零售货物的销售额不到50%。

四、固定业户到外县（市）销售货物，应当向其机构所在地主管税务机关申请开具外出经营活动税收管理证明，回其机构所在地向税务机关申报纳税。未持有其机构所在地主管税务机关核发的外出经营活动税收管理证明的，销售地主管税务机关一律按6%的征收率征税。其在销售地发生的销售额，回机构所在地后，仍应按规定申报纳税，在销售地缴纳的税款不得从当期应纳税额中扣减。

国家税务局关于检发《增值税税目具体范围的解释》的通知

（财税增〔1988〕42号　1988年6月8日）

各省、自治区、直辖市税务局，各计划单列市税务局，加发南京、成都市税务局：

一九八八年六月三日，财政部颁发了《关于对建材、有色金属等产品试行增值税的通知》，规定对原来征收产品税的有色金属矿采选产品、非金属矿采选产品、其他非金属矿采选产品、建筑材料、有色金属和电线、电缆等产品改征增值税，并对税目做了调整，我局根据调整后的税目制订了《增值税税目具体范围的解释》，现发给你局，请依照执行。

附件：

《增值税税目具体范围的解释》

25. 有色金属矿采选产品

按原产品税第 183 税目"有色金属矿采选产品"的征收范围执行。

26. 非金属矿采选产品

按原产品税第 184 税目"非金属矿采选产品"的征收范围执行。

27. 其他非金属矿采选产品

按原产品税第 185 税目"其他非金属矿采选产品"和第 175 税目"建筑用加工石及其他石料"中的"其他石料"的征收范围执行。

28. 建筑材料

本税目下设七个子目：

（1）水泥

按原产品税第 168 税目"水泥"的征收范围执行。

（2）水泥制品

按原产品税率 169 税目"水泥制品"的征收范围执行。

（3）砖瓦

按原产品税第 170 税目"砖瓦"、第 171 税目"废渣砖"的征收范围执行。

（4）建筑用加工石

按原产品税第 175 税目"建筑用加工石及其他石料"中的"建筑用加工石"的征收范围执行。

（5）其他建筑材料

按原产品税第 172 税目"石灰"、第 173 税目"油毛毡"和第 176 税目"其他建筑材料"的征收范围执行。

（6）石棉制品

接原产品税第 174 税目"石棉制品"的征收范围执行。

（7）耐火砖、耐火材料及制品。

按原产品税第 177 税目"耐火砖、耐火材料及制品"的征收范围执行。

29. 有色金属产品

本税目下设十三个子目：

（1）铜

按原产品税第 246 税目"铜"的征收范围执行。

（2）铝

按原产品税第 247 税目"铝"的征收范围执行。

（3）镍

按原产品税第 248 税目"镍"的征收范围执行。

（4）锡

按原产品税第 249 税目"锡"的征收范围执行。

（5）锑

按原产品税第 250 税目"锑"的征收范围执行。

（6）铅

按原产品税第 251 税目"铅"的征收范围执行。

（7）锌

按原产品税第 252 科目"锌"的征收范围执行。

（8）海绵钛

按原产品税第 253 税目"海绵钛"的征收范围执行。

（9）钨粉、钨丝、钨条

按原产品税第 254 税目"钨粉、钨丝、钨条"的征收范围执行。

（10）钼粉、钼丝、钼条

按原产品税第 255 税目"钼粉、钼丝、钼条"的征收范围执行。

（11）其他合金

按原产品税第 245 税目"其他合金"的征收范围执行。

（12）其他金属冶炼品

按原产品税第 256 税目"其他金属冶炼品"的征收范围执行。

（13）有色金属压延品

按原产品税第 257 税目"有色金属压延品"的征收范围执行。

30．电线、电缆

按原产品税第 258 税目"电线、电缆"的征收范围执行。

2.2　专　项　类

2.2.1　有关增值税发票
2.2.1.1　国务院

中华人民共和国发票管理办法

（1993 年 12 月 12 日国务院批准、1993 年 12 月 23 日财政部令［1993］第 6 号发布，根据 2010 年 12 月 20 日《国务院关于修改〈中华人民共和国发票管理办法〉的决定》修订）

第一章　总　则

第一条　为了加强发票管理和财务监督，保障国家税收收入，维护经济秩序，根据

《中华人民共和国税收征收管理法》，制定本办法。

第二条 在中华人民共和国境内印制、领购、开具、取得、保管、缴销发票的单位和个人（以下称印制、使用发票的单位和个人），必须遵守本办法。

第三条 本办法所称发票，是指在购销商品、提供或者接受服务以及从事其他经营活动中，开具、收取的收付款凭证。

第四条 国务院税务主管部门统一负责全国的发票管理工作。省、自治区、直辖市国家税务局和地方税务局（以下统称省、自治区、直辖市税务机关）依据各自的职责，共同做好本行政区域内的发票管理工作。

财政、审计、工商行政管理、公安等有关部门在各自的职责范围内，配合税务机关做好发票管理工作。

第五条 发票的种类、联次、内容以及使用范围由国务院税务主管部门规定。

第六条 对违反发票管理法规的行为，任何单位和个人可以举报。税务机关应当为检举人保密，并酌情给予奖励。

第二章 发票的印制

第七条 增值税专用发票由国务院税务主管部门确定的企业印制；其他发票，按照国务院税务主管部门的规定，由省、自治区、直辖市税务机关确定的企业印制。禁止私自印制、伪造、变造发票。

第八条 印制发票的企业应当具备下列条件：

（一）取得印刷经营许可证和营业执照；

（二）设备、技术水平能够满足印制发票的需要；

（三）有健全的财务制度和严格的质量监督、安全管理、保密制度。

税务机关应当以招标方式确定印制发票的企业，并发给发票准印证。

第九条 印制发票应当使用国务院税务主管部门确定的全国统一的发票防伪专用品。禁止非法制造发票防伪专用品。

第十条 发票应当套印全国统一发票监制章。全国统一发票监制章的式样和发票版面印刷的要求，由国务院税务主管部门规定。发票监制章由省、自治区、直辖市税务机关制作。禁止伪造发票监制章。

发票实行不定期换版制度。

第十一条 印制发票的企业按照税务机关的统一规定，建立发票印制管理制度和保管措施。

发票监制章和发票防伪专用品的使用和管理实行专人负责制度。

第十二条 印制发票的企业必须按照税务机关批准的式样和数量印制发票。

第十三条 发票应当使用中文印制。民族自治地方的发票，可以加印当地一种通用的民族文字。有实际需要的，也可以同时使用中外两种文字印制。

第十四条 各省、自治区、直辖市内的单位和个人使用的发票，除增值税专用发票外，应当在本省、自治区、直辖市内印制；确有必要到外省、自治区、直辖市印制的，应当由省、自治区、直辖市税务机关商印制地省、自治区、直辖市税务机关同意，由印制地省、自治区、直辖市税务机关确定的企业印制。

禁止在境外印制发票。

第三章　发　票　的　领　购

第十五条　需要领购发票的单位和个人，应当持税务登记证件、经办人身份证明、按照国务院税务主管部门规定式样制作的发票专用章的印模，向主管税务机关办理发票领购手续。主管税务机关根据领购单位和个人的经营范围和规模，确认领购发票的种类、数量以及领购方式，在5个工作日内发给发票领购簿。

单位和个人领购发票时，应当按照税务机关的规定报告发票使用情况，税务机关应当按照规定进行查验。

第十六条　需要临时使用发票的单位和个人，可以凭购销商品、提供或者接受服务以及从事其他经营活动的书面证明、经办人身份证明，直接向经营地税务机关申请代开发票。依照税收法律、行政法规规定应当缴纳税款的，税务机关应当先征收税款，再开具发票。税务机关根据发票管理的需要，可以按照国务院税务主管部门的规定委托其他单位代开发票。

禁止非法代开发票。

第十七条　临时到本省、自治区、直辖市以外从事经营活动的单位或者个人，应当凭所在地税务机关的证明，向经营地税务机关领购经营地的发票。

临时在本省、自治区、直辖市以内跨市、县从事经营活动领购发票的办法，由省、自治区、直辖市税务机关规定。

第十八条　税务机关对外省、自治区、直辖市来本辖区从事临时经营活动的单位和个人领购发票的，可以要求其提供保证人或者根据所领购发票的票面限额以及数量交纳不超过1万元的保证金，并限期缴销发票。

按期缴销发票的，解除保证人的担保义务或者退还保证金；未按期缴销发票的，由保证人或者以保证金承担法律责任。

税务机关收取保证金应当开具资金往来结算票据。

第四章　发票的开具和保管

第十九条　销售商品、提供服务以及从事其他经营活动的单位和个人，对外发生经营业务收取款项，收款方应当向付款方开具发票；特殊情况下，由付款方向收款方开具发票。

第二十条　所有单位和从事生产、经营活动的个人在购买商品、接受服务以及从事其他经营活动支付款项，应当向收款方取得发票。取得发票时，不得要求变更品名和金额。

第二十一条　不符合规定的发票，不得作为财务报销凭证，任何单位和个人有权拒收。

第二十二条　开具发票应当按照规定的时限、顺序、栏目，全部联次一次性如实开具，并加盖发票专用章。

任何单位和个人不得有下列虚开发票行为：

（一）为他人、为自己开具与实际经营业务情况不符的发票；

（二）让他人为自己开具与实际经营业务情况不符的发票；

（三）介绍他人开具与实际经营业务情况不符的发票。

第二十三条 安装税控装置的单位和个人，应当按照规定使用税控装置开具发票，并按期向主管税务机关报送开具发票的数据。

使用非税控电子器具开具发票的，应当将非税控电子器具使用的软件程序说明资料报主管税务机关备案，并按照规定保存、报送开具发票的数据。

国家推广使用网络发票管理系统开具发票，具体管理办法由国务院税务主管部门制定。

第二十四条 任何单位和个人应当按照发票管理规定使用发票，不得有下列行为：

（一）转借、转让、介绍他人转让发票、发票监制章和发票防伪专用品；

（二）知道或者应当知道是私自印制、伪造、变造、非法取得或者废止的发票而受让、开具、存放、携带、邮寄、运输；

（三）拆本使用发票；

（四）扩大发票使用范围；

（五）以其他凭证代替发票使用。

税务机关应当提供查询发票真伪的便捷渠道。

第二十五条 除国务院税务主管部门规定的特殊情形外，发票限于领购单位和个人在本省、自治区、直辖市内开具。

省、自治区、直辖市税务机关可以规定跨市、县开具发票的办法。

第二十六条 除国务院税务主管部门规定的特殊情形外，任何单位和个人不得跨规定的使用区域携带、邮寄、运输空白发票。

禁止携带、邮寄或者运输空白发票出入境。

第二十七条 开具发票的单位和个人应当建立发票使用登记制度，设置发票登记簿，并定期向主管税务机关报告发票使用情况。

第二十八条 开具发票的单位和个人应当在办理变更或者注销税务登记的同时，办理发票和发票领购簿的变更、缴销手续。

第二十九条 开具发票的单位和个人应当按照税务机关的规定存放和保管发票，不得擅自损毁。已经开具的发票存根联和发票登记簿，应当保存 5 年。保存期满，报经税务机关查验后销毁。

第五章　发　票　的　检　查

第三十条 税务机关在发票管理中有权进行下列检查：

（一）检查印制、领购、开具、取得、保管和缴销发票的情况；

（二）调出发票查验；

（三）查阅、复制与发票有关的凭证、资料；

（四）向当事各方询问与发票有关的问题和情况；

（五）在查处发票案件时，对与案件有关的情况和资料，可以记录、录音、录像、照相和复制。

第三十一条 印制、使用发票的单位和个人，必须接受税务机关依法检查，如实反映情况，提供有关资料，不得拒绝、隐瞒。

税务人员进行检查时，应当出示税务检查证。

第三十二条　税务机关需要将已开具的发票调出查验时，应当向被查验的单位和个人开具发票换票证。发票换票证与所调出查验的发票有同等的效力。被调出查验发票的单位和个人不得拒绝接受。

税务机关需要将空白发票调出查验时，应当开具收据；经查无问题的，应当及时返还。

第三十三条　单位和个人从中国境外取得的与纳税有关的发票或者凭证，税务机关在纳税审查时有疑义的，可以要求其提供境外公证机构或者注册会计师的确认证明，经税务机关审核认可后，方可作为记账核算的凭证。

第三十四条　税务机关在发票检查中需要核对发票存根联与发票联填写情况时，可以向持有发票或者发票存根联的单位发出发票填写情况核对卡，有关单位应当如实填写，按期报回。

第六章　罚　　则

第三十五条　违反本办法的规定，有下列情形之一的，由税务机关责令改正，可以处1万元以下的罚款；有违法所得的予以没收：

（一）应当开具而未开具发票，或者未按照规定的时限、顺序、栏目，全部联次一次性开具发票，或者未加盖发票专用章的；

（二）使用税控装置开具发票，未按期向主管税务机关报送开具发票的数据的；

（三）使用非税控电子器具开具发票，未将非税控电子器具使用的软件程序说明资料报主管税务机关备案，或者未按照规定保存、报送开具发票的数据的；

（四）拆本使用发票的；

（五）扩大发票使用范围的；

（六）以其他凭证代替发票使用的；

（七）跨规定区域开具发票的；

（八）未按照规定缴销发票的；

（九）未按照规定存放和保管发票的。

第三十六条　跨规定的使用区域携带、邮寄、运输空白发票，以及携带、邮寄或者运输空白发票出入境的，由税务机关责令改正，可以处1万元以下的罚款；情节严重的，处1万元以上3万元以下的罚款；有违法所得的予以没收。

丢失发票或者擅自损毁发票的，依照前款规定处罚。

第三十七条　违反本办法第二十二条第二款的规定虚开发票的，由税务机关没收违法所得；虚开金额在1万元以下的，可以并处5万元以下的罚款；虚开金额超过1万元的，并处5万元以上50万元以下的罚款；构成犯罪的，依法追究刑事责任。

非法代开发票的，依照前款规定处罚。

第三十八条　私自印制、伪造、变造发票，非法制造发票防伪专用品，伪造发票监制章的，由税务机关没收违法所得，没收、销毁作案工具和非法物品，并处1万元以上5万元以下的罚款；情节严重的，并处5万元以上50万元以下的罚款；对印制发票的企业，可以并处吊销发票准印证；构成犯罪的，依法追究刑事责任。

前款规定的处罚，《中华人民共和国税收征收管理法》有规定的，依照其规定执行。

第三十九条 有下列情形之一的，由税务机关处1万元以上5万元以下的罚款；情节严重的，处5万元以上50万元以下的罚款；有违法所得的予以没收：

（一）转借、转让、介绍他人转让发票、发票监制章和发票防伪专用品的；

（二）知道或者应当知道是私自印制、伪造、变造、非法取得或者废止的发票而受让、开具、存放、携带、邮寄、运输的。

第四十条 对违反发票管理规定2次以上或者情节严重的单位和个人，税务机关可以向社会公告。

第四十一条 违反发票管理法规，导致其他单位或者个人未缴、少缴或者骗取税款的，由税务机关没收违法所得，可以并处未缴、少缴或者骗取的税款1倍以下的罚款。

第四十二条 当事人对税务机关的处罚决定不服的，可以依法申请行政复议或者向人民法院提起行政诉讼。

第四十三条 税务人员利用职权之便，故意刁难印制、使用发票的单位和个人，或者有违反发票管理法规行为的，依照国家有关规定给予处分；构成犯罪的，依法追究刑事责任。

第七章 附 则

第四十四条 国务院税务主管部门可以根据有关行业特殊的经营方式和业务需求，会同国务院有关主管部门制定该行业的发票管理办法。

国务院税务主管部门可以根据增值税专用发票管理的特殊需要，制定增值税专用发票的具体管理办法。

第四十五条 本办法自发布之日起施行。财政部1986年发布的《全国发票管理暂行办法》和原国家税务局1991年发布的《关于对外商投资企业和外国企业发票管理的暂行规定》同时废止。

"国务院2010年12月27日公布修改后的《中华人民共和国发票管理办法》于2011年2月1日起施行。"

2.2.1.2 国家税务总局

国家税务总局关于推行通过增值税电子发票系统开具的增值税电子普通发票有关问题的公告

（国家税务总局公告 2015年第84号）

为进一步适应经济社会发展和税收现代化建设需要，税务总局在增值税发票系统升级版基础上，组织开发了增值税电子发票系统，经过前期试点，系统运行平稳，具备了全国推行的条件。为了满足纳税人开具增值税电子普通发票的需求，现将有关问题公告如下：

一、推行通过增值税电子发票系统开具的增值税电子普通发票，对降低纳税人经营成本,节约社会资源,方便消费者保存使用发票,营造健康公平的税收环境有着重要作用。

二、通过增值税电子发票系统开具的增值税电子普通发票票样见附件1。

三、增值税电子普通发票的开票方和受票方需要纸质发票的,可以自行打印增值税电子普通发票的版式文件,其法律效力、基本用途、基本使用规定等与税务机关监制的增值税普通发票相同。

四、增值税电子普通发票的发票代码为12位,编码规则:第1位为0,第2~5位代表省、自治区、直辖市和计划单列市,第6~7位代表年度,第8~10位代表批次,第11~12位代表票种(11代表增值税电子普通发票)。发票号码为8位,按年度、分批次编制。

五、除北京市、上海市、浙江省、深圳市外,其他地区已使用电子发票的增值税纳税人,应于2015年12月31日前完成相关系统对接技术改造,2016年1月1日起使用增值税电子发票系统开具增值税电子普通发票,其他开具电子发票的系统同时停止使用。有关系统技术方案见附件2。

六、各地税务机关要做好纳税人的宣传组织工作,重点做好开票量较大的行业如电商、电信、快递、公用事业等行业增值税电子发票推行工作。

七、本公告自2015年12月1日起施行。

特此公告。

附件1:

××增值税电子普通发票(票样)

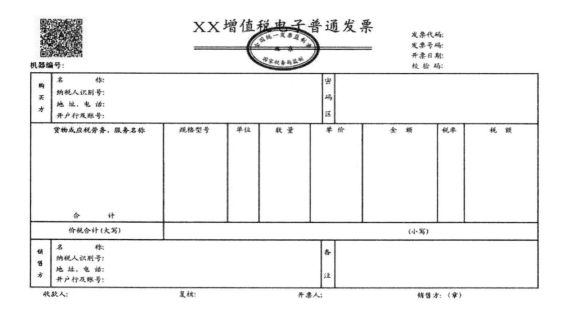

附件2：

增值税电子发票系统技术方案

一、方案示意图

增值税电子发票系统实现方案逻辑示意图如下：

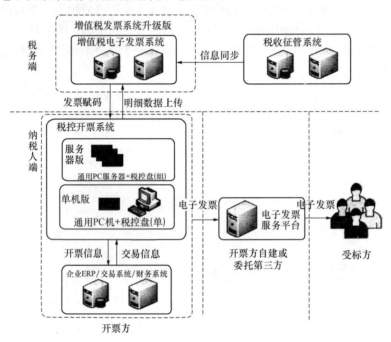

二、方案描述

（一）信息同步。选择使用增值税电子发票的纳税人，与现有的纳税人登记、票种核定等流程一致。现有增值税电子发票试点纳税人，保持纳税人登记、票种核定等业务流程不变，税务后台征管系统将票种核定信息同步至增值税电子发票系统。

（二）发票赋码。电子发票的号段，由税务后台征管系统通过接口方式同步至增值税电子发票系统，通过增值税电子发票系统最终赋予纳税人。

（三）电子发票数据生成。电商等用票量大的企业可选用服务器版税控开票系统以满足企业大量集中开票需求。票量小的企业可使用单机版税控开票系统完成电子发票开具及电子数据生成。

（四）电子发票版式文件生成。可在企业端直接生成，也可由第三方电子发票服务平台完成。使用第三方电子发票服务平台的纳税人，需将电子发票数据传递给第三方电子发票服务平台。

（五）电子发票明细数据传送税务机关。电子发票明细数据通过增值税电子发票系统实时传送税务机关，进入发票电子底账库。

三、数据接口规范

数据接口规范包含两种。第一种适用于税控开票系统（单机版）开具电子发票的纳税人。第二种适用于开票量大、使用税控开票系统（服务器版）的纳税人。税务总局将对数据接口规范及相关技术标准另行向社会公开发布。

国家税务总局
2015 年 11 月 26 日

国家税务总局
关于全面推行增值税发票系统升级版有关问题的公告

（国家税务总局公告 2015 年第 19 号）

为适应税收现代化建设需要，满足增值税一体化管理要求，切实减轻基层税务机关和纳税人负担，税务总局自 2015 年 1 月 1 日起对新认定的增值税一般纳税人（以下简称一般纳税人）和新办小规模纳税人推行了增值税发票系统升级版，目前系统运行稳定，纳税人反映良好。税务总局决定自 2015 年 4 月 1 日起在全国范围分步全面推行增值税发票系统升级版，现将有关问题公告如下：

一、推行范围

目前尚未使用增值税发票系统升级版的增值税纳税人。推行工作按照先一般纳税人和起征点以上小规模纳税人，后起征点以下小规模纳税人和使用税控收款机纳税人的顺序进行，具体推行方案由各省国税局根据本地区的实际情况制定。

二、发票使用

（一）一般纳税人销售货物、提供应税劳务和应税服务开具增值税专用发票、货物运输业增值税专用发票和增值税普通发票。

（二）小规模纳税人销售货物、提供应税劳务和应税服务开具增值税普通发票。

税务机关为小规模纳税人代开增值税专用发票和货物运输业增值税专用发票，按照《国家税务总局关于印发〈税务机关代开增值税专用发票管理办法（试行）〉的通知》（国税发〔2004〕153 号）和《国家税务总局关于在全国开展营业税改征增值税试点有关征收管理问题的公告》（国家税务总局公告 2013 年第 39 号）有关规定执行。

（三）一般纳税人和小规模纳税人从事机动车（旧机动车除外）零售业务开具机动车销售统一发票。

（四）通用定额发票、客运发票和二手车销售统一发票继续使用。

（五）纳税人使用增值税普通发票开具收购发票，系统在发票左上角自动打印"收购"字样。

三、系统使用

增值税发票系统升级版是对增值税防伪税控系统、货物运输业增值税专用发票税控系统、稽核系统以及税务数字证书系统等进行整合升级完善。实现纳税人经过税务数字证书安全认证、加密开具的发票数据，通过互联网实时上传税务机关，生成增值税发票电子底账，作为纳税申报、发票数据查验以及税源管理、数据分析利用的依据。

（一）增值税发票系统升级版纳税人端税控设备包括金税盘和税控盘（以下统称专用设备）。专用设备均可开具增值税专用发票、货物运输业增值税专用发票、增值税普通发票和机动车销售统一发票。

除本公告第二条第四项规定的发票，一般纳税人和小规模纳税人发生增值税业务对外开具发票应当使用专用设备开具。

（二）纳税人应在互联网连接状态下在线使用增值税发票系统升级版开具发票。增值税发票系统升级版可自动上传已开具的发票明细数据。

（三）纳税人因网络故障等原因无法在线开票的，在税务机关设定的离线开票时限和离线开具发票总金额范围内仍可开票，超限将无法开具发票。纳税人开具发票次月仍未连通网络上传已开具发票明细数据的，也将无法开具发票。纳税人需连通网络上传发票数据后方可开票，若仍无法连通网络的需携带专用设备到税务机关进行征期报税或非征期报税后方可开票。

纳税人已开具未上传的增值税发票为离线发票。离线开票时限是指自第一份离线发票开具时间起开始计算可离线开具的最长时限。离线开票总金额是指可开具离线发票的累计不含税总金额，离线开票总金额按不同票种分别计算。

纳税人离线开票时限和离线开票总金额的设定标准及方法由各省、自治区、直辖市和计划单列市国家税务局确定。

（四）按照有关规定不使用网络办税或不具备网络条件的特定纳税人，以离线方式开具发票，不受离线开票时限和离线开具发票总金额限制。特定纳税人的相关信息由主管税务机关在综合征管系统中设定，并同步至增值税发票系统升级版。

（五）纳税人应在纳税申报期内将上月开具发票汇总情况通过增值税发票系统升级版进行网络报税。

特定纳税人不使用网络报税，需携带专用设备和相关资料到税务机关进行报税。

除特定纳税人外，使用增值税发票系统升级版的纳税人，不再需要到税务机关进行报税，原使用的网上报税方式停止使用。

（六）一般纳税人发票认证、稽核比对、纳税申报等涉税事项仍按照现行规定执行。

（七）一般纳税人和小规模纳税人自愿选择使用增值税税控主机共享服务系统开具增值税发票，任何税务机关和税务人员不得强制纳税人使用。

四、纳税人置换专用设备

纳税人原使用的增值税税控系统金税盘（卡）、税控盘，需置换为增值税发票系统升级版专用设备。增值税发票系统升级版服务单位按照优惠价格（报税盘价格）对原金税盘（卡）、税控盘进行置换。

五、红字发票开具

（一）一般纳税人开具增值税专用发票或货物运输业增值税专用发票（以下统称专用

发票)后,发生销货退回、开票有误、应税服务中止以及发票抵扣联、发票联均无法认证等情形但不符合作废条件,或者因销货部分退回及发生销售折让,需要开具红字专用发票的,暂按以下方法处理:

1. 专用发票已交付购买方的,购买方可在增值税发票系统升级版中填开并上传《开具红字增值税专用发票信息表》或《开具红字货物运输业增值税专用发票信息表》(以下统称《信息表》,详见附件1、附件2)。《信息表》所对应的蓝字专用发票应经税务机关认证(所购货物或服务不属于增值税扣税项目范围的除外)。经认证结果为"认证相符"并且已经抵扣增值税进项税额的,购买方在填开《信息表》时不填写相对应的蓝字专用发票信息,应暂依《信息表》所列增值税税额从当期进项税额中转出,未抵扣增值税进项税额的可列入当期进项税额,待取得销售方开具的红字专用发票后,与《信息表》一并作为记账凭证;经认证结果为"无法认证"、"纳税人识别号认证不符"、"专用发票代码、号码认证不符",以及所购货物或服务不属于增值税扣税项目范围的,购买方不列入进项税额,不作进项税额转出,填开《信息表》时应填写相对应的蓝字专用发票信息。

专用发票尚未交付购买方或者购买方拒收的,销售方应于专用发票认证期限内在增值税发票系统升级版中填开并上传《信息表》。

2. 主管税务机关通过网络接收纳税人上传的《信息表》,系统自动校验通过后,生成带有"红字发票信息表编号"的《信息表》,并将信息同步至纳税人端系统中。

3. 销售方凭税务机关系统校验通过的《信息表》开具红字专用发票,在增值税发票系统升级版中以销项负数开具。红字专用发票应与《信息表》一一对应。

4. 纳税人也可凭《信息表》电子信息或纸质资料到税务机关对《信息表》内容进行系统校验。

5. 已使用增值税税控系统的一般纳税人,在纳入升级版之前暂可继续使用《开具红字增值税专用发票申请单》。

(二)税务机关为小规模纳税人代开专用发票需要开具红字专用发票的,按照一般纳税人开红字专用发票的方法处理。

(三)纳税人需要开具红字增值税普通发票的,可以在所对应的蓝字发票金额范围内开具多份红字发票。红字机动车销售统一发票需与原蓝字机动车销售统一发票一一对应。

六、其他事宜

本公告自2015年4月1日起施行,《国家税务总局关于印发〈增值税防伪税控主机共享服务系统管理暂行办法〉的通知》(国税发〔2003〕67号)第五条同时废止。

特此公告。

附件:
1. 开具红字增值税专用发票信息表
2. 开具红字货物运输业增值税专用发票信息表

国家税务总局
2015年3月30日

附件 1

开具红字增值税专用发票信息表

填开日期：年　月　日

销售方	名　称		购买方	名称	
	纳税人识别号			纳税人识别号	

开具红字专用发票内容	货物（劳务服务）名称	数量	单价	金额	税率	税额
	合计	—	—		—	

说明	一、购买方□ 　　对应蓝字专用发票抵扣增值税销项税额情况： 　　1. 已抵扣□ 　　2. 未抵扣□ 　　　　（1）无法认证□ 　　　　（2）纳税人识别号认证不符□ 　　　　（3）增值税专用发票代码、号码认证不符□ 　　　　（4）所购货物或劳务、服务不属于增值税扣税项目范围□ 　　对应蓝字专用发票的代码：号码： 二、销售方□ 　　1. 购买方拒收发票□ 　　2. 发票尚未交付□ 　　对应蓝字专用发票的代码：号码：

红字发票信息表编号	

附件 2

开具红字货物运输业增值税专用发票信息表

承运人	名称		实际受票方	名称	
	纳税人识别号			纳税人识别号	
收货人	名称		发货人	名称	
	纳税人识别号			纳税人识别号	

开具红字货运专用发票内容	费用项目及金额			运输货物信息		
	合计金额	税率	税额	机器编号	车种车号	车船吨位

说明	一、实际受票方□ 　　对应蓝字专用发票抵扣增值税销项税额情况： 　　1. 已抵扣□ 　　2. 未抵扣□ 　　　（1）无法认证□ 　　　（2）纳税人识别号认证不符□ 　　　（3）货运专票代码、号码认证不符□ 　　　（4）所购服务不属于增值税扣税项目范围□ 　　对应蓝字货运专票的代码：号码： 二、承运人□ 　　1. 受票方拒收发票□ 　　2. 发票尚未交付□ 　　对应蓝字货运专票的代码：号码：
红字发票信息表编号	

填开日期：　年　月　日

国家税务总局
关于纳税人对外开具增值税专用发票有关问题的公告

(国家税务总局公告 2014 年第 39 号)

现将纳税人对外开具增值税专用发票有关问题公告如下：

纳税人通过虚增增值税进项税额偷逃税款，但对外开具增值税专用发票同时符合以下情形的，不属于对外虚开增值税专用发票：

一、纳税人向受票方纳税人销售了货物，或者提供了增值税应税劳务、应税服务；

二、纳税人向受票方纳税人收取了所销售货物、所提供应税劳务或者应税服务的款项，或者取得了索取销售款项的凭据；

三、纳税人按规定向受票方纳税人开具的增值税专用发票相关内容，与所销售货物、所提供应税劳务或者应税服务相符，且该增值税专用发票是纳税人合法取得、并以自己名义开具的。

受票方纳税人取得的符合上述情形的增值税专用发票，可以作为增值税扣税凭证抵扣进项税额。

本公告自 2014 年 8 月 1 日起施行。此前未处理的事项，按照本公告规定执行。

特此公告。

国家税务总局
2014 年 7 月 2 日

国家税务总局
关于简化增值税发票领用和使用程序有关问题的公告

(国家税务总局公告 2014 年第 19 号)

为切实转变税务机关工作职能，进一步优化纳税服务，提高办税效率，国家税务总局开展了"便民办税春风行动"，全面全程提速办税，给诚信守法的纳税人提供更多的办税便利，现将简化增值税发票领用和使用程序有关问题公告如下：

一、简化纳税人领用增值税发票手续

取消增值税发票（包括增值税专用发票、货物运输业增值税专用发票、增值税普通发票和机动车销售统一发票,下同)手工验旧。税务机关应用增值税一般纳税人(以下简称一般纳税人)发票税控系统报税数据,通过信息化手段实现增值税发票验旧工作。

二、简化专用发票审批手续

一般纳税人申请专用发票(包括增值税专用发票和货物运输业增值税专用发票,下同)最高开票限额不超过十万元的,主管税务机关不需事前进行实地查验。各省国税机关可在此基础上适当扩大不需事前实地查验的范围,实地查验的范围和方法由各省国税机关确定。

三、简化丢失专用发票的处理流程

一般纳税人丢失已开具专用发票的发票联和抵扣联,如果丢失前已认证相符的,购买方可凭销售方提供的相应专用发票记账联复印件及销售方主管税务机关出具的《丢失增值税专用发票已报税证明单》或《丢失货物运输业增值税专用发票已报税证明单》(附件1、2,以下统称《证明单》),作为增值税进项税额的抵扣凭证;如果丢失前未认证的,购买方凭销售方提供的相应专用发票记账联复印件进行认证,认证相符的可凭专用发票记账联复印件及销售方主管税务机关出具的《证明单》,作为增值税进项税额的抵扣凭证。专用发票记账联复印件和《证明单》留存备查。

一般纳税人丢失已开具专用发票的抵扣联,如果丢失前已认证相符的,可使用专用发票发票联复印件留存备查;如果丢失前未认证的,可使用专用发票发票联认证,专用发票发票联复印件留存备查。

一般纳税人丢失已开具专用发票的发票联,可将专用发票抵扣联作为记账凭证,专用发票抵扣联复印件留存备查。

四、简化红字专用发票办理手续

一般纳税人开具专用发票后,发生销货退回或销售折让,按照规定开具红字专用发票后,不再将该笔业务的相应记账凭证复印件报送主管税务机关备案。

五、实行分类分级规范化管理

对增值税发票实行分类分级规范化管理,提高工作效率,减少办税环节。

(一)以下纳税人可一次领取不超过3个月的增值税发票用量,纳税人需要调整增值税发票用量,手续齐全的,按照纳税人需要即时办理:

1. 纳税信用等级评定为A类的纳税人;
2. 地市国税局确定的纳税信用好,税收风险等级低的其他类型纳税人。

(二)上述纳税人2年内有涉税违法行为、移交司法机关处理记录,或者正在接受税务机关立案稽查的,不适用本条第( )项规定。

(三)辅导期一般纳税人专用发票限量限额管理工作,按照《增值税一般纳税人纳税辅导期管理办法》有关规定执行。

六、建立高效联动的风险防控机制

税务机关在做好纳税服务,提高办税效率的同时,充分利用信息化手段,建立高效联动的风险防控机制,科学设立风险防控指标,加强日常评估及后续监控管理,提升后续监控的及时性和针对性,跟踪分析纳税人发票使用及纳税申报情况。对纳税人发票使用异常且无正当理由的,税务机关可重新核定发票限额及领用数量。

本公告自2014年5月1日起施行。《国家税务总局关于修订〈增值税专用发票使用规定〉的通知》(国税发〔2006〕156号)第二十八条、《国家税务总局关于修订增值税专用发票使用规定的补充通知》(国税发〔2007〕18号)第一条第(五)项、《国家税务总局关于下放增值税专用发票最高开票限额审批权限的通知》(国税函〔2007〕918号)第二条、《国家税务总局关于在全国开展营业税改征增值税试点有关征收管理问题的公告》(国家税务总局公告2013年第39号)第五条第(四)项同时废止。

特此公告。

附件:
1. 丢失增值税专用发票已报税证明单
2. 丢失货物运输业增值税专用发票已报税证明单

国家税务总局
2014年3月24日

附件1

丢失增值税专用发票已报税证明单

NO.

销售方	名称		购买方	名称	
	纳税人识别号			纳税人识别号	

	发票代码	发票号码	货物(劳务)名称	单价	数量	金额	税额
丢失增值税专用发票							

报税及纳税申报情况	报税时间: 纳税申报时间: 经办人:　　　　　　负责人:　　　　　　主管税务机关名称(印章): 　　　　　　　　　　　　　　　　　　　　　　年　月　日
备注	

注:本证明单一式三联:第一联由销售方主管税务机关留存;第二联由销售方留存;第三联由购买方留存。

附件2

丢失货物运输业增值税专用发票已报税证明单

NO.

承运人	名称			实际受票方	名称		
	纳税人识别号				纳税人识别号		
丢失货物运输业增值税专用发票	发票代码	发票号码	费用项目	金额	税额	运输货物信息	
报税及纳税申报情况	报税时间： 纳税申报时间： 经办人：　　　　　　　　　　负责人：　　　　　　主管税务机关名称（印章）： 　　　　　　　　　　　　　　　　　　　　　　　　　年　月　日						
备注							

注：本证明单一式三联；第一联由承运人主管税务机关留存；第二联由承运人留存；第三联由实际受票方留存。

国 家 税 务 总 局
关于纳税人虚开增值税专用发票征补税款问题的公告

（国家税务总局公告2012年第33号）

现将纳税人虚开增值税专用发票征补税款问题公告如下：

纳税人虚开增值税专用发票，未就其虚开金额申报并缴纳增值税的，应按照其虚开金额补缴增值税；已就其虚开金额申报并缴纳增值税的，不再按照其虚开金额补缴增值税。税务机关对纳税人虚开增值税专用发票的行为，应按《中华人民共和国税收征收管理办法》及《中华人民共和国发票管理办法》的有关规定给予处罚。纳税人取得虚开的增值税专用发票，不得作为增值税合法有效的扣税凭证抵扣其进项税额。

本公告自2012年8月1日起施行。纳税人发生本公告规定事项，此前已处理的不再调整；此前未处理的按本公告规定执行。《国家税务总局关于加强增值税征收管理若干问题的通知》（国税发〔1995〕192号）第二条和《国家税务总局对代开、虚开增值税专用发票征补税款问题的批复》（国税函发〔1995〕415号）同时废止。

特此公告。

国家税务总局
二〇一二年七月九日

中华人民共和国发票管理办法实施细则

（国家税务总局令第25号）

《中华人民共和国发票管理办法实施细则》已经2011年1月27日国家税务总局第1次局务会议审议通过，现予公布，自2011年2月1日起施行。

国家税务总局局长　肖捷
二〇一一年二月十四日

第一章　总　　则

第一条　根据《中华人民共和国发票管理办法》（以下简称《办法》）规定，制定本实施细则。

第二条　在全国范围内统一式样的发票，由国家税务总局确定。

在省、自治区、直辖市范围内统一式样的发票，由省、自治区、直辖市国家税务局、地方税务局（以下简称省税务机关）确定。

第三条　发票的基本联次包括存根联、发票联、记账联。存根联由收款方或开票方留存备查；发票联由付款方或受票方作为付款原始凭证；记账联由收款方或开票方作为记账原始凭证。

省以上税务机关可根据发票管理情况以及纳税人经营业务需要，增减除发票联以外的其他联次，并确定其用途。

第四条　发票的基本内容包括：发票的名称、发票代码和号码、联次及用途、客户名称、开户银行及账号、商品名称或经营项目、计量单位、数量、单价、大小写金额、开票人、开票日期、开票单位（个人）名称（章）等。

省以上税务机关可根据经济活动以及发票管理需要，确定发票的具体内容。

第五条　有固定生产经营场所、财务和发票管理制度健全的纳税人，发票使用量较大或统一发票式样不能满足经营活动需要的，可以向省以上税务机关申请印有本单位名称的发票。

第二章 发 票 的 印 制

第六条 发票准印证由国家税务总局统一监制,省税务机关核发。

税务机关应当对印制发票企业实施监督管理,对不符合条件的,应当取消其印制发票的资格。

第七条 全国统一的发票防伪措施由国家税务总局确定,省税务机关可以根据需要增加本地区的发票防伪措施,并向国家税务总局备案。

发票防伪专用品应当按照规定专库保管,不得丢失。次品、废品应当在税务机关监督下集中销毁。

第八条 全国统一发票监制章是税务机关管理发票的法定标志,其形状、规格、内容、印色由国家税务总局规定。

第九条 全国范围内发票换版由国家税务总局确定;省、自治区、直辖市范围内发票换版由省税务机关确定。

发票换版时,应当进行公告。

第十条 监制发票的税务机关根据需要下达发票印制通知书,被指定的印制企业必须按照要求印制。

发票印制通知书应当载明印制发票企业名称、用票单位名称、发票名称、发票代码、种类、联次、规格、印色、印制数量、起止号码、交货时间、地点等内容。

第十一条 印制发票企业印制完毕的成品应当按照规定验收后专库保管,不得丢失。废品应当及时销毁。

第三章 发 票 的 领 购

第十二条 《办法》第十五条所称经办人身份证明是指经办人的居民身份证、护照或者其他能证明经办人身份的证件。

第十三条 《办法》第十五条所称发票专用章是指用票单位和个人在其开具发票时加盖的有其名称、税务登记号、发票专用章字样的印章。

发票专用章式样由国家税务总局确定。

第十四条 税务机关对领购发票单位和个人提供的发票专用章的印模应当留存备查。

第十五条 《办法》第十五条所称领购方式是指批量供应、交旧购新或者验旧购新等方式。

第十六条 《办法》第十五条所称发票领购簿的内容应当包括用票单位和个人的名称、所属行业、购票方式、核准购票种类、开票限额、发票名称、领购日期、准购数量、起止号码、违章记录、领购人签字(盖章)、核发税务机关(章)等内容。

第十七条 《办法》第十五条所称发票使用情况是指发票领用存情况及相关开票数据。

第十八条 税务机关在发售发票时,应当按照核准的收费标准收取工本管理费,并向购票单位和个人开具收据。发票工本费征缴办法按照国家有关规定执行。

第十九条 《办法》第十六条所称书面证明是指有关业务合同、协议或者税务机关认可的其他资料。

第二十条　税务机关应当与受托代开发票的单位签订协议，明确代开发票的种类、对象、内容和相关责任等内容。

第二十一条　《办法》第十八条所称保证人，是指在中国境内具有担保能力的公民、法人或者其他经济组织。

保证人同意为领购发票的单位和个人提供担保的，应当填写担保书。担保书内容包括：担保对象、范围、期限和责任以及其他有关事项。

担保书须经购票人、保证人和税务机关签字盖章后方为有效。

第二十二条　《办法》第十八条第二款所称由保证人或者以保证金承担法律责任，是指由保证人缴纳罚款或者以保证金缴纳罚款。

第二十三条　提供保证人或者交纳保证金的具体范围由省税务机关规定。

第四章　发票的开具和保管

第二十四条　《办法》第十九条所称特殊情况下，由付款方向收款方开具发票，是指下列情况：

（一）收购单位和扣缴义务人支付个人款项时；

（二）国家税务总局认为其他需要由付款方向收款方开具发票的。

第二十五条　向消费者个人零售小额商品或者提供零星服务的，是否可免予逐笔开具发票，由省税务机关确定。

第二十六条　填开发票的单位和个人必须在发生经营业务确认营业收入时开具发票。未发生经营业务一律不准开具发票。

第二十七条　开具发票后，如发生销货退回需开红字发票的，必须收回原发票并注明"作废"字样或取得对方有效证明。

开具发票后，如发生销售折让的，必须在收回原发票并注明"作废"字样后重新开具销售发票或取得对方有效证明后开具红字发票。

第二十八条　单位和个人在开具发票时，必须做到按照号码顺序填开，填写项目齐全，内容真实，字迹清楚，全部联次一次打印，内容完全一致，并在发票联和抵扣联加盖发票专用章。

第二十九条　开具发票应当使用中文。民族自治地方可以同时使用当地通用的一种民族文字。

第三十条　《办法》第二十六条所称规定的使用区域是指国家税务总局和省税务机关规定的区域。

第三十一条　使用发票的单位和个人应当妥善保管发票。发生发票丢失情形时，应当于发现丢失当日书面报告税务机关，并登报声明作废。

第五章　发票的检查

第三十二条　《办法》第三十二条所称发票换票证仅限于在本县（市）范围内使用。需要调出外县（市）的发票查验时，应当提请该县（市）税务机关调取发票。

第三十三条　用票单位和个人有权申请税务机关对发票的真伪进行鉴别。收到申请的税务机关应当受理并负责鉴别发票的真伪；鉴别有困难的，可以提请发票监制税务机关协助鉴别。

在伪造、变造现场以及买卖地、存放地查获的发票,由当地税务机关鉴别。

第六章 罚 则

第三十四条 税务机关对违反发票管理法规的行为进行处罚,应当将行政处罚决定书面通知当事人;对违反发票管理法规的案件,应当立案查处。

对违反发票管理法规的行政处罚,由县以上税务机关决定;罚款额在2000元以下的,可由税务所决定。

第三十五条 《办法》第四十条所称的公告是指,税务机关应当在办税场所或者广播、电视、报纸、期刊、网络等新闻媒体上公告纳税人发票违法的情况。公告内容包括:纳税人名称、纳税人识别号、经营地点、违反发票管理法规的具体情况。

第三十六条 对违反发票管理法规情节严重构成犯罪的,税务机关应当依法移送司法机关处理。

第七章 附 则

第三十七条 《办法》和本实施细则所称"以上"、"以下"均含本数。

第三十八条 本实施细则自2011年2月1日起施行。

国家税务总局关于《国家税务总局关于纳税人取得虚开的增值税专用发票处理问题的通知》的补充通知

(国税发〔2000〕182号 2000年11月6日)

为了严格贯彻执行《国家税务总局关于纳税人取得虚开的增值税专用发票处理问题的通知》(国税发〔1997〕134号,以下简称134号文件),严厉打击虚开增值税专用发票活动,保护纳税人的合法权益,现对有关问题进一步明确如下:

有下列情形之一的,无论购货方(受票方)与销售方是否进行了实际的交易,增值税专用发票所注明的数量、金额与实际交易是否相符,购货方向税务机关申请抵扣进项税款或者出口退税的,对其均应按偷税或者骗取出口退税处理。

一、购货方取得的增值税专用发票所注明的销售方名称、印章与其进行实际交易的销售方不符的,即134号文件第二条规定的"购货方从销售方取得第三方开具的专用发票"的情况。

二、购货方取得的增值税专用发票为销售方所在省(自治区、直辖市和计划单列市)以外地区的,即134号文件第二条规定的"从销货地以外的地区取得专用发票"的情况。

三、其他有证据表明购货方明知取得的增值税专用发票系销售方以非法手段获得的,即 134 号文件第一条规定的"受票方利用他人虚开的专用发票,向税务机关申报抵扣税款进行偷税"的情况。

国家税务总局关于失控增值税专用发票处理的批复

(国税函〔2008〕607号)

深圳市国家税务局:

你局《关于明确增值税失控发票后续处理的请示》(深国税发〔2008〕74号)收悉,批复如下:

在税务机关按非正常户登记失控增值税专用发票(以下简称失控发票)后,增值税一般纳税人又向税务机关申请防伪税控报税的,其主管税务机关可以通过防伪税控报税子系统的逾期报税功能受理报税。

购买方主管税务机关对认证发现的失控发票,应按照规定移交稽查部门组织协查。属于销售方已申报并缴纳税款的,可由销售方主管税务机关出具书面证明,并通过协查系统回复购买方主管税务机关,该失控发票可作为购买方抵扣增值税进项税额的凭证。

国家税务总局
二〇〇八年六月十九日

国家税务总局
关于纳税人善意取得虚开增值税专用发票
已抵扣税款加收滞纳金问题的批复

(国税函〔2007〕1240号)

广东省国家税务局:

你局《关于纳税人善意取得增值税专用发票和其他抵扣凭证追缴税款是否加收滞纳金的请示》(粤国税发〔2007〕188号)收悉。经研究,批复如下:

根据《国家税务总局关于纳税人善意取得虚开的增值税专用发票处理问题的通知》(国税发〔2000〕187号)规定,纳税人善意取得虚开的增值税专用发票指购货方与销售方存在真实交易,且购货方不知取得的增值税专用发票是以非法手段获得的。纳税人善意取得虚开的增值税专用发票,如能重新取得合法、有效的专用发票,准许其抵扣进项税款;如不能重新取得合法、有效的专用发票,不准其抵扣进项税款或追缴其已抵扣的进项税款。

纳税人善意取得虚开的增值税专用发票被依法追缴已抵扣税款的,不属于税收征收管理法第三十二条"纳税人未按照规定期限缴纳税款"的情形,不适用该条"税务机关除责令限期缴纳外,从滞纳税款之日起,按日加收滞纳税款万分之五的滞纳金"的规定。

国家税务总局
二〇〇七年十二月十二日

国家税务总局关于修订《增值税专用发票使用规定》的通知(2006)

(国税发〔2006〕156号)

各省、自治区、直辖市和计划单列市国家税务局:

为适应增值税专用发票管理需要,规范增值税专用发票使用,进一步加强增值税征收管理,在广泛征求意见的基础上,国家税务总局对现行的《增值税专用发票使用规定》进行了修订。现将修订后的《增值税专用发票使用规定》印发给你们,自2007年1月1日起施行。

各级税务机关应做好宣传工作,加强对税务人员和纳税人的培训,确保新规定贯彻执行到位。执行中如有问题,请及时报告总局(流转税管理司)。

附件:1. 最高开票限额申请表
   2. 销售货物或者提供应税劳务清单
   3. 开具红字增值税专用发票申请单
   4. 开具红字增值税专用发票通知单
   5. 丢失增值税专用发票已报税证明单

国家税务总局
二〇〇六年十月十七日

增值税专用发票使用规定

第一条 为加强增值税征收管理,规范增值税专用发票(以下简称专用发票)使用行为,根据《中华人民共和国增值税暂行条例》及其实施细则和《中华人民共和国税收征收管理法》及其实施细则,制定本规定。

第二条 专用发票,是增值税一般纳税人(以下简称一般纳税人)销售货物或者提供应税劳务开具的发票,是购买方支付增值税额并可按照增值税有关规定据以抵扣增值税进项税额的凭证。

第三条 一般纳税人应通过增值税防伪税控系统（以下简称防伪税控系统）使用专用发票。使用，包括领购、开具、缴销、认证纸质专用发票及其相应的数据电文。

本规定所称防伪税控系统，是指经国务院同意推行的，使用专用设备和通用设备、运用数字密码和电子存储技术管理专用发票的计算机管理系统。

本规定所称专用设备，是指金税卡、IC卡、读卡器和其他设备。

本规定所称通用设备，是指计算机、打印机、扫描器具和其他设备。

第四条 专用发票由基本联次或者基本联次附加其他联次构成，基本联次为三联：发票联、抵扣联和记账联。发票联，作为购买方核算采购成本和增值税进项税额的记账凭证；抵扣联，作为购买方报送主管税务机关认证和留存备查的凭证；记账联，作为销售方核算销售收入和增值税销项税额的记账凭证。其他联次用途，由一般纳税人自行确定。

第五条 专用发票实行最高开票限额管理。最高开票限额，是指单份专用发票开具的销售额合计数不得达到的上限额度。

最高开票限额由一般纳税人申请，税务机关依法审批。最高开票限额为十万元及以下的，由区县级税务机关审批；最高开票限额为一百万元的，由地市级税务机关审批；最高开票限额为一千万元及以上的，由省级税务机关审批。防伪税控系统的具体发行工作由区县级税务机关负责。

税务机关审批最高开票限额应进行实地核查。批准使用最高开票限额为十万元及以下的，由区县级税务机关派人实地核查；批准使用最高开票限额为一百万元的，由地市级税务机关派人实地核查；批准使用最高开票限额为一千万元及以上的，由地市级税务机关派人实地核查后将核查资料报省级税务机关审核。

一般纳税人申请最高开票限额时，需填报《最高开票限额申请表》（附件1）。

第六条 一般纳税人领购专用设备后，凭《最高开票限额申请表》、《发票领购簿》到主管税务机关办理初始发行。

本规定所称初始发行，是指主管税务机关将一般纳税人的下列信息载入空白金税卡和IC卡的行为。

（一）企业名称；

（二）税务登记代码；

（三）开票限额；

（四）购票限量；

（五）购票人员姓名、密码；

（六）开票机数量；

（七）国家税务总局规定的其他信息。

一般纳税人发生上列第一、三、四、五、六、七项信息变化，应向主管税务机关申请变更发行；发生第二项信息变化，应向主管税务机关申请注销发行。

第七条 一般纳税人凭《发票领购簿》、IC卡和经办人身份证明领购专用发票。

第八条 一般纳税人有下列情形之一的，不得领购开具专用发票：

（一）会计核算不健全，不能向税务机关准确提供增值税销项税额、进项税额、应纳税额数据及其他有关增值税税务资料的。上列其他有关增值税税务资料的内容，由省、自治区、直辖市和计划单列市国家税务局确定。

（二）有《税收征管法》规定的税收违法行为，拒不接受税务机关处理的。

（三）有下列行为之一，经税务机关责令限期改正而仍未改正的：

1. 虚开增值税专用发票；
2. 私自印制专用发票；
3. 向税务机关以外的单位和个人买取专用发票；
4. 借用他人专用发票；
5. 未按本规定第十一条开具专用发票；
6. 未按规定保管专用发票和专用设备；
7. 未按规定申请办理防伪税控系统变更发行；
8. 未按规定接受税务机关检查。

有上列情形的，如已领购专用发票，主管税务机关应暂扣其结存的专用发票和IC卡。

第九条 有下列情形之一的，为本规定第八条所称未按规定保管专用发票和专用设备：

（一）未设专人保管专用发票和专用设备；

（二）未按税务机关要求存放专用发票和专用设备；

（三）未将认证相符的专用发票抵扣联、《认证结果通知书》和《认证结果清单》装订成册；

（四）未经税务机关查验，擅自销毁专用发票基本联次。

第十条 一般纳税人销售货物或者提供应税劳务，应向购买方开具专用发票。

商业企业一般纳税人零售的烟、酒、食品、服装、鞋帽（不包括劳保专用部分）、化妆品等消费品不得开具专用发票。

增值税小规模纳税人（以下简称小规模纳税人）需要开具专用发票的，可向主管税务机关申请代开。

销售免税货物不得开具专用发票，法律、法规及国家税务总局另有规定的除外。

第十一条 专用发票应按下列要求开具：

（一）项目齐全，与实际交易相符；

（二）字迹清楚，不得压线、错格；

（三）发票联和抵扣联加盖财务专用章或者发票专用章；

（四）按照增值税纳税义务的发生时间开具。

对不符合上列要求的专用发票，购买方有权拒收。

第十二条 一般纳税人销售货物或者提供应税劳务可汇总开具专用发票。汇总开具专用发票的，同时使用防伪税控系统开具《销售货物或者提供应税劳务清单》（附件2），并加盖财务专用章或者发票专用章。

第十三条 一般纳税人在开具专用发票当月，发生销货退回、开票有误等情形，收到退回的发票联、抵扣联符合作废条件的，按作废处理；开具时发现有误的，可即时作废。

作废专用发票须在防伪税控系统中将相应的数据电文按"作废"处理，在纸质专用发票（含未打印的专用发票）各联次上注明"作废"字样，全联次留存。

第十四条 一般纳税人取得专用发票后，发生销货退回、开票有误等情形但不符合作废条件的，或者因销货部分退回及发生销售折让的，购买方应向主管税务机关填报《开具红字增值税专用发票申请单》（以下简称《申请单》，附件3）。

《申请单》所对应的蓝字专用发票应经税务机关认证。

经认证结果为"认证相符"并且已经抵扣增值税进项税额的，一般纳税人在填报《申请单》时不填写相对应的蓝字专用发票信息。

经认证结果为"纳税人识别号认证不符"、"专用发票代码、号码认证不符"的，一般纳税人在填报《申请单》时应填写相对应的蓝字专用发票信息。

第十五条 《申请单》一式两联：第一联由购买方留存；第二联由购买方主管税务机关留存。

《申请单》应加盖一般纳税人财务专用章。

第十六条 主管税务机关对一般纳税人填报的《申请单》进行审核后，出具《开具红字增值税专用发票通知单》（以下简称《通知单》，附件4）。《通知单》应与《申请单》一一对应。

第十七条 《通知单》一式三联：第一联由购买方主管税务机关留存；第二联由购买方送交销售方留存；第三联由购买方留存。

《通知单》应加盖主管税务机关印章。

《通知单》应按月依次装订成册，并比照专用发票保管规定管理。

第十八条 购买方必须暂依《通知单》所列增值税税额从当期进项税额中转出，未抵扣增值税进项税额的可列入当期进项税额，待取得销售方开具的红字专用发票后，与留存的《通知单》一并作为记账凭证。属于本规定第十四条第四款所列情形的，不作进项税额转出。

第十九条 销售方凭购买方提供的《通知单》开具红字专用发票，在防伪税控系统中以销项负数开具。

红字专用发票应与《通知单》一一对应。

第二十条 同时具有下列情形的，为本规定所称作废条件：

（一）收到退回的发票联、抵扣联时间未超过销售方开票当月；

（二）销售方未抄税并且未记账；

（三）购买方未认证或者认证结果为"纳税人识别号认证不符"、"专用发票代码、号码认证不符"。

本规定所称抄税，是报税前用IC卡或者IC卡和软盘抄取开票数据电文。

第二十一条 一般纳税人开具专用发票应在增值税纳税申报期内向主管税务机关报税，在申报所属月份内可分次向主管税务机关报税。

本规定所称报税，是纳税人持IC卡或者IC卡和软盘向税务机关报送开票数据电文。

第二十二条 因IC卡、软盘质量等问题无法报税的，应更换IC卡、软盘。

因硬盘损坏、更换金税卡等原因不能正常报税的，应提供已开具未向税务机关报税的专用发票记账联原件或者复印件，由主管税务机关补采开票数据。

第二十三条 一般纳税人注销税务登记或者转为小规模纳税人，应将专用设备和结存未用的纸质专用发票送交主管税务机关。

主管税务机关应缴销其专用发票，并按有关安全管理的要求处理专用设备。

第二十四条 本规定第二十三条所称专用发票的缴销，是指主管税务机关在纸质专用发票监制章处按"V"字剪角作废，同时作废相应的专用发票数据电文。

被缴销的纸质专用发票应退还纳税人。

第二十五条　用于抵扣增值税进项税额的专用发票应经税务机关认证相符（国家税务总局另有规定的除外）。认证相符的专用发票应作为购买方的记账凭证，不得退还销售方。

本规定所称认证，是税务机关通过防伪税控系统对专用发票所列数据的识别、确认。

本规定所称认证相符，是指纳税人识别号无误，专用发票所列密文解译后与明文一致。

第二十六条　经认证，有下列情形之一的，不得作为增值税进项税额的抵扣凭证，税务机关退还原件，购买方可要求销售方重新开具专用发票。

（一）无法认证。

本规定所称无法认证，是指专用发票所列密文或者明文不能辨认，无法产生认证结果。

（二）纳税人识别号认证不符。

本规定所称纳税人识别号认证不符，是指专用发票所列购买方纳税人识别号有误。

（三）专用发票代码、号码认证不符。

本规定所称专用发票代码、号码认证不符，是指专用发票所列密文解译后与明文的代码或者号码不一致。

第二十七条　经认证，有下列情形之一的，暂不得作为增值税进项税额的抵扣凭证，税务机关扣留原件，查明原因，分别情况进行处理。

（一）重复认证。

本规定所称重复认证，是指已经认证相符的同一张专用发票再次认证。

（二）密文有误。

本规定所称密文有误，是指专用发票所列密文无法解译。

（三）认证不符。

本规定所称认证不符，是指纳税人识别号有误，或者专用发票所列密文解译后与明文不一致。

本项所称认证不符不含第二十六条第二项、第三项所列情形。

（四）列为失控专用发票。

本规定所称列为失控专用发票，是指认证时的专用发票已被登记为失控专用发票。

第二十八条　一般纳税人丢失已开具专用发票的发票联和抵扣联，如果丢失前已认证相符的，购买方凭销售方提供的相应专用发票记账联复印件及销售方所在地主管税务机关出具的《丢失增值税专用发票已报税证明单》（附件5），经购买方主管税务机关审核同意后，可作为增值税进项税额的抵扣凭证；如果丢失前未认证的，购买方凭销售方提供的相应专用发票记账联复印件到主管税务机关进行认证，认证相符的凭该专用发票记账联复印件及销售方所在地主管税务机关出具的《丢失增值税专用发票已报税证明单》，经购买方主管税务机关审核同意后，可作为增值税进项税额的抵扣凭证。

一般纳税人丢失已开具专用发票的抵扣联，如果丢失前已认证相符的，可使用专用发票发票联复印件留存备查；如果丢失前未认证的，可使用专用发票发票联到主管税务机关认证，专用发票发票联复印件留存备查。

一般纳税人丢失已开具专用发票的发票联，可将专用发票抵扣联作为记账凭证，专用发票抵扣联复印件留存备查。

第二十九条 专用发票抵扣联无法认证的,可使用专用发票发票联到主管税务机关认证。专用发票发票联复印件留存备查。

第三十条 本规定自 2007 年 1 月 1 日施行,《国家税务总局关于印发〈增值税专用发票使用规定〉的通知》(国税发〔1993〕150 号)、《国家税务总局关于增值税专用发票使用问题的补充通知》(国税发〔1994〕056 号)、《国家税务总局关于由税务所为小规模企业代开增值税专用发票的通知》(国税发〔1994〕058 号)、《国家税务总局关于印发〈关于商业零售企业开具增值税专用发票的通告〉的通知》(国税发〔1994〕081 号)、《国家税务总局关于修改〈国家税务总局关于严格控制增值税专用发票使用范围的通知〉的通知》(国税发〔2000〕075 号)、《国家税务总局关于加强防伪税控开票系统最高开票限额管理的通知》(国税发明电〔2001〕57 号)、《国家税务总局关于增值税一般纳税人丢失防伪税控系统开具的增值税专用发票有关税务处理问题的通知》(国税发〔2002〕010 号)、《国家税务总局关于进一步加强防伪税控开票系统最高开票限额管理的通知》(国税发明电〔2002〕33 号)同时废止。以前有关政策规定与本规定不一致的,以本规定为准。

附件 1

最高开票限额申请表

申请事项 (由企业 填写)	企业名称		税务登记代码	
	地　　址		联系电话	
	申请最高开票限额	□一亿元　　□一千万元　　□一百万元 □十万元　　□一万元　　□一千元 (请在选择数额前的□内打"√")		
	经办人(签字): 　年　月　日		企业(印章): 　年　月　日	
区县级 税务机 关意见	批准最高开票限额: 经办人(签字):　　批准人(签字):　　税务机关(印章) 　年　月　日　　　　年　月　日　　　　年　月　日			
地市级 税务机 关意见	批准最高开票限额: 经办人(签字):　　批准人(签字):　　税务机关(印章) 　年　月　日　　　　年　月　日　　　　年　月　日			
省级税 务机关 意见	批准最高开票限额: 经办人(签字):　　批准人(签字):　　税务机关(印章) 　年　月　日　　　　年　月　日　　　　年　月　日			

注:本申请表一式两联;第一联,申请企业留存;第二联,区县级税务机关留存。

附件2

销售货物或者提供应税劳务清单

购买方名称：
销售方名称：
所属增值税专用发票代码：号码：

共 页　　第 页

序号	货物（劳务）名称	规格型号	单位	数量	单价	金额	税率	税额
备注								

填开日期：　年　月　日

注：本清单一式两联：第一联，销售方留存；第二联，销售方送交购买方。

附件3

开具红字增值税专用发票申请单

NO.

销售方	名称		购买方	名称	
	税务登记代码			税务登记代码	
开具红字专用发票内容	货物（劳务）名称	单价	数量	金额	税额
	合计	—	—		
说明	对应蓝字专用发票抵扣增值税销项税额情况： 已抵扣□　未抵扣□　纳税人识别号认证不符□ 专用发票代码、号码认证不符□ 对应蓝字专用发票密码区内打印的代码： 　　　　　号码： 开具红字专用发票理由：				

申明：我单位提供的《申请单》内容真实，否则将承担相关法律责任。

购买方经办人：　　　　　购买方名称（印章）：

年　月　日

注：本申请单一式两联：第一联，购买方留存；第二联，购买方主管税务机关留存。

附件 4

开具红字增值税专用发票通知单

填开日期： 年 月 日 NO.

销售方	名 称		购买方	名 称	
	税务登记代码			税务登记代码	
开具红字发票内容	货物（劳务）名称	单价	数量	金额	税额
	合计	—	—		
说明	需要作进项税额转出 不需要作进项税额转出 纳税人识别号认证不符 专用发票代码、号码认证不符 对应蓝字专用发票密码区内打印的代码： 号码： 开具红字专用发票理由：				

经办人：负责人：主管税务机关名称（印章）：

注：1. 本通知单一式三联：第一联，购买方主管税务机关留存；第二联，购买方送交销售方留存；第三联，购买方留存。
2. 通知单应与申请单一一对应。
3. 销售方应在开具红字专用发票后到主管税务机关进行核销。

附件 5

丢失增值税专用发票已报税证明单

NO.

销售方	名 称			购买方	名 称			
	税务登记代码				税务登记代码			
丢失增值税专用发票	发票代码	发票号码	货物（劳务）名称	单价	数量	金额	税额	
报税及纳税申报情况	报税时间： 纳税申报时间： 经办人： 负责人： 主管税务机关名称（印章）： 年 月 日							
备注								

注：本证明单一式三联：第一联，销售方主管税务机关留存；第二联，销售方留存；第三联，购买方主管税务机关留存。

国家税务总局关于启用增值税普通发票有关问题的通知

(国税发明电〔2005〕34号)

各省、自治区、直辖市和计划单列市国家税务局：

为加强对增值税一般纳税人（以下简称"一般纳税人"）开具普通发票的管理，全面监控一般纳税人销售额，总局决定将一般纳税人（不含商业零售，下同）开具的普通发票纳入增值税防伪税控系统开具和管理，亦即一般纳税人可以使用同套增值税防伪税控系统同时开具增值税专用发票、增值税普通发票和废旧物资发票等（此种开票方式简称"一机多票"）。

目前，"一机多票"系统的税务端软件已在北京市西城区完成了实地测试，正在江苏省进行试运行工作，预计8月底前完成全国所有税务端系统的升级工作。企业端开票系统从8月份开始分别在北京市西城区，浙江省杭州市、湖州市，山东省淄博市、东营市和烟台市的部分企业进行试运行，计划从10月份开始在全国陆续推行。"一机多票"系统使用的普通发票统称为"增值税普通发票"，实行统一印制，于2005年8月1日起陆续在全国启用，现将有关问题通知如下：

一、增值税普通发票的格式、字体、栏次、内容与增值税专用发票完全一致，按发票联次分为两联票和五联票两种，基本联次为两联，第一联为记账联，销货方用作记账凭证；第二联为发票联，购货方用作记账凭证。此外为满足部分纳税人的需要，在基本联次后添加了三联的附加联次，即五联票，供企业选择使用。

增值税普通发票代码的编码原则与专用发票基本一致，发票左上角10位代码的含义：第1-4位代表各省；第5-6位代表制版年度；第7位代表印制批次；第8位代表发票种类，普通发票用"6"表示；第9位代表几联版，普通发票二联版用"2"表示，普通发票五联版用"5"表示；10位代表金额版本号"0"表示电脑版。

二、增值税普通发票第二联（发票联）采用防伪纸张印制。代码采用专用防伪油墨印刷，号码的字型为专用异型体。各联次的颜色依次为蓝、橙、绿蓝、黄绿和紫红色。

三、凡纳入"一机多票"系统（包括试运行）的一般纳税人，自纳入之日起，一律使用全国统一的增值税普通发票，并通过防伪税控系统开具。对于一般纳税人已领购但尚未使用的旧版普通发票，由主管税务机关限期缴销或退回税务机关；经税务机关批准使用印有本单位名称发票的一般纳税人，允许其暂缓纳入"一机多票"系统，以避免库存发票的浪费，但最迟不得超过2005年年底。

四、增值税普通发票的价格由国家发改委统一制定。

五、各级税务机关要高度重视"一机多票"系统的试运行工作，切实做好新旧普通发票的衔接工作。要掌握情况，统筹布置，合理安排，确保"一机多票"系统顺利推行。

国家税务总局
二〇〇五年八月十九日

国家税务总局关于加强税务机关代开增值税专用发票管理问题的通知

(国税函〔2004〕1404号)

各省、自治区、直辖市和计划单列市国家税务局：

为落实《国家税务总局关于印发〈税务机关代开增值税专用发票管理办法（试行）〉的通知》（国税发〔2004〕153号）的要求，做好税务机关代开增值税专用发票工作，现将有关事项通知如下：

一、从2005年1月1日起，凡税务机关代开增值税专用发票必须通过防伪税控系统开具，通过防伪税控报税子系统采集代开增值税专用发票开具信息，不再填报《代开发票开具清单》，同时停止使用非防伪税控系统为纳税人代开增值税专用发票（包括手写版增值税专用发票和计算机开具不带密码的电脑版增值税专用发票）。

二、增值税一般纳税人取得的税务机关用非防伪税控系统代开的增值税专用发票，应当在2005年3月份纳税申报期结束以前向主管税务机关申报抵扣，并填报《代开发票抵扣清单》，逾期不得抵扣进项税额。

增值税一般纳税人取得的税务机关通过防伪税控系统代开的增值税专用发票，通过防伪税控认证子系统采集抵扣联信息，不再填报《代开发票抵扣清单》，其认证、申报抵扣期限的有关规定按照《国家税务总局关于增值税一般纳税人取得防伪税控系统开具的增值税专用发票进项税额抵扣问题的通知》（国税发〔2003〕17号）文件规定执行，并按照现行防伪税控增值税专用发票比对内容进行"一窗式"比对。

三、税务机关必须在一个窗口设置征收岗位和代开发票岗位。

四、对实行定期定额征收方法的纳税人正常申报时，按以下方法进行清算：

（一）每月开票金额大于应征增值税税额的，以开票金额数为依据征收税款，并作为下一年度核定定期定额的依据。

（二）每月开票金额小于应征增值税税额的，按应征增值税税额数征收税款。

五、在防伪税控代开票征收子系统未投入运行前，要加强对手工传递凭证的监控工作，要设置审核监控岗位专门负责核对开票税额、收款数额和入库税款是否一致。

六、税务机关要加强对认证通过的代开增值税专用发票和纳税人申报表进行比对。对票表比对异常的要查清原因，依照有关规定分别进行处理。要对小规模纳税人申报的应纳税销售额进行审核，其当期申报的应纳税销售额不得小于税务机关为其代开的增值税专用发票上所注明的金额。

七、各级税务机关要高度重视代开增值税专用发票工作，对《税务机关代开增值税专用发票管理办法（试行）》和本通知执行过程中出现的问题，要及时报告国家税务总局。

国家税务总局
二〇〇四年十二月二十二日

国家税务总局关于印发《税务机关代开增值税专用发票管理办法（试行）》的通知

（国税发〔2004〕153号）

各省、自治区、直辖市和计划单列市国家税务局，扬州税务进修学院，局内各单位：

为加强税务机关代开增值税专用发票的管理工作，总局制定了《税务机关代开增值税专用发票管理办法（试行）》，现印发给你们，请遵照执行。

附件：《税务机关代开增值税专用发票管理办法（试行）》

国家税务总局
二〇〇四年十二月二十二日

附件：

税务机关代开增值税专用发票管理办法（试行）

第一条 为了进一步加强税务机关为增值税纳税人代开增值税专用发票（以下简称专用发票）管理，防范不法分子利用代开专用发票进行偷骗税活动，优化税收服务，特制定本办法。

第二条 本办法所称代开专用发票是指主管税务机关为所辖范围内的增值税纳税人代开专用发票，其他单位和个人不得代开。

第三条 主管税务机关应设立代开专用发票岗位和税款征收岗位，并分别确定专人负责代开专用发票和税款征收工作。

第四条 代开专用发票统一使用增值税防伪税控代开票系统开具。非防伪税控代开票系统开具的代开专用发票不得作为增值税进项税额抵扣凭证。

增值税防伪税控代开票系统由防伪税控企业发行岗位按规定发行。

第五条 本办法所称增值税纳税人是指已办理税务登记的小规模纳税人（包括个体经营者）以及国家税务总局确定的其他可予代开增值税专用发票的纳税人。

第六条 增值税纳税人发生增值税应税行为、需要开具专用发票时，可向其主管税务机关申请代开。

第七条 增值税纳税人申请代开专用发票时，应填写《代开增值税专用发票缴纳税款申报单》（式样见附件，以下简称《申报单》），连同税务登记证副本，到主管税务机关税款征收岗位按专用发票上注明的税额全额申报缴纳税款，同时缴纳专用发票工本费。

第八条 税款征收岗位接到《申报单》后，应对以下事项进行审核：

（一）是否属于本税务机关管辖的增值税纳税人；

（二）《申报单》上增值税征收率填写、税额计算是否正确。

审核无误后，税款征收岗位应通过防伪税控代开票征收子系统录入《申报单》的相关信息，按照《申报单》上注明的税额征收税款，开具税收完税凭证，同时收取专用发票工本费，按照规定开具有关票证，将有关征税电子信息及时传递给代开发票岗位。

在防伪税控代开票征税子系统未使用前暂传递纸质凭证。

税务机关可采取税银联网划款、银行卡（POS机）划款或现金收取三种方式征收税款。

第九条 增值税纳税人缴纳税款后，凭《申报单》和税收完税凭证及税务登记证副本，到代开专用发票岗位申请代开专用发票。

代开发票岗位确认税款征收岗位传来的征税电子信息与《申报单》和税收完税凭证上的金额、税额相符后，按照《申报单》、完税凭证和专用发票一一对应即"一单一证一票"原则，为增值税纳税人代开专用发票。

在防伪税控代开票征税子系统未使用前，代开票岗位凭《申报单》和税收完税凭证代开发票。

第十条 代开发票岗位应按下列要求填写专用发票的有关项目：

1．"单价"栏和"金额"栏分别填写不含增值税税额的单价和销售额；

2．"税率"栏填写增值税征收率；

3．销货单位栏填写代开税务机关的统一代码和代开税务机关名称；

4．销方开户银行及账号栏内填写税收完税凭证号码；

5．备注栏内注明增值税纳税人的名称和纳税人识别号。

其他项目按照专用发票填开的有关规定填写。

第十一条 增值税纳税人应在代开专用发票的备注栏上，加盖本单位的财务专用章或发票专用章。

第十二条 代开专用发票遇有填写错误、销货退回或销售折让等情形的，按照专用发票有关规定处理。

税务机关代开专用发票时填写有误的，应及时在防伪税控代开票系统中作废，重新开具。代开专用发票后发生退票的，税务机关应按照增值税一般纳税人作废或开具负数专用发票的有关规定进行处理。对需要重新开票的，税务机关应同时进行新开票税额与原开票税额的清算，多退少补；对无需重新开票的，按有关规定退还增值税纳税人已缴的税款或抵顶下期正常申报税款。

第十三条 为增值税纳税人代开的专用发票应统一使用六联专用发票,第五联代开发票岗位留存,以备发票的扫描补录,第六联交税款征收岗位,用于代开发票税额与征收税款的定期核对,其他联次交增值税纳税人。

第十四条 代开专用发票岗位领用专用发票,经发票管理部门负责人批准后,到专用发票发售窗口领取专用发票,并将相应发票的电子信息读入防伪税控代开票系统。

第十五条 代开专用发票岗位应在每月纳税申报期的第一个工作日,将上月所开具的代开专用发票数据抄取、传递到防伪税控报税系统。代开专用发票的金税卡等专用设备发生故障的,税务机关应使用留存的专用发票第五联进行扫描补录。

第十六条 代开发票岗位应妥善保管代开专用发票数据,及时备份。

第十七条 税务机关应按月对代开专用发票进行汇总统计,对代开专用发票数据通过增值税计算机稽核系统比对后属于滞留、缺联、失控、作废、红字缺联等情况,应及时分析,查明原因,按规定处理,确保代开专用发票存根联数据采集的完整性和准确性。

第十八条 代开专用发票各岗位人员应严格执行本办法及有关规定。对违反规定的,追究有关人员的责任。

第十九条 各省、自治区、直辖市和计划单列市国家税务局可根据实际在本办法基础上制定实施细则。

第二十条 本办法自二〇〇五年一月一日起实施,凡与本办法相抵触的规定同时停止执行。

附件:代开增值税专用发票缴纳税款申报单(略)

国家税务总局关于纳税人善意取得虚开的增值税专用发票处理问题的通知

(国税发〔2000〕187号 2000年11月16日)

各省、自治区、直辖市和计划单列市国家税务局、地方税务局:

近接一些地区反映,在购货方(受票方)不知道取得的增值税专用发票(以下简称专用发票)是销售方虚开的情况下,对购货方应当如何处理的问题不够明确。经研究,现明确如下:

购货方与销售方存在真实的交易,销售方使用的是其所在省(自治区、直辖市和计划单列市)的专用发票,专用发票注明的销售方名称、印章、货物数量、金额及税额等全部内容与实际相符,且没有证据表明购货方知道销售方提供的专用发票是以非法手段获得的,对购货方不以偷税或者骗取出口退税论处。但应按有关规定不予抵扣进项税款或者不予出口退税;购货方已经抵扣的进项税款或者取得的出口退税,应依法追缴。

购货方能够重新从销售方取得防伪税控系统开出的合法、有效专用发票的，或者取得手工开出的合法、有效专用发票且取得了销售方所在地税务机关已经或者正在依法对销售方虚开专用发票行为进行查处证据的，购货方所在地税务机关应依法准予抵扣进项税款或者出口退税。

如有证据表明购货方在进项税款得到抵扣、或者获得出口退税前知道该专用发票是销售方以非法手段获得的，对购货方应按《国家税务总局关于纳税人取得虚开的增值税专用发票处理问题的通知》（国税发〔1997〕134号）和《国家税务总局关于〈国家税务总局关于纳税人取得虚开的增值税专用发票处理问题的通知〉的补充通知》（国税发〔2000〕182号）的规定处理。

本通知自印发之日起执行。

国家税务总局关于纳税人取得虚开的增值税专用发票处理问题的通知

（国税发〔1997〕134号　1997年8月8日）

各省、自治区、直辖市和计划单列市国家税务局：

最近，一些地区国家税务局询问，对纳税人取得虚开的增值税专用发票（以下简称专用发票）如何处理。经研究，现明确如下：

一、受票方利用他人虚开的专用发票，向税务机关申报抵扣税款进行偷税的，应当依照《中华人民共和国税收征收管理法》及有关规定追缴税款，处以偷税数额五倍以下的罚款；进项税金大于销项税金的，还应当调减其留抵的进项税额。利用虚开的专用发票进行骗取出口退税的，应当依法追缴税款，处以骗税数额五倍以下的罚款。

二、在货物交易中，购货方从销售方取得第三方开具的专用发票，或者从销货地以外的地区取得专用发票，向税务机关申报抵押税款或者申请出口退税的，应当按偷税、骗取出口退税处理，依照《中华人民共和国税收征收管理法》及有关规定追缴税款，处以偷税、骗取数额五倍以下的罚款。

三、纳税人以上述第一条、第二条所列的方式取得专用发票未申报抵扣税款，或者未申请出口退税的，应当依照《中华人民共和国发票管理办法》及有关规定，按所取得专用发票的份数，分别处以一万元以下的罚款；但知道或者应当知道取得的是虚开的专用发票，或者让他人为自己提供虚开的专用发票的，应当从重处罚。

四、利用虚开的专用发票进行偷税、骗税，构成犯罪的，税务机关依法进行追缴税款等行政处理，并移送司法机关追究刑事责任。

国家税务总局关于印发《增值税专用发票内部管理办法》的通知

(国税发〔1996〕136号 1996年7月30日)

为了规范增值税专用发票的管理,在广泛征求各地意见的基础上,国家税务总局制定了《增值税专用发票内部管理办法》,现印发,请组织贯彻落实,并将执行中发现的问题及时上报国家税务总局。

增值税专用发票内部管理办法

一、增值税专用发票的计划管理

(一)增值税专用发票的版式

增值税专用发票(以下简称专用发票)的版式、联次、内容及使用范围由国家税务总局统一确定,并将专用发票票样及时下发各地。

(二)专用发票印制计划的制定

1. 专用发票的印制,由国家税务总局实行统一计划管理。

2. 专用发票的印制计划应逐级上报至国家税务总局。专用发票的印制计划每半年安排一次,印制计划上报后一般不再调整。

(1) 县级国税局应于每年的8月20日以前将下一年度上半年的专用发票印制计划报送地市级国税局;应于次年3月20日以前将下半年的专用发票印制计划报送地市级国税局。

(2) 地市级国税局应于每年的9月5日以前将所属县级国税机关下一年度上半年专用发票印制计划审定汇总,报送省(包括自治区、直辖市、计划单列市,下同)级国税局;应于次年4月5日以前将所属县级国税局下半年的专用发票印制计划审定汇总,报送省级国税局。

(3) 省级国税局于每年的9月20日以前将所属地市级国税局下一年度上半年专用发票印制计划审定汇总,上报国家税务总局;应于次年4月20日以前将所属地市级国税局下半年的专用发票的印制计划审定汇总,上报国家税务总局。

(4) 国家税务总局将各省级国税局上报的专用发票印制计划进行审定汇总,送交中国印钞造币总公司安排印制,并下发各省级国税局。

二、专用发票的仓储管理

(一)专用发票入库前的验收。

1. 省级国税局对专用发票入库前的验收。

对运抵的专用发票,在入库前应按以下要求进行验收:

(1) 以造币总公司提供的专用发票发运单进行验收。

(2) 根据国家税务总局下发的专用发票印制计划对运抵的专用发票种类和数量进行

核对。

(3) 检查专用发票的包装质量。

(4) 填写《增值税专用发票验收入库单》。

2. 地市级国税局对专用发票入库前的验收。

对运抵的专用发票,在入库前应按以下要求进行验收:

(1) 依据造币总公司提供的专用发票装箱明细表进行验收。

(2) 核对专用发票的种类和数量是否与核准的计划相符。

(3) 抽查专用发票的印制质量。

(4) 填写《增值税专用发票验收入库单》。

3. 县级国税局对专用发票入库前的验收。

对运抵的专用发票,在入库前应按以下要求进行验收:

(1) 采取随机检验的方式,抽检数量一般在所运专用发票总量的5%~10%,如发现有严重问题,可扩大抽查面。

(2) 核对专用发票的各种版式和数量是否与核准的计划相符。

(3) 填写增值税专用发票验收入库单。

4. 各级国税局在专用发票验收时,必须由两人以上负责,没有特殊情况,不得随意更换。

5. 在专用发票的验收过程中,如发现有质量问题,应将有质量问题的发票统一集中收缴、封存,由省级国税局报国家税务总局,并按有关规定处理。

6. 各级国税局填写《增值税专用发票验收入库单》时,须字迹清晰、内容完整、数字准确。

7. 各级国税局要建立专用发票收、发、存台账。

(二) 专用发票的调拨

1. 上级国税局向下级国税局调拨专用发票时,应及时填写《增值税专用发票调拨单》,同时收取专用发票款。

2. 各级国税局在专用发票调拨后,登记专用发票收、发、存台账。

(三) 专用发票的盘存

1. 各级国税局对所属库存的专用发票必须建立定期盘存制度。

2. 上级国税局应对下级国税局的专用发票盘存情况组织不定期的检查。

3. 省级和地市级国税局每季度末应进行一次盘存,同时每次盘存都应填写《增值税专用发票盘库报告表》。县级国税局每个月应进行一次盘存,同时每次盘存必须填写《增值税专用发票盘库报告表》。

4. 根据工作需要,各级国税局应不定期进行盘存。

(四) 专用发票的销毁

1. 专用发票的销毁的范围:

(1) 属于有印制质量问题专用发票的销毁。

① 专用发票印制质量问题的确认。省以下各级国税局发现专用发票有印制质量问题后,应将有质量问题的专用发票封存,并逐级上报到省级国税局。

② 省级国税局与所承印专用发票的企业联系,由印制企业负责进一步认证。

③ 经双方共同认证确有印制质量问题的专用发票，应在双方共同监督下，由省级国税机关指定的企业负责销毁，并由印制企业报中国印钞造币总公司备案。

④ 如双方有不同意见，由国家税务总局与中国印钞造币总公司共同协商后，另行处理。

(2) 属于国税机关换版、改版以及超过国税机关规定的使用期限，应予作废的专用发票的销毁。

① 对换版后，尚未使用已作废的旧版专用发票进行销毁。

② 对不符合使用大面额版专用发票的纳税人已领购的，尚未使用或整本未使用完的专用发票进行销毁。

③ 对改版后，凡不符合改版要求的专用发票进行销毁。

④ 对超过国税局规定的使用期限，尚未使用或整本未使用完的专用发票进行销毁。

2. 专用发票的销毁方法：

(1) 对上述专用发票销毁范围中，凡属于未使用的整本专用发票，由省级国税局统一组织进行销毁。

(2) 对整本发票中未使用的部分，可采取剪角方法核销。即在"全国统一发票监制章"处，按"∨"形剪角。

3. 专用发票销毁的要求：

(1) 各级国税局要建立健全销毁专用发票的制度，要有专人负责，严防在发票销毁过程中，发生被盗或丢失的事件。

(2) 在专用发票销毁过程中，必须对销毁的专用发票实行双人管理制、经手责任制，做到数字准确无误、责任清楚。在待销毁的专用发票运输过程中，要有专人押运，确保安全。

(3) 专用发票销毁工作结束后，省级国税局要及时将销毁的情况上报国家税务总局。

(五) 专用发票的存储安全管理

1. 必须建立专门存储专用发票的库房，库房应符合下列基本要求：

(1) 房库设在国税局或发售网点的建筑群体内，不得与其他单位、公共场所和居民住宅相连。库房底部不得有管道、暗沟等公用设施或不能控制的地下室；无法避开的，应采取必要的防护措施。

(2) 库房出入口安装防盗安全门，窗户安装金属防护装置。

(3) 库房内配备防潮、灭火装置，安装防爆灯，配备应急照明灯。

(4) 库房安装防盗自动报警装置。守库室设置接受报警并与外界联络的通讯设备。

2. 专用发票发售网点营业室的安全保管措施，应符合下列基本要求：

(1) 营业室出入口安装防盗安全门，窗户安装金属防护装置。

(2) 发售工作区与其他工作区隔离。

(3) 营业操作室与领购者之间设置必要的坚固隔离防护设施。

(4) 营业室安装紧急报警装置，有条件的可与所在地公安机关实行报警联网。

(5) 设置存储专用发票的保险柜。

(6) 配置专用发票防伪鉴别器。

3. 各级国税局应根据专用发票安全保卫工作的需要设立保卫机构，配置专职保卫人员，将安全保管工作纳入职工的岗位责任制。专用发票仓库的管理及保安工作，应符合下列基本要求：

（1）配备专职的守库人员，实行双人24小时值班制度。

（2）严格控制非库管人员进入库房，非库管人员一般不得进入库房，如因工作需要临时进入库房的，应经领导审批并严格执行登记制度。

（3）遇节、假日，仓库管理人员应对仓库存储情况进行清点检查。

三、专用发票的运输管理

（一）专用发票的运输

1. 国家税务总局委托造币总公司每年向各省按季运送专用发票。

2. 各省级国税局接到专用发票后，可根据基层国税局的需要，自行组织专用发票的运送工作。

（二）专用发票的运输安全管理

各级国税局运输专用发票必须配置运送专用发票的专用车辆；配备安全保卫人员及必要的通讯工具。远途运送大宗专用发票，应与当地公安、武警部门取得联系，采取相应的保卫措施，以确保专用发票的运输安全。

四、专用发票的发售管理

（一）专用发票领购簿的管理

《增值税专用发票领购簿》（以下简称领购簿）是增值税一般纳税人用以申请领购专用发票的凭证，是记录纳税人领购、使用和注销专用发票情况的账簿。

1. 领购簿的格式和内容由国家税务总局制定。实行计算机管理专用发票发售工作的，其领购簿的格式由省级国税局确定。

2. 领购簿由省级国税局负责印制。

3. 领购簿的核发。

对经国税局认定的增值税一般纳税人，按以下程序核发领购簿：

（1）县（市）级国税局负责审批纳税人填报的《领取增值税专用发票领购簿申请书》。

（2）专用发票管理部门负责核发领购簿，核发时应进行以下审核工作：

① 审核纳税人《领取增值税专用发票领购簿申请书》。

② 审核盖有"增值税一般纳税人"确认专章的税务登记证（副本）。

③ 审核经办人身份证明（居民身份证、护照、工作证）；

④ 审核纳税人单位财务专用章或发票专用章印模。

上述证件经审核无误后，专用发票发售部门方可填发领购簿，并依法编写领购簿号码。

（3）纳税人需要变更领购专用发票种类、数量限额和购票员的，应提出书面申请，经国税局审批后，由专用发票管理部门变更领购簿中的相关内容。

对需要变更财务专用章、发票专用章的纳税人，税务机关应收缴旧的领购簿，重新核发领购簿。

4. 纳税人发生解散、破产、撤销以及其他情形，依法终止的纳税义务的，税务机关应在注销税务登记前，缴销领购簿。

纳税人违反专用发票使用规定被国税局处以停止使用专用发票的，专用发票管理部门应暂扣或缴销领购簿。

（二）专用发票的发售

专用发票的发售工作一般由县（市）级国税局专用发票管理部门发售，特殊情况经地（市）级国税局批准可委托下属税务所发售。税务机关不得将发售工作委托给企、事业单位，更不得雇用临时人员承办发售管理业务。

发售专用发票实行验旧供新制度。纳税人在领购专用发票时，应向国税局提交已开具专用发票的存根联，并申报专用发票领购、使用、结存情况和税款缴纳情况。国税局审核无误后方可发售新的专用发票。

1. 验旧。

（1）检验纳税人是否按规定领购和使用专用发票。

（2）检验纳税人开具专用发票的情况与纳税申报是否相符，有无异常情况。

（3）根据验旧情况登记领购簿。

2. 供新。

（1）审核购票员出示的领购簿和身份证等证件，检查与《纳税人领购增值税专用发票台账》的有关内容是否相符。

（2）审核纳税人填报的《增值税专用发票领购单》。

（3）对证件资料齐备、手续齐全而又无违反专用发票管理规定行为的，发售机关可发售专用发票，并按规定价格收取专用发票工本费。

3. 监督纳税人加盖"专用发票销货单位栏戳记"。国税局发售专用发票时（电脑版专用发票除外），必须监督纳税人在专用发票一至四联（即存根联、发票联、抵扣联、记账簿）的有关栏目中加盖刻有销货单位名称、税务登记号、地址电话、开户银行及账号的"专用发票销货单位栏戳记"，经检验无误后方可将专用发票交付纳税人使用。

根据专用发票发售情况逐笔登记《纳税人领购增值税专用发票明细账》、《增值税专用发票发售日记账》和纳税人领购簿，按日汇总登记《增值税专用发票分类账》。

（三）专用发票的注销

注销专用发票，专用发票发售部门应登记《纳税人领购增值税专用发票台账》和领购簿。

1. 在纳税人领购专用发票前，国税局应按规定检查纳税人已使用的专用发票，经检查无误后予以注销。

2. 专用发票发售部门应对按照规定收缴纳税人库存未用的专用发票予以注销。

3. 对于纳税人丢失、被盗的专用发票，在按照规定给予纳税人处罚后，专用发票发售部门予以注销。

（四）专用发票收发存情况统计

1. 专用发票发售部门应建立健全专用发票管理账簿，做好专用发票收发存情况的核算工作。按期编制收发存情况统计表。

2.《增值税专用发票收发存报表》应逐级报送到国家税务总局。

（1）县级国税局应于季度和年度终了后 10 日内将专用发票收发存报表报送地市级国税局。

（2）地市级国税局应于季度和年度终了后 20 日内将专用发票收发存报表报送省级国

税局。

（3）省级国税局应于季度和年度终了后30日内将专用发票收发存报表报送国家税务总局。

3. 专用发票收发存报表的格式由国家税务总局统一制定。

五、专用发票的票款管理

（一）专用发票的结算价格

专用发票的结算价格由国家计委统一确定。各级国税局按原国家物价局、财政部《关于中央管理的税务系统行政事业性收费项目和标准的通知》（[1992]价费字111号）的规定，加收一定的比例的专用发票管理费，经同级物价部门核准后执行。

（二）专用发票的票款结算管理

1. 专用发票票款结算的方法和时间。

专用发票的票款结算采用签订结算协议的方法，即：每年各省级国税局与造币总公司签订一次专用发票票款结算协议。

专用发票的票款按季度进行结算，即于每季度开始15日内按季度计划票款总价30％的价款预付给造币总公司，等每季度票到后10日内通过银行将其余70％票款划给造币总公司。

省级以下国税局专用发票票款结算的方法和时间，由省级国税机关确定。

2. 专用发票的票款管理。

专用发票的票款由省级国税局统一管理，省、地、县级国税局实行分级核算的原则。各级国税局必须严格按照财务制度规定配备会计和出纳人员专门管理。必须建立健全会计核算制度，会计核算帐簿要完整，会计核算手续要齐全，专用发票票款要设专户存储，专款专用，不得挪作他用。

3. 专用发票管理费的使用管理。

各级国税局收取的专用发票管理费可用于以下几方面开支：

（1）专用发票库房建设、维修及仓储设施条件的改善；

（2）专用发票管理部门所属必要的交通及通讯工具的购置；

（3）运送专用发票所需零星费用及专用发票管理人员的岗位补贴等。

专用发票管理费用的支出，要严格审批制度，各级国税局要制定相应的管理办法，加强检查和监督。

国家税务总局关于固定业户临时外出经营有关增值税专用发票管理问题的通知

（国税发［1995］087号　1995年5月16日）

各省、自治区、直辖市和计划单列市国家税务局：

为了强化对增值税专用发票（以下简称专用发票）的管理，堵塞漏洞，根据全国增值

税工作会议讨论意见,现将固定业户临时到外地经营有关专用发票使用管理的问题通知如下:

固定业户(指增值税一般纳税人)临时到外省、市销售货物的,必须向经营地税务机关出示"外出经营活动税收管理证明"回原地纳税,需要向购货方开具专用发票的,亦回原地补开。对未持"外出经营活动税收管理证明"的,经营地税务机关按6%的征收率征税。对擅自携票外出,在经营地开具专用发票的,经营地主管税务机关根据发票管理的有关规定予以处罚并将其携带的专用发票逐联注明"违章使用作废"字样。

本规定自1995年7月1日起执行,此前有关规定同时废止。

2.2.2 有关税收征管
2.2.2.1 全国人大、国务院

中华人民共和国税收征收管理法实施细则

(2002年9月7日中华人民共和国国务院令第362号公布 根据2012年11月9日的国务院令第628号《国务院关于修改和废止部分行政法规的决定》第一次修订 根据2013年7月18日国务院令第638号《国务院关于废止和修改部分行政法规的决定》第二次修订 根据2016年2月6日发布的国务院令第666号《国务院关于修改部分行政法规的决定》修改)

第一章 总 则

第一条 根据《中华人民共和国税收征收管理法》(以下简称税收征管法)的规定,制定本细则。

第二条 凡依法由税务机关征收的各种税收的征收管理,均适用税收征管法及本细则;税收征管法及本细则没有规定的,依照其他有关税收法律、行政法规的规定执行。

第三条 任何部门、单位和个人作出的与税收法律、行政法规相抵触的决定一律无效,税务机关不得执行,并应当向上级税务机关报告。

纳税人应当依照税收法律、行政法规的规定履行纳税义务;其签订的合同、协议等与税收法律、行政法规相抵触的,一律无效。

第四条 国家税务总局负责制定全国税务系统信息化建设的总体规划、技术标准、技术方案与实施办法;各级税务机关应当按照国家税务总局的总体规划、技术标准、技术方案与实施办法,做好本地区税务系统信息化建设的具体工作。

地方各级人民政府应当积极支持税务系统信息化建设,并组织有关部门实现相关信息的共享。

第五条 税收征管法第八条所称为纳税人、扣缴义务人保密的情况是指纳税人、扣缴义务人的商业秘密及个人隐私。纳税人、扣缴义务人的税收违法行为不属于保密范围。

第六条 国家税务总局应当制定税务人员行为准则和服务规范。

上级税务机关发现下级税务机关的税收违法行为，应当及时予以纠正；下级税务机关应当按照上级税务机关的决定及时改正。

下级税务机关发现上级税务机关的税收违法行为，应当向上级税务机关或者有关部门报告。

第七条 税务机关根据检举人的贡献大小给予相应的奖励，奖励所需资金列入税务部门年度预算，单项核定。奖励资金具体使用办法以及奖励标准，由国家税务总局会同财政部制定。

第八条 税务人员在核定应纳税额、调整税收定额、进行税务检查、实施税务行政处罚、办理税务行政复议时，与纳税人、扣缴义务人或者其法定代表人、直接责任人有下列关系之一的，应当回避：

（一）夫妻关系；

（二）直系血亲关系；

（三）三代以内旁系血亲关系；

（四）近姻亲关系；

（五）可能影响公正执法的其他利害关系。

第九条 税收征管法第十四条所称按照国务院规定设立的并向社会公告的税务机构，是指省以下税务局的稽查局。稽查局专司偷税、逃避追缴欠税、骗税、抗税案件的查处。

国家税务总局应当明确划分税务局和稽查局的职责，避免职责交叉。

第二章 税 务 登 记

第十条 国家税务局、地方税务局对同一纳税人的税务登记应当采用同一代码，信息共享。

税务登记的具体办法由国家税务总局制定。

第十一条 各级工商行政管理机关应当向同级国家税务局和地方税务局定期通报办理开业、变更、注销登记以及吊销营业执照的情况。

通报的具体办法由国家税务总局和国家工商行政管理总局联合制定。

第十二条 从事生产、经营的纳税人应当自领取营业执照之日起 30 日内，向生产、经营地或者纳税义务发生地的主管税务机关申报办理税务登记，如实填写税务登记表，并按照税务机关的要求提供有关证件、资料。

前款规定以外的纳税人，除国家机关和个人外，应当自纳税义务发生之日起 30 日内，持有关证件向所在地的主管税务机关申报办理税务登记。

个人所得税的纳税人办理税务登记的办法由国务院另行规定。

税务登记证件的式样，由国家税务总局制定。

第十三条 扣缴义务人应当自扣缴义务发生之日起 30 日内，向所在地的主管税务机关申报办理扣缴税款登记，领取扣缴税款登记证件；税务机关对已办理税务登记的扣缴义务人，可以只在其税务登记证件上登记扣缴税款事项，不再发给扣缴税款登记证件。

第十四条 纳税人税务登记内容发生变化的，应当自工商行政管理机关或者其他机关办理变更登记之日起 30 日内，持有关证件向原税务登记机关申报办理变更税务登记。

纳税人税务登记内容发生变化，不需要到工商行政管理机关或者其他机关办理变更登记的,应当自发生变化之日起 30 日内,持有关证件向原税务登记机关申报办理变更税务登记。

第十五条 纳税人发生解散、破产、撤销以及其他情形,依法终止纳税义务的,应当在向工商行政管理机关或者其他机关办理注销登记前,持有关证件向原税务登记机关申报办理注销税务登记;按照规定不需要在工商行政管理机关或者其他机关办理注册登记的,应当自有关机关批准或者宣告终止之日起 15 日内,持有关证件向原税务登记机关申报办理注销税务登记。

纳税人因住所、经营地点变动,涉及改变税务登记机关的,应当在向工商行政管理机关或者其他机关申请办理变更或者注销登记前或者住所、经营地点变动前,向原税务登记机关申报办理注销税务登记,并在 30 日内向迁达地税务机关申报办理税务登记。

纳税人被工商行政管理机关吊销营业执照或者被其他机关予以撤销登记的,应当自营业执照被吊销或者被撤销登记之日起 15 日内,向原税务登记机关申报办理注销税务登记。

第十六条 纳税人在办理注销税务登记前,应当向税务机关结清应纳税款、滞纳金、罚款,缴销发票、税务登记证件和其他税务证件。

第十七条 从事生产、经营的纳税人应当自开立基本存款账户或者其他存款账户之日起 15 日内,向主管税务机关书面报告其全部账号;发生变化的,应当自变化之日起 15 日内,向主管税务机关书面报告。

第十八条 除按照规定不需要发给税务登记证件的外,纳税人办理下列事项时,必须持税务登记证件:

(一)开立银行账户;
(二)申请减税、免税、退税;
(三)申请办理延期申报、延期缴纳税款;
(四)领购发票;
(五)申请开具外出经营活动税收管理证明;
(六)办理停业、歇业;
(七)其他有关税务事项。

第十九条 税务机关对税务登记证件实行定期验证和换证制度。纳税人应当在规定的期限内持有关证件到主管税务机关办理验证或者换证手续。

第二十条 纳税人应当将税务登记证件正本在其生产、经营场所或者办公场所公开悬挂,接受税务机关检查。

纳税人遗失税务登记证件的,应当在 15 日内书面报告主管税务机关,并登报声明作废。

第二十一条 从事生产、经营的纳税人到外县(市)临时从事生产、经营活动的,应当持税务登记证副本和所在地税务机关填开的外出经营活动税收管理证明,向营业地税务机关报验登记,接受税务管理。

从事生产、经营的纳税人外出经营,在同一地累计超过 180 天的,应当在营业地办理税务登记手续。

第三章 账簿、凭证管理

第二十二条 从事生产、经营的纳税人应当自领取营业执照或者发生纳税义务之日起

15 日内，按照国家有关规定设置账簿。

前款所称账簿，是指总账、明细账、日记账以及其他辅助性账簿。总账、日记账应当采用订本式。

第二十三条 生产、经营规模小又确无建账能力的纳税人，可以聘请经批准从事会计代理记账业务的专业机构或者财会人员代为建账和办理账务。

第二十四条 从事生产、经营的纳税人应当自领取税务登记证件之日起 15 日内，将其财务、会计制度或者财务、会计处理办法报送主管税务机关备案。

纳税人使用计算机记账的，应当在使用前将会计电算化系统的会计核算软件、使用说明书及有关资料报送主管税务机关备案。

纳税人建立的会计电算化系统应当符合国家有关规定，并能正确、完整核算其收入或者所得。

第二十五条 扣缴义务人应当自税收法律、行政法规规定的扣缴义务发生之日起 10 日内，按照所代扣、代收的税种，分别设置代扣代缴、代收代缴税款账簿。

第二十六条 纳税人、扣缴义务人会计制度健全，能够通过计算机正确、完整计算其收入和所得或者代扣代缴、代收代缴税款情况的，其计算机输出的完整的书面会计记录，可视同会计账簿。

纳税人、扣缴义务人会计制度不健全，不能通过计算机正确、完整计算其收入和所得或者代扣代缴、代收代缴税款情况的，应当建立总账及与纳税或者代扣代缴、代收代缴税款有关的其他账簿。

第二十七条 账簿、会计凭证和报表，应当使用中文。民族自治地方可以同时使用当地通用的一种民族文字。外商投资企业和外国企业可以同时使用一种外国文字。

第二十八条 纳税人应当按税务机关的要求安装、使用税控装置，并按照税务机关的规定报送有关数据和资料。

税控装置推广应用的管理办法由国家税务总局另行制定，报国务院批准后实施。

第二十九条 账簿、记账凭证、报表、完税凭证、发票、出口凭证以及其他有关涉税资料应当合法、真实、完整。

账簿、记账凭证、报表、完税凭证、发票、出口凭证以及其他有关涉税资料应当保存 10 年；但是，法律、行政法规另有规定的除外。

第四章 纳 税 申 报

第三十条 税务机关应当建立、健全纳税人自行申报纳税制度。纳税人、扣缴义务人可以采取邮寄、数据电文方式办理纳税申报或者报送代扣代缴、代收代缴税款报告表。

数据电文方式，是指税务机关确定的电话语音、电子数据交换和网络传输等电子方式。

第三十一条 纳税人采取邮寄方式办理纳税申报的，应当使用统一的纳税申报专用信封，并以邮政部门收据作为申报凭据。邮寄申报以寄出的邮戳日期为实际申报日期。

纳税人采取电子方式办理纳税申报的，应当按照税务机关规定的期限和要求保存有关资料，并定期书面报送主管税务机关。

第三十二条 纳税人在纳税期内没有应纳税款的，也应当按照规定办理纳税申报。

纳税人享受减税、免税待遇的，在减税、免税期间应当按照规定办理纳税申报。

第三十三条 纳税人、扣缴义务人的纳税申报或者代扣代缴、代收代缴税款报告表的主要内容包括：税种、税目，应纳税项目或者应代扣代缴、代收代缴税款项目，计税依据，扣除项目及标准，适用税率或者单位税额，应退税项目及税额、应减免税项目及税额，应纳税额或者应代扣代缴、代收代缴税额，税款所属期限、延期缴纳税款、欠税、滞纳金等。

第三十四条 纳税人办理纳税申报时，应当如实填写纳税申报表，并根据不同的情况相应报送下列有关证件、资料：

（一）财务会计报表及其说明材料；

（二）与纳税有关的合同、协议书及凭证；

（三）税控装置的电子报税资料；

（四）外出经营活动税收管理证明和异地完税凭证；

（五）境内或者境外公证机构出具的有关证明文件；

（六）税务机关规定应当报送的其他有关证件、资料。

第三十五条 扣缴义务人办理代扣代缴、代收代缴税款报告时，应当如实填写代扣代缴、代收代缴税款报告表，并报送代扣代缴、代收代缴税款的合法凭证以及税务机关规定的其他有关证件、资料。

第三十六条 实行定期定额缴纳税款的纳税人，可以实行简易申报、简并征期等申报纳税方式。

第三十七条 纳税人、扣缴义务人按照规定的期限办理纳税申报或者报送代扣代缴、代收代缴税款报告表确有困难，需要延期的，应当在规定的期限内向税务机关提出书面延期申请，经税务机关核准，在核准的期限内办理。

纳税人、扣缴义务人因不可抗力，不能按期办理纳税申报或者报送代扣代缴、代收代缴税款报告表的，可以延期办理；但是，应当在不可抗力情形消除后立即向税务机关报告。税务机关应当查明事实，予以核准。

第五章 税 款 征 收

第三十八条 税务机关应当加强对税款征收的管理，建立、健全责任制度。

税务机关根据保证国家税款及时足额入库、方便纳税人、降低税收成本的原则，确定税款征收的方式。

税务机关应当加强对纳税人出口退税的管理，具体管理办法由国家税务总局会同国务院有关部门制定。

第三十九条 税务机关应当将各种税收的税款、滞纳金、罚款，按照国家规定的预算科目和预算级次及时缴入国库，税务机关不得占压、挪用、截留，不得缴入国库以外或者国家规定的税款账户以外的任何账户。

已缴入国库的税款、滞纳金、罚款，任何单位和个人不得擅自变更预算科目和预算级次。

第四十条 税务机关应当根据方便、快捷、安全的原则，积极推广使用支票、银行卡、电子结算方式缴纳税款。

第四十一条 纳税人有下列情形之一的,属于税收征管法第三十一条所称特殊困难:

(一)因不可抗力,导致纳税人发生较大损失,正常生产经营活动受到较大影响的;

(二)当期货币资金在扣除应付职工工资、社会保险费后,不足以缴纳税款的。

计划单列市国家税务局、地方税务局可以参照税收征管法第三十一条第二款的批准权限,审批纳税人延期缴纳税款。

第四十二条 纳税人需要延期缴纳税款的,应当在缴纳税款期限届满前提出申请,并报送下列材料:申请延期缴纳税款报告,当期货币资金余额情况及所有银行存款账户的对账单,资产负债表,应付职工工资和社会保险费等税务机关要求提供的支出预算。

税务机关应当自收到申请延期缴纳税款报告之日起20日内作出批准或者不予批准的决定;不予批准的,从缴纳税款期限届满之日起加收滞纳金。

第四十三条 享受减税、免税优惠的纳税人,减税、免税期满,应当自期满次日起恢复纳税;减税、免税条件发生变化的,应当在纳税申报时向税务机关报告;不再符合减税、免税条件的,应当依法履行纳税义务;未依法纳税的,税务机关应当予以追缴。

第四十四条 税务机关根据有利于税收控管和方便纳税的原则,可以按照国家有关规定委托有关单位和人员代征零星分散和异地缴纳的税收,并发给委托代征证书。受托单位和人员按照代征证书的要求,以税务机关的名义依法征收税款,纳税人不得拒绝;纳税人拒绝的,受托代征单位和人员应当及时报告税务机关。

第四十五条 税收征管法第三十四条所称完税凭证,是指各种完税证、缴款书、印花税票、扣(收)税凭证以及其他完税证明。

未经税务机关指定,任何单位、个人不得印制完税凭证。完税凭证不得转借、倒卖、变造或者伪造。

完税凭证的式样及管理办法由国家税务总局制定。

第四十六条 税务机关收到税款后,应当向纳税人开具完税凭证。纳税人通过银行缴纳税款的,税务机关可以委托银行开具完税凭证。

第四十七条 纳税人有税收征管法第三十五条或者第三十七条所列情形之一的,税务机关有权采用下列任何一种方法核定其应纳税额:

(一)参照当地同类行业或者类似行业中经营规模和收入水平相近的纳税人的税负水平核定;

(二)按照营业收入或者成本加合理的费用和利润的方法核定;

(三)按照耗用的原材料、燃料、动力等推算或者测算核定;

(四)按照其他合理方法核定。

采用前款所列一种方法不足以正确核定应纳税额时,可以同时采用两种以上的方法核定。

纳税人对税务机关采取本条规定的方法核定的应纳税额有异议的,应当提供相关证据,经税务机关认定后,调整应纳税额。

第四十八条 税务机关负责纳税人纳税信誉等级评定工作。纳税人纳税信誉等级的评定办法由国家税务总局制定。

第四十九条 承包人或者承租人有独立的生产经营权,在财务上独立核算,并定期向发包人或者出租人上缴承包费或者租金的,承包人或者承租人应当就其生产、经营收入和所得纳税,并接受税务管理;但是,法律、行政法规另有规定的除外。

发包人或者出租人应当自发包或者出租之日起 30 日内将承包人或者承租人的有关情况向主管税务机关报告。发包人或者出租人不报告的,发包人或者出租人与承包人或承租人承担纳税连带责任。

第五十条 纳税人有解散、撤销、破产情形的,在清算前应当向其主管税务机关报告;未结清税款的,由其主管税务机关参加清算。

第五十一条 税收征管法第三十六条所称关联企业,是指有下列关系之一的公司、企业和其他经济组织:

(一)在资金、经营、购销等方面,存在直接或者间接的拥有或者控制关系;

(二)直接或者间接地同为第三者所拥有或者控制;

(三)在利益上具有相关联的其他关系。

纳税人有义务就其与关联企业之间的业务往来,向当地税务机关提供有关的价格、费用标准等资料。具体办法由国家税务总局制定。

第五十二条 税收征管法第三十六条所称独立企业之间的业务往来,是指没有关联关系的企业之间按照公平成交价格和营业常规所进行的业务往来。

第五十三条 纳税人可以向主管税务机关提出与其关联企业之间业务往来的定价原则和计算方法,主管税务机关审核、批准后,与纳税人预先约定有关定价事项,监督纳税人执行。

第五十四条 纳税人与其关联企业之间的业务往来有下列情形之一的,税务机关可以调整其应纳税额:

(一)购销业务未按照独立企业之间的业务往来作价;

(二)融通资金所支付或者收取的利息超过或者低于没有关联关系的企业之间所能同意的数额,或者利率超过或者低于同类业务的正常利率;

(三)提供劳务,未按照独立企业之间业务往来收取或者支付劳务费用;

(四)转让财产、提供财产使用权等业务往来,未按照独立企业之间业务往来作价或者收取、支付费用;

(五)未按照独立企业之间业务往来作价的其他情形。

第五十五条 纳税人有本细则第五十四条所列情形之一的,税务机关可以按照下列方法调整计税收入额或者所得额:

(一)按照独立企业之间进行的相同或者类似业务活动的价格;

(二)按照再销售给无关联关系的第三者的价格所应取得的收入和利润水平;

(三)按照成本加合理的费用和利润;

(四)按照其他合理的方法。

第五十六条 纳税人与其关联企业未按照独立企业之间的业务往来支付价款、费用的,税务机关自该业务往来发生的纳税年度起 3 年内进行调整;有特殊情况的,可以自该业务往来发生的纳税年度起 10 年内进行调整。

第五十七条 税收征管法第三十七条所称未按照规定办理税务登记从事生产、经营的纳税人,包括到外县(市)从事生产、经营而未向营业地税务机关报验登记的纳税人。

第五十八条 税务机关依照税收征管法第三十七条的规定,扣押纳税人商品、货物的，纳税人应当自扣押之日起 15 日内缴纳税款。

对扣押的鲜活、易腐烂变质或者易失效的商品、货物，税务机关根据被扣押物品的保质期，可以缩短前款规定的扣押期限。

第五十九条 税收征管法第三十八条、第四十条所称其他财产，包括纳税人的房地产、现金、有价证券等不动产和动产。

机动车辆、金银饰品、古玩字画、豪华住宅或者一处以外的住房不属于税收征管法第三十八条、第四十条、第四十二条所称个人及其所扶养家属维持生活必需的住房和用品。

税务机关对单价 5000 元以下的其他生活用品，不采取税收保全措施和强制执行措施。

第六十条 税收征管法第三十八条、第四十条、第四十二条所称个人所扶养家属，是指与纳税人共同居住生活的配偶、直系亲属以及无生活来源并由纳税人扶养的其他亲属。

第六十一条 税收征管法第三十八条、第八十八条所称担保，包括经税务机关认可的纳税保证人为纳税人提供的纳税保证，以及纳税人或者第三人以其未设置或者未全部设置担保物权的财产提供的担保。

纳税保证人，是指在中国境内具有纳税担保能力的自然人、法人或者其他经济组织。

法律、行政法规规定的没有担保资格的单位和个人，不得作为纳税担保人。

第六十二条 纳税担保人同意为纳税人提供纳税担保的，应当填写纳税担保书，写明担保对象、担保范围、担保期限和担保责任以及其他有关事项。担保书须经纳税人、纳税担保人签字盖章并经税务机关同意，方为有效。

纳税人或者第三人以其财产提供纳税担保的，应当填写财产清单，并写明财产价值以及其他有关事项。纳税担保财产清单须经纳税人、第三人签字盖章并经税务机关确认，方为有效。

第六十三条 税务机关执行扣押、查封商品、货物或者其他财产时，应当由两名以上税务人员执行，并通知被执行人。被执行人是自然人的，应当通知被执行人本人或者其成年家属到场；被执行人是法人或者其他组织的，应当通知其法定代表人或者主要负责人到场；拒不到场的，不影响执行。

第六十四条 税务机关执行税收征管法第三十七条、第三十八条、第四十条的规定，扣押、查封价值相当于应纳税款的商品、货物或者其他财产时，参照同类商品的市场价、出厂价或者评估价估算。

税务机关按照前款方法确定应扣押、查封的商品、货物或者其他财产的价值时，还应当包括滞纳金和拍卖、变卖所发生的费用。

第六十五条 对价值超过应纳税额且不可分割的商品、货物或者其他财产，税务机关在纳税人、扣缴义务人或纳税担保人无其他可供强制执行的财产的情况下，可以整体扣押、查封、拍卖。

第六十六条 税务机关执行税收征管法第三十七条、第三十八条、第四十条的规定，实施扣押、查封时，对有产权证件的动产或者不动产，税务机关可以责令当事人将产权证件交税务机关保管，同时可以向有关机关发出协助执行通知书，有关机关在扣押、查封期间不再办理该动产或者不动产的过户手续。

第六十七条 对查封的商品、货物或者其他财产，税务机关可以指令被执行人负责保管，保管责任由被执行人承担。

继续使用被查封的财产不会减少其价值的,税务机关可以允许被执行人继续使用;因被执行人保管或者使用的过错造成的损失,由被执行人承担。

第六十八条 纳税人在税务机关采取税收保全措施后,按照税务机关规定的期限缴纳税款的,税务机关应当自收到税款或者银行转回的完税凭证之日起1日内解除税收保全。

第六十九条 税务机关将扣押、查封的商品、货物或者其他财产变价抵缴税款时,应当交由依法成立的拍卖机构拍卖;无法委托拍卖或者不适于拍卖的,可以交由当地商业企业代为销售,也可以责令纳税人限期处理;无法委托商业企业销售,纳税人也无法处理的,可以由税务机关变价处理,具体办法由国家税务总局规定。国家禁止自由买卖的商品,应当交由有关单位按照国家规定的价格收购。

拍卖或者变卖所得抵缴税款、滞纳金、罚款以及拍卖、变卖等费用后,剩余部分应当在3日内退还被执行人。

第七十条 税收征管法第三十九条、第四十三条所称损失,是指因税务机关的责任,使纳税人、扣缴义务人或者纳税担保人的合法利益遭受的直接损失。

第七十一条 税收征管法所称其他金融机构,是指信托投资公司、信用合作社、邮政储蓄机构以及经中国人民银行、中国证券监督管理委员会等批准设立的其他金融机构。

第七十二条 税收征管法所称存款,包括独资企业投资人、合伙企业合伙人、个体工商户的储蓄存款以及股东资金账户中的资金等。

第七十三条 从事生产、经营的纳税人、扣缴义务人未按照规定的期限缴纳或者解缴税款的,纳税担保人未按照规定的期限缴纳所担保的税款的,由税务机关发出限期缴纳税款通知书,责令缴纳或者解缴税款的最长期限不得超过15日。

第七十四条 欠缴税款的纳税人或者其法定代表人在出境前未按照规定结清应纳税款、滞纳金或者提供纳税担保的,税务机关可以通知出入境管理机关阻止其出境。阻止出境的具体办法,由国家税务总局会同公安部制定。

第七十五条 税收征管法第三十二条规定的加收滞纳金的起止时间,为法律、行政法规规定或者税务机关依照法律、行政法规的规定确定的税款缴纳期限届满次日起至纳税人、扣缴义务人实际缴纳或者解缴税款之日止。

第七十六条 县级以上各级税务机关应当将纳税人的欠税情况,在办税场所或者广播、电视、报纸、期刊、网络等新闻媒体上定期公告。

对纳税人欠缴税款的情况实行定期公告的办法,由国家税务总局制定。

第七十七条 税收征管法第四十九条所称欠缴税款数额较大,是指欠缴税款5万元以上。

第七十八条 税务机关发现纳税人多缴税款的,应当自发现之日起10日内办理退还手续;纳税人发现多缴税款,要求退还的,税务机关应当自接到纳税人退还申请之日起30日内查实并办理退还手续。

税收征管法第五十一条规定的加算银行同期存款利息的多缴税款退税,不包括依法预缴税款形成的结算退税、出口退税和各种减免退税。

退税利息按照税务机关办理退税手续当天中国人民银行规定的活期存款利率计算。

第七十九条 当纳税人既有应退税款又有欠缴税款的,税务机关可以将应退税款和利息先抵扣欠缴税款;抵扣后有余额的,退还纳税人。

第八十条 税收征管法第五十二条所称税务机关的责任，是指税务机关适用税收法律、行政法规不当或者执法行为违法。

第八十一条 税收征管法第五十二条所称纳税人、扣缴义务人计算错误等失误，是指非主观故意的计算公式运用错误以及明显的笔误。

第八十二条 税收征管法第五十二条所称特殊情况，是指纳税人或者扣缴义务人因计算错误等失误，未缴或者少缴、未扣或者少扣、未收或者少收税款，累计数额在10万元以上的。

第八十三条 税收征管法第五十二条规定的补缴和追征税款、滞纳金的期限，自纳税人、扣缴义务人应缴未缴或者少缴税款之日起计算。

第八十四条 审计机关、财政机关依法进行审计、检查时，对税务机关的税收违法行为作出的决定，税务机关应当执行；发现被审计、检查单位有税收违法行为的，向被审计、检查单位下达决定、意见书，责成被审计、检查单位向税务机关缴纳应当缴纳的税款、滞纳金。税务机关应当根据有关机关的决定、意见书，依照税收法律、行政法规的规定，将应收的税款、滞纳金按照国家规定的税收征收管理范围和税款入库预算级次缴入国库。

税务机关应当自收到审计机关、财政机关的决定、意见书之日起30日内将执行情况书面回复审计机关、财政机关。

有关机关不得将其履行职责过程中发现的税款、滞纳金自行征收入库或者以其他款项的名义自行处理、占压。

第六章 税 务 检 查

第八十五条 税务机关应当建立科学的检查制度，统筹安排检查工作，严格控制对纳税人、扣缴义务人的检查次数。

税务机关应当制定合理的税务稽查工作规程，负责选案、检查、审理、执行的人员的职责应当明确，并相互分离、相互制约，规范选案程序和检查行为。

税务检查工作的具体办法，由国家税务总局制定。

第八十六条 税务机关行使税收征管法第五十四条第（一）项职权时，可以在纳税人、扣缴义务人的业务场所进行；必要时，经县以上税务局（分局）局长批准，可以将纳税人、扣缴义务人以前会计年度的账簿、记账凭证、报表和其他有关资料调回税务机关检查，但是税务机关必须向纳税人、扣缴义务人开付清单，并在3个月内完整退还；有特殊情况的，设区的市、自治州以上税务局局长批准，税务机关可以将纳税人、扣缴义务人当年的账簿、记账凭证、报表和其他有关资料调回检查，但是税务机关必须在30日内退还。

第八十七条 税务机关行使税收征管法第五十四条第（六）项职权时，应当指定专人负责，凭全国统一格式的检查存款账户许可证明进行，并有责任为被检查人保守秘密。

检查存款账户许可证明，由国家税务总局制定。

税务机关查询的内容，包括纳税人存款账户余额和资金往来情况。

第八十八条 依照税收征管法第五十五条规定，税务机关采取税收保全措施的期限一般不得超过6个月；重大案件需要延长的，应当报国家税务总局批准。

第八十九条 税务机关和税务人员应当依照税收征管法及本细则的规定行使税务检查

职权。

税务人员进行税务检查时，应当出示税务检查证和税务检查通知书；无税务检查证和税务检查通知书的，纳税人、扣缴义务人及其他当事人有权拒绝检查。税务机关对集贸市场及集中经营业户进行检查时，可以使用统一的税务检查通知书。

税务检查证和税务检查通知书的式样、使用和管理的具体办法，由国家税务总局制定。

第七章 法 律 责 任

第九十条 纳税人未按照规定办理税务登记证件验证或者换证手续的，由税务机关责令限期改正，可以处 2000 元以下的罚款；情节严重的，处 2000 元以上 1 万元以下的罚款。

第九十一条 非法印制、转借、倒卖、变造或者伪造完税凭证的，由税务机关责令改正，处 2000 元以上 1 万元以下的罚款；情节严重的，处 1 万元以上 5 万元以下的罚款；构成犯罪的，依法追究刑事责任。

第九十二条 银行和其他金融机构未依照税收征管法的规定在从事生产、经营的纳税人的账户中登录税务登记证件号码，或者未按规定在税务登记证件中登录从事生产、经营的纳税人的账户账号的，由税务机关责令其限期改正，处 2000 元以上 2 万元以下的罚款；情节严重的，处 2 万元以上 5 万元以下的罚款。

第九十三条 为纳税人、扣缴义务人非法提供银行账户、发票、证明或者其他方便，导致未缴、少缴税款或者骗取国家出口退税款的，税务机关除没收其违法所得外，可以处未缴、少缴或者骗取的税款 1 倍以下的罚款。

第九十四条 纳税人拒绝代扣、代收税款的，扣缴义务人应当向税务机关报告，由税务机关直接向纳税人追缴税款、滞纳金；纳税人拒不缴纳的，依照税收征管法第六十八条的规定执行。

第九十五条 税务机关依照税收征管法第五十四条第（五）项的规定，到车站、码头、机场、邮政企业及其分支机构检查纳税人有关情况时，有关单位拒绝的，由税务机关责令改正，可以处 1 万元以下的罚款；情节严重的，处 1 万元以上 5 万元以下的罚款。

第九十六条 纳税人、扣缴义务人有下列情形之一的，依照税收征管法第七十条的规定处罚：

（一）提供虚假资料，不如实反映情况，或者拒绝提供有关资料的；

（二）拒绝或者阻止税务机关记录、录音、录像、照相和复制与案件有关的情况和资料的；

（三）在检查期间，纳税人、扣缴义务人转移、隐匿、销毁有关资料的；

（四）有不依法接受税务检查的其他情形的。

第九十七条 税务人员私分扣押、查封的商品、货物或者其他财产，情节严重，构成犯罪的，依法追究刑事责任；尚不构成犯罪的，依法给予行政处分。

第九十八条 税务代理人违反税收法律、行政法规，造成纳税人未缴或者少缴税款的，除由纳税人缴纳或者补缴应纳税款、滞纳金外，对税务代理人处纳税人未缴或者少缴税款 50% 以上 3 倍以下的罚款。

第九十九条 税务机关对纳税人、扣缴义务人及其他当事人处以罚款或者没收违法所得时，应当开付罚没凭证；未开付罚没凭证的，纳税人、扣缴义务人以及其他当事人有权拒绝给付。

第一百条 税收征管法第八十八条规定的纳税争议，是指纳税人、扣缴义务人、纳税担保人对税务机关确定纳税主体、征税对象、征税范围、减税、免税及退税、适用税率、计税依据、纳税环节、纳税期限、纳税地点以及税款征收方式等具体行政行为有异议而发生的争议。

第八章 文 书 送 达

第一百零一条 税务机关送达税务文书，应当直接送交受送达人。

受送达人是公民的，应当由本人直接签收；本人不在的，交其同住成年家属签收。

受送达人是法人或者其他组织的，应当由法人的法定代表人、其他组织的主要负责人或者该法人、组织的财务负责人、负责收件的人签收。受送达人有代理人的，可以送交其代理人签收。

第一百零二条 送达税务文书应当有送达回证，并由受送达人或者本细则规定的其他签收人在送达回证上记明收到日期，签名或者盖章，即为送达。

第一百零三条 受送达人或者本细则规定的其他签收人拒绝签收税务文书的，送达人应当在送达回证上记明拒收理由和日期，并由送达人和见证人签名或者盖章，将税务文书留在受送达人处，即视为送达。

第一百零四条 直接送达税务文书有困难的，可以委托其他有关机关或者其他单位代为送达，或者邮寄送达。

第一百零五条 直接或者委托送达税务文书的，以签收人或者见证人在送达回证上的签收或者注明的收件日期为送达日期；邮寄送达的，以挂号函件回执上注明的收件日期为送达日期，并视为已送达。

第一百零六条 有下列情形之一的，税务机关可以公告送达税务文书，自公告之日起满30日，即视为送达：

（一）同一送达事项的受送达人众多；

（二）采用本章规定的其他送达方式无法送达。

第一百零七条 税务文书的格式由国家税务总局制定。本细则所称税务文书，包括：

（一）税务事项通知书；

（二）责令限期改正通知书；

（三）税收保全措施决定书；

（四）税收强制执行决定书；

（五）税务检查通知书；

（六）税务处理决定书；

（七）税务行政处罚决定书；

（八）行政复议决定书；

（九）其他税务文书。

第九章 附　则

第一百零八条 税收征管法及本细则所称"以上"、"以下"、"日内"、"届满"均含本数。

第一百零九条 税收征管法及本细则所规定期限的最后一日是法定休假日的，以休假日期满的次日为期限的最后一日；在期限内有连续3日以上法定休假日的，按休假日天数顺延。

第一百一十条 税收征管法第三十条第三款规定的代扣、代收手续费，纳入预算管理，由税务机关依照法律、行政法规的规定付给扣缴义务人。

第一百一十一条 纳税人、扣缴义务人委托税务代理人代为办理税务事宜的办法，由国家税务总局规定。

第一百一十二条 耕地占用税、契税、农业税、牧业税的征收管理，按照国务院的有关规定执行。

第一百一十三条 本细则自2002年10月15日起施行。1993年8月4日国务院发布的《中华人民共和国税收征收管理法实施细则》同时废止。

中华人民共和国税收征收管理法（2015年修正）

（1992年9月4日第七届全国人民代表大会常务委员会第二十七次会议通过　根据1995年2月28日第八届全国人民代表大会常务委员会第十二次会议《关于修改〈中华人民共和国税收征收管理法〉的决定》第一次修正　2001年4月28日第九届全国人民代表大会常务委员会第二十一次会议修订　根据2013年6月29日第十二届全国人民代表大会常务委员会第三次会议《关于修改〈中华人民共和国文物保护法〉等十二部法律的决定》第二次修正　根据2015年4月24日第十二届全国人民代表大会常务委员会第十四次会议《关于修改〈中华人民共和国港口法〉等七部法律的决定》第三次修正）

目　录

第一章　总则
第二章　税务管理
第一节　税务登记
第二节　账簿、凭证管理
第三节　纳税申报
第三章　税款征收

第四章　税务检查
第五章　法律责任
第六章　附则

第一章　总　　则

第一条　为了加强税收征收管理，规范税收征收和缴纳行为，保障国家税收收入，保护纳税人的合法权益，促进经济和社会发展，制定本法。

第二条　凡依法由税务机关征收的各种税收的征收管理，均适用本法。

第三条　税收的开征、停征以及减税、免税、退税、补税，依照法律的规定执行；法律授权国务院规定的，依照国务院制定的行政法规的规定执行。

任何机关、单位和个人不得违反法律、行政法规的规定，擅自作出税收开征、停征以及减税、免税、退税、补税和其他同税收法律、行政法规相抵触的决定。

第四条　法律、行政法规规定负有纳税义务的单位和个人为纳税人。

法律、行政法规规定负有代扣代缴、代收代缴税款义务的单位和个人为扣缴义务人。

纳税人、扣缴义务人必须依照法律、行政法规的规定缴纳税款、代扣代缴、代收代缴税款。

第五条　国务院税务主管部门主管全国税收征收管理工作。各地国家税务局和地方税务局应当按照国务院规定的税收征收管理范围分别进行征收管理。

地方各级人民政府应当依法加强对本行政区域内税收征收管理工作的领导或者协调，支持税务机关依法执行职务，依照法定税率计算税额，依法征收税款。

各有关部门和单位应当支持、协助税务机关依法执行职务。

税务机关依法执行职务，任何单位和个人不得阻挠。

第六条　国家有计划地用现代信息技术装备各级税务机关，加强税收征收管理信息系统的现代化建设，建立、健全税务机关与政府其他管理机关的信息共享制度。

纳税人、扣缴义务人和其他有关单位应当按照国家有关规定如实向税务机关提供与纳税和代扣代缴、代收代缴税款有关的信息。

第七条　税务机关应当广泛宣传税收法律、行政法规，普及纳税知识，无偿地为纳税人提供纳税咨询服务。

第八条　纳税人、扣缴义务人有权向税务机关了解国家税收法律、行政法规的规定以及与纳税程序有关的情况。

纳税人、扣缴义务人有权要求税务机关为纳税人、扣缴义务人的情况保密。税务机关应当依法为纳税人、扣缴义务人的情况保密。

纳税人依法享有申请减税、免税、退税的权利。

纳税人、扣缴义务人对税务机关所作出的决定，享有陈述权、申辩权；依法享有申请行政复议、提起行政诉讼、请求国家赔偿等权利。

纳税人、扣缴义务人有权控告和检举税务机关、税务人员的违法违纪行为。

第九条　税务机关应当加强队伍建设，提高税务人员的政治业务素质。

税务机关、税务人员必须秉公执法，忠于职守，清正廉洁，礼貌待人，文明服务，尊重和保护纳税人、扣缴义务人的权利，依法接受监督。

税务人员不得索贿受贿、徇私舞弊、玩忽职守、不征或者少征应征税款；不得滥用职权多征税款或者故意刁难纳税人和扣缴义务人。

第十条 各级税务机关应当建立、健全内部制约和监督管理制度。

上级税务机关应当对下级税务机关的执法活动依法进行监督。

各级税务机关应当对其工作人员执行法律、行政法规和廉洁自律准则的情况进行监督检查。

第十一条 税务机关负责征收、管理、稽查、行政复议的人员的职责应当明确，并相互分离、相互制约。

第十二条 税务人员征收税款和查处税收违法案件，与纳税人、扣缴义务人或者税收违法案件有利害关系的，应当回避。

第十三条 任何单位和个人都有权检举违反税收法律、行政法规的行为。收到检举的机关和负责查处的机关应当为检举人保密。税务机关应当按照规定对检举人给予奖励。

第十四条 本法所称税务机关是指各级税务局、税务分局、税务所和按照国务院规定设立的并向社会公告的税务机构。

第二章 税 务 管 理

第一节 税 务 登 记

第十五条 企业，企业在外地设立的分支机构和从事生产、经营的场所，个体工商户和从事生产、经营的事业单位（以下统称从事生产、经营的纳税人）自领取营业执照之日起三十日内，持有关证件，向税务机关申报办理税务登记。税务机关应当于收到申报的当日办理登记并发给税务登记证件。

工商行政管理机关应当将办理登记注册、核发营业执照的情况，定期向税务机关通报。

本条第一款规定以外的纳税人办理税务登记和扣缴义务人办理扣缴税款登记的范围和办法，由国务院规定。

第十六条 从事生产、经营的纳税人，税务登记内容发生变化的，自工商行政管理机关办理变更登记之日起三十日内或者在向工商行政管理机关申请办理注销登记之前，持有关证件向税务机关申报办理变更或者注销税务登记。

第十七条 从事生产、经营的纳税人应当按照国家有关规定，持税务登记证件，在银行或者其他金融机构开立基本存款账户和其他存款账户，并将其全部账号向税务机关报告。

银行和其他金融机构应当在从事生产、经营的纳税人的账户中登录税务登记证件号码，并在税务登记证件中登录从事生产、经营的纳税人的账户账号。

税务机关依法查询从事生产、经营的纳税人开立账户的情况时，有关银行和其他金融机构应当予以协助。

第十八条 纳税人按照国务院税务主管部门的规定使用税务登记证件。税务登记证件不得转借、涂改、损毁、买卖或者伪造。

第二节 账簿、凭证管理

第十九条 纳税人、扣缴义务人按照有关法律、行政法规和国务院财政、税务主管部门的规定设置账簿，根据合法、有效凭证记账，进行核算。

第二十条 从事生产、经营的纳税人的财务、会计制度或者财务、会计处理办法和会计核算软件，应当报送税务机关备案。

纳税人、扣缴义务人的财务、会计制度或者财务、会计处理办法与国务院或者国务院财政、税务主管部门有关税收的规定抵触的，依照国务院或者国务院财政、税务主管部门有关税收的规定计算应纳税款、代扣代缴和代收代缴税款。

第二十一条 税务机关是发票的主管机关，负责发票印制、领购、开具、取得、保管、缴销的管理和监督。

单位、个人在购销商品、提供或者接受经营服务以及从事其他经营活动中，应当按照规定开具、使用、取得发票。

发票的管理办法由国务院规定。

第二十二条 增值税专用发票由国务院税务主管部门指定的企业印制；其他发票，按照国务院税务主管部门的规定，分别由省、自治区、直辖市国家税务局、地方税务局指定企业印制。

未经前款规定的税务机关指定，不得印制发票。

第二十三条 国家根据税收征收管理的需要，积极推广使用税控装置。纳税人应当按照规定安装、使用税控装置，不得损毁或者擅自改动税控装置。

第二十四条 从事生产、经营的纳税人、扣缴义务人必须按照国务院财政、税务主管部门规定的保管期限保管账簿、记账凭证、完税凭证及其他有关资料。

账簿、记账凭证、完税凭证及其他有关资料不得伪造、变造或者擅自损毁。

第三节 纳 税 申 报

第二十五条 纳税人必须依照法律、行政法规规定或者税务机关依照法律、行政法规的规定确定的申报期限、申报内容如实办理纳税申报，报送纳税申报表、财务会计报表以及税务机关根据实际需要要求纳税人报送的其他纳税资料。

扣缴义务人必须依照法律、行政法规规定或者税务机关依照法律、行政法规的规定确定的申报期限、申报内容如实报送代扣代缴、代收代缴税款报告表以及税务机关根据实际需要要求扣缴义务人报送的其他有关资料。

第二十六条 纳税人、扣缴义务人可以直接到税务机关办理纳税申报或者报送代扣代缴、代收代缴税款报告表，也可以按照规定采取邮寄、数据电文或者其他方式办理上述申报、报送事项。

第二十七条 纳税人、扣缴义务人不能按期办理纳税申报或者报送代扣代缴、代收代缴税款报告表的，经税务机关核准，可以延期申报。

经核准延期办理前款规定的申报、报送事项的，应当在纳税期内按照上期实际缴纳的税额或者税务机关核定的税额预缴税款，并在核准的延期内办理税款结算。

第三章 税款征收

第二十八条 税务机关依照法律、行政法规的规定征收税款,不得违反法律、行政法规的规定开征、停征、多征、少征、提前征收、延缓征收或者摊派税款。

农业税应纳税额按照法律、行政法规的规定核定。

第二十九条 除税务机关、税务人员以及经税务机关依照法律、行政法规委托的单位和人员外,任何单位和个人不得进行税款征收活动。

第三十条 扣缴义务人依照法律、行政法规的规定履行代扣、代收税款的义务。对法律、行政法规没有规定负有代扣、代收税款义务的单位和个人,税务机关不得要求其履行代扣、代收税款义务。

扣缴义务人依法履行代扣、代收税款义务时,纳税人不得拒绝。纳税人拒绝的,扣缴义务人应当及时报告税务机关处理。

税务机关按照规定付给扣缴义务人代扣、代收手续费。

第三十一条 纳税人、扣缴义务人按照法律、行政法规规定或者税务机关依照法律、行政法规的规定确定的期限,缴纳或者解缴税款。

纳税人因有特殊困难,不能按期缴纳税款的,经省、自治区、直辖市国家税务局、地方税务局批准,可以延期缴纳税款,但是最长不得超过三个月。

第三十二条 纳税人未按照规定期限缴纳税款的,扣缴义务人未按照规定期限解缴税款的,税务机关除责令限期缴纳外,从滞纳税款之日起,按日加收滞纳税款万分之五的滞纳金。

第三十三条 纳税人依照法律、行政法规的规定办理减税、免税。

地方各级人民政府、各级人民政府主管部门、单位和个人违反法律、行政法规规定,擅自作出的减税、免税决定无效,税务机关不得执行,并向上级税务机关报告。

第三十四条 税务机关征收税款时,必须给纳税人开具完税凭证。扣缴义务人代扣、代收税款时,纳税人要求扣缴义务人开具代扣、代收税款凭证的,扣缴义务人应当开具。

第三十五条 纳税人有下列情形之一的,税务机关有权核定其应纳税额:

(一)依照法律、行政法规的规定可以不设置账簿的;

(二)依照法律、行政法规的规定应当设置账簿但未设置的;

(三)擅自销毁账簿或者拒不提供纳税资料的;

(四)虽设置账簿,但账目混乱或者成本资料、收入凭证、费用凭证残缺不全,难以查账的;

(五)发生纳税义务,未按照规定的期限办理纳税申报,经税务机关责令限期申报,逾期仍不申报的;

(六)纳税人申报的计税依据明显偏低,又无正当理由的。

税务机关核定应纳税额的具体程序和方法由国务院税务主管部门规定。

第三十六条 企业或者外国企业在中国境内设立的从事生产、经营的机构、场所与其关联企业之间的业务往来,应当按照独立企业之间的业务往来收取或者支付价款、费用;不按照独立企业之间的业务往来收取或者支付价款、费用,而减少其应纳税的收入或者所得额的,税务机关有权进行合理调整。

第三十七条　对未按照规定办理税务登记的从事生产、经营的纳税人以及临时从事经营的纳税人，由税务机关核定其应纳税额，责令缴纳；不缴纳的，税务机关可以扣押其价值相当于应纳税款的商品、货物。扣押后缴纳应纳税款的，税务机关必须立即解除扣押，并归还所扣押的商品、货物；扣押后仍不缴纳应纳税款的，经县以上税务局（分局）局长批准，依法拍卖或者变卖所扣押的商品、货物，以拍卖或者变卖所得抵缴税款。

　　第三十八条　税务机关有根据认为从事生产、经营的纳税人有逃避纳税义务行为的，可以在规定的纳税期之前，责令限期缴纳应纳税款；在限期内发现纳税人有明显的转移、隐匿其应纳税的商品、货物以及其他财产或者应纳税的收入的迹象的，税务机关可以责成纳税人提供纳税担保。如果纳税人不能提供纳税担保，经县以上税务局（分局）局长批准，税务机关可以采取下列税收保全措施：

　　（一）书面通知纳税人开户银行或者其他金融机构冻结纳税人的金额相当于应纳税款的存款；

　　（二）扣押、查封纳税人的价值相当于应纳税款的商品、货物或者其他财产。

　　纳税人在前款规定的限期内缴纳税款的，税务机关必须立即解除税收保全措施；限期期满仍未缴纳税款的，经县以上税务局（分局）局长批准，税务机关可以书面通知纳税人开户银行或者其他金融机构从其冻结的存款中扣缴税款，或者依法拍卖或者变卖所扣押、查封的商品、货物或者其他财产，以拍卖或者变卖所得抵缴税款。

　　个人及其所扶养家属维持生活必需的住房和用品，不在税收保全措施的范围之内。

　　第三十九条　纳税人在限期内已缴纳税款，税务机关未立即解除税收保全措施，使纳税人的合法利益遭受损失的，税务机关应当承担赔偿责任。

　　第四十条　从事生产、经营的纳税人、扣缴义务人未按照规定的期限缴纳或者解缴税款，纳税担保人未按照规定的期限缴纳所担保的税款，由税务机关责令限期缴纳，逾期仍未缴纳的，经县以上税务局（分局）局长批准，税务机关可以采取下列强制执行措施：

　　（一）书面通知其开户银行或者其他金融机构从其存款中扣缴税款；

　　（二）扣押、查封、依法拍卖或者变卖其价值相当于应纳税款的商品、货物或者其他财产，以拍卖或者变卖所得抵缴税款。

　　税务机关采取强制执行措施时，对前款所列纳税人、扣缴义务人、纳税担保人未缴纳的滞纳金同时强制执行。

　　个人及其所扶养家属维持生活必需的住房和用品，不在强制执行措施的范围之内。

　　第四十一条　本法第三十七条、第三十八条、第四十条规定的采取税收保全措施、强制执行措施的权力，不得由法定的税务机关以外的单位和个人行使。

　　第四十二条　税务机关采取税收保全措施和强制执行措施必须依照法定权限和法定程序，不得查封、扣押纳税人个人及其所扶养家属维持生活必需的住房和用品。

　　第四十三条　税务机关滥用职权违法采取税收保全措施、强制执行措施，或者采取税收保全措施、强制执行措施不当，使纳税人、扣缴义务人或者纳税担保人的合法权益遭受损失的，应当依法承担赔偿责任。

　　第四十四条　欠缴税款的纳税人或者他的法定代表人需要出境的，应当在出境前向税务机关结清应纳税款、滞纳金或者提供担保。未结清税款、滞纳金，又不提供担保的，税务机关可以通知出境管理机关阻止其出境。

第四十五条　税务机关征收税款，税收优先于无担保债权，法律另有规定的除外；纳税人欠缴的税款发生在纳税人以其财产设定抵押、质押或者纳税人的财产被留置之前的，税收应当先于抵押权、质权、留置权执行。

纳税人欠缴税款，同时又被行政机关决定处以罚款、没收违法所得的，税收优先于罚款、没收违法所得。

税务机关应当对纳税人欠缴税款的情况定期予以公告。

第四十六条　纳税人有欠税情形而以其财产设定抵押、质押的，应当向抵押权人、质权人说明其欠税情况。抵押权人、质权人可以请求税务机关提供有关的欠税情况。

第四十七条　税务机关扣押商品、货物或者其他财产时，必须开付收据；查封商品、货物或者其他财产时，必须开付清单。

第四十八条　纳税人有合并、分立情形的，应当向税务机关报告，并依法缴清税款。纳税人合并时未缴清税款的，应当由合并后的纳税人继续履行未履行的纳税义务；纳税人分立时未缴清税款的，分立后的纳税人对未履行的纳税义务应当承担连带责任。

第四十九条　欠缴税款数额较大的纳税人在处分其不动产或者大额资产之前，应当向税务机关报告。

第五十条　欠缴税款的纳税人因怠于行使到期债权，或者放弃到期债权，或者无偿转让财产，或者以明显不合理的低价转让财产而受让人知道该情形，对国家税收造成损害的，税务机关可以依照合同法第七十三条、第七十四条的规定行使代位权、撤销权。

税务机关依照前款规定行使代位权、撤销权的，不免除欠缴税款的纳税人尚未履行的纳税义务和应承担的法律责任。

第五十一条　纳税人超过应纳税额缴纳的税款，税务机关发现后应当立即退还；纳税人自结算缴纳税款之日起三年内发现的，可以向税务机关要求退还多缴的税款并加算银行同期存款利息，税务机关及时查实后应当立即退还；涉及从国库中退库的，依照法律、行政法规有关国库管理的规定退还。

第五十二条　因税务机关的责任，致使纳税人、扣缴义务人未缴或者少缴税款的，税务机关在三年内可以要求纳税人、扣缴义务人补缴税款，但是不得加收滞纳金。

因纳税人、扣缴义务人计算错误等失误，未缴或者少缴税款的，税务机关在三年内可以追征税款、滞纳金；有特殊情况的，追征期可以延长到五年。

对偷税、抗税、骗税的，税务机关追征其未缴或者少缴的税款、滞纳金或者所骗取的税款，不受前款规定期限的限制。

第五十三条　国家税务局和地方税务局应当按照国家规定的税收征收管理范围和税款入库预算级次，将征收的税款缴入国库。

对审计机关、财政机关依法查出的税收违法行为，税务机关应当根据有关机关的决定、意见书，依法将应收的税款、滞纳金按照税款入库预算级次缴入国库，并将结果及时回复有关机关。

第四章　税　务　检　查

第五十四条　税务机关有权进行下列税务检查：

（一）检查纳税人的账簿、记账凭证、报表和有关资料，检查扣缴义务人代扣代缴、代收代缴税款账簿、记账凭证和有关资料；

（二）到纳税人的生产、经营场所和货物存放地检查纳税人应纳税的商品、货物或者其他财产，检查扣缴义务人与代扣代缴、代收代缴税款有关的经营情况；

（三）责成纳税人、扣缴义务人提供与纳税或者代扣代缴、代收代缴税款有关的文件、证明材料和有关资料；

（四）询问纳税人、扣缴义务人与纳税或者代扣代缴、代收代缴税款有关的问题和情况；

（五）到车站、码头、机场、邮政企业及其分支机构检查纳税人托运、邮寄应纳税商品、货物或者其他财产的有关单据、凭证和有关资料；

（六）经县以上税务局（分局）局长批准，凭全国统一格式的检查存款账户许可证明，查询从事生产、经营的纳税人、扣缴义务人在银行或者其他金融机构的存款账户。税务机关在调查税收违法案件时，经设区的市、自治州以上税务局（分局）局长批准，可以查询案件涉嫌人员的储蓄存款。税务机关查询所获得的资料，不得用于税收以外的用途。

第五十五条 税务机关对从事生产、经营的纳税人以前纳税期的纳税情况依法进行税务检查时，发现纳税人有逃避纳税义务行为，并有明显的转移、隐匿其应纳税的商品、货物以及其他财产或者应纳税的收入的迹象的，可以按照本法规定的批准权限采取税收保全措施或者强制执行措施。

第五十六条 纳税人、扣缴义务人必须接受税务机关依法进行的税务检查，如实反映情况，提供有关资料，不得拒绝、隐瞒。

第五十七条 税务机关依法进行税务检查时，有权向有关单位和个人调查纳税人、扣缴义务人和其他当事人与纳税或者代扣代缴、代收代缴税款有关的情况，有关单位和个人有义务向税务机关如实提供有关资料及证明材料。

第五十八条 税务机关调查税务违法案件时，对与案件有关的情况和资料，可以记录、录音、录像、照相和复制。

第五十九条 税务机关派出的人员进行税务检查时，应当出示税务检查证和税务检查通知书，并有责任为被检查人保守秘密；未出示税务检查证和税务检查通知书的，被检查人有权拒绝检查。

第五章　法　律　责　任

第六十条 纳税人有下列行为之一的，由税务机关责令限期改正，可以处二千元以下的罚款；情节严重的，处二千元以上一万元以下的罚款：

（一）未按照规定的期限申报办理税务登记、变更或者注销登记的；

（二）未按照规定设置、保管账簿或者保管记账凭证和有关资料的；

（三）未按照规定将财务、会计制度或者财务、会计处理办法和会计核算软件报送税务机关备查的；

（四）未按照规定将其全部银行账号向税务机关报告的；

（五）未按照规定安装、使用税控装置，或者损毁或者擅自改动税控装置的。

纳税人不办理税务登记的，由税务机关责令限期改正；逾期不改正的，经税务机关提请，由工商行政管理机关吊销其营业执照。

纳税人未按照规定使用税务登记证件，或者转借、涂改、损毁、买卖、伪造税务登记证件的，处二千元以上一万元以下的罚款；情节严重的，处一万元以上五万元以下的罚款。

第六十一条 扣缴义务人未按照规定设置、保管代扣代缴、代收代缴税款账簿或者保管代扣代缴、代收代缴税款记账凭证及有关资料的，由税务机关责令限期改正，可以处二千元以下的罚款；情节严重的，处二千元以上五千元以下的罚款。

第六十二条 纳税人未按照规定的期限办理纳税申报和报送纳税资料的，或者扣缴义务人未按照规定的期限向税务机关报送代扣代缴、代收代缴税款报告表和有关资料的，由税务机关责令限期改正，可以处二千元以下的罚款；情节严重的，可以处二千元以上一万元以下的罚款。

第六十三条 纳税人伪造、变造、隐匿、擅自销毁账簿、记账凭证，或者在账簿上多列支出或者不列、少列收入，或者经税务机关通知申报而拒不申报或者进行虚假的纳税申报，不缴或者少缴应纳税款的，是偷税。对纳税人偷税的，由税务机关追缴其不缴或者少缴的税款、滞纳金，并处不缴或者少缴的税款百分之五十以上五倍以下的罚款；构成犯罪的，依法追究刑事责任。

扣缴义务人采取前款所列手段，不缴或者少缴已扣、已收税款，由税务机关追缴其不缴或者少缴的税款、滞纳金，并处不缴或者少缴的税款百分之五十以上五倍以下的罚款；构成犯罪的，依法追究刑事责任。

第六十四条 纳税人、扣缴义务人编造虚假计税依据的，由税务机关责令限期改正，并处五万元以下的罚款。

纳税人不进行纳税申报，不缴或者少缴应纳税款的，由税务机关追缴其不缴或者少缴的税款、滞纳金，并处不缴或者少缴的税款百分之五十以上五倍以下的罚款。

第六十五条 纳税人欠缴应纳税款，采取转移或者隐匿财产的手段，妨碍税务机关追缴欠缴的税款的，由税务机关追缴欠缴的税款、滞纳金，并处欠缴税款百分之五十以上五倍以下的罚款；构成犯罪的，依法追究刑事责任。

第六十六条 以假报出口或者其他欺骗手段，骗取国家出口退税款的，由税务机关追缴其骗取的退税款，并处骗取税款一倍以上五倍以下的罚款；构成犯罪的，依法追究刑事责任。

对骗取国家出口退税款的，税务机关可以在规定期间内停止为其办理出口退税。

第六十七条 以暴力、威胁方法拒不缴纳税款的，是抗税，除由税务机关追缴其拒缴的税款、滞纳金外，依法追究刑事责任。情节轻微，未构成犯罪的，由税务机关追缴其拒缴的税款、滞纳金，并处拒缴税款一倍以上五倍以下的罚款。

第六十八条 纳税人、扣缴义务人在规定期限内不缴或者少缴应纳或者应解缴的税款，经税务机关责令限期缴纳，逾期仍未缴纳的，税务机关除依照本法第四十条的规定采取强制执行措施追缴其不缴或者少缴的税款外，可以处不缴或者少缴的税款百分之五十以上五倍以下的罚款。

第六十九条 扣缴义务人应扣未扣、应收而不收税款的，由税务机关向纳税人追缴税款，对扣缴义务人处应扣未扣、应收未收税款百分之五十以上三倍以下的罚款。

第七十条 纳税人、扣缴义务人逃避、拒绝或者以其他方式阻挠税务机关检查的，由税务机关责令改正，可以处一万元以下的罚款；情节严重的，处一万元以上五万元以下的罚款。

第七十一条　违反本法第二十二条规定，非法印制发票的，由税务机关销毁非法印制的发票，没收违法所得和作案工具，并处一万元以上五万元以下的罚款；构成犯罪的，依法追究刑事责任。

第七十二条　从事生产、经营的纳税人、扣缴义务人有本法规定的税收违法行为，拒不接受税务机关处理的，税务机关可以收缴其发票或者停止向其发售发票。

第七十三条　纳税人、扣缴义务人的开户银行或者其他金融机构拒绝接受税务机关依法检查纳税人、扣缴义务人存款账户，或者拒绝执行税务机关作出的冻结存款或者扣缴税款的决定，或者在接到税务机关的书面通知后帮助纳税人、扣缴义务人转移存款，造成税款流失的，由税务机关处十万元以上五十万元以下的罚款，对直接负责的主管人员和其他直接责任人员处一千元以上一万元以下的罚款。

第七十四条　本法规定的行政处罚，罚款额在二千元以下的，可以由税务所决定。

第七十五条　税务机关和司法机关的涉税罚没收入，应当按照税款入库预算级次上缴国库。

第七十六条　税务机关违反规定擅自改变税收征收管理范围和税款入库预算级次的，责令限期改正，对直接负责的主管人员和其他直接责任人员依法给予降级或者撤职的行政处分。

第七十七条　纳税人、扣缴义务人有本法第六十三条、第六十五条、第六十六条、第六十七条、第七十一条规定的行为涉嫌犯罪的，税务机关应当依法移交司法机关追究刑事责任。

税务人员徇私舞弊，对依法应当移交司法机关追究刑事责任的不移交，情节严重的，依法追究刑事责任。

第七十八条　未经税务机关依法委托征收税款的，责令退还收取的财物，依法给予行政处分或者行政处罚；致使他人合法权益受到损失的，依法承担赔偿责任；构成犯罪的，依法追究刑事责任。

第七十九条　税务机关、税务人员查封、扣押纳税人个人及其所扶养家属维持生活必需的住房和用品的，责令退还，依法给予行政处分；构成犯罪的，依法追究刑事责任。

第八十条　税务人员与纳税人、扣缴义务人勾结，唆使或者协助纳税人、扣缴义务人有本法第六十三条、第六十五条、第六十六条规定的行为，构成犯罪的，依法追究刑事责任；尚不构成犯罪的，依法给予行政处分。

第八十一条　税务人员利用职务上的便利，收受或者索取纳税人、扣缴义务人财物或者谋取其他不正当利益，构成犯罪的，依法追究刑事责任；尚不构成犯罪的，依法给予行政处分。

第八十二条　税务人员徇私舞弊或者玩忽职守，不征或者少征应征税款，致使国家税收遭受重大损失，构成犯罪的，依法追究刑事责任；尚不构成犯罪的，依法给予行政处分。

税务人员滥用职权，故意刁难纳税人、扣缴义务人的，调离税收工作岗位，并依法给予行政处分。

税务人员对控告、检举税收违法违纪行为的纳税人、扣缴义务人以及其他检举人进行打击报复的，依法给予行政处分；构成犯罪的，依法追究刑事责任。

税务人员违反法律、行政法规的规定，故意高估或者低估农业税计税产量，致使多征或者少征税款，侵犯农民合法权益或者损害国家利益，构成犯罪的，依法追究刑事责任；尚不构成犯罪的，依法给予行政处分。

第八十三条 违反法律、行政法规的规定提前征收、延缓征收或者摊派税款的，由其上级机关或者行政监察机关责令改正，对直接负责的主管人员和其他直接责任人员依法给予行政处分。

第八十四条 违反法律、行政法规的规定，擅自作出税收的开征、停征或者减税、免税、退税、补税以及其他同税收法律、行政法规相抵触的决定的，除依照本法规定撤销其擅自作出的决定外，补征应征未征税款，退还不应征收而征收的税款，并由上级机关追究直接负责的主管人员和其他直接责任人员的行政责任；构成犯罪的，依法追究刑事责任。

第八十五条 税务人员在征收税款或者查处税收违法案件时，未按照本法规定进行回避的，对直接负责的主管人员和其他直接责任人员，依法给予行政处分。

第八十六条 违反税收法律、行政法规应当给予行政处罚的行为，在五年内未被发现的，不再给予行政处罚。

第八十七条 未按照本法规定为纳税人、扣缴义务人、检举人保密的，对直接负责的主管人员和其他直接责任人员，由所在单位或者有关单位依法给予行政处分。

第八十八条 纳税人、扣缴义务人、纳税担保人同税务机关在纳税上发生争议时，必须先依照税务机关的纳税决定缴纳或者解缴税款及滞纳金或者提供相应的担保，然后可以依法申请行政复议；对行政复议决定不服的，可以依法向人民法院起诉。

当事人对税务机关的处罚决定、强制执行措施或者税收保全措施不服的，可以依法申请行政复议，也可以依法向人民法院起诉。

当事人对税务机关的处罚决定逾期不申请行政复议也不向人民法院起诉、又不履行的，作出处罚决定的税务机关可以采取本法第四十条规定的强制执行措施，或者申请人民法院强制执行。

第六章 附 则

第八十九条 纳税人、扣缴义务人可以委托税务代理人代为办理税务事宜。

第九十条 耕地占用税、契税、农业税、牧业税征收管理的具体办法，由国务院另行制定。

关税及海关代征税收的征收管理，依照法律、行政法规的有关规定执行。

第九十一条 中华人民共和国同外国缔结的有关税收的条约、协定同本法有不同规定的，依照条约、协定的规定办理。

第九十二条 本法施行前颁布的税收法律与本法有不同规定的，适用本法规定。

第九十三条 国务院根据本法制定实施细则。

第九十四条 本法自 2001 年 5 月 1 日起施行。

2.2.2.2 国家税务总局

国家税务总局关于贯彻《中华人民共和国税收征收管理法》及其实施细则若干具体问题的通知

(国税发〔2003〕47号)

各省、自治区、直辖市和计划单列市国家税务局、地方税务局：

为了保证《中华人民共和国税收征收管理法》（以下简称征管法）及《中华人民共和国税收征收管理法实施细则》（以下简称实施细则）的贯彻实施，进一步增强征管法及其实施细则的可操作性，现将有关问题规定如下：

一、关于税务登记代码问题

实施细则第十条所称"同一代码"是指国家税务局、地方税务局在发放税务登记证件时，对同一个纳税人赋予同一个税务登记代码。为确保税务登记代码的同一性和唯一性，单位纳税人（含个体加油站）的税务登记代码由十五位数组成，其中前六位为区域码，由省、自治区、直辖市国家税务局、地方税务局共同编排联合下发（开发区、新技术园区等未赋予行政区域码的可重新赋码，其他的按行政区域码编排），后九位为国家质量监督检验检疫总局赋予的组织机构统一代码。市（州）以下国家税务局、地方税务局根据省、自治区、直辖市国家税务局、地方税务局制订的编码编制税务登记代码。

二、关于扣缴义务人扣缴税款问题

负有代扣代缴义务的单位和个人，在支付款项时应按照征管法及其实施细则的规定，将取得款项的纳税人应缴纳的税款代为扣缴，对纳税人拒绝扣缴税款的，扣缴义务人应暂停支付相当于纳税人应纳税款的款项，并在一日之内报告主管税务机关。

负有代收代缴义务的单位和个人，在收取款项时应按照征管法及其实施细则的规定，将支付款项的纳税人应缴纳的税款代为收缴，对纳税人拒绝给付的，扣缴义务人应在一日之内报告主管税务机关。

扣缴义务人违反征管法及其实施细则规定应扣未扣、应收未收税款的，税务机关除按征管法及其实施细则的有关规定对其给予处罚外，应当责成扣缴义务人限期将应扣未扣、应收未收的税款补扣或补收。

三、关于纳税人外出经营活动管理问题

纳税人离开其办理税务登记所在地到外县（市）从事经营活动、提供应税劳务的，应该在发生外出经营活动以前向其登记所在地的主管税务机关申请办理《外出经营活动税收管理证明》，并向经营地或提供劳务地税务机关报验登记。

实施细则第二十一条所称"从事生产、经营的纳税人外出经营，在同一地累计超过180天的"，应当是以纳税人在同一县（市）实际经营或提供劳务之日起，在连续的12个月内累计超过180天。

四、关于纳税申报的管理问题

经税务机关批准,纳税人、扣缴义务人采取数据电文方式办理纳税申报的,其申报日期以税务机关计算机网络系统收到该数据电文的时间为准。采取数据电文方式办理纳税申报的纳税人、扣缴义务人,其与数据电文相对应的纸质申报资料的报送期限由主管税务机关确定。

五、关于滞纳金的计算期限问题

对纳税人未按照法律、行政法规规定的期限或者未按照税务机关依照法律、行政法规的规定确定的期限向税务机关缴纳的税款,滞纳金的计算从纳税人应缴纳税款的期限届满之次日起至实际缴纳税款之日止。

六、关于滞纳金的强制执行问题

根据征管法第四十条规定"税务机关在采取强制执行措施时,对纳税人未缴纳的滞纳金同时强制执行"的立法精神,对纳税人已缴纳税款,但拒不缴纳滞纳金的,税务机关可以单独对纳税人应缴未缴的滞纳金采取强制执行措施。

七、关于税款优先的时间确定问题

征管法第四十五条规定"纳税人欠缴的税款发生在纳税人以其财产设定抵押、质押或者纳税人的财产被留置之前的,税收应当先于抵押权、质权、留置权执行",欠缴的税款是纳税人发生纳税义务,但未按照法律、行政法规规定的期限或者未按照税务机关依照法律、行政法规的规定确定的期限向税务机关申报缴纳的税款或者少缴的税款,纳税人应缴纳税款的期限届满之次日即是纳税人欠缴税款的发生时间。

八、关于减免税管理问题

除法律、行政法规规定不需要经税务机关审批的减免税外,纳税人享受减税、免税的应当向主管税务机关提出书面申请,并按照主管税务机关的要求附送有关资料,经税务机关审核,按照减免税的审批程序经由法律、行政法规授权的机关批准后,方可享受减税、免税。

九、关于税务登记证件遗失问题

遗失税务登记证件的纳税人应当自遗失税务登记证件之日起 15 日内,将纳税人的名称、遗失税务登记证件名称、税务登记号码、发证机关名称、发证有效期在税务机关认可的报刊上作遗失声明,凭报刊上刊登的遗失声明向主管税务机关申请补办税务登记证件。

十、关于税收违法案件举报奖励问题

在国家税务总局和财政部联合制定的举报奖励办法未出台前,对税收违法案件举报奖励的对象、标准暂按《国家税务总局关于印发〈税务违法案件举报奖励办法〉的通知》(国税发〔1998〕211号)的有关规定执行。

十一、关于账簿凭证的检查问题

征管法第五十四条第六款规定:"税务机关在调查税收违法案件时,经设区的市、自治州以上税务局(分局)局长批准,可以查询案件涉嫌人员的储蓄存款";实施细则第八十六条规定:"有特殊情况的,经设区的市、自治州以上税务局局长批准,税务机关可以将纳税人、扣缴义务人当年的账簿、记账凭证、报表和其他有关资料调回检查"。这里所称的"经设区的市、自治州以上税务局局长"包括地(市)一级(含直辖市下设区)的税务局局长。这里所称的"特殊情况"是指纳税人有下列情形之一:(一)涉及增值税专用发票检查的;(二)纳税人涉嫌税收违法行为情节严重的;(三)纳税人及其他当事人可能毁灭、藏匿、转移账簿等证据资料的;(四)税务机关认为其他需要调回检查的情况。

十二、关于关联企业间业务往来的追溯调整期限问题

实施细则第五十六条规定:"有特殊情况的,可以自该业务往来发生的纳税年度起10年内进行调整"。该条所称"特殊情况"是指纳税人有下列情形之一:(一)纳税人在以前年度与其关联企业间的业务往来累计达到或超过10万元人民币的;(二)经税务机关案头审计分析,纳税人在以前年度与其关联企业间的业务往来,预计需调增其应纳税收入或所得额达到或超过50万元人民币的;(三)纳税人在以前年度与设在避税地的关联企业有业务往来的;(四)纳税人在以前年度未按规定进行关联企业间业务往来年度申报,或者经税务机关审查核实,关联企业间业务往来年度申报内容不实,以及不履行提供有关价格、费用标准等资料义务的。

十三、简易申报、简并征期问题

实施细则第三十六条规定:"实行定期定额缴纳税款的纳税人,可以实行简易申报、简并征期等申报纳税方式",这里所称"简易申报"是指实行定期定额缴纳税款的纳税人在法律、行政法规规定的期限或者在税务机关依照法律、行政法规的规定确定的期限内缴纳税款的,税务机关可以视同申报;"简并征期"是指实行定期定额缴纳税款的纳税人,经税务机关批准,可以采取将纳税期限合并为按季、半年、年的方式缴纳税款,具体期限由省级税务机关根据具体情况确定。

十四、关于税款核定征收条款的适用对象问题

征管法第三十五条、实施细则第四十七条关于核定应纳税款的规定,适用于单位纳税人和个人纳税人。对个人纳税人的核定征收办法,国家税务总局将另行制定。

十五、关于外商投资企业、外国企业的会计记录文字问题

会计法第二十二条规定:"会计记录的文字应当使用中文。"对于外商投资企业、外国企业的会计记录不使用中文的,按照征管法第六十条第二款"未按照规定设置、保管账簿或者保管记账凭证和有关资料"的规定处理。

十六、关于对采用电算化会计系统的纳税人实施电算化税务检查的问题

对采用电算化会计系统的纳税人,税务机关有权对其会计电算化系统进行查验;对纳税人会计电算化系统处理、储存的会计记录以及其他有关的纳税资料,税务机关有权进入其电算化系统进行检查,并可复制与纳税有关的电子数据作为证据。

税务机关进入纳税人电算化系统进行检查时,有责任保证纳税人会计电算化系统的安全性,并保守纳税人的商业秘密。

国家税务总局
二〇〇三年四月二十三日

国家税务总局关于贯彻实施
《中华人民共和国税收征收管理法》
有关问题的通知

(国税发〔2001〕54号 2001年5月18日)

各省、自治区、直辖市和计划单列市国家税务局、地方税务局：

九届全国人大常委会第二十一次会议于2001年4月28日通过了《中华人民共和国税收征收管理法（修正案）》（以下简称新《征管法》），并从2001年5月1日起施行。新《征管法》的修订颁布实施，对于加强税收征管，规范税收征收和缴纳行为，保障国家税收收入，保护纳税人的合法权益，促进经济和社会发展，进一步推进依法治税，具有十分重要的意义。各级税务机关要认真学习领会新《征管法》的精神和实质，严格按照新《征管法》的规定贯彻实施，依法行政。

根据新《征管法》的规定，从2001年5月1日起，税收征收管理按照新《征管法》的规定执行，即在2001年5月1日以后发生的税收征纳行为以及相关权利、义务和法律责任统一按照新《征管法》的规定执行。新《征管法》实施前颁布的税收法律与新《征管法》有不同规定的，适用新《征管法》的规定。

现将适用新《征管法》与原《征管法》的一些问题明确如下：

一、税收违法行为应当按倍数进行税收行政处罚的（新《征管法》第六十三条、第六十五条、第六十六条、第六十七条、第六十八条），其违法行为完全发生在2001年4月30日之前的，适用五倍以下罚款的规定；其违法行为即有发生在2001年4月30日之前的，也有发生在2001年5月1日之后的，分别计算其违法税款数额，分别按照五倍以下和百分之五十以上或者一倍以上、五倍以下罚款的规定执行。

税收违法行为按照新《征管法》第六十四条第二款、第六十九条规定应予行政处罚的行为延续到2001年5月1日以后的，只对其发生在2001年5月1日以后的不缴或少缴的税款或者应扣未扣、应收未收税款的行为处以罚款。

二、纳税人、扣缴义务人和其他当事人有违反税收管理等方面的税收违法行为（新《征管法》第六十条、第六十一条、第六十二条、第六十四条第一款、第七十一条、第七十二条）延续到2001年5月1日以后的，按照新《征管法》的规定处理。

三、应当给予行政处罚的税收违法行为发生在1996年9月30日以前的，按原《征管法》的规定执行；发生在2001年4月30日以前的，按《行政处罚法》的规定执行；发生在2001年5月1日以后的，按新《征管法》的规定执行（新《征管法》第八十六条）。

四、滞纳金分两段计征（新《征管法》第三十二条），2001年4月30日前按照千分之二计算，从2001年5月1日起按照万分之五计算，累计后征收。

五、关于计退利息（新《征管法》第五十一条），对纳税人多缴的税款退还时，自2001年5月1日起按照人民银行规定的同期活期存款的利率计退利息。新《征管法》第五十一条对纳税人超过应纳税额缴纳税款的退还，不包括预缴税款的退还、出口退税和政策性税收优惠的先征后退等情形。

六、税款、滞纳金、税收罚款的征收入库及其与其他款项的先后顺序（新《征管法》第二十九条、第四十五条、第五十三条），按照新《征管法》的规定执行。

七、新《征管法》第三十八条、第四十条、第五十条、第五十九条等条款所涉及的税务文书，总局将于近日下发统一格式。在国家税务总局未发文重新明确之前，各地可以暂时制订同类税务文书。

新《征管法》中关于税务管理等方面规定的具体操作，可以在《征管法实施细则》和总局具体办法公布后陆续落实。

对贯彻实施新《征管法》的过程中遇到的问题，各地应及时上报总局。

以上通知，请遵照执行。

2.2.3 有关增值税纳税抵扣

关于《国家税务总局关于〈不动产进项税额分期抵扣暂行办法〉的公告》的解读

一、背景和目的

经国务院批准，自2016年5月1日起，增值税一般纳税人取得的不动产和不动产在建工程，其进项税额分2年从销项税额中抵扣。为便于征纳双方执行，国家税务总局发布了《不动产进项税额分期抵扣管理暂行办法》，对不动产和不动产在建工程的进项税额分期抵扣问题进行了明确。

二、适用范围

本公告明确的不动产分年抵扣办法，适用于增值税一般纳税人2016年5月1日后取得并在会计制度上按固定资产核算的不动产，以及2016年5月1日后发生的不动产在建工程。房地产开发企业自行开发的房地产项目，融资租入的不动产，在施工现场修建的临时建筑物、构筑物，其进项税额抵扣不适用本公告的规定。

三、主要内容

（一）纳税人取得不动产和不动产在建工程的进项税额，需分2年从销项税额中抵扣，第一年抵扣进项税额的60%，第2年抵扣进项税额的40%。

（二）纳税人新建不动产，或者改建、扩建、修缮、装饰不动产并增加不动产原值超过50%的，其进项税额依照本办法有关规定分2年从销项税额中抵扣。

（三）已抵扣进项税额的不动产，发生非正常损失，或者改变用途，专用于简易计税方法计税项目、免征增值税项目、集体福利或者个人消费的，公告明确了如何计算不得抵扣的进项税额。

（四）按规定不得抵扣进项税额的不动产，发生用途改变，用于允许抵扣进项税额项目的，公告明确了其进项税额抵扣的具体方法。

关于增值税进项留抵税额税收会计核算有关事项的通知

(税总函〔2013〕212号)

各省、自治区、直辖市和计划单列市国家税务局：

为加强增值税进项留抵税额的核算管理，根据《国家税务总局关于增值税一般纳税人用进项留抵税额抵减增值税欠税问题的通知》（国税发〔2004〕112号）、《财政部、国家税务总局关于退还集成电路企业采购设备增值税期末留抵税额的通知》（财税〔2011〕107号）等政策规定，现将增值税进项留抵税额会计核算的调整事项明确如下：

一、关于进项留抵税额辅助账的设置

（一）各会计核算单位应当按照《税收会计制度》（国税发〔1998〕186号）的要求使用"留抵税额登记簿"（式样见附件），全面核算反映增值税进项留抵税额变动情况，核算原始凭证为增值税一般纳税人报送的增值税纳税申报表、增值税进项留抵税额抵减增值税欠税通知书、税收收入退还书。"借方"反映本期发生的进项留抵税额实际抵扣、进项留抵税额抵减欠税、进项留抵税额办理退税数额；"贷方"反映本期期末进项留抵税额的增加额；期末余额在"贷方"，反映期末尚未抵扣、尚未抵顶欠税、未予退还的进项留抵税余额。

（二）各会计核算单位应在"留抵税额登记簿"中按户、按留抵退类型设置明细科目。在"留抵退类型"明细科目下设"留抵税款增加"、"留抵抵扣进项"、"留抵抵欠"、"留抵退税"四个栏目。其中，"留抵税款增加"指纳税人留抵税额的增加，是纳税人申报的期末留抵税额大于"留抵税额登记簿"中纳税人申报所属期期末留抵余额的金额；"留抵抵扣进项"指纳税人增值税留抵税额在本期实际抵扣的税额，是纳税人申报的期末留抵税额小于"留抵税额登记簿"中纳税人申报所属期期末留抵余额的金额；"留抵抵欠"指纳税人使用增值税留抵税额抵减欠缴增值税税额；"留抵退税"指依据政策文件规定，税务机关退还给纳税人的增值税留抵税额。

二、关于进项留抵税额抵欠和退税的税收会计处理方法

（一）进项留抵税额退税业务

1. 退税审核办理。税收会计根据退税审批部门传递的审批文书和相关退税资料（包括载明应退纳税人留抵税额的购进设备增值税专用发票及海关进口增值税专用缴款书清单、当期增值税纳税申报表等），复核应退税额是否小于等于相关增值税发票及海关进口增值税专用缴款书记载的进项税额之和、应退税额是否小于等于该纳税人的当前进项留抵余额。

2. 税收收入退还书的开具。复核无误的，税收会计开具税收收入退还书，预算科目

和级次填写该纳税人缴纳国内增值税时的相应预算科目和级次（纳税人缴纳国内增值税时分别有改征增值税和现行增值税入库的，按缴纳现行增值税预算科目和级次填写），在备注栏注明"增值税进项留抵退税"。

3. 账务处理。税收会计根据税收收入退还书载明的退税金额进行账务处理，借记"提退税金—增值税—汇算清缴结算退税"科目，贷记"入库税收"科目；同时借记"应征税收—增值税"科目，贷记"提退税金—增值税—汇算清缴结算退税"科目。

（二）进项留抵税额抵减欠税的会计处理，继续按照《国家税务总局关于增值税进项留抵税额抵减增值税欠税有关处理事项的通知》（国税函〔2004〕1197号）执行。

三、报表调整

《提退税金明细月报表》第5行增设"其中：进项留抵"，反映增值税进项留抵退税额，根据"留抵税额登记簿"中"留抵退类型"明细科目的"留抵退税"借方发生额填列，其他栏次序号顺延。第25行增设"附列资料：增值税进项留抵税额"，第一列为"留抵余额"，反映增值税进项留抵税额余额，根据"留抵税额登记簿"贷方余额填列；第二列为"留抵抵扣进项"，反映增值税进项留抵税额实际抵扣金额，根据"留抵税额登记簿"中"留抵退类型"明细科目的"留抵抵扣进项"借方发生额填列；第三列为"留抵抵欠"，反映增值税进项留抵税额抵减欠税金额，根据"留抵税额登记簿"中"留抵退类型"明细科目的"留抵抵欠"借方发生额填列。

从2013年8月编报7月的税收会统报表起，各税收会计核算单位应按修改后的表式编报。报表任务由税务总局统一制作下发，具体路径为可控FTP系统下的"E：/local（供各省下载使用）/收入规划核算司/统计处/TRS报表任务"。

各地在执行中发现新情况、新问题，请及时上报税务总局（收入规划核算司）。

附件：留抵税额登记簿

国家税务总局

2013年5月13日

关于未按期申报抵扣增值税扣税凭证有关问题的公告

（国家税务总局公告2011年第78号）

为解决增值税一般纳税人增值税扣税凭证因客观原因未按期申报抵扣增值税进项税额问题，现将有关规定公告如下：

一、增值税一般纳税人取得的增值税扣税凭证已认证或已采集上报信息但未按照规定期限申报抵扣；实行纳税辅导期管理的增值税一般纳税人以及实行海关进口增值税专用缴款书"先比对后抵扣"管理办法的增值税一般纳税人，取得的增值税扣税凭证稽核比对结果相符但未按规定期限申报抵扣，属于发生真实交易且符合本公告第二条规定的客观原因的，经主管税务机关审核，允许纳税人继续申报抵扣其进项税额。

本公告所称增值税扣税凭证，包括增值税专用发票（含货物运输业增值税专用发票）、海关进口增值税专用缴款书和公路内河货物运输业统一发票。

增值税一般纳税人除本公告第二条规定以外的其他原因造成增值税扣税凭证未按期申报抵扣的，仍按照现行增值税扣税凭证申报抵扣有关规定执行。

二、客观原因包括如下类型：

（一）因自然灾害、社会突发事件等不可抗力原因造成增值税扣税凭证未按期申报抵扣；

（二）有关司法、行政机关在办理业务或者检查中，扣押、封存纳税人账簿资料，导致纳税人未能按期办理申报手续；

（三）税务机关信息系统、网络故障，导致纳税人未能及时取得认证结果通知书或稽核结果通知书，未能及时办理申报抵扣；

（四）由于企业办税人员伤亡、突发危重疾病或者擅自离职，未能办理交接手续，导致未能按期申报抵扣；

（五）国家税务总局规定的其他情形。

三、增值税一般纳税人发生符合本公告规定未按期申报抵扣的增值税扣税凭证，可按照本公告附件《未按期申报抵扣增值税扣税凭证抵扣管理办法》的规定，申请办理抵扣手续。

四、增值税一般纳税人取得2007年1月1日以后开具，本公告施行前发生的未按期申报抵扣增值税扣税凭证，可在2012年6月30日前按本公告规定申请办理，逾期不再受理。

五、本公告自2012年1月1日起施行。

特此公告。

附件：未按期申报抵扣增值税扣税凭证抵扣管理办法

国家税务总局
二〇一一年十二月二十九日

附件：

未按期申报抵扣增值税扣税凭证抵扣管理办法

一、增值税一般纳税人发生真实交易但由于客观原因造成增值税扣税凭证未按期申报抵扣的，可向主管税务机关申请办理抵扣手续。

二、纳税人申请办理抵扣时，应报送如下资料：

（一）《未按期申报抵扣增值税扣税凭证抵扣申请单》。

（二）《已认证增值税扣税凭证清单》。

（三）增值税扣税凭证未按期申报抵扣情况说明。纳税人应详细说明未能按期申报抵扣的原因，并加盖企业印章。对客观原因不涉及第三方的，纳税人应说明的情况具体为：发生自然灾害、社会突发事件等不可抗力原因的，纳税人应详细说明自然灾害或者社会突发事件发生的时间、影响地区、对纳税松产经营的实际影响等；企业办税人员擅自离职，未办理交接手续的，纳税人应详细说明事情经过、办税人员姓名、离职时间等，并提供解除劳动关系合同及企业内部相关处理决定。对客观原因涉及第三方的，应提供第三方证明或说明。具体为：企业办税人员伤亡或者突发危重疾病的，应提供公安机关、交通管理部门或者医院证明；有关司法、行政机关在办理业务或者检查中，扣押、封存纳税人账簿资料，导致纳税人未能按期办理申报手续的，应提供相关司法、行政机关证明。对于因税务机关信息系统或者网络故障原因造成纳税人增值税扣税凭证未能按期申报抵扣的，主管税务机关应予以核实。

（四）未按期申报抵扣增值税扣税凭证复印件。

三、主管税务机关受理纳税人申请后，应认真审核以下信息：

（一）审核纳税人交易是否真实发生，所报资料是否齐全，增值税扣税凭证未按期申报抵扣的原因是否属于客观原因，纳税人说明、第三方证明或说明所述事项是否具有逻辑性等。

（二）纳税人申请抵扣的增值税扣税凭证稽核比对结果是否相符；

（三）《已认证增值税扣税凭证清单》与增值税扣税凭证应申报抵扣当月增值税纳税申报资料、认证稽核资料是否满足以下逻辑关系：

1. 《已认证增值税扣税凭证清单》"抵扣情况"中"已抵扣凭证信息""小计"栏中的"份数"应等于当月增值税纳税申报表附列资料（表二）中同类型增值税扣税凭证的"份数"；"抵扣情况"中"已抵扣凭证信息""小计"栏中的"税额"应等于当月增值税纳税申报表附列资料（表二）中同类型增值税扣税凭证的"税额"；

2. 对增值税一般纳税人（不包括实行纳税辅导期管理的增值税一般纳税人），《已认证增值税扣税凭证清单》"总计"栏中"份数""税额"应小于等于认证或申请稽核比对当月认证相符或采集上报的同类型增值税扣税凭证的份数、税额合计。

3. 实行纳税辅导期管理的增值税一般纳税人以及实行海关进口增值税专用缴款书"先比对后抵扣"管理办法的增值税一般纳税人，《已认证增值税扣税凭证清单》"总计"栏中"份数""税额"应小于等于产生稽核结果当月稽核相符的同类型增值税扣税凭证的份数、税额合计。

四、主管税务机关审核无误后，发送《未按期申报抵扣增值税扣税凭证允许继续抵扣通知单》（以下简称《通知单》），企业凭《通知单》进行申报抵扣。

五、主管税务机关可定期或者不定期对已办理未按期申报抵扣增值税扣税凭证抵扣手续的纳税人进行复查，发现纳税人提供虚假信息，存在弄虚作假行为的，应责令纳税人将已抵扣进项税额转出，并按《中华人民共和国税收征收管理法》的有关规定进行处罚。

附表：

1. 未按期申报抵扣增值税扣税凭证抵扣申请单
2. 已认证增值税扣税凭证清单
3. 未按期申报抵扣增值税扣税凭证允许继续抵扣通知单

附表1：

未按期申报抵扣增值税扣税凭证抵扣申请单

纳税人名称			经营地址	
纳税人识别号			财务人员及联系电话	
未按期申报抵扣增值税扣税凭证信息	增值税扣税凭证类型		发票份数	税额
	增值税专用发票（含货物运输业增值税专用发票）			
	海关进口增值税专用缴款书			
	公路内河货物运输业统一发票			
	合计			
纳税人声明	此表所申请抵扣的增值税扣税凭证确属发生真实交易但由于客观原因未按期申报抵扣的增值税扣税凭证，与本表同时提供的增值税扣税凭证未按期申报抵扣情况说明、第三方证明或说明等资料的内容是真实、可靠的。 声明人签字：			
企业经办人签字：		企业法人代表签字：	企业盖章 年　月　日	
以下由主管税务机关填写				
主管税务机关核对资料情况	经办人： 年　月　日		负责人： 年　月　日	主管税务机关盖章

注：本表由主管税务机关留存。

附表2：

已认证增值税扣税凭证清单

纳税人名称：（加盖印章）

凭证类型：　　　　　　　　　　　　　　　　　　　　　　　　年　月

抵扣情况	序号（1）	开票单位（2）	抵扣凭证代码（3）	抵扣凭证号码（4）	金额（5）	税额（6）
已抵扣凭证信息						
小计	份数：					

续表

抵扣情况	序号（1）	开票单位（2）	抵扣凭证代码（3）	抵扣凭证号码（4）	金额（5）	税额（6）
申请抵扣凭证信息						
小计	份数：					
总计	份数：					

填报时间：　　年　　月　　日

注：① 增值税一般纳税人（不包括实行纳税辅导期管理的增值税一般纳税人），"年月"填写认证或申请稽核比对当月的时间。

　　实行纳税辅导期管理的增值税一般纳税人以及实行海关进口增值税专用缴款书"先比对后抵扣"管理办法的增值税一般纳税人，"年　　月"填写产生相符稽核比对结果当月的时间。

② 本表不含外贸企业因退货、退关等原因将出口货物转为内销时抵扣的前期已认证或已采集增值税扣税凭证信息。

③ 当"凭证类型"为海关进口增值税专用缴款书时，"金额（5）"填写"完税价格"信息，"税额（6）"填写"税款金额"信息；当"凭证类型"为公路内河货物运输业统一发票时，"金额（5）"填写"运费金额"信息，"税额（6）"填写按照运输金额计算的可抵扣税额信息。

附表3：

未按期申报抵扣增值税扣税凭证允许继续抵扣通知单

（编号：×××县（市、区）国税局抵扣通知××号）

×××（纳税人名称）：

　　你单位于×××时间申请继续抵扣的未按期申报抵扣增值税扣税凭证×××份，税额××元（详见清单），现已核对通过，请于××年××月申报期结束之前，将上述税额申报抵扣。

　　特此通知。

（×××国家税务局印章）

年　月　日

注：本通知书一式三联，第一、二联交纳税人，第三联由主管税务机关（审批部门）留存。纳税人凭第一联进行申报，并作为申报资料附件报送主管税务机关，第二联由纳税人留存备查。

关于纳税人既享受增值税即征即退、先征后退政策又享受免抵退税政策有关问题的公告

（国家税务总局公告2011年第69号）

现将纳税人既享受增值税即征即退、先征后退政策又享受免抵退税政策有关问题公告如下：

一、纳税人既有增值税即征即退、先征后退项目,也有出口等其他增值税应税项目的,增值税即征即退和先征后退项目不参与出口项目免抵退税计算。纳税人应分别核算增值税即征即退、先征后退项目和出口等其他增值税应税项目,分别申请享受增值税即征即退、先征后退和免抵退税政策。

二、用于增值税即征即退或者先征后退项目的进项税额无法划分的,按照下列公式计算:

无法划分进项税额中用于增值税即征即退或者先征后退项目的部分＝当月无法划分的全部进项税额×当月增值税即征即退或者先征后退项目销售额÷当月全部销售额、营业额合计

本公告自 2012 年 1 月 1 日起执行。《国家税务总局关于飞机维修业务增值税问题的批复》(国税函〔2008〕842 号)、《国家税务总局关于飞机维修业务增值税处理方式的公告》(2011 年第 5 号)同时废止。

二○一一年十二月一日

国家税务总局关于逾期增值税扣税凭证抵扣问题的公告

(国家税务总局公告 2011 年第 50 号)

为保障纳税人合法权益,经国务院批准,现将 2007 年 1 月 1 日以后开具的增值税扣税凭证未能按照规定期限办理认证或者稽核比对(以下简称逾期)抵扣问题公告如下:

一、对增值税一般纳税人发生真实交易但由于客观原因造成增值税扣税凭证逾期的,经主管税务机关审核、逐级上报,由国家税务总局认证、稽核比对后,对比对相符的增值税扣税凭证,允许纳税人继续抵扣其进项税额。

增值税一般纳税人由于除本公告第二条规定以外的其他原因造成增值税扣税凭证逾期的,仍应按照增值税扣税凭证抵扣期限有关规定执行。

本公告所称增值税扣税凭证,包括增值税专用发票、海关进口增值税专用缴款书和公路内河货物运输业统一发票。

二、客观原因包括如下类型:

(一)因自然灾害、社会突发事件等不可抗力因素造成增值税扣税凭证逾期;

(二)增值税扣税凭证被盗、抢,或者因邮寄丢失、误递导致逾期;

(三)有关司法、行政机关在办理业务或者检查中,扣押增值税扣税凭证,纳税人不能正常履行申报义务,或者税务机关信息系统、网络故障,未能及时处理纳税人网上认证数据等导致增值税扣税凭证逾期;

(四)买卖双方因经济纠纷,未能及时传递增值税扣税凭证,或者纳税人变更纳税地点,注销旧户和重新办理税务登记的时间过长,导致增值税扣税凭证逾期;

（五）由于企业办税人员伤亡、突发危重疾病或者擅自离职，未能办理交接手续，导致增值税扣税凭证逾期；

（六）国家税务总局规定的其他情形。

三、增值税一般纳税人因客观原因造成增值税扣税凭证逾期的，可按照本公告附件《逾期增值税扣税凭证抵扣管理办法》的规定，申请办理逾期抵扣手续。

四、本公告自2011年10月1日起执行。

特此公告。

附件：逾期增值税扣税凭证抵扣管理办法

国家税务总局
二〇一一年九月十四日

附件：

逾期增值税扣税凭证抵扣管理办法

一、增值税一般纳税人发生真实交易但由于客观原因造成增值税扣税凭证逾期的，可向主管税务机关申请办理逾期抵扣。

二、纳税人申请办理逾期抵扣时，应报送如下资料：

（一）《逾期增值税扣税凭证抵扣申请单》；

（二）增值税扣税凭证逾期情况说明。纳税人应详细说明未能按期办理认证或者申请稽核比对的原因，并加盖企业公章。其中，对客观原因不涉及第三方的，纳税人应说明的情况具体为：发生自然灾害、社会突发事件等不可抗力原因的，纳税人应详细说明自然灾害或者社会突发事件发生的时间、影响地区、对纳税人生产经营的实际影响等；纳税人变更纳税地点，注销旧户和重新办理税务登记的时间过长，导致增值税扣税凭证逾期的，纳税人应详细说明办理搬迁时间、注销旧户和注册新户的时间、搬出及搬入地点等；企业办税人员擅自离职，未办理交接手续的，纳税人应详细说明事情经过、办税人员姓名、离职时间等，并提供解除劳动关系合同及企业内部相关处理决定。

（三）客观原因涉及第三方的，应提供第三方证明或说明。具体为：企业办税人员伤亡或者突发危重疾病的，应提供公安机关、交通管理部门或者医院证明；有关司法、行政机关在办理业务或者检查中，扣押增值税扣税凭证，导致纳税人不能正常履行申报义务的，应提供相关司法、行政机关证明；增值税扣税凭证被盗、抢的，应提供公安机关证明；买卖双方因经济纠纷，未能及时传递增值税扣税凭证的，应提供卖方出具的情况说明；邮寄丢失或者误递导致增值税扣税凭证逾期的，应提供邮政单位出具的说明。

（四）逾期增值税扣税凭证电子信息；

（五）逾期增值税扣税凭证复印件（复印件必须整洁、清晰，在凭证备注栏注明"与原件一致"并加盖企业公章，增值税专用发票复印件必须裁剪成与原票大小一致）。

三、由于税务机关自身原因造成纳税人增值税扣税凭证逾期的,主管税务机关应在上报文件中说明相关情况。具体为,税务机关信息系统或者网络故障,未能及时处理纳税人网上认证数据的,主管税务机关应详细说明信息系统或网络故障出现、持续的时间,故障原因及表现等。

四、主管税务机关应认真审核纳税人所报资料,重点审核纳税人所报送资料是否齐全、交易是否真实发生、造成增值税扣税凭证逾期的原因是否属于客观原因、第三方证明或说明所述时间是否具有逻辑性、资料信息是否一致、增值税扣税凭证复印件与原件是否一致等。

主管税务机关审核无误后,应向上级税务机关正式上报,并将增值税扣税凭证逾期情况说明、第三方证明或说明、逾期增值税扣税凭证电子信息、逾期增值税扣税凭证复印件逐级审核后上报至国家税务总局。

五、国家税务总局将对各地上报的资料进行审核,并对逾期增值税扣税凭证信息进行认证、稽核比对,对资料符合条件、稽核比对结果相符的,通知省税务机关允许纳税人继续抵扣逾期增值税扣税凭证上所注明或计算的税额。

六、主管税务机关可定期或者不定期对已抵扣逾期增值税扣税凭证进项税额的纳税人进行复查,发现纳税人提供虚假信息,存在弄虚作假行为的,应责令纳税人将已抵扣进项税额转出,并按《中华人民共和国税收征收管理法》的有关规定进行处罚。

附表:1. 逾期增值税扣税凭证抵扣申请单
       2. 逾期增值税扣税凭证电子信息格式

附表1

逾期增值税扣税凭证抵扣申请单

纳税人名称			经营地址	
纳税人识别号			财务人员联系方式	
逾期增值税扣税凭证信息	增值税扣税凭证类型		发票份数	税额
	增值税专用发票			
	海关进口增值税专用缴款书			
	公路内河货物运输业统一发票			
	合计			
纳税人声明	此表所申请的增值税扣税凭证确属发生真实交易但由于客观原因造成的逾期增值税扣税凭证,与本表同时提供的增值税扣税凭证逾期情况说明、第三方证明或说明等资料内容是真实、可靠的。 声明人签字:			
企业经办人签字:		企业法人代表签字:	企业盖章 年　月　日	

续表

以下由主管税务机关填写			
主管税务机关核对资料情况	经办人： 年　月　日	负责人： 年　月　日	主管税务机关盖章

注：本表由主管税务机关留存。

附表2

逾期增值税扣税凭证电子信息格式

（增值税专用发票）

序号	购方纳税人识别号	购方纳税人名称	发票代码	发票号码	开票日期	金额	税额	销方单位名称
1					年　月　日			
2					年　月　日			

逾期增值税扣税凭证电子信息格式

（海关进口增值税专用缴款书）

序号	专用缴款书号码	纳税人名称	纳税人识别号	填发日期	完税价格	税款金额
1				年　月　日		
2				年　月　日		

逾期增值税扣税凭证电子信息格式

（公路内河货物运输业统一发票）

序号	纳税人识别号	纳税人名称	发票代码	发票号码	开票日期	运费金额	开票单位名称
1					年　月　日		
2					年　月　日		

关于折扣额抵减增值税应税销售额问题通知

（国税函〔2010〕56号）

各省、自治区、直辖市和计划单列市国家税务局：

近有部分地区反映，纳税人采取折扣方式销售货物，虽在同一发票上注明了销售额和折扣额，却将折扣额填写在发票的备注栏，是否允许抵减销售额的问题。经研究，现将有关问题进一步明确如下：

《国家税务总局关于印发〈增值税若干具体问题的规定〉的通知》（国税发〔1993〕154号）第二条第（二）项规定："纳税人采取折扣方式销售货物，如果销售额和折扣额在同一张发票上分别注明的，可按折扣后的销售额征收增值税"。纳税人采取折扣方式销售货物，销售额和折扣额在同一张发票上分别注明是指销售额和折扣额在同一张发票上的"金额"栏分别注明的，可按折扣后的销售额征收增值税。未在同一张发票"金额"栏注明折扣额，而仅在发票的"备注"栏注明折扣额的，折扣额不得从销售额中减除。

国家税务总局
二〇一〇年二月八日

关于调整增值税扣税凭证抵扣期限有关问题的通知

（国税函〔2009〕617号）

各省、自治区、直辖市和计划单列市国家税务局：

2003年以来，国家税务总局对增值税专用发票等扣税凭证陆续实行了90日申报抵扣期限的管理措施，对于提高增值税征管信息系统的运行质量、督促纳税人及时申报起到了积极作用。近来，部分纳税人及税务机关反映目前的90日申报抵扣期限较短，部分纳税人因扣税凭证逾期申报导致进项税额无法抵扣。为合理解决纳税人的实际问题，加强税收征管，经研究，现就有关问题通知如下：

一、增值税一般纳税人取得2010年1月1日以后开具的增值税专用发票、公路内河货物运输业统一发票和机动车销售统一发票，应在开具之日起180日内到税务机关办理认证，并在认证通过的次月申报期内，向主管税务机关申报抵扣进项税额。

二、实行海关进口增值税专用缴款书（以下简称海关缴款书）"先比对后抵扣"管理办法的增值税一般纳税人取得2010年1月1日以后开具的海关缴款书，应在开具之日起180日内向主管税务机关报送《海关完税凭证抵扣清单》（包括纸质资料和电子数据）申请稽核比对。

未实行海关缴款书"先比对后抵扣"管理办法的增值税一般纳税人取得2010年1月1日以后开具的海关缴款书，应在开具之日起180日后的第一个纳税申报期结束以前，向主管税务机关申报抵扣进项税额。

三、增值税一般纳税人取得2010年1月1日以后开具的增值税专用发票、公路内河货物运输业统一发票、机动车销售统一发票以及海关缴款书，未在规定期限内到税务机关办理认证、申报抵扣或者申请稽核比对的，不得作为合法的增值税扣税凭证，不得计算进项税额抵扣。

四、增值税一般纳税人丢失已开具的增值税专用发票，应在本通知第一条规定期限内，按照《国家税务总局关于修订〈增值税专用发票使用规定〉的通知》（国税发〔2006〕156号）第二十八条及相关规定办理。

增值税一般纳税人丢失海关缴款书，应在本通知第二条规定期限内，凭报关地海关出具的相关已完税证明，向主管税务机关提出抵扣申请。主管税务机关受理申请后，应当进行审核，并将纳税人提供的海关缴款书电子数据纳入稽核系统进行比对。稽核比对无误后，方可允许计算进项税额抵扣。

五、本通知自2010年1月1日起执行。纳税人取得2009年12月31日以前开具的增值税扣税凭证，仍按原规定执行。

《国家税务总局关于增值税一般纳税人取得防伪税控系统开具的增值税专用发票进项税额抵扣问题的通知》（国税发〔2003〕17号）第一条、《国家税务总局关于加强货物运输业税收征收管理的通知》（国税发〔2003〕121号）附件2《运输发票增值税抵扣管理试行办法》第五条、《国家税务总局关于加强货物运输业税收征收管理有关问题的通知》（国税发明电〔2003〕55号）第十条、《国家税务总局关于加强海关进口增值税专用缴款书和废旧物资发票管理有关问题的通知》（国税函〔2004〕128号）附件1《海关进口增值税专用缴款书稽核办法》第三条、《国家税务总局关于货物运输业若干税收问题的通知》（国税发〔2004〕88号）第十条第（三）款、《国家税务总局关于增值税一般纳税人取得海关进口增值税专用缴款书抵扣进项税额问题的通知》（国税发〔2004〕148号）第二条、第三条、第四条、《国家税务总局关于推行机动车销售统一发票税控系统有关工作的紧急通知》（国税发〔2008〕117号）第五条、《国家税务总局关于部分地区试行海关进口增值税专用缴款书"先比对后抵扣"管理办法的通知》（国税函〔2009〕83号）第一条规定同时废止。

六、各地应认真做好本通知的落实与宣传工作，执行中发现问题，应及时上报国家税务总局（货物和劳务税司）。

国家税务总局
二〇〇九年十一月九日

2.2.4 有关一般纳税人资格认定

关于明确《增值税一般纳税人资格认定管理办法》若干条款处理意见的通知

（国税函〔2010〕139号）

各省、自治区、直辖市和计划单列市国家税务局：

为便于各地税务机关更好地贯彻执行《增值税一般纳税人资格认定管理办法》（以下

简称认定办法),总局明确了认定办法若干条款的处理意见,现通知如下,请遵照执行。

一、认定办法第三条所称年应税销售额,包括纳税申报销售额、稽查查补销售额、纳税评估调整销售额、税务机关代开发票销售额和免税销售额。稽查查补销售额和纳税评估调整销售额计入查补税款申报当月的销售额,不计入税款所属期销售额。

二、认定办法第三条所称经营期,是指在纳税人存续期内的连续经营期间,含未取得销售收入的月份。

三、认定办法第五条第(一)款所称其他个人,是指自然人。

四、认定办法第五条第(二)款所称非企业性单位,是指行政单位、事业单位、军事单位、社会团体和其他单位。

五、认定办法第五条第(三)款所称不经常发生应税行为的企业,是指非增值税纳税人;不经常发生应税行为是指其偶然发生增值税应税行为。

六、认定办法第八条第(一)款所称申报期,是指纳税人年应税销售额超过小规模纳税人标准的月份(或季度)的所属申报期。

七、认定办法第八条第(二)款规定主管税务机关制作的《税务事项通知书》中需明确告知:同意其认定申请;一般纳税人资格确认的时间。

八、认定办法第八条第(三)款第1项规定主管税务机关制作的《税务事项通知书》中需明确告知:其年应税销售额已超过小规模纳税人标准,应在收到《税务事项通知书》后10日内向主管税务机关报送《增值税一般纳税人申请认定表》或《不认定增值税一般纳税人申请表》;逾期未报送的,将按《中华人民共和国增值税暂行条例实施细则》第三十四条规定,按销售额依照增值税税率计算应纳税额,不得抵扣进项税额,也不得使用增值税专用发票。

纳税人在《税务事项通知书》规定的时限内仍未向主管税务机关报送《一般纳税人资格认定表》或者《不认定增值税一般纳税人申请表》的,应按《中华人民共和国增值税暂行条例实施细则》第三十四条规定,按销售额依照增值税税率计算应纳税额,不得抵扣进项税额,也不得使用增值税专用发票。直至纳税人报送上述资料,并经主管税务机关审核批准后方可停止执行。

九、认定办法第九条第(一)款第3项所称会计人员的从业资格证明,是指财政部门颁发的会计从业资格证书。

认定办法第九条第(三)款所称实地查验的范围,是指需要进行实地查验的企业范围及实地查验的内容。

十、认定办法第十一条所称新开业纳税人,是指自税务登记日起30日内申请一般纳税人资格认定的纳税人。

国家税务总局
二〇一〇年四月七日

关于《增值税一般纳税人资格认定管理办法》政策衔接有关问题的通知

(国税函〔2010〕137号)

各省、自治区、直辖市和计划单列市国家税务局：

《增值税一般纳税人资格认定管理办法》(以下简称《认定办法》)自2010年3月20日起执行，由于综合征管软件尚未修改完成，为确保《认定办法》按期贯彻实施，现将有关事项通知如下：

一、在综合征管软件修改完成前，有关审批流程可先以纸质文书运转，待综合征管软件修改完善后再补充录入。

二、各省税务机关要及时按照《认定办法》第九条第三款规定，确定实地查验的范围和方法，以便基层税务机关操作执行，并报总局备案。未确定实地查验范围和方法的，应按《认定办法》第九条规定的范围和程序进行实地查验，并制作查验报告。

三、各地在执行过程中发现的问题，应及时反馈税务总局。

国家税务总局
二〇一〇年四月七日

增值税一般纳税人资格认定管理办法

(国家税务总局令第22号)

《增值税一般纳税人资格认定管理办法》已经2009年12月15日国家税务总局第2次局务会议审议通过，现予公布，自2010年3月20日起施行。

国家税务总局局长 肖捷
二〇一〇年二月十日

增值税一般纳税人资格认定管理办法

第一条 为加强增值税一般纳税人(以下简称一般纳税人)资格认定管理，根据《中华人民共和国增值税暂行条例》及其实施细则，制定本办法。

第二条 一般纳税人资格认定和认定以后的资格管理适用本办法。

第三条 增值税纳税人（以下简称纳税人），年应税销售额超过财政部、国家税务总局规定的小规模纳税人标准的，除本办法第五条规定外，应当向主管税务机关申请一般纳税人资格认定。

本办法所称年应税销售额，是指纳税人在连续不超过12个月的经营期内累计应征增值税销售额，包括免税销售额。

第四条 年应税销售额未超过财政部、国家税务总局规定的小规模纳税人标准以及新开业的纳税人，可以向主管税务机关申请一般纳税人资格认定。

对提出申请并且同时符合下列条件的纳税人，主管税务机关应当为其办理一般纳税人资格认定：

（一）有固定的生产经营场所；

（二）能够按照国家统一的会计制度规定设置账簿，根据合法、有效凭证核算，能够提供准确税务资料。

第五条 下列纳税人不办理一般纳税人资格认定：

（一）个体工商户以外的其他个人；

（二）选择按照小规模纳税人纳税的非企业性单位；

（三）选择按照小规模纳税人纳税的不经常发生应税行为的企业。

第六条 纳税人应当向其机构所在地主管税务机关申请一般纳税人资格认定。

第七条 一般纳税人资格认定的权限，在县（市、区）国家税务局或者同级别的税务分局（以下称认定机关）。

第八条 纳税人符合本办法第三条规定的，按照下列程序办理一般纳税人资格认定：

（一）纳税人应当在申报期结束后40日（工作日，下同）内向主管税务机关报送《增值税一般纳税人申请认定表》（见附件1，以下简称申请表），申请一般纳税人资格认定。

（二）认定机关应当在主管税务机关受理申请之日起20日内完成一般纳税人资格认定，并由主管税务机关制作、送达《税务事项通知书》，告知纳税人。

（三）纳税人未在规定期限内申请一般纳税人资格认定的，主管税务机关应当在规定期限结束后20日内制作并送达《税务事项通知书》，告知纳税人。

纳税人符合本办法第五条规定的，应当在收到《税务事项通知书》后10日内向主管税务机关报送《不认定增值税一般纳税人申请表》（见附件2），经认定机关批准后不办理一般纳税人资格认定。认定机关应当在主管税务机关受理申请之日起20日内批准完毕，并由主管税务机关制作、送达《税务事项通知书》，告知纳税人。

第九条 纳税人符合本办法第四条规定的，按照下列程序办理一般纳税人资格认定：

（一）纳税人应当向主管税务机关填报申请表，并提供下列资料：

1.《税务登记证》副本；

2.财务负责人和办税人员的身份证明及其复印件；

3.会计人员的从业资格证明或者与中介机构签订的代理记账协议及其复印件；

4.经营场所产权证明或者租赁协议，或者其他可使用场地证明及其复印件；

5.国家税务总局规定的其他有关资料。

（二）主管税务机关应当当场核对纳税人的申请资料，经核对一致且申请资料齐全、符合填列要求的，当场受理，制作《文书受理回执单》，并将有关资料的原件退还纳税人。

对申请资料不齐全或者不符合填列要求的，应当当场告知纳税人需要补正的全部内容。

（三）主管税务机关受理纳税人申请以后，根据需要进行实地查验，并制作查验报告。查验报告由纳税人法定代表人（负责人或者业主）、税务查验人员共同签字（签章）确认。

实地查验时，应当有两名或者两名以上税务机关工作人员同时到场。

实地查验的范围和方法由各省税务机关确定并报国家税务总局备案。

（四）认定机关应当自主管税务机关受理申请之日起 20 日内完成一般纳税人资格认定，并由主管税务机关制作、送达《税务事项通知书》，告知纳税人。

第十条 主管税务机关应当在一般纳税人《税务登记证》副本"资格认定"栏内加盖"增值税一般纳税人"戳记（附件3）。

"增值税一般纳税人"戳记印色为红色，印模由国家税务总局制定。

第十一条 纳税人自认定机关认定为一般纳税人的次月起（新开业纳税人自主管税务机关受理申请的当月起），按照《中华人民共和国增值税暂行条例》第四条的规定计算应纳税额，并按照规定领购、使用增值税专用发票。

第十二条 除国家税务总局另有规定外，纳税人一经认定为一般纳税人后，不得转为小规模纳税人。

第十三条 主管税务机关可以在一定期限内对下列一般纳税人实行纳税辅导期管理：

（一）按照本办法第四条的规定新认定为一般纳税人的小型商贸批发企业；

（二）国家税务总局规定的其他一般纳税人。

纳税辅导期管理的具体办法由国家税务总局另行制定。

第十四条 本办法自 2010 年 3 月 20 日起执行。《国家税务总局关于印发〈增值税一般纳税人申请认定办法〉的通知》（国税明电〔1993〕52 号、国税发〔1994〕59 号），《国家税务总局关于增值税一般纳税人申请认定办法的补充规定》（国税明电〔1993〕60 号），《国家税务总局关于印发〈增值税一般纳税人年审办法〉的通知》（国税函〔1998〕156 号），《国家税务总局关于使用增值税防伪税控系统的增值税一般纳税人资格认定问题的通知》（国税函〔2002〕326 号）同时废止。

附件1：

增值税一般纳税人申请认定表

纳税人名称			纳税人识别号	
法定代表人（负责人、业主）		证件名称及号码		联系电话
财务负责人		证件名称及号码		联系电话
办税人员		证件名称及号码		联系电话
生产经营地址				
核算地址				

续表

纳税人类别：企业、企业性单位□ 非企业性单位□ 个体工商户□ 其他□	
纳税人主业：工业□ 商业□ 其他□	
认定前累计应税销售额 （连续不超过12个月的经营期内）	年 月至 年 月共 元
纳税人 声明	上述各项内容真实、可靠、完整。如有虚假，本纳税人愿意承担相关法律责任。 （签章） 年 月 日
税务机关	
受理 意见	受理人签名： 年 月 日
查验 意见	查验人签名： 年 月 日
主管 税务 机关 意见	（签章） 年 月 日
认定 机关 意见	（签章） 年 月 日

注：本表1式2份，主管税务机关和纳税人各留存1份。

附件2：

不认定增值税一般纳税人申请表

纳税人名称		纳税人识别号	
纳税人意见	（签章） 年 月 日		
主管税务机关 意见	（签章） 年 月 日		
认定机关 意见	（签章） 年 月 日		

注：本表1式2份，主管税务机关和纳税人各留存1份。

2.2.5 有关一般纳税人的管理

关于"三证合一"登记制度改革涉及增值税一般纳税人管理有关事项的公告

(国家税务总局公告 2015 年第 74 号)

为配合"三证合一"登记制度改革,国家税务总局对增值税一般纳税人管理有关事项进行了调整,现公告如下:

一、主管税务机关在为纳税人办理增值税一般纳税人登记时,纳税人税务登记证件上不再加盖"增值税一般纳税人"戳记。经主管税务机关核对后退还纳税人留存的《增值税一般纳税人资格登记表》,可以作为证明纳税人具备增值税一般纳税人资格的凭据。

二、《国家税务总局关于调整增值税一般纳税人管理有关事项的公告》(国家税务总局公告 2015 年第 18 号)第二条第(一)项中所称的"税务登记证件",包括纳税人领取的由工商行政管理部门核发的加载法人和其他组织统一社会信用代码的营业执照。

三、本公告自公布之日起施行。《增值税一般纳税人资格认定管理办法》(国家税务总局令第 22 号)第十条暂停执行,相应条款将依照规定程序修订后,重新予以公布。

特此公告

国家税务总局
2015 年 11 月 2 日

关于调整增值税一般纳税人管理有关事项的公告

(2015 年第 18 号)

按照《国务院关于取消和调整一批行政审批项目等事项的决定》(国发〔2015〕11 号)精神,国家税务总局对增值税一般纳税人管理有关事项进行了调整,现公告如下:

一、增值税一般纳税人(以下简称一般纳税人)资格实行登记制,登记事项由增值税纳税人(以下简称纳税人)向其主管税务机关办理。

二、纳税人办理一般纳税人资格登记的程序如下:

(一)纳税人向主管税务机关填报《增值税一般纳税人资格登记表》(附件1),并提供税务登记证件;

（二）纳税人填报内容与税务登记信息一致的，主管税务机关当场登记；

（三）纳税人填报内容与税务登记信息不一致，或者不符合填列要求的，税务机关应当场告知纳税人需要补正的内容。

三、纳税人年应税销售额超过财政部、国家税务总局规定标准（以下简称规定标准），且符合有关政策规定，选择按小规模纳税人纳税的，应当向主管税务机关提交书面说明（附件2）。

个体工商户以外的其他个人年应税销售额超过规定标准的，不需要向主管税务机关提交书面说明。

四、纳税人年应税销售额超过规定标准的，在申报期结束后20个工作日内按照本公告第二条或第三条的规定办理相关手续；未按规定时限办理的，主管税务机关应当在规定期限结束后10个工作日内制作《税务事项通知书》，告知纳税人应当在10个工作日内向主管税务机关办理相关手续。

五、除财政部、国家税务总局另有规定外，纳税人自其选择的一般纳税人资格生效之日起，按照增值税一般计税方法计算应纳税额，并按照规定领用增值税专用发票。

六、本公告自2015年4月1日起施行。《增值税一般纳税人资格认定管理办法》（国家税务总局令第22号）第四条第二款第（一）项、第七条、第八条、第九条、第十一条暂停执行，相应条款将依照规定程序修订后，重新予以公布。

特此公告。

附件：
1. 增值税一般纳税人资格登记表
2. 选择按小规模纳税人纳税的情况说明（略）

国家税务总局
2015年3月30日

附件1

增值税一般纳税人资格登记表

纳税人名称			纳税人识别号		
法定代表人（负责人、业主）		证件名称及号码		联系电话	
财务负责人		证件名称及号码		联系电话	
办税人员		证件名称及号码		联系电话	
税务登记日期					
生产经营地址					
注册地址					
纳税人类别：企业□ 非企业性单位□ 个体工商户□ 其他□					
主营业务类别：工业□ 商业□ 服务业□ 其他□					
会计核算健全：是□					

续表

一般纳税人资格生效之日：当月1日 □　　　次月1日 □
纳税人（代理人）承诺： 上述各项内容真实、可靠、完整。如有虚假，愿意承担相关法律责任。 经办人：　　　法定代表人：　　　代理人：　　　（签章） 　　　　　　　　　　　　　　　　　　　　　年　月　日
以下由税务机关填写
主管税务机关受理情况　　　受理人：　　　　　　　　　　主管税务机关（章） 　　　　　　　　　　　　　　　　　　　　　　　　　　　年　月　日

填表说明：

1. 本表由纳税人如实填写。

2. 表中"证件名称及号码"相关栏次，根据纳税人的法定代表人、财务负责人、办税人员的居民身份证、护照等有效身份证件及号码填写。

3. 表中"一般纳税人资格生效之日"由纳税人自行勾选。

4. 主管税务机关（章）指各办税服务厅业务专用章。

5. 本表一式二份，主管税务机关和纳税人各留存一份。

关于一般纳税人迁移有关增值税问题的公告

（2011年第71号）

现就增值税一般纳税人经营地点迁移后仍继续经营，其一般纳税人资格是否可以继续保留以及尚未抵扣进项税额是否允许继续抵扣问题公告如下：

一、增值税一般纳税人（以下简称纳税人）因住所、经营地点变动，按照相关规定，在工商行政管理部门作变更登记处理，但因涉及改变税务登记机关，需要办理注销税务登记并重新办理税务登记的，在迁达地重新办理税务登记后，其增值税一般纳税人资格予以保留，办理注销税务登记前尚未抵扣的进项税额允许继续抵扣。

二、迁出地主管税务机关应认真核实纳税人在办理注销税务登记前尚未抵扣的进项税额，填写《增值税一般纳税人迁移进项税额转移单》（见附件）。

《增值税一般纳税人迁移进项税额转移单》一式三份，迁出地主管税务机关留存一份，交纳税人一份，传递迁达地主管税务机关一份。

三、迁达地主管税务机关应将迁出地主管税务机关传递来的《增值税一般纳税人迁移进项税额转移单》与纳税人报送资料进行认真核对，对其迁移前尚未抵扣的进项税额，在确认无误后，允许纳税人继续申报抵扣。

本公告自 2012 年 1 月 1 日起执行。此前已经发生的事项，不再调整。

特此公告。

附件：增值税一般纳税人迁移进项税额转移单

国家税务总局
二○一一年十二月九日

附件

增值税一般纳税人迁移进项税额转移单

（编号：×××县（市、区）国税留抵税额转移通知××号）

纳税人名称			工商执照登记号	
纳税人识别号			一般纳税人认定时间	年　月
迁出地最后一次增值税纳税申报所属期		年　月　日至　　年　月　日		
批准取消税务登记时间		年　月　日		
尚未抵扣的留抵进项税额		经审核，该纳税人从我局迁出时，有尚未抵扣的进项留抵税额合计（大写） ＿＿＿＿＿＿ ¥元		
其他需要说明的事项				
税务所意见： （公章） 年　月　日		货物和劳务税科意见： （公章） 年　月　日	局长意见： （公章） 年　月　日	

注：本表由一般纳税人迁出地税务机关填写并盖章确认，一式三份。迁出地主管税务机关、迁达地主管税务机关、纳税人各留存一份。

关于印发《增值税一般纳税人纳税辅导期管理办法》的通知

（国税发〔2010〕40号）

各省、自治区、直辖市和计划单列市国家税务局：

为加强增值税一般纳税人纳税辅导期管理，根据《增值税一般纳税人资格认定管理办法》第十三条规定，税务总局制定了《增值税一般纳税人纳税辅导期管理办法》，现印发给你们，请遵照执行。

国家税务总局
二〇一〇年四月七日

增值税一般纳税人纳税辅导期管理办法

第一条 为加强增值税一般纳税人纳税辅导期管理，根据《增值税一般纳税人资格认定管理办法》（以下简称认定办法）第十三条规定，制定本办法。

第二条 实行纳税辅导期管理的增值税一般纳税人（以下简称辅导期纳税人），适用本办法。

第三条 认定办法第十三条第一款所称的"小型商贸批发企业"，是指注册资金在80万元（含80万元）以下、职工人数在10人（含10人）以下的批发企业。只从事出口贸易，不需要使用增值税专用发票的企业除外。

批发企业按照国家统计局颁发的《国民经济行业分类》GB/T 4754—2002中有关批发业的行业划分方法界定。

第四条 认定办法第十三条所称"其他一般纳税人"，是指具有下列情形之一的一般纳税人：

（一）增值税偷税数额占应纳税额的10%以上并且偷税数额在10万元以上的；

（二）骗取出口退税的；

（三）虚开增值税扣税凭证的；

（四）国家税务总局规定的其他情形。

第五条 新认定为一般纳税人的小型商贸批发企业实行纳税辅导期管理的期限为3个月；其他一般纳税人实行纳税辅导期管理的期限为6个月。

第六条 对新办小型商贸批发企业，主管税务机关应在认定办法第九条第（四）款规定的《税务事项通知书》内告知纳税人对其实行纳税辅导期管理，纳税辅导期自主管税务机关制作《税务事项通知书》的当月起执行；对其他一般纳税人，主管税务机关应自稽查部门作出《税务稽查处理决定书》后40个工作日内，制作、送达《税务事项通知书》告知纳税人对其实行纳税辅导期管理，纳税辅导期自主管税务机关制作《税务事项通知书》的次月起执行。

第七条 辅导期纳税人取得的增值税专用发票（以下简称专用发票）抵扣联、海关进口增值税专用缴款书以及运输费用结算单据应当在交叉稽核比对无误后，方可抵扣进项税额。

第八条 主管税务机关对辅导期纳税人实行限量限额发售专用发票。

（一）实行纳税辅导期管理的小型商贸批发企业，领购专用发票的最高开票限额不得超过十万元；其他一般纳税人专用发票最高开票限额应根据企业实际经营情况重新核定。

（二）辅导期纳税人专用发票的领购实行按次限量控制，主管税务机关可根据纳税人的经营情况核定每次专用发票的供应数量，但每次发售专用发票数量不得超过25份。

辅导期纳税人领购的专用发票未使用完而再次领购的，主管税务机关发售专用发票的份数不得超过核定的每次领购专用发票份数与未使用完的专用发票份数的差额。

第九条 辅导期纳税人一个月内多次领购专用发票的，应从当月第二次领购专用发票起，按照上一次已领购并开具的专用发票销售额的3%预缴增值税，未预缴增值税的，主管税务机关不得向其发售专用发票。

预缴增值税时，纳税人应提供已领购并开具的专用发票记账联，主管税务机关根据其提供的专用发票记账联计算应预缴的增值税。

第十条 辅导期纳税人按第九条规定预缴的增值税可在本期增值税应纳税额中抵减，抵减后预缴增值税仍有余额的，可抵减下期再次领购专用发票时应当预缴的增值税。

纳税辅导期结束后，纳税人因增购专用发票发生的预缴增值税有余额的，主管税务机关应在纳税辅导期结束后的第一个月内，一次性退还纳税人。

第十一条 辅导期纳税人应当在"应交税金"科目下增设"待抵扣进项税额"明细科目，核算尚未交叉稽核比对的专用发票抵扣联、海关进口增值税专用缴款书以及运输费用结算单据（以下简称增值税抵扣凭证）注明或者计算的进项税额。

辅导期纳税人取得增值税抵扣凭证后，借记"应交税金——待抵扣进项税额"明细科目，贷记相关科目。交叉稽核比对无误后，借记"应交税金——应交增值税（进项税额）"科目，贷记"应交税金——待抵扣进项税额"科目。经核实不得抵扣的进项税额，红字借记"应交税金——待抵扣进项税额"，红字贷记相关科目。

第十二条 主管税务机关定期接收交叉稽核比对结果，通过《稽核结果导出工具》导出发票明细数据及《稽核结果通知书》并告知辅导期纳税人。

辅导期纳税人根据交叉稽核比对结果相符的增值税抵扣凭证本期数据申报抵扣进项税额，未收到交叉稽核比对结果的增值税抵扣凭证留待下期抵扣。

第十三条 辅导期纳税人按以下要求填写《增值税纳税申报表附列资料（表二）》。

（一）第2栏填写当月取得认证相符且当月收到《稽核比对结果通知书》及其明细清单注明的稽核相符专用发票、协查结果中允许抵扣的专用发票的份数、金额、税额。

（二）第3栏填写前期取得认证相符且当月收到《稽核比对结果通知书》及其明细清单注明的稽核相符专用发票、协查结果中允许抵扣的专用发票的份数、金额、税额。

（三）第5栏填写税务机关告知的《稽核比对结果通知书》及其明细清单注明的本期稽核相符的海关进口增值税专用缴款书、协查结果中允许抵扣的海关进口增值税专用缴款书的份数、金额、税额。

（四）第7栏"废旧物资发票"不再填写。

（五）第8栏填写税务机关告知的《稽核比对结果通知书》及其明细清单注明的本期稽核相符的运输费用结算单据、协查结果中允许抵扣的运输费用结算单据的份数、金额、税额。

（六）第23栏填写认证相符但未收到稽核比对结果的增值税专用发票月初余额数。

（七）第24栏填写本月已认证相符但未收到稽核比对结果的专用发票数据。

（八）第25栏填写已认证相符但未收到稽核比对结果的专用发票月末余额数。

（九）第28栏填写本月未收到稽核比对结果的海关进口增值税专用缴款书。

（十）第 30 栏"废旧物资发票"不再填写。

（十一）第 31 栏填写本月未收到稽核比对结果的运输费用结算单据数据。

第十四条 主管税务机关在受理辅导期纳税人纳税申报时，按照以下要求进行"一窗式"票表比对。

（一）审核《增值税纳税申报表》附表二第 3 栏份数、金额、税额是否等于或小于本期稽核系统比对相符的专用发票抵扣联数据。

（二）审核《增值税纳税申报表》附表二第 5 栏份数、金额、税额是否等于或小于本期交叉稽核比对相符和协查后允许抵扣的海关进口增值税专用缴款书合计数。

（三）审核《增值税纳税申报表》附表二中第 8 栏的份数、金额是否等于或小于本期交叉稽核比对相符和协查后允许抵扣的运输费用结算单据合计数。

（四）申报表数据若大于稽核结果数据的，按现行"一窗式"票表比对异常情况处理。

第十五条 纳税辅导期内，主管税务机关未发现纳税人存在偷税、逃避追缴欠税、骗取出口退税、抗税或其他需要立案查处的税收违法行为的，从期满的次月起不再实行纳税辅导期管理，主管税务机关应制作、送达《税务事项通知书》，告知纳税人；主管税务机关发现辅导期纳税人存在偷税、逃避追缴欠税、骗取出口退税、抗税或其他需要立案查处的税收违法行为的，从期满的次月起按照本规定重新实行纳税辅导期管理，主管税务机关应制作、送达《税务事项通知书》，告知纳税人。

第十六条 本办法自 2010 年 3 月 20 日起执行。《国家税务总局关于加强新办商贸企业增值税征收管理有关问题的紧急通知》（国税发明电［2004］37 号）、《国家税务总局关于辅导期一般纳税人实施"先比对、后扣税"有关管理问题的通知》（国税发明电［2004］51 号）、《国家税务总局关于加强新办商贸企业增值税征收管理有关问题的补充通知》（国税发明电［2004］62 号）、《国家税务总局关于辅导期增值税一般纳税人增值税专用发票预缴增值税有关问题的通知》（国税函［2005］1097 号）同时废止。

关于重新修订《增值税一般纳税人纳税申报办法》的通知（2003）

（国税发［2003］53 号）

各省、自治区、直辖市和计划单列市国家税务局：

为满足现行增值税税收政策的需要，进一步加强增值税的征收管理，在广泛征求各地意见的基础上，国家税务总局对现行的《增值税一般纳税人纳税申报办法》做了必要的修订，现将修订后的《增值税一般纳税人纳税申报办法》印发给你们。自 2003 年 7 月 1 日起，凡使用国家税务总局认定公布的增值税一般纳税人纳税申报电子信息采集系统的增值税一般纳税人，均应按照本办法进行增值税纳税申报，其他增值税一般纳税人仍按照《国家税务总局关于修订〈增值税一般纳税人纳税申报办法〉的通知》(国税发〔1999〕29号)的规定进行增值税纳税申报。

国家税务总局
二〇〇三年五月十三日

增值税一般纳税人纳税申报办法

根据《中华人民共和国税收征收管理法》及其实施细则、《中华人民共和国增值税暂行条例》和《中华人民共和国发票管理办》的有关规定,制定本办法。

一、凡增值税一般纳税人(以下简称纳税人)均按本办法进行纳税申报。

二、纳税人进行纳税申报必须实行电子信息采集。使用防伪税控系统开具增值税专用发票的纳税人必须在抄报税成功后,方可进行纳税申报。

三、纳税申报资料

(一)必报资料

1.《增值税纳税申报表(适用于增值税一般纳税人)》及其《增值税纳税申报表附列资料(表一)、(表二)、(表三)、(表四)》;

2. 使用防伪税控系统的纳税人,必须报送记录当期纳税信息的 IC 卡(明细数据备份在软盘上的纳税人,还须报送备份数据软盘)、《增值税专用发票存根联明细表》及《增值税专用发票抵扣联明细表》;

3.《资产负债表》和《损益表》;

4.《成品油购销存情况明细表》(发生成品油零售业务的纳税人填报);

5. 主管税务机关规定的其他必报资料。

纳税申报实行电子信息采集的纳税人,除向主管税务机关报送上述必报资料的电子数据外,还需报送纸介的《增值税纳税申报表(适用于一般纳税人)》(主表及附表)。

(二)备查资料

1. 已开具的增值税专用发票和普通发票存根联;

2. 符合抵扣条件并且在本期申报抵扣的增值税专用发票抵扣联;

3. 海关进口货物完税凭证、运输发票、购进农产品普通发票及购进废旧物资普通发票的复印件;

4. 收购凭证的存根联或报查联;

5. 代扣代缴税款凭证存根联;

6. 主管税务机关规定的其他备查资料。

备查资料是否需要在当期报送,由各省级国家税务局确定。

四、增值税纳税申报资料的管理

(一)增值税纳税申报必报资料

纳税人在纳税申报期内,应及时将全部必报资料的电子数据报送主管税务机关,并在主管税务机关按照税法规定确定的期限内(具体时间由各省级国家税务局确定),将本办法第三条、第一款要求报送的纸介的必报资料(具体份数由省一级国家税务局确定)报送主管税务机关,税务机关签收后,一份退还纳税人,其余留存。

（二）增值税纳税申报备查资料

纳税人在月度终了后，应将备查资料认真整理并装订成册。

1. 属于整本开具的手工版增值税专用发票及普通发票的存根联，按原顺序装订；开具的电脑版增值税专用发票，包括防伪税控系统开具的增值税专用发票的存根联，应按开票顺序号码每25份装订一册，不足25份的按实际开具份数装订。

2. 对属于扣税凭证的单证，根据取得的时间顺序，按单证种类每25份装订一册，不足25份的按实际份数装订。

3. 装订时，必须使用税务机关统一规定的《征税/扣税单证汇总簿封面》（以下简称"《封面》"），并按规定填写封面内容，由办税人员和财务人员审核签章。启用《封面》后，纳税人可不再填写原增值税专用发票的封面内容。

4. 纳税人当月未使用完的手工版增值税专用发票，暂不加装《封面》，两个月仍未使用完的，应在主管税务机关对其剩余部分剪角作废的当月加装《封面》。

纳税人开具的普通发票及收购凭证在其整本使用完毕的当月，加装《封面》。

5. 《封面》的内容包括纳税人单位名称、本册单证份数、金额、税额、本月此种单证总册数及本册单证编号、税款所属时间等，具体格式由各省一级国家税务局制定。

五、《增值税纳税申报表（适用于增值税一般纳税人）》（主表及附表）由纳税人向主管税务机关购领。

六、申报期限

纳税人应按月进行纳税申报，申报期为次月1日起至10日止，遇最后一日为法定节假日的，顺延1日；在每月1日至10日内有连续3日以上法定休假日的，按休假日天数顺延。

七、罚则

（一）纳税人未按规定期限办理纳税申报和报送纳税资料的，按照《中华人民共和国税收征收管理法》第六十二条的有关规定处罚。

（二）纳税人经税务机关通知申报而拒不申报或者进行虚假的纳税申报，不缴或者少缴应纳税款的，按偷税处理，并按《中华人民共和国税收征收管理法》第六十三条的有关规定处罚。

（三）纳税人不进行纳税申报，不缴或者少缴应纳税款的，按《中华人民共和国税收征收管理法》第六十四条的有关规定处罚。

附件：

1. 增值税纳税申报表（适用于增值税一般纳税人）（略）
2. 增值税纳税申报表附列资料（表一）（略）
3. 增值税纳税申报表附列资料（表二）（略）
4. 增值税纳税申报表附列资料（表三）（略）
5. 增值税纳税申报表附列资料（表四）（略）
6. 增值税纳税申报表（适用于一般纳税人）及其附表填表说明（略）
7. 增值税纳税申报表逻辑关系审核表（略）
8. 资产负债表（略）
9. 损益表（略）

10. 成品油购销存情况明细表及填表说明（略）

2.2.6 有关会计处理

财政部印发《关于小微企业免征增值税和营业税的会计处理规定》的通知

（财会〔2013〕24号）

国务院有关部委、有关直属机构，各省、自治区、直辖市、计划单列市财政厅（局），新疆生产建设兵团财务局：

为了深入贯彻实施《小企业会计准则》，解决执行中出现的问题，根据《财政部 国家税务总局关于暂免征收部分小微企业增值税和营业税的通知》（财税〔2013〕52号）相关规定，我部制定了《关于小微企业免征增值税和营业税的会计处理规定》，现予印发，请布置本地区相关企业执行。执行中有何问题，请及时反馈我部。

财政部
2013年12月24日

附件：

关于小微企业免征增值税和营业税的会计处理规定

根据《财政部 国家税务总局关于暂免征收部分小微企业增值税和营业税的通知》（财税〔2013〕52号，以下简称《通知》）相关规定，现就小微企业免征增值税、营业税的有关会计处理规定如下：

小微企业在取得销售收入时，应当按照税法的规定计算应交增值税，并确认为应交税费，在达到《通知》规定的免征增值税条件时，将有关应交增值税转入当期营业外收入。

小微企业满足《通知》规定的免征营业税条件的，所免征的营业税不作相关会计处理。

小微企业对本规定施行前免征增值税和营业税的会计处理，不进行追溯调整。

财政部《关于增值税会计处理的补充通知》

([93] 财会明电传 10 号　1993 年 12 月 28 日)

为了正确贯彻实施《中华人民共和国增值税暂行条例》及有关规定，现将企业实行增值税后期初存货的会计处理补充通知如下：

一、各级财政部门必须实事求是地核实企业的期初存货，并分别不同情况进行处理。

1. 企业应将 1993 年 12 月 31 日账面"待扣税金"科目的余额，转入"应交税金——应交增值税"科目，借记"待扣税金"科目，贷记"应交税金——应交增值税"科目。同时取消"待扣税金"科目。

2. 企业期初用于增值税应税项目的各类存货（包括在途材料、在途商品、原材料、产成品、包装物、低值易耗品、在产品、自制半成品、库存商品等）的余额中已支付的按规定计算应予抵扣销项税额的期初进项税额，借记"待摊费用——期初进项税额"科目，贷记"材料采购""商品采购""原材料""包装物""低值易耗品""产成品""库存商品""生产成本""加工商品""委托加工材料""材料成本差异""商品进销差价"等科目。这部分列作"待摊费用——期初进项税额"科目的已征税款，在国家统一处理办法下发前，不得抵扣当期销项税额。国家统一办法下发后，会计处理方法另定。

二、外贸企业期初存货的会计处理方法另行通知。

请立即通知各级财政部门和企业执行。

财政部关于增值税会计处理的规定

(1993 年 12 月 27 日财政部发布)

《中华人民共和国增值税暂行条例》已经国务院颁发，现对有关会计处理办法规定如下：

一、会计科目

（一）企业应在"应交税金"科目下设置"应交增值税"明细科目。在"应交增值税"明细账中，应设置"进项税额""已交税金""销项税额""出口退税""进项税额转出"等专栏。

"进项税额"专栏，记录企业购入货物或接受应税劳务而支付的、准予从销项税额中抵扣的增值税额。企业购入货物或接受应税劳务支付的进项税额，用蓝字登记；退回所购货物应冲销的进项税额，用红字登记。

"已交税金"专栏，记录企业已交纳的增值税额。企业已交纳的增值税额用蓝字登记；退回多交的增值税额用红字登记。

"销项税额"专栏，记录企业销售货物或提供应税劳务应收取的增值税额。企业销售货物或提供应税劳务应收取的销项税额，用蓝字登记；退回销售货物应冲销销项税额，用红字登记。

"出口退税"专栏，记录企业出口适用零税率的货物，向海关办理报关出口手续后，凭出口报关单等有关凭证，向税务机关申报办理出口退税而收到退回的税款。出口货物退回的增值税额，用蓝字登记；出口货物办理退税后发生退货或者退关而补交已退的税款，用红字登记。

"进项税额转出"专栏，记录企业的购进货物、在产品、产成品等发生非正常损失以及其他原因而不应从销项税额中抵扣，按规定转出的进项税额。

（二）账务处理方法如下：

1. 企业国内采购的货物，按照专用发票上注明的增值税额，借记"应交税金——应交增值税（进项税额）"科目，按照专用发票上记载的应计入采购成本的金额，借记"材料采购""商品采购""原材料""制造费用""管理费用""经营费用""其他业务支出"等科目，按照应付或实际支付的金额，贷记"应付账款""应付票据""银行存款"等科目。购入货物发生的退货，作相反的会计分录。

2. 企业接受投资转入的货物，按照专用发票上注明的增值税额，借记"应交税金——应交增值税（进项税额）"科目，按照确认的投资货物价值（已扣增值税，下同），借记"原材料"科目，按照增值税额与货物价值的合计数，贷记"实收资本"等科目。

企业接受捐赠转入的货物，按照专用发票上注明的增值税额，借记"应交税金——应交增值税（进项税额）"等科目，按照确认的捐赠货物的价值，借记"原材料"等科目，按照增值税额与货物价值的合计数，贷记"资本公积"科目。

3. 企业接受应税劳务，按照专用发票上注明的增值税额，借记"应交税金——应交增值税（进项税额）"科目，按专用发票上记载的应计入加工、修理修配等货物成本的金额，借记"其他业务支出""制造费用""委托加工材料""加工商品""经营费用""管理费用"等科目，按应付或实际支付的金额，贷记"应付账款""银行存款"等科目。

4. 企业进口货物，按照海关提供的完税凭证上注明的增值税额，借记"应交税金——应交增值税（进项税额）"科目，按照进口货物应计入采购成本的金额，借记"材料采购""商品采购""原材料"等科目，按照应付或实际支付的金额，贷记"应付账款""银行存款"等科目。

5. 企业购进免税农业产品，按购入农业产品的买价和规定的扣除率计算的进项税额，借记"应交税金——应交增值税（进项税额）"科目，按买价扣除按规定计算的进项税额后的数额，借记"材料采购""商品采购"等科目，按应付或实际支付的价款，贷记"应付账款""银行存款"等科目。

6. 企业购入固定资产，其专用发票上注明的增值税额计入固定资产的价值，其会计处理办法按现行有关会计制度规定办理。

企业购入货物及接受应税劳务直接用于非应税项目，或直接用于免税项目以及直接用于集体福利和个人消费的,其专用发票上注明的增值税额,计入购入货物及接受劳务的成本,其会计处理方法按照现行有关会计制度规定办理。

实行简易办法计算交纳增值税的小规模纳税企业(以下简称小规模纳税企业)购入货物及接受应税劳务支付的增值税额,也应直接计入有关货物及劳务的成本,其会计处理方法按照现行有关会计制度规定办理。

企业购入货物取得普通发票(不包括购进免税农业产品),其会计处理方法仍按照现行有关会计制度规定办理。

7. 企业销售货物或提供应税劳务(包括将自产、委托加工或购买的货物分配给股东或投资者),按照实现的销售收入和按规定收取的增值税额,借记"应收账款""应收票据""银行存款""应付利润"等科目,按照按规定收取的增值税额,贷记"应交税金——应交增值税(销项税额)"科目,按实现的销售收入,贷记"产品销售收入""商品销售收入""其他业务收入"等科目。发生的销售退回,作相反的会计分录。

8. 小规模纳税企业销售货物或提供应税劳务,按实现的销售收入和按规定收取的增值税额,借记"应收账款""应收票据""银行存款"等科目,按规定收取的增值税额,贷记"应交税金——应交增值税"科目,按实现的销售收入,贷记"产品销售收入""商品销售收入""其他业务收入"等科目。

9. 企业出口适用零税率的货物,不计算销售收入应交纳的增值税。企业向海关办理报关出口手续后,凭出口报关单等有关凭证,向税务机关申报办理该项出口货物的进项税额的退税。企业在收到出口货物退回的税款时,借记"银行存款"科目,贷记"应交税金——应交增值税(出口退税)"科目。出口货物办理退税后发生的退货或者退关补交已退回税款的,作相反的会计分录。

10. 企业将自产或委托加工的货物用于非应税项目,应视同销售货物计算应交增值税,借记"在建工程"等科目,贷记"应交税金——应交增值税(销项税额)"科目。

企业将自产、委托加工或购买的货物作为投资,提供给其他单位或个体经营者,应视同销售货物计算应交增值税,借记"长期投资"科目,贷记"应交税金——应交增值税(销项税额)"科目。

企业将自产、委托加工的货物用于集体福利消费等,应视同销售货物计算应交增值税,借记"在建工程"等科目,贷记"应交税金——应交增值税(销项税额)"科目。

企业将自产、委托加工或购买的货物无偿赠送他人,应视同销售货物计算应交增值税,借记"营业外支出"等科目,贷记"应交税金——应交增值税(销项税额)"科目。

11. 随同产品出售但单独计价的包装物,按规定应交纳的增值税,借记"应收账款"等科目,贷记"应交税金——应交增值税(销项税额)"科目。企业逾期未退还的包装物押金,按规定应交纳的增值税,借记"其他应付款"等科目,贷记"应交税金——应交增值税(销项税额)"科目。

12. 企业购进的货物、在产品、产成品发生非正常损失,以及购进货物改变用途等原因,其进项税额,应相应转入有关科目,借记"待处理财产损溢""在建工程""应付福利费"等科目,贷记"应交税金——应交增值税(进项税额转出)"科目。属于转作待处理财产损失的部分,应与遭受非正常损失的购进货物、在产品、产成品成本一并处理。

13. 企业上交增值税时,借记"应交税金——应交增值税(已交税金)"(小规模纳税企业记入"应交税金——应交增值税")科目,贷记"银行存款"科目。收到退回多交的增值税,作相反的会计分录。

14. "应交税金——应交增值税"科目的借方发生额,反映企业购进货物或接受应税劳务支付的进项税额和实际已交纳的增值税;贷方发生额,反映销售货物或提供应税劳务应交纳的增值税额、出口货物退税、转出已支付或应分担的增值税;期末借方余额,反映企业多交或尚未抵扣的增值税;期末贷方余额,反映企业尚未交纳的增值税。

15. 企业的"应交税金"科目所属"应交增值税"明细科目可按上述规定设置有关的专栏进行明细核算;也可以将有关专栏的内容在"应交税金"科目下分别单独设置明细科目进行核算,在这种情况下,企业可沿用三栏式账户,在月份终了时,再将有关明细账的余额结转"应交税金——应交增值税"科目。小规模纳税企业,仍可沿用三栏式账户,核算企业应交、已交及多交或欠交的增值税。

二、会计报表

企业应增设会工(或会商等)01表附表1"应交增值税明细表",本表应根据"应交税金——应交增值税"科目的记录填列。

应交增值税明细表

会工(或会商等)01表附表1

编制单位:　　　　　　　　　　　　年　月　　　　　　　　　　　　单位:元

项　目	行次	本月数	本年累计数
1. 年初未交数	1	×	
(多交或未抵扣数用负号填列)	2	×	
2. 销项税额　出口退税	3		
进项税额转出数	4		
3. 进项税额	5		
已交税金	6		
4. 期末未交数	7		
(多交或未抵扣数用负号填列)	8		
	9		

应交税金——应交增值税

略	借　方		
	合　计	进项税额	已交税金

应交税金——应交增值税

贷　方				借或贷	余　额
合　计	销项税额	出口退税	进项税额转出		

本表各项目间的相互关系如下:

本年累计数栏第9行=1行+2行+3行+4行-6行-7行。

三、"应交税金——应交增值税"账户的示范格式如下：

财政部
一九九三年十二月三十号

2.2.7 有关增值税发票犯罪

中华人民共和国刑法

（中华人民共和国主席令第十号）

《中华人民共和国刑法修正案（七）》已由中华人民共和国第十一届全国人民代表大会常务委员会第七次会议于 2009 年 2 月 28 日通过，现予公布，自公布之日起施行。

中华人民共和国主席　胡锦涛
2009 年 2 月 28 日

第二编　分　则

第三章　破坏社会主义市场经济秩序罪

第六节　危害税收征管罪

第二百零一条 纳税人采取欺骗、隐瞒手段进行虚假纳税申报或者不申报，逃避缴纳税款数额较大并且占应纳税额百分之十以上的，处三年以下有期徒刑或者拘役，并处罚金；数额巨大并且占应纳税额百分之三十以上的，处三年以上七年以下有期徒刑，并处罚金。

扣缴义务人采取前款所列手段，不缴或者少缴已扣、已收税款，数额较大的，依照前款的规定处罚。

对多次实施前两款行为，未经处理的，按照累计数额计算。

有第一款行为，经税务机关依法下达追缴通知后，补缴应纳税款，缴纳滞纳金，已受行政处罚的，不予追究刑事责任；但是，五年内因逃避缴纳税款受过刑事处罚或者被税务机关给予二次以上行政处罚的除外。

第二百零二条 以暴力、威胁方法拒不缴纳税款的，处三年以下有期徒刑或者拘役，并处拒缴税款一倍以上五倍以下罚金；情节严重的，处三年以上七年以下有期徒刑，并处拒缴税款一倍以上五倍以下罚金。

第二百零三条 纳税人欠缴应纳税款，采取转移或者隐匿财产的手段，致使税务机关无法追缴欠缴的税款,数额在一万元以上不满十万元的,处三年以下有期徒刑或者拘役,并处或者单处欠缴税款一倍以上五倍以下罚金;数额在十万元以上的,处三年以上七年以下有期徒刑,并处欠缴税款一倍以上五倍以下罚金。

第二百零四条 以假报出口或者其他欺骗手段,骗取国家出口退税款,数额较大的,处五年以下有期徒刑或者拘役,并处骗取税款一倍以上五倍以下罚金;数额巨大或者有其他严重情节的,处五年以上十年以下有期徒刑,并处骗取税款一倍以上五倍以下罚金;数额特别巨大或者有其他特别严重情节的,处十年以上有期徒刑或者无期徒刑,并处骗取税款一倍以上五倍以下罚金或者没收财产。

纳税人缴纳税款后,采取前款规定的欺骗方法,骗取所缴纳的税款的,依照本法第二百零一条的规定定罪处罚,骗取税款超过所缴纳的税款部分,依照前款的规定处罚。

第二百零五条 虚开增值税专用发票或者虚开用于骗取出口退税、抵扣税款的其他发票的,处三年以下有期徒刑或者拘役,并处二万元以上二十万元以下罚金;虚开的税款数额较大或者有其他严重情节的,处三年以上十年以下有期徒刑,并处五万元以上五十万元以下罚金;虚开的税款数额巨大或者有其他特别严重情节的,

处十年以上有期徒刑或者无期徒刑,并处五万元以上五十万元以下罚金或者没收财产。

有前款行为骗取国家税款,数额特别巨大,情节特别严重,给国家利益造成特别重大损失的,处无期徒刑或者死刑,并处没收财产。

单位犯本条规定之罪的,对单位判处罚金,并对其直接负责的主管人员和其他直接责任人员,处三年以下有期徒刑或者拘役;虚开的税款数额较大或者有其他严重情节的,处三年以上十年以下有期徒刑;虚开的税款数额巨大或者有其他特别严重情节的,处十年以上有期徒刑或者无期徒刑。

虚开增值税专用发票或者虚开用于骗取出口退税、抵扣税款的其他发票,是指有为他人虚开、为自己虚开、让他人为自己虚开、介绍他人虚开行为之一的。

第二百零六条 伪造或者出售伪造的增值税专用发票的,处三年以下有期徒刑、拘役或者管制,并处二万元以上二十万元以下罚金;数量较大或者有其他严重情节的,处三年以上十年以下有期徒刑,并处五万元以上五十万元以下罚金;数量巨大或者有其他特别严重情节的,处十年以上有期徒刑或者无期徒刑,并处五万元以上五十万元以下罚金或者没收财产。

伪造并出售伪造的增值税专用发票,数量特别巨大,情节特别严重,严重破坏经济秩序的,处无期徒刑或者死刑,并处没收财产。

单位犯本条规定之罪的,对单位判处罚金,并对其直接负责的主管人员和其他直接责任人员,处三年以下有期徒刑、拘役或者管制;数量较大或者有其他严重情节的,处三年以上十年以下有期徒刑;数量巨大或者有其他特别严重情节的,处十年以上有期徒刑或者无期徒刑。

第二百零七条 非法出售增值税专用发票的,处三年以下有期徒刑、拘役或者管制,并处二万元以上二十万元以下罚金;数量较大的,处三年以上十年以下有期徒刑,并处五万元以上五十万元以下罚金;数量巨大的,处十年以上有期徒刑或者无期徒刑,并处五万元以上五十万元以下罚金或者没收财产。

第二百零八条 非法购买增值税专用发票或者购买伪造的增值税专用发票的,处五年以下有期徒刑或者拘役,并处或者单处二万元以上二十万元以下罚金。

非法购买增值税专用发票或者购买伪造的增值税专用发票又虚开或者出售的,分别依照本法第二百零五条、第二百零六条、第二百零七条的规定定罪处罚。

第二百零九条 伪造、擅自制造或者出售伪造、擅自制造的可以用于骗取出口退税、抵扣税款的其他发票的,处三年以下有期徒刑、拘役或者管制,并处二万元以上二十万元以下罚金;数量巨大的,处三年以上七年以下有期徒刑,并处五万元以上五十万元以下罚金;数量特别巨大的,处七年以上有期徒刑,并处五万元以上五十万元以下罚金或者没收财产。

伪造、擅自制造或者出售伪造、擅自制造的前款规定以外的其他发票的,处二年以下有期徒刑、拘役或者管制,并处或者单处一万元以上五万元以下罚金;情节严重的,处二年以上七年以下有期徒刑,并处五万元以上五十万元以下罚金。

非法出售可以用于骗取出口退税、抵扣税款的其他发票的,依照第一款的规定处罚。

非法出售第三款规定以外的其他发票的,依照第二款的规定处罚。

第二百一十条 盗窃增值税专用发票或者可以用于骗取出口退税、抵扣税款的其他发票的,依照本法第二百六十四条的规定定罪处罚。

使用欺骗手段骗取增值税专用发票或者可以用于骗取出口退税、抵扣税款的其他发票的,依照本法第二百六十六条的规定定罪处罚。

第二百一十一条 单位犯本节第二百零一条、第二百零三条、第二百零四条、第二百零七条、第二百零八条、第二百零九条规定之罪的,对单位判处罚金,并对其直接负责的主管人员和其他直接责任人员,依照各该条的规定处罚。

第二百一十二条 犯本节第二百零一条至第二百零五条规定之罪,被判处罚金、没收财产的,在执行前,应当先由税务机关追缴税款和所骗取的出口退税款。

最高人民法院印发《关于适用〈全国人民代表大会常务委员会关于惩治虚开、伪造和非法出售增值税专用发票犯罪的决定〉的若干问题的解释》的通知

(法发[1996]30号 1996年10月17日)

各省、自治区、直辖市高级人民法院,解放军军事法院:

现将《关于适用〈全国人民代表大会常务委员会关于惩治虚开、伪造和非法出售增值税专用发票犯罪的决定〉的若干问题的解释》印发给你们,望遵照执行。在执行中如有问题,请及时报告我院。

最高人民法院关于适用《全国人民代表大会常务委员会关于惩治虚开、伪造和非法出售增值税专用发票犯罪的决定》的若干问题的解释

为正确执行《全国人民代表大会常务委员会关于惩治虚开、伪造和非法出售增值税专用发票犯罪的决定》（以下简称《决定》），依法惩治虚开、伪造和非法出售增值税专用发票和其他发票犯罪，现就适用《决定》的若干具体问题解释如下：

一、根据《决定》第一条规定，虚开增值税专用发票的，构成虚开增值税专用发票罪。

具有下列行为之一的，属于"虚开增值税专用发票"：（1）没有货物购销或者没有提供或接受应税劳务而为他人、为自己、让他人为自己、介绍他人开具增值税专用发票；（2）有货物购销或者提供或接受了应税劳务但为他人、为自己、让他人为自己、介绍他人开具数量或者金额不实的增值税专用发票；（3）进行了实际经营活动，但让他人为自己代开增值税专用发票。

虚开税款数额1万元以上的或者虚开增值税专用发票致使国家税款被骗取5000元以上的，应当依法定罪处罚。

虚开税款数额10万元以上的，属于"虚开的税款数额较大"；具有下列情形之一的，属于"有其他严重情节"：（1）因虚开增值税专用发票致使国家税款被骗取5万元以上的；（2）具有其他严重情节的。

虚开税款数额50万元以上的，属于"虚开的税款数额巨大"；具有下列情形之一的，属于"有其他特别严重情节"：（1）因虚开增值税专用发票致使国家税款被骗取30万元以上的；（2）虚开的税款数额接近巨大并有其他严重情节的；（3）具有其他特别严重情节的。

利用虚开的增值税专用发票实际抵扣税款或者骗取出口退税100万元以上的，属于"骗取国家税款数额特别巨大"；造成国家税款损失50万元以上并且在侦查终结前仍无法追回的，属于"给国家利益造成特别重大损失"。利用虚开的增值税专用发票骗取国家税款数额特别巨大、给国家利益造成特别重大损失，为"情节特别严重"的基本内容。

虚开增值税专用发票犯罪分子与骗取税款犯罪分子均应当对虚开的税款数额和实际骗取的国家税款数额承担刑事责任。

利用虚开的增值税专用发票抵扣税款或者骗取出口退税的，应当依照《决定》第一条的规定定罪处罚；以其他手段骗取国家税款的，仍应依照《全国人民代表大会常务委员会关于惩治偷税、抗税犯罪的补充规定》的有关规定定罪处罚。

二、根据《决定》第二条规定，伪造或者出售伪造的增值税专用发票的，构成伪造、出售伪造的增值税专用发票罪。

伪造或者出售伪造的增值税专用发票25份以上或者票面额（百元版以每份100元，千元版以每份1000元，万元版以每份1万元计算，以此类推。下同）累计10万元以上的，应当依法定罪处罚。

伪造或者出售伪造的增值税专用发票100份以上或者票面额累计50万元以上的，属

于"数量较大";具有下列情形之一的,属于"有其他严重情节":(1)违法所得数额在1万元以上的;(2)伪造并出售伪造的增值税专用发票60份以上或者票面额累计30万元以上的;(3)造成严重后果或者具有其他严重情节的。

伪造或者出售伪造的增值税专用发票500份以上或者票面额累计250万元以上的,属于"数量巨大";具有下列情形之一的,属于"有其他特别严重情节":(1)违法所得数额在5万元以上的;(2)伪造并出售伪造的增值税专用发票300份以上或者票面额累计200万元以上的;(3)伪造或者出售伪造的增值税专用发票接近"数量巨大"并有其他严重情节的;(4)造成特别严重后果或者具有其他特别严重情节的。

伪造并出售伪造的增值税专用发票1000份以上或者票面额累计1000万元以上的,属于"伪造并出售伪造的增值税专用发票数量特别巨大";具有下列情形之一的,属于"情节特别严重":(1)违法所得数额在5万元以上的;(2)因伪造、出售伪造的增值税专用发票致使国家税款被骗取100万元以上的;(3)给国家税款造成实际损失50万元以上的;(4)具有其他特别严重情节的。对于伪造并出售伪造的增值税专用发票数量达到特别巨大,又具有特别严重情节,严重破坏经济秩序的,应当依照《决定》第二条第二款的规定处罚。

伪造并出售同一宗增值税专用发票的,数量或者票面额不重复计算。

变造增值税专用发票的,按照伪造增值税专用发票行为处理。

三、根据《决定》第三条规定,非法出售增值税专用发票的,构成非法出售增值税专用发票罪。

非法出售增值税专用发票案件的定罪量刑数量标准按照本解释第二条第二、三、四款的规定执行。

四、根据《决定》第四条规定,非法购买增值税专用发票或者购买伪造的增值税专用发票的,构成非法购买增值税专用发票、伪造的增值税专用发票罪。

非法购买增值税专用发票或者购买伪造的增值税专用发票25份以上或者票面额累计10万元以上的,应当依法定罪处罚。

非法购买真、伪两种增值税专用发票的,数量累计计算,不实行数罪并罚。

五、根据《决定》第五条规定,虚开用于骗取出口退税、抵扣税款的其他发票的,构成虚开专用发票罪,依照《决定》第一条的规定处罚。

"用于骗取出口退税、抵扣税款的其他发票"是指可以用于申请出口退税、抵扣税款的非增值税专用发票,如运输发票、废旧物品收购发票、农业产品收购发票等。

六、根据《决定》第六条规定,伪造、擅自制造或者出售伪造、擅自制造的可以用于骗取出口退税、抵扣税款的其他发票的,构成非法制造专用发票罪或出售非法制造的专用发票罪。

伪造、擅自制造或者出售伪造、擅自制造的可以用于骗取出口退税、抵扣税款的其他发票50份以上的,应当依法定罪处罚;伪造、擅自制造或者出售伪造、擅自制造的可以用于骗取出口退税、抵扣税款的其他发票200份以上的,属于"数量巨大";伪造、擅自制造或者出售伪造、擅自制造的可以用于骗取出口退税、抵扣税款的其他发票1000份以上的,属于"数量特别巨大"。

七、盗窃增值税专用发票或者可以用于骗取出口退税、抵扣税款的其他发票25份以上，或者其他发票50份以上的；诈骗增值税专用发票或者可以用于骗取出口退税、抵扣税款的其他发票50份以上，或者其他发票100份以上的，依照刑法第一百五十一条的规定处罚。

盗窃增值税专用发票或者可以用于骗取出口退税、抵扣税款的其他发票250份以上，或者其他发票500份以上的；诈骗增值税专用发票或者可以用于骗取出口退税、抵扣税款的其他发票500份以上，或者其他发票1000份以上的，依照刑法第一百五十二条的规定处罚。

盗窃增值税专用发票或者其他发票情节特别严重的，依照《全国人民代表大会常务委员会关于严惩严重破坏经济的罪犯的决定》第一条第（一）项的规定处罚。

盗窃、诈骗增值税专用发票或者其他发票后，又实施《决定》规定的虚开、出售等犯罪的，按照其中的重罪定罪处罚，不实行数罪并罚。

全国人民代表大会常务委员会
关于惩治虚开、伪造和非法出售增值税
专用发票犯罪的决定

（中华人民共和国主席令第五十七号）

《全国人民代表大会常务委员会关于惩治虚开、伪造和非法出售增值税专用发票犯罪的决定》已由中华人民共和国第八届全国人民代表大会常务委员会第十六次会议于1995年10月30日通过，现予公布，自公布之日起施行。

中华人民共和国主席　江泽民
1995年10月30日

全国人民代表大会常务委员会关于
惩治虚开、伪造和非法出售增值税专用发票犯罪的决定

1995年10月30日第八届全国人民代表大会常务委员会第十六次会议通过

为了惩治虚开、伪造和非法出售增值税专用发票和其他发票进行偷税、骗税等犯罪活动，保障国家税收，特作如下决定：

一、虚开增值税专用发票的，处三年以下有期徒刑或者拘役，并处二万元以上二十万元以下罚金；虚开的税款数额较大或者有其他严重情节的，处三年以上十年以下有期徒刑，并处五万元以上五十万元以下罚金；虚开的税款数额巨大或者有其他特别严重情节的，处十年以上有期徒刑或者无期徒刑，并处没收财产。

有前款行为骗取国家税款，数额特别巨大、情节特别严重、给国家利益造成特别重大损失的，处无期徒刑或者死刑，并处没收财产。

虚开增值税专用发票的犯罪集团的首要分子，分别依照前两款的规定从重处罚。

虚开增值税专用发票是指有为他人虚开、为自己虚开、让他人为自己虚开、介绍他人虚开增值税专用发票行为之一的。

二、伪造或者出售伪造的增值税专用发票的，处三年以下有期徒刑或者拘役，并处二万元以上二十万元以下罚金；数量较大或者有其他严重情节的，处三年以上十年以下有期徒刑，并处五万元以上五十万元以下罚金；数量巨大或者有其他特别严重情节的，处十年以上有期徒刑或者无期徒刑，并处没收财产。

伪造并出售伪造的增值税专用发票，数量特别巨大、情节特别严重、严重破坏经济秩序的，处无期徒刑或者死刑，并处没收财产。

伪造、出售伪造的增值税专用发票的犯罪集团的首要分子，分别依照前两款的规定从重处罚。

三、非法出售增值税专用发票的，处三年以下有期徒刑或者拘役，并处二万元以上二十万元以下罚金；数量较大的，处三年以上十年以下有期徒刑，并处五万元以上五十万元以下罚金；数量巨大的，处十年以上有期徒刑或者无期徒刑，并处没收财产。

四、非法购买增值税专用发票或者购买伪造的增值税专用发票的，处五年以下有期徒刑、拘役，并处或者单处二万元以上二十万元以下罚金。

非法购买增值税专用发票或者购买伪造的增值税专用发票又虚开或者出售的，分别依照第一条、第二条、第三条的规定处罚。

五、虚开用于骗取出口退税、抵扣税款的其他发票的，依照本决定第一条的规定处罚。

虚开用于骗取出口退税、抵扣税款的其他发票是指有为他人虚开、为自己虚开、让他人为自己虚开、介绍他人虚开用于骗取出口退税、抵扣税款的其他发票行为之一的。

六、伪造、擅自制造或者出售伪造、擅自制造的可以用于骗取出口退税、抵扣税款的其他发票的，处三年以下有期徒刑或者拘役，并处二万元以上二十万元以下罚金；数量巨大的，处三年以上七年以下有期徒刑，并处五万元以上五十万元以下罚金；数量特别巨大的，处七年以上有期徒刑，并处没收财产。

伪造、擅自制造或者出售伪造、擅自制造的前款规定以外的其他发票的，比照刑法第一百二十四条的规定处罚。

非法出售可以用于骗取出口退税、抵扣税款的其他发票的，依照第一款的规定处罚。

非法出售前款规定以外的其他发票的，比照刑法第一百二十四条的规定处罚。

七、盗窃增值税专用发票或者其他发票的，依照刑法关于盗窃罪的规定处罚。

使用欺骗手段骗取增值税专用发票或者其他发票的，依照刑法关于诈骗罪的规定处罚。

八、税务机关或者其他国家机关的工作人员有下列情形之一的，依照本决定的有关规定从重处罚：

（一）与犯罪分子相勾结，实施本决定规定的犯罪的；

（二）明知是虚开的发票，予以退税或者抵扣税款的；

（三）明知犯罪分子实施本决定规定的犯罪，而提供其他帮助的。

九、税务机关的工作人员违反法律、行政法规的规定，在发售发票、抵扣税款、出口退税工作中玩忽职守，致使国家利益遭受重大损失的，处五年以下有期徒刑或者拘役；致使国家利益遭受特别重大损失的，处五年以上有期徒刑。

十、单位犯本决定第一条、第二条、第三条、第四条、第五条、第六条、第七条第二款规定之罪的，对单位判处罚金，并对直接负责的主管人员和其他直接责任人员依照各该条的规定追究刑事责任。

十一、有本决定第二条、第三条、第四条第一款、第六条规定的行为，情节显著轻微，尚不构成犯罪的，由公安机关处十五日以下拘留、五千元以下罚款。

十二、对追缴犯本决定规定之罪的犯罪分子的非法抵扣和骗取的税款，由税务机关上交国库，其他的违法所得和供犯罪使用的财物一律没收。

供本决定规定的犯罪所使用的发票和伪造的发票一律没收。

十三、本决定自公布之日起施行。

* 根据中华人民共和国刑法（97修订），本决定予以保留，其中，有关行政处罚和行政措施的规定继续有效；有关刑事责任的规定已纳入97刑法，自97刑法施行之日起，适用97刑法规定。

2.2.8 有关增值税征收率

国家税务总局关于简并增值税征收率有关问题的公告

（国家税务总局公告2014年第36号）

根据国务院简并和统一增值税征收率的决定，现将有关问题公告如下：

一、将《国家税务总局关于固定业户临时外出经营有关增值税专用发票管理问题的通知》（国税发〔1995〕87号）中"经营地税务机关按6%的征收率征税"，修改为"经营地税务机关按3%的征收率征税"。

二、将《国家税务总局关于拍卖行取得的拍卖收入征收增值税、营业税有关问题的通知》（国税发〔1999〕40号）第一条中"按照4%的征收率征收增值税"，修改为"按照3%的征收率征收增值税"。

三、将《国家税务总局关于增值税简易征收政策有关管理问题的通知》（国税函〔2009〕90号）第一条第（一）项中"按简易办法依4%征收率减半征收增值税政策"，修改为"按简易办法依3%征收率减按2%征收增值税政策"。

四、将《国家税务总局关于供应非临床用血增值税政策问题的批复》（国税函〔2009〕456号）第二条中"按照简易办法依照6%征收率计算应纳税额"，修改为"按照简易办法依照 3%征收率计算应纳税额"。

五、将《国家税务总局关于一般纳税人销售自己使用过的固定资产增值税有关问题的公告》（国家税务总局公告 2012 年第 1 号）中"可按简易办法依 4%征收率减半征收增值税"，修改为"可按简易办法依 3%征收率减按 2%征收增值税"。

六、纳税人适用按照简易办法依 3%征收率减按 2%征收增值税政策的，按下列公式确定销售额和应纳税额：

销售额＝含税销售额/(1＋3%)

应纳税额＝销售额×2%

《国家税务总局关于增值税简易征收政策有关管理问题的通知》（国税函〔2009〕90 号）第四条第（一）项废止。

七、本公告自 2014 年 7 月 1 日起施行。

特此公告。

国家税务总局
2014 年 6 月 27 日

财政部、国家税务总局关于简并增值税征收率政策的通知

（财税〔2014〕57 号）

各省、自治区、直辖市、计划单列市财政厅（局）、国家税务局，新疆生产建设兵团财务局：

为进一步规范税制、公平税负，经国务院批准，决定简并和统一增值税征收率，将 6%和 4%的增值税征收率统一调整为 3%。现将有关事项通知如下：

一、《财政部国家税务总局关于部分货物适用增值税低税率和简易办法征收增值税政策的通知》（财税〔2009〕9 号）第二条第（一）项和第（二）项中"按照简易办法依照 4%征收率减半征收增值税"调整为"按照简易办法依照 3%征收率减按 2%征收增值税"。

《财政部国家税务总局关于全国实施增值税转型改革若干问题的通知》（财税〔2008〕170 号）第四条第（二）项和第（三）项中"按照 4%征收率减半征收增值税"调整为"按照简易办法依照 3%征收率减按 2%征收增值税"。

二、财税〔2009〕9 号文件第二条第（三）项和第条"依照 6%征收率"调整为"依照 3%征收率"。

三、财税〔2009〕9 号文件第二条第（四）项"依照 4%征收率"调整为"依照 3%征收率"。

四、本通知自 2014 年 7 月 1 日起执行。

财政部
国家税务总局
2014 年 6 月 13 日

2.2.9 其他

2.2.9.1 部门联合

财政部、国家税务总局
关于新型墙体材料增值税政策的通知

（财税〔2015〕73 号）

各省、自治区、直辖市、计划单列市财政厅（局）、国家税务局，新疆生产建设兵团财务局：

为加快推广新型墙体材料，促进能源节约和耕地保护，现就部分新型墙体材料增值税政策明确如下：

一、对纳税人销售自产的列入本通知所附《享受增值税即征即退政策的新型墙体材料目录》（以下简称《目录》）的新型墙体材料，实行增值税即征即退 50% 的政策。

二、纳税人销售自产的《目录》所列新型墙体材料，其申请享受本通知规定的增值税优惠政策时，应同时符合下列条件：

（一）销售自产的新型墙体材料，不属于国家发展和改革委员会《产业结构调整指导目录》中的禁止类、限制类项目。

（二）销售自产的新型墙体材料，不属于环境保护部《环境保护综合名录》中的"高污染、高环境风险"产品或者重污染工艺。

（三）纳税信用等级不属于税务机关评定的 C 级或 D 级。

纳税人在办理退税事宜时，应向主管税务机关提供其符合上述条件的书面声明材料，未提供书面声明材料或者出具虚假材料的，税务机关不得给予退税。

三、已享受本通知规定的增值税即征即退政策的纳税人，自不符合本通知第二条规定条件的次月起，不再享受本通知规定的增值税即征即退政策。

四、纳税人应当单独核算享受本通知规定的增值税即征即退政策的新型墙体材料的销售额和应纳税额。未按规定单独核算的，不得享受本通知规定的增值税即征即退政策。

五、各省、自治区、直辖市、计划单列市税务机关应于每年 2 月底之前在其网站上，将享受本通知规定的增值税即征即退政策的纳税人按下列项目予以公示：纳税人名称、纳税人识别号、新型墙体材料的名称。

六、已享受本通知规定的增值税即征即退政策的纳税人，因违反税收、环境保护的法律法规受到处罚（警告或单次1万元以下罚款除外），自处罚决定下达的次月起36个月内，不得享受本通知规定的增值税即征即退政策。

七、《目录》所列新型墙体材料适用的国家标准、行业标准，如在执行过程中有更新、替换，统一按新的国家标准、行业标准执行。

八、本通知自2015年7月1日起执行。

附件：享受增值税即征即退政策的新型墙体材料目录

财政部
国家税务总局
2015年6月12日

附件：

享受增值税即征即退政策的新型墙体材料目录

一、砖类

（一）非粘土烧结多孔砖（符合GB 13544—2011技术要求）和非粘土烧结空心砖（符合GB 13545—2014技术要求）。

（二）承重混凝土多孔砖（符合GB 25779—2010技术要求）和非承重混凝土空心砖（符合GB/T 24492—2009技术要求）。

（三）蒸压粉煤灰多孔砖（符合GB 26541—2011技术要求）、蒸压泡沫混凝土砖（符合GB/T 29062—2012技术要求）。

（四）烧结多孔砖（仅限西部地区，符合GB 13544—2011技术要求）和烧结空心砖（仅限西部地区，符合GB 13545—2014技术要求）。

二、砌块类

（一）普通混凝土小型空心砌块（符合GB/T 8239—2014技术要求）。

（二）轻集料混凝土小型空心砌块（符合GB/T 15229—2011技术要求）。

（三）烧结空心砌块（以煤矸石、江河湖淤泥、建筑垃圾、页岩为原料，符合GB 13545—2014技术要求）和烧结多孔砌块（以页岩、煤矸石、粉煤灰、江河湖淤泥及其他固体废弃物为原料，符合GB 13544—2011技术要求）。

（四）蒸压加气混凝土砌块（符合GB 11968—2006技术要求）、蒸压泡沫混凝土砌块（符合GB/T 29062—2012技术要求）。

（五）石膏砌块（以脱硫石膏、磷石膏等化学石膏为原料，符合JC/T698—2010技术要求）。

（六）粉煤灰混凝土小型空心砌块（符合JC/T 862—2008技术要求）。

三、板材类

（一）蒸压加气混凝土板（符合GB 15762—2008技术要求）。

（二）建筑用轻质隔墙条板（符合 GB/T 23451—2009 技术要求）和建筑隔墙用保温条板（符合 GB/T 23450—2009 技术要求）。

（三）外墙外保温系统用钢丝网架模塑聚苯乙烯板（符合 GB 26540—2011 技术要求）。

（四）石膏空心条板（符合 JC/T 829—2010 技术要求）。

（五）玻璃纤维增强水泥轻质多孔隔墙条板（简称 GRC 板，符合 GB/T 19631—2005 技术要求）。

（六）建筑用金属面绝热夹芯板（符合 GB/T 23932—2009 技术要求）。

（七）建筑平板。其中：纸面石膏板（符合 GB/T 9775—2008 技术要求）；纤维增强硅酸钙板（符合 JC/T 564.1—2008、JC/T 564.2—2008 技术要求）；纤维增强低碱度水泥建筑平板（符合 JC/T 626—2008 技术要求）；维纶纤维增强水泥平板（符合 JC/T 671—2008 技术要求）；纤维水泥平板（符合 JC/T 412.1—2006、JC/T 412.2—2006 技术要求）。

四、符合国家标准、行业标准和地方标准的混凝土砖、烧结保温砖（砌块）（以页岩、煤矸石、粉煤灰、江河湖淤泥及其他固体废弃物为原料，加入成孔材料焙烧而成）、中空钢网内模隔墙、复合保温砖（砌块）、预制复合墙板（体），聚氨酯硬泡复合板及以专用聚氨酯为材料的建筑墙体。

财政部、国家税务总局关于固定业户总分支机构增值税汇总纳税有关政策的通知

（财税〔2012〕9号）

各省、自治区、直辖市、计划单列市财政厅（局）、国家税务局，新疆生产建设兵团财务局：

根据《中华人民共和国增值税暂行条例》第二十二条有关规定，现将固定业户总分支机构增值税汇总纳税政策通知如下：

固定业户的总分支机构不在同一县（市），但在同一省（区、市）范围内的，经省（区、市）财政厅（局）、国家税务局审批同意，可以由总机构汇总向总机构所在地的主管税务机关申报缴纳增值税。

省（区、市）财政厅（局）、国家税务局应将审批同意的结果，上报财政部、国家税务总局备案。

财政部
国家税务总局
二○一二年一月十六日

国务院办公厅转发国家税务总局关于全面推广应用增值税防伪税控系统意见的通知

(国办发[2000]12号 2000年2月12日)

各省、自治区、直辖市人民政府,国务院各部委、各直属机构:

国家税务总局《关于全面推广应用增值税防伪税控系统的意见》已经国务院同意,现转发给你们,请认真贯彻执行。

关于全面推广应用增值税防伪税控系统的意见

国家税务总局 2000年1月16日

增值税防伪税控系统(以下简称:税控系统)是运用数字密码和电子存储技术,强化增值税专用发票防伪功能,实现对增值税一般纳税人税源监控的计算机管理系统,也是国家"金税工程"的重要组成部分。自1994年在部分地区和行业进行税控系统应用试点以来,取得了初步成效。为了进一步加强增值税管理,保障国家税收,防范和严厉打击各种偷、骗增值税等违法犯罪活动,经与有关部门共同研究,现提出如下意见:

一、在2002年年底以前,将税控系统覆盖到所有的增值税一般纳税人。有关企业要按照税务机关的要求及时安装使用税控系统,凡逾期不安装使用的,税务机关停止向其发售增值税专用发票,并收缴其库存未用的增值税专用发票。

二、纳入税控系统管理的企业,必须通过该系统开具增值税专用发票;对使用非税控系统开具增值税专用发票的,税务机关要按照《中华人民共和国发票管理办法》的有关规定进行处罚;对破坏、擅自改动、拆卸税控系统进行偷税的,要依法予以严惩。

三、有关企业取得税控系统开具的增值税专用发票,属于扣税范围的,应按税务机关规定的时限申报认证;凡逾期未申报认证的,一律不得作为扣税凭证,已经抵扣税款的,由税务机关如数追缴,并按《中华人民共和国税收征收管理法》的有关规定进行处罚;凡认证不符的,不得作为扣税凭证,税务机关要查明原因,依法处理。

四、适当减轻企业使用税控系统的经济负担。税控系统专用和通用设备的购置费用准予在企业成本中列支,同时可凭购货发票(增值税专用发票)所注明的增值税税额,计入该企业当期的增值税进项税额。具体办法由国务院有关部门另行制定。

五、税控系统专用设备和技术维护实行国家统一定价,具体标准由国家计委制定。

六、税控系统生产研制单位要确保技术安全和专用设备的质量,做好日常技术维护工作。各级税务机关要对税控系统的销售和售后服务进行严格监督,但自身不得直接或间接从事与其相关的商业性经营活动。

2.2.9.2 国家税务总局

关于印发
《增值税税控系统服务单位监督管理办法》的通知

(税总发〔2015〕118号)

各省、自治区、直辖市和计划单列市国家税务局：

为进一步加强税务机关对增值税税控系统服务单位的监督管理，不断优化对增值税纳税人的开票服务，在广泛征求意见的基础上，国家税务总局制定了新的《增值税税控系统服务单位监督管理办法》（以下简称监督管理办法），现印发给你们，并就有关事项通知如下：

一、纳税人可自愿选择使用航天信息股份有限公司（以下简称航天信息）或国家信息安全工程技术研究中心（以下简称国家信息安全中心）生产的增值税税控系统专用设备。

二、纳税人可自愿选择具备服务资格的维护服务单位（以下简称服务单位）进行服务。服务单位对航天信息或国家信息安全中心生产的专用设备均可以进行维护服务。

三、服务单位开展的增值税税控系统操作培训应遵循使用单位自愿的原则，严禁收费培训，严禁强行培训，严禁强行搭售通用设备、软件或其他商品。

四、税务机关应做好专用设备销售价格和技术维护价格的收费标准、增值税税控系统通用设备基本配置标准等相关事项的公示工作，以便接受纳税人监督。

五、各地要高度重视纳税人对服务单位的投诉举报工作。各级税务机关应设立并通过各种有效方式向社会公布投诉举报电话，及时处理增值税税控系统使用单位对服务单位的投诉举报。省国税局负责对投诉举报及处理情况进行跟踪管理，按月汇总相关情况，随服务质量调查情况一并上报国家税务总局。

六、税务机关应向需使用增值税税控系统的每一位纳税人发放《增值税税控系统安装使用告知书》（附件1，以下简称《使用告知书》），告知纳税人有关政策规定和享有的权利。服务单位应凭《使用告知书》向纳税人销售专用设备，提供售后服务，严禁向未持有《使用告知书》的纳税人发售专用设备。

七、税务机关和税务工作人员严禁直接或间接从事税控系统相关的商业性经营活动，严禁向纳税人推销任何商品。

八、各级税务机关应高度重视服务单位监督管理工作，严格落实监督管理办法，认真履行监督管理职责。对于工作失职渎职、服务单位违规行为频发的地区，将按有关规定追究相关单位或人员的责任。对服务单位监管不力、问题频出的地区，税务总局将进行通报批评并要求限期整改。

附件：1. 增值税税控系统安装使用告知书
2. 增值税税控系统通用设备基本配置标准

3. 增值税税控系统安装单
4. 增值税税控系统服务质量调查表
5. 增值税税控系统服务质量投诉举报处理情况记录表

国家税务总局
2015 年 10 月 9 日

增值税税控系统服务单位监督管理办法

第一章 总 则

第一条 为保障增值税税控系统的正常运行,加强对服务单位的监督,根据《中华人民共和国税收征收管理法》及《国务院办公厅转发国家税务总局关于全面推广应用增值税防伪税控系统意见的通知》(国办发〔2000〕12 号)有关规定,制定本办法。

第二条 本办法中的增值税税控系统,是指国家税务总局组织开发的,运用数字密码和电子存储技术,强化增值税发票管理,实现对增值税纳税人税源监控的增值税管理系统。

第三条 本办法中的服务单位,是指从事增值税税控系统专用设备(以下简称专用设备)销售以及为使用增值税税控系统的增值税纳税人(以下简称使用单位)提供增值税税控系统维护服务的企业或事业单位。

本办法中的专用设备,是指按照税务机关发票管理要求,能够保证涉税数据的正确生成、可靠存储和安全传递,经税务机关发行后方可与增值税税控系统配套使用的特定设备。

第四条 服务单位应当依据本办法的规定,为使用单位提供优质、高效、便捷的服务,保障使用单位能够正确使用增值税税控系统。

第五条 税务机关应依据本办法对服务单位专用设备的质量、供应、增值税税控系统操作培训以及系统安装、调试和维护等服务工作及投诉举报处理等情况进行监督管理。

第二章 监督管理内容

第六条 航天信息股份有限公司(以下简称航天信息)和国家信息安全工程技术研究中心(以下简称国家信息安全中心)要切实做好专用设备生产工作,保障专用设备的产品质量,对税务机关同意设立的所有服务单位提供相关技术培训和技术支持,保障专用设备及时供应。

航天信息和国家信息安全中心对其设立的服务单位制定统一的服务规范和内部监管办法,切实做好对设立的服务单位的监督管理工作。对其设立的服务单位评比考核须综合参考省国税局对本省服务单位监督管理意见,考评结果、服务单位建设情况及监督管理情况应报送国家税务总局。航天信息和国家信息安全中心与问题频发的服务单位承担连带责任。

第七条 省以下(含本级,下同)服务单位的设立、更换应商省国税局同意。

原则上地市均应设立服务单位。对于按地市设立服务单位有困难的地区，经省国税局同意可不按地市设立服务单位。

第八条 省国税局设立、更换第三方服务单位需报国家税务总局备案。

第九条 省服务单位保障本地区专用设备的及时供应，依据统一的服务规范和内部监管办法对设立的下级服务单位进行监督管理。对设立的下级服务单位评比考核须综合参考当地国税局对本地服务单位监督管理意见，考评结果、服务单位建设情况及监督管理情况应报送省国税局。省服务单位与问题频发的下设服务单位承担连带责任。

省服务单位应建立投诉举报处理机制，设立并公布统一的投诉举报电话，及时处理使用单位的投诉举报，并按月汇总报省国税局。

第十条 市以下（含本级，下同）服务单位按下列要求负责本地区专用设备的销售：

（一）根据增值税管理及使用单位的需要，保障专用设备及时供应。

（二）根据税务机关的《增值税税控系统安装使用告知书》（附件1），按照国家价格主管部门确定的价格标准销售专用设备，并通过增值税税控系统单独开具增值税发票，不得以任何借口提高专用设备销售价格和拒绝销售专用设备。

（三）不得以任何理由向使用单位强行销售计算机、打印机等通用设备、软件、其他商品或服务。使用单位自愿向服务单位购买通用设备、软件、其他商品或服务的，应进行书面确认。

第十一条 市以下服务单位按下列要求负责本地区使用单位增值税税控系统的培训：

（一）市服务单位应建立固定的培训场所，配备必要的培训用计算机、打印机、专用设备等培训设施和专业的培训师资，按照统一的培训内容开展培训工作，确保使用单位能够熟练使用专用设备及通过增值税税控系统开具发票。

（二）服务单位应在培训教室的显著位置悬挂《国家发展改革委关于完善增值税税控系统收费政策的通知》（发改价格〔2012〕2155号）、《财政部 国家税务总局关于增值税税控系统专用设备和技术维护费用抵减增值税税额有关政策的通知》（财税〔2012〕15号）、《增值税税控系统通用设备基本配置标准》（附件2）等展板。

（三）服务单位应向使用单位免费提供增值税税控系统操作培训，不得增加其他任何收费培训内容。

（四）培训应遵循使用单位自愿的原则。服务单位不得以培训作为销售、安装专用设备的前提条件。

第十二条 市以下服务单位按下列要求负责本地区使用单位增值税税控系统日常服务：

（一）使用单位向服务单位提出安装要求后，服务单位应在3个工作日内（含本数，下同）完成使用单位增值税税控系统的安装、调试，并填写《增值税税控系统安装单》（附件3）。

（二）服务单位应配备足够数量的服务人员，设立并公布统一的服务热线电话，及时向使用单位提供维护服务，保障增值税税控系统正常使用。对于通过电话或网络等方式不能解决的问题，应在24小时内做出响应，现场排除故障不得超过2个工作日。

第十三条 市以下服务单位按下列要求收取本地区使用单位增值税税控系统技术维护费：

(一)服务单位应与使用单位签订技术维护合同，合同中应明确具体的服务标准、服务时限和违约责任等事项。使用单位拒绝签订的除外。

(二)服务单位应按照国家价格主管部门确定的标准按年收取技术维护费，不得一次性收取1年以上的技术维护费。

第三章 监督管理方法

第十四条 不定期抽查。省国税局应对本地区服务单位的专用设备销售、培训、收费及日常服务等情况进行不定期抽查，并将抽查情况上报国家税务总局。

第十五条 问卷调查。市国税局应每年组织开展服务质量调查，抽取部分使用单位调查了解服务情况，根据使用单位的反映对服务单位的工作质量进行评价。调查可以采取电话调查、网络调查和实地调查等方式。调查时应通过《增值税税控系统服务质量调查表》(附件4，以下简称《服务质量调查表》)记录调查结果。

调查比例不得低于本辖区上年末使用单位总数的2%或不少于50户(含，下同)。

市国税局应于每年3月底前将调查情况汇总上报省国税局，省国税局应于每年4月10日前将调查情况汇总上报国家税务总局。

第十六条 投诉举报处理。各级税务机关应设立并公布统一的投诉举报电话，及时处理使用单位的投诉举报，建立投诉举报受理、处置、反馈制度。对使用单位的投诉举报处理情况应登记《增值税税控系统服务质量投诉举报处理情况记录表》(附件5，以下简称《投诉举报处理情况记录表》)，按月汇总上报省国税局。省国税局对省以下税务机关投诉举报电话的设立公布及受理投诉举报情况进行跟踪管理。

受理投诉举报来源包括网络、信函、电话以及现场等形式。

(一)税务机关受理投诉举报后应及时自行组织或委托下级税务机关进行核实。

对于经核实投诉举报情况属实、服务单位违反有关规定的，属于有效投诉举报。对于无法核实或经调查投诉举报情况不实的，属于无效投诉举报。

(二)对于有效投诉举报问题得到解决的，由税务机关受理部门进行电话回访，听取使用单位的意见；对于有效投诉举报问题无法得到解决的，由税务机关受理部门向上一级税务机关报告，由上一级税务机关责成同级服务单位解决。

(三)税务机关应将投诉举报处理的过程和结果记入《投诉举报处理情况记录表》。

第十七条 联系制度。省国税局及市国税局每年至少与本地区服务单位召开一次联系会议。服务单位将服务情况及存在的问题，向税务机关报告。税务机关向服务单位通报调查及投诉举报情况，研究提高服务质量的措施。

第十八条 税务机关对不定期抽查、问卷调查、受理投诉举报以及日常管理中使用单位反映的情况进行汇总统计，作为对服务单位监督考核的依据。

第四章 违约责任

第十九条 服务单位发生下列情形之一的，主管税务机关应对服务单位进行约谈并要求其立即纠正：

(一)未按规定销售专用设备、安装专用设备、提供培训、提供维护服务，影响使用单位增值税税控系统正常使用的；

（二）未按本办法第二章有关规定履行服务单位职责的；

（三）未按规定处理投诉举报的；

（四）税务机关接到有效投诉举报，但一年内有效投诉举报率不超过1%的；

有效投诉举报率＝有效投诉举报户数/使用单位户数×100%

（五）税务机关对服务单位的调查结果不满意率在5%以上未超过10%的。

不满意率＝不满意使用单位户数/调查的使用单位总户数×100%

"不满意使用单位户数"是指在《服务质量调查表》中综合评价"不满意"的户数。

第二十条 服务单位发生下列情形之一的，省国税局责令相关服务单位进行整改，并停止其在规定地区半年内接受新用户的资格，同时向国家税务总局报告：

（一）发生本办法第十九条第（一）、（二）、（三）、（四）项情形之一，未纠正的；

（二）向使用单位强行销售计算机、打印机等通用设备、软件、其他商品或服务的；

（三）违反市场公平竞争原则，进行虚假宣传，恶意诋毁竞争对手的；

（四）对接到的投诉举报没有及时处理，影响使用单位正常经营，造成严重后果的；

（五）税务机关对服务单位的调查结果不满意率超过10%的；

（六）一年内有效投诉举报率在1%以上未超过5%或有效投诉举报在10户以上未超过30户的。

第二十一条 服务单位发生下列情形之一的，属于航天信息和国家信息安全中心授权的服务单位，省国税局应上报国家税务总局并建议授权单位终止其服务资格；属于省国税局批准成立的服务单位，省国税局终止其服务资格：

（一）以税务机关的名义进行有偿更换设备、升级软件及强行销售其他商品或服务的；

（二）未按本办法第二章有关规定发售专用设备，影响使用单位增值税税控系统正常使用，造成严重后果的；

（三）拒绝接受税务机关依据本办法进行监督管理的；

（四）由于违反法律和法规行为，造成无法正常为使用单位提供服务的；

（五）违反市场公平竞争原则，进行恶意竞争，造成严重后果的；

（六）一年内税务机关接到的有效投诉举报率超过5%或有效投诉举报超过30户的。

第二十二条 服务单位对税务机关做出的处罚决定不服的，可以向同级税务机关或上级税务机关申诉。

第五章 附 则

第二十三条 本办法由国家税务总局解释。

第二十四条 本办法自2015年11月1日起施行，《国家税务总局关于修订〈增值税防伪税控开票系统服务监督管理办法〉的通知》（国税发〔2011〕132号）同时废止。

附件 1

增值税税控系统安装使用告知书

纳税人名称：
纳税人识别号：
你单位已具备增值税税控系统使用资格，可选择增值税税控系统服务单位或自愿选派人员参加免费的增值税税控系统操作培训。

增值税税控系统所需专用设备包括金税盘、税控盘、以及特定纳税人使用的报税盘，须凭此使用告知书向增值税税控系统服务单位购买。依据《国家发展改革委关于完善增值税税控系统收费政策的通知》（发改价格〔2012〕2155号）规定：金税盘每个490元，税控盘每个490元，报税盘每个230元，技术维护费每户每年每套330元。购买增值税税控系统专用设备（包括分开票机）支付的费用和每年缴纳的技术维护费可依据《财政部 国家税务总局关于增值税税控系统专用设备和技术维护费用抵减增值税税额有关政策的通知》（财税〔2012〕15号）的规定在增值税应纳税额中全额抵减。

增值税税控系统所需通用设备（台式计算机或笔记本电脑、打印机）由纳税人自行选择购买。任何单位和个人不得借税务机关名义，或以专用设备兼容性等任何借口向纳税人强行销售通用设备、软件或其他商品。

请你单位与增值税税控系统服务单位签署《增值税税控系统技术服务协议》，并监督其按协议中的服务承诺提供技术维护服务。

主管税务机关受理投诉举报电话：
省级税务机关受理投诉举报电话：
航天信息全国服务监督电话：4008106116
国家信息安全中心监督电话：4006112366

税务机关名称（盖章）：
年 月 日

本告知书一式三联：第一联主管税务机关留存，第二联纳税人留存，第三联交纳税人转增值税税控系统服务单位。

附件 2

增值税税控系统通用设备基本配置标准

一、计算机

（一）CPU 主频：800MHz 及以上

（二）内存：256M 及以上

（三）硬盘：40G 及以上

（四）光驱：CD-ROM 或 DVD 驱动器

（五）操作系统：WIN2000 及以上

（六）需要 2 个及以上可用的 USB 接口

二、打印

（一）80 列行宽及以上

（二）复写能力为 1+3 及以上

附件 3

增值税税控系统安装单

服务单位名称：　　　　　服务单位电话：　　　　　编号：

纳税人名称		纳税人识别号			
地　址					
联系人		固定电话		移动电话	
主管税务机关					
开票软件版本		主/分开票机号			
金税盘号或税控盘号		报税盘号			
安装类型	□一机一盘		□主分机	□主机共享	
安装情况	□安装成功		□安装不成功		
安装不成功原因					
备　注					
安装人员签字			安装日期	年　月　日	
纳税人签字或盖章					

航天信息全国服务监督电话：400-810-6116

国家信息安全中心全国服务监督电话：400-611-2366

本安装单一式二份，服务单位、纳税人各一份。

附件 4

增值税税控系统服务质量调查表

No.

纳税人名称（签章）			
纳税人识别号			
联系人		联系电话	
对服务单位专用设备销售的评价	□满意	□不满意	
对服务单位培训服务的评价（未参加培训的不选此项）	□满意	□不满意	
对服务单位安装、调试服务的评价	□满意	□不满意	
对服务单位日常技术维护服务质量的评价（新上户可不选此项）	□满意	□不满意	
对服务单位服务质量的综合评价	□满意	□不满意	
综合满意度			
不满意的原因			
意见或建议			

填表人：　　　　　填表日期：

附件 5

增值税税控系统服务质量投诉举报处理情况记录表

No.

投诉举报信息				
	投诉举报来源		投诉举报日期	
	投诉举报人姓名		联系方式	
	被投诉或举报单位		被投诉或举报人	
	投诉举报主题			
	投诉举报内容			
	投诉举报处理情况			
受理税务机关		税务机关名称/部门		
		受理人		
		受理日期		年　月　日
核实税务机关		税务机关名称/部门		
		核实人		
		核实日期		年　月　日
	核实结果			
	处理意见			
	处理结果			
	回访情况	回访人：	回访日期：　年　月　日	

关于纳税人资产重组有关增值税问题的公告

(国家税务总局公告2013年第66号)

现将纳税人资产重组有关增值税问题公告如下:

纳税人在资产重组过程中,通过合并、分立、出售、置换等方式,将全部或者部分实物资产以及与其相关联的债权、负债经多次转让后,最终的受让方与劳动力接收方为同一单位和个人的,仍适用《国家税务总局关于纳税人资产重组有关增值税问题的公告》(国家税务总局公告2011年第13号)的相关规定,其中货物的多次转让行为均不征收增值税。资产的出让方需将资产重组方案等文件资料报其主管税务机关。

本公告自2013年12月1日起施行。纳税人此前已发生并处理的事项,不再做调整;未处理的,按本公告规定执行。

特此公告。

国家税务总局
2013年11月19日

关于纳税人资产重组有关增值税问题的公告

(国家税务总局公告2011年第13号)

根据《中华人民共和国增值税暂行条例》及其实施细则的有关规定,现将纳税人资产重组有关增值税问题公告如下:

纳税人在资产重组过程中,通过合并、分立、出售、置换等方式,将全部或者部分实物资产以及与其相关联的债权、负债和劳动力一并转让给其他单位和个人,不属于增值税的征税范围,其中涉及的货物转让,不征收增值税。

本公告自2011年3月1日起执行。此前未作处理的,按照本公告的规定执行。《国家税务总局关于转让企业全部产权不征收增值税问题的批复》(国税函〔2002〕420号)、《国家税务总局关于纳税人资产重组有关增值税政策问题的批复》(国税函〔2009〕585号)、《国家税务总局关于中国直播卫星有限公司转让全部产权有关增值税问题的通知》

（国税函〔2010〕350号）同时废止。

特此公告。

二〇一一年二月十八日

关于出口货物劳务
增值税和消费税有关问题的公告

（国家税务总局公告2013年第65号）

为进一步规范管理，准确执行出口货物劳务税收政策，现就出口货物劳务增值税和消费税有关问题公告如下：

一、出口企业或其他单位申请注销退（免）税资格认定，如向主管税务机关声明放弃未申报或已申报但尚未办理的出口退（免）税并按规定申报免税的，视同已结清出口退税税款。

因合并、分立、改制重组等原因申请注销退（免）税资格认定的出口企业或其他单位（以下简称注销企业），可向主管税务机关申报《申请注销退（免）税资格认定企业未结清退（免）税确认书》（附件1），提供合并、分立、改制重组企业决议、章程、相关部门批件及承继注销企业权利和义务的企业（以下简称承继企业）在注销企业所在地的开户银行、账号，经主管税务机关确认无误后，可在注销企业结清出口退（免）税款前办理退（免）税资格认定注销手续。注销后，注销企业的应退税款由其主管税务机关退还至承继企业账户，如发生需要追缴多退税款的向承继企业追缴。

二、出口企业或其他单位可以放弃全部适用退（免）税政策出口货物劳务的退（免）税，并选择适用增值税免税政策或征税政策。放弃适用退（免）税政策的出口企业或其他单位，应向主管税务机关报送《出口货物劳务放弃退（免）税声明》（附件2），办理备案手续。自备案次日起36个月内，其出口的适用增值税退（免）税政策的出口货物劳务，适用增值税免税政策或征税政策。

三、从事进料加工业务的生产企业，因上年度无海关已核销手（账）册不能确定本年度进料加工业务计划分配率的，应使用最近一次确定的"上年度已核销手（账）册综合实际分配率"作为本年度的计划分配率。

生产企业在办理年度进料加工业务核销后，如认为《生产企业进料加工业务免抵退税核销表》中的"上年度已核销手（账）册综合实际分配率"与企业当年度实际情况差别较大的，可在向主管税务机关提供当年度预计的进料加工计划分配率及书面合理理由后，将预计的进料加工计划分配率作为该年度的计划分配率。

四、出口企业将加工贸易进口料件，采取委托加工收回出口的，在申报退（免）税或申请开具《来料加工免税证明》时，如提供的加工费发票不是由加工贸易手（账）册上注明的加工单位开具的，出口企业须向主管税务机关书面说明理由，并提供主管海关出具的书面证明。否则，属于进料加工委托加工业务的，对应的加工费不得抵扣或申报退（免）税；属于来料加工委托加工业务的，不得申请开具《来料加工免税证明》，相应的加工费不得申报免税。

五、出口企业报关进入国家批准的出口加工区、保税物流园区、保税港区、综合保税区、珠澳跨境工业区（珠海园区）、中哈霍尔果斯国际边境合作中心（中方配套区域）、保税物流中心（B型）（以下统称特殊区域）并销售给特殊区域内单位或境外单位、个人的货物，以人民币结算的，可申报出口退（免）税，按有关规定提供收汇资料时，可以提供收取人民币的凭证。

六、出口企业或其他单位申报对外援助出口货物退（免）税时，不需要提供商务部批准使用援外优惠贷款的批文（"援外任务书"）复印件和商务部批准使用援外合资合作项目基金的批文（"援外任务书"）复印件。

七、生产企业外购的不经过本企业加工或组装，出口后能直接与本企业自产货物组合成成套产品的货物，如配套出口给进口本企业自产货物的境外单位或个人，可作为视同自产货物申报退（免）税。生产企业申报出口视同自产的货物退（免）税时，应按《生产企业出口视同自产货物业务类型对照表》（附件3），在《生产企业出口货物免、抵、退税申报明细表》的"业务类型"栏内填写对应标识，主管税务机关如发现企业填报错误的，应及时要求企业改正。

八、出口企业或其他单位出口适用增值税免税政策的货物劳务，在向主管税务机关办理增值税、消费税免税申报时，不再报送《免税出口货物劳务明细表》及其电子数据。出口货物报关单、合法有效的进货凭证等留存企业备查的资料，应按出口日期装订成册。

九、以下出口货物劳务应按照下列规定留存备查合法有效的进货凭证：

（一）出口企业或其他单位从依法拍卖单位购买货物出口的，将与拍卖人签署的成交确认书及有关收据留存备查；

（二）通过合并、分立、重组改制等资产重组方式设立的出口企业或其他单位，出口重组前的企业无偿划转的货物，将资产重组文件、无偿划转的证明材料留存备查。

十、出口企业或其他单位按照《国家税务总局关于〈出口货物劳务增值税和消费税管理办法〉有关问题的公告》（国家税务总局公告2013年第12号）第二条第（十八）项规定申请延期申报退（免）税的，如省级税务机关在免税申报截止之日后批复不予延期，若该出口货物符合其他免税条件，出口企业或其他单位应在批复的次月申报免税。次月未申报免税的，适用增值税征税政策。

十一、委托出口的货物，委托方应自货物报关出口之日起至次年3月15日前，凭委托代理出口协议（复印件）向主管税务机关报送《委托出口货物证明》（附件4）及其电子数据。主管税务机关审核委托代理出口协议后在《委托出口货物证明》签章。

受托方申请开具《代理出口货物证明》时，应提供规定的凭证资料及委托方主管税务机关签章的《委托出口货物证明》。

十二、外贸企业出口视同内销征税的货物，申请开具《出口货物转内销证明》时，需提供规定的凭证资料及计提销项税的记账凭证复印件。

主管税务机关在审核外贸企业《出口货物转内销证明申报表》时，对增值税专用发票交叉稽核信息比对不符，以及发现提供的增值税专用发票或者其他增值税扣税凭证存在以

下情形之一的,不得出具《出口货物转内销证明》:

（一）提供的增值税专用发票或海关进口增值税专用缴款书为虚开、伪造或内容不实；

（二）提供的增值税专用发票是在供货企业税务登记被注销或被认定为非正常户之后开具；

（三）外贸企业出口货物转内销时申报的《出口货物转内销证明申报表》的进货凭证上载明的货物与申报免退税匹配的出口货物报关单上载明的出口货物名称不符。属同一货物的多种零部件合并报关为同一商品名称的除外；

（四）供货企业销售的自产货物，其生产设备、工具不能生产该种货物；

（五）供货企业销售的外购货物，其购进业务为虚假业务；

（六）供货企业销售的委托加工收回货物，其委托加工业务为虚假业务。

主管税务机关在开具《出口货物转内销证明》后，发现外贸企业提供的增值税专用发票或者其他增值税扣税凭证存在以上情形之一的，主管税务机关应通知外贸企业将原取得的《出口货物转内销证明》涉及的进项税额做转出处理。

十三、出口企业按规定向国家商检、海关、外汇管理等对出口货物相关事项实施监管核查部门报送的资料中，属于申报出口退（免）税规定的凭证资料及备案单证的，如果上述部门或主管税务机关发现为虚假或其内容不实的，其对应的出口货物不适用增值税退（免）税和免税政策，适用增值税征税政策。查实属于偷骗税的按照相应的规定处理。

十四、本公告自2014年1月1日起执行。

特此公告。

附件:
1. 申请注销退（免）税资格认定企业未结清退（免）税确认书
2. 出口货物劳务放弃退（免）税声明
3. 生产企业出口视同自产货物业务类型对照表
4. 委托出口货物证明

国家税务总局
2013年11月13日

附件1:

申请注销退（免）税资格认定企业
未结清退（免）税确认书

国家税务局:

我公司申请注销出口退（免）税资格认定。现有申报的出口货物劳务应退税款　　元，免抵税款　　元尚未结清。我公司注销后由　　　　公司承继我公司权利和义务，请将审批后的应退税款退付至该公司账户（开户银行：　　　　账号：　　　　）。如发现有多退税款需追回的，由该公司负责按规定缴纳。

申请注销企业：		承继企业：	
企业海关代码：		企业海关代码：	
纳税人识别号：		纳税人识别号：	
企业名称：		企业名称：	
经办人：		经办人：	
财务负责人：（签字）		财务负责人：（签字）	
法定代表人：（签字）　　（公章）		法定代表人：（签字）　　（公章）	
申请注销日期　　年　月　日		年　月　日	
主管税务机关审核意见：			
经办人：（签字）　　复核人：（签字）　　审批人：（签字）			
年　月　日			

附件2：

出口货物劳务放弃退（免）税声明

纳税人识别号：

企业海关代码：

纳税人名称：

国家税务局：

我公司自　年　月　日起36个月内，申请放弃出口货物劳务退（免）税，放弃期间内出口适用退（免）税政策的货物劳务选择适用（免税）/（征税）政策。

我公司已了解《国家税务总局关于出口货物劳务增值税和消费税有关问题的公告》（国家税务总局公告2013年第65号）等文件关于放弃出口货物劳务退（免）税的有关规定。

法定代表人（签字）

纳税人（公章）

声明日期：

提示：纳税人应按照《国家税务总局关于出口货物劳务增值税和消费税有关问题的公告》（国家税务总局公告2013年第65号）规定，选择放弃出口货物劳务退（免）税后，出口适用退（免）税政策货物劳务适用免税政策或按征税政策。应将选择填写在横线

385

之中。

附件3：

生产企业出口视同自产货物业务类型对照表

序号	视同自产货物范围	退（免）税业务类型代码
1	符合财税〔2012〕年39号文件附件4第一条所列条件出口企业出口的视同自产货物	STZC-01
2	同时符合以下条件的外购货物： 1. 与本企业生产的货物名称、性能相同 2. 使用本企业注册商标或境外单位和个人提供本企业使用的商标 3. 出口给进口本企业自产货物的境外单位和个人	STZC-02
3	与本企业所生产的货物属于配套出口，且出口给进口本企业自产货物的境外单位和个人的外购货物，符合下列条件之一的： 1. 用于维修本企业出口的自产货物的工具、零部件、配件； 2. 不经过本企业加工或组装，出口后能直接与本企业自产产品组合成成套产品的货物。	STZC-03
4	经税务机关认定的集团公司及其控股的生产企业之间收购的自产货物	STZC-04
5	同时符合以下条件的委托加工货物： 1. 必须与本企业生产的产品名称、性能相同，或者是用本企业生产的货物再委托深加工的货物； 2. 出口给进口本企业自产货物的境外单位和个人； 3. 委托方与受托方必须签订委托加工协议，且主要原材料必须由委托方提供，受托方不垫付资金，只收取加工费，开具加工费（含代垫的辅助材料）的增值税专用发票。	STZC-05
6	用于本企业中标项目下的机电产品	STZC-06
7	用于对外承包工程项目下的货物	STZC-07
8	用于境外投资的货物	STZC-08
9	用于对外援助的货物	STZC-09
10	生产自产货物的外购设备和原材料（农产品除外）	STZC-10

说明：《国家税务总局关于〈出口货物劳务增值税和消费税管理办法〉有关问题的公告》（国家税务总局公告2013年第12号）附件21第19项"收购视同自产货物申报免抵退税的集团公司的出口货物"退（免）税货物标识作废。

附件4：

委托出口货物证明

国家税务局：

委托企业名称：			受托企业名称：		
委托纳税人识别号：			受托纳税人识别号：		
委托企业海关代码：			受托企业海关代码：		
序号	代理出口协议号	出口货物报关单号	出口商品代码	出口商品名称	出口额[元(至角分)]
					币种
出口企业					
上表所列出口业务为受托企业受我公司委托代理出口，需申请开具《代理出口货物证明》。 兹声明以上申报无讹并愿意承担一切法律责任					
经办人：		财务负责人：		企业负责人：	
				填报日期：	
				（公章）	
主管税务机关					
经办人：		复核人：		负责人：	
				（公章）	
				年 月 日	

说明：

本表一式三联，开具税务机关留存一联、退委托方企业二联。

税务机关签章只证明企业申报行为，未核实该业务真实性。

关于调整增值税纳税申报有关事项的公告

（国家税务总局公告2013年第32号）

根据《中华人民共和国增值税暂行条例》及其实施细则、《财政部 国家税务总局关于在全国开展交通运输业和部分现代服务业营业税改征增值税试点税收政策的通知》（财税[2013]37号），国家税务总局对增值税纳税申报有关事项进行了调整，现公告如下：

一、中华人民共和国境内增值税纳税人均应按照本公告的规定进行增值税纳税申报。

二、纳税申报资料

纳税申报资料包括纳税申报表及其附列资料和纳税申报其他资料。

（一）纳税申报表及其附列资料

1.增值税一般纳税人（以下简称一般纳税人）纳税申报表及其附列资料包括：

(1)《增值税纳税申报表（一般纳税人适用）》。

(2)《增值税纳税申报表附列资料（一）》（本期销售情况明细）。

(3)《增值税纳税申报表附列资料（二）》（本期进项税额明细）。

(4)《增值税纳税申报表附列资料（三）》（应税服务扣除项目明细）。

一般纳税人提供应税服务，在确定应税服务销售额时，按照有关规定可以从取得的全部价款和价外费用中扣除价款的，需填报《增值税纳税申报表附列资料（三）》。其他情况不填写该附列资料。

(5)《增值税纳税申报表附列资料（四）》（税收抵减情况表）。

(6)《固定资产进项税额抵扣情况表》。

2.增值税小规模纳税人（以下简称小规模纳税人）纳税申报表及其附列资料包括：

(1)《增值税纳税申报表（小规模纳税人适用）》。

(2)《增值税纳税申报表（小规模纳税人适用）附列资料》。

小规模纳税人提供应税服务，在确定应税服务销售额时，按照有关规定可以从取得的全部价款和价外费用中扣除价款的，需填报《增值税纳税申报表（小规模纳税人适用）附列资料》。其他情况不填写该附列资料。

3.上述纳税申报表及其附列资料表样和填写说明详见附件。

（二）纳税申报其他资料

1.已开具的税控"机动车销售统一发票"和普通发票的存根联。

2.符合抵扣条件且在本期申报抵扣的防伪税控"增值税专用发票"、"货物运输业增值税专用发票"、税控"机动车销售统一发票"的抵扣联。

按规定仍可以抵扣且在本期申报抵扣的"公路、内河货物运输业统一发票"的抵扣联。

3.符合抵扣条件且在本期申报抵扣的海关进口增值税专用缴款书、购进农产品取得的普通发票、铁路运输费用结算单据的复印件。

按规定仍可以抵扣且在本期申报抵扣的其他运输费用结算单据的复印件。

4.符合抵扣条件且在本期申报抵扣的中华人民共和国税收缴款凭证及其清单，书面合同、付款证明和境外单位的对账单或者发票。

5.已开具的农产品收购凭证的存根联或报查联。

6.纳税人提供应税服务，在确定应税服务销售额时，按照有关规定从取得的全部价款和价外费用中扣除价款的合法凭证及其清单。

7.主管税务机关规定的其他资料。

（三）纳税申报表及其附列资料为必报资料。纳税申报其他资料的报备要求由各省、自治区、直辖市和计划单列市国家税务局确定。

三、主管税务机关应做好增值税纳税申报的宣传和辅导工作。

四、本公告自2013年9月1日起施行。《国家税务总局关于调整增值税纳税申报有关事项的公告》（国家税务总局公告2011年第66号）、《国家税务总局关于北京等8省市营业税改征增值税试点增值税纳税申报有关事项的公告》（国家税务总局公告2012年第43

号)同时废止。

特此公告。

附件：
1. 《增值税纳税申报表（一般纳税人适用）》及其附列资料
2. 《增值税纳税申报表（一般纳税人适用）》及其附列资料填写说明
3. 《增值税纳税申报表（小规模纳税人适用）》及其附列资料
4. 《增值税纳税申报表（小规模纳税人适用）》及其附列资料填写说明

国家税务总局
2013 年 6 月 19 日

附件 1

《增值税纳税申报表（一般纳税人适用）》及其附列资料

增值税纳税申报表
(一般纳税人适用)

根据国家税收法律法规及增值税相关规定制定本表。纳税人不论有无销售额，均应按税务机关核定的纳税期限填写本表，并向当地税务机关申报。

税款所属时间：自 年 月 日至 年 月 日　　填表日期：年 月 日　　　金额单位：元至角分

纳税人识别号							所属行业：		
纳税人名称	（公章）		法定代表人姓名		注册地址		生产经营地址		
开户银行及账号			登记注册类型				电话号码		
项目			栏次	一般货物、劳务和应税服务		即征即退货物、劳务和应税服务			
				本月数	本年累计	本月数	本年累计		
销售额	（一）按适用税率计税销售额		1						
	其中：应税货物销售额		2						
	应税劳务销售额		3						
	纳税检查调整的销售额		4						
	（二）按简易办法计税销售额		5						
	其中：纳税检查调整的销售额		6						
	（三）免、抵、退办法出口销售额		7			—	—		
	（四）免税销售额		8						
	其中：免税货物销售额		9						
	免税劳务销售额		10						

续表

项目		栏次	一般货物、劳务和应税服务		即征即退货物、劳务和应税服务	
			本月数	本年累计	本月数	本年累计
税款计算	销项税额	11				
	进项税额	12				
	上期留抵税额	13			—	—
	进项税额转出	14				
	免、抵、退应退税额	15			—	—
	按适用税率计算的纳税检查应补缴税额	16				
	应抵扣税额合计	17＝12＋13－14－15＋16			—	—
	实际抵扣税额	18（如17＜11，则为17，否则为11）			—	—
	应纳税额	19＝11－18				
	期末留抵税额	20＝17－18			—	—
	简易计税办法计算的应纳税额	21				
	按简易计税办法计算的纳税检查应补缴税额	22			—	—
	应纳税额减征额	23				
	应纳税额合计	24＝19＋21－23				
税款缴纳	期初未缴税额（多缴为负数）	25				
	实收出口开具专用缴款书退税额	26				
	本期已缴税额	27＝28＋29＋30＋31				
	①分次预缴税额	28			—	—
	②出口开具专用缴款书预缴税额	29			—	—
	③本期缴纳上期应纳税额	30				
	④本期缴纳欠缴税额	31				
	期末未缴税额（多缴为负数）	32＝24＋25＋26－27				
	其中：欠缴税额（≥0）	33＝25＋26－27			—	—
	本期应补（退）税额	34＝24－28－29				
	即征即退实际退税额	35	—	—		
	期初未缴查补税额	36				
	本期入库查补税额	37				
	期末未缴查补税额	38＝16＋22＋36－37			—	—
授权声明	如果你已委托代理人申报，请填写下列资料：为代理一切税务事宜，现授权（地址）　　　为本纳税人的代理申报人，任何与本申报表有关的往来文件，都可寄于此人。 授权人签字：		申报人声明	本纳税申报表是根据国家税收法律法规及相关规定填报的，我确定它是真实的、可靠的、完整的。 声明人签字：		

主管税务机关：　　　　　　　　接收人：　　　　　　　　接收日期：

增值税纳税申报表附列资料（一）
（本期销售情况明细）

税款所属时间：年 月 日至 年 月 日

纳税人名称：（公章）　　　　　　　　　　　　　　　　　　　　　　金额单位：元至角分

项目及栏次			开具税控增值税专用发票		开具其他发票		未开具发票		纳税检查调整		合计			应税服务扣除项目本期实际扣除金额	扣除后	
			销售额	销项（应纳）税额	销售额	销项（应纳）税额	销售额	销项（应纳）税额	销售额	销项（应纳）税额	销售额	销项（应纳）税额	价税合计		含税（免税）销售额	销项（应纳）税额
			1	2	3	4	5	6	7	8	9=1+3+5+7	10=2+4+6+8	11=9+10	12	13=11-12	14=13÷(100%+税率或征收率)×税率或征收率
一、一般计税方法征税	全部征税项目	17%税率的货物及加工修理修配劳务	1													
		17%税率的有形动产租赁服务	2													
		13%税率	3													
		11%税率	4													
		6%税率	5													
	其中：即征即退项目	即征即退货物及加工修理修配劳务	6													
		即征即退应税服务	7													
二、简易计税方法征税	全部征税项目	6%征收率	8													
		5%征收率	9													
		4%征收率	10													

续表

项目及栏次		开具税控增值税专用发票		开具其他发票		未开具发票		纳税检查调整		合计			应税服务扣除项目本期实际扣除金额	扣除后	
		销售额	销项（应纳）税额	销售额	销项（应纳）税额	销售额	销项（应纳）税额	销售额	销项（应纳）税额	销售额	销项（应纳）税额	价税合计		含税（免税）销售额	销项（应纳）税额
		1	2	3	4	5	6	7	8	9=1+3+5+7	10=2+4+6+8	11=9+10	12	13=11-12	14=13÷(100%+税率或征收率)×税率或征收率
二、简易计税方法计征	全部征税项目	3%征收率的货物及加工修理修配劳务	11													
		3%征收率的应税服务	12		—		—		—							
		预征率 %	13	—	—	—	—	—	—	—	—	—	—	—	—
	其中：即征即退项目	即征即退货物及加工修理修配劳务	14	—	—	—	—	—	—	—	—	—	—	—	—
		即征即退应税服务	15	—	—	—	—	—	—	—	—	—	—	—	—
三、免抵退税		货物及加工修理修配劳务	16	—	—	—	—	—	—	—	—	—	—	—	—
		应税服务	17	—	—	—	—	—	—	—	—	—	—	—	—
四、免税		货物及加工修理修配劳务	18	—	—	—	—	—	—	—	—	—	—	—	—
		应税服务	19	—	—	—	—	—	—	—	—	—	—	—	—

增值税纳税申报表附列资料（二）
（本期进项税额明细）

税款所属时间：　年　月　日至　年　月　日

纳税人名称：（公章）　　　　　　　　　　　　　　　　　　　　　　金额单位：元至角分

一、申报抵扣的进项税额				
项　目	栏次	份数	金额	税额
（一）认证相符的税控增值税专用发票	1＝2＋3			
其中：本期认证相符且本期申报抵扣	2			
前期认证相符且本期申报抵扣	3			
（二）其他扣税凭证	4＝5＋6＋7＋8			
其中：海关进口增值税专用缴款书	5			
农产品收购发票或者销售发票	6			
代扣代缴税收缴款凭证	7			—
运输费用结算单据	8			
	9	—	—	—
	10			
（三）外贸企业进项税额抵扣证明	11	—	—	
当期申报抵扣进项税额合计	12＝1＋4＋11			

二、进项税额转出额		
项　目	栏次	税额
本期进项税转出额	13＝14至23之和	
其中：免税项目用	14	
非应税项目用、集体福利、个人消费	15	
非正常损失	16	
简易计税方法征税项目用	17	
免抵退税办法不得抵扣的进项税额	18	
纳税检查调减进项税额	19	
红字专用发票通知单注明的进项税额	20	
上期留抵税额抵减欠税	21	
上期留抵税额退税	22	
其他应作进项税额转出的情形	23	

三、待抵扣进项税额				
项　目	栏次	份数	金额	税额
（一）认证相符的税控增值税专用发票	24	—	—	—
期初已认证相符但未申报抵扣	25			
本期认证相符且本期未申报抵扣	26			
期末已认证相符但未申报抵扣	27			
其中：按照税法规定不允许抵扣	28			
（二）其他扣税凭证	29＝30至33之和			

续表

项　　目	栏次	份数	金额	税额
其中：海关进口增值税专用缴款书	30			
农产品收购发票或者销售发票	31			
代扣代缴税收缴款凭证	32		—	
运输费用结算单据	33			
	34			
四、其他				

项　　目	栏次	份数	金额	税额
本期认证相符的税控增值税专用发票	35			
代扣代缴税额	36		—	—

增值税纳税申报表附列资料（三）
（应税服务扣除项目明细）

税款所属时间：　年　月　日至　年　月　日

纳税人名称：（公章）　　　　　　　　　　　　　　金额单位：元至角分

项目及栏次	本期应税服务价税合计额（免税销售额）	应税服务扣除项目				期末余额
		期初余额	本期发生额	本期应扣除金额	本期实际扣除金额	
	1	2	3	4＝2＋3	5（5≤1且5≤4）	6＝4－5
17%税率的有形动产租赁服务						
11%税率的应税服务						
6%税率的应税服务						
3%征收率的应税服务						
免抵退税的应税服务						
免税的应税服务						

增值税纳税申报表附列资料（四）
（税额抵减情况表）

税款所属时间：　年　月　日至　年　月　日

纳税人名称：（公章）　　　　　　　　　　　　　　金额单位：元至角分

序号	抵减项目	期初余额	本期发生额	本期应抵减税额	本期实际抵减税额	期末余额
		1	2	3＝1＋2	4≤3	5＝3－4
1	增值税税控系统专用设备费用技术维护费					

续表

序号	抵减项目	期初余额	本期发生额	本期应抵减税额	本期实际抵减税额	期末余额
		1	2	3=1+2	4≤3	5=3-4
2	分支机构预征缴纳税款					
3						
4						
5						
6						

固定资产进项税额抵扣情况表

纳税人名称（公章）： 　　　　填表日期：　年　月　日　　　　金额单位：元至角分

项目	当期申报抵扣的固定资产进项税项	申报抵扣的固定资产进项税额累计
增值税专用发票		
海关进口增值税专用缴款书		
合　计		

附件2

《增值税纳税申报表（一般纳税人适用）》及其附列资料填写说明

本纳税申报表及其附列资料填写说明（以下简称本表及填写说明）适用于增值税一般纳税人（以下简称纳税人）。

一、名词解释

（一）本表及填写说明所称"应税货物"，是指增值税的应税货物。

（二）本表及填写说明所称"应税劳务"，是指增值税的应税加工、修理、修配劳务。

（三）本表及填写说明所称"应税服务"，是指营业税改征增值税的应税服务。

（四）本表及填写说明所称"按适用税率计税"、"按适用税率计算"和"一般计税方法"，均指按"应纳税额＝当期销项税额－当期进项税额"公式计算增值税应纳税额的计税方法。

（五）本表及填写说明所称"按简易办法计税"、"按简易征收办法计算"和"简易计税方法"，均指按"应纳税额＝销售额×征收率"公式计算增值税应纳税额的计税方法。

（六）本表及填写说明所称"应税服务扣除项目"，是指纳税人提供应税服务，在确定应税服务销售额时，按照有关规定允许其从取得的全部价款和价外费用中扣除价款的项目。

（七）本表及填写说明所称"税控增值税专用发票"，包括以下 3 种：

1. 增值税防伪税控系统开具的防伪税控"增值税专用发票"；
2. 货物运输业增值税专用发票税控系统开具的"货物运输业增值税专用发票"；
3. 机动车销售统一发票税控系统开具的税控"机动车销售统一发票"。

二、《增值税纳税申报表（一般纳税人适用）》填写说明

（一）"税款所属时间"：指纳税人申报的增值税应纳税额的所属时间，应填写具体的起止年、月、日。

（二）"填表日期"：指纳税人填写本表的具体日期。

（三）"纳税人识别号"：填写纳税人的税务登记证号码。

（四）"所属行业"：按照国民经济行业分类与代码中的小类行业填写。

（五）"纳税人名称"：填写纳税人单位名称全称。

（六）"法定代表人姓名"：填写纳税人法定代表人的姓名。

（七）"注册地址"：填写纳税人税务登记证所注明的详细地址。

（八）"生产经营地址"：填写纳税人实际生产经营地的详细地址。

（九）"开户银行及账号"：填写纳税人开户银行的名称和纳税人在该银行的结算账户号码。

（十）"登记注册类型"：按纳税人税务登记证的栏目内容填写。

（十一）"电话号码"：填写可联系到纳税人的常用电话号码。

（十二）"即征即退货物、劳务和应税服务"列：填写纳税人按规定享受增值税即征即退政策的货物、劳务和应税服务的征（退）税数据。

（十三）"一般货物、劳务和应税服务"列：填写除享受增值税即征即退政策以外的货物、劳务和应税服务的征（免）税数据。

（十四）"本年累计"列：一般填写本年度内各月"本月数"之和。其中，第 13、20、25、32、36、38 栏及第 18 栏"实际抵扣税额""一般货物、劳务和应税服务"列的"本年累计"分别按本填写说明第（二十七）、（三十四）、（三十九）、（四十六）、（五十）、（五十二）、（三十二）条要求填写。

（十五）第 1 栏"（一）按适用税率计税销售额"：填写纳税人本期按一般计税方法计算缴纳增值税的销售额，包含：在财务上不作销售但按税法规定应缴纳增值税的视同销售和价外费用的销售额；外贸企业作价销售进料加工复出口货物的销售额；税务、财政、审计部门检查后按一般计税方法计算调整的销售额。

营业税改征增值税的纳税人，应税服务有扣除项目的，本栏应填写扣除之前的不含税销售额。

本栏"一般货物、劳务和应税服务"列"本月数"=《附列资料（一）》第 9 列第 1 至 5 行之和－第 9 列第 6、7 行之和；本栏"即征即退货物、劳务和应税服务"列"本月数"=《附列资料（一）》第 9 列第 6、7 行之和。

（十六）第 2 栏"其中：应税货物销售额"：填写纳税人本期按适用税率计算增值税的应税货物的销售额。包含在财务上不作销售但按税法规定应缴纳增值税的视同销售货物和

价外费用销售额，以及外贸企业作价销售进料加工复出口货物的销售额。

（十七）第3栏"应税劳务销售额"：填写纳税人本期按适用税率计算增值税的应税劳务的销售额。

（十八）第4栏"纳税检查调整的销售额"：填写纳税人因税务、财政、审计部门检查，并按一般计税方法在本期计算调整的销售额。但享受增值税即征即退政策的货物、劳务和应税服务，经纳税检查发现偷税的，不填入"即征即退货物、劳务和应税服务"列，而应填入"一般货物、劳务和应税服务"列。

营业税改征增值税的纳税人，应税服务有扣除项目的，本栏应填写扣除之前的不含税销售额。

本栏"一般货物、劳务和应税服务"列"本月数"=《附列资料（一）》第7列第1至5行之和。

（十九）第5栏"按简易办法计税销售额"：填写纳税人本期按简易计税方法计算增值税的销售额。包含纳税检查调整按简易计税方法计算增值税的销售额。

营业税改征增值税的纳税人，应税服务有扣除项目的，本栏应填写扣除之前的不含税销售额；应税服务按规定汇总计算缴纳增值税的分支机构，其当期按预征率计算缴纳增值税的销售额也填入本栏。

本栏"一般货物、劳务和应税服务"列"本月数"≥《附列资料（一）》第9列第8至13行之和-第9列第14、15行之和；本栏"即征即退货物、劳务和应税服务"列"本月数"≥《附列资料（一）》第9列第14、15行之和。

（二十）第6栏"其中：纳税检查调整的销售额"：填写纳税人因税务、财政、审计部门检查，并按简易计税方法在本期计算调整的销售额。但享受增值税即征即退政策的货物、劳务和应税服务，经纳税检查发现偷税的，不填入"即征即退货物、劳务和应税服务"列，而应填入"一般货物、劳务和应税服务"列。

营业税改征增值税的纳税人，应税服务有扣除项目的，本栏应填写之前的不含税销售额。

（二十一）第7栏"免、抵、退办法出口销售额"：填写纳税人本期适用免、抵、退税办法的出口货物、劳务和应税服务的销售额。

营业税改征增值税的纳税人，应税服务有扣除项目的，本栏应填写扣除之前的销售额。

本栏"一般货物、劳务和应税服务"列"本月数"=《附列资料（一）》第9列第16、17行之和。

（二十二）第8栏"免税销售额"：填写纳税人本期按照税法规定免征增值税的销售额和适用零税率的销售额，但零税率的销售额中不包括适用免、抵、退税办法的销售额。

营业税改征增值税的纳税人，应税服务有扣除项目的，本栏应填写扣除之前的免税销售额。

本栏"一般货物、劳务和应税服务"列"本月数"=《附列资料（一）》第9列第18、19行之和。

（二十三）第9栏"其中：免税货物销售额"：填写纳税人本期按照税法规定免征增值税的货物销售额及适用零税率的货物销售额，但零税率的销售额中不包括适用免、抵、退税办法出口货物的销售额。

(二十四)第10栏"免税劳务销售额":填写纳税人本期按照税法规定免征增值税的劳务销售额及适用零税率的劳务销售额,但零税率的销售额中不包括适用免、抵、退税办法的劳务的销售额。

(二十五)第11栏"销项税额":填写纳税人本期按一般计税方法计税的货物、劳务和应税服务的销项税额。

营业税改征增值税的纳税人,应税服务有扣除项目的,本栏应填写扣除之后的销项税额。

本栏"一般货物、劳务和应税服务"列"本月数"=《附列资料(一)》(第10列第1、3行之和-10列第6行)+(第14列第2、4、5行之和-14列第7行);

本栏"即征即退货物、劳务和应税服务"列"本月数"=《附列资料(一)》第10列第6行+第14列第7行。

(二十六)第12栏"进项税额":填写纳税人本期申报抵扣的进项税额。

本栏"一般货物、劳务和应税服务"列"本月数"+"即征即退货物、劳务和应税服务"列"本月数"=《附列资料(二)》第12栏"税额"。

(二十七)第13栏"上期留抵税额"

1. 上期留抵税额按规定须挂账的纳税人,按以下要求填写本栏的"本月数"和"本年累计"。

上期留抵税额按规定须挂账的纳税人是指试点实施之日前一个税款所属期的申报表第20栏"期末留抵税额""一般货物及劳务"列"本月数"大于零,且兼有营业税改征增值税应税服务的纳税人(下同)。其试点实施之日前一个税款所属期的申报表第20栏"期末留抵税额""一般货物及劳务"列"本月数",以下称为货物和劳务挂账留抵税额。

(1)本栏"一般货物、劳务和应税服务"列"本月数":试点实施之日的税款所属期填写"0";以后各期按上期申报表第20栏"期末留抵税额""一般货物、劳务和应税服务"列"本月数"填写。

(2)本栏"一般货物、劳务和应税服务"列"本年累计":反映货物和劳务挂账留抵税额本期期初余额。试点实施之日的税款所属期按试点实施之日前一个税款所属期的申报表第20栏"期末留抵税额""一般货物及劳务"列"本月数"填写;以后各期按上期申报表第20栏"期末留抵税额""一般货物、劳务和应税服务"列"本年累计"填写。

(3)本栏"即征即退货物、劳务和应税服务"列"本月数":按上期申报表第20栏"期末留抵税额""即征即退货物、劳务和应税服务"列"本月数"填写。

2. 其他纳税人,按以下要求填写本栏"本月数"和"本年累计"。

其他纳税人是指除上期留抵税额按规定须挂账的纳税人之外的纳税人(下同)。

(1)本栏"一般货物、劳务和应税服务"列"本月数":按上期申报表第20栏"期末留抵税额""一般货物、劳务和应税服务"列"本月数"填写。

(2)本栏"一般货物、劳务和应税服务"列"本年累计":填写"0"。

(3)本栏"即征即退货物、劳务和应税服务"列"本月数":按上期申报表第20栏"期末留抵税额""即征即退货物、劳务和应税服务"列"本月数"填写。

(二十八)第14栏"进项税额转出":填写纳税人已经抵扣,但按税法规定本期应转出的进项税额。

本栏"一般货物、劳务和应税服务"列"本月数"＋"即征即退货物、劳务和应税服务"列"本月数"＝《附列资料（二）》第13栏"税额"。

（二十九）第15栏"免、抵、退应退税额"：反映税务机关退税部门按照出口货物、劳务和应税服务免、抵、退办法审批的增值税应退税额。

（三十）第16栏"按适用税率计算的纳税检查应补缴税额"：填写税务、财政、审计部门检查，按一般计税方法计算的纳税检查应补缴的增值税税额。

本栏"一般货物、劳务和应税服务"列"本月数"≤《附列资料（一）》第8列第1至5行之和＋《附列资料（二）》第19栏。

（三十一）第17栏"应抵扣税额合计"：填写纳税人本期应抵扣进项税额的合计数。按表中所列公式计算填写。

（三十二）第18栏"实际抵扣税额"

1. 上期留抵税额按规定须挂账的纳税人，按以下要求填写本栏的"本月数"和"本年累计"。

（1）本栏"一般货物、劳务和应税服务"列"本月数"：按表中所列公式计算填写。

（2）本栏"一般货物、劳务和应税服务"列"本年累计"：填写货物和劳务挂账留抵税额本期实际抵减一般货物和劳务应纳税额的数额。将"货物和劳务挂账留抵税额本期期初余额"与"一般计税方法的一般货物及劳务应纳税额"两个数据相比较，取二者中小的数据。

其中：货物和劳务挂账留抵税额本期期初余额＝第13栏"上期留抵税额""一般货物、劳务和应税服务"列"本年累计"；

一般计税方法的一般货物及劳务应纳税额＝（第11栏"销项税额""一般货物、劳务和应税服务"列"本月数"－第18栏"实际抵扣税额""一般货物、劳务和应税服务"列"本月数"）×一般货物及劳务销项税额比例；

一般货物及劳务销项税额比例＝（《附列资料（一）》第10列第1、3行之和－第10列第6行）÷第11栏"销项税额""一般货物、劳务和应税服务"列"本月数"×100%。

（3）本栏"即征即退货物、劳务和应税服务"列"本月数"：按表中所列公式计算填写。

2. 其他纳税人，按以下要求填写本栏的"本月数"和"本年累计"：

（1）本栏"一般货物、劳务和应税服务"列"本月数"：按表中所列公式计算填写。

（2）本栏"一般货物、劳务和应税服务"列"本年累计"：填写"0"。

（3）本栏"即征即退货物、劳务和应税服务"列"本月数"：按表中所列公式计算填写。

（三十三）第19栏"应纳税额"：反映纳税人本期按一般计税方法计算并应缴纳的增值税额。按以下公式计算填写：

1. 本栏"一般货物、劳务和应税服务"列"本月数"＝第11栏"销项税额""一般货物、劳务和应税服务"列"本月数"－第18栏"实际抵扣税额""一般货物、劳务和应税服务"列"本月数"－第18栏"实际抵扣税额""一般货物、劳务和应税服务"列"本年累计"。

2. 本栏"即征即退货物、劳务和应税服务"列"本月数"＝第11栏"销项税额""即征即退货物、劳务和应税服务"列"本月数"－第18栏"实际抵扣税额""即征即退货物、劳务和应税服务"列"本月数"。

（三十四）第20栏"期末留抵税额"

1. 上期留抵税额按规定须挂账的纳税人，按以下要求填写本栏的"本月数"和"本年累计"：

（1）本栏"一般货物、劳务和应税服务"列"本月数"：反映试点实施以后，一般货物、劳务和应税服务共同形成的留抵税额。按表中所列公式计算填写。

（2）本栏"一般货物、劳务和应税服务"列"本年累计"：反映货物和劳务挂账留抵税额，在试点实施以后抵减一般货物和劳务应纳税额后的余额。按以下公式计算填写：

本栏"一般货物、劳务和应税服务"列"本年累计"＝第13栏"上期留抵税额""一般货物、劳务和应税服务"列"本年累计"－第18栏"实际抵扣税额""一般货物、劳务和应税服务"列"本年累计"。

（3）本栏"即征即退货物、劳务和应税服务"列"本月数"：按表中所列公式计算填写。

2. 其他纳税人，按以下要求填写本栏"本月数"和"本年累计"：

（1）本栏"一般货物、劳务和应税服务"列"本月数"：按表中所列公式计算填写。

（2）本栏"一般货物、劳务和应税服务"列"本年累计"：填写"0"。

（3）本栏"即征即退货物、劳务和应税服务"列"本月数"：按表中所列公式计算填写。

（三十五）第21栏"简易计税办法计算的应纳税额"：反映纳税人本期按简易计税方法计算并应缴纳的增值税额，但不包括按简易计税方法计算的纳税检查应补缴税额。按以下公式计算填写：

本栏"一般货物、劳务和应税服务"列"本月数"＝《附列资料（一）》（第10列第8至11行之和－第10列第14行）＋（第14列第12行至13行之和－第14列第15行）

本栏"即征即退货物、劳务和应税服务"列"本月数"＝《附列资料（一）》第10列第14行＋第14列第15行。

营业税改征增值税的纳税人，应税服务按规定汇总计算缴纳增值税的分支机构，应将预征增值税额填入本栏。预征增值税额＝应预征增值税的销售额×预征率。

（三十六）第22栏"按简易计税办法计算的纳税检查应补缴税额"：填写纳税人本期因税务、财政、审计部门检查并按简易计税方法计算的纳税检查应补缴税额。

（三十七）第23栏"应纳税额减征额"：填写纳税人本期按照税法规定减征的增值税应纳税额。包含按照规定可在增值税应纳税额中全额抵减的增值税税控系统专用设备费用以及技术维护费。

当本期减征额小于或等于第19栏"应纳税额"与第21栏"简易计税办法计算的应纳税额"之和时，按本期减征额实际填写；当本期减征额大于第19栏"应纳税额"与第21栏"简易计税办法计算的应纳税额"之和时，按本期第19栏与第21栏之和填写。本期减征额不足抵减部分结转下期继续抵减。

（三十八）第24栏"应纳税额合计"：反映纳税人本期应缴增值税的合计数。按表中所列公式计算填写。

（三十九）第25栏"期初未缴税额（多缴为负数）""本月数"按上一税款所属期申报表第32栏"期末未缴税额（多缴为负数）""本月数"填写。"本年累计"按上年度最后一个税款所属期申报表第32栏"期末未缴税额（多缴为负数）""本年累计"填写。

（四十）第26栏"实收出口开具专用缴款书退税额"：本栏不填写。

（四十一）第27栏"本期已缴税额"：反映纳税人本期实际缴纳的增值税额，但不包括本期入库的查补税款。按表中所列公式计算填写。

（四十二）第28栏"①分次预缴税额"：填写纳税人本期已缴纳的准予在本期增值税应纳税额中抵减的税额。

营业税改征增值税的纳税人，应税服务按规定汇总计算缴纳增值税的总机构，其可以从本期增值税应纳税额中抵减的分支机构已缴纳的税款，按当期实际可抵减数填入本栏，不足抵减部分结转下期继续抵减。

（四十三）第29栏"②出口开具专用缴款书预缴税额"：本栏不填写。

（四十四）第30栏"③本期缴纳上期应纳税额"：填写纳税人本期缴纳上一税款所属期应缴未缴的增值税额。

（四十五）第31栏"④本期缴纳欠缴税额"：反映纳税人本期实际缴纳和留抵税额抵减的增值税欠税额，但不包括缴纳入库的查补增值税额。

（四十六）第32栏"期末未缴税额（多缴为负数）"："本月数"反映纳税人本期期末应缴未缴的增值税额，但不包括纳税检查应缴未缴的税额。按表中所列公式计算填写。"本年累计"与"本月数"相同。

（四十七）第33栏"其中：欠缴税额（≥0）"：反映纳税人按照税法规定已形成欠税的增值税额。按表中所列公式计算填写。

（四十八）第34栏"本期应补（退）税额"：反映纳税人本期应纳税额中应补缴或应退回的数额。按表中所列公式计算填写。

（四十九）第35栏"即征即退实际退税额"：反映纳税人本期因符合增值税即征即退政策规定，而实际收到的税务机关退回的增值税额。

（五十）第36栏"期初未缴查补税额"："本月数"按上一税款所属期申报表第38栏"期末未缴查补税额""本月数"填写。"本年累计"按上年度最后一个税款所属期申报表第38栏"期末未缴查补税额""本年累计"填写。

（五十一）第37栏"本期入库查补税额"：反映纳税人本期因税务、财政、审计部门检查而实际入库的增值税额，包括按一般计税方法计算并实际缴纳的查补增值税额和按简易计税方法计算并实际缴纳的查补增值税额。

（五十二）第38栏"期末未缴查补税额"："本月数"反映纳税人接受纳税检查后应在本期期末缴纳而未缴纳的查补增值税额。按表中所列公式计算填写，"本年累计"与"本月数"相同。

三、《增值税纳税申报表附列资料（一）》（本期销售情况明细）填写说明

（一）"税款所属时间"、"纳税人名称"的填写同主表。

（二）各列说明

1. 第1至2列"开具税控增值税专用发票"：反映本期开具防伪税控"增值税专用发

票"、"货物运输业增值税专用发票"和税控"机动车销售统一发票"的情况。

2. 第3至4列"开具其他发票"：反映除上述三种发票以外本期开具的其他发票的情况。

3. 第5至6列"未开具发票"：反映本期未开具发票的销售情况。

4. 第7至8列"纳税检查调整"：反映经税务、财政、审计部门检查并在本期调整的销售情况。

5. 第9至11列"合计"：按照表中所列公式填写。

营业税改征增值税的纳税人，应税服务有扣除项目的，第1至11列应填写扣除之前的征（免）税销售额、销项（应纳）税额和价税合计额。

6. 第12列"应税服务扣除项目本期实际扣除金额"：营业税改征增值税的纳税人，应税服务有扣除项目的，按《附列资料（三）》第5列对应各行次数据填写；应税服务无扣除项目的，本列填写"0"。其他纳税人不填写。

营业税改征增值税的纳税人，应税服务按规定汇总计算缴纳增值税的分支机构，当期应税服务有扣除项目的，填入本列第13行。

7. 第13列"扣除后""含税（免税）销售额"：营业税改征增值税的纳税人，应税服务有扣除项目的，本列各行次＝第11列对应各行次－第12列对应各行次。其他纳税人不填写。

8. 第14列"扣除后""销项（应纳）税额"：营业税改征增值税的纳税人，应税服务有扣除项目的，按以下要求填写本列，其他纳税人不填写。

（1）应税服务按照一般计税方法计税

本列各行次＝第13列÷（100％＋对应行次税率）×对应行次税率

本列第7行"按一般计税方法计税的即征即退应税服务"不按本列的说明填写。具体填写要求见"各行说明"第2条第（2）项第③点的说明。

（2）应税服务按照简易计税方法计税

本列各行次＝第13列÷（100％＋对应行次征收率）×对应行次征收率

本列第13行"预征率 ％"不按本列的说明填写。具体填写要求见"各行说明"第4条第（2）项。

（3）应税服务实行免抵退税或免税的，本列不填写。

（三）各行说明

1. 第1至5行"一、一般计税方法计税""全部征税项目"各行：按不同税率和项目分别填写按一般计税方法计算增值税的全部征税项目。有即征即退征税项目的纳税人，本部分数据中既包括即征即退征税项目，又包括不享受即征即退政策的一般征税项目。

2. 第6至7行"一、一般计税方法计税""其中：即征即退项目"各行：只反映按一般计税方法计算增值税的即征即退项目。按照税法规定不享受即征即退政策的纳税人，不填写本行。即征即退项目是全部征税项目的其中数。

（1）第6行"即征即退货物及加工修理修配劳务"：反映按一般计税方法计算增值税且享受即征即退政策的货物和加工修理修配劳务。本行不包括应税服务的内容。

① 本行第9列"合计""销售额"栏：反映按一般计税方法计算增值税且享受即征即退政策的货物及加工修理修配劳务的不含税销售额。该栏不按第9列所列公式计算，应按

照税法规定据实填写。

② 本行第 10 列"合计""销项（应纳）税额"栏：反映按一般计税方法计算增值税且享受即征即退政策的货物及加工修理修配劳务的销项税额。该栏不按第 10 列所列公式计算，应按照税法规定据实填写。

(2) 第 7 行"即征即退应税服务"：反映按一般计税方法计算增值税且享受即征即退政策的应税服务。本行不包括货物及加工修理修配劳务的内容。

① 本行第 9 列"合计""销售额"栏：反映按一般计税方法计算增值税且享受即征即退政策的应税服务的不含税销售额。应税服务有扣除项目的，按扣除之前的不含税销售额填写。该栏不按第 9 列所列公式计算，应按照税法规定据实填写。

② 本行第 10 列"合计""销项（应纳）税额"栏：反映按一般计税方法计算增值税且享受即征即退政策的应税服务的销项税额。应税服务有扣除项目的，按扣除之前的销项税额填写。该栏不按第 10 列所列公式计算，应按照税法规定据实填写。

③ 本行第 14 列"扣除后""销项（应纳）税额"栏：反映按一般计税方法征收增值税且享受即征即退政策的应税服务实际应计提的销项税额。应税服务有扣除项目的，按扣除之后的销项税额填写；应税服务无扣除项目的，按本行第 10 列填写。该栏不按第 14 列所列公式计算，应按照税法规定据实填写。

3. 第 8 至 12 行"二、简易计税方法计税""全部征税项目"各行：按不同征收率和项目分别填写按简易计税方法计算增值税的全部征税项目。有即征即退征税项目的纳税人，本部分数据中既包括即征即退项目，也包括不享受即征即退政策的一般征税项目。

4. 第 13 行"二、简易计税方法计税""预征率 ％"：反映营业税改征增值税的纳税人，应税服务按规定汇总计算缴纳增值税的分支机构预征增值税销售额、预征增值税应纳税额。

(1) 本行第 1 至 6 列按照销售额和销项税额的实际发生数填写。

(2) 本行第 14 列，纳税人按"应预征缴纳的增值税＝应预征增值税销售额×预征率"公式计算后据实填写。

5. 第 14 至 15 行"二、简易计税方法计税""其中：即征即退项目"各行：只反映按简易计税方法计算增值税的即征即退项目。按照税法规定不享受即征即退政策的纳税人，不填写本行。即征即退项目是全部征税项目的其中数。

(1) 第 14 行"即征即退货物及加工修理修配劳务"：反映按简易计税方法计算增值税且享受即征即退政策的货物及加工修理修配劳务。本行不包括应税服务的内容。

① 本行第 9 列"合计""销售额"栏：反映按简易计税方法计算增值税且享受即征即退政策的货物及加工修理修配劳务的不含税销售额。该栏不按第 9 列所列公式计算，应按照税法规定据实填写。

② 本行第 10 列"合计""销项（应纳）税额"栏：反映按简易计税方法计算增值税且享受即征即退政策的货物及加工修理修配劳务的应纳税额。该栏不按第 10 列所列公式计算，应按照税法规定据实填写。

(2) 第 15 行"即征即退应税服务"：反映按简易计税方法计算增值税且享受即征即退政策的应税服务。本行不包括货物及加工修理修配劳务的内容。

① 本行第 9 列"合计""销售额"栏：反映按简易计税方法计算增值税且享受即征即

退政策的应税服务的不含税销售额。应税服务有扣除项目的，按扣除之前的不含税销售额填写。该栏不按第 9 列所列公式计算，应按照税法规定据实填写。

② 本行第 10 列"合计""销项（应纳）税额"栏：反映按简易计税方法计算增值税且享受即征即退政策的应税服务的应纳税额。应税服务有扣除项目的，按扣除之前的应纳税额填写。该栏不按第 10 列所列公式计算，应按照税法规定据实填写。

③ 本行第 14 列"扣除后""销项（应纳）税额"栏：反映按简易计税方法计算增值税且享受即征即退政策的应税服务实际应计提的应纳税额。应税服务有扣除项目的，按扣除之后的应纳税额填写；应税服务无扣除项目的，按本行第 10 列填写。

6. 第 16 行"三、免抵退税""货物及加工修理修配劳务"：反映适用免、抵、退税政策的出口货物、加工修理修配劳务。

7. 第 17 行"三、免抵退税""应税服务"：反映适用免、抵、退税政策的应税服务。

8. 第 18 行"四、免税""货物及加工修理修配劳务"：反映按照税法规定免征增值税的货物及劳务和适用零税率的出口货物及劳务，但零税率的销售额中不包括适用免、抵、退税办法的出口货物及劳务。

9. 第 19 行"四、免税""应税服务"：反映按照税法规定免征增值税的应税服务和适用零税率的应税服务，但零税率的销售额中不包括适用免、抵、退税办法的应税服务。

四、《增值税纳税申报表附列资料（二）》（本期进项税额明细）填写说明

（一）"税款所属时间"、"纳税人名称"的填写同主表。

（二）第 1 至 12 栏"一、申报抵扣的进项税额"：分别反映纳税人按税法规定符合抵扣条件，在本期申报抵扣的进项税额。

1. 第 1 栏"（一）认证相符的税控增值税专用发票"：反映纳税人取得的认证相符本期申报抵扣的防伪税控"增值税专用发票"、"货物运输业增值税专用发票"和税控"机动车销售统一发票"的情况。该栏应等于第 2 栏"本期认证相符且本期申报抵扣"与第 3 栏"前期认证相符且本期申报抵扣"数据之和。

2. 第 2 栏"其中：本期认证相符且本期申报抵扣"：反映本期认证相符且本期申报抵扣的防伪税控"增值税专用发票"、"货物运输业增值税专用发票"和税控"机动车销售统一发票"的情况。本栏是第 1 栏的其中数，本栏只填写本期认证相符且本期申报抵扣的部分。

3. 第 3 栏"前期认证相符且本期申报抵扣"：反映前期认证相符且本期申报抵扣的防伪税控"增值税专用发票"、"货物运输业增值税专用发票"和税控"机动车销售统一发票"的情况。辅导期纳税人依据税务机关告知的稽核比对结果通知书及明细清单注明的稽核相符的税控增值税专用发票填写本栏。本栏是第 1 栏的其中数，只填写前期认证相符且本期申报抵扣的部分。

4. 第 4 栏"（二）其他扣税凭证"：反映本期申报抵扣的除税控增值税专用发票之外的其他扣税凭证的情况。具体包括：海关进口增值税专用缴款书、农产品收购发票或者销售发票（含农产品核定扣除的进项税额）、代扣代缴税收缴款凭证和运输费用结算单据。该栏应等于第 5 至 8 栏之和。

5. 第 5 栏"海关进口增值税专用缴款书"：反映本期申报抵扣的海关进口增值税专用缴款书的情况。按规定执行海关进口增值税专用缴款书先比对后抵扣的，纳税人需依据税务机关告知的稽核比对结果通知书及明细清单注明的稽核相符的海关进口增值税专用缴款书填写本栏。

6. 第6栏"农产品收购发票或者销售发票"：反映本期申报抵扣的农产品收购发票和农产品销售普通发票的情况。执行农产品增值税进项税额核定扣除办法的，填写当期允许抵扣的农产品增值税进项税额，不填写"份数"、"金额"。

7. 第7栏"代扣代缴税收缴款凭证"：填写本期按规定准予抵扣的中华人民共和国税收缴款凭证上注明的增值税额。

8. 第8栏"运输费用结算单据"：反映按规定本期可以申报抵扣的交通运输费用结算单据的情况。

9. 第11栏"（三）外贸企业进项税额抵扣证明"：填写本期申报抵扣的税务机关出口退税部门开具的《出口货物转内销证明》列明允许抵扣的进项税额。

10. 第12栏"当期申报抵扣进项税额合计"：反映本期申报抵扣进项税额的合计数。按表中所列公式计算填写。

（三）第13至23栏"二、进项税额转出额"各栏：分别反映纳税人已经抵扣但按规定应在本期转出的进项税额明细情况。

1. 第13栏"本期进项税额转出额"：反映已经抵扣但按规定应在本期转出的进项税额合计数。按表中所列公式计算填写。

2. 第14栏"免税项目用"：反映用于免征增值税项目，按规定应在本期转出的进项税额。

3. 第15栏"非应税项目、集体福利、个人消费用"：反映用于非增值税应税项目、集体福利或者个人消费，按规定应在本期转出的进项税额。

4. 第16栏"非正常损失"：反映纳税人发生非正常损失，按规定应在本期转出的进项税额。

5. 第17栏"简易计税方法征税项目用"：反映用于按简易计税方法征税项目，按规定应在本期转出的进项税额。

营业税改征增值税的纳税人，应税服务按规定汇总计算缴纳增值税的分支机构，当期应由总机构汇总的进项税额也填入本栏。

6. 第18栏"免抵退税办法不得抵扣的进项税额"：反映按照免、抵、退税办法的规定，由于征税税率与退税税率存在税率差，在本期应转出的进项税额。

7. 第19栏"纳税检查调减进项税额"：反映税务、财政、审计部门检查后而调减的进项税额。

8. 第20栏"红字专用发票通知单注明的进项税额"：填写主管税务机关开具的《开具红字增值税专用发票通知单》、《开具红字货物运输业增值税专用发票通知单》等注明的在本期应转出的进项税额。

9. 第21栏"上期留抵税额抵减欠税"：填写本期经税务机关同意，使用上期留抵税额抵减欠税的数额。

10. 第22栏"上期留抵税额退税"：填写本期经税务机关批准的上期留抵税额退税额。

11. 第23栏"其他应作进项税额转出的情形"：反映除上述进项税额转出情形外，其他应在本期转出的进项税额。

（四）第24至34栏"三、待抵扣进项税额"各栏：分别反映纳税人已经取得，但按税法规定不符合抵扣条件，暂不予在本期申报抵扣的进项税额情况及按税法规定不允许抵扣的进项税额情况。

1. 第24至28栏均包括防伪税控"增值税专用发票"、"货物运输业增值税专用发票"和税控"机动车销售统一发票"的情况。

2. 第25栏"期初已认证相符但未申报抵扣"：反映前期认证相符，但按照税法规定暂不予抵扣及不允许抵扣，结存至本期的税控增值税专用发票情况。辅导期纳税人填写认证相符但未收到稽核比对结果的税控增值税专用发票期初情况。

3. 第26栏"本期认证相符且本期未申报抵扣"：反映本期认证相符，但按税法规定暂不予抵扣及不允许抵扣，而未申报抵扣的税控增值税专用发票情况。辅导期纳税人填写本期认证相符但未收到稽核比对结果的税控增值税专用发票情况。

4. 第27栏"期末已认证相符但未申报抵扣"：反映截至本期期末，按照税法规定仍暂不予抵扣及不允许抵扣且已认证相符的税控增值税专用发票情况。辅导期纳税人填写截至本期期末已认证相符但未收到稽核比对结果的税控增值税专用发票期末情况。

5. 第28栏"其中：按照税法规定不允许抵扣"：反映截至本期期末已认证相符但未申报抵扣的税控增值税专用发票中，按照税法规定不允许抵扣的税控增值税专用发票情况。

6. 第29栏"（二）其他扣税凭证"：反映截至本期期末仍未申报抵扣的除税控增值税专用发票之外的其他扣税凭证情况。具体包括：海关进口增值税专用缴款书、农产品收购发票或者销售发票、代扣代缴税收缴款凭证和运输费用结算单据。该栏应等于第30至33栏之和。

7. 第30栏"海关进口增值税专用缴款书"：反映已取得但截至本期期末仍未申报抵扣的海关进口增值税专用缴款书情况，包括纳税人未收到稽核比对结果的海关进口增值税专用缴款书情况。

8. 第31栏"农产品收购发票或者销售发票"：反映已取得但截至本期期末仍未申报抵扣的农产品收购发票和农产品销售普通发票情况。

9. 第32栏"代扣代缴税收缴款凭证"：反映已取得但截至本期期末仍未申报抵扣的代扣代缴税收缴款凭证情况。

10. 第33栏"运输费用结算单据"：反映已取得但截至本期期末仍未申报抵扣的运输费用结算单据情况。

（五）第35至36栏"四、其他"各栏

1. 第35栏"本期认证相符的税控增值税专用发票"：反映本期认证相符的防伪税控"增值税专用发票"、"货物运输业增值税专用发票"和税控"机动车销售统一发票"的情况。

2. 第36栏"代扣代缴税额"：填写纳税人根据《中华人民共和国增值税暂行条例》第十八条扣缴的应税劳务增值税额与根据营业税改征增值税有关政策规定扣缴的应税服务增值税额之和。

五、《增值税纳税申报表附列资料（三）》（应税服务扣除项目明细）填写说明

（一）本表由营业税改征增值税应税服务有扣除项目的纳税人填写。其他纳税人不填写。

（二）"税款所属时间"、"纳税人名称"的填写同主表。

（三）第1列"本期应税服务价税合计额（免税销售额）"：营业税改征增值税的应税服务属于征税项目的，填写扣除之前的本期应税服务价税合计额；营业税改征增值税的应税服务属于免抵退税或免税项目的，填写扣除之前的本期应税服务免税销售额。本列各行次等于《附列资料（一）》第11列对应行次。

营业税改征增值税的纳税人，应税服务按规定汇总计算缴纳增值税的分支机构，本列各行次之和等于《附列资料（一）》第11列第13行。

（四）第2列"应税服务扣除项目""期初余额"：填写应税服务扣除项目上期期末结存的金额，试点实施之日的税款所属期填写"0"。本列各行次等于上期《附列资料（三）》第6列对应行次。

（五）第3列"应税服务扣除项目""本期发生额"：填写本期取得的按税法规定准予扣除的应税服务扣除项目金额。

（六）第4列"应税服务扣除项目""本期应扣除金额"：填写应税服务扣除项目本期应扣除的金额。

本列各行次＝第2列对应各行次＋第3列对应各行次

（七）第5列"应税服务扣除项目""本期实际扣除金额"：填写应税服务扣除项目本期实际扣除的金额。

本列各行次≤第4列对应各行次且本列各行次≤第1列对应各行次。

（八）第6列"应税服务扣除项目""期末余额"：填写应税服务扣除项目本期期末结存的金额。

本列各行次＝第4列对应各行次－第5列对应各行次

六、《增值税纳税申报表附列资料（四）》（税额抵减情况表）填写说明

本表第1行由发生增值税税控系统专用设备费用和技术维护费的纳税人填写，反映纳税人增值税税控系统专用设备费用和技术维护费按规定抵减增值税应纳税额的情况。本表第2行由营业税改征增值税纳税人，应税服务按规定汇总计算缴纳增值税的总机构填写，反映其分支机构预征缴纳税款抵减总机构应纳增值税税额的情况。其他纳税人不填写本表。

七、《固定资产进项税额抵扣情况表》填写说明

本表反映纳税人在《附列资料（二）》"一、申报抵扣的进项税额"中固定资产的进项税额。本表按增值税专用发票、海关进口增值税专用缴款书分别填写。税控《机动车销售统一发票》填入增值税专用发票栏内。

附件3

增值税纳税申报表
（小规模纳税人适用）

纳税人识别号：□□□□□□□□□□□□□□□

纳税人名称（公章）：　　　　　　　　　　　　　　　　　金额单位：元至角分

税款所属期：　年　月　日至　年　月　日　　　　填表日期：　年　月　日

项目		栏次	本期数		本年累计	
			应税货物及劳务	应税服务	应税货物及劳务	应税服务
一、计税依据	（一）应征增值税不含税销售额	1				
	税务机关代开的增值税专用发票不含税销售额	2				
	税控器具开具的普通发票不含税销售额	3				
	（二）销售使用过的应税固定资产不含税销售额	4（4≥5）			—	—
	其中：税控器具开具的普通发票不含税销售额	5			—	—
	（三）免税销售额	6（6≥7）				
	其中：税控器具开具的普通发票销售额	7				
	（四）出口免税销售额	8（8≥9）				
	其中：税控器具开具的普通发票销售额	9				
二、税款计算	本期应纳税额	10				
	本期应纳税额减征额	11				
	应纳税额合计	12＝10－11				
	本期预缴税额	13			—	—
	本期应补（退）税额	14＝12－13			—	—

纳税人或代理人声明：本纳税申报表是根据国家税收法律法规及相关规定填报的，我确定它是真实的、可靠的、完整的。	如纳税人填报，由纳税人填写以下各栏：		
	办税人员：　　　　　　　　　　　　　　　　　　　　财务负责人：		
	法定代表人：　　　　　　　　　　　　　　　　　　　　联系电话：		
	如委托代理人填报，由代理人填写以下各栏：		
	代理人名称（公章）：　　　　　　　　　　　　　　　　经办人：　　　　　　　　　　　　　　　　　　　　　联系电话：		

主管税务机关：　　　　　　　　　　　接收人：　　　　　　　　　　　接收日期：

增值税纳税申报表（小规模纳税人适用）附列资料

税款所属期：　　　　年　月　日至　　年　月　日　　　　填表日期：　年　月　日

纳税人名称（公章）：　　　　　　　　　　　　　　　　　金额单位：元至角分

应税服务扣除额计算			
期初余额	本期发生额	本期扣除额	期末余额
1	2	3（3≤1＋2之和，且3≤5）	4＝1＋2－3
应税服务计税销售额计算			
全部含税收入	本期扣除额	含税销售额	不含税销售额
5	6＝3	7＝5－6	8＝7÷1.03

附件4

《增值税纳税申报表（小规模纳税人适用）》及其附列资料填写说明

本纳税申报表及其附列资料填写说明（以下简称本表及填写说明）适用于增值税小规模纳税人（以下简称纳税人）。

一、名词解释

（一）本表及填写说明所称"应税货物"，是指增值税的应税货物。

（二）本表及填写说明所称"应税劳务"，是指增值税的应税加工、修理、修配劳务。

（三）本表及填写说明所称"应税服务"，是指营业税改征增值税的应税服务。

（四）本表及填写说明所称"应税服务扣除项目"，是指纳税人提供应税服务，在确定应税服务销售额时，按照有关规定允许其从取得的全部价款和价外费用中扣除价款的项目。

二、《增值税纳税申报表（小规模纳税人适用）》填写说明

本表"应税货物及劳务"与"应税服务"各项目应分别填写。

（一）"税款所属期"是指纳税人申报的增值税应纳税额的所属时间，应填写具体的起止年、月、日。

（二）"纳税人识别号"栏，填写纳税人的税务登记证号码。

（三）"纳税人名称"栏，填写纳税人单位名称全称。

（四）第1栏"应征增值税不含税销售额"：填写应税货物及劳务、应税服务的不含税销售额，不包括销售使用过的应税固定资产和销售旧货的不含税销售额、免税销售额、出口免税销售额、查补销售额。

应税服务有扣除项目的纳税人，本栏填写扣除后的不含税销售额，与当期《增值税纳税申报表（小规模纳税人适用）附列资料》第8栏数据一致。

（五）第2栏"税务机关代开的增值税专用发票不含税销售额"：填写税务机关代开的增值税专用发票销售额合计。

（六）第3栏"税控器具开具的普通发票不含税销售额"：填写税控器具开具的应税货物及劳务、应税服务的普通发票注明的金额换算的不含税销售额。

（七）第4栏"销售使用过的应税固定资产不含税销售额"：填写销售自己使用过的应税固定资产和销售旧货的不含税销售额，销售额＝含税销售额／（1＋3％）。

（八）第5栏"税控器具开具的普通发票不含税销售额"：填写税控器具开具的销售自己使用过的应税固定资产和销售旧货的普通发票金额换算的不含税销售额。

（九）第6栏"免税销售额"：填写销售免征增值税应税货物及劳务、免征增值税应税服务的销售额。

应税服务有扣除项目的纳税人，填写扣除之前的销售额。

（十）第7栏"税控器具开具的普通发票销售额"：填写税控器具开具的销售免征增值税应税货物及劳务、免征增值税应税服务的普通发票销售额。

（十一）第8栏"出口免税销售额"：填写出口免征增值税应税货物及劳务、出口免征增值税应税服务的销售额。

应税服务有扣除项目的纳税人，填写扣除之前的销售额。

（十二）第9栏"税控器具开具的普通发票销售额"：填写税控器具开具的出口免征增值税应税货物及劳务、出口免征增值税应税服务的普通发票销售额。

（十三）第10栏"本期应纳税额"：填写本期按征收率计算缴纳的应纳税额。

（十四）第11栏"本期应纳税额减征额"：填写纳税人本期按照税法规定减征的增值税应纳税额。包含可在增值税应纳税额中全额抵减的增值税税控系统专用设备费用以及技术维护费，可在增值税应纳税额中抵免的购置税控收款机的增值税税额。其抵减、抵免增值税应纳税额情况，需填报《增值税纳税申报表附列资料（四）》（税额抵减情况表）予以反映。无抵减、抵免情况的纳税人，不填报此表。

当本期减征额小于或等于第10栏"本期应纳税额"时，按本期减征额实际填写；当本期减征额大于第10栏"本期应纳税额"时，按本期第10栏填写，本期减征额不足抵减部分结转下期继续抵减。

（十五）第13栏"本期预缴税额"：填写纳税人本期预缴的增值税额，但不包括查补缴纳的增值税额。

三、《增值税纳税申报表（小规模纳税人适用）附列资料》填写说明

本附列资料由应税服务有扣除项目的纳税人填写，各栏次均不包含免征增值税应税服务数额。

（一）"税款所属期"是指纳税人申报的增值税应纳税额的所属时间，应填写具体的起止年、月、日。

（二）"纳税人名称"栏，填写纳税人单位名称全称。

（三）第1栏"期初余额"：填写应税服务扣除项目上期期末结存的金额，试点实施之日的税款所属期填写"0"。

（四）第2栏"本期发生额"：填写本期取得的按税法规定准予扣除的应税服务扣除项目金额。

（五）第3栏"本期扣除额"：填写应税服务扣除项目本期实际扣除的金额。

第3栏"本期扣除额"≤第1栏"期初余额"＋第2栏"本期发生额"之和，且第3栏"本期扣除额"≤5栏"全部含税收入"

（六）第4栏"期末余额"：填写应税服务扣除项目本期期末结存的金额。

（七）第5栏"全部含税收入"：填写纳税人提供应税服务取得的全部价款和价外费用数额。

（八）第6栏"本期扣除额"：填写本附列资料第3项"本期扣除额"栏数据。

第6栏"本期扣除额"＝第3栏"本期扣除额"

（九）第7栏"含税销售额"：填写应税服务的含税销售额。

第7栏"含税销售额"＝第5栏"全部含税收入"－第6栏"本期扣除额"

（十）第8栏"不含税销售额"：填写应税服务的不含税销售额。

第8栏"不含税销售额"＝第7栏"含税销售额"÷1.03，与《增值税纳税申报表（小规模纳税人适用）》第1栏"应征增值税不含税销售额""本期数""应税服务"栏数据一致。

关于调整增值税即征即退优惠政策管理措施有关问题的公告

（国家税务总局公告2011年第60号）

为加快退税进度，提高纳税人资金使用效率，扶持企业发展，税务总局决定调整增值税即征即退企业实施先评估后退税的管理措施。现将有关问题公告如下：

一、将增值税即征即退优惠政策的管理措施由先评估后退税改为先退税后评估。

二、主管税务机关应进一步加强对即征即退企业增值税退税的事后管理，根据以下指标定期开展纳税评估。

（一）销售额变动率的计算公式：

1. 本期销售额环比变动率＝（本期即征即退货物和劳务销售额－上期即征即退货物和劳务销售额）÷上期即征即退货物和劳务销售额×100％。

2. 本期累计销售额环比变动率＝（本期即征即退货物和劳务累计销售额－上期即征即退货物和劳务累计销售额）÷上期即征即退货物和劳务累计销售额×100％。

3. 本期销售额同比变动率＝（本期即征即退货物和劳务销售额－去年同期即征即退货物和劳务销售额）÷去年同期即征即退货物和劳务销售额×100％。

4. 本期累计销售额同比变动率＝（本期即征即退货物和劳务累计销售额－去年同期即征即退货物和劳务累计销售额）÷去年同期即征即退货物和劳务累计销售额×100％。

（二）增值税税负率的计算公式

增值税税负率＝本期即征即退货物和劳务应纳税额÷本期即征即退货物和劳务销售额

×100%。

三、各地可根据不同的即征即退项目设计、完善评估指标。主管税务机关通过纳税评估发现企业异常情况的,应及时核实原因并按相关规定处理。

四、本公告自2011年12月1日起施行。《国家税务总局关于增值税即征即退实施先评估后退税有关问题的通知》(国税函〔2009〕432号)同时废止。

特此公告。

国家税务总局
二〇一一年十一月十四日

关于增值税纳税义务发生时间有关问题的公告

(国家税务总局公告2011年第40号)

根据《中华人民共和国增值税暂行条例》及其实施细则的有关规定,现就增值税纳税义务发生时间有关问题公告如下:

纳税人生产经营活动中采取直接收款方式销售货物,已将货物移送对方并暂估销售收入入账,但既未取得销售款或取得索取销售款凭据也未开具销售发票的,其增值税纳税义务发生时间为取得销售款或取得索取销售款凭据的当天;先开具发票的,为开具发票的当天。

本公告自2011年8月1日起施行。纳税人此前对发生上述情况进行增值税纳税申报的,可向主管税务机关申请,按本公告规定做纳税调整。

特此公告。

国家税务总局
二〇一一年七月十五日

国家税务总局关于
开展建筑安装、交通运输行业增值税调查测算工作的通知

(1999年3月3日)

各省、自治区、直辖市、计划单列市国家税务局、地方税务局:

为了研究制定流转改革方案，总局决定对建筑安装企业、交通运输企业进行增值税调查测算工作，现将有关事项通知如下：

一、调查内容

按照增值税的计算口径，调查建筑安装、交通运输两个行业经营收入、外购货物（扣除项目）金额以及经营利润等有关数据，具体内容见附件。

二、调查范围

（一）建筑安装企业：

年建筑安装营业额180万元以上，独立核算的各类所有的制性质的建筑安装企业。

（二）交通运输企业：

1. 铁路运输企业：中央铁路系统的各铁路分局；地方铁路公司。

2. 公路运输企业：年运输营业额100万元以上，独立核算的各类所有制性质的公路运输企业。

3. 航空运输企业：从事航空运输的航空公司、民用机场。

4. 水路运输企业：年运输营业额100万元以上，独立核算的各类所有制性质的水路运输企业。

5. 管道运输企业：从事管道运输的管道运输企业。

6. 其他运输企业：从事联运业务的运输企业。

三、调查方法

由企业根据所属行业，按照填表说明填写相应的测算表（具体表格及填表说明见附件），加盖公章后，分别报送所在地的国家税务局、地方税务局，税务机关对企业上报的资料进行审核，审核无误加盖公章后报送上级税务机关，由各省、自治区、直辖市、计划单列市国家税务局上报总局。

四、调查要求

（一）此次调查工作，事关全国流转税制的改革，涉及面较广，工作量较大，各级国家税务局、地方税务局要密切合作，共同布置，组织专门人员开展此项工作。各地应严格按规定时间上报有关数据材料，总局将对各地的工作情况进行评比，对工作做的好的单位给予表扬，对工作差的单位通报批评。

（二）各地布置企业填写测算表及对测算表的审核工作应于3月31日前完成，各省、自治区、直辖市、计划单列市国家税务局上报总局时间为1999年4月15日前。调查报告上报时间另行通知。

（三）数据上报方式及有关要求另行发文通知。

附件1

建安企业试行增值税（消费税）调查提纲

为配合建安业务由工农业税改征增值税工作，各地按要求组织专门人员，对建安企业采取了解和重点调查相结合的方式,对不同类型的企业进行深入解剖,通过调查,了解建安企业的基本情况,并按拟定的调查提纲,写成书面材料,在××月××日前上报总局,具体的调查内容如下:

一、建筑安装企业有哪些行业管理规定?如资质审核规定,工程发包、转包规定,工程预概算、决算规定,异地从事建安业务的登记管理规定等,这些规定的主要内容是什么?

二、调查了解建安企业的生产经营方式、特点。建安企业,由于其施工生产的特殊性,其与甲方(工程发包方)签订的施工承包合同具有多样性,如采用包清工、包工包料、部分包料包清工等,除此之外还有哪些方式。各种工程承包方式,建安企业与甲方是如何结算工程款的。

三、调查了解建安企业财务,会计核算特点及相关规定。选择不同规模、不同资质等级的建安企业,对其财务、会计核算的实际情况进行调查了解,并对企业财务状况进行分析。

施工企业采用总承包方式承包工程,总承包人对分包、转包支出是如何核算的。

施工企业改征增值税后,工程承包收入中含有的非增值税应税收入有哪些(如工程中含有的非增值税应税收入有哪些,如工程设计费、工程监理费、保险费等),其应税收入如何确定。

自身不直接从事建安业务的工程承包公司取得的工程总承包收入,其财务上是如何核算的,该如何征税。对采用包工包料方式从事建安业务的企业,其工程所用主要建筑材料有的是建安企业自行采购,也有的是甲方采购后提供给施工企业,最后从工程款中扣除,两种不同的方式企业财务上是如何核算的。企业工程承包收入中施工劳务费、辅助物耗主要建筑材料是如何核算的。现行营业税规定纳税人从事建筑、修缮装饰工程作业,无论与对方如何结算,其营业额均包括工程所用原材料及其他物资和动力的价款在内,改征增值税的,如何确定其应税收入包括的内容。

建安企业的固定资产是如何进行分类管理的,在企业财务核算上是否有明确的划分;主要建筑材料、辅助物耗是如何分类的。

四、关于纳税地点。

现行营业税对建安企业的纳税地点的主要规定为:纳税人承包的工程跨省、自治区、直辖市的,向其机构所在地主管税务机关纳税;纳税人提供的应税劳务发生在外县(市)应向劳务地纳税,未申报纳税的,由其机构所在地或居住地补缴税款。

针对建安企业施工方式,对总包、分包异地施工,以及一项工程本身跨省施工等情况,按照既考虑现行财税体制需要,又有利于税收征管和应纳税额的计算,同时兼顾企业的财务核算特点的原则,分别按下列几种方法确定建安企业的纳税地点有何利弊。

1. 在建安企业核算地征税;
2. 在建安企业工程所在地征税;
3. 在工程所在地按预征率征税,在机构所在地结算税款;
4. 对个别情况的特殊规定。

五、按增值税原理,在保持现行营业税负的前提下,按下列两种方法,分别测定建安

业务的增值税税率,并分析其利弊,其公式为:

1. 增值税税率＝$\frac{\text{计算出的增值税整体税额}}{\text{施工劳务收入}}$×100%

其中:增值税整体税额＝应纳营业税额＋辅助物耗和固定资产中计算的增值税额。

2. 增值税税率＝$\frac{\text{计算出的增值税整体税额}}{\text{工程总收入}}$×100%

其中:增值税整体税额＝应纳营业税额＋主要建筑材料、辅助物耗和固定资产中计算出的增值税额。

六、现行营业税建安业务的征税范围与其他营业税税目征收范围有哪些交叉?例如勘探业务、绿化养护、建筑物的清洗修补等等。按现行营业税对建安业务的征收范围是否需要作必要的调整和补充?那些交叉项目应划入营业税征收?哪些交叉项目应归入建安业务中征收增值税?还有哪些现行建安营业税征收范围未涉及但与建安业务有密切联系或相似的业务应纳入的增值税的征收范围?

七、对建安企业应采用何种标准确定小规模纳税人?除了金额标准外,还有其他什么可以借鉴的标准,如资质级别等。当建安企业既有施工安装劳务,又有货物销售时,小规模纳税人按何种标准确定?

八、建安业务改征增值税后,对在建工程如何处理?是老项目老办法,新项目新办法,即老项目仍维持原营业税税负水平但按简易增值税征收办法征收,新项目按改制后的增值税核算原理计算征收;还是不论老项目、新项目均统一按规定的增值税征收方法计征增值税。如果新、老项目按统一办法征税,那么企业的期初存货又该如何处理?

老项目是指改制前在建的工程,新项目是指改制前已签合同但未施工的工程项目。

九、自建工程的增值税征收问题。按现行营业税征收规定,企业自己新建建筑物的销售,其自建行为视同提供应税劳务征收一道中间环节的建筑安装营业税。实行增值税后,企业自建建筑物出售,是否仍然需要征收一道中间环节增值税?如果征收,其计税依据应如何确定?对自建自用的建筑物,是否也应征收一道中间环节增值税?

十、关于建筑业纳税义务发生时间。

营业税的纳税义务发生时间,为纳税人收讫营业收入款项目或者取得索取营业收入款项凭据的当天。

目前,营业税对建筑业纳税义务发生时间的依据会计制度关于收入实现的四种形式来确定的,具体规定为:1.一次性结算价款办法的工程项目,其纳税义务发生时间为施工与发包单位进行工程合同价款结算的当天;2.实行旬末或月中预支,月终结算、竣工后结算办法的工程项目,为月份终了与发包单位已完工程价款结算的当天;3.实行按工程形象进度划分不同阶段结算价款办法的项目,为各月份终了与发包单位进行已完工程价款结算的当天;4.实行其他结算方式的工程项目,为与发包单位结算工程价款的当天。

针对建筑业生产、经营以及结算方式的特点,对建筑业改征增值税后,如何确定其纳税义务发生时间?

十一、关于建筑业中工业安装工程的征税问题。

现行建安业务中，有一些大型钢结构构件和其他现场施工的工业设备的安装，如桥梁钢结构、煤气包、不罐设施等。这些设施安装，按现行营业税和增值税的征收规定很难区分是安装工程还是设备生产带安装工程，往往某些工业企业承担该项业务按增值税征收，建安企业承接该项业务按建安营业税征收。那么，建安业务实行增值税后，由于存在税率上的差异，必然带来这些业务与一般意义上的货物生产带安装业务的区分问题。因此，如何理解这二者的关系，有何区分标准，需要对现行的安装工程范围和特点进行了解，并提出合理的解决办法。

十二、建筑安装业务改征增值税，还有其他什么问题。

附件2

建安企业试行增值税（消费型）税率测算表

企业名称（行业）：　　　　　　　　　　　　　　　　　　　　　　单位：万元

项目年份	工程结算收入	工程分包收入	计税收入额	应纳营业税额	外购非固定资产项目金额							
					施工材料费				低值易耗品	固定资产改扩建及自建固定资产物耗部分	外购增值税应税劳务	合计
					库存材料	周转材料	其他材料	小计				
	1	2	3＝1－2	4＝3×3%	5	6	7	8＝5＋6	9	10	11	12＝8＋9＋10＋11
1996年												
1997年												
1998年												
年均数												
非固定资产扣除项目税额	固定资产项目金额				固定资产扣除项目税额	集体税额合计	计算出的增值税税率	工程结算利润	利润总额			
13＋12×7%	14	15	16	17	18＝14＋15＋16＋17	49＝18×17%	20	21	22	23	24	25

填表人：　　　　　　　　　填表日期：

填表说明：

1. 本表"工程结算收入"栏目是指企业承包工程实现的工程价款结算收入，含企业向发包单位收取的各种索赔款项和企业按规定向发单位收取的除工程价款以外的按规定列作营业收入的各种款项：如临时设施费、劳动保险费、施工机构调迁费等。本表"工程结算收入"栏的数字应按"工程结算收入"货方发生额合计填写。

2. 本表"工程分包支出"栏目是指工程承包企业将部分工程分包给其他建安企业施工，而支付的部分工程价款，本表"工程分包支出"栏的数据应按"工程结算成本"科目货方发生额查找填写。

3. 本表"库存材料"栏目库存材料应作如下分类：（1）主要材料；（2）结构件；（3）机械配件；（4）其他材料。其他材料是指不构成工程或产品实体但有助于工程或产品形成，或便于施工、生产进行的各种材料，如燃料、油料等。本表"库存材料"栏的数据，应按"库存材料"借方发生额合计减除本科目贷方对外销售材料和用于固定资产改扩建、自制固定资料中物耗部分发生额填写。

4. 本表"周转材料"栏目是指企业在施工过程中能多次使用，并可基本保持原来的形态而逐渐转移其价值的材料，如模板等，应按"周转材料"科目借方发生额合计，减除"库存材料"转入"周转材料"借方发生款的合计填写。

5. 本表"其他材料"栏目是指不包括在"库存材料"、"周转材料"科目核算的直接记入"工程施工"、"工业生产"、"机械作业"、"辅助生产"、"管理费用"科目核算的数据，以及在"专项工程物资"科目核算的购入的需安装设备，在本栏目填写。

6. 本表"低值易耗品"栏目是指使用年限较短或价值较低，不作固定资产核算的各种用具物品。本表"低值易耗品"栏的数据应按"低值易耗品"借方发生额合计填写。

7. 本表第10栏的数据，按"固定资产"科目扣除不动产以外借方发生额与"库存材料"、"专项工程支出"科目贷方发生额相对应的合计填写。

8. 本表"固定资产项目金额"栏目，是指建安企业购入固定资产，其他单位投资转入固定资产，融资租入的固定资产、接受捐赠的固定资产。本表（14）、（15）、（16）、（17）的数据，按"固定资产"科目四项固定资产借方发生额合计减除同类固定资产出租、出售项目发生额和房屋等不动产金额后填写。

9. 本表"工程结算利润"栏目，反映企业已结算工程实现的利润，根据"工程结算收入"项目数字减"工程结算成本"、"工程结算税金及附加"项目数字后的余额填列，如为亏损以"－"号表示。

10. 本表第20栏＝4＋13＋19栏合计数；

  本表第21栏＝4＋（12－5）×17％＋19的合计数；

  本表第22栏＝20/3×100％的数据；

  本表第23栏＝21÷（3－5）×100％的数据；

11. 年均数行各栏＝各栏合计数÷年度数。

附件3

交通运输企业试行增值税（消费型）调查提纲

一、铁路运输：

1. 铁路运输有什么行业特点和管理规定？如：主管部门对经营铁路运输有些什么规定和手续，铁路运输的管理体制和管理方法以及经营特点等。

2. 了解铁路运输有哪些种类和经营方法？如：经营铁路运输有哪些性质和类型的企业，经营内容主要包括哪些？

3. 了解铁路运输的基本会计核算制度包括哪些内容？如：铁道部、铁路局、分局和各站段在会计核算上主要担负哪些职责？他们之间的财务核算关系是如何进行连接和分工的？运输经营收入的核算主体和经营成本的核算主体是在哪一级单位进行的？固定资产核算又是如何进行的？固定资产是怎样分类管理的？

4. 铁路运输的营运收入核算问题。

（1）按现行营业税征收规定，铁路营运收入由铁道部汇总后统一缴纳营业税，因此，需要了解铁道部、路局、分局在营运收入上的核算办法，着重了解逐级上交营收入的财务会计处理和划转情况。分局和路局是否体现营运收入？

（2）铁路营运收入具体包括哪些内容？除营运收入外，路局或分局还有哪些与营运收入相关的收入或劳务？这方面主要了解营运收入的组成内容和归类方法等，其中有哪些收入上交铁道部统一核算。

（3）铁道部将汇总后的营运收入逐级下拨给各路局和分局的财务会计处理是如何进行的，是简单的营运收入分解还是综合了其他各种因素？是简单的额度指标还是实质的资金划拨？在逐级划拨过程中是否有层层截留？各路局、分局对下拨的资金（或额度指标）在财务处理上是作收入处理还是作为费用支出处理，具体的账务处理如何？

（4）铁路工副业主要有什么内容？工副单位在核算上是否独立，与营运业务和营运收入有什么？

（5）铁路分局内部各站、段为营运业务提供劳务或各站、段相互提供劳务是否核算收入？各站、段为其他分局或路局提供劳务是否计算收入？这些收入在财务上是如何处理的？

5. 铁路运输试行消费型增值税后，其固定资产扣除范围应包括哪些内容？路轨和站台设施等不动产是否应作为固定资产扣除内容？扣除前后的税负变化情况如何？

6. 铁路运输试行增值税的征税范围应如何确定？现行营业税的铁路运输征税范围是否都应作为增值税铁路运输的征收范围，需要做哪些调整。

7. 铁路运输营运收入的营业税征收是由铁道部汇总后统一缴纳的，改为增值税后，是否可以铁路分局为纳税人缴纳营业税？统一缴纳和以分局为纳税人分别缴纳在增值税核算和征收管理上各有什么利弊？

8. 中央铁路与地方铁路、中外合资建设铁路、其他企业铁路有什么结算关系？财务上是如何处理的？

二、航空运输

1. 了解现行航空运输的管理体制和行业特点是什么？如民航局、中央航空公司、地方航空公司、机场、航站的体制和关系，各自的职责范围等。

2. 了解现行航空运输的财务核算体系？着重了解航空公司、机场、航管站在财务核算上的关系，有什么联系和区别？航空企业在营运收入的分配和核算上有什么特点？

3. 航空运输的征收范围应包括哪些内容？按现行营业税的征收范围是否需要作必要的调整和补充？民航地面服务和通用航空服务是否都应实行增值税？

4. 航空运输的纳税人和纳税地点应如何确定？是否以航空公司或以分公司如纳税人分别在航空公司所在地或分公司所在地缴纳增值税？这两种办法在增值税核算上有哪些利弊？是否可以在分公司所在地采取预征增值税的办法解决增值税核算上的问题？

5. 航空企业的运输工具一般是采用什么方式购入的？对融资租赁购入的运输工具等固定资产是否允许扣除？在什么环节扣除？扣除前后的税负变化如何？

6. 对航空公司包机业务和飞机租赁业务应如何征收增值税？包机业务收入与飞机租赁收入是否都应征收增值税？包机业务与飞机租赁业务在性质上有何区别？对包机公司的售票收入是否应征收增值税？

三、水路运输

1. 了解现行水路运输的行业规定和财务核算有哪些特点？海运和内河航运在经营管理体制有方式方法上各有什么异同点？在目前客运售票一般由港区负责的情况下，运输企业与港区服务企业在票款上是如何结算的？收入如何体现？除此之外，运输企业与港区还有哪些财务结算关系？

2. 水路运输的征税范围应如何确定？现行营业税对水路运输征税范围是否应作相应的调整和补充。水路运输的港区服务内容是否都应征收增值税？其他水上作业（如救助、打捞、疏浚等）是否都应纳入征税范围？

3. 水路运输的纳税人和纳税地点应如何确定？以航运公司所在地和分支机构所在地纳税各有什么利弊？如何在分支机构纳税，如何确定分支机构概念，解决增值税核算上的问题？是否可以对分支机构采取预征增值税办法解决此类问题？

4. 船舶营运业务中的期租和光租业务是否应纳入增值税的征税范围？如何区分期租和光租的性质？

5. 航运企业的船舶等固定资产是否应纳入增值税扣除范围？对融资租赁购入的船舶等固定资产是否允许扣除？在什么环节扣除？扣除前后的税负负担变化情况如何？

6. 如何确定水路运输中内河航运的小规模纳税人标准？除了金额标准外，还有什么内容和方式可以作为决定的标准？

四、公路运输

1. 了解现行公路运输包括哪些内容？有什么行业经营特点？主管部门对公路运输有哪些行业管理规定？如异地经营规定、年审规定等。

2. 由于公路运输的流动性和分散性比较强，因此，其纳税地点该如何确定？对不同性质的企业和不同经营方式的企业，其纳税地点是否需要采取不同的标准，如对个体运输异地经营的纳税地点应如何确定的问题，对异地在经营是否也可以采取以分支机构为纳税人在分支机构所在地以预征的办法缴纳增值税等。

3. 公路运输的客、货运售票收入的财务核算是如何处理的，运输单位之间相互代售票款是如何结算的？公路运输单位的收入核算内容包括什么？是否扣除了诸如公路建设基金保险费、路桥费后的余额计算运输收入？实行增值税后，对公路运输的收入该如何界定？

4. 对公路货运业务的小规模纳税人的标准该如何确定？除了一般金额标准外，是否应有其他标准？

5. 对公路客运业务（包括城市公共交通、出租车、轮渡、地铁等）是否可以统一按简易办法征收增值税？其税负是否仍维持现行的营业税税负。

五、其他运输业务：

1. 了解管道运输的性质和特点以及财务核算体系和核算办法？管道运输具有哪些形式？

2. 如何确定管道运输的纳税地点？特别是在管道运输核算地和运输地脱节的情况下如何确定其纳税地点？是否也可以采取预征的办法解决定这一问题？

3. 管道运输的固定资产扣除范围，是否应包括管道设施等内容？扣除前后的税收负担变化情况如何？

4. 除此之外，了解还有其他哪些运输业务？如火箭发射是否属于运输业征收范围？缆车是否应属于运输业务？如果缆车作为运输业务，缆车运营与旅游景点的核算是否分开，都有什么形式？旅游企业或运输企业利用自己的运输工具从事旅游业务是不是需要征收增值税等等诸如此类的带有运输性质的业务。

六、交通运输业的其他问题：

1. 现行交通运输业的征收范围（指营业税交通运输业征税范围）与营业税其他税目有哪些交叉？有哪些交叉项目或目前尚未纳入交通运输但又与交通运输业有联系的项目应归于交通运输业征收增值税？有哪些现行交叉项目应从交通运输业中划出去按营业税其他税目征收营业税？

2. 目前装卸搬运服务有哪些形式，具体有哪些内容？这些内容是否都需要征收增值税？

3. 各类运输代理（如船运代理、货运代理、托运代理等）是否应实行增值税？这些行业的经营方法和财务核算有什么特点？实行增值税有何利弊？

4. 邮电系统的运输企业承运邮件物品有哪些特点，核算是否独立？是否应征收增值税？

5. 如何确定交通运输的境内外划分标准？现行营业税对交通运输业境内外划分是按起运地为标准的，即起运地在境内的，作为境内劳务征税？起运地在境外的，作为境外劳务不征税？改增值税后，是否需要维持这一划分标准，其利弊如何？

6. 交通运输业纳税义务发生时间该如何确定？现行交通运输的结算体系很发达，票款预收形式也比较普遍，因此，对交通运输业的纳税义务发生时间是否仍维持现行营业税的实际做法以发生承运劳务的发生时间为纳税义务发生时间缴纳增值税或其他更好的办法。

附件4

交通运输企业试行增值税（消费型）税率测算表

企业名称（行业） 　　　　　　　　　　　　　　　　　　　　金额单位：万元

年份项目	营业收入	外购其他应税劳务	应纳营业税额	外购非固定资产扣除项目金额				
				主要材料	低值易耗品	其他材料	固定资产改扩建及自建固定资产中的物耗	外购增值税应税劳务
	1	2	3	4	5	6	7	8
1996年								
1997年								
1998年								
年均数								

非固定资产扣除项目税额	固定资产项目金额				固定资产扣除项目税额	整体税额合计	计算出的增值税税率	主营业务利润	利润总额
	购入固定资产	其他单位投资的固定资产	接收捐赠固定资产	融资租入固定资产					
9	10	11	12	13	14	15	16	17	18
1996年									
1997年									
1998年									
年均数									

填表人： 　　　　　　　　　　　　填表日期：

填表说明：

1. 本表调查范围包括铁路运输、航空运输、水路运输（海运、内河航运）、公路运输（指公路货物运输）、管道运输以及其他运输等。

2. 本表第1栏"营运收入"是指企业的全部主营业务收入（包括境内、境外运输收入全额）和其他业务收入，主营业务收入是指运输收入，其他业务收入是指营业税交通运输业征收范围的收入，如过驳收入、港口、地面服务等。

3. 本表第2栏"外购其他运输劳务"是指支付给机场、港口码头以及装卸搬运企业的属于交通运输业征税范围的劳务费用支出。

4. 本表第4、5、6栏，应根据企业的会计核算制度规定，分别从有关主要材料、低值易耗品等会计科目中按当年发生数填列，但不包括自建固定资产和改扩建固定资产领用的材料，其中："主要材料"是指按企业财务制度核算规定的燃料、润物料等主要材料，"其他材料"是指在主要材料和低值易耗品科目核算外的其他材料，如修理用备品备件等。

5. 本表第10、11、12、13栏，应分别在"固定资产"科目的有关核算内容中按当年购入数（或发生数填列），但不包括房屋建筑物等不动资产内容。

6. 计算公式：

(1) 第3栏＝第1栏×3％；

(2) 第9栏＝第4、5、6、7、8栏之和×增值税适用税率；

(3) 第14栏＝第10、11、12、13栏之和×增值税适用税率；

(4) 第15栏＝第3、9、14栏之和；

(5) 第16栏＝第15栏除以第1栏。

7. 本表"年均数"行各栏＝各栏之和÷年度数。

第3章 "营改增"工程计价依据调整

3.1 国家部委规定

交通运输部办公厅关于《公路工程营业税改征增值税计价依据调整方案》的通知

（交办公路〔2016〕66号）

各省、自治区、直辖市、新疆生产建设兵团交通运输厅（局、委）：

为适应国家税制改革要求，落实《财政部 国家税务总局关于全面推开营业税改征增值税试点的通知》（财税〔2016〕36号）关于建筑业自2016年5月1日起纳入营业税改征增值税试点范围的规定，经交通运输部同意，现将《公路工程营业税改征增值税计价依据调整方案》印发你们，请遵照执行。

交通运输部办公厅
2016年4月28日

公路工程营业税改征增值税计价依据调整方案

一、适用范围

2016年5月1日起，执行《公路工程基本建设项目投资估算编制办法》（JTGM 20—2011）（以下简称《投资估算办法》）、《公路工程估算指标》（JTG/TM 21—2011）（以下简称《指标》）、《公路工程基本建设项目概算预算编制办法》（JTGB 06—2007）、《关于公布公路工程基本建设项目概算预算编制办法局部修订的公告》（交通运输部公告2011年第83号）（以下统称《概预算办法》）、《公路工程概算定额》（JTG/T B06—01—2007）、《公路工程预算定额》（JTG/TB 06—02—2007）（以下统称《定额》）以及《公路工程机械台班费用定额》（JTG/TB 06—03—2007）等公路工程计价依据，对新建和改建的公路工程基本建设项目投资估算、概算、预算的编制和管理，应按本方案执行。

二、关于《投资估算办法》和《概预算办法》

（一）费用项目组成。

营业税改征增值税（以下简称营改增）后，投资估算、概算和预算费用组成作以下调整，其他与现行《投资估算办法》和《概预算办法》的内容一致。

1. 企业管理费中的税金系指企业按规定缴纳的房产税、车船使用税、土地使用税、印花税、城市维护建设税及教育费附加等。城市维护建设税及教育费附加已含在调整后的企业管理费基本费用费率中，不另行计算。

2. 建筑安装工程费用的税金是指国家税法规定应计入建筑安装工程造价的增值税销项税额。

(二) 营改增后建筑安装工程费的计算。

营改增后，公路工程建筑安装工程费按"价税分离"计价规则计算，具体要素价格适用增值税税率执行财税部门的相关规定。建筑安装工程费按以下公式计算：

$$建筑安装工程费＝税前工程造价×(1＋建筑业增值税税率)$$

式中：税前工程造价＝直接费＋间接费＋利润。

直接费＝直接工程费（含人工费、材料费、施工机械使用费）＋其他工程费。

间接费＝规费＋企业管理费。

建筑业增值税税率为11%。

以上各项费用均以不含增值税（可抵扣进项税额）的价格（费率）进行计算。

(三) 费用标准和计算方式。

1. 人工费，不作调整。

2. 材料费。

材料预算价格由材料原价、运杂费、场外运输损耗、采购及仓库保管费组成，其中材料原价、运杂费按不含增值税（可抵扣进项税额）的价格确定。

材料采购及保管费，以材料的原价加运杂费及场外运输损耗的合计数为基数，乘以采购及保管费费率计算。材料的采购及保管费费率为2.67%。

外购的构件、成品及半成品的预算价格，其计算方法与材料相同，但构件（如外购的钢桁梁、钢筋混凝土构件及加工钢材等半成品）的采购及保管费率为1.07%。

3. 施工机械使用费。

按《公路工程机械台班费用定额》（JTG/T B06—03—2007）中数值乘以表1对应的调整系数计算，结果取2位小数。

表1 营改增施工机械台班费用定额调整系数

序号	费用构成项目	系数	备注
1	不变费用		
(1)	折旧费	0.855	
(2)	大修理费	0.884	
(3)	经常修理费	0.898	
(4)	安装拆卸及辅助设施费	—	不作调整
2	可变费用		
(1)	人工	—	不作调整
(2)	动力燃料费		以不含进项税额的动力燃料预算价格进行计算
(3)	车船使用税		不作调整

4. 其他工程费。

其他工程费的各项费率按《投资估算办法》和《概预算办法》中数值乘以表2对应的调整系数计算，结果取2位小数。

表2 营改增其他工程费费率调整系数

工程类别	其他工程费										
	冬季施工增加费	雨季施工增加费	夜间施工增加费	特殊地区施工增加费			行车干扰工程施工增加费	施工标准化与安全措施费	临时设施费	施工辅助费	工地转移费
				高原地区施工增加费	风沙地区施工增加费	沿海地区施工增加费					
人工土方	1.074	1.082	—	1.068	1.081	—	1.077	1.058	1.045	1.051	1.020
机械土方	1.197	1.207	—	1.192	1.207	—	1.202	1.180	1.165	1.172	1.137
汽车运输	1.214	1.224	—	1.208	1.223	—	1.218	1.197	1.181	1.188	1.153
人工石方	1.074	1.082	—	1.068	—	—	1.077	1.058	1.045	1.051	1.020
机械石方	1.191	1.201	—	1.177	—	—	1.187	1.175	1.159	1.166	1.132
高级路面	1.220	1.230	—	1.177	1.191	—	1.187	1.202	1.188	1.195	1.159
其他路面	1.148	1.158	—	1.158	1.173	—	1.168	1.132	1.118	1.124	1.091
构造物Ⅰ	1.144	1.153	—	1.080	1.093	—	1.089	1.128	1.113	1.119	1.086
构造物Ⅱ	1.177	1.187	1.194	1.133	—	1.179	1.143	1.161	1.146	1.152	1.119
构造物Ⅲ	1.189	1.199	1.205	1.181	—	1.190	1.191	1.172	1.157	1.164	1.130
技术复杂大桥	1.195	1.205	1.211	1.155	—	1.196	—	1.178	1.163	1.169	1.135
隧道	1.172	—	1.126	—	—	—	—	1.155	1.141	1.146	1.113
钢材及钢结构	1.235	—	1.252	1.097	1.110	1.236	—	1.218	1.202	1.209	1.174

5. 企业管理费。

企业管理费的费率按《投资估算办法》和《概预算办法》中数值乘以表3对应的调整系数计算，结果取2位小数。

表3 营改增企业管理费费率调整系数

工程类别	企业管理费				
	基本费用	主副食运费补贴	职工探亲路费	职工取暖补贴	财务费用
人工土方	1.113	1.013	1.087	1.068	1.075
机械土方	1.236	1.124	1.207	1.186	1.194
汽车运输	1.259	1.146	1.229	1.208	1.216
人工石方	1.113	1.013	1.087	1.068	1.075
机械石方	1.233	1.122	1.203	1.183	1.190
高级路面	1.259	1.146	1.230	1.209	1.217

续表

工程类别	企业管理费				
	基本费用	主副食运费补贴	职工探亲路费	职工取暖补贴	财务费用
其他路面	1.189	1.082	1.161	1.141	1.148
构造物Ⅰ	1.185	1.078	1.156	1.136	1.144
构造物Ⅱ	1.218	1.109	1.189	1.168	1.176
构造物Ⅲ	1.231	1.120	1.201	1.180	1.188
技术复杂大桥	1.235	1.124	1.207	1.186	1.192
隧道	1.212	1.103	1.184	1.163	1.170
钢材及钢结构	1.274	1.159	1.244	1.223	1.231

6. 规费，不作调整。

7. 利润

利润＝(直接费＋间接费－规费)×7.42％。

8. 税金

税金＝(直接费＋间接费＋利润)×11％。

三、关于《指标》和《定额》

1. 《指标》和《定额》除其他材料费、设备摊销费、小型机具使用费需调整外，其余均不作调整。

2. 其他材料费、设备摊销费、小型机具使用费消耗量按《指标》和《定额》中数值乘以表4对应的调整系数计算，结果取1位小数。

表4　营改增工、料、机消耗量调整系数

序号	代号	名称	单位	系数	备注
1	996	其他材料费	元	0.971	
2	997	设备摊销费	元	0.855	金属设备摊销标准由原90元/(t·月)调整为76.95元/(t·月)
3	1998	小型机具使用费	元	0.890	

四、其他

（一）调整后的上述计价依据请登录交通运输部网站公路局子站"公路工程标准规范信息平台"或交通运输部路网监测与应急处置中心网站www.hmrc.net.cn查询。

（二）各省级交通运输主管部门可结合本地区实际情况，按照财税部门对营改增的相关要求调整本地区有关公路工程的计价依据。

（三）2016年4月30日（含）前，已审批（核准）的公路工程基本建设项目的投资估算、概算、预算，不再重新审批（核准）。2016年5月1日起，审批（核准）的公路工程基本建设项目的投资估算、概算、预算按本方案执行。

（四）各公路工程造价软件公司应按照本方案对造价软件进行相应调整，确保计价的准确性。

（五）请各有关单位在执行过程中，将发现的问题和意见，函告交通运输部路网监测与应急处置中心。联系电话：(010) 65299193，邮箱：lwzxzj@163.com。

交通运输部办公厅
2016 年 4 月 29 日

住房城乡建设部办公厅
关于做好建筑业营改增建设工程计价依据
调整准备工作的通知

（建办标〔2016〕4 号）

各省、自治区住房城乡建设厅，直辖市建委，国务院有关部门：

为适应建筑业营改增的需要，我部组织开展了建筑业营改增对工程造价及计价依据影响的专题研究，并请部分省市进行了测试，形成了工程造价构成各项费用调整和税金计算方法，现就工程计价依据调整准备有关工作通知如下。

一、为保证营改增后工程计价依据的顺利调整，各地区、各部门应重新确定税金的计算方法，做好工程计价定额、价格信息等计价依据调整的准备工作。

二、按照前期研究和测试的成果，工程造价可按以下公式计算：工程造价＝税前工程造价×（1＋11%）。其中，11% 为建筑业拟征增值税税率，税前工程造价为人工费、材料费、施工机具使用费、企业管理费、利润和规费之和，各费用项目均以不包含增值税可抵扣进项税额的价格计算，相应计价依据按上述方法调整。

三、有关地区和部门可根据计价依据管理的实际情况，采取满足增值税下工程计价要求的其他调整方法。

各地区、各部门要高度重视此项工作，加强领导，采取措施，于 2016 年 4 月底前完成计价依据的调整准备，在调整准备工作中的有关意见和建议请及时反馈我部标准定额司。

联系人：程文锦 010-58933231

住房和城乡建设部办公厅
2016 年 2 月 19 日

3.2 地方规定

3.2.1 北京

北京市住房和城乡建设委员会
关于印发《关于建筑业营业税改征增值税调整
北京市建设工程计价依据的实施意见》的通知

(京建发〔2016〕116号)

各有关单位：

根据《关于做好建筑业营改增建设工程计价依据调整准备工作的通知》（建办标〔2016〕4号）、《关于全面推开营业税改征增值税试点的通知》（财税〔2016〕36号）等文件规定，建筑业自2016年5月1日起纳入营业税改征增值税（以下简称"营改增"）试点范围。为适应国家税制改革要求，满足建筑业营改增后建设工程计价需要，结合本市实际情况制订了《关于建筑业营业税改征增值税调整北京市建设工程计价依据的实施意见》，现印发给你们，请遵照执行。

附件：关于建筑业营业税改征增值税调整北京市建设工程计价依据的实施意见

北京市住房和城乡建设委员会
2016年4月6日

附件

关于建筑业营业税改征增值税调整北京市
建设工程计价依据的实施意见

一、实施时间及适用范围

（一）执行《建设工程工程量清单计价规范》、北京市《房屋修缮工程工程量清单计价规范》（以下简称"清单计价规范"）和（或）2012年《北京市建设工程计价依据——预算定额》、2012年《北京市房屋修缮工程计价依据——预算定额》、2014年《北京市城市轨道交通运营改造工程计价依据——预算定额》及配套定额（以下简称"预算定额"）的工程，按以下规定执行：

1. 凡在北京市行政区域内且《建筑工程施工许可证》注明的合同开工日期或未取得《建筑工程施工许可证》的建筑工程承包合同注明的开工日期（以下简称"开工日期"）在2016年5月1日（含）后的房屋建筑和市政基础设施工程（以下简称"建筑工程"），应按本实施意见执行。

2. 开工日期在2016年4月30日前的建筑工程，在符合《关于全面推开营业税改征增值税试点的通知》（财税〔2016〕36号）等财税文件规定前提下，参照原合同价或营改增前的计价依据执行。

（二）执行2001年《北京市建设工程预算定额》、2005年《北京市房屋修缮工程预算定额》及配套定额且开工日期在2016年4月30日前的建筑工程，可按原合同价或营改增前的计价依据执行。

（三）按2004年《北京市建设工程概算定额》及配套定额编制设计概算的建筑工程，按营改增前的计价依据执行。

二、实施依据

（一）《关于做好建筑业营改增建设工程计价依据调整准备工作的通知》（建办标〔2016〕4号）。

（二）《关于全面推开营业税改征增值税试点的通知》（财税〔2016〕36号）。

（三）《营业税改征增值税试点方案》（财税〔2011〕110号）、《关于简并增值税征收率政策的通知》（财税〔2014〕57号）等。

（四）现行计价依据，包括清单计价规范、预算定额、造价管理办法等。

（五）其他有关资料。

三、费用组成内容

（一）营改增后建筑安装工程费用项目的组成内容除本办法另有规定外，均与预算定额的内容一致。

（二）企业管理费包括预算定额的原组成内容，城市维护建设税、教育费附加以及地方教育费附加，营改增增加的管理费用等。

（三）建筑安装工程费用的税金是指国家税法规定应计入建筑安装工程造价内的增值税销项税额。

四、其他有关说明

（一）预算定额的调整内容是根据营改增调整依据的规定和要求等修订完成，不改变清单计价规范和预算定额的作用、适用范围及费用计价程序等。预算定额依据"价税分离"计价规则调整的相关内容详见附件。

（二）2012年《北京市房屋修缮工程计价依据——预算定额》古建筑工程各费用项目的计费基数均做调整，调整的计费基数详见附件。

（三）预算定额的调整内容对应定额编制期的除税价格及费率。

（四）建筑业营改增后，工程造价按"价税分离"计价规则计算，具体要素价格适用增值税税率执行财税部门的相关规定。税前工程造价为人工费、材料费、施工机具使用费、企业管理费、利润和规费之和，各费用项目均以不包含增值税（可抵扣进项税额）的价格计算。

（五）建筑业营改增后建设工程发承包及实施阶段的计价活动，适用一般计税方法计税的建筑工程执行"价税分离"计价规则；选择适用简易计税方法计税的建筑工程参照原合同价或营改增前的计价依据执行，并执行财税部门的规定。

（六）材料（设备）暂估价、确认价均应为除税单价，结算价格差额只计取税金。专业工程暂估价应为营改增后的工程造价。

（七）总承包工程合同项下的专业分包工程、材料（设备）按照总承包工程合同的计价规则执行。专业承包工程合同项下材料（设备）按照专业承包工程合同的计价规则执行。

（八）风险幅度确定原则：风险幅度均以材料（设备）、施工机具台班等对应除税单价为依据计算。

（九）《北京工程造价信息》（营改增版）中的除税材料（设备）市场信息价格，包括除税的材料（设备）原价、运杂费、运输损耗费和采购及保管费。

五、现行造价管理办法中与本实施意见内容不一致的地方，以本实施意见为准。

六、本实施意见自发布之日起执行，尚未开标且不能在 2016 年 4 月 30 日前完成合同签订的依法进行招标的项目，招标文件及招标控制价编制均应按本实施意见要求执行。

附件

建筑业营改增建设工程计价依据调整表

一、以"元"为单位的要素价格

	项目名称	单位	调整方法
840027	摊销材料费	元	以各定额子目的数量为基数×89.3%
840028	租赁材料费	元	以各定额子目的数量为基数×90.7%
840004	其他材料费	元	以各定额子目的数量为基数×96.6%
840016	机械费	元	以各定额子目的数量为基数×94.7%
840023	其他机具费	元	以各定额子目的数量为基数×94.7%
888810	中小型机械费	元	以各定额子目的数量为基数×94.7%
	03 通用安装工程第一册第 573 页：金属桅杆及人字架等一般起重机具的摊销费	元	按所安装设备净重量（包括设备底座、辅机）计算，按 11.36 元/t 计取，列入措施项目费用中

说明：调整系数适用 2012 年《北京市建设工程计价依据——预算定额》、2012 年《北京市房屋修缮工程计价依据——预算定额》、2014 年《北京市城市轨道交通运营改造工程计价依据——预算定额》中对应编码的要素数量调整。

二、2012 年《北京市建设工程计价依据——预算定额》

01 房屋建筑与装饰工程

1. 安全文明施工费

项目名称		建筑装饰工程						钢结构工程		其他工程	
		建筑面积（m²）									
		20000 以内		50000 以内		50000 以外					
		五环路以内	五环路以外	五环路以内	五环路以外	五环路以内	五环路以外	五环路以内	五环路以外	五环路以内	五环路以外
计费基数		以第一章至第十七章的相应部分除税预算价为基数（不得重复）计算									
费率（%）		5.54	4.93	5.35	4.75	4.88	4.47	4.02	3.73	3.69	3.63
其中	环境保护	1.23	1.2	1.2	1.16	1.17	1.15	1.07	1.05	0.98	0.96
	文明施工	0.69	0.66	0.66	0.64	0.64	0.62	0.53	0.49	0.49	0.47
	安全施工	1.33	1.18	1.27	1.13	1.11	1.1	1.02	1.01	0.93	0.92
	临时设施	2.29	1.89	2.22	1.82	1.96	1.60	1.4	1.18	1.29	1.28

2. 企业管理费

序号	项目名称			计费基数	企业管理费率（%）	其 中	
						现场管理费率（%）	其中：工程质量检测费率（%）
1	单层建筑	厂房	跨度18m以内	除税预算价	8.74	3.75	0.45
2			跨度18m以外		9.94	4.17	0.47
3		其他			8.40	3.45	0.43
4	住宅建筑		25 以下		8.88	3.62	0.46
5			45 以下		9.69	3.88	0.47
6			80 以下		9.90	4.09	0.48
7			80 以上		10.01	4.23	0.50
8	公共建筑	檐高（m）	25 以下		9.25	3.73	0.46
9			45 以下		10.38	4.25	0.48
10			80 以下		10.76	4.54	0.50
11			120 以下		10.92	4.71	0.51
12			200 以下		10.96	4.84	0.52
13			200 以上		10.99	4.96	0.52
14	钢结构				3.81	1.54	
15	独立土石方				7.10	2.63	
16	施工降水				6.74	2.67	
17	边坡支护及桩基础				6.98	2.82	

02 仿古建筑工程

1. 安全文明施工费

项目名称		仿古建筑工程	
		五环以内	五环以外
计费基数		以第一章至第十章的相应部分除税预算价为基数（不得重复）计算	
费率（%）		5.48	4.78
其中	环境保护	1.24	1.13
	文明施工	0.70	0.47
	安全施工	1.52	1.26
	临时设施	2.02	1.92

2. 企业管理费

序号	项目名称	计费基数	企业管理费率（%）	其中
				现场管理费率（%）
1	仿古建筑工程	除税预算价	10.12	4.12

03 通用安装工程

1. 工程调试费

项目名称	费率
采暖系统调试费	采暖系统调试费按采暖工程人工费的13.8%计取，其中人工费占26%
空调水工程系统调试费	空调水工程系统调试费，按空调水工程人工费的13.8%计取，其中人工费占26%
通风空调工程系统调试费	通风空调工程系统调试费，按系统人工费的13.8%计取，其中人工费占26%

2. 脚手架使用费

项目名称	费率
第一册 机械设备安装工程	脚手架使用费按下列系数计算： （1）第一章"起重设备安装"、第二章"起重机轨道安装"脚手架使用费按定额人工费的7.74%计算，其中人工费占36.18%。 （2）电梯脚手架使用费： 电梯载重量≤1500kg，井道高度≤50m时：5.78%，其中人工费占25.97%； 电梯载重量≤1500kg，井道高度>50m时：9.24%，其中人工费占25.97%； 电梯载重量>1500kg所增加的脚手架费用另行计算。 （3）除第一、二、四章外，脚手架使用费按人工费的4.81%计算，其中人工费占25.97%
第二册 热力设备安装工程	脚手架使用费按下列系数计算： （1）第一章至第七章按人工费的9.63%计算，其中人工费占25.97%； （2）第八章按人工费的4.81%计算，其中人工费占25.97%

续表

项目名称	费率
第三册 静置设备与工艺金属结构制作安装工程	2. 静置设备制作,脚手架使用费按人工费的4.81%计算,其中人工费占25.97%。 3. 除静置设备制作工程以外,本定额其他项目脚手架使用费按人工费的9.63%计算,其中人工费占25.97%
第四册 电气设备安装工程	2. 脚手架使用费按人工费的4.81%计算,其中人工费占25.97%。 3. 对单独承担的室外埋地敷设电缆、架空配电线路和路灯工程,不计取脚手架使用费
第五册 建筑智能化工程 第六册 自动化控制仪表安装工程 第七册 通风空调工程 第八册 工业管道工程 第九册 消防工程 第十册 给排水采暖燃气工程 第十一册 通信设备及线路工程	2. 脚手架使用费按人工费的4.81%计算,其中人工费占25.97%。 3. 第八册《工业管道工程》和第十册《给排水采暖燃气工程》,对单独承担的埋地管道工程,不计取脚手架使用费 第十一册《通信设备及线路工程》,室外通信工程项目不计取脚手架使用费
第十二册 刷油防腐蚀绝热工程	脚手架使用费按下列系数计算: (1) 刷油工程:按人工费的7.70%计算,其中人工费占25.97%; (2) 防腐蚀工程:按人工费的11.55%计算,其中人工费占25.97%; (3) 绝热工程:按人工费的19.25%计算,其中人工费占25.97%

3. 安装与生产同时进行增加费

项目名称	费率
安装与生产同时进行增加费	按人工费的9.60%计算;其中人工费占安装与生产同时进行增加费的20.83%

4. 在有害身体健康的环境中施工增加费

项目名称	费率
在有害身体健康的环境中施工增加费	按人工费的9.53%计算;其中人工费占有害身体健康环境中施工增加费的5.25%

5. 安全文明施工费

项目名称		通用安装工程:第1~4、6~12册		通用安装工程:第5册	
		五环以内	五环以外	五环以内	五环以外
计费基数		人工费			
费率(%)		20.86	18.20	15.74	13.74
其中	环境保护	2.93	2.65	2.14	2.00
	文明施工	6.39	5.64	4.92	4.28
	安全施工	7.13	6.31	5.36	4.65
	临时设施	4.40	3.60	3.32	2.82

说明:安全文明施工费按以上标准计取,其中人工费占安全文明施工费的10.47%。

6. 企业管理费

序号	项目名称			计费基数	企业管理费率（%）	其中 现场管理费率（%）
1	住宅建筑		25m以下	人工费	60.30	25.32
2	住宅建筑		45m以下	人工费	65.27	28.08
3	住宅建筑		80m以下	人工费	66.84	29.46
4	住宅建筑		80m以上	人工费	67.99	30.64
5	公共建筑	檐高	25m以下	人工费	62.29	26.36
6	公共建筑	檐高	45m以下	人工费	67.38	29.17
7	公共建筑	檐高	80m以下	人工费	69.32	30.72
8	公共建筑	檐高	120m以下	人工费	70.82	32.07
9	公共建筑	檐高	200m以下	人工费	72.22	33.43
10	公共建筑	檐高	200m以上	人工费	73.54	34.79
11	其他			人工费	65.37	27.37

04 市政工程

1. 安全文明施工费

项目名称			道路工程		桥梁工程		管道工程	
			五环路以内	五环路以外	五环路以内	五环路以外	五环路以内	五环路以外
计费基数			除税预算价					
费率（%）			5.87	5.22	6.28	5.67	6.07	5.47
其中	环境保护	%	1.32	1.10	1.43	1.27	1.33	0.95
其中	文明施工	%	0.93	0.77	1.03	0.96	1.01	1.62
其中	安全施工	%	1.39	1.31	1.42	1.36	1.40	1.12
其中	临时设施	%	2.22	2.04	2.40	2.08	2.33	1.78

2. 企业管理费

序号	项目名称		计费基数	企业管理费率（%）	其中 现场管理费率（%）
1	道路、桥梁工程	道路	除税预算价	9.33	3.93
2	道路、桥梁工程	桥梁	除税预算价	9.40	3.96
3	管道工程	给水	除税预算价	7.37	3.18
4	管道工程	排水	除税预算价	9.32	3.90
5	管道工程	燃气、热力	除税预算价	8.29	3.51

05 园林绿化工程
1. 安全文明施工费

项目名称			绿化工程		庭园工程	
			五环路以内	五环路以外	五环路以内	五环路以外
计费基数			人工费		除税预算价	
费率（%）			8.67	6.32	5.18	4.31
其中	环境保护	%	2.17	1.40	1.24	1.03
	文明施工	%	1.48	1.01	0.80	0.66
	安全施工	%	1.82	1.27	1.19	1.00
	临时设施	%	3.20	2.64	1.95	1.62

2. 企业管理费

序号	项目名称	计费基数	企业管理费率（%）	其中
				现场管理费率（%）
1	绿化工程	人工费	27.04	11.46
2	庭园工程	除税预算价	8.37	3.33

06 构筑物工程
1. 安全文明施工费

项目名称		构筑物	
		五环路以内	五环路以外
计费基数		以第一章至第三章的相应部分除税预算价为基数（不得重复）计算	
费率（%）		4.31	3.75
其中	环境保护	1.12	1.06
	文明施工	0.58	0.56
	安全施工	1.13	1.06
	临时设施	1.48	1.07

2. 企业管理费

序号	项目名称		计费基数	企业管理费率（%）	其中：现场管理费率（%）
1	构筑物	烟囱、水塔、贮仓（库）	除税预算价	9.80	4.16
2		池类		8.83	3.58
3		其他		8.37	3.32

07 城市轨道交通工程
土建、轨道工程
1. 安全文明施工费

项目名称		地上工程		地下明挖工程		地下盖挖、暗挖工程		盾构工程		轨道工程	
		五环路以内	五环路以外	五环路以内	五环路以外	五环路以内	五环路以外	五环路以内	五环路以外	五环路以内	五环路以外
计费基数		除税预算价									
费率（%）		6.29	5.94	6.47	6.01	6.12	5.81	6.09	5.58	5.00	4.84
其中	环境保护 %	1.46	1.39	1.35	1.31	1.25	1.14	1.32	1.18	1.26	1.25
	文明施工 %	1.02	0.92	1.16	0.99	0.98	0.95	1.04	0.90	0.59	0.58
	安全施工 %	1.54	1.52	1.64	1.60	1.71	1.65	1.59	1.50	1.56	1.53
	临时设施 %	2.27	2.11	2.32	2.11	2.18	2.07	2.14	2.00	1.59	1.47

2. 企业管理费

序号	项目名称		计费基数	企业管理费率（%）	其中 现场管理费率（%）
1	地下工程	明挖	除税预算价	8.56	3.40
2		盖挖、暗挖		9.02	3.55
3		盾构		8.08	3.05
4	地上工程			9.06	3.55
5	轨道工程			5.51	2.15

供电、通信信号、智能机电工程

1. 安全文明施工费

项目名称		通信、信号工程	供电工程	智能与控制系统、机电工程
计费基数		人工费		
费率（%）		22.61	22.96	22.74
其中	环境保护 %	3.11	3.02	3.18
	文明施工 %	7.23	7.02	6.97
	安全施工 %	7.51	7.30	7.78
	临时设施 %	4.76	4.62	4.81

2. 企业管理费

序号	项目名称		计费基数	企业管理费率（%）	其中：现场管理费率（%）
1	通信信号工程		人工费	63.21	27.12
2	供电工程			66.95	28.65
3	智能与控制系统、机电工程	智能与控制系统工程		65.19	27.87
		机电工程		66.30	28.43

三、2012年《北京市房屋修缮工程计价依据——预算定额》

01 土建工程

1. 工程水电费

序号	项目名称	计费基数	费率（%）
1	土建工程	除税直接工程费	0.80

2. 其他措施费

序号	项目名称	取费基数	费率（%）	其中人工费占比（%）
1	安全文明施工费	除税直接工程费	1.00	54
2	夜间施工费		0.48	44
3	二次搬运费		1.52	91
4	冬雨季施工费		0.82	54
5	临时设施费		1.80	28
6	施工困难增加费		0.52	64
7	原有建筑物、设备、陈设、高级装修及文物保护费		0.50	33
8	高台建筑增加费（高在2m以上）		0.50	78
9	高台建筑增加费（高在5m以上）		0.72	78
10	超高增加费（高在25～45m）		0.50	78
11	超高增加费（高在45m以上）		0.72	78
12	施工排水、降水费		0.55	49

4. 企业管理费

序号	项目名称	计费基数	企业管理费率（%）	其中：	
				现场管理费率（%）	工程质量检测费率（%）
1	土建工程	除税直接费	16.26	6.85	0.43

02 古建筑工程

1. 工程水电费

序号	项目名称	计费基数	费率（%）
1	古建筑工程	人工费	1.30

2. 其他措施费

序号	项目名称	取费基数	费率（%）	其中人工费占比（%）
1	安全文明施工费	人工费	2.80	54
2	夜间施工费		1.34	44
3	二次搬运费		4.62	91
4	冬雨季施工费		2.50	54
5	临时设施费		5.43	28
6	施工困难增加费		1.37	64
7	原有建筑物、设备、陈设、高级装修及文物保护费		1.37	33
8	高台建筑增加费（高在2m以上）		1.57	78
9	高台建筑增加费（高在5m以上）		2.15	78
10	超高增加费（高在25～45m）		1.57	78
11	超高增加费（高在45m以上）		2.15	78
12	施工排水、降水费		1.66	49

3. 企业管理费

序号	项目名称	计费基数	企业管理费率（%）	其中：	
				现场管理费率（%）	工程质量检测费率（%）
1	古建筑工程	人工费	37.72	16.31	0.92

4. 利润

序号	项目名称	计费基数	费率（%）
1	古建筑工程	人工费＋企业管理费	13.00

03 安装工程

1. 系统调试费

序号	项目	取费基数	费率标准（%）	其中人工费占比（%）
1	采暖、消防水、空调水工程系统调试费	单位工程人工费	14.38	30
2	通风空调工程系统调试费		13.48	30

2. 工程水电费

序号	项目名称	计费基数	费率（%）
1	安装工程	人工费	1.33

3. 其他措施费

序号	项目名称	取费基数	费率（%）	其中人工费占比（%）
1	安全文明施工费	人工费	2.64	54
2	夜间施工费		1.41	44
3	二次搬运费		2.08	91
4	冬雨季施工费		2.21	54
5	临时设施费		4.78	28
6	施工困难增加费		1.45	64
7	原有建筑物、设备、陈设、高级装修及文物保护费		1.38	33
8	高台建筑增加费（高在2m以上）		1.25	78
9	高台建筑增加费（高在5m以上）		1.50	78
10	超高增加费（高在25~45m）		1.20	78
11	超高增加费（高在45m以上）		1.54	78
12	施工排水、降水费		1.66	49

4. 企业管理费

序号	项目名称	计费基数	企业管理费率（%）	其中：现场管理费率（%）
1	安装工程	人工费	64.56	28.10

四、2014 年《北京市城市轨道交通运营改造工程计价依据——预算定额》

01 土建、轨道工程

1. 安全文明施工费

项目名称			土建工程				轨道工程
			地上工程		地下工程		
			五环路以内	五环路以外	五环路以内	五环路以外	
计费基数			除税预算价				
费率（%）			6.10	5.81	6.47	5.77	4.92
其中	环境保护	%	1.05	1.00	0.96	0.92	1.25
	文明施工	%	0.83	0.76	0.94	0.80	0.59
	安全施工	%	1.90	1.88	1.99	1.93	1.53
	临时设施	%	2.3	2.17	2.58	2.12	1.55

2. 企业管理费

序号	项目名称		计费基数	企业管理费率（%）	其中
					现场管理费率（%）
1	土建工程	地上工程	除税预算价	12.89	5.14
2		地下工程		12.83	5.13
3	轨道工程			6.22	2.45

02 供电、通信信号、智能机电工程

1. 安全文明施工费

项目名称			通信、信号工程	供电工程	智能与控制系统、机电工程
计费基数			人工费		
费率（%）			22.61	22.96	22.74
其中	环境保护	%	3.11	3.02	3.18
	文明施工	%	7.23	7.02	6.97
	安全施工	%	7.51	7.30	7.78
	临时设施	%	4.76	4.62	4.81

2. 企业管理费

序号	项目名称		计费基数	企业管理费率（%）	其中
					现场管理费率（%）
1	通信信号工程		人工费	63.21	27.66
2	供电工程			66.95	29.21
3	智能与控制系统机电工程	智能与控制系统工程		65.19	27.87
		机电工程		66.30	28.43

五、税金

序号	项目名称	计费基数	税率（%）
1	税金	税前工程造价	11.00

说明：1. 税金适用 2012 年《北京市建设工程计价依据——预算定额》、2012 年《北京市房屋修缮工程计价依据——预算定额》、2014 年《北京市城市轨道交通运营改造工程计价依据——预算定额》的调整。

3.2.2 上海

上海市建筑建材业市场管理总站
关于实施建筑业营业税改增值税调整本市
建设工程计价依据的通知

(沪建市管〔2016〕42 号)

各有关单位：

为推进本市建筑业营改增工作的顺利实施，根据住房城乡建设部办公厅《关于做好建筑业营改增建设工程计价依据调整准备工作的通知》（建办标〔2016〕4 号），财政部、国家税务总局《关于全面推开营业税改征增值税试点的通知》（财税〔2016〕36 号），以及市住房城乡建设管理委《关于做好本市建筑业建设工程计价依据调整工作的通知》（沪建标定〔2016〕257 号）等规定，经研究和测算，现将本市建设工程计价依据调整内容通知如下：

一、本市建设工程工程量清单计价、定额计价均采用"价税分离"原则，工程造价可按以下公式计算：工程造价=税前工程造价×（1+11%）。其中，11% 为建筑业增值税税率，税前工程造价为人工费、材料费、施工机具使用费、企业管理费、利润和规费之和，各费用项目均以不包含增值税可抵扣进项税额的价格计算。

二、上海市建筑建材业市场管理总站在本市建设工程造价信息平台动态发布不包含增值税可抵扣进项税额的建设工程材料、施工机具价格信息，并同时公布各类材料价格折算率。

三、城市维护建设税、教育费附加、地方教育费附加、河道管理费等附加税费计入企业管理费中。

四、2016 年 5 月 1 日起进行招标登记的建设工程应执行增值税计价规则。2016 年 5 月 1 日前发布的招标文件应当明确本次招标的税金计取方式。

五、《建筑工程施工许可证》注明的合同开工日期在 2016 年 4 月 30 日后的建筑工程项目，未取得《建筑工程施工许可证》的，建筑工程承包合同注明的开工日期在 2016 年 4 月 30 日后的建筑工程项目，应执行增值税计价规则。

六、符合《关于全面推开营业税改征增值税试点的通知》（财税〔2016〕36 号）中"建筑工程老项目"要求，且选择简易计税方法计税的建筑工程项目，可参照执行原计价依据（营业税）。

各相关单位在执行过程中，若有意见和建议，请及时反馈至上海市建筑建材业市场管理总站。

特此通知。

附件：1. 最高投标限价相关费率取费标准（增值税）
2. 上海市建设工程施工费用计算规则（增值税）
3. 建设工程概算定额费用计算规则（增值税）
4. 市政养护定额费用计算规则（增值税）

上海市建筑建材业市场管理总站
2016 年 4 月 15 日

附件1

最高投标限价相关费率取费标准
（增值税）

一、分部分项工程费、单项措施费

（一）材料费和施工机具使用费

材料费、工程设备费和施工机具使用费中不包含增值税可抵扣进项税额。

（二）企业管理费和利润

企业管理费和利润以分部分项工程、单项措施和专业暂估价的人工费为基数，乘以相应费率（见表1）。其中，专业暂估价中的人工费按专业暂估价的20％计算。企业管理费中不包含增值税可抵扣进项税额。企业管理费中已包括城市维护建设税、教育费附加、地方教育附加和河道管理费等附加税。

表1 各专业工程企业管理费和利润费率表

工程专业		计算基数	费率（％）
房屋建筑与装饰工程		分部分项工程、单项措施和专业暂估价的人工费	20.78～30.98
通用安装工程			32.33～36.20
市政工程	土建		28.29～32.93
	安装		32.33～36.20
城市轨道交通工程	土建		28.29～32.93
	安装		32.33～36.20
园林绿化工程	种植		42.94～50.68
	养护		33.30～41.04
仿古建筑工程（含小品）			29.21～37.99
房屋修缮工程			23.16～34.20
民防工程			20.78～30.98
市政管网工程（给水、燃气管道工程）			26.22～34.82

二、措施项目中的总价措施费

（一）安全防护、文明施工费

经测算，房屋建筑与装饰、设备安装、市政、城市轨道交通、民防工程，按照原上海市城乡建设和交通委员会《关于印发〈上海市建设工程安全防护、文明施工措施费用管理暂行规定〉的通知》（沪建交〔2006〕445号）相关规定施行。市政管网工程参照排水管道工程；房屋修缮工程参照民用建筑（居住建筑多层）；园林绿化工程参照民防工程（15000m^2以上）；仿古建筑工程参照民用建筑（居住建筑多层）。

（二）其他措施项目费

其他措施项目费以分部分项工程费为基数，乘以相应费率（见表2）。主要包括：夜间施工，非夜间施工照明，二次搬运，冬雨季施工，地上、地下设施、建筑物的临时保护设施（施工场地内）和已完工程及设备保护等内容。其他措施项目费中不包含增值税可抵扣进项税额。

表2 各专业工程其他措施项目费费率表

工程专业		计算基数	费率（%）
房屋建筑与装饰工程		分部分项工程费	1.50～2.37
通用安装工程			1.50～2.37
市政工程	土建		1.50～3.75
	安装		
城市轨道交通工程	土建		1.40～2.80
	安装		
园林绿化工程	种植		1.49～2.37
	养护		—
仿古建筑工程（含小品）			1.49～2.37
房屋修缮工程			1.50～2.37
民防工程			1.50～2.37
市政管网工程（给水、燃气管道工程）			1.50～3.75

三、规费

（一）社会保险费和住房公积金

社会保险费和住房公积金应符合本市现行规定的要求。

（二）排污费

工程排污费按本市相关规定计入建设工程材料价格信息发布的水费价格内。

四、增值税

增值税即为当期销项税额，当期销项税额＝税前工程造价×增值税税率，增值税税率11%。

五、构筑物工程

构筑物工程的企业管理费和利润、总价措施费、规费按相应专业费率分别执行。

附件 2

上海市建设工程施工费用计算规则（增值税）

一、直接费

（一）调整直接费定义

直接费指施工过程中的耗费，构成工程实体和部分有助于工程形成的各项费用（包括人工费、材料费、工程设备费和施工机具使用费），直接费中不包含增值税可抵扣进项税额。

（二）调整人工费

将原人工费内容中的社会保险基金、住房公积金等归入规费项目内，危险作业意外伤害保险费、职工福利费、工会经费和职工教育经费等归入施工管理费项目内，其他内容及计算方法不变。

（三）调整机械使用费

机械使用费更改为施工机具使用费。原机械使用费内容中的养路费或道路建设车辆通行费取消。

（四）符合《上海市建设工程工程量清单计价应用规则》的规定

人工费、材料费、工程设备费和施工机具使用费等各项费用内容的组成，应与《上海市建设工程工程量清单计价应用规则》中的人工、材料、工程设备费和施工机具使用费等内容组成相统一。

二、综合费用

综合费用更名为企业管理费和利润。

施工管理费更名为企业管理费。

企业管理费和利润的内容组成与《上海市建设工程工程量清单计价应用规则》中的企业管理费和利润内容组成相统一。企业管理费中不包含增值税可抵扣进项税额。企业管理费中已包括城市维护建设税、教育费附加、地方教育附加和河道管理费等附加税。

各专业工程的企业管理费和利润，均以直接费中的人工费为基数，乘以相应的费率计算。

各专业工程的企业管理费和利润费率应在合同中约定。

二、安全防护、文明施工措施费

经测算，安全防护、文明施工措施费的内容仍按照原上海市城乡建设和交通委员会《关于印发〈上海市建设工程安全防护、文明施工措施费用管理暂行规定〉的通知》（沪建交〔2006〕445号）相关规定执行。安全防护、文明施工措施费的计算基数，以直接费与企业管理费和利润之和为基数，乘以相应的费率计算。

四、施工措施费

施工措施费中不包含增值税可抵扣进项税额。

五、规费

社会保障费更名为社会保险费，社会保险费包括养老、失业、医疗、生育和工伤保险费。

调整社会保险费和住房公积金的计算方法，均以直接费中的人工费为基数，乘以相应的费率计算。

工程排污费按本市相关规定计入建设工程材料价格信息发布的水费价格内。

河道管理费归入企业管理费和利润内。

六、增值税

增值税即为当期销项税额，当期销项税额＝税前工程造价×增值税税率，增值税税率11%。

表1　建筑和装饰工程施工费用计算程序表

序号	项目		计算式	备注
1	直接费	人工、材料、设备、施工机具使用费	按预算定额子目规定计算	建筑和装饰工程预算定额、说明，材料、设备、施工机具使用费中不含增值税
2		其中：人工费		
3	企业管理费和利润		(2)×合同约定费率	
4	安全防护、文明施工措施费		[(1)+(3)]×相应费率	按照(沪建交[2006]445号)文件相应费率
5	施工措施费		按规定计算	由双方合同约定
6	小计		(1)+(3)+(4)+(5)	
7	人工、材料、设备、施工机具价差		结算期信息价－[中标期信息价×(1+风险系数)]	由双方合同约定，材料、设备、施工机具使用费中不含增值税
8	规费	社会保险费	(2)×费率	
9		住房公积金	(2)×费率	
10	增值税		[(6)+(7)+(8)+(9)]×增值税税率	增值税税率：11%
11	费用合计		(6)+(7)+(8)+(9)+(10)	

注：1. 结算期信息价：指工程施工期(结算期)工程造价信息平台发布的市场信息价的平均价(算术平均或加权平均价)。
2. 中标期信息价：指工程中标期对应工程造价信息平台发布的市场信息价。

表2　安装工程施工费用计算程序表

序号	项目		计算式	备注
1	直接费	人工、材料、设备、施工机具使用费	按预算定额子目规定计算	安装工程预算定额、说明，材料、设备、施工机具使用费中不含增值税
2		其中：人工费		
3	企业管理费和利润		(2)×合同约定费率	
4	安全防护、文明施工措施费		按规定计算	按照(沪建交[2006]445号)文件相应规定执行
5	施工措施费		按规定计算	由双方合同约定
6	小计		(1)+(3)+(4)+(5)	

续表

序号	项目		计算式	备注
7	人工、材料、设备、施工机具价差		结算期信息价－[中标期信息价×(1+风险系数)]	由双方合同约定,材料、设备、施工机具使用费中不含增值税
8	规费	社会保险费	(2)×费率	
9		住房公积金	(2)×费率	
10	增值税		[(6)+(7)+(8)+(9)]×增值税税率	增值税税率:11%
11	费用合计		(6)+(7)+(8)+(9)+(10)	

注:1. 结算期信息价:指工程施工期(结算期)工程造价信息平台发布的市场信息价的平均价(算术平均或加权平均价)。
2. 中标期信息价:指工程中标期对应工程造价信息平台发布的市场信息价。

表3 市政和轨道交通工程施工费用计算程序表

序号	项目		计算式	备注
1	直接费	人工、材料、设备、施工机具使用费	按预算定额子目规定计算	市政、轨道交通工程预算定额、说明,材料、设备、施工机具使用费中不含增值税
2		其中:人工费		
3	企业管理费和利润		(2)×合同约定费率	
4	安全防护、文明施工措施费		[(1)+(3)]×相应费率	按照(沪建交[2006]445号)文件相应费率
5	施工措施费		按规定计算	由双方合同约定
6	小计		(1)+(3)+(4)+(5)	
7	人工、材料、设备、施工机具价差		结算期信息价－[中标期信息价×(1+风险系数)]	由双方合同约定,材料、设备、施工机具使用费中不含增值税
8	规费	社会保险费	(2)×费率	
9		住房公积金	(2)×费率	
10	增值税		[(6)+(7)+(8)+(9)]×增值税税率	增值税税率:11%
11	费用合计		(6)+(7)+(8)+(9)+(10)	

注:1. 结算期信息价:指工程施工期(结算期)工程造价信息平台发布的市场信息价的平均价(算术平均或加权平均价)。
2. 中标期信息价:指工程中标期对应工程造价信息平台发布的市场信息价。

表4 市政安装和轨道交通安装工程施工费用计算程序表

序号	项目		计算式	备注
1	直接费	人工、材料、设备、施工机具使用费	按预算定额子目规定计算	市政、轨道交通预算定额、说明,材料、设备、施工机具使用费中不含增值税
2		其中:人工费		
3	企业管理费和利润		(2)×合同约定费率	

续表

序号	项目		计算式	备注
4	安全防护、文明施工措施费		按规定计算	按照(沪建交[2006]445号)文件相应规定执行
5	施工措施费		按规定计算	由双方合同约定
6	小计		(1)+(3)+(4)+(5)	
7	人工、材料、设备、施工机具价差		结算期信息价－[中标期信息价×(1+风险系数)]	由双方合同约定，材料、设备、施工机具使用费中不含增值税
8	规费	社会保险费	(2)×费率	
9		住房公积金	(2)×费率	
10	增值税		[(6)+(7)+(8)+(9)]×增值税税率	增值税税率：11%
11	费用合计		(6)+(7)+(8)+(9)+(10)	

注：1. 市政安装工程包括：道路交通管理设施工程中的交通标志、信号设施、值勤亭、交通隔离设施、排水构筑物设备安装工程。
2. 轨道交通安装工程包括：电力牵引、通信、信号、电气安装、环控及给排水、消防及自动控制、其他运营设备安装工程。
3. 结算期信息价：指工程施工期(结算期)工程造价信息平台发布的市场信息价的平均价(算术平均或加权平均价)。
4. 中标期信息价：指工程中标期对应工程造价信息平台发布的市场信息。

表5　民防工程施工费用计算程序表

序号	项目		计算式	备注
1	直接费	人工、材料、设备、施工机具使用费	按预算定额子目规定计算	民防工程预算定额，说明，材料、设备、施工机具使用费中不含增值税
2		其中：人工费		
3	企业管理费和利润		(2)×合同约定费率	
4	安全防护、文明施工措施费		[(1)+(3)]×相应费率	按照(沪建交[2006]445号)文件相应费率
5	施工措施费		按规定计算	由双方合同约定
6	小计		(1)+(3)+(4)+(5)	
7	人工、材料、设备、施工机具价差		结算期信息价－[中标期信息价×(1+风险系数)]	由双方合同约定，材料、设备、施工机具使用费中不含增值税
8	规费	社会保险费	(2)×费率	
9		住房公积金	(2)×费率	
10	增值税		[(6)+(7)+(8)+(9)]×增值税税率	增值税税率：11%
11	费用合计		(6)+(7)+(8)+(9)+(10)	

注：1. 结算期信息价：指工程施工期(结算期)工程造价信息平台发布的市场信息价的平均价(算术平均或加权平均价)。
2. 中标期信息价：指工程中标期对应工程造价信息平台发布的市场信息价。

表6 公用管线工程施工费用计算程序表

序号	项目		计算式	备注
1	直接费	人工、材料、设备、施工机具使用费	按预算定额子目规定计算	公用管线工程预算定额、说明，材料、设备、施工机具使用费中不含增值税
2		其中：人工费		
3	企业管理费和利润		(2)×合同约定费率	
4	安全防护、文明施工措施费		[(1)+(3)]×2.4%~2.8%	
5	施工措施费		按规定计算	由双方合同约定
6	小计		(1)+(3)+(4)+(5)	
7	人工、材料、施工机具价差		结算期信息价－[中标期信息价×(1+风险系数)]	由双方合同约定，材料、设备、施工机具使用费中不含增值税
8	规费	社会保险费	(2)×费率	
9		住房公积金	(2)×费率	
10	增值税		[(6)+(7)+(8)+(9)]×增值税税率	增值税税率：11%
11	费用合计		(6)+(7)+(8)+(9)+(10)	

注：1. 结算期信息价：指工程施工期(结算期)工程造价信息平台发布的市场信息价的平均价(算术平均或加权平均价)。

2. 中标期信息价：指工程中标期对应工程造价信息平台发布的市场信息价。

表7 园林建筑(仿古、小品)工程施工费用计算程序表

序号	项目		计算式	备注
1	直接费	人工、材料、设备、施工机具使用费	按预算定额子目规定计算	园林工程预算定额、说明，材料、设备、施工机具使用费中不含增值税
2		其中：人工费		
3	企业管理费和利润		(2)×合同约定费率	
4	安全防护、文明施工措施费		[(1)+(3)]×3.3%~3.8%	
5	施工措施费		按规定计算	由双方合同约定
6	小计		(1)+(3)+(4)+(5)	
7	人工、材料、设备、施工机具价差		结算期信息价－[中标期信息价×(1+风险系数)]	由双方合同约定，材料、设备、施工机具使用费中不含增值税
8	规费	社会保险费	(2)×费率	
9		住房公积金	(2)×费率	
10	增值税		[(6)+(7)+(8)+(9)]×增值税税率	增值税税率：11%
11	费用合计		(6)+(7)+(8)+(9)+(10)	

注：1. 结算期信息价：指工程施工期(结算期)工程造价信息平台发布的市场信息价的平均价(算术平均或加权平均价)。

2. 中标期信息价：指工程中标期对应工程造价信息平台发布的市场信息价。

表 8 园林绿化(种植、养护)工程施工费用计算程序表

序号	项目		计算式	备注
1	直接费	人工、材料、设备、施工机具使用费	按预算定额子目规定计算	园林工程预算定额、说明,材料、设备、施工机具使用费中不含增值税
2		其中:人工费		
3	企业管理费和利润		(2)×合同约定费率	
4	安全防护、文明施工措施费		[(1)+(3)]×1.31%～1.59%	
5	施工措施费		按规定计算	由双方合同约定
6	小计		(1)+(3)+(4)+(5)	
7	人工、材料、设备、施工机具价差		结算期信息价－[中标期信息价×(1+风险系数)]	由双方合同约定,材料、设备、施工机具使用费中不含增值税
8	规费	社会保险费	(2)×费率	种植
				养护
9		住房公积金	(2)×费率	种植
				养护
10	增值税		[(6)+(7)+(8)+(9)]×增值税税率	增值税税率:11%
11	费用合计		(6)+(7)+(8)+(9)+(10)	

注:1. 结算期信息价:指工程施工期(结算期)工程造价信息平台发布的市场信息价的平均价(算术平均或加权平均价)。
2. 中标期信息价:指工程中标期对应工程造价信息平台发布的市场信息价。

表 9 房屋修缮工程施工费用计算程序表

序号	项目		计算式	备注
1	直接费	人工、材料、设备、施工机具使用费	按预算定额子目规定计算	房屋修缮工程预算定额、说明,材料、设备、施工机具使用费中不含增值税
2		其中:人工费		
3	企业管理费和利润		(2)×合同约定费率	
4	安全防护、文明施工措施费		[(1)+(3)]×3.3%～3.8%	
5	施工措施费		按规定计算	由双方合同约定
6	小计		(1)+(3)+(4)+(5)	
7	人工、材料、设备、施工机具价差		结算期信息价－[中标期信息价×(1+风险系数)]	由双方合同约定,材料、设备、施工机具使用费中不含增值税
8	规费	社会保险费	(2)×费率	
9		住房公积金	(2)×费率	
10	增值税		[(6)+(7)+(8)+(9)]×增值税税率	增值税税率:11%
11	费用合计		(6)+(7)+(8)+(9)+(10)	

注:1. 结算期信息价:指工程施工期(结算期)工程造价信息平台发布的市场信息价的平均价(算术平均或加权平均价)。
2. 中标期信息价:指工程中标期对应工程造价信息平台发布的市场信息价。

附件3

建设工程概算定额费用计算规则（增值税）

一、直接费

（一）调整直接费定义

直接费指施工过程中的耗费，构成工程实体的定额（包括说明）规定的各项费用累计之和（包括人工费、材料费、工程设备费、施工机具使用费和零星项目费），直接费中不包含增值税可抵扣进项税额。

（二）调整人工费

将原人工费内容中的社会保险基金、住房公积金等归入规费项目内，危险作业意外伤害保险费、职工福利费、工会经费和职工教育经费等归入施工管理费项目内，其他内容及计算方法不变。

（三）调整机械使用费

机械使用费更改为施工机具使用费。原机械使用费内容中的养路费或道路建设车辆通行费取消。

二、管理费、利润

管理费更名为企业管理费。

管理费、利润合并为企业管理费和利润。

企业管理费和利润的内容组成与《上海市建设工程工程量清单计价应用规则》中的企业管理费和利润内容组成相统一。企业管理费中不包含增值税可抵扣进项税额。企业管理费中已包括城市维护建设税、教育费附加、地方教育附加和河道管理费等附加税。

各专业工程的企业管理费和利润，均以直接费中的人工费为基数，乘以相应的费率计算。

表1 各专业工程企业管理费和利润费率表

工程专业		计算基数	费率（%）
房屋建筑与装饰工程		人工费	30.98
通用安装工程			36.2
市政工程	土建		32.93
	安装		36.20
城市轨道交通工程	土建		32.93
	安装		36.20
园林绿化工程	种植		50.68
	养护		41.04
仿古建筑工程（含小品）			37.99
房屋修缮工程			34.20
民防工程			30.98
市政管网工程（给水、燃气管道工程）			34.82

三、安全防护、文明施工措施费

经测算,安全防护、文明施工措施费的内容仍按照原上海市城乡建设和交通委员会《关于印发〈上海市建设工程安全防护、文明施工措施费用管理暂行规定〉的通知》(沪建交〔2006〕445号)相关规定执行。安全防护、文明施工措施费的计算基数,以直接费与企业管理费和利润之和为基数,乘以相应的费率计算。

四、施工措施费

施工措施费中不包含增值税可抵扣进项税额。

表2 各专业工程其他措施项目费费率表

工程专业			计算基数	费率(%)
房屋建筑与装饰工程				2.37
通用安装工程				2.37
市政工程		土建		3.75
		安装		
城市轨道交通工程		土建	直接费	2.80
		安装		
园林绿化工程		种植		2.37
		养护		—
仿古建筑工程(含小品)				2.37
房屋修缮工程				2.37
民防工程				2.37
市政管网工程(给水、燃气管道工程)				3.75

五、规费

社会保障费更名为社会保险费,社会保险费包括养老、失业、医疗、生育和工伤保险费。

调整社会保险费和住房公积金的计算方法,均以直接费中的人工费为基数,乘以相应的费率计算。

工程排污费按本市相关规定计入建设工程材料价格信息发布的水费价格内。

河道管理费归入企业管理费和利润内。

六、增值税

增值税即为当期销项税额,当期销项税额=税前工程造价×增值税税率,增值税税率11%。

表1 建筑和装饰工程概算费用计算表

序号	项目		计算式	备注
一	直接费	工、料、机费	按概算定额子目规定计算	包括说明
二		其中:人工费		
三		零星工程费	(一)×费率	
四	企业管理费和利润		(二)×费率	

续表

序号	项目		计算式	备注
五	安全防护、文明施工措施费		[(一)+(三)+(四)]×费率	
六	施工措施费		[(一)+(三)+(四)]×费率(或按拟建工程计取)	
七	小计		(一)+(三)+(四)+(五)+(六)	
八	规费	社会保险费	(二)×费率	
九		住房公积金	(二)×费率	
十	增值税		[(七)+(八)+(九)]×增值税税率	增值税税率:11%
十一	费用合计		(七)+(八)+(九)+(十)	

表2 安装工程概算费用计算表

序号	项目		计算式	备注
一	直接费	工、料、机费	按概算定额子目规定计算	包括说明
二		其中:人工费		
三		零星工程费	(一)×费率	
四	企业管理费和利润		(二)×费率	
五	安全防护、文明施工措施费		[(一)+(三)+(四)]×费率	
六	施工措施费		[(一)+(三)+(四)]×费率(或按拟建工程计取)	
七	小计		(一)+(三)+(四)+(五)+(六)	
八	规费	社会保险费	(二)×费率	
九		住房公积金	(二)×费率	
十	增值税		[(七)+(八)+(九)]×增值税税率	增值税税率:11%
十一	费用合计		(七)+(八)+(九)+(十)	

表3 市政工程概算费用计算程序表(土建)

序号	项目		计算式	备注
一	直接费	工、料、机费	按概算定额子目规定计算	包括说明
二		其中:人工费		
三		零星工程费	(一)×费率	
四	企业管理费和利润		(二)×费率	
五	安全防护、文明施工措施费		[(一)+(三)+(四)]×费率	
六	施工措施费		[(一)+(三)+(四)]×费率(或按拟建工程计取)	
七	小计		(一)+(三)+(四)+(五)+(六)	
八	规费	社会保险费	(二)×费率	
九		住房公积金	(二)×费率	
十	增值税		[(七)+(八)+(九)]×增值税税率	增值税税率:11%
十一	费用合计		(七)+(八)+(九)+(十)	

表 4　市政工程概算费用计算程序表(安装)

序号	项目		计算式	备注
一	直接费	工、料、机费	按概算定额子目规定计算	包括说明
二		其中：人工费		
三		零星工程费	(一)×费率	
四	企业管理费和利润		(二)×费率	
五	安全防护、文明施工措施费		[(一)+(三)+(四)]×费率	
六	施工措施费		[(一)+(三)+(四)]×费率(或按拟建工程计取)	
七	小计		(一)+(三)+(四)+(五)+(六)	
八	规费	社会保险费	(二)×费率	
九		住房公积金	(二)×费率	
十	增值税		[(七)+(八)+(九)]×增值税税率	增值税税率：11%
十一	费用合计		(七)+(八)+(九)+(十)	

表 5　绿化栽植工程概算计算表

序号	项目		计算式	备注
一	直接费	工、料、机费	按概算定额子目规定计算	包括说明
二		其中：人工费		
三		零星工程费	(一)×费率	
四	企业管理费和利润		(二)×费率	
五	安全防护、文明施工措施费		[(一)+(三)+(四)]×费率	
六	施工措施费		[(一)+(三)+(四)]×费率(或按拟建工程计取)	
七	小计		(一)+(三)+(四)+(五)+(六)	
八	规费	社会保险费	(二)×费率	
九		住房公积金	(二)×费率	
十	增值税		[(七)+(八)+(九)]×增值税税率	增值税税率：11%
十一	费用合计		(七)+(八)+(九)+(十)	

表 6　园林建筑工程概算计算表

序号	项目		计算式	备注
一	直接费	工、料、机费	按概算定额子目规定计算	包括说明
二		其中：人工费		
三		零星工程费	(一)×费率	
四	企业管理费和利润		(二)×费率	
五	安全防护、文明施工措施费		[(一)+(三)+(四)]×费率	
六	施工措施费		[(一)+(三)+(四)]×费率(或按拟建工程计取)	
七	小计		(一)+(三)+(四)+(五)+(六)	
八	规费	社会保险费	(二)×费率	
九		住房公积金	(二)×费率	
十	增值税		[(七)+(八)+(九)]×增值税税率	增值税税率：11%
十一	费用合计		(七)+(八)+(九)+(十)	

表7　民防工程概算费用计算表

序号	项目		计算式	备注
一	直接费	工、料、机费	按概算定额子目规定计算	包括说明
二		其中：人工费		
三		零星工程费	(一)×费率	
四	企业管理费和利润		(二)×费率	
五	安全防护、文明施工措施费		[(一)+(三)+(四)]×费率	
六	施工措施费		[(一)+(三)+(四)]×费率（或按拟建工程计取）	
七	小计		(一)+(三)+(四)+(五)+(六)	
八	规费	社会保险费	(二)×费率	
九		住房公积金	(二)×费率	
十	增值税		[(七)+(八)+(九)]×增值税税率	增值税税率：11%
十一	费用合计		(七)+(八)+(九)+(十)	

表8　公用管线工程概算费用计算表

序号	项目		计算式	备注
一	直接费	工、料、机费	按概算定额子目规定计算	包括说明
二		其中：人工费		
三		零星工程费	(一)×费率	
四	企业管理费和利润		(二)×费率	
五	安全防护、文明施工措施费		[(一)+(三)+(四)]×费率	
六	施工措施费		[(一)+(三)+(四)]×费率（或按拟建工程计取）	
七	小计		(一)+(三)+(四)+(五)+(六)	
八	规费	社会保险费	(二)×费率	
九		住房公积金	(二)×费率	
十	增值税		[(七)+(八)+(九)]×增值税税率	增值税税率：11%
十一	费用合计		(七)+(八)+(九)+(十)	

附件4

市政养护定额费用计算规则（增值税）

一、直接费

（一）调整直接费定义

直接费包括人工费、材料费、工程设备费和施工机具使用费，直接费中不包含增值税可抵扣进项税额。

（二）调整人工费

将原人工费内容中的社会保险基金、住房公积金等归入规费项目内，危险作业意外伤害保险费、职工福利费、工会经费和职工教育经费等归入施工管理费项目内，其他内容及计算方法不变。

（三）调整机械使用费

机械使用费更改为施工机具使用费。原机械使用费内容中的养路费或道路建设车辆通行费取消。

二、施工管理费、利润

施工管理费更名为企业管理费。

施工管理费、利润合并为企业管理费和利润。

企业管理费和利润的内容组成与《上海市建设工程工程量清单计价应用规则》中的企业管理费和利润内容组成相统一。企业管理费中不包含增值税可抵扣进项税额。企业管理费中已包括城市维护建设税、教育费附加、地方教育附加和河道管理费等附加税。上海市建筑建材业市场管理总站在本市建设工程造价信息平台定期发布企业管理费和利润费率。

各专业工程的企业管理费和利润，均以直接费中的人工费为基数，乘以相应的费率计算。

三、安全防护、文明施工措施费

经测算，安全防护、文明施工措施费的内容仍按照原上海市城乡建设和交通委员会《关于印发〈上海市建设工程安全防护、文明施工措施费用管理暂行规定〉的通知》（沪建交［2006］445号）相关规定执行。安全防护、文明施工措施费的计算基数，以直接费与企业管理费和利润之和为基数，乘以相应的费率计算。

四、施工措施费

施工措施费中不包含增值税可抵扣进项税额。上海市建筑建材业市场管理总站在本市建设工程造价信息平台定期发布施工措施费费率。

五、规费

序号	项　目		计算式
1	直接费	人工、材料、设备、机具费	按预算定额规定计算
2		其中：人工费	
3	企业管理费和利润		(2)×费率
4	安全防护文明施工措施费		[(1)+(3)]×费率
5	施工措施费		[(1)+(3)]×费率
6	小计		[(1)+(3)+(4)+(5)]
7	规费	社会保险费	(2)×费率
8		住房公积金	(2)×费率
9	增值税		[(6)+(7)+(8)]×11%
10	费用合计		[(6)+(7)+(8)+(9)]

社会保障费更名为社会保险费，社会保险费包括养老、失业、医疗、生育和工伤保险费。

调整社会保险费和住房公积金的计算方法，均以直接费中的人工费为基数，乘以相应的费率计算。

工程排污费按本市相关规定计入建设工程材料价格信息发布的水费价格内。

河道管理费归入企业管理费和利润内。

六、增值税

增值税即为当期销项税额，当期销项税额＝税前工程造价×增值税税率，增值税税率11%。

表1 城市道路养护维修工程费用计算程序表

序号	项目		计算式
1	直接费	人工、材料、设备、机具费	按预算定额规定计算
2		其中：人工费	
3	企业管理费和利润		(2)×费率
4	安全防护文明施工措施费		[(1)+(3)]×费率
5	施工措施费		[(1)+(3)]×费率
6	小计		[(1)+(3)+(4)+(5)]
7	规费	社会保险费	(2)×费率
8		住房公积金	(2)×费率
9	增值税		[(6)+(7)+(8)]×11%
10	费用合计		[(6)+(7)+(8)+(9)]

表2 城市快速路养护维修工程费用计算程序表(土建)

序号	项目		计算式
1	直接费	人工、材料、设备、机具费	按预算定额规定计算
2		其中：人工费	
3	企业管理费和利润		(2)×费率
4	安全防护文明施工措施费		[(1)+(3)]×费率
5	施工措施费		[(1)+(3)]×费率
6	小计		[(1)+(3)+(4)+(5)]
7	规费	社会保险费	(2)×费率
8		住房公积金	(2)×费率
9	增值税		[(6)+(7)+(8)]×11%
10	费用合计		[(6)+(7)+(8)+(9)]

表3 城市快速路养护维修工程费用计算程序表(安装)

序号	项目		计算式
1	直接费	人工、材料、设备、机具费	按预算定额规定计算
2		其中：人工费	
3	企业管理费和利润		(2)×费率
4	安全防护文明施工措施费		[(1)+(3)]×费率

续表

序号	项目		计算式
5	施工措施费		[(1)+(3)]×费率
6	小计		[(1)+(3)+(4)+(5)]
7	规费	社会保险费	(2)×费率
8		住房公积金	(2)×费率
9	增值税		[(6)+(7)+(8)]×11%
10	费用合计		[(6)+(7)+(8)+(9)]

表4 黄浦江大桥(斜拉桥)养护维修工程费用计算程序表(土建)

序号	项目		计算式
1	直接费	人工、材料、设备、机具费	按预算定额规定计算
2		其中:人工费	
3	企业管理费和利润		(2)×费率
4	安全防护文明施工措施费		[(1)+(3)]×费率
5	施工措施费		[(1)+(3)]×费率
6	小计		[(1)+(3)+(4)+(5)]
7	规费	社会保险费	(2)×费率
8		住房公积金	(2)×费率
9	增值税		[(6)+(7)+(8)]×11%
10	费用合计		[(6)+(7)+(8)+(9)]

表5 黄浦江大桥(斜拉桥)养护维修工程费用计算程序表(安装)

序号	项目		计算式
1	直接费	人工、材料、设备、机具费	按预算定额规定计算
2		其中:人工费	
3	企业管理费和利润		(2)×费率
4	安全防护文明施工措施费		[(1)+(3)]×费率
5	施工措施费		[(1)+(3)]×费率
6	小计		[(1)+(3)+(4)+(5)]
7	规费	社会保险费	(2)×费率
8		住房公积金	(2)×费率
9	增值税		[(6)+(7)+(8)]×11%
10	费用合计		[(6)+(7)+(8)+(9)]

表6 越江隧道养护维修工程费用计算程序表(土建)

序号	项 目		计算式
1	直接费	人工、材料、设备、机具费	按预算定额规定计算
2		其中:人工费	
3	企业管理费和利润		(2)×费率
4	安全防护文明施工措施费		[(1)+(3)]×费率
5	施工措施费		[(1)+(3)]×费率
6	小计		[(1)+(3)+(4)+(5)]
7	规费	社会保险费	(2)×费率
8		住房公积金	(2)×费率
9	增值税		[(6)+(7)+(8)]×11%
10	费用合计		[(6)+(7)+(8)+(9)]

表7 越江隧道养护维修工程费用计算程序表(安装)

序号	项 目		计算式
1	直接费	人工、材料、设备、机具费	按预算定额规定计算
2		其中:人工费	
3	企业管理费和利润		(2)×费率
4	安全防护文明施工措施费		[(1)+(3)]×费率
5	施工措施费		[(1)+(3)]×费率
6	小计		[(1)+(3)+(4)+(5)]
7	规费	社会保险费	(2)×费率
8		住房公积金	(2)×费率
9	增值税		[(6)+(7)+(8)]×11%
10	费用合计		[(6)+(7)+(8)+(9)]

表8 城市综合管廊养护维修工程费用计算程序表

序号	项 目		计算式
1	直接费	人工、材料、设备、机具费	按预算定额规定计算
2		其中:人工费	
3	企业管理费和利润		(2)×费率
4	安全防护文明施工措施费		[(1)+(3)]×费率
5	施工措施费		[(1)+(3)]×费率
6	小计		[(1)+(3)+(4)+(5)]
7	规费	社会保险费	(2)×费率
8		住房公积金	(2)×费率
9	增值税		[(6)+(7)+(8)]×11%
10	费用合计		[(6)+(7)+(8)+(9)]

3.2.3 江苏

江苏省住房城乡建设厅
关于建筑业实施营改增后江苏省建设
工程计价依据调整的通知

(苏建价〔2016〕154号)

各省辖市建设局(建委)、省各有关厅(局),各有关单位:

根据财政部、国家税务总局《关于全面推开营业税改征增值税试点的通知》(财税〔2016〕36号),我省建筑业自2016年5月1日起纳入营业税改征增值税(以下简称"营改增")试点范围。按照住房和城乡建设部办公厅《关于做好建筑业营改增建设工程计价依据调整准备工作的通知》(建办标〔2016〕4号)要求,结合我省实际,按照"价税分离"的原则,现就建筑业实施"营改增"后我省建设工程计价定额及费用定额调整的有关内容和实施要求通知如下,请遵照执行。

一、本次调整后的建设工程计价依据适用于我省行政区域内,合同开工日期为2016年5月1日以后(含2016年5月1日)的建筑和市政基础设施工程发承包项目(以下简称"建设工程")。合同开工日期以《建筑工程施工许可证》注明的合同开工日期为准;未取得《建筑工程施工许可证》的项目,以承包合同注明的开工日期为准。

本通知调整内容是根据营改增的规定和要求等修订的,不改变现行清单计价规范和计价定额的作用、适用范围。

二、按照《关于全面推开营业税改征增值税试点的通知》(财税〔2016〕36号),营改增后,建设工程计价分为一般计税方法和简易计税方法。除清包工工程、甲供工程、合同开工日期在2016年4月30日前的建设工程可采用简易计税方法外,其他一般纳税人提供建筑服务的建设工程,采用一般计税方法。

三、甲供材料和甲供设备费用不属于承包人销售货物或应税劳务而向发包人收取的全部价款和价外费用范围之内。因此,在计算工程造价时,甲供材料和甲供设备费用应在计取甲供材料和甲供设备的现场保管费后,在税前扣除。

四、一般计税方法下,建设工程造价=税前工程造价×(1+11%),其中税前工程造价中不包含增值税可抵扣进项税额,即组成建设工程造价的要素价格中,除无增值税可抵扣项的人工费、利润、规费外,材料费、施工机具使用费、管理费均按扣除增值税可抵扣进项税额后的价格(以下简称"除税价格")计入。

由于计费基础发生变化,费用定额中管理费、利润、总价措施项目费、规费费率需相应调整。经测算,调整后的费率具体见附件1。

现行各专业计价定额中的材料预算单价、施工机械台班单价均按除税价格调整。调整表格见附件2、附件3(以电子版形式发布)。

同时，城市建设维护税、教育费附加及地方教育附加，不再列入税金项目内，调整放入企业管理费中。

五、简易计税方法下，建设工程造价除税金费率、甲供材料和甲供设备费用扣除程序调整外，仍按营改增前的计价依据执行。

六、由于一般计税方法和简易计税方法的建设工程计价口径不同，本通知发布之日后发布招标文件的招投标工程，应在招标文件中明确计税方法；合同开工日期在2016年5月1日以后的非招投标工程，应在施工合同中明确计税方法。对于不属于可采用简易计税方法的建设工程，不能采用简易计税方法。

七、凡在我省行政区域内销售的计价软件，其定额和工料机数据库、计价程序、成果文件均应按本通知要求进行调整。

八、各级造价管理机构要做好营改增后我省计价依据调整的宣贯实施工作，并及时调整材料指导价和信息价发布模板和指数指标价格。各级招投标监管机构应及时调整电子评标系统。

九、本通知发布之日前已经开标的招投标工程或签订施工合同的非招投标工程，且合同开工日期在2016年5月1日以后的，如原投标报价或施工合同中未考虑营改增因素，应签订施工合同补充条款，明确营改增后价款调整办法。

本通知发布之日前已经发出招标文件的尚未开标的招投标工程，应发布招标文件补充文件，按营改增调整后的计价依据执行。

本通知发布之日后发布招标文件的招投标工程或签订施工合同的非招投标工程，均应按本通知规定按营改增调整后的计价依据执行。

附件：1.《江苏省建设工程费用定额》（2014年）营改增后调整内容
2. 江苏省现行专业计价定额材料含税价和除税价表
3. 江苏省机械台班定额含税价和除税价表

江苏省住房和城乡建设厅
2016年4月25日

3.2.4 浙江

浙江省住房和城乡建设厅
关于建筑业实施营改增后浙江省建设
工程计价规则调整的通知

（建建发〔2016〕144号）

各市建委（建设局）、宁波市发改委、绍兴市建管局：

为适应国家税制改革要求，满足建筑业营业税改征增值税（以下简称"营改增"）后建设工程计价需要，根据财政部、国家税务总局《关于全面推开营业税改征增值税试点的通知》（财税〔2016〕36号）以及住房城乡建设部办公厅《关于做好建筑业营改增建设工程计价依据调整准备工作的通知》（建办标〔2016〕4号）等文件要求，结合我省计价依据体系的实际情况，按照"价税分离"的原则，现就建筑业实施营改增后建设工程计价规则的有关调整工作通知如下：

一、营改增后的工程造价组成

工程造价由税前工程造价、增值税销项税额、地方水利建设基金构成。其中，税前工程造价是由人工费、材料费、施工机械使用费、管理费、利润和规费等各费用项目组成，各费用项目均不包含增值税进项税额。

二、营改增后有关要素价格的调整

（一）材料价格：包括材料供应价、运杂费、采购保管费等，其中材料供应价、运杂费、采购保管费均按增值税下不含进项税额的价格或费用确定。

（二）施工机械台班单价：包括台班折旧费、大修理费、经常修理费、安拆费及场外运费、机上人工费、燃料动力费和其他费用等，其中台班折旧费、大修理费、经常修理费及燃料动力费等均按增值税下不含进项税额的价格或费用确定。

（三）企业管理费及施工组织措施费：均按增值税下不含进项税额的价格或费用确定，企业管理费的组成内容增加城市维护建设税、教育费附加以及地方教育附加。

（四）税金：税金由增值税销项税额和地方水利建设基金构成。其中：

1. 增值税销项税额＝税前工程造价×11％。

2. 地方水利建设基金＝税前工程造价×1‰。

三、营改增后工程计价的有关规定

（一）编制招标控制价使用2010版计价依据时，取费基数保持不变。计算税金时，定额基期有关价格要素中的进项税额可按以下方法扣除，建设工程施工取费调整由省建设工程造价管理总站测算公布。

1. 定额中以"元"为单位出现的其他材料费、摊销材料费、其他机械费等乘以调整系数0.93。

2. 施工机械台班单价在扣除机上人工费和燃料动力费后乘以调整系数0.95。

3. 目前尚未发布信息价的材料按基期价格统一乘以调整系数0.93。

（二）工程量清单编制时，其他项目清单中的材料（设备）暂估价应为除税单价，专业工程暂估价应为营改增后不含进项税额的税前工程造价。

四、营改增后，各级建设工程造价管理机构应发布满足营改增计价需要的价格要素信息价。

五、本通知中的计价规则调整办法适用于采用一般计税方法的建设工程。对符合财税〔2016〕36号文件中采用简易计税方法要求的工程项目，可按原合同约定或营改增前的计价依据执行，并执行财税部门的有关规定。

六、本通知自发文之日起执行。

附件1：关于营改增后浙江省建设工程材料价格信息发布工作调整的通知（略）

附件2：关于发布营改增后浙江省建设工程施工取费费率的通知（略）

浙江省住房和城乡建设厅
2016年4月18日

浙江省建设工程造价管理总站
关于营改增后浙江省建设工程材料价格
信息发布工作调整的通知

(浙建站信〔2016〕25号)

各市建设工程造价管理站（处、办），义乌市造价站：

为满足建筑业营改增后建设工程计价需要，根据财政部、国家税务总局《关于全面推开营业税改征增值税试点的通知》（财税〔2016〕36号）以及《关于建筑业实施营改增后浙江省建设工程计价规则调整的通知》（建建发〔2016〕144号）精神，结合我省建设工程市场实际情况，按照"价税分离"的原则，现对建筑业实施营改增后建设工程材料价格信息发布工作如下调整：

一、材料价格信息调整内容

营改增后材料市场信息价发布内容调整为含进项税市场信息价（以下简称"含税信息价"）、不含进项税市场信息价（以下简称"除税信息价"）两个部分。

（一）含税信息价

含税信息价指省市造价管理机构发布的、综合了材料自来源地运至工地仓库或指定堆放地点所发生的全部费用和为组织采购、供应和保管材料过程中所需要的各项费用，包括含进项税额的供应价、运杂费和采购保管费。

含税信息价计算公式：

含税信息价＝含税供应价＋含税运杂费＋含税材料采购保管费

其中：

1. 含税供应价

含税供应价按市场实际供应价格水平取定，包含了进货费、供销部门经营费和包装费等有关费用，不包含包装品押金，也不计减包装品残值。

2. 含税运杂费

含税运杂费指材料自来源地运至工地仓库或指定堆放地点所发生的全部费用。包括装卸费、运输费、运输损耗及其他附加费等费用。

3. 含税采购保管费

含税采购保管费系指材料部门为组织采购供应和保管材料过程中所需的各项费用。包括采购费、仓储费和工地保管、仓储损耗等内容。含税采购保管费费率标准为1.5%。

含税采购保管费＝（含税供应价＋含税运杂费）×1.5%

（二）除税信息价

1. 除税信息价是指按增值税下不含进项税额的价格，包括不含进项税额的材料供应价、运杂费和采购保管费。

2. 材料销售发票提供形式

材料销售发票提供形式包括"一票制"和"两票制"。

其中"一票制"是指企业在购买材料或其他物资时，材料供应商就收取的材料或物资销售价款和运杂费合计金额向建筑业企业仅提供一张货物销售发票的形式。"两票制"是指企业在购买材料或其他物资时，材料供应商将材料或物资价款与运输费用分别单独开具发票的一种形式。

3. 除税信息价计算

本办法中除税信息价按"一票制"进行测定。营改增后除税信息价计算公式简化为：

除税信息价＝含税信息价÷（1＋增值税税率）

二、材料价格信息发布模式调整

三、其他有关说明

1. 发布除税信息价和含税信息价时，数据的小数位数取定：单价100元以上（含100元）的取整，小于100元的保留2位小数，施工用水、电的单价保留3位小数。

2. 含税信息价适用于符合财税［2016］36号文件中采用简易计税方法要求的工程项目，除税信息价适用于采用一般计税方法的工程项目。

3. 如采用"两票制"进行价格结算的材料，执行财税部门的相关规定。

4. 各地在执行本通知时如有问题，请及时反馈我站。

本通知与建建发［2016］144号文同步执行。

浙江省建设工程造价管理总站

2016年4月18日

3.2.5 广东

广东省住房和城乡建设厅关于营业税改征增值税后调整广东省建设工程计价依据的通知

（粤建市函［2016］1113号）

各地级以上市及顺德区住房城乡建设主管部门，各有关单位：

根据《财政部、国家税务总局关于全面推开营业税改征增值税试点的通知》（财税［2016］36号）规定，建筑业和生活服务业中的市容环卫作业自2016年5月1日起纳入营业税改征增值税（以下简称营改增）试点范围。为适应国家税制改革要求，确保我省营改增工作顺利实施，按照《住房城乡建设部办公厅关于做好建筑业营改增建设工程计价依据调整准备工作的通知》（建办标［2016］4号）和《广东省建设工程造价管理规定》（省政府令第205号）的要求，结合我省实际，对现行广东省建设工程计价依据调整如下，请遵照执行：

一、适用范围

2016年5月1日起,广东省行政区域内执行《建设工程工程量清单计价规范》GB 50500—2013和《广东省建设工程计价依据(2010)》各专业综合定额、《广东省施工机械台班定额(2010)》、《广东省房屋建筑和市政修缮工程综合定额(2012)》、《广东省建筑节能综合定额(2014)》、《广东省房屋建筑工程概算定额(2014)》、《广东省城市环境卫生作业综合定额(2013)》、《广东省城市绿地常规养护工程估价指标(2006)》的建设工程项目。

二、营改增后工程造价的计算

营改增后,建设工程各项工程计价活动,均应遵循增值税"价税分离"的原则,工程造价按以下公式计算:

$$工程造价=税前工程造价\times(1+增值税税率)$$

式中:税前工程造价,为不包含进项税额的人工费、材料费、施工机具使用费、企业管理费、利润和规费之和;建筑业增值税税率为11%。

三、费用项目组成内容调整

营改增后,建筑安装工程项目费用组成作以下适应性调整,其他与现行定额的内容一致。

(一)企业管理费中的工会经费、职工教育经费改列入人工费。

(二)城市维护建设税、教育费附加及地方教育费附加暂列入企业管理费。

(三)建筑安装工程费用的税金是指计入建筑安装工程造价内的增值税销项税额。

四、现行计价依据调整

(一)人工单价。按现行定额中的编制期基价计算定额人工费,各时期的人工单价按各地市造价管理机构发布的动态人工单价计入工程造价。

(二)材料价格。扣除现行定额中材料价格包含的材料原价、运杂费、运输损耗费、采购及保管费等进项税额。经测算,现行定额中材料价格按表1进行调整。

$$除税材料价格=材料价格/(1+综合折税率)$$

表1 各类材料综合折税率

序号	材料名称	综合折税率
1	建筑用和生产建筑材料所用的砂、土、石料、自来水、商品混凝土(仅限于以水泥为原料生产的水泥混凝土);以自己采掘的砂、土、石料或其他矿物连续生产的砖、瓦、石灰(不含粘土实心砖、瓦)	2.92%
2	人工种植和天然生长的各种植物(乔木、灌木、苗木和花卉、草、竹、藻类植物,及棕榈衣、树枝、树叶、树皮、藤条、麦秸、稻草、天然树脂、天然橡胶等);煤炭、煤气、石油液化气、天然气	12.63%
3	序号1和序号2以外的材料、设备	16.52%
4	其他材料费(定额以"元"为单位)	0

(三)施工机具台班单价。扣除现行定额中施工机具台班单价包含的进项税额,除税机械台班单价各构成项目费用按照《广东省施工机械台班定额(2010)》结合表2按下式进行调整:

除税机械台班单价＝Σ[机械台班费用构成项目金额/(1＋税率)]

除税仪器仪表台班单价＝(仪器仪表摊销费＋维修费)/(1＋综合折税率)

仪器仪表综合折税率按16.32%计算。

表2　各类机械单价构成项目适用税率

序号	费用构成项目	调整方法及适用税率	税率
1	第一类费用		
1.1	折旧费	以购进货物适用的税率扣税	17%
1.2	大修费	以接受修理修配劳务适用的税率扣税	17%
1.3	经常修理费	以接受修理修配劳务适用的税率扣税	17%
1.4	安拆费及场外运输费	按自行安拆运输考虑，一般不予扣税	0
2	第二类费用		
2.1	人工费	不予扣税	0
2.2	燃料动力费	以购进货物适用的相应税率或征收率扣税	17%
3	车船税费	税收费率，不予扣税	0
4	其他费用	定额以元为单位，以购进货物适用的税率扣税	0
5	停滞费	以接受服务的税率扣税	6%

（四）企业管理费。扣除现行定额企业管理费组成内容包含的进项税额。经测算，现行定额中企业管理费按下式调整：

除税管理费率＝定额管理费率×综合调整系数

以人工费、机械费之和为计费基础的，综合调整系数为1.14；

以人工费为计费基础的，综合调整系数为1.09。

（五）措施项目费。

1. 以定额子目计算的安全文明施工措施费和其他措施项目费用调整方法同上述（一）至（四）规则。

2. 以费率计算的安全文明施工措施费，结合内含的进项税额与计费基数的变化，按下式调整：

除税安全文明施工措施费率＝定额安全文明施工措施费率×综合调整系数。

以分部分项费用为计费基础的，综合调整系数为1.22；

以人工费为计费基础的，综合调整系数为1.09。

3. 以费率、"元"计算的其他措施项目，不作调整。

（六）其他项目

1. 招标文件中列出的暂列金额、专业工程暂估价、材料暂估价以不含税价格列出。

2. 计日工和以费率计算的其他项目费用，不作调整。

（七）利润及规费，不作调整。

（八）税金改为增值税销项税额，销项税额＝税前工程造价×增值税税率。

（九）定额总说明、章说明和附注等内容中以系数、"元"、"%"计算的费用或增减值，不作调整。

五、计价程序调整

工程量清单计价程序见表3,定额计价程序见表4;城市环境卫生作业计价程序见表5。

表3 单位工程汇总表(工程量清单计价)

序号	名 称	计算方法
1	分部分项工程费	∑(清单工程量×综合单价)
2	措施项目费	2.1+2.2
2.1	安全文明施工措施项目费	按照规定
2.2	其他措施项目费	按照规定
3	其他项目费	按照规定
4	规费	按照规定
5	税前工程造价	1+2+3+4
6	增值税销项税额	5×增值税税率
7	工程造价	5+6

表4 单位工程汇总表(定额计价)

序号	名 称	计算方法
1	分部分项工程费	∑(定额子目工程量×单价)
2	措施项目费	2.1+2.2
2.1	安全文明施工措施项目费	按照规定
2.2	其他措施项目费	按照规定
3	其他项目费	按照规定
4	规费	按照规定
5	税前工程造价	1+2+3+4
6	增值税销项税额	5×增值税税率
7	工程造价	5+6

表5 城市环境卫生作业计价程序表

序号	名 称	计算方法
1	直接费	1.1+1.2
1.1	定额直接费	1.1.1+1.1.2+1.1.3
1.1.1	定额人工费	∑(工日量×子目基价)
1.1.2	定额材料费	∑(材料量×子目基价)
1.1.3	定额机械费	∑(机械量×子目基价)
1.2	价差	1.2.1+1.2.2+1.2.3
1.2.1	人工价差	∑[工日量×(编制价-定额价)]
1.2.2	材料价差	∑[材料量×(编制价-定额价)]
1.2.3	机械价差	∑[机械量×(编制价-定额价)]
2	间接费	1×间接费率
3	税前作业费用	1+2
4	增值税销项税额	3×增值税税率
5	作业总费用	3+4

注:城市环境卫生作业费用各要素除税参照上述同类要素除税方法,其中间接费费率综合调整系数为1.08。

六、营改增后计价依据的动态调整

各级建设主管部门及工程造价管理机构要规范工程计价依据的管理，动态发布建设工程材料设备、施工机具不包含增值税额的价格信息。

（一）人工工日单价

各级造价管理机构要依据调整后的人工费构成，切实注意人工工日单价与市场价格的偏离情况，发布适用增值税的动态人工工日单价。

（二）材料单价

建设工程材料指施工过程中耗费的原材料、辅助材料、构配件、零件、半成品或成品、设备。

建设工程材料价格信息需同时发布适用于一般计税方法的不含进项税价格、适用于简易计税方法的材料价格及经过测算、符合当地实际的综合折税率，材料价格组成内容包括材料原价、运杂费、运输损耗费、采购及保管费。

不含税材料单价按下式计算：

$$不含税材料单价 = \Sigma[材料单价组成内容金额/(1+税率)]$$

或：$$不含税材料单价 = [(不含税材料原价+不含税运杂费) \times (1+运输损耗率)] \times (1+不含税采购保管费率)$$

材料单价组成内容适用税率见表6，材料平均运距、运杂费、运输损耗及采购保管费由各市以当地市场具体情况测定。

$$综合折税率 = (材料价格/材料不含税单价) - 1$$

表6 材料单价组成内容适用税率

序号	组成内容	适用税率
1	材料原价	购进货物适用的税率（17%、13%）或征收率（3%）
2	运杂费	接受交通运输业服务适用税率11%
3	运输损耗费	运输过程所发生损耗增加，随材料原价和运杂费计算
4	采购及保管费	主要包括材料的采购、供应和保管部门工作人员工资、办公费、差旅交通费、固定资产使用费、工具用具使用费及材料仓库存储损耗费等。综合折税率由各市测定

七、《建筑工程施工许可证》注明的开工日期在2016年4月30日后的建设工程项目；未取得《建筑工程施工许可证》的，建筑工程承包合同注明的开工日期在2016年4月30日后的建设工程项目，采用一般计税方法计税的，应执行营改增后的计价依据。

八、选择简易计税方法计税的建设工程项目和符合《财政部、国家税务总局关于全面推开营业税改征增值税试点的通知》（财税〔2016〕36号）规定的"建设工程老项目"，税金调改为增值税征收率，其他参照执行营改增前的计价规定。

九、执行中遇到的问题，请及时反馈至广东省建设工程造价管理总站。

广东省住房和城乡建设厅
2016年4月25日

深圳市住房和建设局关于发布《深圳市建筑业营改增建设工程计价依据调整实施细则（试行）》的通知

（深建市场［2016］14号）

各有关单位：

为贯彻落实国家税制改革，满足建筑业营业税改征增值税后我市建设工程计价需求，根据财政部、国家税务总局《关于全面推开营业税改征增值税试点的通知》（财税［2016］36号）、住房和城乡建设部办公厅《关于做好建筑业营改增建设工程计价依据调整准备工作的通知》（建办标［2016］4号）等有关文件精神，结合我市市场实际，制定了《深圳市建筑业营改增建设工程计价依据调整实施细则（试行）》，现予以发布，自发布之日起实施。

本通知与《深圳市住房和建设局关于建筑业营业税改征增值税有关事项的通知》（深建市场［2016］13号）不一致的，以本通知为准。

特此通知。

附件：《深圳市建筑业营改增建设工程计价依据调整实施细则（试行）》

深圳市住房和建设局
2016年5月4日

附件

深圳市建筑业营改增建设工程计价依据调整实施细则（试行）

为贯彻落实国家税制改革，满足建筑业营业税改征增值税（以下简称"营改增"）后我市建设工程计价需求，特制定本实施细则。现行计价依据除作以下调整外均保持不变。

一、含税建安工程造价调整

（一）含税建安工程造价＝不含税建安工程造价＋应纳税费

应纳税费＝增值税应纳税额＋城市维护建设税、教育费附加及地方教育费附加

增值税应纳税额＝不含税建安工程造价×增值税综合应纳税费率

城市维护建设税、教育费附加及地方教育费附加＝增值税应纳税额×税务部门公布的

税（费）率

（二）不含税建安工程造价为人工费、材料费、施工机具使用费、企业管理费、利润和规费之和，各费用项目均包含增值税可抵扣进项税额，其计算方法与现行计价规程一致。

（三）增值税综合应纳税费率是根据我市建筑市场综合测算的，其参考范围见附表1，仅供发承包双方参考使用。

（四）城市维护建设税、教育费附加及地方教育费附加税（费）率见附表2。

（五）营改增后的建设工程计价程序见附表3。

二、其他说明

（一）招标人应在招标文件和合同中约定增值税的计税方法、结算原则，同时应考虑营改增对工程造价的影响，合理确定招标控制价。

（二）投标人在投标报价中应根据自身管理水平、材料采购及机械配备等因素，考虑实际可抵扣进项税额，合理确定增值税综合应纳税费率进行自主报价。

附表1 增值税综合应纳税费率表（单位：%）

参考范围
1.10～5.02

注：1. 建设项目招标控制价可按参考范围的中值确定综合应纳税费率，具体数值由编制单位根据项目实际情况确定。
2. 非竞价建设项目预算、结算的综合应纳税费率推荐值为3%。

附表2 城市维护建设税、教育费附加及地方教育费附加税（费）率表（单位：%）

项目名称	税（费）率
城市维护建设税	7
教育费附加	3
地方教育费附加	2

附表3 建设工程计价程序

构成关系			序号	项目名称	参考计算公式
工程项目造价	单项工程建安工程造价	单位工程建安工程造价	1	分部分项工程费	∑(工程量×综合单价)
			2	措施项目费	
			2.1	混凝土、钢筋混凝土模板及支架费	∑(工程量×综合单价)
			2.2	安全文明施工措施费	按规定计算
			2.3	履约担保手续费、赶工措施费等	按项计算
			3	其他项目费	按费率标准规定计算
			4	规费	[(1)+(2)+(3)]×费率
			5	不含税建安工程造价	(1)+(2)+(3)+(4)
			6	应纳税费	
			6.1	增值税应纳税额	(5)×增值税综合应纳税费率
			6.2	城市维护建设税、教育费附加及地方教育费附加	(6.1)×税务部门公布的税（费）率
			7	含税建安工程造价	(5)+(6)
	8			暂列金额	按规定计算
	9			专业工程暂估(结算)价	按规定计算
	10			工程建设其他费	按规定计算
	11			设备及工器具购置费	按规定计算

3.2.6 河南

河南省住房和城乡建设厅
关于我省建筑业"营改增"后计价依据调整的意见

(豫建设标 [2016] 24号)

各有关单位：

根据《财政部 国家税务总局关于全面推开营业税改增值税试点的通知》（财税 [2016] 36 号）、《住房和城乡建设部办公厅关于做好建筑业营改增建设工程计价依据的调整准备工作的通知》（建办标 [2016] 4 号）等文件精神，结合《河南省建设工程工程量清单综合单价（2008）》实际情况，经专家反复研究，并进行大量工程实例测算，现就营改增后《河南省建设工程工程量清单综合单价（2008）》、《郑州市城市轨道交通工程单位估价表》、《河南省仿古建筑工程计价综合单价（2009）》等计价依据调整工作提出以下意见：

一、按照《住房和城乡建设部办公厅关于做好建筑业营改增建设工程计价依据的调整准备工作的通知》（建办标 [2016] 4 号）文规定，工程造价暂按以下公式计算：工程造价＝税前工程造价×（1+11%）。其中，11%为建筑业增值税税率，税前工程造价为人工费、材料费、施工机具使用费、企业管理费、利润和规费之和，各费用项目均以不包含增值税可抵扣进项税额的价格计算。

二、为保证实行营改增后，将我省现行工程计价依据进行合理调整，各有关单位应高度重视，并配合省、市工程造价管理机构开展相关调整测算工作，共同做好工程计价定额等计价依据的调整，做好价格信息的调整、测算和发布。

三、我省建设工程计价标准工程造价计价方法自 2016 年 5 月 1 日起调整为增值税计税方法。

四、新老工程落实营改增政策原则，按照《财政部 国家税务总局关于全面推开营业税改增值税试点的通知》（财税 [2016] 36 号文）附件2——"营业税改增值税试点有关事项的规定"执行。

附件：河南省建筑业"营改增"后计价依据调整的实施细则

2016 年 4 月 14 日

附件

河南省建筑业"营改增"后计价依据调整的实施细则

按照《财政部 国家税务总局关于全面推开营业税改增值税试点的通知》(财税〔2016〕36号)、《住房和城乡建设部标准定额研究所关于印发研究落实"营改增"具体措施研讨会会议纪要的通知》(建标造〔2016〕49号)等文件精神,对我省《河南省建设工程工程量清单综合单价(2008)》、《郑州市城市轨道交通工程单位估价表》、《河南省仿古建筑工程计价综合单价(2009)》等计价依据做出如下调整:

一、人工费:人工费不做调整,营改增后人工费仍为营改增前人工费。

二、材料费:营改增后,各类工程材料费均为"除税后材料费",材料价格直接以不含增值税的"裸价"计价。造价管理机构应及时调整、发布价格信息,以满足工程计价需要。

三、机械费:机械费中增值税~进项税综合税率暂定为11.34%,即营改增后机械费为营改增前机械费×(1-11.34%)。

四、企业管理费:城市维护建设税、教育费附加及地方教育费附加纳入管理费核算,相应调增费用0.86元/综合工日;企业管理费中增值税~进项税综合税率暂定为5.13%,即营改增后企业管理费为营改增前企业管理费×(1-5.13%)。

五、利润:利润不做调整,营改增后利润仍为营改增前利润。

六、安全文明费:安全文明费中增值税~进项税综合税率暂定为10.08%,即营改增后安全文明费为营改增前安全文明费×(1-10.08%)。

七、规费:规费不做调整,营改增后规费仍为营改增前规费。

八、根据财税(2016)36号文附件1——"营业税改征增值税试点实施办法"规定,增值税计税方法分为一般计税方法和简易计税方法两种。选择不同的计税方法,涉及应纳税额的算法、票据等都会不同。因此,在实际编制工程预算时,有关建设方应明确选择一种计税方法,以便工程造价计价工作。

九、编制工程造价控制价,原则上应选择一般计税方法。选择简易计税方法的,工程造价计价程序暂可参照原营业税下的计价依据执行。

具体调整表详见:表1、表2、表3、表4。

表1 《河南省建设工程工程量清单综合单价(2008)》
工程造价费用组成表(营改增后)

序号	费用项目	计算公式	备注
1	定额直接费:1)定额人工费	综合单价分析	
2	2)定额材料费	综合单价分析	
3	3)定额机械费	综合单价分析×(1-11.34%)	
4	定额直接费小计	[1]+[2]+[3]	

续表

序号	费用项目	计算公式	备注
5	综合工日	综合单价分析	
6	措施费：1)技术措施费	[6.1]+[6.2]+[6.3]	
6.1	技术措施人工费	综合单价分析	
6.2	技术措施材料费	综合单价分析	
6.3	技术措施机械费	综合单价分析×(1−11.34%)	
7	2)安全文明费	[5]×34×1.66×费率×(1−10.08%)	不可竞争费
8	3)二次搬运费	[5]×费率	
9	4)夜间施工措施费	[5]×费率	
10	5)冬雨季施工措施费	[5]×费率	
11	6)其他		
12	措施费小计	$\sum$[6]+[7]~[11]	
13	调整：1)人工费差价		
14	2)材料费差价		裸价调差
15	3)机械费差价		
16	4)其他		
17	调整小计	$\sum$[13]~[16]	
18	直接费小计	[4]+[12]+[17]	
19	间接费：1)企业管理费	(综合单价分析+[5]×(2.8+[人工费指导价÷定额工日单价]×6%+0.86))×(1−5.13%)	综合单价内
20	2)规费：①工程排污费		按实际发生额计算
21	②社会保障费	[5]×8.08	不可竞争费
22	③住房公积金	[5]×1.7	不可竞争费
23	④工伤保险费	[5]×1.0	不可竞争费
24	⑤其他		
25	间接费小计	$\sum$[19]~[24]	
26	工程成本	[18]+[25]	
27	利润	综合单价分析	
28	其他费用1)总包服务费	业主分包专业工程造价×费率	按实际发生额计算
29	2)优质优价奖励费		按合同约定
30	3)检测费		按实际发生额计算
31	4)其他		
32	其他费用小计	$\sum$[28]~[31]	
33	不含税工程造价合计	[26]+[27]+[32]	
34	增值税~销项税额	[33]×11%	一般计税方法
35	含税工程造价总计	[33]+[34]	一般计税方法

表2 《河南省建设工程工程量清单综合单价(2008)》工程量清单招投标造价计价程序表(营改增后)

序号	费用项目	计算公式	备注
1	清单项目费用	∑(清单工程量×相应子目综合单价)	
1.1	其中:综合工日	综合单价分析	
1.2	1)人工费	综合单价分析	
1.3	2)材料费	综合单价分析	裸价计价
1.4	3)机械费	综合单价分析×(1−11.34%)	
1.5	4)企业管理费	(综合单价分析+[1.1]×(2.8+[人工费指导价−定额工日单价]×6%+0.86))×(1−5.13%)	
1.6	5)利润	综合单价分析	
2	措施项目费用	∑[2.1]~[2.6]	投标报价自主
2.1	其中1)技术措施费	∑[2.1.2]~[2.1.6]	
2.1.1	其中:综合工日	综合单价分析	
2.1.2	①人工费	综合单价分析	
2.1.3	②材料费	综合单价分析	裸价计价
2.1.4	③机械费	综合单价分析×(1−11.34%)	
2.1.5	④企业管理费	(综合单价分析+[2.1.1]×(2.8+[人工费指导价−定额工日单价]×6%+0.86))×(1−5.13%)	
2.1.6	⑤利润	综合单价分析	
2.2	2)安全文明措施费	([1.1]+[2.1.1])×34×1.66×费率×(1−10.08%)	不可竞争费
2.3	3)二次搬运费	([1.1]+[2.1.1])×费率	
2.4	4)夜间施工措施费	([1.1]+[2.1.1])×费率	
2.5	5)冬雨季施工措施费	([1.1]+[2.1.1])×费率	
2.6	6)其他		
3	其他项目费用	∑[3.1]~[3.5]	
3.1	其中1)总承包服务费	业主分包专业造价×费率	按实际发生额计算
3.2	2)零星工作项目费		
3.3	3)优质优价奖励费		按合同约定
3.4	4)检测费		按实际发生额计算
3.5	5)其他		
4	规费	∑[4.1]~[4.4]	
4.1	其中1)工程排污费		按实际发生额计算
4.2	2)社会保障费	([1.1]+[2.1.1])×8.08	不可竞争费
4.3	3)住房公积金	([1.1]+[2.1.1])×1.70	不可竞争费
4.4	4)工伤保险	([1.1]+[2.1.1])×1.00	不可竞争费
5	不含税工程造价合计	[1]+[2]+[3]+[4]	
6	增值税~销项税额	[5]×11%	一般计税方法
7	含税工程造价总计	[5]+[6]	一般计税方法

表3 《河南省仿古建筑工程计价综合单价(2009)》
仿古建筑工程造价计价程序表(营改增后)

序号	费用项目	计算公式	备注
1	直接工程费：1)定额人工费	综合单价分析	
2	2)定额材料费	综合单价分析	
3	3)定额机械费	综合单价分析×(1−11.34%)	
4	直接工程费小计	[1]+[2]+[3]	
5	综合工日	综合单价分析	
6	措施费：1)技术措施费	[6.1]+[6.2]+[6.3]	
6.1	技术措施人工费	综合单价分析	
6.2	技术措施材料费	综合单价分析	
6.3	技术措施机械费	综合单价分析×(1−11.34%)	
7	2)安全文明措施费	[5]×34×1.66×费率×(1−10.08%)	不可竞争费
8	3)二次搬运费		双方协商
9	4)夜间施工措施费		双方协商
10	5)冬雨季施工措施费		双方协商
11	6)其他		
12	措施费小计	∑[6]+[7]~[11]	
13	调整：1)人工费差价		按合同约定
14	2)材料差价		裸价调差
15	3)机械费差价		按合同约定
16	4)其他		按合同约定
17	调整小计	∑[13]~[16]	
18	直接费小计	[4]+[12]+[17]	
19	间接费：1)企业管理费	(综合单价分析+[5]×(2.8+[人工费指导价−定额工日单价]×6%+0.86))×(1−5.13%)	综合单价内
20	2)规费：①工程排污费		按实际发生额计算
21	②社会保障费	[5]×8.08	不可竞争费
22	③住房公积金	[5]×1.70	不可竞争费
23	④工伤保险	[5]×1.00	不可竞争费
24	⑤其他		
25	间接费小计	∑[19]~[24]	
26	工程成本	[18]+[25]	
27	利润	综合单价分析	
28	其他费用 1)总承包服务费		按合同约定
29	2)优质优价奖励费		按合同约定
30	3)检测费		按合同约定
31	4)其他		
32	其他费用小计	∑[28]~[31]	
33	不含税工程造价合计	[26]+[27]+[32]	
34	增值税~销项税额	[33]×11%	一般计税方法
35	含税工程造价总计	[33]+[34]	一般计税方法

表4 《郑州市城市轨道交通工程单位估价表》
轨道工程造价计价程序表(营改增后)

序号	费用项目	计算公式	备注
1	估价表直接费1)估价表人工费	基价分析	基价内
2	2)估价表材料费	基价分析	基价内
3	3)估价表机械费	基价分析×(1−11.34%)	基价内
4	估价表直接费小计	[1]+[2]+[3]	
5	其中:综合工日	基价分析	
6	措施费:1)技术措施费	[6.1]+[6.2]+[6.3]	措施子目
6.1	技术措施人工费	基价分析	
6.2	技术措施材料费	基价分析	
6.3	技术措施机械费	基价分析×(1−11.34%)	
7	2)安全文明措施费	(([1]+[3]/(1−11.34%))×费率×(1−10.08%)	不可竞争费
8	3)二次搬运费	[5]×费率	
9	4)夜间施工措施费	[5]×费率	
10	5)冬雨季施工措施费	[5]×费率	
11	6)其他		
12	措施费小计	∑[6]+[7]~[11]	
13	调整:1)人工费差价		
14	2)材料费差价		裸价调差
15	3)机械费差价		
16	4)其他		
17	调整小计	∑[13]~[16]	
18	直接费小计	[4]+[12]+[17]	
19	间接费:1)企业管理费	((([1]+[3]/(1−11.34%))×费率+[5]×(2.8+[人工费指导价−定额工日单价]×6%+0.86))×(1−5.13%)	
20	2)规费:①工程排污费		按实际发生额计算
21	②社会保障费	[5]×8.08	不可竞争费
22	③住房公积金	[5]×1.70	不可竞争费
23	④工伤保险	[5]×1.00	不可竞争费
24	⑤其他		
25	间接费小计	∑[19]~[24]	
26	工程成本	[18]+[25]	
27	利润	([1]+[3]/(1−11.34%))×费率	
28	其他费用:1)总承包费		按实际发生额计算

续表

序号	费用项目	计算公式	备注
29	2)优质优价奖励费		按合同约定
30	3)工程检测费		按实际发生额计算
31	4)其他		
32	其他费用小计	∑[28]~[31]	
33	不含税工程造价合计	[26]+[27]+[32]	
34	增值税～销项税额	[33]×11%	一般计税方法
35	含税工程造价总计	[33]+[34]	一般计税方法

3.2.7 山东

山东省住房和城乡建设厅
印发《建筑业营改增建设工程计价依据
调整实施意见》的通知

(鲁建办字[2016]20号)

各市住房城乡建委(建设局)、各有关单位:

按照国家有关要求,为满足建筑业营改增后建设工程计价需要,省厅结合实际,制定了《建筑业营改增建设工程计价依据调整实施意见》,现予印发,请认真贯彻实施。

山东省住房和城乡建设厅
2016年4月21日

建筑业营改增建设工程计价依据调整实施意见

一、计价调整范围

适用于执行《建设工程工程量清单计价规范》、2002版《山东省市政工程消耗量定额》、2003版《山东省建筑工程消耗量定额》和《山东省安装工程消耗量定额》、2005版《山东省市政养护维修工程消耗量定额》、2006版《山东省园林绿化工程消耗量定额》、2008版《山东省房屋修缮工程计价定额》和《山东省仿古建筑工程计价定额》、2016版《城市轨道交通工程预算定额山东省价目表》等我省现行各专业定额的工程。

(一)在山东省行政区域内,《建筑工程施工许可证》注明的合同开工日期或未取得《建筑工程施工许可证》的建设工程承包合同注明的开工日期(以下简称"开工日期"),在2016年5月1日后的建设工程项目,应按照营改增后的计价依据执行。

(二)开工日期在2016年4月30日前的建设工程项目,在符合国家有关财税文件规定前提下，应按照营改增后的计价依据执行；如不符合规定，应参照原合同价或营改增前计价依据执行。

（三）2016年4月30日前尚未开标的依法招标项目，招标文件及招标控制价编制，均应按照营改增后的计价依据执行。

二、计价调整依据

（一）国家财政部、税务总局《关于全面推开营业税改征增值税试点的通知》（财税〔2016〕36号）。

（二）住房和城乡建设部《关于做好建筑业营改增建设工程计价依据调整准备工作的通知》（建办标〔2016〕4号）。

（三）现行建设工程计价依据，包括清单计价规范、消耗量定额、费用项目组成及计算规则等。

（四）其他有关资料。

三、计价调整内容

（一）建筑业营改增后建设工程发承包及实施阶段计价活动，适用一般计税方法的计税建设工程执行"价税分离"计价规则。

（二）选择适用简易计税方法计税的建设工程，参照原合同价或营改增前的计价依据执行，并执行财税部门的相关规定。

（三）材料（设备）暂估价、确认价均应为除税单价；专业工程暂估价应为营改增后的不含税工程造价。

（四）风险幅度均以材料（设备）、施工机具台班等对应除税单价为依据计算。

计价依据调整内容是根据营改增调整的规定和要求等修订完成的，除另有说明外，不改变计价依据的适用范围及费用计算程序等。

四、计价费用项目

（一）营改增后建设工程费用项目的组成，除本实施意见另有规定外，均与原《山东省建设工程费用项目组成及计算规则》一致。

（二）企业管理费组成除原有规定外，增加城市维护建设税、教育费附加、地方教育附加。

（三）《山东省仿古建筑工程费用项目组成及计算规则》中环境保护费、文明施工费、临时设施费，由措施费移入规费中。

（四）建设工程费用中的税金，是指按国家税法规定应计入建设工程造价内的增值税。

（五）费用项目组成及计算规则中各项费率，是以当期人工、材料、施工机具台班的除税价格进行测算确定的。

（六）建筑业营改增后，工程造价按"价税分离"计价规则计算，具体要素价格适用增值税税率执行财税部门的相关规定。税前工程造价为人工费、材料费、施工机具使用费、企业管理费、利润和规费之和，各费用项目均以不包含增值税（可抵扣进项税额）的价格计算。

五、现行计价规定中与本实施意见规定不一致的以本实施意见为准。

六、本实施意见自2016年5月1日起执行。

附：建筑业营改增建设工程计价依据调整表（略）

上海建领城达律师事务所简介

上海建领城达律师事务所是经上海市司法局批准设立的，专门从事建筑房地产领域专业法律服务并实行公司化管理的合伙型律师事务所。律所以"立志成为中国建筑房地产专业法律服务领跑者"为愿景，秉承"专注、专业、忠诚、共同发展"的理念，立足上海，逐步布局全国城市化、工业化发展迅速的城市。律所律师均系复合型人才，毕业于同济大学、复旦大学、华东政法大学、中国政法大学、中山大学等全国知名高校，事务所律师除具有法律专业背景外，部分律师还具有注册会计师、造价工程师、建造师等专业资格。

律所业务涵盖建筑工程、房地产开发经营、基础设施建设、各类园区建设等诉讼与非诉讼专业法律服务。同时，律所还为建筑、房地产集团企业提供流程制度、示范文本制定及实务培训等定制化法律服务。律所已累计为中建二局、中建三局、中建四局、中建八局、中国二十冶、上海宝冶、中国五冶、中国船舶、中国电力工程顾问、浙江省建投、上海建工、上海城建、龙元建设、浙江宝业、南通建工、苏中建设等70余家大型施工企业提供专业法律服务，同时，还为万科地产、招商地产、恒隆地产、瑞安地产、信达地产、中国联通等60余家房地产等建设单位提供服务。

自成立以来，事务所陆续获得了"上海十佳不动产律师事务所"，2013年度、2015年度"中国最值得推荐的10家工程法律专业律师事务所"（由美国ENR和中国《建筑时报》共同评选）等荣誉。

地址：上海市延安西路1538号怡德大楼主楼11楼
电话：021-62808858
传真：021-52308588
Email：zhoujigao@jlcdlaw.com
手机：13601624028
网址：www.jigool.cn
微信公众号：jlcdlaw

微信公众号二维码

上海建领城达律师事务所
建筑业"营改增"专项法律服务团队简介

周吉高　主任、首席合伙人

同济大学工学学士、中国科学院工学硕士和复旦大学法律硕士，具有律师、注册会计师、造价工程师、英国皇家特许建造师等专业资格。已连续八年担任上海市律师协会建设工程与基础设施业务研究委员会主任，还兼任上海市建筑施工行业协会副会长、上海市工商业联合会房地产商会法律分会会长、中国国际经济贸易仲裁委员会仲裁员、上海仲裁委员会仲裁员、上海市建设工程造价管理专家。

俞光洪　合伙人

安徽财经大学法学学士、华东政法大学法学硕士。兼任上海市律师协会房地产业务研究委员会委员、上海市工商业联合会房地产商会法律分会会员、上海市建设工程造价管理专家。

王凌俊　合伙人

华东政法大学法律硕士。常年担任上海市建设工程安全质量监督总站法律顾问，兼任上海市律师协会建设工程与基础设施业务研究委员会干事、上海市长宁区法律服务业协会理事。

王　敏　合伙人

北方工业大学法学学士；兼任上海市律师协会建设工程与基础设施业务研究委员会委员。

阚　蓉　合伙人

南京航空航天大学法学学士，兼任上海市律师协会信托业务研究委员会委员、长宁区青年律师联合会秘书长

萧　亮　律师

范升强　律师

李瑞婷　律师助理

奚　丁　律师助理

徐赟琪　律师助理

上海建领城达律师事务所
建筑业"营改增"专项法律服务产品

为帮助广大施工企业更好地应对"营改增"政策，上海建领城达律师事务所设计了如下服务产品，并已经为多家大型施工单位提供营改增专项法律服务，欢迎垂询。

1. "营改增"合同文本专项法律服务

包括对施工企业的总包合同、分包合同、采购合同、租赁合同以及内部承包等合同的修改、完善、说明、辅导等。

2. "营改增"日常专项法律顾问服务

包括对施工企业或某大型施工项目提供"营改增"日常专项法律顾问服务等。

3. 协助施工企业制定或完善《营改增管理手册》服务

4. "营改增"索赔、纠纷处理专项法律服务

包括对施工企业面临的"营改增"索赔、纠纷提供非诉讼或诉讼专项法律服务。

5. 其他定制服务

包括税收筹划、培训等。

谢　辞

　　特别感谢王子达、张婉璐、刘静云、李登川同学。

　　还要感谢建领城达所的各位同仁在本书汇编过程中提出的建议，今后，我们将继续坚持"专注、专业、忠诚和共同发展"的办所理念，脚踏实地，一步一个脚印，努力实现建领城达成为中国建筑房地产专业法律服务的领跑者的愿景。